The Farm Journal Directory of Henry County, Ohio (With a Complete Road Map of the County)

James W. Hanna
Real Estate and Loan Agent

Real Estate Bought and Sold

Deeds, Mortgages and Contracts Made and Acknowledged
Any Place in the Country

Abstracts of Title Made with Neatness and Dispatch

Fire Insurance Written   Loans Made Promptly

Collections Solicited

Doubtful Claims a Specialty

Office Phone 124

Old Vocke Block, Napoleon, Ohio

═══WE SELL═══
Hudson-Super Six = Studebaker = Dort = Ford

A Word About Our Service Plan

WE expect to run a strictly modern and up-to-date Garage. We have stocked a complete assortment of Ford Parts, therefore you won't be forced to wait for repairs from the factory.

Our Repair Department is in charge of all expert mechanics and we guarantee satisfaction on repair work of any kind.

We do welding, charging and repairing of any size storage battery.

Try Us for Service

The Deshler Motor Sales Co.
DESHLER, OHIO

O. L. NORRIS, President
H. W. BUCKLEY, Vice-President
H. C. BROKAW, Secretary-Treasurer, Sales Manager

GARAGE
ACCESSORIES

MEMBERS OF THE HENRY COUNTY BAR ASSOCIATION

F. J. Beck.
R. W. Cahill.
W. W. Campbell.
Wm. A. Cuff.
Fred V. Cuff.
Theo. Daman.
H. R. Dittmer.
D. D. Donovan.
James Donovan.
James Donovan, Jr.
W. P. Duffy.
U. V. Fiser.
C. C. Frease.
Fred. Gribbell.
Otto Hess.
J. R. Linthicum.
L. E. Long.
George S. May.
George A. Meekison.
C. R. McComb.
Thos. Mulcahy.
R. S. Nyswander.
W. H. Pontious.
P. C. Prentiss.
James P. Ragan.
J. C. Ragan.
J. M. Reiger.
Orville Smith.
A. F. Thompson.
George C. Waltimire.
E. N. Warden.

THE FARM JOURNAL DIRECTORY

OF

HENRY COUNTY

OHIO

(With a Complete Road Map of the County)

Copyright, 1916
By Wilmer Atkinson Company

PUBLISHED BY

WILMER ATKINSON COMPANY

PHILADELPHIA

1916

NAUGLE BROS.
WE SERVE ONLY THE BEST
SODAS & SUNDAES
SANITARY SERVICE

HOME MADE CANDIES

PHONE 177
ORDERS FOR PARTIES

NAUGLE BROS.
"BEST SERVICE"

NAPOLEON - - - OHIO

HAZARD'S STUDIO

If you are particular about that Photo, just give us a call.

We are sure we can please you and our prices are right.

Rates on Groups and Family Pictures

We do Kodak finishing   Post Cards a Specialty

We carry a complete line of classy mounts and folders

N. Perry St.   NAPOLEON, OHIO

A Popular Watering Place.

HENRY COUNTY
SOME FACTS AND FIGURES

HENRY COUNTY, with a total of 3,032 farms in an area of 414 square miles, is distinctly a farm county. More than 96 per cent. of the entire area of the county is in its farms, and more than 85 per cent. is under cultivation. The farms are, as a rule, of more than average size, less than 3 per cent. being under ten acres. They are almost without exception profitable and correspondingly valuable. The farmers, as a class, are the most prosperous folks in the county. In view of the number of farmers, that is in itself a statement of the wealth of this section.

The farm population of Henry County is almost exclusively nativeborn white. There are but few foreign, and only 3 negro farmers in the entire county, according to the most recent United States Government statistics.

It is interesting to note the number of farms in the county operated by their owners. Of this class there are 2,054, or 67 per cent. One thousand three hundred and thirty-two, or 64 per cent., of them are reported free of mortgage debt. This is an exceptionally large percentage. Of the balance, the remarkably low mortgage indebtedness of only 26 per cent. of the entire valuation is carried. Even in the absence of other statistical figures, these mortgage statements alone would indicate exceptional prosperity among Henry County farmers.

The largest single crop, and the one produced most generally throughout the entire county, is corn, of which 2,963,868 bushels were produced in 1910, a notably bad crop year, but the latest for which authoritative figures are available. Following closely on this for quantity is oats, with a total of 1,642,970 bushels; wheat comes next, with 422,206 bushels, and potatoes fourth, with 114,610 bushels. The combined total value of these four crops was in excess of two and one-half million dollars.

Everywhere is an atmosphere of hard work. Everyone takes work seriously and as a matter of course. There is no false pride about it, and no failure to realize its importance and its necessity. Rich farmers' wives and sons and daughters take pride in their fine butter, their eggs, their vegetables, their chickens and their stock. The relations between the people of the farms and the people of the county seat are most cordial. The farmers deposit their savings in the local banks, and deal in the local stores.

This directory is published in the belief that it will serve to acquaint the residents of one end of the county with those of the other. We believe it to be accurate. We realize, however, that even in the most carefully compiled and printed books certain errors are bound to appear, and we apologize in advance for any such that may be found by our subscribers.

FURNITURE
AND
UNDERTAKING

CHAS. W. BOYER
326 South Perry Street
NAPOLEON, OHIO

COUNTY OFFICIALS FOR HENRY COUNTY

Sheriff—WATT GRAY.
Treasurer—FRANK FISK.
Recorder—FRED HILGENDORFF.
County Surveyor—C. W. SHOWMAN.
Common Pleas Judge—ORVILLE SMITH.
Prosecuting Attorney—R. W. CAHILL.
County School Supt.—W. T. HATCHER.
County Auditor—G. E. RAFFERTY.
Probate Judge—J. M. RIEGER.
County Commissioners—J. F. VEIGEL,
                      RICHARD NELSON,
                      GEORGE WOLF.

BUILD WITH BRICK

The Everlasting Building Material

John A. Mehring & Son, Props.   Wm. Bender, Manager

NAPOLEON BRICK & TILE WORKS

Manufacturers and Shippers of

RED BUILDING BRICK, FACING BRICK AND SUPERIOR DRAIN TILE IN ALL SIZES

We invite comparison with any drain tile made.

Exclusive agency for Ricketson's Red Brick Brand Mortar colors. Let us quote you prices.

Phone 191   Residence 466

Office: 1201 Willard St.   NAPOLEON, OHIO

Fronce and Stewart

For all kind of Up=to=date Moving and Draying

Call City Dray Line

Prompt Service   Prices Reasonable

Home Phone 406   NAPOLEON, O.

JUSTICES OF THE PEACE—HENRY COUNTY

Bartlow Township ...... P. W. Tussing, Deshler, Ohio.
                        E. A. Blakely, Deshler, Ohio.
Damascus Township..... J. C. Conn, McClure, Ohio.
                        I. E. Ingle, McClure, Ohio.
Flatrock Township....... Chas. Travis, Florida, Ohio.
                        Ray Farison, Holgate, Ohio.
Freedom Township....... Ferd. Bindermann, Napoleon, Ohio.
Harrison Township...... Lewis Sturdavant, Napoleon, Ohio.
Liberty Township........ Frederick Stewart, Liberty Center, Ohio.
                        R. D. Rigal, Liberty Center, Ohio.
Marion Township........ F. A. Lutz, Hamler, Ohio.
                        J. B. Mess, New Bavaria, Ohio.
Monroe Township....... E. S. Mohler, Malinta, Ohio.
Napoleon Township...... Dow Bretz, Napoleon, Ohio.
                        W. A. Cuff, Napoleon, Ohio.
Pleasant Township....... J. M. Bauer, Holgate, Ohio.
                        G. H. Lampman, Holgate, Ohio.
                        Andrew J. Hornung, New Bavaria, Ohio.
Richfield Township....... Fred Barnes, West Hope, Ohio.
                        Fred Bretz, West Hope, Ohio.
                        Ned F. Mulcahy, Custar, Ohio.
Ridgeville Township..... John E. Root, Ridgeville, Cors., Ohio.
Washington Township.... John Rozell, Liberty Center, Ohio.
                        S. L. Shonk, Colton, Ohio.

Maxwell

Motor Cars reflect the true ideal of beauty in automobile design.

LINES of swanlike grace win constant admiration for the MAXWELL.

Yet there is always a subtle suggestion of the unusual MAXWELL power beneath the hood that makes "Every Road a Maxwell Road"—no matter what the weather.

H. DAWSON & SON
Distributors for Henry County

Service Station Phone 10   **NAPOLEON, OHIO**

When We Make Your Suit

'Phone 96 Green

First of all, we get your *exact* measure, every line and curve.

Then we make a note of all the little things YOU want done, pocket here, braid there —just as you want it.

Next comes the selection of material, and in this we can give you the benefit of our long experience in getting a fabric that will tailor well and give good service. Cloth of live-fleece wool, made on slow running looms.

Careful cutting and fitting until every line is just what you want complete the process, and you go away with a handsome suit of the latest style, at a moderate price.

That's why it pays to go to a merchant tailor.

A. SHERIDAN
NAPOLEON - OHIO

PHONES: OFFICE 245, RESIDENCE 352

WM. HINCHER
Plumbing and Heating

For plumbing work that will relieve you from anxiety as to the sanitary condition in your household, rely on us in every respect. You can not be too careful about your plumbing, hot water, steam or hot air furnaces.

ALL WORK ABSOLUTELY GUARANTEED
ALSO A FULL LINE OF STOVES

Opposite Court House   NAPOLEON, OHIO

FARMERS' DIRECTORY

INDEX TO ADVERTISERS

NAME	BUSINESS	TOWN	PAGE
Adams, F. May	Milliner	Napoleon	240
Alspaugh, W. E.	Hay and Straw	McClure	224
Ash, J. W. & Sons	Swine and Poultry	Napoleon	217
Bachman & Burkhart	Machinery	Liberty Center	205
Back, J. E.	Horse and Cattle Breeders	Napoleon	216
Ballmer, A. A.	Hog Breeder	McClure	216
Banting Machine Co., The		Toledo	241
Belknap, J. P. & Son	Newspaper	Napoleon	246
Bensing Bros. Lumber Co.	Building Material and Coal Dealers	Malinta	238
Berno, Hugh	Piano Tuner	Malinta	248
Bichan, John	Garage	Napoleon	225
Bokerman, W. O.	Insurance Agent	Napoleon	234
Bost, Alfred	Confectioner	Napoleon	220
Boyer, Chas. W.	Furniture and Undertaker	Napoleon	7
Brubaker, Chas. V.	Pianos and Victrolas	Napoleon	Back Fly Leaf
Bryan, A. Z.	Hardware	Liberty Center	233
Buchenberg, F.	Clothier	Holgate	219
Burgoon, M. L.	Groceries and Notions	Liberty Center	229
Burr, L. M.	Blacksmith	Malinta	212
Campbell, W. W.	Attorney-at-Law	Napoleon	207
City Coal Co.	Coal Dealers	Napoleon	218
Clay, Chas. F.	Druggist	Napoleon	221
Clemmens, D. W.	Restaurant	Napoleon	254
Crum, E. M.	Druggist	Liberty Center	220
Crum, Mrs. Ida M.	Bazaar Store	Liberty Center	248
Dawood, J.	Confectionery	Napoleon	222
Dawson, H. & Son	Garage	Napoleon	11
Decko, C. F.	Auto Livery	Napoleon	237
Delph Brothers	General Store	Malinta	228
Deshler Auto Livery		Deshler	237
Deshler Motor Sales Co., The	Garage	Deshler	1
Dickelman Mfg. Co., The	Metal Specialties & Roofers	Forest	58
Donovan & Donovan	Attorneys-at-Law	Napoleon	205
Duffy, W. P.	Attorney-at-Law	Napoleon	208
Dunn, John R.	Electrical Supplies	Findlay	225
Engel, J. H.	General Merchandise	Stanley	227
Evers, O. K.	Printer and Publisher	Napoleon	243
Fahringer, A. G.	Florist	Napoleon	223
Fetter, E. M.	Swine and Poultry Breeder	Napoleon	219
First National Bank, The		Napoleon	Back Cover
Fiser, U. V.	Attorney-at-Law	Napoleon	209
Fisk, C. M.	Jeweler	Napoleon	237
Flory, C. J.	Plumbing	Napoleon	253
Flory, J. W.	Hardware and Implements	Stanley	235
Fraas, John W.	Harness and Buggies	Napoleon	233
Fraley, G. F.	Contractor and Builder	Napoleon	213
Franz, John	Stock Buyer	Malinta	256

HENRY COUNTY

NAME	BUSINESS	TOWN	PAGE
Frederick, Robert	Meats	Liberty Center	246
French, H. H.	Insurance	Napoleon	238
Fronce & Stewart	Moving and Draying	Napoleon	9
Gerken, Harmon	Concrete Worker	Napoleon	217
Gessner, A. E.	Shoes	Holgate	255
Gottschalk, A. H.	Shoes	Napoleon	251
Gribbell, Fred	Attorney-at-Law	Deshler	205
Hagans, Clyde F.	Music Instructor	Napoleon	251
Hanna, James W.	Real Estate	Napoleon	1
Hanna, O. C.	Cattle and Poultry	Napoleon	218
Harmon, Henry	Building Mover	Napoleon	215
Hamon, Kathryn	Millinery	Deshler	238
Hartman & Fahringer	Florists	Napoleon	223
Hatcher, Chas. T.	Carpenter and Contractor	Liberty Center	214
Hayman, A. F. & Son	Hardware	Deshler	231
Hazard, Wm.	Photographer	Napoleon	4
Heckler, D. A.	Ice Cream Mfg.	Napoleon	226
Herring, C. T.	Confectionery & Ice Cream	Malinta	221
Henry County Review, The	Newspaper	Holgate	244
Henry, R. C.	Garage	Ridgeville Corners	257
Hess, Otto W.	Attorney-at-Law	Napoleon	209
Hess, W. N. & Son	General Contractors and Builders	Napoleon	213
Higgins, Roy	Tailor and Dry Cleaning	Napoleon	255
Hincher, Wm.	Plumber	Napoleon	12
Holgate Commercial Bank		Holgate	211
Home Coal Co.	Coal Dealers	Napoleon	223
Hovey, Jos.	Machinery and Machinists	Florida	240
Hoy, W. E.	Boots and Shoes	Napoleon	16
Kestner, Joseph	Sand and Gravel	Napoleon	250
Kile, I. E.	Dry Goods and Groceries	Napoleon	234
King, Chas.	Garage	Napoleon	229
Knupp, G. A.	Loans and Abstracting	Napoleon	Front Fly Leaf
Kolbe, Herman C.	Automobiles	Okolona	210
Korte & Vorwerk	Shoe Dealers	Napoleon	253
Krauss & Newell	Coal and Builders' Supplies	Napoleon	213
Labovitz, J.	Junk Dealer	Napoleon	245
Lauterbach, John	Tailor	Napoleon	254
Leist, I. & Co.	Druggists	Napoleon	226
Leonhart & Market	Lumber	Napoleon	Front Fly Leaf
Linthicum, J. R.	Attorney-at-Law	Napoleon	206
McClure, W. G.	Electric Supplies	Napoleon	224
May, Geo. S.	Attorney-at-Law	Napoleon	206
Meekison, Geo. A.	Attorney-at-Law	Napoleon	206
Mehring, John A. & Son	Brick and Tile	Napoleon	9
Meyer, Herman H.	General Merchandise	Holgate	227
Miller, John M.	Insurance and Real Estate	McClure	242
Miller & Danby	Groceries	Liberty Center	231
Morey & Meyer	Druggists	Napoleon	222
Mowry, Charles	Physician and Surgeon	Napoleon	242
Myers, Stephen A.	Painter and Decorator	Napoleon	248
Nanna, Mrs. A. R.	Milliner	Deshler	239
Napoleon State Bank, The		Napoleon	16
Naugle Brothers	Confectionery	Napoleon	4
Northwest News, The	Weekly Paper	Napoleon	247
Ohio Gas, Light & Coke Co., The		Napoleon	Back Fly Leaf
Otte, Fred & Son	Grocers and Seed Buyers	Ridgeville Corners	230

FARMERS' DIRECTORY

NAME	BUSINESS	TOWN	PAGE
Palmer, A. D.	Livery	Napoleon	239
Palmer, Okee M.	Real Estate Agent	Napoleon	255
Patteen, Henry G.	Vulcanizing Works	McClure	257
Phillips, Fred	Photographer	Liberty Center	245
Polker, J. H.	Shoe Dealer	Napoleon	254
Prentiss, C. J.	Insurance and Real Estate	Napoleon	252
Prentiss, P. C.	Attorney-at-Law	Napoleon	206
Price, L. J.	Veterinary Surgeon	Liberty Center	256
Quinn, Thomas	Physician and Surgeon	Napoleon	247
Raubenolt & Lance	Furniture and Undertaking	Weston	226
Reiter, F. W.	Insurance and Loans	Napoleon	Front Fly Leaf
Reynolds, C. E.	Insurance Agent	Napoleon	235
Reynolds, E. A.	General Merchandise	Stanley	228
Ritter, Chas.	Motorcycle Agent	Napoleon	210
Robinson Grain Co., The		Deshler	204
Rockwell, Clarence	Toilet Articles and Stock and Poultry Medicines	Liberty Center	252
Rohrs, John C.	Swine and Horse Breeder	Napoleon	218
Rohrs, Wm.	Racket Store	Napoleon	249
Rollin & Schuldt	Grocers	Napoleon	231
Saneholtz, John H.	Monuments	Napoleon	239
Schunk Hardware Co., The		Toledo	232
Scribner, Frank L.	Painting and Decorating	Liberty Center	247
Seibold, Geo. & Son	Blacksmith	Napoleon	212
Shank, A. C. & Son	Livery	Deshler	236
Sharpe, Ira G.	Manufacturer Concrete Products	Liberty Center	220
Sheridan, Andrew	Tailor	Napoleon	12
Sherman, T. A.	Bakery	Deshler	210
Shondell's Garage	Garage	Napoleon	227
Shreves, L. B.	Blacksmith	Napoleon	214
Shufeldt, I. U.	Auctioneer	Liberty Center	207
Shumaker, C. J.	Barber	Napoleon	212
Smith, H. M.	Automobile Agent	Napoleon	208
Smith & Springhorn	Hardware and Agricultural Implements	West Hope	232
Snyder, C. J.	Automobile Agent	Napoleon	209
Snyder, S. L. & Co.	Grain and Milling	Holgate	224
Spangler, L. K.	Dry Goods and Groceries	Deshler	214
Spengler, Ernest	Grocer	Napoleon	229
Steward, C.	Junk	Napoleon	235
Storrs, J. C. & Sons	Real Estate, Collections and Insurance	Liberty Center	251
Thiesen-Hildred Co., The	Lumber	Napoleon	246
Travis, Albert	Blacksmith	Grelton	211
Tuttle, G. F.	Contractor and Builder	Napoleon	216
Vancil, Joel A.	Shoe Repairer	Deshler	250
Welz, C. L.	Clothing	Napoleon	Front Fly Leaf
Westhoven & Son	Meats	Napoleon	243
Willier, Frank	Meats	Deshler	242
Woodman, J. J.	Contractor and Builder	Napoleon	215
Zachrich, Fred	Poultry and Cattle	Holgate	249
Zachrich, Wm.	Meats	Holgate	244
Zwayer, B. J.	Pianos	Malinta	249

THREE BIG REASONS WHY WE ARE SELLING MORE SHOES

STYLE — There's always plenty Snap and Ginger in our styles. We are First to show you "New Things."

COMFORT — You will enjoy supreme Comfort and Satisfaction from wearing our shoes. We fit your feet.

VALUE — We give you the best value for the price you pay. Our guarantee of good wear with every pair.

HOY'S SHOE STORE
NAPOLEON - OHIO
Better Shoes

THE NAPOLEON STATE BANK
NAPOLEON, OHIO

Hon. THEO. DAMAN, President　　HENRY ROHRS, Vice-President
H. L. VEY, Cashier　　A. DAMAN, Assistant Cashier

Capital $50,000.00
Surplus and Profit $25,000.00

The Strongest Bank in Henry County

FARMERS' DIRECTORY

North Perry Street, Looking North From Washington, Napoleon, Ohio.

NAPOLEON

ABBREVIATIONS.—a, means acres; bds., boards; B. tel., Bell telephone; 4 ch., 4 children; H&L, house and lot; O, owns; R1, Rural Route No. 1; ret., retired; T, Tenant; 4h, 4 horses; 2c, 2 cattle.

Adams, Fred (Anna) 1 ch ret O H&L 750 Welsted St Ind tel.
ADAMS, F. MAY milliner O H&L 750 Welsted St Ind tel. See adv.
Adams, Joseph (Lulu) laborer T H&L 403 Front St.
Adams, O. B. (Emma) windmill factory H&L 425 Welsted St Ind tel.
Albaugh, Mrs. Belle O H&L 303 Front St.
ALBAUGH, CHAS. A. (Nellie) lathing O H&L 307 Front St Ind tel.
Albaugh, Clarence (son Belle) laborer bds 303 Front St.
Albaugh, Lewis (son Belle) painter bds 303 Front St.
ALBRINK, FRED (Amy) 2 ch state highway inspector O H&L 431 W Clinton St Ind tel.
Albrink, Mrs. Sophia O H&L 828 Haley Ave.
Albrink, S. W. (Fannie) 1 ch bridge contractor T H&L 325 Cary St Ind tel.
ALLEN, ED. F. (Myrtle B.) 1 ch jeweler T H&L E Clinton St Ind tel.
Allen, Goldie Mrs. 1 ch bds with Roy Booker 314 Front St.
ALLER, E. W. (Harriet L.) windmill mfr O H&L 814 Woodlawn St Ind tel.

Aller, Mrs. Fred O H&L 404 W Washington St Ind tel.
Altman, Milt.
Andrew, John H. (Elizabeth) 1 ch teamster at hoof mill T H&L 223 W Barnes St.
Andrews, I. C. implements.
Anspaugh, Frank (Lelah) 2 ch laborer O H&L 834 Maple St.
Armstrong, Robert (Edith) 3 ch moulder T H&L 123 W Maumee Ave.
Arnold, Geo. (Bessie) 3 ch night watchman at mill T H&L E Clinton St.
Arps, H. F. (Sophia) O H&L 641 W Main St Ind tel.
Arps, Theodore (son H. F.) carpenter 641 W Main St Ind tel.
Atkinson, James (Helen) 2 ch handle finisher T H&L 610 Hobson St.
Augenstein, A. E. (Elizabeth) undertaking O H&L 546 W Washington St Ind tel.
Augenstein, Carry (dau J. B.) 412 Welsted St Ind tel.
Augenstein, Chas. (Emma) fruit grower O H&L 608 Avon Place Ind tel.
Augenstein, Frank (Emma) 3 ch laborer O H&L 435 Welsted St.

NAPOLEON

Augenstein, Helen (dau A. E.) school teacher 546 W Washington St Ind tel.
Augenstein, Jay (son Frank) barber 435 Welsted St.
Augenstein, J. B. (Sarah) 1 ch pres Commercial State Bank O H&L 412 Welsted St Ind tel.
Augustine, Fannie (wid Jacob) housekeeper 832 Woodlawn Ave Ind tel.
Austermiller, C. (Susie) 2 ch ret O H&L 210 Yeager St.
Axx, C. E. (Mary) laborer O H&L 811 Park St.
Babcock, Arthur (son Helen) railroader 222 Front St.
Babcock, Carl (son Helen) drives delivery wagon bds 222 Front St.
Babcock, Caroline.
Babcock, Mrs. Corry O H&L 509 E Washington St.
Babcock, Frank (son Helen) laborer 222 Front St.
Babcock, Harrison (Ella) 2 ch works in windmill factory O H&L 304 Appian St Ind tel.
Babcock, Harry (Nettie) 4 ch works in windmill factory T H&L 669 Euclid Ave.
Babcock, Mrs. Helen T H&L 222 Front St.
Babcock, John (Frances) 5 ch cement contractor T H&L 530 Riverview Ave.
Babcock, Mrs. J. B.
Babcock, Lewis (Stella) 4 ch carpenter O H&L 818 Riverview Ave.
Babcock, Okee restaurant 124 Front St.
Babcock, Robert ret T H&L 215 E Washington St.
Babcock, Vernon (son Carrie) laborer 509 E Washington St.
Badenhop, Fred ret.
Baker, Charley (son Mrs. Clarley Polkert) laborer 226 E Main St.
Baker, Clem (son J. J.) machinist 451 W Front St.
Baker, Jessie (dau J. J.) clerk in 5 & 10c store 451 W Front St.
Baker, John.
Baker, John J. (Alice) 3 ch ret O H&L 451 W Front St.
BAKER, JOHN W. (Clara) 1 ch waiter T H&L R4 Napoleon 67½ Ind tel.
Baker, Noah (Bertha M.) 4 ch barber T H&L 715 Wayne St.
Bales, Chas.
Bales, Francis C.
Balls, Allen works at hoop mill T H&L 322 Front St.
Balls, Geo. (Mattie) 2 ch laborer T H&L 736 E Washington St.
Balls, James (son Geo.) laborer 736 E Washington.
Balsley, Mrs. Clara O H&L 332 W Washington St Ind tel.
Bargeman, Carl (son Mrs. Caroline) 508 Avon Place.
Bargeman, Mrs. Caroline O H&L 508 Avon Place Ind tel.
Bargeman, Fred (son Caroline) traveling salesman 508 Avon Place Ind tel.
Bargeman, Gresance (dau Mrs. Caroline) school teacher 508 Avon Place Ind tel.
Bargeman, Mary (dau Mrs. Caroline) school teacher 508 Avon Place Ind tel.
Bargeman, Raymond (son Mrs. Caroline) traveling salesman 508 Avon Place Ind tel.
Bargman, Mrs. C.
Bargman, Fred A.
Bargman, Paul (Lena) 2 ch engineer Vocke Mill T H&L 1c 133 W Front St.
Barnes, E. T. (Catharine) farmer O H&L 605 S Perry.
Barnes, Nellie (dau E. T.) 605 S Perry St.
BARNHILL, J. W. (Alice V.) 3 ch physician O H&L 318 W Main St Ind tel.
Bartlett, Joshua gardener lives with Manda Yocum 511 W Front St.
Barton, James (Maud) moving picture parlor O H&L 132 Front St.
Bascom, Chas. A. (Kathryn) machinist O H&L 1126 Oakwood St Ind tel.
Bascom, F. M. ret O H&L 1026 Dodd St.
Bascom, Mrs. Stephen O H&L 227 Yeager St Ind tel.
Bean, Samuel (Hattie) 1 ch works at brick yard T H&L 1110a Willard St.
Beck, Donna F. (dau F. J.) school teacher 506 Haley Ave.
Beck, Elma (dau Harmon Lange) 1 ch 649 W Main St.
Beck, F. J. (Caroline S.) attorney-at-law O H&L 506 Haley St Ind tel.
Beck, F. M. (Anna) 1 ch stock buyer O H&L 1h 116 W Main St Ind tel.
Beck, Helen (dau F. M.) student 116 W Main St Ind tel.
Beck, Josephine (dau F. M.) student 116 W Main St Ind tel.
Beck, Lula (dau F. M.) milliner 116 W Main St Ind tel.
Beck, Marie (dau F. M.) student 116 W Main St Ind tel.
Beck, Roy (Lilian) 3 ch street commissioner T H&L 603 Welsted St Ind tel.
Beck, Verda M. (dau F. J.) school teacher 506 Haley St Ind tel.

FARMERS' DIRECTORY

Beck, Walter W. (son F. J.) medical student 506 Haley St.
Beckler, Miss Rosa O H&L 413 E Main St.
Behrens, Daniel (Sophia) 3 ch carpenter O H&L 843 Norton Ave.
BELKNAP, N. J. printer & publisher O See adv.
BELKNAP, J. P. (Mary E.) printer & publisher O 411 W Clinton St Ind tel. See adv.
Bender, Lena (dau Lewis) dressmaker 638 W Washington St.
Bender, Lewis (Hannah) laborer O H&L 638 W Washington St.
Bender, Lizzie (dau Lewis) 638 W Washington St.
Bender, Wm. (Mary) brickmaker O H&L 618 Park St.
Benicke, Paul.
Benien, Catharine O H&L 1141 Oakwood St Ind tel.
Benien, H. F. (Mamie) painter & paperhanger T H&L 1141 Oakwood St Ind tel.
BENNETT, REV. CHAS. (Rosa F.) 1 ch minister T H&L 315 W Washington St Ind tel.
Bennett, Edith May bookkeeper bds with Chas. 315 W Washington St Ind tel.
Bennett, Lucile Eloise (dau Chas.) student 315 W Washington St Ind tel.
Benskin, Chas.
Benskin, Lyman (Martha) 2 ch teaming T H&L 3h 311 Short St Ind tel.
Benskin, Wm. H.
Beresford, H. E. (Ida) 1 ch engineer T H&L 758 Sheffield Ave Ind tel.
Bernicke, Paul (Florence) 3 ch foundry man T H&L 323 Cary St.
Bernicke, Wm. (Ida) 6 ch blacksmith O H&L 931 Scott St.
Betchoff, M.
Betson, Edward 3 ch laborer H&L 231 Gaden St.
Betts, H. R. (Selma) 1 ch traveling salesman T flat 826 Monroe St.
Betts, U. S. (Anna) traveling salesman T flat 826 Monroe St Ind tel.
Betz, Mrs. Louisa 2 ch O H&L 1203 Yeager St Ind tel.
Bevelhymer, Almeda Mrs. O H&L 1038 Dodd St.
Bichan, Herbert bds with S. W. Albrink 325 Cary St.
BICHAN, JOHN garage bds W Clinton St Ind tel. See adv.
Bickford, Lyman (Flora) 4 ch laborer T H&L 403 W Front St.
Bickford, Oscar.

Bidwell, Foster D. (Freda) 1 ch conductor on D T & I R R T H&L 1013 Scott St Ind tel.
Bidwell, Frank (Bessie) 1 ch engineer O H&L 1088 Dodd St Ind tel.
BILLIG, S. H. (Rufina) dep auditor T H&L 1153 Woodlawn Ave Ind tel.
Binzley, W. J. (Elizabeth) dentist O H&L 431 Welstead St Ind tel.
Bissonnette, Alex.
Bissonnette, Donald (son S. E.) hdw store 124 E Clinton St Ind tel.
Bissonnette, Edna (dau T. A.) cashier 315 E Main St Ind tel.
Bissonnette, S. E. hardware store O H&L 124 E Clinton St Ind tel.
Bissonnette, Thomas (son T. A.) works at King's Garage 315 E Main St Ind tel.
Bissonnette, T. A. (Julia) 1 ch timber man O H&L 315 E Main St Ind tel.
Bittikofer, J. D. (Anna) 4 ch section hand T H&L 393 W Front St.
Bittikofer, Loyd (Collie) 2 ch cook in Egger's Cafe T H&L 214 Appian St.
Bittikover, L. W.
Bixby, Mrs. Mary J. O H&L 323 E Clinton St Ind tel.
Bixby, Nell (dau May J.) clerk 323 E Clinton St Ind tel.
Black, Miss Sadie clerk bds with Chas. Albaugh 307 Front St Ind tel.
Blair, Cath.
Blair, Clara.
Blair, Frank (May) ret O H&L 232 W Clinton St.
Blair, F. O.
Blair, Mrs. Wallace O H&L 330 W Clinton St Ind tel.
Bliss, Mrs. Alvanda O H&L 644 Leonard St.
Bliss, John (son Alvanda) laborer bds 644 Leonard St.
Bliss, Nellie (dau Mrs. Alvanda) milliner 644 Leonard St.
Bliss, Verda (dau Mrs. Alvanda) clerk bds 644 Leonard St.
Blitgh, Mrs. Anna 2 ch sewing O H&L 124 Meekison St Ind tel.
Bloomfield, J. (Mrs. S. E.) physician & surgeon O H&L 1h 229 W Clinton St Ind tel.
Blue, P. Z. (Jennie) ret O H&L 849 Scott St Ind tel.
BLUNE, MRS. CLARA 5 ch T H&L 228 Garden St.
Bockelman, Mrs. Chas. O H&L 1017 N Perry St.
Bockelman, Edward (son Mrs. Chas.) clerk bds 1017 N Perry St.

Bockelman, Ed. J. clerk bds with Mary 1019 Stephenson St.
Bockelman, Miss Elizabeth 1017 N Perry St.
Bockelman, Lewis (Anna) ret T flat 726½ N Perry St Ind tel.
Bockelman, Miss Mary O H&L 1019 Stephenson St Ind tel.
Bockelman, Otis clerk bds with Mrs. Chas. 1017 N Perry St.
Bockelman, W. A. (Katharine) 4 ch union delivery O H&L 5h 942 Haley Ave Ind tel.
Bogart, Ralferd (Mary) 2 ch grocery clerk T H&L 254 Yeager St Ind tel.
Bogert, Eli (Malinda) horse trainer O H&L Ind tel.
Bogert, Madge (dau Eli) clerk 747 Park St Ind tel.
Boggs, David (Stella) boiler maker T H&L 1202 Scott St Ind tel.
Boggs, Mrs. Madge 2 ch clerk T flat R2 N Perry St.
BOKERMAN, W. C. (Jennie) 2 ch insurance O H&L 1011 N Perry St Ind tel. See adv.
BOLLEY, HENRY (Elizabeth) laborer O H&L 318 Cary St.
Bollman, Fred (Eva) 2 ch carpenter T H&L 507 Fillmore St.
Bond, William (Florence) 1 ch laborer T H&L 415 Aron Place Ind tel.
Bonfgliao, Pete (Rosa) T H&L 524 N Perry St Ind tel.
Bonifield, Irvin E. hay baler bds with Louisa Betz 1203 Yeager St Ind tel.
Bonner, J. W. (Cora) laborer O H&L 423 Appian St.
Bonnough, Sophia M.
Booher, Chas. (son Roy) 314 Front St.
Booher, David teaming O H&L 2h 505 Euclid St.
Booher, E. C. (Ellen) 2 ch auctioneer O H&L 534 High St Ind tel.
Booher, Mrs. Mary J. H&L 604 E Washington St Ind tel.
Booher, Roy (Dora) butcher O H&L 314 Front St.
Booher, Wilbur (son Roy) driver 314 Front St.
Bordner, Clell N. (Helen) 2 ch clerk T H&L 211 E Barnes St.
Bordner, L. C. (Effie) 1 ch brakeman T H&L 335 Yeager St Ind tel.
BOST, ALFRED (Wanda) 2 ch confectionery T H&L 615 Wayne St. See adv.
Bost, Arthur (Mary) T H&L 750 E Washington St.
Bost, Asa.

Bost, A. H. (Agnes) 2 ch carpenter O H&L 652 W Main St Ind tel.
Bost, A. W. (Minnie) 1 ch blacksmith T H&L 615 E Washington St.
Bost, Fred (son Roy) blacksmith bds 517 E. Main St.
Bost, Mrs. F. M. housekeeper H&L 115 Front St.
Bost, Jacob gardening O H&2Lots 960 River St.
Bost, Kenneth (son Roy) bartender bds 517 E. Main St.
Bost, Roy (Clara) 1 ch T H&L 517 E Main St.
Bost, Samuel (Harriette) ret O H&L 619 Daggett Ave.
Bost, Sophrona.
Bost, Wm. (Lora M.) 1 ch T H&L 750 E Washington St.
Bouces, Jacob (Mary) 1 ch ret O H&L 1068 Reynolds St.
Bounnough, Mrs. J. O H&L 325 E Washington St.
Bowerman, Geo. (Melissa) ret O H&L 1125 Woodlawn St.
Bowers, Geo. ret O H&L 915 Lumbard St Ind tel.
Bowers, S. M. (Louise) 4 ch poultry dealer T H&L 915 Lumbard St Ind tel.
BOWLES, MRS. LILAH 4 ch T H&L 508 Hobson St.
Box, Walter C. (Helen) 1 ch carpenter O H&L 245 Garden St Ind tel.
Boyd, Mrs. Maria T H&L 646 Beckham St.
Boyer, Forers fireman on D. T. & I. R. R. bds 323 Yeager St Napoleon.
Boyer, Forers fireman on D T & I R R bds at Eva Sherwoods 323 Yeager St Napoleon.
BOYER, C. W. (Jennie M.) furniture & undertaking O H&L 751 S Perry St Ind tel. See adv.
BOYER, FRANK J. (Blanche E.) furniture & undertaking T H&L Cor Barnes & S Perry Sts Ind tel. See adv.
BOYER, GUY G. (Dora A.) 2 ch furniture & undertaking O H&L 749 S Perry St Ind tel. See adv.
BOYER, GASTON H. (son C. W.) furniture & undertaking 751 S Perry St Ind tel. See adv.
Bradley, A. M. (Maxie) engineer at water works T H&L 311 W Clinton St.
Bradley, Cecel P. (Mary) 2 ch electrical worker O H&L 718 Welsted St Ind tel.
Bradley, Mrs. Lena O H&L 838 Woodlawn St.

FARMERS' DIRECTORY

Brady, Emery (Diva) 1 ch engineer T H&L 1071 Dodd St.
Branner, Geo. (Frances) 1 ch works in handle factory T H&L 302 Front St.
Branson, J. M. (Rebecca) ret O H&L 737 W Washington St.
Brendle, Fred (Maud) 3 ch real estate agent T H&L 221 E Main St Ind tel.
Bressler, G. (Ruth) 3 ch conductor on D T & I R R T H&L 1103 Stephenson St Ind tel.
Bretz, Dow (Sarah L.) insurance O H&L 743 W Washington St Ind tel.
Brewer, E. M. (Lanora) 2 ch railroader T H&L 261 Yeager St Ind tel.
Brey, C. F. (May) ticket agent at Wabash depot T H&L 251 Yeager St Ind tel.
Brice, John (son P. J.) works at windmill factory bds 330 Yeager St.
Brice, Madge (dau B. J.) clerk bds 330 Yeager St.
Brice, P. J. (Anna) peddler O H&L 330 Yeager St.
Briner, John (Minnie) laborer O H&L 481 W Front St.
Brinkman, Otto (Elnora) sign painter O H&L 614 Wayne St.
Brinkmann, Carl (son E. F.) student bds 504 E Main St.
Brinkmann, E. F. (Doris) 1 ch shoemaker O H&L 504 E Main St.
Brodnix, J. C. (Almira) ret O H&L 674 Riverview Ave Ind tel.
Brondes, Mrs. Arminda O 80a H&L 125 Railroad St Ind tel.
Broner, Mrs. Minnie 1 ch O H&L 124 Front St.
Brooks, B. F. (Rhoda) 3 ch laborer O H&L 1040 Stephenson St.
Brooks, Chas. B. (Hattie) 3 ch engineer D T I R R T H&L 845 Oakwood St.
Brown, Mrs. Amanda A. O H&L 721 Wayne St.
Brown, Burl (son E. H.) school teacher 505 W Clinton St.
Brown, Dean W. (son D. C. bds 903 Haley Ave Ind tel.
Brown, D. C. (Samantha) postmaster O H&L 903 Haley Ave Ind tel.
Brown, E. H. (Alta) superintendent school T H&L 505 W Clinton St Ind tel.
Brown, Jacob (Emma) stock buyer O H&L 205 W Washington St Ind tel.
Brown, James.
Brown, John.
BROWN, JOSEPH H. (son Amanda A.) concrete work bds 721 Wayne St.
Brown, Mildred (dau E. H.) student 505 W Clinton St.
Brown, Mrs. Pauline O H&L 131 Meekison St Ind tel.
Brown, Mrs. Rosanna carpet weaver O H&L 547 W Maumee Ave.
Brown, Samuel (Jessie) laborer T H&L 712 W Clinton St.
Brownell, Mrs. C. M. O H&L 612 Leonard St Ind tel.
Brownell, Frank E. (son Mrs. C. M.) R F D mail carrier bds 612 Leonard St Ind tel.
Brownell, J. Whitcomb (son Mrs. C. M.) R F D mail carrier bds 2h 612 Leonard St Ind tel.
Brownell, Mary E. (dau Mrs. C. M.) 612 Leonard St Ind tel.
BRUBAKER, CARL (Emily) 3 ch ins agt O H&L 629 W Main St Ind tel.
BRUBAKER, CHARLES V. (Debbie E.) 3 ch piano, victrolas & record O H&L 2h 515 W Clinton St Ind tel See adv.
Brubaker, Elizabeth O H&L 750 W 750 Washington St Ind tel.
Brubaker, Ida.
Brubaker, John (Mattie) ret O H&L 1053 N Perry St.
Brubaker, Mary E.
Brubaker, Nelson.
Bruhn, Mrs. Bertha 3 ch O H&L 1072 Willard St.
Bruhn, Fritz.
Bruhn, Fred (Yohanna) teamster O H&L 241 Yeager St.
Bruhn, Henry (son Mrs. Bertha) drives delivery wagon bds 1072 Willard St.
Bruhn, Huldah (dau Mrs. Bertha) 1072 Willard St.
Bruhn, Martha (dau Mrs. Bertha) school teacher 1072 Willard St.
Bruns, Julian (son Richard Bruns) clerks in clothing store 704 W Clinton St.
Bruns, Richard (Minnie) 2 ch clerks in clothing store O H&L 704 W Clinton St.
Bryan, G. A.
Buchka, Mike (Katie) laborer T H&L Tow Path.
BUDEN, HERMAN.
Buhlart, F. (Mary) junk dealer O H&L 125 Riser St Ind tel.
Buizley, Wm. T. (Elizabeth) dentist O H&L 431 Welsted St Ind tel.
Buntz, Jacob.
Burke, Alva W. (son John H.) works in Henney restaurant 232 Brownell St.
Burke, John H. (Ida) teamster T H&L 232 Brownell St.
Burns, Mrs. T. J. housekeeper for Mrs. James Finigan 321 E Main St Ind tel.

NAPOLEON

Burroughs, G. M. (Anna) 4 ch grocery & meat market O H&L 220 Front St Ind tel.
BURROW, MRS. CAROLINE O H&L 515 Appian St Ind tel.
Burrow, H. H. laborer.
Burrows, Esther (dau Hugh) kindergarten teacher 309 W Main St Ind tel.
Burrows, Hugh (Margerite) 2 ch janitor T H&L 1c 309 W Main St Ind tel.
Burrows, Olive (dau Hugh Burrows) 309 W Main St Ind tel.
Busch, J. F. (Elizabeth) ret O H&L 706 Daggett Ave Ind tel.
Busick, C. A. (Edda) 4 ch brakeman on D T D R R T H&L 511 Fillmore St.
Butler, Mrs. Albert.
Butler, Blanche (dau Elmer W.) student 610 Beckham St Ind tel.
Butler, Elmer W. (Louisa) 2 ch potash mfg O H&L 610 Beckham St Ind tel.
Butler, Floyd (son Elmer W.) conductor on St Paul R R 610 Beckham St Ind tel.
Butler, Ray (son Elmer W.) conductor on street car line 610 Beckham St Ind tel.
Butler, Mrs. Susie 3 ch T H&L 603 E Washington St.
Cahill, R. W. 3 ch attorney-at-law O H&L 409 Washington St Ind tel.
Calkins, Wm. (Mary) works in hoop mill T H&L 1125 Stephenson St.
Cameron, Fay (dau Spencer) school teacher 414 Avon Place Ind tel.
Cameron, Spencer (Alvira) laborer & carpenter O 414 Avon Place Ind tel.
CAMPBELL, W. W. (Laura H.) 7 ch attorney-at-law O H&L 724 Washington St Ind tel. See adv.
Canfield, M. W.
Carrol, Forrest bds with S. W. Albrink 325 Cary St.
Carroll, Thomas (Mary J.) ret O H&L 730 Stout.St.
Carter, Fred (Edna) 3 ch piano salesman T H&L 714 Welsted St Ind tel.
CARTER, MRS. LETTIE 123 E Main St Ind tel.
Cary, Mrs. Amelia H&L 909 Lumbard St Ind tel.
Cary, A. M.
Cary, Miss Mary A. (dau Amelia) housekeeper 909 Lumbard St Ind tel.
Casteel, A. T. (Lola G.) 3 ch auto agt O H&L 529 W Clinton St.
CHARLES, E. S. (Gladys) 1 ch clothier bds N Perry St Wellington Hotel.

Chivington, M. V. (Amelia) 1 ch deputy surveyor T flat R4 N Perry St Ind tel.
Chors, Charles (Jeanette) 1 ch T H&L 860 Maple St.
Christy, Chas.
Christy, Earnest (Myrtle) 3 ch stoker at gas plant T H&L 1043 Reynolds St Ind tel.
Christy, Mrs. Esther O H&L 724 Stout St.
Christy, Geo. (Mary) 2 ch engineer at round house T H&L 203 E Barnes St.
Christy, Harry (son Geo.) works at windmill factory 203 E Barnes St.
Christy, James (Anna) laborer T H&L 1043 Reynolds St Ind tel.
Christy, Jess (Elmyra) laborer O H&L 1137 Stephenson St.
Christy, Ottie waiter 203 E Barnes St.
Christy, Port (Maud) 3 ch section foreman O H&L 1132 Willard St Ind tel.
Christy, Todd (son Geo.) laborer 203 E Barnes St.
Chrobarger, C. H.
Chroboger, H. C. (Jennie) 3 ch lineman O H&L 720 Riverview Ave.
Clay, C. F. (Minnie) 2 ch druggist O H&L 417 Welsted St Ind tel.
Clay, Luther W. (son C. F.) student 417 Welsted St Ind tel.
CLEMENS, D. W. (Rose) 4 ch hotel T hotel 615 N Perry St Ind tel. See adv.
Clewell, T. C. ret.
Cline, Alice (dau A. M.) 712 Park St Ind tel.
Cline, A. M. (Jennie) 3 ch traveling salesman H&L 712 Park St Ind tel.
Clymer, Amos (Melva) 3 ch carpenter O H&L 1212 Oakwood St Ind tel.
Clymer, Anora (dau E. A.) student 521 Hobson St.
Clymer, Mrs. Elizabeth O H&L 831 Monroe St Ind tel.
Clymer, E. A. (Marie) 1 ch carpenter T H&L 521 Hobson St.
Clymer, Oscar (son Elizabeth) laborer bds 831 Monroe St Ind tel.
Cochran, Ada M.
Cochran, R. M.
Cochran, W. H.
Cocke, Gust (Alma) 9 ch O H&L 1066 S Perry St.
Cocke, G. W. (Barbara) Farmers Hotel T N Perry St.
Coff, Marion L.
Comn, Mrs. Mary E.
Conn, Daniel (Ella M.) ret O 200a 4H&Lots 612 W Washington St Ind tel.

FARMERS' DIRECTORY

Conway, J. P. (Lilly) 3 ch O H&L 228 Fillmore St Ind tel.
Conway, Richard (Mary) 2 ch contractor O H&L 928 Woodlawn Ave Ind tel.
Cook, Adam (Eliza) 1 ch harnessmaker O H&L 1h 246 Kolbe St Ind tel.
Cooper, Clem (Susie) 1 ch railroader T H&L 423 W Maumee Ave.
Cooper, R. S. (Theresa) works at Bickans Garage O H&L 1012 N Perry St Ind tel.
Cooper, Waldo (son R. S.) 1012 N Perry St Ind tel.
Cordes, Helen (dau John) 403 W Clinton St Ind tel.
Corey, Bert (Maud) 2 ch garage T H&L 207 Railroad St.
Corey, Chester (Josephine) garage H&L 611 W Clinton.
Corey, C. B.
Corey, E. B. (Charlotte) 1 ch garage T H&L 1021 Dodd St.
Corey, J. L. (Grace) 1 ch garage T H&L 612 W Main St.
Corey, W. C.
Cornell, James (Amanda) laborer T H&L 115 Taylor St.
Cortright, Jacob (Della) drayman O H&L 3h 907 Oakwood Ave Ind tel.
Cortright, Wm. (Rose) 5 ch drayman O H&L 3h 215 Fillmore St Ind tel.
Cory, Mrs. A. H. O H&L 413 W Clinton St.
Cothran, Ada 1 ch O H&L 1077 Reynolds St.
Cothran, Carry tel operator 650 Welsted St.
Cothran, John H. ret O H&L 650 Welsted St.
Cowdrick, E. R.
Coy, H. C. (Catherine) 1 ch physician and surgeon O H&L 1h 538 W Washington St Ind tel.
Cramer, Clarence (son Noah) laborer 622 Beckham St.
Cramer, Curtis (son Mrs. John B.) clerk bds 1050 Dodd St Ind tel.
Cramer, Daniel ret O 60a H&L 1122 Stephenson St.
Cramer, Daniel W. (son Mrs. John B.) blacksmith bds 1050 Dodd St Ind tel.
Cramer, Geo. (Myrtle) ret O H&L 1065 Dodd St Ind tel.
Cramer, Irvin (son Geo.) student bds 1065 Dodd St.
Cramer, Mrs. John B. O H&L 1050 Dodd St.
Cramer, Noah 3 ch moulder O H&L 622 Beckham St Ind tel.
Crawford, Delsie (dau Robert) 933 N Perry St Ind tel.
Crawford, Miss Emma dressmaker 933 N Perry St.
Crawford, Robert farmer O H&L 933 N Perry St Ind tel.
Crockett, Wm. E. (Helen) 3 ch postoffice clerk O H&L 636 Welsted St Ind tel.
Crompton, Florence (dau T. E.) student 735 W Main St Ind tel.
Crompton, T. E. (Josephine) 2 ch beeman O H&L 735 W Main St Ind tel
Crosman, Audrey (dau G. E.) school teacher 434 S Perry St.
Crosman, G. E. (Madge) mail carrier O H&L 434 S Perry St Ind tel.
Crosman, Helen (dau G. E.) 434 S Perry St.
Crosser, Arkie (son Susie) works at hoop mill bds 603 E Washington St.
Crosser, Lydia (dau Susie Putter) waitress 603 E Washington St.
Crossley, Mrs. Adaline O H&L 118 Meekison St.
Cuff, Arthur (son G. W.) painter and paperhanger 103 Haley Ave.
Cuff, Edna J. O H&L 832 Woodlawn Ave Ind tel.
Cuff, Frederic V. attorney-at-law bds 832 Woodlawn Ave Ind tel.
Cuff, G. W. (Clara) 1 ch painter and paperhanger T H&L 103 Haley Ave.
Cuff, J. F. (Marion) 2 ch county clerk O H&L 756 W Main St Ind tel.
Cuff, Wm. A. attorney-at-law bds 832 Woodlawn Ave Ind tel.
CURDES, E. G. (Lulu) postal clerk T H&L 715 Monroe St Ind tel.
Curdes, Geo. F. (Lydia) 10 ch bakery O H&L 126 E Washington St Ind tel.
Curdes, L. E. mailman.
Daman, Albert (son Lewis) clerk in bank 403 W Clinton St.
Daman, Rev. Lewis (Anna) minister O H&L 403 W Clinton St.
Daman, Theo. (Nellie) 1 ch president of Napoleon State Bank O H&L 643 W Washington St Ind tel.
Dancer, Mrs. E. E. nurse T H&L 647 Park St.
Dannenberg, C. H.
Dannenberg, Otto (Anna) 1 ch engineer T H&L 1201 Willard St Ind tel.
Darling, F. L.
Darling Leslie (Anna) engineer O H&L 1231 Detroit St Ind tel.
DAUM, F. A. (Bessie W.) 1 ch civil engineer O H&L 848 Scott St Ind tel.
DAVENPORT, MRS. JENNIE O H&L 619 Hobson St Ind tel.
Davis, Amelia O H&L 713 Park St.
Davis, A. C. (Verta) 1 ch engineer T H&L 413 Fillmore St Ind tel.

Davis, C. W. (Jennie) 3 ch dentist T H&L 1031 Dodd St Ind tel.
Davis, John (Catherine) veterinary O H&L 117 Railroad St Ind tel.
Davis, J. C.
Davis, K. W. (Sarah) 2 ch brakeman T H&L 917 N Perry St Ind tel.
DAWOOD, J. confectionery T store 730 N Perry St Ind tel. See adv.
Dawson, G. (son H.) garage 718 W Main St Ind tel.
DAWSON, H. (Ada) 3 ch garage O H&L 718 W Main St Ind tel. See adv.
Dawson, Viola (dau H.) student 718 W Main St Ind tel.
Day, Clem works at electric light plant bds with Irene 222 E Main St.
DEBLIN, WM. (Ella) engineer T H&L 1312 Oakwood St Ind tel.
Decko, Clem.
DECKO, C. F. (Cora L) auto livery O H&L 833 N Perry St. See adv.
Deerwester, John (Ella) 2 ch brakeman D T I R R H&L 230 Yeager St.
Deiley, A. (Anna) ret O H&L 601 W Maumee Ave.
Deimling, Carl (son Joe) clerk bds 638 Leonard St.
Deimling, Joe (Elizabeth) tailor O H &L 638 Leonard St.
Delventhal, August (Mary) paper hanger O H&L 1116 Woodlawn St.
Delventhal, Elvera (dau of H. F.) school teacher 526 High St. Ind tel.
Delventhal, Fred (Katie) 3 ch bartender O 10a 520 W Maumee Ave.
Delventhal, Harmon.
Delventhal, Henry (son Wm) carpenter bds 623 Leonard St.
Delventhal, H. F. (Johana laborer O H &L 526 High St. Ind tel.
Delventhal, Herman J (Minnie) lather T H&L 1208 Woodlawn St.
Delventhal, Roy (Katharine) 1 ch laborer T H&L 733 Tow Path Ind tel.
Delventhal, Tony (son Wm.) student 632 Leonard St.
Delventhal, Wm (Freda) 2 ch saloon O H&L 632 Leonard St Ind tel.
DEMUTH, FRANK (Emma) express agent O H&L 630 N Clinton St.
Detmer, Mrs Elsie (dau Ferdinand) telephone operator 131 Brownell St Ind tel.
Detmer, Ferdinand (Margaret) ret O H&L 131 Brownell St Ind tel.
Detray, E. M. veterinary.
Dew, Dudley (Mary) works at windmill factory O H&L 207 Yeager St.
Dickens, Geo. (Bessie) fireman on D T I R R T H&L 1214 Oakwood St.

Dielman, F. C. surveyor.
Diemer, Albert (Blanche) farming O H &L 157 W Maumee Ave.
Diemer, Mrs. Elizabeth O H&L 303 W Barnes St.
Diemer, E. A. (Lena) telegraph operator T H&L 1053 Dodd St Ind tel.
DIEMER, F. A. (Elsie M.) 2 ch sec. Napoleon Tel Co O H&L 849 Hobson St.
Diemer, F. P. manager Telephone Co.
Diemer, Lottie milliner O H&L 840 Monroe St Ind tel.
Diemer, O. A. (Nova C.) 1 ch insurance O H&L 907 Hobson St.
Dieringer, Geo. (Frances) 2 ch street sweeper O H&L 543 Euclid St.
Dietzen, Mrs. Anna.
Dilfill, C. W. (Carrie) 3 ch conductor T H&L 1006 Dodd St Ind tel.
Dittmer, Ferd.
Dittmer, Hermenia (dau H. R.) student 317 W Clinton St.
Dittmer, H. R. (Emma) 5 ch attorney at law O H&L 317 W Clinton St Ind tel.
Dittmer, Karl W. (son H. H.) poultry dealer 317 W Clinton St.
Dittmer, Mrs. Louise O H&L 514 Monroe St.
Donahey, Luther F. (Mary G) sales mgr at Windmill Mfg Co O H&L 828 Woodlawn St Ind tel.
Donley, Levi (Mary) ret O H&L 839 Daggett Ave.
Donnelly, Cyril E. attorney-at-law bds 827 Haley Ave Ind tel.
Donnelly, Edwin C. student bds 827 Haley Ave Ind tel.
DONNELLY, GERALD M. vice pres Napoleon Auto Mfg. Co. O H&L 827 Haley Ave Ind tel.
Donnelly, Justin M. student bds 827 Haley Ave Ind tel.
Donovan, D. D. attorney.
DONOVAN, JAMES JR., attorney-at-law 637 Washington St Ind tel. See adv.
DONOVAN, JAMES SR., (Susan N.) attorney-at-law O H&L 637 W Washington St Ind tel. See adv.
Dorsey, Mrs Clara housekeeper for Noah Cramer 622 Beckhams St.
Doty, J. H.
Douty, John (Theresa) handle factory T H&L 321 W Washington St Ind tel.
Downey, J. J. (Minie) 1 ch clerk at Wellington Hotel T H&L 929 Haley St Ind tel.
DRAKE, REV. HURD ALLEYN (Clara) 2 ch minister First Presby Church T H&L 304 W Main St.

FARMERS' DIRECTORY

Drake, Wm. F. poultry business bds at John H Burke 232 Brownell St.
Dresher, A. (S. E.) ret T H&L 1065 Reynolds St Ind tel.
Dresher, Edward (son A.) 1065 Reynolds St Ind tel.
Drewes, Geo H.
Duffy, Fred (Ella) T H&L 248 Yeager St.
Duffy, Irene F. (dau of W. P) clerk 755 W Main St Ind tel.
Duffy, Marie E (dau of W. P.) teacher 755 W Main St Ind tel.
DUFFY, W. P. (May) attorney-at-law O H&L 755 W. Main St Ind tel See adv.
Dunlap, B. H. (Carry M.) traveling agt T H&L 522 Euclid St.
Durbin, Wm. (Minnie) 1 ch laborer O H&L 303 Short St Ind tel.
Durham, Isaac F. (Clara) 1 ch ret farmer O H&L 1h 812 W Washington St Ind tel.
Durham, Theo. M. (Rosa) 6 ch laborer O 2a 1h 1504 Oakwood St Ind tel.
Eberhardt, O. A. (Mary) 2 ch butcher T 744 Park St Ind tel.
Edelmann, Mrs Mary housekeeper 825 Hobson St.
Edison, Mrs. Caroline clerk O H&L 327 Cary St.
Edwards, Eugene (Ethel) 1 ch works in handle factory O H&L 436 E Clinton St.
Edwards, Gale.
Edwards, T. J. (Blanche) proprietor of Wellington Hotel O 95a 801 N Perry St Ind tel.
Edwards, W. H. (Emma) 1 ch dentist O 20a H&L 2h Ind tel.
EDWARDS, W. S. (Rosa) bartender O H &L 430 E Clinton St Ind tel.
Eggers, Henry (Elizabeth) 1 ch saloon O H&L 315 E Clinton St Ind tel.
Eggers, Mrs. Mary housekeeper O H&L 1033 Scott St Ind tel.
Eggers, Mrs. Mary ret O H&L 1312 Oakwood St Ind tel.
Ehrgood, C. J. (Sadie) 2 ch creamery O H&L 311 E Clinton St.
Eicher, B. L. (Violet) laborer T H&L 743 Welsted St Ind tel.
Eis, Gladys 837 Scott St Ind.
Eisner, Joel (Alice) publisher of German Demokrat O H&L & German Demokrat 512 E Washington St.
Elarton, Miss Morilda dressmaker T H &L 1074 Dodd St.
ELARTON, NAAMAN (May) mechanic O H&L 900 Haley Ave.
Elarton, Samuel (Effa) violin maker T Flat 325½ S Perry St.
Elarton, Seth (Florence) 1 ch works at windmill O H&L 1081 Scott St.
Elarton, Wm.
Elling, Mrs. Augusta O H&L 837 Norton Ave.
Elling, Wm. (Helen) cement worker T H&L 1062 Reynolds St.
Ellis, Chas (Mary) 5 ch teamster O H &L 2h 1c 606 Park St.
Ely, Howard.
Ember, Miss Julia housekeeper O H&L 304 E Clinton St.
Emerling, Henry ret bds with John 218 W Maumee Ave.
Emerling, John (Grace) 4ch laborer T H&L 218 W Maumee Ave.
Emerling, Samuel (son Henry) laborer bds with John 218 W Maumee Ave.
Emery, E. Jessie (son of Eltheon) student 728 Riverview Ave.
Emery, Eltheon L. (Nellie) carpenter O H&L 728 Riverview Ave Ind tel.
Emery, Lora (dau of Eltheon) 728 Riverview Ave Ind tel.
EMMARLING, DAVID, ret T H&L 137 Glenwood St.
ENGELMANN, GEO. (Martha) 2 ch ret O H&L 709 W. Clinton St.
Engelmann, Lydia (dau Geo.) student 709 W. Clinton St.
Engler, Amos (Bessie) 1 ch butcher O H&L 203 Rohrs Ave.
English, Carl (son Elizabeth) telegraph operator bds 334 E. Main St.
English, Mrs. Elizabeth 1 ch housekeeper O H&L 334 E. Main St.
English, Ray (son Elizabeth) works in Toledo 334 E. Main St.
Enz, Geo. (Elma) works at sand house T H&L 825 Monroe St Ind tel.
Enz, Morle (Ida) 1 ch machinist T H&L 653 W. Clinton St Ind tel.
Enz, Mrs. Nettie.
Evers, Demosthenes (son J. C.) student 611 Haley Ave.
Evers, J. C. (Mamie) 2 ch artist H&L 611 Haley Ave Ind tel.
EVERS, OTTO K. (Lillian) 1 ch printer and publisher O H&L 539 W. Clinton St. See adv.
Fahrer, Fred takes care of race horses bds with A. 109 Brownell St Ind tel.
FAHRINGER, A. G. (Kate) 2 ch florist O H&L 585 W Maumee Ave Ind tel. See adv.
Fairman, Mrs. Minnie housekeeper 406 W. Clinton St Ind tel.
Farnham, D. S. (Bertha) 2 ch bookkeeper O H&L 1211 Detroit St Ind tel.

NAPOLEON

Farnsworth, Henry C. (Grace) R. R. conductor T H&L 912 Lumbard St Ind tel.
Farnsworth, Mahinta (dau H. C.) student 912 Lumbard St.
Farsht, Chas. laborer bds at John Emerling 218 W Maumee Ave.
FATE, H. L. (Stella) grocer O H&L 1106 Oakwood Ave Ind tel.
Fate, Miss Mary housekeeper O H&L 524 E. Washington St.
Fate, Nellie (dau Wm.) 1112 Oakwood St Ind tel.
Fate, Wm. (Sarah) grocery O H&L 1122 Oakwood St Ind tel.
Fate, W. N.
Faurot, Miss Anna (dau Louisa) housekeeper 133 Front St Ind tel.
Faurot, Mrs. Louisa ret O H&L 133 Front St Ind tel.
Faust, Howard S. (Elizabeth) farmer O 8a 1h 1c 415 E. Maumee Ave Ind tel.
Fawley, W. R. (Mary) 1 ch laborer T H&L 724 Wayne St.
Fein, Frances laundress 1045 Scott St.
Felton, Chas. (Cora) 1 ch tinner T H&L 757 Park St.
Fenk, Wm. (Dora) ret O H&L 1057 Reynolds St.
FERGUSON, ALVA (Martha) 3 ch cement contractor O H&L 1048 S. Perry St Ind tel.
Ferguson, Floyd (Bertha) 1 ch laborer T H&L 849 Daggett Ave Ind tel.
Ferguson, Imogene (dau Alva) student 1048 S. Perry St Ind tel.
Ferguson, Lottie (dau Alva) dressmaker 1048 S. Perry St.
Ferguson, Martha (dau Alva) housework 1048 S Perry St Ind tel.
Ferguson, Mary (dau Alva) housework 1048 S. Perry St Ind tel.
Fetter, Mrs. Mary dressmaker O H&L 1019 Scott St Ind tel.
FILLING, HENRY.
Findlay, Edward call boy 204 Yeager St.
FINERTY, MRS. CLARA 3 ch housework O H&L 651 Park St Ind tel.
Finerty, Mrs. Mary housekeeper O H&L 333 E. Main St.
Finigan, Mrs. James ret O H&L 321 E. Main St Ind tel.
Fink, Wm.
Finnegan, Susan.
FISER, U. V. attorney-at-law bds Old Vocke Block Ind tel. See adv.
Fisher, Mrs. Alice 1 ch housekeeper T 612 Scott St Ind tel.
FISHER, A. (Gertrude) 1 ch laundry O H&L 112 E. Front St Ind tel.
Fisher, Frank H. (Nellie) hay dealer O H&L 732 W. Main St Ind tel.
Fisher, Mrs. Elizabeth housekeeper O H&L 938 Haley Ave.
FISK, CLARA L. ret O 68a H&L 859 Woodlawn Ind tel.
FISK, C. M. (Nellie I.) jeweler T H&L 612 Caley Ave Ind tel. See adv.
Fisk, Fred (Fern) 2 ch dep treasurer T H&L 621 W Clinton St Ind tel.
Fisk, Fred J. clerk.
Fisk, F. C. (Anna M.) treasurer of County O H&L 1h 712 W Washington St Ind tel.
Fix, Emil (Louise) 3 ch clerk T H&L 551 W. Washington St Ind tel.
Flanagan, Thomas (Lulu M.) yard foreman T H&L 1079 Dodd St.
Flickinger, G. R. (Ada) 2 ch clerk T N Perry St.
Flint, Alexander (Emaline) ret H&L 451 W. Maumee Ave.
Flint, A. H., Jr. (Lilah) 4 ch gardner O 5a H&L 619 W Maumee Ave Ind tel.
Flogaus, Frank (Nettie) stock buyer O H&L 844 Scott St Ind tel.
Flokrus, Mrs. Elizabeth ret O H&L 909 Scott St.
Flora, Clarence (Catharine) plumber T H&L Hobson St Ind tel.
Flora, H. (Christina) 2 ch plumber O H&L 829 Hobson St.
FLORY, C. J. (Catharine) 3 ch plumber T H&L 324 Fillmore St Ind tel. See adv.
Flory, Henry.
Flynn, Peter (May) freight conductor H&L 116 W. Clinton St. Ind tel.
Fogle, Mrs. Anna L. housekeeping T H&L 533 High St Ind tel.
Fogle, Helen M. (dau Mrs. Anna) school teacher bds 533 High St Ind tel.
Foor, Edward.
Foor, J. W. (May) lightning rod agt T H&L 706 Park St.
Foor, Ray (Pearl) 1 ch works in ice cream mfg place T H&L 414 Front St.
Foster, Edward M. (Phoebe) dairyman T H&L 1114 Oakwood St Ind tel.
Foster, F. A. (Elizabeth) 1 ch works at farmers' elevator O H&L 1041 Reynolds St.
Foster, Jesse (son F. A.) clerk bds 1041 Reynolds St.
Fox, E. D.

Fox, John ret O H&L 1128 Stephenson St.
Fox, Ralph D. (Aetna) 1 ch piano business O H&L 937 Woodlawn St Ind tel.
Fox, W. M.
Fraas, Clyde (son John W.) harness maker 910 Hobson St.
FRAAS, JOHN W. (Hadie) harness and buggies O H&L 1h 910 Hobson St. See adv.
Fraas, Josephine (dau John W.) housekeeper 910 Hobson St.
FRALEY, G. F. (Minnie) 2 ch contractor & builder O H&L 503 Welsted St Ind tel. See adv.
Fralich, Mary.
Frank, Daniel (Catharine) plaster and brick mason O H&L 414 Appian St Ind tel.
Frank, Ray W. (son Daniel) laborer 414 Appian St Ind tel.
Franz, A. H. grocer bds 1033 Perry St.
Franz, Jacob (Catharine) ret O H&L 216 W. Barnes St Ind tel.
Franz, Mrs. Mary ret O H&L 114 Brownell St.
Franz, Otto grocery.
Frease, Mrs. Amelia bds with Mrs. Wallace Blair 330 W Clinton St Ind tel.
Frease, C. C. (Etta) 2 ch ret O H&L 123 E. Clinton St Ind tel.
Frease, C. O. (Alice May) ret farmer O H&L 305 W. Clinton St Ind tel.
FREASE, D. W. (Julia) ret O H&L 853 Woodlawn St.
Frease, J. H. jeweler bds 721 N. Perry St.
Frease, Mrs. Lillian ret O H&L 224 W. Main St Ind tel.
Freffel, Alex (Mary) watchman O H&L 216 E Main St.
Freffel, Etta clerk 216 E Main St.
Freffel, Tony clerk 216 E Main St.
French, Mrs. Alta 1 ch housekeeper O H&L 635 W Main St Ind tel.
FRENCH, H. H. 1 ch insurance & real estate bds Old Volcke Block. See adv.
Freppel, Paul (Carrie) 5 ch bartender O H&L 403 E Washington St.
Fretz, Charles (Mary) laborer T H&L 114 Brownell St.
Frick, Ben.
Frolich, Alfred F. (son Mary) laborer bds N High St.
Frolich, Arthur B. (son Mary) laborer bds N High St.
Frolich, Mary (wid John) 6 ch O H&L N High St Ind tel.
Frolich, Walter (son Mary) 3 ch laborer bds N High St.
Frost, Harry (Glen) 2 ch railroader T H&L 501 Fillmore St Ind tel.
FROUCE, C. H. (Edna) 1 ch city dray line T H&L 2 mules 915 Scott St Ind tel. See adv.
Fruchey, C. E. (Ida M.) 2 ch machinist O H&L 316 E Main St.
Fruth, H. O. (Louisa) ret O H&L 214 Brownell St Ind tel.
Frysinger, Anna M. (dau John M.) stenographer 223 Kolbe St Ind tel.
Frysinger, Edna F. (dau John M.) school teacher 223 Kolbe St Ind tel.
Frysinger, Henry (Mary E.) laborer O H&L 616 Leonard St Ind tel.
Frysinger, John M. (Juliett) cement worker O H&L 223 Kolbe St Ind tel.
Fuhrhop, Fritz ret O H&L 721 Park St.
Fuller, G. B.
Funchion, James (Mary) 4 ch drives dray wagon T H&L 832 Monroe St.
Funchion, Leo (son Mike) farm hand 654 Riverview Ave.
Funchion, Mark (Lizzie) 3 ch teamster T H&L 111 W Front St.
Funchion, Mike (Caroline) laborer T H&L 654 Riverview Ave.
Funkhauser, E. (Margaret) 2 ch auto agt O H&L 1017 Dodd St Ind tel.
Gallagher, J. A. (Mary E.) 1 ch conductor on D T & I R R T H&L 1039 Scott St.
Gardner, Cecil (Myrtle) 1 ch photographer O H&L 756 W Washington St Ind tel.
Gardner, Miss Della works at studio bds 934 N Perry St.
Gardner, J. M.
Gardner, Mrs. Lavina ret O H&L 934 N Perry St.
Gardner, Tell (Bertha) 1 ch photographer T H&L 752 Sheffield Ave Ind tel.
Garverick, Erastus (son Mrs. J. W. Rosey) concrete work bds 1052 S Perry St.
GATHMAN, HENRY J. (Anna) 2 ch clerk O H&L E Washington St.
Gathman, Mrs. Mary ret O H&L 124 W Clinton St.
GAUTSCHI, F. H. osteopathic physician bds room 7 New Vocke Block Ind tel.
Gearhart, Christ.
Gehrett, Eli (Mary) ret O H&L 1033 Woodlawn St.
Genereux, Edward farmer.
Genereux, Elgen (son G. E.) works in Cleveland 817 Daggett Ave.
Genereux, G. E. (Melvina) night clerk in hotel O H&L 817 Daggett Ave Ind tel.

Genereux, Phyllis (dau G. E.) student 817 Daggett Ave Ind tel.
Gensel, D. (Lucinda) 1 ch laborer O H&L 804 Daggett Ave Ind tel.
Geren, Samuel (Margaret) 2 ch engineer T H&L North St Ind tel.
GERKEN, HARMON (Julia) 6 ch concrete worker O H&L 224 Cary St Ind tel. See adv.
Gerken, Henry F. (Anna) carpenter O H&L 1013 Stephenson St Ind tel.
Germain, Miss Ella dressmaker O H&L 850 Woodlawn St.
Germain, Miss Florence dressmaker O H&L 850 Woodlawn St.
Gilbert, S. W. (Mary) 1 ch truck farming O H&L 658 Beckham St.
Gillespie, Morgan (Neal) 4 ch works in Napoleon Garage T H&L 234 E Clinton St.
Gilliland, Edward (Alverda) 4 ch clerk O H&L 623 W Washington St Ind tel.
Gilson, Bertha (dau Elmer) school teacher 1117 Scott St Ind tel.
Gilson, Boston (Marie) ret farmer H&L 636 W Clinton St Ind tel.
Gilson, Elmer (Barbara) carpenter O H&L 1117 Scott St Ind tel.
Gilson, Ethel C. (dau Boston) school teacher bds 636 W Clinton St Ind tel.
Gilson, Leroy (Maude) 1 ch grocer O H&L.
Gilson, Robert (son Elmer) clerk bds 1117 Scott St Ind tel.
Gilson, Roy (Maud) 1 ch grocery O H&L 1107 Scott St.
Gilson, Sophia E. (dau Boston) clerk bds 636 W Clinton Ind tel.
Glanc, Fred (son Harmon) painter 1037 Stephenson St.
Glanc, Harmon (Ida) 2 ch O H&L 1037 Stephenson St.
GLASS, HARRY R. (Nettie) painter & paperhanger O H&L 1043 N Perry St Ind tel.
GLASS, HELEN (dau H. R.) school teacher 1043 N Perry St Ind tel.
Glass, Miss Helen student bds with E. C. Lautzenheiser 617 W Maumee Ave Ind tel.
Glass, Miss Mary housekeeper O H&L 222 E Washington St Ind tel.
Glass, Nancy ret 1043 N Perry St Ind tel.
Glick, S. V.
Glosser, Mrs. Mary ret T H&L 217 Cary St Ind tel.
Goachee, Benjamin (Anna) 2 ch laborer T H&L 631 E Washington St.

Goachee, Mrs. Hattie ret O H&L 529 E Washington St.
Goller, A. bakery O H&L 516 N Perry St.
Gomer, Wm. (Rinehart) 7 ch laborer in hoop mill O H&L 743 W Main St.
Gordon, Bert (Hazel) 5 ch monument worker T H&L 848 Daggett Ave.
Gordon, W. J.
Gorman, John (Lucy) 1 ch engineer O H&L 1204 Oakwood St Ind tel.
GOTTSCHALK, A. H. (Margaret) 1 ch shoe dealer T H&L 649 W Washington St Ind tel. See adv.
Gottschalk, Wm. (Elizabeth) 1 ch real estate O H&L 755 W Washington St Ind tel.
Graffice, Blanche (dau Harry) 201 W Front St Ind tel.
Graffice, Harry (Martha) 1 ch laborer T H&L 201 W Front St Ind tel.
Graffice, Ruth (dau Harry) staying at home 201 W Front St Ind tel.
Graham, Mrs. Elizabeth ret O H&L 419 Appian St.
Grant, F. M. (Cora) 1 ch works at Thieson L. Hildred Lumber Co O H&L 703 Daggett Ave Ind tel.
Grant, Lester (son F. M.) paperhanger bds 703 Daggett Ave Ind tel.
GRAY, P. W. (Nellie) 1 ch sheriff O H&L 123 Washington St Ind tel.
Green, Mrs. Amelia 1 ch housekeeper O H&L 844 Hobson St Ind tel.
GREEN, BERT (Ilo) clerk O H&L 944 Woodlawn Ave.
Green, Olive (dau Amelia) student 844 Hobson St Ind tel.
Green, Mrs. T. M.
Greenhagen, Anna 221 W Clinton St Ind tel.
Gregg, E. M. (Minnie L.) 2 ch cashier of First National Bank O H&L 531 W Washington St Ind tel.
Greiner, Arnold (Eleanor) 1 ch foreman of brewery T H&L 217 W Main St Ind tel.
Grice, Jack (Maud) 2 ch laborer T H&L 317 Short St.
Grim, Anna (dau John) clerk in Brown & Meyerholtz bds 517 Appian St.
Grim, John (Lilly) carpenter O H&L 517 Appian St.
GRIMES, C. W.
Grimes, M. J. (Abbigail) ret O H&L 1h 744 W Washington St Ind tel.
Groll, John C. (Mary) ret O H&L 1012 Woodlawn St.
Groschner, F. M. (Harriett) 1 ch traveling salesman O H&L 606 Haley Ave Ind tel.

FARMERS' DIRECTORY

Groschner, H. C. ret.
Guenther, C. R. (Anna) 1 ch meat market O H&L 3h 80 Ohio St Ind tel.
Guhl, Mrs. Augusta housekeeper O H&L 855 Maple St.
Guhl, Matilda (dau Augusta) 855 Maple St.
GUILINGER, F. M. (Cloe) garage T H&L Main St Ind tel. See adv.
Gunn, Howard (Helen) works in furniture store T H&L 425 E. Washington St.
Gunner, Art (Nettie) 2 ch works at hoop mill T H&L 782 E. Clinton St.
Haag, S. C. (Mrs. C.) ret O H&L 631 W. Clinton St Ind tel.
Haas, Geo. (Barbara) minister T H&L 816 Scott St.
Haase, G. G. (Minnie) 1 ch well driller O H&L 1040 N. Perry St Ind tel.
Hackett, A. F. (Lenora) 1 ch foreman at windmill factory O H&L 1225 Oakwood St Ind tel.
HAGANS, CLYDE F. music instructor bds 526 High St. See adv.
Hagerty, Chas. teamster.
Hahn, A. J. (Mary E.) 1 ch mill worker O H&L 526 E. Main St Ind tel.
HAHN, FRANK (Eva) 1 ch dry goods store O H&L 824 Scott St Ind tel.
Hahn, Geo. (Catharine) ret O H&L 830 Scott St.
Hahn, John T. (son A. J.) teamster 526 E. Main St Ind tel.
Hahn, Leona G. (dau A. J.) telephone operator 526 E. Main St Ind tel.
Hahn, Mrs. Sophia O H&L 218 E. Clinton St Ind tel.
Hahn, Tony W. (Evelyn) 2 ch clothing store O H&L 903 Scott St Ind tel.
Haldaman, Geo. T H&L rear of 222 E. Main St.
Haley, C. M. (Nellie) mail messenger O H&L 504 Monroe St Ind tel.
Haley, J. S. (Hannah S.) ret O H&L 626 W. Clinton St Ind tel.
Haley, Owen (son C. M.) photographer bds at home 504 Monroe St Ind tel.
Hall, A. A. (Jennie) farming O H&L 625 Welsted St.
Hall, Bertha (dau Mrs. Emma) dress maker 223 W. Washington St Ind tel.
Hall, Bessie (dau Mrs. Emma) student 223 W. Washington St Ind tel.
Hall, Clyde fireman rooms at C. C. Morey 322 W. Clinton.
Hall, Mrs. Emma T H&L 223 W. Washington St Ind tel.
Hall, Mrs. L. S.
Hall, Mildred (dau Mrs. Emma) student T 223 W. Washington St Ind tel.
Halter, David (Sarah) ret O H&L 636 Beckham St Ind tel.
Halter, J. L. (Lottie) ret O H&L 448 Welsted St
Hampton, Cleve.
Hampton, Geo. (Loretta) baggage master at Wabash Depot T H&L 1122 Stephenson St.
HAMPTON, GEO. W. (America) 1 ch timberman O H&L W. Main St Ind tel.
Hancock, Arthur (Margaret) 2 ch works at windmill factory O H&L 624 Hobson St Ind tel.
Hancock, D. H. ret T H&L 624 Hobson St. Ind tel.
Hancock, Eugene (son D. H.) works at electric light plant bds 624 Hobson St Ind tel.
Hancock, Miss Hattie (dau D. H.) 624 Hobson St Ind tel.
Hancock, Ralph (son D. H.) works at windmill factory bds 624 Hobson St Ind tel.
Hane, Mrs. Ida 1 ch T Flat 826 Monroe St.
Hanigan, Mrs. G. 1 ch 203 Meekison St. Ind tel.
HANNA, J. W. (Lucy V.) real estate O H&L 619 W Washington St. See adv.

The Best on the Tree.

Harmon, G. E. 2 ch contractor T H&L 6 mules 203 Meekison St Ind tel.
HARMON, HENRY (Ellen) building mover O H&L 2h 1121 Oakwood Ave Ind tel. See adv.
Harmon, J. E. (Winona) laborer T H&L 850 Hobson St.
Harold, Mrs. Margaret O H&L 840 Dagget Ave.
Harper, Charles (Jessie) railroader T H&L 1078 N. Perry St Ind tel.
HARPER, J. W. (Myrtle) 1 ch surveyor O H&L 1139 Woodlawn Ave Ind tel.
Harrison, Bertha (dau C. F.) 826 River View Ave.
Harrison, Chas.
Harrison, Chas. F. (Goldie) 4 ch R. F. D. mail carrier O H&L 2h 832 Welsted St.
Harrison, Chas. M. (Amelia) 2 ch physician and surgeon O H&L 516 W. Washington St Ind tel.
Harrison, C. F. (Anna) laborer O H&L 826 River View Ave.
Harrison, Frank M (Emily) 1 ch physician and surgeon T H&L 1h 511 W. Washington St Ind tel.
Harrison, Grace (dau C. F.) 826 River View Ave.
Harrison, Mrs. Mary E. O H&L 511 W. Washington St Ind tel.
Harrold, Chas.
Hartley, Harry carpenter.
Hartman, D. V. (Melissa) gardener O H&L 215 Front St.
Hartman, Edward S. city mail carrier bds with Miss Ora Sheffield 1005 Woodlawn St Ind tel.
Hartman, H. B. (Lottie) 2 ch school teacher O H&L 201 Front St Ind tel.
Hartman, Levi (Sarah) ret O H&L 161 E. Maumee St.
Hartman, Mrs. Lydia O 539 Avon Place Ind tel.
Hartman, Mrs. L. B.
HARTMAN, R. W. florist O H&L 502 W. Clinton St Ind tel. See adv.
Hashbarger, S. R. (Lorain) ret O H&L 203 E. Maumee St Ind tel.
HATCHER, W. T. (Lavinia) 2 ch County Superintendent of school T H&L 517 Avon St Ind tel.
Hays, Miss Belle O H&L 1035 N. Perry St Ind tel.
Hays, G. F. (Nina) 3 ch sugar beet agent T H&L 131 Railroad St Ind tel.
Hazard, Geo. (Sarah) carpenter O H&L 538 *Beckham St Ind tel.
HAZARD, WM. (Hattie) photographer T H&L 538 Beckham St Ind tel. See adv.

Head, Chas. (son Jennie) moulder bds 203 E. Main St.
Head, Mrs. Jennie O H&L 203 E. Main St.
Hearn, Albert (Etta) 6 ch timber buyer for hoop mill T H&L 532 E. Washington St Ind tel.
Hearn, R. C.
HECKLER, D. A. (Mary) 1 ch ice cream mfg O H&L 108 Front St. See adv.
Heckler, Grant (son D. A.) druggist 108 Front St Ind tel.
Heist, Edith (dau Wm.) telephone operator 324 Cary St Ind tel.
Heist, Gale (son Wm.) works at hoop mill bds 324 Cary St Ind tel.
Heist, Wm. G. (Estella) 1 ch auto agent O H&L 324 Cary St Ind tel.
HELBERG, B. H.
HELBERG, GEO. Box 13.
Heller, Clarence J. (son Geo.) works in Toledo 651 Euclid St Ind tel.
Heller, Geo. (Flora) ret O H&L 651 Euclid St Ind tel.
Heller, Sophronia O H&L 1h 304 W. Washington St Ind tel.
Heller, S. M. (Anna L) ret H&L 125 W.Clinton St Ind tel.
Heller, Will (Grace) 1 ch ret O H&L 603 Avon Place Ind tel.
HENDERSON, MRS. LULU T H&L 131 Taylor St Ind tel.
Henderson, Virgil (son Lulu) plumber bds at home 131 Taylor St Ind tel.
Hening, Calvin (Hannah) 3 ch farmer T H&L 657 Euclid Ave.
Hennig, Floyd (Catharine) 3 ch works for Leonhart & Market T H&L 129 E. Maumee St.
Henricks, Ray (Pearl) 1 ch laborer T H&L.
Herbolsheimer, D. (Lena) laborer O H&L 503 W. Maumee Ave.
Hesley, W. J. (Grace) grocery T H&L 2h 815 Lombard St.
Hess, Anna (dau Wm. N.) student bds 443 W. Welsted St.
Hess, Carl mason.
Hess, Daniel.
Hess, Della (dau Wm. N.) school teacher bds 443 Welsted St.
Hess, Fred (Laura) laborer T H&L 805 Daggett Ave.
HESS, OTTO W. attorney-at-law bds 443 Welsted St Ind tel. See adv.
HESS, WM. N. (Sophia) 2 ch contractor O 2H&2Lots 2h 4c 443 Welsted St. See adv.
Hettel, Clara (dau E. A.) milliner 804 W Washington St Ind tel.

FARMERS' DIRECTORY

Hettel, E. A. (Mary) ret farmer O H&L 2h 804 W Washington St Ind tel.
Hettel, Florence (dau E. A.) stenographer 804 W Washington St Ind tel.
Hilstand, Noah ret O H&L 219 Garden St.
Higgins, Albert (Alice) foreman Windmill factory O H&L 1097 Dodd St.
Higgins, A. B.
Higgins, Oliver (Jennie) watchmaker O H&L 324 E Clinton St Ind tel.
HIGGINS, ROY (Helen N.) 1 ch tailoring and dry cleaning T H&L 305 W Clinton St Ind tel. See adv.
Hildred, Elsie (dau Fred) student 717 W Main St.
Hildred, Mrs. Emma H&L 519 Vine St Ind tel.
Hildred, Fred (Cora) 3 ch plaining mill O H&L 717 W Main St.
HILDRED, G. E. (Bertha) lumber dealer T H&L 203 W Main St Ind tel. See adv.
Hildred, Lucile 1 ch 717 Main St.
Hildred, Miranda (dau Fred) school teacher 717 W Main St.
Hilgendorff, F. W. (Nora) 2 ch recorder O H&L 723 W Clinton St Ind tel.
Hill, Mrs. Gusta 4 ch T H&L 138 Meekison St.
HINCHER, WM. (Luella) 1 ch plumber O H&L 323½ S Perry St Ind tel. See adv.
Hines, Christian (Elizabeth) sheet metal mfr O H&L 848 Oakwood St.
Hines, C. S. (Clara) 2 ch sheet metal mfr T H&L 848 Oakwood St.
Hipp, P. B. (Inez) manager Napoleon Grain Stock Co T H&L 923 N Perry St.
Hirseland, Herman (Matilda) boss in brewery O H&L 716 W Clinton St.
Hitt, O. W. (Anna) foreman at D T & I Soundhouse T H&L 838 Hobson St Ind tel.
Hoch, C. J. (Anna) engineer T H&L 411 Fillmore St Ind tel.
Hockman, Mrs. Kate bds with E D Naugle 422 E Washington St Ind tel.
Hoeffel, Clarence (son John) clerk bds 1313 Oakwood St Ind tel.
Hoeffel, John (Lena) 8 ch section hand T H&L 1313 Oakwood St Ind tel.
Hoeffel, Lewis (son John) clerk bds 1313 Oakwood St Ind tel.
Hoff, Chas. H. (Ella) 2 ch tinner O 2H&2Lots 2h 1c 231 W Main St Ind tel.
Hoff, Ferdinand (Mary) shoe repairer O H&L 229 W Main St Ind tel.
Hoff, W. A. (Dora) tinner O H&L 131 W Maumee Ave.

Hoffman, Charley (Helen) clerk bds with John H. Andrew 223 W Barnes St.
Hoffman, Daniel (son Wm.) works in Coreys Garage 124 W Barnes St Ind tel.
Hoffman, Geo. (Mary) 1 ch ret O H&L 596 W Maumee Ave.
Hoffman, J. M. (Mrs. N. A.) ret O H&L 322 Brownell.
Hoffman, Stanley (Emma F.) 1 ch works at lumber yard O H&L 911 Hobson St.
Hoffman, Walter (Lulu) 1 ch druggist T H&L 209 W Maumee Ave.
Hoffman, Wm. (Kate) 3 ch works at hoop mill O H&L 124 W Barnes St Ind tel.
Holden, John (Aliene) 3 ch barber T H&L 1049 N Perry St Ind tel.
Holebrook, Mrs. Mary 1 ch 317 W Maumee Ave Ind tel.
Holers, Herman (Catherine) ret O H&L 707 Park St.
Holferson, Henry (Dorothy) 2 ch watchman T H&L 354 Yeager St.
Holjerson, Henry.
Hollinger, A. W. (Sarah) farmer O H&L 1h 143 W Maumee Ave.
Hollingshead, Edith (dau Geo.) bookkeeper 431 E Washington St Ind tel.
HOLLINGSHEAD, E. P. (Alta) 3 ch furniture and undertaking O H&L 1058 Dodd St. See adv.
Hollingshead, Geo. (Sarah) ret O H&L 431 E Washington St Ind tel.
Hollingshead, G. W. furniture.
Holingshead, Wirrie (son Geo.) laborer bds 431 E Washington St Ind tel.
Hollofeter, O. M. (Bertha) 1 ch machine agent T H&L 724 W Main St.
Holloway, G. P. (Gladys) 1 ch harness T flat 607½ N Perry St.
Homan, Sam (Dora) 3 ch laborer O H&L 526 Euclid St.
Honeck, S. M. (Margaret) sewing machine agent O H&L 303 E Main St.
Honeck, Wm. (Mabel) 4 ch carpenter O H&L 237 Garden St.
Horn, W. A. (Olidia) 1 ch grocery O H&L 131 Barnes Ave Ind tel.
Horning, Wm. clerk at Spengler Grocery O H&L 421 E Main St.
Hortigan, David (Margaret) asst treasurer T H&L 712 W Washington St Ind tel.
Host, Wm. handle finisher bds with James Atkinson 610 Hobson St.
Houck, B. V. (Mabel) 2 ch conductor D T & I T H&L 512 Ohio St.

Howe, Mrs. Margaret O H&L 929 N Perry St Ind tel.
HOY, WALTER E. (Ada R.) 3 ch Walk-Over Shoe Store O H&L 511 Vine St Ind tel. See adv.
Huddle, O. E. (Celia) 3 ch farmer O H&L 623 S Perry St Ind tel.
Huddle, Ray (son O. E.) student 623 S Perry St Ind tel.
Hudson, A. A. (Edith M.) picture showroom T H&L 116 E Clinton St Ind tel.
Hudson, Blair (Lillian) 2 ch barber T H&L 212 Front St.
Hudson, Carrie (dau Mrs. D. P.) T H&L 324 W Main St Ind tel.
Hudson, Mrs. D. P. T H&L 324 W Main St Ind tel.
Hudson, Geo. laborer T flat 513½ S Perry St.
Hudson, James B. laborer O H&L 110 W Front St.
Hudson, Madge (dau Mrs. D. P.) bank clerk T H&L 324 W Main St Ind tel.
Hudson, Olive.
Hudson, W. O. (Abbie) city engineer O H&L 829 Woodlawn St.
Huffman, D. S. engineer.
Huffman, J. M.
Hughes, Catherine A. O H&L 723 Welsted St Ind tel.
Hughey, Charles (Nettie) 1 ch bridge worker T H&L 1009 Woodlawn St Ind tel.
Hull, Mrs. A. N.
Hull, D. O. (Nell) 1 ch superintendent city light and water works T flat 136 W Washington St Ind tel.
Huner, Mary 404 W Washington St Ind tel.
Hurd, Albert tel operator bds with W. E Hurd 755 W Clinton St.
HURD, H. E. (Amanda) painter and paperhanger O H&L 511 Appian St.
Hurd, Wm. ret.
Hurd, W. E. (Grace) 3 ch works at towerhouse T H&L 755 W Clinton St.
Huston, Chloe M. (dau L. R.) clerk 317 Yeager St Ind tel.
Huston, L. R. (Sarah) mail carrier O H&L 317 Yeager St Ind tel.
Huston, Oral (dau L. R.) dairy business 317 Yeager St Ind tel.
Huston, Ray B. (Bertha) 2 ch works at laundry O H&L 834 Daggett Ave.
Hutchison, Arthur (Ida) 6 ch laborer T H&L 911 Vocke St.
Jackman, Fred (Emma) 2 ch boilerwasher T H&L 956 Sheffield Ave.

Jackson, C. W. (Mary L.) 3 ch plumbing T H&L 434 Welsted St Ind tel.
Jackson, George (Blanche) laborer T flat 131 W Main St Ind tel.
Jahn, C. (dau Herman) dressmaking 240 W Maumee Ave Ind tel.
Jahn, Fred (son Herman) works at Kings Garage bds 240 W Maumee Ave Ind tel.
Jahn, Geo. (son Herman) painter bds 240 W Maumee Ave Ind tel.
Jahn, Herman (Mary E.) janitor O H&L 240 W Maumee Ave Ind tel.
James, Wm. (Mary) 1 ch laborer T Flat 513½ S Perry St.
Jeakle, Catherine ret O H&L 173 W Maumee Ave Ind tel.
Jeakle, Harry (Ida) bus driver T H&L 259 Yeager St Ind tel.
Jeakle, John 1 ch building mover T H&L 180 E. Maumee Ave.
Jeakle, O. S. (Ida) 1 ch carpenter T H&L 173 W. Maumee Ave Ind tel.
Johnson, Carry (dau Wm.) works in Kindig bakery bds at home 806 W. Clinton St.
Johnson, Mrs. Flora housekeeper O H&L 903 Hobson St Ind tel.
Johnson, John (Lizzie) 1 ch street commissioner O H&L 836 Monroe St Ind tel.
Johnson, Miss Josephine (dau of Flora) clerk 903 Hobson St Ind tel.
Johnson, J. J. contractor.
Johnson, J. W.
Johnson, Mary (dau Wm.) 806 W Clinton St.
Johnson Robert (Martha) 1 ch grain dealer T No. 3 Sabel Flat 612 Scott St Ind tel.
Johnson, Ruby (dau Wm.) student 806 W. Clinton St.
Johnson, R. N. (Mary) county commissioner O H&L 206 W. Barnes St Ind tel.
Johnson, Wm. (Ida) 4 ch laborer T H&L 806 W. Clinton St.
Jubinville, John laborer bds 137 Glenwood St.
Kanney, Alma (dau of Joseph) school teacher bds at home 504 E. Washington St Ind tel.
Kanney, August (Lulu) 1 ch barber T H&L 121 E. Barnes Ave.
Kanney, F. L. (Louise) restaurant O H&L N. Perry St.
Kanney, Geo. J. (Ona) 4 ch mail carrier O H&L 434 E. Main St.
Kanney, John F. (Emma) 1 ch barber T H&L N. Perry St.

FARMERS' DIRECTORY

Kanney, Joseph (Mary) machinist O H&L 504 E. Washington St Ind tel.

Kanney, Josephine (dau Joseph) school teacher bds at home 504 E. Washington St Ind tel.

Kaser, Fred engineer at gas plant 804½ N. Perry St.

Keim, D. F. (Lora) ret O H&L 706 Monroe St Ind tel.

Keinath, Chas. F. (Mary) 5 ch real estate agent O H&L 731 Strong St.

Keinath, Helen (dau Chas. F.) cigar maker 731 Strong St.

Keinath, Mary (dau Chas. F.) student 731 Strong St.

Keinath, Stella (dau Chas. F.) clerk in 5 & 10c store 731 Strong St.

Kellar, Floyd laborer bds at W. R. Fawley 724 Wayne St.

Kelley, Arthur (Amy E.) railroad man T H&L 1036 Dodd St Ind tel.

Kelley, Chas. (Mabel) farmer T H&L 503 Appian St Ind tel.

Kelley, C. (Charilla) Standard Oil agt T H&L 130 North St Ind tel.

Kelley, H. C. (Naoma) 3 ch brakeman T H&L 421 E. Washington St Ind tel.

Kelley, James (Ida) 3 ch cement worker T H&L 617 Strong St.

Kenney, Mrs. Mary ret O H&L 107 E. Maumee Ave.

Kent, L. F. (Anna) 2 ch laborer T H&L Rose St.

Kenyon, Fred (Josephine) 2 ch foreman T H&L 1032 Dodd St Ind tel.

Kerman, Nellie (dau of W. H.) school teacher bds 122 W. Maumee Ave Ind tel.

Kerman, W. H. traveling salesman O H&L 122 W. Maumee Ave Ind tel.

Kessler, Geo. (Byrle) laborer T H&L 225 Gorden St.

KESTNER, JOSEPH sand and gravel O H&L 415 E Front St Ind tel. See adv.

Kettring, Francis H. (Grace) 1 ch ret O H&L 221 E Barnes Ave.

Kettring, Lily L. (dau Francis H.) school teacher O H&L 221 E Barnes Ave.

Keyes, L. D. bakery.

Kibbler, Chas (Lulu) 1 ch laborer O H&L 718 Pork St Ind tel.

KILE, I. E. (Bertha) 2 ch dry goods & grocer O H&L 1h 228 Meekison St. See adv.

Kimberly, Chas. (Katherine) 7 ch teamster T H&L Tow Path.

Kimberly, Daniel (Marinda) 1 ch teamster T H&L 943 Woodlawn St Ind tel.

Kimberly, Frank (son Chas.) laborer bds at home Tow Path.

Kimberly, Wm. laborer H&L 419 Front St.

Kime, Clare student bds with Miss Ora Sheffield 1005 Woodlawn St Ind tel.

Kime, H. A.

KINDER, RALPH (Ada) 4 ch laborer T H&L 733 Tow Path Ind tel.

Kindig, Mrs. Z. L. 1 ch bakery T H&L 714 N Perry St Ind tel.

KING, CHAS. 3 ch garage T H&L 506 Haley Ave Ind tel.

King, Fred E.

King, Henry M. (Amelia) fence post dealer O H&L 1h 617 W. Main St Ind tel.

King, Levi W. (Della) laborer O H&L 1375 Oakwood St Ind tel.

King, O. E. carpenter rooms at Jennie Davenport 619 Hobson St Ind tel.

Kissel, C. L. (Katharine) 4 ch poultry dealer O H&L 3h 539 Clinton St Ind tel.

Kistner, Miss Bertha (dau Flora) house keeper at home 511 E. Main St.

Kistner, Carl (son Flora) works at hoop factory bds 511 E. Main St.

Kistner, Mrs. Clara works at Wellington Hotel 511 E. Main St.

Kistner, Mrs. Flora ret O H&L 511 E. Main St.

Kistner, Frank (son Flora) works in hoop factory bds 511 E. Main St.

Kistner, Geo. laborer O H&L 518 E. Washington St.

Kitchen, Frank (Ida) 2 ch clerk T flat 327 S. Perry St.

Klear, Robert F.

Klotz, Chas. J.

Knape, John.

Knape, Robert (Caroline) ret O H&L 1025 Woodlawn St Ind tel.

Knapp, John (Emma) 1 ch O H&L 1023 N Perry St.

Knapp, John (Mary) ret O H&L 1050 N. Perry St.

Knepley, Andrew (Harriett) 2 ch ret O H&L 226 Kolbe St.

Knipp, Miss Catharine housekeeper for Mrs. Mary Felter 1019 Scott St Ind tel.

Knipp, Mrs. Diania housekeeper O H&L 858 Hobson St Ind tel.

Knipp, Mrs. Fred.

Knipp, Geo. (Elizabeth) ret O H&L 709 W. Main St.

KNIPP, HARRY (Imogene) 2 ch grocer O H&L 308 Appian Ave Ind tel.

NAPOLEON

Knipp, John ret O H&L 137 W. Maumee Ave Ind tel.
Knipp, Mrs. Margaret ret O H&L 439 Appian St.
Knipp, Samuel F. ret bds with Mary Fetter 1019 Scott St Ind tel.
Knipp, Sarah M.
Knisley, M. A. (Helen) 2 ch railroader T H&L 1144 LaGrange St.
KNUPP, G. A. loans & abstracting T 611 W Washington St Ind tel. See adv.
Knupp, Mrs. Minerva housekeeper O H&L 611 W. Washington St.
Koch, Chas. (Hannah) ret O H&L 428 S. Perry St Ind tel.
Koch, Della (dau Chas.) dressmaker 428 S. Perry St.
Koch, Johana.
Koch, Oda (dau Chas.) school teacher 428 S. Perry St Ind tel.
Kohler, Gustave (Julia) grocery O H&L 508 W. Clinton St Ind tel.
Kolbe, Henry (Anna) ret O H&L 420 Welsted St Ind tel.
Konzen, Anna M.
Konzen, Geo. (Frances) 2 ch real estate agent O H&L 117 W. Clinton St Ind tel.
KORTE, GEO. H. (Anna) 1 ch shoe dealer O H&L 652 Leonard St Ind tel.
Krabill, G. H. (Effie) 2 ch blacksmith O H&L 127 W. Maumee Ave Ind tel.
Krabill, Wm. blacksmith.
Kramer, Geo.
Kramer, Henry (Doretta) 6 ch teamster T H&L 514 Monroe St.
Krause, J. H. (Jennie) 1 ch barber T H&L 113 E. Clinton St Ind tel.
KRAUSS, L. P. (Ethel) 2 ch coal dealer T H&L 2h 1020 N Perry St Ind tel. See adv.
Kraut, Harry (Navada) 2 ch T 25a 1h 4c E Maumee Ave Ind tel.
KRETZ, ALBERT A. (Hazel) 2 ch drives coal wagon T H&L 711 Monroe St.
Krieger, James (Lucile) 3 ch laborer T H&L 119 Taylor St.
Krouse, John H. (Jennie) barber T H&L 113 E Clinton St Ind tel.
Krouse, Ruby (dau J. H.) pianist 113 E Clinton St Ind tel.
Krout, Harry.
Kruse, Wm. (Louisa) 1 ch night watchman O H&L 242 Yeager St.
Kryling, Chas. mechanic bds 904 W Washington St.
KRYLING, WM. (Emma) 2 ch mechanic 904 W Washington St Ind tel.

Kuhlman, Mrs. Rebecca O H&L 669 Euclid St.
Kurtz, Hiram (Sophia) teamster O H&L Dodd St.
Kurtz, Jeanette bookkeeper bds Dodd St.
Kurtz, John (Minnie) 1 ch works at Windmill Factory O H&L 317 Cary St Ind tel.
Kurtz, Joseph (Emma) 2 ch clerk in Spengler's Grocery O H&L 521 E Washington St.
LABOVITZ, J. (Anna) 3 ch junk dealer O H&L 1h 925 Scott St. See adv.
Lado, Benjamin (Theresa) 2 ch laborer T H&L 419 Fillmore St.
Lane, J. A. (Millie) 1 ch lineman T H&L 1025 Dodd St Ind tel.
Lange, Fred (Sophia) 1 ch ret O H&L 523 High St Ind tel.
Lange, Harmon (Mary) tailor O H&L 649 W Main St.
Lange, Henry (Dora) ret O H&L 403 E Main St.
Lange, Theodore (son Fred) laborer bds 523 High St.
Lankenan, Alfred H. (son Francis J.) clerk bds 316 W Clinton St.
Lankenan, Arthur (son F. J.) student 316 W Washington St.
LANKENAN, FRANCIS J. (Helen B.) 6 ch Lutheran minister T H&L 316 W Clinton St.
Lankenan, Frank (son F. J.) student 316 W Washington St.
Lankenan, F. J. (Helen) 6 ch minister T H&L 316 W Clinton St Ind tel.
Laprade, F. G. (Grace) 2 ch fireman D T & I T H&L 843 Oakwood St.
Laremore, Virgil (Sadie) 1 ch foreman at hoop mill 318 E Clinton St.
Larkins, Beatrice (wife James R.) 2 ch housekeeper 647 Park St.
Lashaway, J. W. (Minnie) 1 ch bartender T H&L 165 W Maumee Ave Ind tel.
Laver, Miss Mary I. nurse T 616 Leonard St.
LAUTERBACH, JOHN (Anna) 2 ch tailor T H&L 626 Leonard St Ind tel. See adv.
Lautzenheiser, Chas. (Hazel) railroader O H&L 1070 N Perry St.
Lautzenheiser, Mrs. E. C. ret O H&L 617 W Maumee Ave Ind tel.
Lazenby, Albert painter & paperhanger O H&L 317 W Maumee Ave.
Lazenby, Grant plasterer O H&L 317 W Maumee Ave Ind tel.
Lebay, Mrs. J. M.
Lee, Agnes (dau Olive) bookkeeper for C. J. Prentiss 626 W Main St.

Lee, Clayton (son Olive) laborer at hoop mill 626 W Main St Ind tel.
Lee, Geo. (son Olive) laborer at Overland Shop 626 W Main St Ind tel.
Lee, Harry (Fay) 1 ch laborer T H&L 215 E Washington St.
Lee, Mrs. Olive 4 ch housekeeper T H&L 626 W Main St Ind tel.
LEIDEMAN, HENRY 831 Scott St.
Leifer, Cora 5 ch clerk in Brown-Meyholz Store O H&L 637 Strong St.
Leifer, Paul (Ethel) 1 ch hardware clerk H&L 820 Welsted St.
Leinger, Sam (Kate) 4 ch teamster T H&L 225 Cary St.
LEIST, I. (Mrs. R. C.) druggist O H&L 415 W Clinton St. See adv.
Leist, Mrs. Minnie O H&L Rye St.
Leist, Wm. (son Minnie) works at roundhouse bds Rye St.
Lemert, Blanche housekeeper 747 W Washington St Ind tel.
Lemert, Mrs. H. C. ret T H&L 747 W Washington St Ind tel.
Lendon, Miss Marie (dau Fred) housekeeper O H&L 817 Scott St Ind tel.
Lendow, Fred ret 817 Scott St.
Lensman, Chas. (Inez) 4 ch conductor on D T & I T H&L 1104 Stephenson St Ind tel.
Leonard, James (Rebecca) laborer O H&L 741 Stout St.
LEONHART, JOHN lumber dealer bds N Perry St. See adv.
Levay, Mrs. Emma 1 ch O H&L 529 Monroe St Ind tel.
Leyott, Theo. (Anna) hoop cutter T H&L 312 E Main St.
Lickfeldt, Amos (Mamie) 1 ch conductor on D T & I T flat 826 Hobson St Ind tel.
Liddle, Ross (Mary) 3 ch driver Standard Oil Co T H&L Maple St.
Lighthiser, Mrs. Dora housekeeper O H&L 319 W Barnes St Ind tel.
Lighthiser, Edna (dau Dora) bookkeeper at Napoleon Grain Co bds 319 W Barnes St Ind tel.
Lighthiser, Josephine (dau Mrs. J.) 469 W Maumee Ave.
Lighthiser, Mrs. J. housekeeper T H&L 469 W Maumee Ave.
Lindan, Christ ret.
Lindan, Marie.
Lingle, Esher E. (son Lydia) clerk bds 472 W Maumee Ave Ind tel.
Lingle, Mrs. Lydia O H&L 427 W Maumee Ave Ind tel.
Lingle, M. O. (Annetta) 2 ch plumbing T H&L 420 Welsted St Ind tel.
Lingle, T. W.

LINTHICUM, J. R. (Beryl E.) 1 ch attorney-at-law O H&L 829 Haley Ave Ind tel. See adv.
Litzenberg, Chas. W. (Theresa) 1 ch stationary engineer Electric Plant T H&L 503 Haley Ave.
Lloyd, Mrs. Emma housekeeper 833 Daggett Ave.
Lockard, John (Ada) 1 ch railroader T H&L 211 Railroad St.
Loitz, Carl laborer.
Long, E. S. (Emma M.) 5 ch carpenter H&L 746 W Main St.
Long, Geo. E. (son John A.) chemist bds 732 W Washington St Ind tel.
Long, Mrs. Gladys 1 ch 517 E Main St.
Long, Harry.
Long, Helen (dau Rebecca Bromsom) 737 W Washington St.
Long, John A. (Elizabeth J.) ret O H&L 732 W Washington St Ind tel.
Long, Leah (dau C. M.) dept probate judge bds 623 W Clinton St.
Long, Wm. (Bertha) 1 ch laborer O H&L 650 Strong St Ind tel.
Long, Wm. C. (Olive) patternmaker T H&L 623 W Clinton St.
Loose, C. E.
Loose, Lyman T. (Carolyn G.) asst cashier First National Bank T H&L 162½ W Washington St Ind tel.
LOOSE, MAXIMUS E. (Cora T.) president First National Bank 333 W Main St Ind tel.
Loose, Olive C. A. (dau M. E.) 333 W Main St Ind tel.
Lose, Mrs. Effie dressmaking H&L 1045 Dodd St Ind tel.
Lowry, Mrs. Elizabeth W. ret O H&L 670 Beckham St.
Lowry, John A. (Cally) 1 ch shoe repairer O H&L Sheffield Ave.
Lowry, Tracy painter.
Lundaman, Chas. F. (Estella) shoe repairer T H&L 915 Welsted St.
Ludeman, Mrs. Henry ret O H&L 831 Scott St.
Ludwig, H. E. (Vordnique) 2 ch barber O H&L 729 W Washington St Ind tel.
Ludwig, Theo.
Lury, Harry (Lillian) 2 ch painter and paperhanger O H&L 333 E Clinton St Ind tel.
Lutz, Carl (Tina) laborer O H&L 1056 Reynolds St.
McBane, Mrs. Lucinda ret O H&L 850 Hobson St.
McCarty, J. C. (May) conductor T H&L 326 Yeager St Ind tel.

NAPOLEON

McCLURE, W. G. (Blanche) 2 ch electric supplies T H&L 703 W Main St Ind tel. See adv.

McColley, Geo. (Ella) painter & paper hanger O H&L 712 Daggett Ave Ind tel.

McColley, Nathaniel (Sadie) 1 ch clerk T H&L 712 Daggett Ave Ind tel.

McComb, Chester A. cement contractor bds R5 401 E Maumee Ave.

McComb, C. R. attorney-at-law O H&L 8 Perry St.

McComb, Edward D. (son L. H.) farmer bds R5 401 E Maumee Ave Ind tel.

McComb, James R. (son L. H.) student bds 401 E Maumee Ave.

McComb, Karl S. (son L. H.) student bds R5 401 E Maumee Ave Ind tel.

McComb, Lynden H. (Lillie) 4 ch arch & contractor O 10a 2h R5 401 E Maumee Ave Ind tel.

McConkey, C. W. (Lulu) veterinary T H&L 1h 839 Monroe St Ind tel.

McDermid, P. breakman bds at C. Bray 251 Yeager St Ind tel.

McGILL, W. A. (Delia) 1 ch restaurant O H&L 1h 850 Monroe St Ind tel.

McGrath, Anna (dau Mrs. James) bookkeeper 608 Avon Place Ind tel.

McGrath, Frances (dau Mrs. James) school teacher 608 Avon Place Ind tel.

McGrath, Mrs. James housekeeper T H&L 608 Avon Place Ind tel.

McGuire, Frank (Jessie) 1 ch breakman on D T & I R R bds with Mrs. Margaret Howe 929 N Perry St.

McIntosh, Mrs. Viola housekeeper O H&L 231 E Clinton St Ind tel.

McKee, Geo. M. (Ora) 2 ch asst cashier in Conn State Bank T H&L 920 Lumbard St Ind tel.

McKee, Miss Matilda dressmaker bds 920 Lumbard St Ind tel.

McOwen, Miss Elizabeth 1 ch housekeeper T H&L 311 Short St.

McPHERSON, DELMER (Ida) 2 ch works on repair track of D T & I R R T H&L Scott & D T & I tracks.

McWilliams, A. H. (Eva L.) 1 ch telegraph operator T H&L 201½ Front St Ind tel.

MacElroy, J. (Ella) engineer on D T I R R T H&L 1223 Detroit Ave.

MAERKER, A. E. H. (Mary E.) 2 ch physician & surgeon O H&L 504 W Washington St Ind tel.

Mallon, Sherman (Frances) 3 ch section foreman on D T I R R O H&L 338 Yeager St Ind tel.

Mallon, W. S.

Mangas, Jacob J. (Elizabeth) auto agt T H&L 230 Kolbe St Ind tel.

Mann, Beryl (dau Mrs. E. L.) 123 Front St.

Mann, Dayl (Grace) 5 ch works in restaurant T H&L 416 S Perry St.

Mann, Mrs. E. A. ret O H&L 704 River View Ave.

Mann, Mrs. E. L. ret O H&L 123 Front St.

Mann, Frank (Augusta) plasterer & mason T flat 609½ N Perry St.

Mann, Fred (Clara) 1 ch mechanic T H&L 219 Gorden St.

Mann, Geo. (Mary) 1 ch laborer T H&L 330 Meekison St.

Mann, Newton (son Sarah) laborer bds 857 Vocke St.

Mann, Ross F.

Mann, Mrs. Sarah ret O H&L 857 Vocke St.

March, Benjamin (Helen) 1 ch laborer lives with John Winkfleck 365 W Front St.

March, David (grandson John Winkfleck) laborer lives with John 365 W Front St.

Market, Ferdinand (Nettie) 1 ch ret O H&L 416 Appian St.

Market, Fred.

MARKET, JAMES F. (Mazie) 1 ch lumber dealer O H&L 8 Perry St. See adv.

Marshall, Emma housekeeper O H&L 609 Strong St.

Marshall, Geo. (Blanche) foreman at Vocke Elevator T H&L 509 Welsted St Ind tel.

Martin, Dr. F. S. (Mary M.) O H&L 524 W Washington St Ind tel.

Martin, S. ret O H&L 434 Welsted St Ind tel.

Marvin, Mrs. E. J. ret O H&L 224 W Maumee Ave.

Mason, Doris (dau J. P.) student 712 Welsted St Ind tel.

Mason, James P. (Onil B.) job printer O H&L 712 Welsted Ind tel.

Mason, Richard (Ameda) 2 ch works at hop mill T H&L 1118 Willard St Ind tel.

MAY, GEO. S. (Bessie K.) 3 ch attorney-at-law O H&L 431 W Washington St Ind tel. See adv.

Maynard, Fannie 1 ch housekeeper for James B. Hudson 110 W Front St.

Maynard, Fannie M. 1 ch O H&L 515 Fillmore St Ind tel.

Meekison, Bruce (son Mrs. Martha) township school superintendent bds 844 Woodlawn St.

FARMERS' DIRECTORY

Meekison, C. (Frances) 1 ch insurance O H&L Dodd St.
MEEKISON, GEO. A. (Vadal G.) 2 ch attorney-at-law O H&L 755 Welsted St Ind tel. See adv.
Meekison, John (Rosa) ret O H&L Rye St.
Meekison, Mrs. Martha J. ret T H&L 844 Woodlawn St Ind tel.
Meekison, M. V. (Mary J.) 3 ch bookkeeper T H&L 817 Hobson St Ind tel.
Meekison, Vadac.
Meeks, H. W. (Mary) 5 ch railroader O H&L 111 Yeager St Ind tel.
MEHRING, J. A. (Mary) brick and tile worker O H&L 923 Woodlawn Ave. See adv.
MEHRING, RICHARD A. (son J. A.) brick and tile works 923 Woodlawn Ave. See adv.
Meiser, Frank.
Meiser, Walter L. (Lulu) 3 ch railroad man T H&L 1092 Dodd St.
Menden, Adolph (Catharine) works at hoop mill O H&L 844 Monroe St.
Menden, Albert (son Adolph) section hand bds 844 Monroe St.
Menden, Elizabeth (dau Adolph) housekeeper 844 Monroe St.
Menden, Geo. (son Adolph) 844 Monroe St.
Menden, John (son Adolph) works at gas plant bds 844 Monroe St.
Mengerink, Albert (Bessie) 6 ch contractor O H&L 1116 Stephenson St Ind tel.
Merrifield, Mrs. Amelia housekeeper O H&L 463 W Maumee Ave Ind tel.
Metz, Vida (dau Mrs. Alta) music teacher 635 W Main St Ind tel.
Meyer, Anna (dau John) clerk bds 1025 Scott St.
MEYER, HENRY H. (Nora) 2 ch pharmacist O H&L 221 East Clinton St Ind tel. See adv.
Meyer, John (Anna) 1 ch clerk O H&L 1204 Detroit Ave Ind tel.
Meyer, John (Eliza) tailor O H&L 1025 Scott St.
MEYER, KARL.
Meyer, Mrs. Louise ret 1037 Dodd St.
Meyerholtz, Henry (Mary) ret O H&L 541 High St.
Meyerholtz, Wm. (Nellie) 2 ch dry goods store O H&L 512 W Washington St Ind tel.
Meyers, Geo., Jr. (son Geo.) farmer 800½ N Perry St.
MEYERS, G. W., SR. sta engineer T flat 800½ N Perry St.

Meyers, Nellie M. (dau Geo.) student 800½ N Perry St.
Milholden, Henry mail carrier.
Miller, Adolph.
Miller, Albert (Minnie) cigarmaker T H&L 211 E Main St.
Miller, A. J.
Miller, Carl (son Conrod) works in Toledo 703 W Clinton St.
Miller, Conrod (Emma) ret O H&L 703 W Clinton St Ind tel.
Miller, Elbert (son Henry) farm hand 718 Park St Ind tel.
Miller, Fronie O flat 822 Hobson St.
Miller, Henry (Catharine) 1 ch ret O H&L 726 Park St Ind tel.
Miller, H. W. (Ella) 2 ch engineer T H&L 320 Yeager St.
Miller, J. W. (Lora E.) real estate O H&L 514 W Clinton St Ind tel.
Miller, Nellie (dau Conrod) bds at home 703 W Clinton St.
Miller, Mrs. Sophia ret O H&L 211 E Main St.
Miller, Thomas hay baler bds at Viola Myers 383 W Front St.
Millhouse, D. (Sarah A.) ret O H&L 623 Strong St.
Millhouse, Walter (son D.) bds at home 623 Strong St.
Millstein, M.
Mitchel, Harold (Chloe) 1 ch fireman on D T & I R R T H&L 852 Monroe St.
Mitchel, W. A. (Carrie) 5 ch works at windmill factory O H&L 321 Brownell St.
Mohler, Fritz C. (Mary) 5 ch solicitor bds with Henry P Pritze 338 Cary St.
Mohler, John S. (Myra) ret O H&L 430 W. Washington St.
Mohler, Tilden (Cora) 6 ch laborer at wind mill factory T H&L 216 Sheffield Ave.
Moore, G. L. (Lucy) 1 ch engineer T H&L 931 Woodlawn St Ind tel.
MOREHEAD, H. (Jessie) 3 ch teamster O H&L 2h 345 W Front St Ind tel. field Ave.
Morehead, M. (Irene) laborer O H&L 1h 425 W Front St.
Morey, C. C. (Kitty) ret farmer T H&L 322 W Clinton St Ind tel.
Morey, Geo. W. (Elizabeth J.) ret O H&L 425 W Washington St Ind tel.
Morey, Dale (Wanda) laborer T H&L 611 W Clinton St.
Morey, J. W. (Elizabeth) ret O H&L 425 W Washington St Ind tel.
MOREY, RAY E. (Grace) 1 ch druggist T H&L 523 W Washington St Ind tel. See adv.

Morey, Miss Ruby clerk bds with C. C. 322 W Clinton St.
Moriarty, Miss Anna housekeeper O H&L 604 Hobson St Ind tel.
Morrison, J. A. (Belle) 1 ch grocer O H&L 213 W Barnes Ave.
Morse, C. H. (Mary) 2 ch works at hoop factory T H&L 851 Maple St.
Motter, Wm. (Fannie) 6 ch section hand O H&L 828 Welsted St Ind tel.
Moudy, C. W. (Minnie) foreman at wind mill factory T H&L 1032 N Perry St Ind tel.
Moudy, Harold (son C. W.) student 1032 N Perry St Ind tel.
MOWERY, CHARLES (Lulu O.) 1 ch physician and surgeon T H&L Monroe Flats Ind tel. See adv.
Mulcahy, Thomas attorney O 80a Wellington Hotel Napoleon Ind tel.
Mulcahy, Thomas attorney-at-law O 80a Wellington Hotel Napoleon Ind tel.
Mull, Wm. Robert (Orpha) clerk O T&L.
Mullen, Frances, (dau Mary) clerk 858 Monroe St Ind tel.
Mullen, James V. (son Mary) mgr gas company 858 Monroe St Ind tel.
Mullen, Mrs. Mary D. ret O H&L 858 Monroe St Ind tel.
Mullen, Regina (dau Mary) bds 858 Monroe St Ind tel.
Murrey, S. P. (Mrs. E. E.) ret T H&L 220 Appian St Ind tel.
Muser, Frank (Rosa) 2 ch conductor on D T & I R R T H&L 329 Yeager St Ind tel.
Musser, David (Mary E.) ret O H&L 529 W Maumee Ave.
Musser, Frank G. (Lizzie) 1 ch laborer T.
Musser, Hugh (Mary L.) 1 ch laborer O H&L.
Myers, Adam laborer O H&L 742 Stout St.
Myers, A. P. (Sophia) salesman O H&L 146 W Maumee Ave.
Myers, Earl (son James) laborer bds at home.
Myers, Joseph (Nellie) 1 ch tailor T H&L 518 Vine St.
MYERS, STEPHEN A. (Bessie J.) 1 ch painter and decorator O H&L 304 Meekison St Ind tel. See adv.
Myers, Viola housekeeper O H&L 383 W Front St Ind tel.
Myers, Wm. (Christina) 3 ch laborer T H&L 1080 Stephenson St.
Myers, Wm. (Gladys) railroad man T H&L 624 Welsted St Ind tel.
Myers, Wm. S. (Mary) laborer O H&L.
Myrs, E. D. (Nora) 1 ch barber T H&L 233 W Barnes Ave Ind tel.

Myrs, James M. (Clarissa) gardener O 175a H&L.
Naugle, E. D. (Fannie) 1 ch ret T H&L 422 E Washington St Ind tel.
NAUGLE, K. E. confectionery bds 430 E Washington St. See adv.
NAUGLE, W. C. (son E. D.) confectionery bds 430 E Washington St Ind tel. See adv.
Needham, Irwin (Grace) 1 ch cigar maker T H&L 616 Hobson St.
Needham, Mrs. Kate 1 ch O H&L 526 Stout St.
Neff, Mrs. Lucy ret O H&L 1029 N Perry St Ind tel.
Neff, R. G. (Hazel) 1 ch buss driver T H&L 744 W Clinton St Ind tel.
Neff, T. G. laborer.
Nestebroad, S. S. school supt.
NEWELL, C. A. (Mary) 2 ch coal dealer T H&L 2h 835 Maple St Ind tel. See adv.
Newton, Ben.
Nicklin, Edward (Lida) 4 ch T H&L 831 S Perry St Ind tel.
Niebel, W. C. (Harriett) farmer O H&L 2h 321 Meekison St Ind tel.
Oberhaus, Frank.
O'Brien, Marrietta (dau Patrick O.) bds 610 Haley Ave.
O'Brien, Patrick (Catherine) 2 ch contractor T H&L 610 Haley Ave Ind tel.
O'Brien, Wm. (son Patrick) brakeman D T I R R 610 Haley Ave.
Olson, Mike (Alice) 5 ch laborer T H&L 747 Tow Path.
O'Lynnger, Wm. B. fireman bds at C. C. Morey 322 W Clinton St Ind tel.
Orme, Andy L. (Myrtle) 1 ch jeweler T H&L 737 Welsted St.
ORWIG, DON C. publisher Northwest News 539 W Washington St. See adv.
Orwig, Gale B. (Elsie M.) 1 ch publisher Northwest News O H&L 127½ W Washington St.
ORWIG, LUTHER L. publisher Northwest News 539 W Washington St. See adv.
OSBORN, CHAS.
Ost, Mrs. Rosa 2 ch bds 722½ N Perry St.
Ostermiller, C.
Overholtz, Inez (dau Joretta) student 204 Brownell St.
Overholtz, Mrs. Joretta school teacher O H&L 204 Brownell St.
Overholtz, Reba (dau Joretta) student 204 Brownell St.
Overholtz, Rebecca ret O H&L 812 Daggett Ave.

FARMERS' DIRECTORY

Overhouse, Frank (Mary) 1 ch ret T H&L 1111 Woodlawn St.
Overhulse, J. M. clerk.
Overmyer, Harry (Corabelle) hardware store T H&L 521 Haley Ave Ind tel.
Painter, E. J. (Elizabeth) painter and paperhanger O H&L 713 Daggett Ave Ind tel.
PALMER, A. D. liveryman. See adv.
Palmer, Mrs. A. E.
Palmer, Mrs. Elmer ret O H&L 837 Scott St Ind tel.
Palmer, Geo. (Rhoda) 3 ch timber buyer T H&L 409 E Washington St.
Palmer, Glen clerk.
PALMER, OKEE WM. (Etta B.) 1 ch real estate agent O H&L 703 W Washington St Ind tel. See adv.
Palmer, Robert (son Geo.) works in Toledo 409 E Washington St.
Palmer, Mrs. Rundle housekeeper H&L 312 E Clinton St Ind tel.
Panning, Henry (Anna) ret O H&L 1040 Scott St Ind tel.
Parcels, C. A. (Myrtle) 3 ch barber T H&L 522 Vine St Ind tel.
Parcher, Chas. (Anna) 1 ch machinist H&L 111 E Maumee Ave.
Parker, Mrs. Lee 1 ch O H&L 121 W Barnes St Ind tel.
Parker, Wm. printer.
Patrick, Geo. 1 ch railroader O H&L 316 Meekison St.
Patterson, Eugene (Jennie) 2 ch works at round house T H&L 413 Appian St.
Patterson, Harley (Sadie) 2 ch railroad man T H&L 221 Meekison St Ind tel.
Patterson, Mrs. Isaac ret O H&L 214 Meekison St.
Patterson, M. F. (Edna) 4 ch laborer T H&L 529 Euclid St.
Payne, Trollie (Anna) 3 ch laborer at wind mill factory O H&L 122 Sheffield Ave.
Pearson, Claud (Elnora) 1 ch fireman at hoop mill T H&L 725 Stout St.
Pender, Mrs. Catharine housekeeper 123 Front St Ind tel.
Peterson, Eva (dau W. O.) 215 Cliff St.
Peterson, W. O. (Lora) 1 ch laborer O H&L 215 Cliff St.
Pfahlert, John (Lena) 2 ch runs sandsucker T H&L 425 Front St Ind tel.
Philipp, E. J. (Weltha) 1 ch section foreman T H&L 1012 Dodd St Ind tel.
Pierrepont, W. J. coal dealer.
Piso, Dora.
Piso, Ed. (Julia) 2 ch tailor T H&L 1059 Dodd St Ind tel.

Piso, E. H. tailor.
Piso, W. (Dora) roundhouse worker O H&L 1018 Dodd St.
Pitzer, J. B. (Mary) engineer T H&L 426 W Clinton St Ind tel.
Place, Harry Z. (Bertha) 2 ch ticket agent T H&L 518 High St Ind tel.
Plassman, Geo. (Regena) laborer T H&L 831 Scott St.
Plassman, Gus. (Kate) 1 ch works in Volke mills T H&L 311 Meekison St.
Plumber, O. R. (Fannie) repair shop T H&L 126 W Maumee Ave.
Plumber, R. R. (Ora M.) 1 ch painter T H&L 154 W Maumee Ave Ind tel.
Pohlman, Alta (dau H. F.) school teacher Welsted St Ind tel.
Pohlman, Emma (dau H. F.) student 428 Welsted St Ind tel.
Pohlman, Frank 1 ch stock dealer O H&L 3h 618 Welsted St Ind Ave.
Pohlman, Henry (son H. F.) farmer 428 Welsted St Ind tel.
Pohlman, H. F. (Dora) stock dealer and farmer O 700a H&L 428 Welsted St Ind tel.
Polker, Arthur (son John H.) student 845 Scott St Ind tel.
Polker, Charles (Sophia) ret O H&L 827 Scott St.
POLKER, CHAS. H. (Emma) 3 ch clerk O H&L 226 E Main St.
POLKER, JOHN H. (Louise) 1 ch shoe dealer O 4H&Lots 845 Scott St Ind tel. See adv.
POLKER, MAGGIE housekeeper 231 Garden St.
Pontious, Dale (Helen) 1 ch painter T H&L 823 Daggett Ave Ind tel.
PONTIOUS, S. O. (Nora B.) 4 ch grocer O H&L 701 S Perry St.
Pontious, W. H. (Iva) 6 ch contractor O H&L 631 S Perry St Ind tel.
Poock, H. D. (Susie) 1 ch hardware store T H&L 521 Haley Ave Ind tel.
Poorman, J. ret T H&L 833 Daggett Ave.
Porter, C. P. (Anna) agent at Wabash depot T H&L 511 Haley Ave Ind tel.
Porter, La Nice (dau C. P.) student 511 Haley Ave Ind tel.
Porter, Robert (son C. P.) student 511 Haley Ave.
Powers, Amos (Ella E.) ret O H&L 403 Meekison St.
Pratt, W. H. (Mary B.) laborer T H&L 404 E Clinton St.
Precht, Karl (Emma) 1 ch bartender T H&L 544 Haley Ave Ind tel.
PRENTISS, C. J. (Carrie B.) insurance and real estate T H&L 124 W Clinton St Ind tel. See adv.

NAPOLEON

Prentiss, P. C. attorney-at-law. See adv.
Preston, Chas. (Sophia) 1 ch laborer T H&L 505 Euclid St.
Preston, James (Sarah C.) works at windmill factory O H&L 558 Beckham St.
Preston, Thomas E. (son James) 558 Beckham St.
Putt, James N. (Alice) machinist O H&L 404 Fillmore St.
Putz, Michael Catholic priest T H&L 210 E Clinton St.
Quillman, Frank (Lillian) 2 ch hoop coiler T H&L 756 E Washington St.
Quillman, John (Myrtle) 1 ch clerk H&L 221 Front St.
Quillman, Robert hoop coiler 756 E Washington St.
Quinn, Thomas, M. D. physician and surgeon Telephone Bldg. See adv.
Rafferty, G. E. (Myrtle) 4 ch auditor O H&L 916 Lumbard St Ind tel.
Ragan, James P. (Ella V.) 3 ch attorney-at-law O H&L 1h 630 W Washington St Ind tel.
Ragan, John C. attorney-at-law O 4Lots New Vocke Block Room 6 Ind tel.
Ragan, Kathryn school teacher 630 W Washington St Ind tel.
Ragan, Lillian student 630 W Washington St Ind tel.
Ragan, Rega student 630 W Washington St Ind tel.
Rakestraw, Allen (Elizabeth) mail carrier O H&L 319 Haley St Ind tel.
Rakestraw, Edwin E. school teacher 319 Haley St Ind tel.
Rakestraw, Ethel school teacher 319 Haley St Ind tel.
Rakestraw, Mrs. Minnie 107 S Perry St Ind tel.
Ramus, Chas.
Ramus, Elizabeth.
Ramus, Rolla (Louise) 2 ch laborer T H&L 503 E Main St Ind tel.
Rasey, Byron clerk 1052 S Perry St.
Rasey, J. W. (Barbara) ret O H&L 1052 S Perry St.
Rasey, Ray (Lillian) 1 ch works in hoop factory T H&L 112 W Maumee Ave.
Rausch, Carl (Ina) 2 ch works at Rothenbergers T H&L 408 Euclid St.
Rausch, Edward (Madge) 4 ch moulder T H&L 715 S Perry St.
Redict, Geo. ret O H&L 232 Brownell St.
Redman, Harrison (Frances) laborer T H&L 309 W Washington St.
Reed, F. J.
Rehl, John (Mary) laborer O H&L 517 E Washington St.

Rehl, John H. 2 ch drives ice wagon 517 E Washington St.
Reichert, Michael (Anna) 2 ch ret T 2h 130 W Main St Ind tel.
Reichert, P. H. (Alpha) 3 ch deputy sheriff H&L 638 Park St Ind tel.
Reid, G. D.
Reid, M. A. (Nellie) clerk O H&L 523 W Clinton St Ind tel.
Reidelbaugh, Richard (Pearl) 3 ch painter T flat 5 N Perry St.
Reinbolt, Geo. W.
Reinke, Mrs. Henrietta ret O H&L 1032 Scott St Ind tel.
Reinke, Henry (Mary E.) 3 ch implement dealer O H&L 935 Haley Ave Ind tel.
Reiser, Carlton student 318 W Washington St Ind tel.
Reiser, Mrs. Chas. 4 ch O H&L 1037 Dodd St.
Reiser, Clara 210 W Main St Ind tel.
Reiser, Frank 210 W Main St Ind tel.
Reiser, John G., Sr. (Ida) 3 ch ret O 140a H&L 2h 210 W Main St Ind tel.
Reiser, John J., Jr. (Ella) 2 ch shoe store O H&L 618 W Washington St Ind tel.
Reiser, J. F. (Lulu M.) 2 ch cigars and pool room O H&L 1h 217 W Washington St.
Reiser, Mrs. Luella.
Reiser, Luther 210 Main St.
Reiser, Matt (Helen) cashier Commercial State Bank O H&L 318 W Washington St Ind tel.
Reiser, Paul M. (Lena) 4 ch shoe store T H&L 2h 412 W Washington St Ind tel.
Reiser, Rosanna student 318 W Washington St Ind tel.
Reiter, Dorothy student 805 W Washington St Ind tel.
Reiter, Mrs. Ella 1 ch O H&L 231 Meekison St.
Reiter, F. W. (Mary E.) 3 ch insurance and loans 120 W Washington St. See adv.
Reiter, H. E. (Dorothy) 1 ch machinist T H&L 231 Meekison St.
Renner, A. F.
Renner, Dora school teacher 1044 Willard St Ind tel.
Renner, Emma school teacher 1044 Willard St Ind tel.
Renner, Frank (Della) painter and paperhanger O H&L 1044 Willard St Ind tel.
Rettig, Albert 2 ch carpenter O H&L 313 W Barnes St Ind tel.

FARMERS' DIRECTORY

Rettig, Frank (Louisa) 3 ch works at foundry O H&6Lots 2h 1c 403 Brownell St.
Rettig, George.
Rettig, Henry (Minnie) 3 ch tinner O H&L 1119 Stephenson St.
REYNOLDS, C. E. insurance O H&L 527 Avon Place Ind tel. See adv.
Reynolds, Jeanne E. housekeeper 527 Avon Place Ind tel.
Rhinebolt, Geo. (Margaret) works at windmill factory O H&L 225 Front St.
Rhodes, Wm. V. (Sarah J.) laborer O H&L 264 Yeager St.
Rhodes, Mary O H&L 429 S Perry St Ind tel.
Rhody, Wm. (Elnora) 4 ch car repairer T H&L 1045 Scott St Ind tel.
Rice, Augusta 718 W Washington St Ind tel.
Rice, Caroline O H&L 718 W Washington St Ind tel.
Rice, Gertrude staying at home 718 W Washington St Ind tel.
Rice, John H (Viola) clerk T H&L 718 W Washington St Ind tel.
Rice, Malvin student 718 W Washington St Ind tel.
Rich, B. M. (Lucinda) saw mill O H&L 645 Strong St.
Rich, H. C.
Richards, James (Audrey) brakeman T 619 Hobson St Ind tel.
Richter, Eda student 824 Daggett Ave Ind tel.
Richter, E. (Ida) sign painter) O H&L 824 Daggett Ave Ind tel.
Rieger, Frank (Ida) janitor O H&L Perry St Ind tel.
Rieger, Fred (Mary) 6 ch works at brewery T H&L 646 Euclid St.
RIEGER, MRS. GEO. 1 ch O H&L 611 E Main St.
Rieger, Geo. mason T H&L 635 E Washington St.
Rieger, Gustave (son Mrs. Geo.) laborer bds 611 E Main St.
RIEGER, J. M. probate judge O H&L 640 Hobson St Ind tel.
Rieger, Margaret.
Rieger, Thomas laborer bds 604 Hobson St Ind tel.
Rieger, Wm. (Lizzie) works in windmill factory O H&L 1016 Stephenson St.
Ringheisen, John Q. (Lulu) 2 ch city mail carrier O 418 Avon Place Ind tel.
Ripley, Geo. laborer 123 Taylor St.

RITTER, CHAS. (Lulu) motorcycle agent O H&L 511 N Perry St Ind tel. See adv.
Ritter, Fred (Olive) 2 ch chauffeur T flat 514½ N Perry St.
Ritter, Samuel (Hannah) janitor O H&L 318 W Maumee Ave.
Ritter, Sarah housekeeper T H&L 539 Avon Place Ind tel.
Ritter, W. A. (Adelia) 3 ch architect O H&L 423 Welsted St Ind tel.
Robinson, Edward (Cora) cement worker O H&L 1022 Dodd St Ind tel.
Roddy, E. A. (Grace) laborer T H&L 1131 Stephenson St.
Roessing, Ferdinand (Dorothy) 1 ch ret O H&L 211 W Washington St Ind tel.
Roessing, Ferdinand student 211 W Washington St Ind tel.
Rohdy, H. C. (Bernice) 2 ch barber O H&L 229 E Front St.
ROHRS, DONALD Woodlawn Ave.
Rohrs, Geo. A.
Rohrs, Henry Sr. (Katie) Vice President Napoleon State Bank O H&L 545 High St Ind tel.
Rohrs, H. F. (Edna) 1 ch physician O H&L 331 W Clinton St Ind tel.
Rohrs, H. F. (Helen) night watchman O H&L 331 Cary St Ind tel.
Rohrs, Mrs. Minnie O H&L 929 Haley Ave Iud tel.
Rohrs, Tony (Minnie) driver bds 929 Haley Ave Ind tel.
ROHRS, WM. (Emma) 4 ch racket store O H&L Woodlawn Ave. See adv.
ROLLIN, O. E. (Anna) grocer T H&L 125½ W Washington St Ind tel. See adv.
Rooney, Geo. (Elizabeth) ret O H&L 205 W Barnes St.
Rose, Sarah T H&L 123 Taylor St.
Rosebrock, Henry (Anna) 1 ch ret O H&L 422 E Main St.
Rostetter, J. F. laborer.
Rostetter, J. R. (Ola) 4 ch mason O H&L 503 E Washington St.
Rothenberger, C. E. (Olga) 1 ch hardware O H&L 323 W Clinton St Ind tel.
Rothenberger, F. E. (Della) 1 ch hardware O H&L 416 W Washington St Ind tel.
Round, Anna school teacher 234 Front St.
Round, A. F. (Emma) pop corn wagon O H&L 234 Front St Ind tel.
Round, Frank E. drives auto truck 234 Front St.
ROUND, J. (Anna) 2 ch plumbing T H&L 255 Yeager St.

NAPOLEON

Round, Sue J. school teacher 234 Front St.
Rowan, A. F.
Rowan, Chas. (Isabelle) motorman T H&L 129 E Barnes Ave Ind tel.
Rozell, Jack (Clara) works at water works O H&L 835 Hobson St Ind tel.
Ruetz, Alfred (son Fredericka) works at hoop mill bds 247 Yeager St.
Ruetz, Mrs. Fredericka ret O H&L 247 Yeager St Ind tel.
Ruetz, Sophia housekeeper 247 Yeager St Ind tel.
Ruetz, W. F. (Mary) engineer O H&L 1129 Oakwood St.
Rummell, Harriett school teacher 451 Welsted St Ind tel.
Rummell, Helen 451 Welsted St Ind tel.
Rummell, Mary school teacher 451 Welsted St Ind tel.
Rummell, M. R.
Rummell, Rude (Allen) wagon maker O H&L 451 Welsted St Ind tel.
Russell, Elmer brakeman bds at Eva Sherwood's 323 Yeager St.
Sampson, Guy D. (Maud) 2 ch works at handle factory T H&L 1210 Detroit Ave.
Sams, Earl (Fern) 3 ch salesman T H&L 308 Meekison St.
Samse, Wm. (Mary) works at hoop mill T H&L 410 Fillmore St.
Sandman, Henry (Dora) ret O H&L 1072 Stephenson St.
Saneholtz, Edna (dau Minnie) housekeeping 519 Appian Ind tel.
Saneholtz, Fred (son Minnie) minister 519 Appian St Ind tel.
SANEHOLTZ, JOHN H. (Carrie) 4 ch monuments O H&L 731 Daggett Ave. See adv.
Saneholtz, Mrs. Minnie ret O H&L 513 Appian St Ind tel.
Saneholtz, Naoma (dau Minnie) school teacher 519 Appian St Ind tel.
SATTLER, FRED 812 N Perry St.
Sattler, Fred (son Philip) city clerk bds at home 334 Front St Ind tel.
Sattler, Mary (dau Philip) housekeeper 334 Front St.
Sattler, Philip 1 ch dairyman O H&L 334 Front St Ind tel.
Sanger, Geo. laborer O H&L.
Sayers, Belle (dau Mrs. Jennie) typewriter 511 Avon Place Ind tel.
Sayers, Frances (dau Mrs. Jennie) student 511 Avon Place Ind tel.
Sayers, Mrs. Jennie 1 ch housekeeper O H&L 511 Avon Place Ind tel.
Sayers, Martha (dau Mrs. Jennie school teacher 511 Avon Place Ind tel.
Sayers, Maylon (son Mrs. Jennie) clerk in freight office 511 Avon Place Ind tel.
Saygers, D. S. (Dora) 2 ch head sawyer at Leonhard & Market O H&L 145 E Maumee Ave.
Saygers, Frances (dau D. S.) staying at home 145 E Maumee Ave.
Scarr, Philmont (son W. D.) 1159 Woodlawn St.
Scarr, W. D. (Matilda) 1 ch carpenter O H&L 1159 Woodlawn St.
Schaff, Frank (Elizabeth) 4 ch druggist T H&L 870 Woodlawn St Ind tel.
Scherer, John (Margaret) bartender T H&L 320 E Main St Ind tel.
Scherer, Mrs. Pauline ret O H&L 326 E Main St.
Schilferoot, J. (Anna) machinist T H&L 132 Meekison St Ind tel.
Schlembach, A. F. vulcanizing.
Schlembach, L. J. vulcanizing.
Schriber, John (Mary) shoe repairer T H&L 119 Taylor St.
SCHULDT, W. H. (Anna)) 3 ch grocer T H&L 523 High St Ind tel. See adv.
Schuler, C. F. (Nora) 1 ch street flusher T H&L 230 Appian St.
SCHULLER, JOS. F. (Marie) 2 ch saloon T H&L 643 Leonard St Ind tel.
Schulte, Edward (Grace) farmer T Flat 313 S Perry St.
Schultz, Albert M. (Nellie Zoe) T H&L 1026 Dodd St.
Schultz, Christ (Dora) ret O H&L 917 Woodlawn St.
Schultz, C. C. (Adeline) 2 ch bartender O H&L 845 Hobson St Ind tel.
Schultz, Ed.
Schultz, Fred (Henrietta) laborer O H &L 1046 Dodd St.
SCHULTZ, MRS. IMOGENE 4 ch housekeeper O H&L 1007 Scott St.
Schultz, Mrs. Louise ret O H&L 1032 Stephenson St Ind tel.
Schultz, L. W. (Augusta) 3 ch undertaker & furniture O H&L 922 Woodlawn St Ind tel.
SCHULTZ, WM G. (Emma) 2 ch cigars & pool room O H&L 204 E Clinton St Ind tel.
Scott, Geo. (Ethel) 3 ch working at round house T H&L 1069 Reynolds St.
Scott, I. P. (Lizzie) 2 ch railroader T H&L 1147 Woodlawn St Ind tel.
Scott, Jennie.
Scott, Mrs. R. K. housekeeper T H&L 807 Haley Ave Ind tel.

FARMERS' DIRECTORY

Seevers, T. C. (Elva) 3 ch brakeman D T & I R R T H&L 216 Front St Ind tel.
SEIBOLD, ELGIE (Nima) 1 ch blacksmith O H&L 829 N Perry St Ind tel. See adv.
SEIBOLD, GEO. blacksmith O H&L 829 N Perry St Ind tel. See adv.
Sell, H. E. (Maud) railroad man T H &L 204 Yeager St.
Sell, Wm. (son of H. E.) grain inspector bds 204 Yeager St.
Senter, A. C. (Ellen) ret O H&L 179 E Maumee Ave Ind tel.
Sevens, Ira (Mary) clerk in grocery O H&L 614 Beckhams St.
Shafer, Aaron.
Shafer, Vernon (Nellie) 1 ch traveling salesman O H&L 234 W Maumee Ave.
Shafer, Wm. (Adena) 3 ch moving buildings T H&L 306 W Maumee Ave.
Shaff, Cecelia (dau of Joseph) housekeeper 213 E Washington St Ind tel.
Shaff, Chas. (son Joseph) laborer 213 E Washington St Ind tel.
Shaff, Emma (dau Joseph) housekeeper 213 E Washington St Ind tel.
SHAFF, F. J. druggist.
Shaff, Geo. (son Joseph) druggist 213 E Washington St Ind tel.
Shaff, Joseph implement dealer O H&L 213 E Washington St Ind tel.
Shaff, Margaret (dau Joseph) milliner 213 E Washington St Ind tel.
Shaff, Martin (son Joseph) druggist 213 E Washington St Ind tel.
SHAFFER, ELIAS ret O 15a H&L 2h 907 Welsted St.
Shaffer, John (Lena) 2 ch confectionery T H&L 315 S Perry St Ind tel.
Shaw, J. B. (May) show business T Flat 131 W Main St Ind tel.
Shawley, T. E. (Daisy M.) 2 ch car inspector D T & I R R T H&L 204 W Maumee Ave.
Shawson, Roy (Mary) 1 ch works at filtration plant T H&L 344 Yeager St.
Sheats, E. H. (Alice) works at planing mill O H&L 202 Meekison St.
Sheffield, Miss Ora librarian O H&L 1005 Woodlawn St Ind tel.
Shelt, Elizabeth (dau S. A.) 423 W Clinton St Ind tel.
Shelt, Fay (dau S. A.) works at green house 423 W Clinton St Ind tel.
Shelt, Gale (Julia) laborer T H&L 618 Strong St.
Shelt, John (Elizabeth) mechanic O H &L 1036 Woodlawn St.
Shelt, J. E. ice.
Shelt, Merle (Mabel) ice man O H&L 917 Maple St Ind tel.

Shelt, S. A. ice man O H&L 423 W Clinton St Ind tel.
Shelt, Vernon (son S. A.) student 423 W Clinton St Ind tel.
SHERIDAN, ANDREW (Anna) 2 ch tailor O H&L 1026 N Perry St Ind tel. See adv.
Sheridan, Bernadette E. (dau A.) school teacher 1096 N Perry St Ind tel.
Sheridan, Marcella (dau A.) student 1026 N Perry st Ind tel.
Sherwood, Mrs. Eva 1 ch ret O H&L 323 Yeager St.
Sherwood, Marie (dau Eva) housekeeper 323 Yeager St.
Sheward, Miss Emma school teacher O H&L 431 Appian St.
Shisler, W. R. (Fannie) 2 ch minister T H&L 823 Woodlawn St Ind tel.
Shockey, C. J. (Emma) 2 ch St Charles Cafe O H&L 916 N Perry St Ind tel.
Shoemaker, Miss Carrie ret O H&L 1025 Stephenson St.
Shoemaker, C. W.
Shoemaker, Mrs. Emma O H&L 913 Woodlawn St Ind tel.
Shoemaker, Frank (Lou) dry goods store O H&L 624 W Washington Ave Ind tel.
Shoemaker, Geo. railroad man 124 Front St.
Shoemaker, Mrs. Lillian housekeeper for Mrs. A. H. Tyler 646 W Clinton St. Ind tel.
Shoemaker, M. (Mary A.) ret O H&L 1064 Dodd St Ind tel..
Shondell, Angeline (dau Wm. H.) telephone operator 922 N Perry St Ind tel.
Shondell, Esma (dau Wm. H) telephone operator 922 N Perry St Ind tel.
Shondell, LaVerne (dau Wm. H.) stenographer 922 N Perry St Ind tel.
Shondell, Leo W. (son Wm H.) garage 922 N Perry St Ind tel.
SHONDELL, WM. H. (Lavina L.) garage O H&L 922 N Perry St Ind tel See adv.
Shook, Emory (son Phebe) carpenter bds 639 Park St.
Shook, J. E.
Shook, Mrs. Phebe housekeeper O H&L 639 Park St.
SHOWMAN, C. W. (Hattie) 1 ch surveyor O H&L 904 Hobson St. Ind tel.
SHREVES, LEROY B. (Nellie) 1 ch blacksmith O H&L 618 W Main St Ind tel. See adv.
SHULTY, HENRY (Phoebe) stock buyer O 80a H&L 1h 230 W Main St Ind tel.

NAPOLEON

Shumaker, Albert (son C. J.) barber 424 S Perry St.
Shumaker, Bess (dau Harley) 464 W Maumee Ave Ind tel.
Shumaker, Beyrl (dau C. J.) school teacher 424 S Perry St.
Shumaker, Clarence R. (son C. J.) barber 424 S Perry St.
SHUMAKER, C. J. (Kate) barber 424 S Perry St. See adv.
Shumaker, Harley (Mary) 8 ch farmer O 52a 3h 1c 464 W Maumee Ave Ind tel.
Shumaker, Harry (son Harley) farmer 464 W Maumee Ave Ind tel.
Shumaker, Mrs. J. ret lives with J. E. Kyle 228 Meekison St.
Sickmiller, Albert (son Lovina) laborer bds at home 303 Appian Se.
Sickmiller, Fred (son Lovina) laborer bds at home 303 Appian Se.
Sickmiller, Mrs. Lovina housekeeper O H&L 303 Appian St.
Sidlinger, Will N. (Mary) ret O H&L 231 W Washington St Ind tel.
Siebenaller, Robert N. (Elizabeth) 1 ch barber O H&L 334 Fillmore St Ind tel.
Sigg, Anna (dau Xavier) telephone operator 217 W Main St.
Sigg, Xavier (Frances) janitor of Commercial Bank O H&L 232 E Washington St Ind tel.
Simpson, Geo. (Christina) 1 ch laborer T H&L 315 Front St.
Simpson, James laborer lives with Wm 513½ S Perry St.
Singer, Frank works in handle factory T H&L 160 North St.
Singer, John butcher T H&L 160 North St.
Singer, Wm. delivers ice T H&L 160 North St.
Sisk, J. B. auto dealer.
Sites, Edmond (son Nettie) printer 1029 N Perry St.
Sites, Mrs. Nettie works in jewelry store bds with Lucy Neff 1029 N Perry St Ind tel.
Skinner, William.
Slagel, A. B. saw filer T H&L 1109 Oakwood St.
Slater, Rev. Chas. L. (Maude E.) 4 ch minister T H&L S Perry St.
Slee, Doan ret T H&L 419 Front St.
Slee, Mrs. Mary 1 ch housekeeper 1 ch T H&L 551 Euclid St.
Sloan, Mrs. Elizabeth 2 ch housekeeper 322 W Clinton St.
Sloan, H. E. (Esther) 1 ch tailor T H&L 1211 Woodlawn Ave Ind tel.

SLOAN, J. A. (Anna E.) 1 ch mgr Ohio Gas Light & Coke Co T H&L 712 W Washington St Ind tel. See adv.
Sloan, M. ret O 40a 18 Meekison St.
Smiley, C. E. Smiley (Harriett) 1 ch dentist O H&L 218 Kolbe Ave Ind tel.
Smith, Mrs. Abby dressmaker lives at Mary J. Booker's 604 E Washington St Ind tel.
Smith, Dessel (son S. H.) baker bds 1052 Willard St.
Smith, Frank B.
SMITH, HARRY (Lulu) 1 ch butcher T H&L 233 Front St.
Smith, Harvey (Fannie) 3 ch laborer O H&L 825 Maple St Ind tel.
SMITH, H. M. (Maude) auto agent T H&L 206 Barnes Ave Ind tel. See adv.
SMITH, ORVILLE (Desdamona) 3 ch judge of Court of Common Pleas T H&L 514 W Clinton St.
Smith, Rudolph (Bertha) 1 ch agent for Rawleigh Products T H&L 867 Woodlawn St Ind tel.
Smith, S. H. (Edith) junk buyer T H&L 1052 Willard St.
Smith, Vernon E.
SMITH, WM. C. (Dora) brakeman O H&L Rye St Ind tel.
SNELLBAKER, CYRUS (Florence) 1 ch hotel T 914 Oakwood Ave.
Snyder, Arkie.
Snyder, Chas. (son Wm.) laborer bds 321 W Front St.
Snyder, Curtis (Mary) pool room O H&L 643 W Clinton St.
SNYDER, C. J. (Ida F.) automobile agent O H&L 625 W Main St Ind tel. See adv.
Snyder, Henry ret O H&L 254 Yeager St Ind tel.
Snyder, Irvin (son of Wm.) cement blockmaker bds 321 W Front St.
Snyder, James H. (Mary) laborer O H&L 1021 Woodlawn St Ind tel.
Snyder, Mrs. Jennie ret O H&L 1051 Dodd St.
Snyder, Mrs. Julia ret O H&L 331 E Washington St.
Snyder, Leo (son C. J.) student 625 W Main St Ind tel.
Snyder, R. K. (Virginia) 1 ch clerk T H&L 549 W Washington St Ind tel.
Snyder, S. L. (Jennie) ret O H&L 153 E Maumee Ave Ind tel.
Snyder, Wm. (Ellen) laborer T H&L 321 W Front St.
Spade, Walter ret lives with Sarah Rose 123 Taylor St.
Spafford, L. V. (Fannie E.) teamster O H&L 203 Brownell St Ind tel.

FARMERS' DIRECTORY

Spafford, Marian (dau L. V.) 203 Brownell St Ind tel.
Spaulding, Jennie housekeeper W Maumee Ave.
Spaulding, Iva ret T H&L W Maumee Ave.
Spencer, Al. (Anna) 1 ch foreman T H&L 432 E Washington St Ind tel.
Spencer, Ray E. (son A.) works in handle factory bds 432 E Washington St Ind tel.
SPENGLER, ERNEST (Rose) grocer O H&L 118 E Clinton St Ind tel. See adv.
Spengler, G. E. grocer.
Spengler, Herman (Louise) 1 ch monument dealer O H&L 822 Woodlawn St Ind tel.
Spengler, Lillian (dau Ernest) student 118 E Clinton St Ind tel.
Spengler, O. H. (son Ernest) attorney-at-law.
Spengler, Verda bookkeeper 1032 N Perry St.
Spiess, W. H. (Lottie) works at Implement Store T H&L 639 Leonard St Ind tel.
Spitler, Wilbur (Helen) 1 ch moving picture operator T Flat 814 N Perry St.
Stanfield, Mrs. Cora 1 ch housekeeper 605 Haley Ave Ind tel.
Stein, Phillip (Clara) 1 c laborer T H&L 218 Fillmore St Ind tel.
Stein, Samuel (Rosa) junk buyer bds J C Switzer 1008 N Perry St Ind tel.
Stevens, Clyde 2 ch bartender O H&L 332 Front St.
Stevens, Frank (Edith) 4 ch laborer in windmill factory T H&L 612 Park St.
Stevens, Nettie milliner bds 644 Leonard St.
Stevens, Scott laborer.
STEWARD, C. (Evaline) 5 ch junk dealer T H&L 404 Front St. See adv.
Steward, Wilson (son C.) junk dealer 404 Front St.
STEWART, R. V. (Nellie) 1 ch city dray line T H&L 2 mules 915 Scott St. See adv.
Stockman, Mrs. Anna C. home at Matt Reiser's 318 W Washington St Ind tel.
Stockman, Geo. (Ida) 4 ch monument worker T H&L 408 W Maumee Ave Ind tel.
Stoffer, Mrs. Mary ret O H&L 221 Yeager St.
Stone, Charles W. (Mary) 1 ch conductor D T & I T 4 Sabel flat 612 Scott St Ind tel.
Stone, F. C.

Stoner, Wm. (Clara) 2 ch auto agent O H&L 325 E Clinton St Ind tel.
Stout, C. H. (Kittie) 1 ch works at Lenhart & Market O H&L 231 Brownell St.
Stow, John S. (Martha) O H&L 629 W Washington St.
Stow, H. J. (Ellen R.) railroader O H&L 1012 Stephenson St Ind tel.
STROHL, A. (Florence) meat cutter O H&L 125 Monroe St Ind tel.
Strole, Wm. (Celia) 7 ch blacksmith O H&L 609 E Washington St Ind tel.
Stroll, Arthur (Florine) butcher O H&L Monroe St.
Strominger, Peter ret 508 Avon Place Ind tel.
Strouse, G. C. (Nellie) clerk O H&L 524 Riverview Ave.
Strube, Wade (Jessie) 1 ch moulder T H&L 738 W Main St.
Struble, J. (Edna) carpenter T H&L 109 Brownell St Ind tel.
Sturtevant, Elwood (Maud) 2 ch conductor D T & I T H&L 248 Koble St Ind tel.
Stykeman, Vera (dau Wm.) 539 W Maumee Ave.
Stykeman, Wm. (Almeta) 7 ch laborer T H&L 539 W Maumee Ave.
Sucher, Harry (Blanche) 2 ch tel inspector T H&L 703 Welsted St Ind tel.
Suhr, Arnold (Lida) 1 ch shoe clerk for W. E. Hoy T H&L 526 Vine St Ind tel.
Swartzlander, Frank (Henrietta) 4 ch teamster T H&L 303 Brownell St.
Swartzlander, Velma (dau Frank) clerk bds 303 Brownell St.
Sweinhagen, H. D. (Cora) dentist T H&L 312 W Main St Ind tel.
Swick, A. E. (Florence) 4 ch works at handle factory T H&L 848 Maple St.
Switzer, Jas. C. (Anna) 2 ch cement contractor T H&L 1008 N Perry St Ind tel.
Swoboda, Frank (Eunice) 1 ch foreman at gas plant T H&L 1003 Cary St Ind tel.
Sworden, Chas. (Lilly) laborer O H&L 328 Fillmore St Ind tel.
Sworden, Mrs. Susan ret O H&L 415-E Washington St.
Tackett, Chas. conductor bds at Eva Sherwood 323 Yeager St.
Tanner, A. J. (Cora) 1 ch grocer O H&L 103 Maumee Ave.
Tanner, C. E. (Nellie) grocer T H&L 124 W Main St.
Tanner, John H. (Lydia) 3 ch grocer O H&L 903 Woodlawn St Ind tel.

NAPOLEON

Tanner, Warren B. printer T flat 605½ N Perry St.
Tate, Edna (dau J. W.) clerk bds 1111 Stephenson St.
Tate, Ethel (dau J. W.) student 1111 Stephenson St.
Tate, J. W. (Emma) 4 ch blacksmith T H&L 1111 Stephenson St.
Taylor, H. P. (Amanda) switchman D T & I bds at Catharine Benien 1141 Oakwood St Ind tel.
Teeple, Alexander (Louisa) blacksmith T H&L 1h 539 Avon Place Ind tel.
Teeple, Chas. (son Jane) carpenter 524 Beckham St Ind tel.
Teeple, Clark (Minnie) city police T Flat 319½ S Perry Ind tel.
Teeple, Elza.
Teeple, Mrs. Jane O H&L 524 Beckham St Ind tel.
Teeple, Mrs. Rosa 5 ch O H&L 441 W Maumee Ave.
Thayer, Floyd (May) brakeman D T & I R R T H&L 1105 Oakwood St.
THEABOLD, J. H. (Maud) 2 ch contractor T H&L 1003 Scott St Ind tel.
Theobold, F. A. dry goods merchant.
Theobold, Jacob carpenter.
Theobold, John M. carpenter bds with James Kelly 617 Strong St.
THIESEN, A. S. (Netta B.) lumber dealer O H&L 704 W Washington St Ind tel. See adv.
Thiesen, Lucy C. (dau A. S.) 704 W Washington St Ind tel.
Thompson, Irvin works at handle factory T Flat 722½ N Perry St.
Thompson, Mrs. Lottie T 418 Avon Place Ind tel.
THORNTON, GEO. W. (Margaret E.) 1 ch carpenter O H&L 1277 Oakwood St.
Thornton, Harry (son Geo. W.) painter boarding 1277 Oakwood St.
Throm, J. L. livery T livery barn 1h 536 N Perry St Ind tel.
TIETJE, HENRY F. (Mary) 1 ch ret O H&L 338 Cary St.
Tietje, Tillie (dau Henry F.) clerk bds 338 Cary St.
Tietjens, J. W. (Dora) brewery O H&L 530 W Washington St Ind tel.
Tietjens, O. P. (Corinn) 2 ch brewer T H&L 539 W Washington St Ind tel.
Tillman, C. E. barber bds 227 W Front St.
Tillman, James (Daisy) laborer T H&L 227 W Front St.
TOEDTER, WM., JR. (son Wm., Sr.) works in Toledo 503 E Main St.
Toedter, Wm., Sr. (Lena) 1 ch carpenter O H&L 503 E Main St Ind tel.

Tolan, Fred (Dora) 1 ch railroader D T & I R R T H&L 852 Monroe St Ind tel.
Townsend, Mrs. Amanda 1 ch housekeeper 313 W Barnes St.
Travis, Charley (son Wm.) laborer 123 E Main St Ind tel.
Travis, C. B. cook at Kenney restaurant 107 E Maumee Ave.
Travis, Harley (Lola) 5 ch works at Leonhart & Market lumber T H&L 122 Brownell St.
Travis, Henry (Bertha) 2 ch laborer T H&L 520 Clinton St Ind tel.
Travis, Leroy (Edna) 3 ch hardware clerk H&L 644 Strong St Ind tel.
Travis, Mrs. Mary T H&L 305 W Maumee Ave Ind tel.
Travis, Sam (Meta) 1 ch farmer O H&L 522 Monroe St Ind tel.
Travis, Wm. laborer O H&L 123 E Main St Ind tel.
TRAY, E. M. D. (Mabel E.) 1 ch veterinarian O H&L 840 Scott St Ind tel.
Trietch, Adam 1 ch laborer O H&L 134 Brownell St.
Trietch, Clara (dau Adam) student 134 Brownell St.
Trietch, Ethel (dau Adam) school teacher 134 Brownell St.
Tuttle, Doris (dau G. F.) milliner 537 High St Ind tel.
TUTTLE, G. F. (Pauline) 4 ch contractor and builder T H&L 537 High St Ind tel. See adv.
Twiefel, Harmon (Sophia) 1 ch ret O H&L 1124 Willard St Ind tel.
Tyler, Mrs. A. O H&L 646 W Clinton St Ind tel.
Tyler, Mrs. A. H. O H&L 646 W Clinton St Ind tel.
Tyler, Mrs. A. L.
Tyler, Mrs. Harriet M. O H&L 406 W Clinton St Ind tel.
Tyler, James L.
TYLER, MRS. KATE (dau Wm.) 321 W Front St.
Ulrich, A. J. (Clara) ret O H&L 805 Haley Ave Ind tel.
Ulrich, Grant (Mary E.) ret O H&L 851 Woodlawn St Ind tel.
Vagen, Caroline 1 ch housekeeper T H&L 1115 Oakwood St Ind tel.
Vajen, Clara (dau Caroline) bookkeeper bds 1115 Oakwood St.
Vajen, Emma (dau Caroline) bookkeeper bds 1115 Oakwood St.
Vajen, Mrs. H. ret O H&L 1005 N Perry St Ind tel.
Valentine, Mrs. Geo. housework O H&L 432 W Clinton St.

46

FARMERS' DIRECTORY

Vallard, A. W. (Jane) ret O H&L 633 Euclid St Ind tel.
VANDENBROCK, A. A. clothier & gents' furnishing store O H&L 1nd tel.
Vandenbrock, Tony (Bertha) 3 ch clothing store O H&L Woodlawn St Ind tel.
Vanhyning, Henry farmer O H&2Lots 712 Strong St.
Van Ness, Frank (Jennie) dry goods store O H&L 229 Kolbe St Ind tel.
Vey, Emma clerk T H&L 527 Vine St.
Vey, H. L. cashier T H&L 527 Vine St.
Vey, Mary housekeeper T H&L 527 Vine St.
Vocke, Frank J. (Oda) insurance T 612 Scott St No 1 Sabel Flat Ind tel.
Vocke, Geneva.
Vocke, John H. (Frances) grain dealer O H&L 4h 345 W Main St Ind tel.
Vocke, Lawrence J. (Mary) grain dealer O H&L 211 W Main St Ind tel.
Volant, Henry.
Volkman, Henry (Anna) auto agent O H&L 632 W Main St Ind tel.
VORWERK, ALVIN (Matilda) 1 ch shoe dealer O H&L 1026 Stevenson St. See adv.
Wagner, Henry laborer T 217 W Main St Ind tel.
Wagner, Muree (dau Wallace) clerk 831 Maple St Ind tel.
WAGNER, WALLACE (Della) 1 ch ret T H&L 831 Maple St Ind tel.
Wagoner, Lulu housekeeper 210 E Clinton St.
Waite, Clyde (Esther) cement worker T H&L 522 Beckham St Ind tel.
Waite, Max (son W. H.) clerk 711 Welsted St Ind tel.
Waite, Wanda (dau W. H.) 711 Welsted St Ind tel.
Waite, W. H. (Della) 1 ch teaming O H&L 2h 3c 711 Welsted St Ind tel.
Walker, Andrew (Nora) 2 ch telegraph operator T H&L 817 Monroe St Ind tel.
Walker, Chas. contractor.
Walker, Floyd (Ethel) laborer O H&L 509 W Clinton St Ind tel.
Walker, Fred (son Mrs. Milton) night marshall bds 234 Yeager St Ind tel.
Walker, Mrs. Milton housekeeper O H&L 234 Yeager St Ind tel.
Walker, Thos.
Walter, R. H. (Estella) 3 ch Reliable Furniture Store T H&L 210 W Washington St Ind tel.
WALTERS, CARL (Josephine) grocer T H&L Monroe St. See adv.

Walters, Mrs. Catharine 1 ch housekeeper O H&L 856 Scott St Ind tel.
WALTERS, ELZA (Alice) grocer T H&L 137 E Maumee Ave. See adv.
WALTERS, FRED C. (Pauline) 1 ch miller O H&L 826 Maple St Ind tel.
Walters, Fred H. (son Fred C.) driver 826 Maple St Ind tel.
Walters, Fred W. (son Peter) farmer 2h 793 Tow Path Ind tel.
Walters, Geo. (Emma) 1 ch laborer O H&L 624 E Washington St Ind tel.
Walters, Harmon (Carrie) 1 ch street sweeper O H&L 227 E Washington St.
Walters, John (Harriett) 2 ch blacksmith T H&L 534 E Washington St Ind tel.
WALTERS, PETER (Mary) 1 ch farmer O 20a 2h 2c 793 Tow Path Ind tel.
Walters, Thomas (Lenora) 4 ch slater T H&L 604 W Washington St Ind tel.
Walters, Virgil (son Harmon) 227 E Washington St.
Wamser, Anna (dau Joseph) school teacher bds 240 Kolbe St Ind tel.
Wamser, Geo. (son Joseph) machinist bds 240 Kolbe St Ind tel.
Wamser, Joseph (Mary) 1 ch tinner O H&L 240 Kolbe St Ind tel.
Wamser, Mary (dau Joseph) deputy clerk in court bds 240 Kolbe St Ind tel.
Ward, Clarence (son F. J.) electrical engineer 631 Strong St.
Ward, T. J. ret O H&L 631 Strong St.
Warden, E. N. (Agnes) 1 ch attorney-at-law O H&L 221 W Clinton St.
Warden, Fay (dau E. N.) music teacher 221 W Clinton St.
Warden, Hugh (son E. N.) student bds 221 W Clinton St.
Warner, Miss Bessie (dau Mrs. T.) milliner bds 1211 Oakwood St.
Warner, Miss Emma housekeeper O H&L 1211 Oakwood St Ind tel.
Warner, Mrs. May dressmaking O H&L 449 Appian St Ind tel.
Warner, Nita (dau Mary) bds 449 Appian St Ind tel.
Warner, Sarah.
Warner, Mrs. T. ret bds with Emma 1211 Oakwood St.
WAXLER, GEO. (Myrtle) 6 ch laborer T H&L 517 Front St.
Weaver, Mrs. Caroline ret O H&L 231 E Main St.
Weaver, Fern (dau Caroline) bookkeeper Fox Bros. Cigar Factory bds 231 E Main St.

NAPOLEON

Webb, Ceelia (dau Harry) telephone operator 704 W Main St.
WEBB, HARRY (Sarah) ret O H&L 704 W Main St.
Webb, Phillip barber T H&L S Perry St.
Weible, Mrs. J. C.
Weideman, L. C. (Pearl) 1 ch solicitor for Gas Co. T H&L 644 River View Ave Ind tel.
Weirich, Mrs. Aurilla 1 ch housekeeper H&L 238 Meekison St.
Weinland, Mrs. Kate A. ret O H&L 1044 Scott St.
WELZ, C. L. (Maude) 2 ch clothing store T H&L 544 High St Ind tel. See adv.
Wendt, William clerk.
Wendt, W. J. (Irene) millinery O H&L Ind tel.
Wesley, Geo. (son Margaret) laborer bds 722½ N Perry.
Wesley, Mrs. Margaret housekeeper 722½ N Perry.
Wesley, Wm. (Sarah J.) laborer T H&L 315 Front St.
West, Perry (Stella) 1 ch telephone operator T H&L 222 Yeager St Ind tel.
Westefeldt, Martha (dau Minnie)' dressmaker 504 Welsted St.
Westefeldt, Mrs. Minnie housekeeper O H&L 504 Welsted St.
Westerman, Mrs. Jacob 1 ch ret O H&L 1217 Oakwood St Ind tel.
Westfall, Mrs. C. ret O H&L 1068 Stephenson St Ind tel.
Westfall, John S. (son Mrs. C.) drayman O 2 lots 1068 Stephenson St.
WESTHOVEN, A. J. (Mary) meat market O H&L 226 E Clinton Ind tel. See adv.
WESTHOVEN, A. W. (Emma) 1 ch meat market O H&L 839 Hobson St Ind tel. See adv.
Westhoven, Casper (son A. J.) student 226 E Clinton St Ind tel.
Westhoven, Gresence (dau A. J.) bookkeeper Ind tel.
Westhoven, Mrs. Magdalene ret O H&L 825 Hobson St.
Westhoven, Marguerite (dau A. J.) 226 E Clinton St Ind tel.
Westhoven, Walter (son A. J.) meat cutter 226 E Clinton St Ind tel.
Wetterholt, Mrs. G. M.
Wheeler, Carl farmer O H&L 225 E Maumee Ave Ind tel.
WHEELER, G. G. (Lillian) 1 ch coal dealer T H&L 1229 Oakwood Ave Ind tel. See adv.

Wheeler, Ortis (Susie) bricklayer T H&L 309 Appian St.
Whiteman, Chas. (Lucy) ret O H&L 857 Hobson St Ind tel.
Widman, Rosa ret bds with Wm. Bender 618 Park St.
Wigfield, John (Lydia) works at roundhouse O H&L 154 North St.
Willier, J. D. (Nellie) school teacher O H&L 832 S Perry St Ind tel.
Williams, B. T. (Grace) railroader bds at Ralph Fox 937 Woodlawn St Ind tel.
Williams, Frank wholesale fruit dealer O H&L 524 N Perry St Ind tel.
Williams, H. E. (Editha) 1 ch jeweler clerk T 124 W Main St.
Williams, Paul (son Frank) clerk 524 N Perry St Ind tel.
Wilson, Mrs. D.
Wilson, Mrs. Eliza housekeeper O H&L 224 W Washington St Ind tel.
Wilson, Frank (son Mrs. Eliza) reporter 224 W Washington St Ind tel.
Wilson, Kate (dau Mrs. Eliza) clerk 224 W Washington St Ind tel.
Wilson, Mayme (dau Mrs. Eliza) school teacher 224 W Washington St Ind tel.
WINDNAGEL, FRANK A. (Della) 8 ch stationary engineer T H&L 630 Park St.
Windnagel, Malvern (son Frank) tree doctor bds 630 Park St.
Windnagel, Otto.
Winklepleck, John (Sarah) laborer O H&L 365 W Front St.
Winters, Mrs. Bernice 2 ch housekeeper bds with Lydia Lingel 472 W Maumee Ave Ind tel.
Winters, J. W. (Maria) harness maker T H&L 1079 N Perry St.
Wolf, Edward (Nellie) 2 ch carpenter O H&L 732 Strong St.
Wolf, Mrs. Irene housekeeper T H&L 222 E Main St.
WOODMAN, J. J. (Matilda E.) 2 ch contractor and builder O H&L 119 E Maumee Ave. See adv.
Woodward, Dorr (Lottie S.) 3 ch clerk T H&L 310 W Maumee Ave.
Woodward, Mrs. Sarah ret O H&L 732 Park St.
Wright, Mrs. Daisy 4 ch housekeeper O H&L 723 Welsted St Ind tel.
Yarnell, Byron insurance O H&L 154 W. Maumee Ave Ind tel.
Yarnell, Mrs. Chas. O H&L 1c 624 Daggett Ave Ind tel.
Yarnell, Clair (Onez) pharmacy T H&L 424 W Washington St Ind tel.

FARMERS' DIRECTORY

Yarnell, Daniel (Grace) coal business O H&L 218 W Washington St Ind tel.
YARNELL, D. B. (Ida) 6 ch proprietor City Coal Co O 10a 588 W Maumee Ave. See adv.
Yarnell, Harry (Mary) coal dealer O H&L 424 W Washington St Ind tel.
Yarnell, Leta (dau Daniel) school teacher 218 W Washington St Ind tel.
Yarnell, Morris M. (son Mrs. Chas.) clerk bds 624 Daggett Ave Ind tel.
Yarnell, M. G. (Georgia) bookkeeper O H&L 830 Hobson St.
Yarnell, Philip (Elma) R F D mail carrier O H&L 2h 303 E Clinton St Ind tel.
Yarnell, Rosa.
Yeager, Wm. farmer O 25a 2h 206 La Grange St.
YOCOM, AMANDA O H&L 511 W. Front St.
Yocum, Frank (Rachel) 2 ch works at gas factory T H&L 344 W Maumee Ave.
Young, Burr (Mary) works in brewery T H&L 331 E Washington St.
YOUNG, C. L. (Cora) 7 ch engineer D T & I R R T H&L 835 Monroe St Ind tel.
Young, D. A.
Young, Geo. (son John) chicken raising 323 Front St.
Young, John (Mabel) 1 ch brakeman on D T & I R R T H&L 1135 Oakwood St Ind tel.
Young, John (Mary E.) 3 ch ret O H&L 323 Front St.
Young, L. P. (Ida) 7 ch barber O H&L 210 Meekison St Ind tel.
Yount, Evilin (dau W. H.) clerk in dry goods store 433 E Main St Ind tel.
Yount, Harry.
Yount, W. H. (Mary) works in woolen mill O H&L 433 E Main St Ind tel.
Zahrend, Christ (Caroline) carpenter T H&L 254 Yeager St Ind tel.
Zellers, A. A.
Zenz, Mrs. Pauline 1 ch ret O H&L 1098 Dodd St.
Zierolf, Anna (dau W. N.) 622 Leonard St Ind tel.
Zierolf, Elizabeth (dau W. N.) stenographer bds 622 Leonard St Ind tel.
Zierolf, John (son W. N.) clerk 622 Leonard St Ind tel.
Zierolf, Lizzie clerk.
Zierolf, W. N. (Christina) ret O H&L 622 Leonard St Ind tel.
Zollars, Mrs. Lelah housekeeper bds 929 N Perry St Ind tel.

Country Home of Wm. Freitag, for 25 Years a Subscriber to Farm Journal.

W. T. Hatcher.   F. O. Russell.   Howard Ely.   W. H. Ellsworth.
Henry County Superintendents.

DESHLER

ABBREVIATIONS.—a, means acres; bds, boards; B tel, Bell telephone; 4 ch, 4 children; H&L, house and lot; O, owns; R1, Rural Route No. 1; ret, retired; T, tenant; 4h, 4 horses; 2c, 2 cattle.

ADAMS, CHESTER A. (Silvia) 4 ch farmer T H&L 3h 3c Keyser St.

Ahrns, W. F. (Ethel) 1 ch mail carrier T H&L 2h West Main St B tel.

Albright, S. F. (Julia) 1 ch mail carrier T H&L 2h S Main St.

Aldrich, Lucretia 4 ch housekeeper O H&L.

Allen, Benjiman (Sarah) carpenter contractor O 3½a Glendale Ave.

Alton, A. L. D. (Agness) 1 ch tailor T shop.

Anderson, J. H. (Ruth) motorman T Maple St.

Anderson, Maggie 4 ch T H&L 2c Ash St.

Anway, F. L. (Hazel K.) dentist T H&L W Main St B tel.

ARMSTRONG, J. C. 2 ch ret O H&L E Main St B tel.

Armstrong, Marie bookkeeper T H&L E Main St.

Armstrong, Mary M. 4 ch dressmaking T H&L E Main St.

Baden, Henry 3 ch laborer T 1h.

Baden, Mary housekeeper O H&L B tel.

BADEN, WILLIAM H. (Olive) 2 ch foreman stone road O H&L Keyser St B tel.

Baer, Elige (Jane) 3 ch laborer T H&L 1h Holmes.

Baisinger, Russel (Mary) 1 ch. Ohio electric conductor T H&L Maple St.

Barlitts, W. C. (Maude) 1 ch meat market T H&L Pork St B tel.

Baughman, Kline L. (Hilda) 1 ch barber T H&L Main St.

Baughman, L. L. (Viola) 4 ch barber O H&L Cor E Lyn-Elm St.

BECK, JESSE (Iva M.) elevator employee O H&L Elm St Ind tel.

Beck, O. W. (Ella) car inspector Mulberry St.

Beckman, Charles jeweler bds.

Bell, Bert (Carrie) 2 ch shoe cobbler T H&L Vine St.

Belt, Elizabeth ret T H&L Lynn St B tel.

Bergman, Fred (Louise) 7 ch railroader O H&L 1c Washington Ind tel.

Biker, J. F. (Bessie) 2 ch barber T H&L W Main St.

Bindemann, Mary 5 ch housekeeper O H&L Maple St.

Blake, Edward (Mattie) 3 ch laborer T Elm St.

Blake, Orie (Blanch) 8 ch moulder T H&L S Main St.

50

FARMERS' DIRECTORY

BLAKELY, ALLEN (Estella) 1 ch clerk restaurant O H&L Elm St.
Blankemeyer, Henry (Anna C.) 2 ch section foreman T H&L Lynn St.
Boley, C. A. (Mina) 1 ch laundry T H&L E Main St B tel.
Booher, G. L. (Lillie) 1 ch yard clerk O H&L Elm St.
Bowser, Deam (Almeda) 1 ch laborer T H&L Lynn St.
Bowser, James (Pearl) 2 ch laborer T H&L E Main St.
Bowser, Mary 2 ch housekeeper O H&L E Main St.
Boyer, Joseph (Gladis) R R yard clerk T H&L E Ave.
Boyer, Mose (Rissie) 5 ch laborer O H&L East Ave.
Boyer, Ray (Jennie) 1 ch agent motorcycles T H&L Elm St.
Britenriker, J. 2 ch blacksmith O H&L Mulberry St.
BROKOW, H. C. (Florence) sec & trea T H&L Vine St B tel. See adv.
BROWN, MRS. M. A.
Brown, Walter (Addie) 3 ch stationary engineman T H&L Washington St.
Brubaker, J. L. (Candasa) physician T flat W Main St B tel.
Bruning, C. H. (Grace E.) 4 ch agent Toledo Sugar Beet Co T H&L Lynn St.
Buck, Mrs. Ann ret O H&L Elm St B tel.
Buck, R. W. (Mearle) 2 ch clothier O H&L Elm St B tel.
BUCKLEY, H. W. garage. See adv.
BUIRLEY, WILLIAM (Lula) 4 ch railroader O H&L East Ave.
Buller, A. A. (Nellie) carpenter O H&L B tel.
Burke, Cecil (Nora) 2 ch drug clerk T H&L Keyser St B tel.
Burling, Lee M. (Lettie) 2 ch tinner T H&L Elm St.
Burner, Elmer (Mae) furniture clerk & deliver T H&L W Main St.
Burns, John (Minnie) 3 ch laborer O H&L E Maple St.
Butler, Perry railroader bds with Mary Neiswander W Main St.
Cady, H. O. (Eva) 2 ch railroader T H&L S Main St.
Campbell, J. W. tailor bds E Main St.
Cain, J. M. (Alice) 4 ch grain dealer O H&L Elm St B tel.
Cain, O. M. (Pearl) 4 ch coal dealer O H&L 2h Maple St B tel.
Carter, Pearl 1 ch T H&L Washington St.

Challen, Geo. E. (Jennie) ret O H&L 1h Maple St B tel.
Clymer, Jeannetta 3 ch housekeeper T H&L Lynn St.
COATES, KATHRYN W Maple St.
Coats, M. G. (Ella) 2 ch ret T Maple St.
Colier, Harlie J. (Elizabeth) 4 ch engineman O H&L Keyser St.
Collins, Mary 1 ch housekeeper T H&L E Main St.
Colwell, Bud (Wava) moving picture show T flat E Main St.
COLWELL, CHAS. (Temperance) 6 ch mechanic O H&L 1c Elm St.
Colwell, R. D. (Carrie) 1 ch garage O H&L W Main St B tel.
Corbin, Thomas B. (Emma) 2 ch butcher T H&L Elm St.
Cortney, Charlie (Myrtle) 3 ch laborer T H&L S Park St.
Cottingham, Sumner (Geniva) 3 ch electrician O H&L Maple St B tel.
COTTINGHAM, S.
COUCH, THELMA Main St.
Courtney, Morris section man T H&L.
Courtney, Robert (Cathern) 1 ch ret O 1a.
Coverstone, E. M. (Mattie) 1 ch hotel Railroad St B tel.
Crawford, Jake (Minnie) 2 ch section man T H&L Lynn St.
Croach, Charlie (Dora) laborer T Maple St.
Crouch, Clem (Polly) 2 ch bartender O H&L Keyser St.
Curtis, Ernest (Gladis) 2 ch railroader T H&L S Park St.
Daily, Mrs. dressmaker T Main St.
DARNELL, J. F. H. (Sevilla) laborer T.
Dennis, Zella music teacher T H&L Main St.
DETMER, E. C.
Devore, J. (Ida) 3 ch barber O H&L B tel.
Deweese, Dudley (Maud) 3 ch section man O H&L Elm St.
Diem, C. C. (Bertha) 4 ch bartender T H&L Elm St.
Dill, Charlie (Mary) 1 ch laborer O H&L 1c Maple St.
Dill, Solomon (Alice) 2 ch pumper O 5a.
DILL, FLOYD (Flossie) 1 ch laborer O H&L Mulberry St.
Dill, Mrs. Sarah 1 ch housekeeper O 2h 1c E Main St B tel.
Dishong, Clarence (Jennie) 1 ch railroader T H&L S Park St.
Dishong, Daniel (Mary B.) 1 ch butcher T H&L Elm St.

DESHLER

Dishong, Reuben (Jennie C.) 4 ch foreman O H&L 1c Elm St.
DOLAN, JOHN (Eva) freight truckman O H&L Keyser Ave B tel.
Dolon, John ret T H&L Keyser Ave.
Donavan, Daniel ret O H&L Maple St B tel.
Donavan, John A., Jr. (son John, Sr.) druggist Maple St B tel.
Donovan, J. (Agnes) bookkeeper O H&L Maple St B tel.
Donnavan, Maggie housekeeper O H&L Maple St.
Driscoll, William J. (Idell) 2 ch motorman T H&L 1c Maple St.
DRUMMOND, WESLEY (Emma) ret O 1a 1c Ash St Deshler.
Dubbs, Menerve 1 ch cook T H&L Main St.
Dubbs, Roy (Violet) grocery clerk T Elm St.
DULL, GEO. (Nellie) farmer T H&L Maple St.
DUNN, JOHN R. (Taddie) electrician O H&L 105 Hulick St Findlay B tel. See adv.
Dunn, Mrs. Lura 2 ch ret O H&L Maple St.
Durham, Chas. (Carrie) 1 ch truck man T H&L Water St.
Dury, J. C. (Recha) 2 ch railroader T H&L Keyser St B tel.
Dye, Kate ret T H&L Main St.
Eaton, C. H. hotel clerk Main St.
Egbert, John (Hazle) 1 ch bartender T H&L Main St.
Egbert, Mame 1 ch clerk T H&L Main St.
Eickhoff, William (Mary) 1 ch elevator employ O H&L Keyser St.
EMAHISER, LAWRENCE O. (Florence) baggage master T H&L Walnut St.
Fairchild, Ernest O. (Grace A.) 2 ch teacher O H&L W Main St.
Faram, Harry (Maud) ret O H&L Maple St B tel.
Farquharson, John (Rose) 2 ch ret O 4a 2h 1c Walnut St B tel.
Farquharson, Robert (Nellie) farmer O H&L 2h W Main St B tel.
Ferman, Harry (Sadie) 3 ch paperhanger & painter O H&L Lynn St.
Firman, Frank (Olivia) 4 ch mechanic O H&L East Ave.
FISH, NETTIE Box 222.
FLOWERS, F. A.
Freeman, Hannah 1 ch ret O 2a Water St.
Frisner, Guy (Pauline) 1 ch motorman T H&L Lynn St.

Frizzell, Edgar (Pearl) 1 ch railroader T H&L Keyser Ave.
Gardner, Geo. (Rachel) 1 ch ret O H&L.
Gardner, Geo. brick mason T H&L.
Gehrett, T. M. (Lavina) 2 ch physician O H&L Main St B tel.
Gehrett, W. S. (Jessie) 2 ch druggist O H&L W Main St B tel.
Geib, Anna 2 ch ret O H&L Elm St B tel.
George, John (Laura) expressman T H&L E Maple St.
Gerdeman, Anna 5 ch ret T H&L Maple St B tel.
Gilchrist, Fred (Minnie) ret O H&L W Main St.
Gray, Martha ret T H&L Washington St.
Gray, Neal (Leafy) 3 ch laborer T H&L.
Gray, William (Eva) 4 ch Union delivery O H&L 6h E Main St B tel.
GRIBBELL, FRED (Edna) 1 ch attorney-at-law O H&L W Main St. See adv.
Gribben, John R. (Edith) 1 ch driver for Standard Oil Co T H&L Elm St.
Hall, Ella housekeeper O H&L Lynn St.
Harley, John ret O H&L Elm St.
Harmon, Bert drayman T H&L 2h 1c E Main St B tel.
Harmon, C. C. (Georgia) dry goods & groceries O H&L Maple St B tel.
HARMON, C. E. (Kathryn) millinery T H&L. See adv.
Harmon, L. H. (Maud) drayman O 1½a 8h 1c Sycamore St B tel.
Harris, Mrs. Cora E. nurse Elm St.
Harrison, Antin S. (Dora) 1 ch contractor Elm St B tel.
Haskinson, David (Laura) 3 ch cement worker O H&L Elm St.
Hawkins, A. C. H. (Harriet) 1 ch ret O H&L Maple St B tel.
HAYMAN, A. F. (Lora) hardware T H&L W Main St B tel. See adv.
HAYMAN, CLOID (Lottie) hardware T H&L W Main St B tel. See adv.
Hazeltine, Wesley (Della) railroader T H&L S Main St.
Heckerman, C. H. (Blanche) photographer T flat W Main St B tel.
Helmke, Geo. (Anna) 3 ch carpenter O H&L Elm St.
Hennessy, Charlie (Gertrude) farmer T H&L 2h 1c W Main St.
Hennessy, Edward (Ruth) 1 ch ret O H&L W Main St.
Henry, Sarah housekeeper T H&L Maple St.

FARMERS' DIRECTORY

Henry, W. J. (Ellen) carpenter T H&L Keyser Ave.
Henry, W. R. (Mirie) laborer T H&L Keyser Ave.
Herman, Mary 1 ch housekeeper T H&L Keyser St B tel.
Herr, Charles William (Emma) 2 ch brick mason O H&L W Main.
Herr, Geo. W. (Anna) 1 ch brick mason O H&L Washington St B tel.
Herr, Theodore (Mary) ret O H&L Washington St.
Hill, Frank (Mollie) 2 ch barber O H&L Elm St.
Hill, John (Maud) 2 ch grocery T H&L Lynn St.
Hishew, Sarah Ellen 1 ch ret T H&L Keyser St.
Hoke, J. W. (Etta) furniture & undertaking T H&L Elm St B tel.
Hoke, Mrs. Polly ret T H&L E Main St.
Hoke, W. C. (Mable) 3 ch furniture & undertaking T flat Main St.
Holbrook, Ephrim (Martha) laborer O H&L 1h.
Holman, John (Eliza) laborer O H&L 2h Maple St.
Holmes, Joseph (Clara) 3 ch farmer O H&L 3h 1c W Main St B tel.
Hoskison, Ross (Catherine) 1 ch operator railroad T H&L Lynn St.
House, F. J. (Helen) 1 ch hardware T H&L Keyser & Maple Sts.
House, H. L. (Carrie) 7 ch hardware O H&L Maple St B tel.
House, Mary A. ret O H&L Maple St.
House, W. S. (Gail) clothier T H&L Elm St B tel.
Hubner, Fred (Elizabeth) ret O H&L Elm St.
Hudson, Galord (Della) 1 ch electrician O H&L Maple St B tel.
Hughes, Charlie J. (Mary P.) 2 ch meat cutter T H&L Elm St.
HUTCHISON, J. A. (Grace) 1 ch editor &O "The Henry County Review" Ind tel Holgate Ple. See adv.
Hutter, Katie ret O H&L Washington St B tel.
Hyde, Geo. (Lydia) laborer T H&L Lynn St.
Jaynes, Lundy (Florence) 2 ch laborer T H&L Lynn St.
Jinkins, Harvey (Alice) laborer T H&L Maple St.
Jones, S. A. (Gertrude) 1 ch hotel T hotel W Main St B tel.
Kelley, S. L. (Ora) 3 ch marshal T H&L East Ave B tel.
Kendall, E. J. (Minnie) 2 ch bookkeeper O H&L Elm St B tel.

King, Edward (Cathern) 5 ch B & O section boss O 1a 2c East ave B tel.
King, Terrence B. (Mildred) 1 ch bank clerk T H&L Elm St B tel.
Kirk, Eliza ret O H&L Elm St.
KUHN, ELNORE cigar box employ T H&L Lynn St Box 157.
Lahr, Frank (Lizzie) 1 ch restaurant T flat E Main St.
Lahr, Henry F. (Elizabeth) 1 ch chicken raiser O H&L 2h N Park St.
LEA, I. P. (Mary R.) 2 ch U B minister T H&L Elm St B tel.
LEE, C. O. (Katharine) restaurant T H&L Main St B tel.
LEE, M. M. (Kittie) 5 ch grain dealer O H&L 1h Elm St B tel.
Leib, John (Mary) ret T H&L East Ave.
Lemons, Geo. ret O H&L Keyser St.
Leveck, Melvin (Minnie) 2 ch laborer T H&L Elm St.
LEY, FRANK (Hazle) 1 ch electric conductor T H&L Elm St.
Litzenberg, Ruben (Fian) ret O H&L Maple St.
Loach, Willis (Josephine) 1 ch electrician O H&L Elm St B tel.
Long, Daniel ret T H&L Washington St.
Long, Geo. A. (Myrtle) 4 ch railroader T H&L Vine St.
Long, L. E. (Anna L.) lawyer O H&L Elm St B tel.
Longbrake, Mrs. Arabell ret O 2a N Park St B tel.
Longbrake, Ray (Elnor) 1 ch baggageman T H&L Main St.
Longbrake, Thomas (Carrie) 1 ch railroader O H&L Walnut St.
Longyear, Leon (Louise) 1 ch laborer T H&L Walnut St.
Luchini, Antony confectionery T Main St B tel.
Lutz, E. F. (Mary) 5 ch jeweler T H&L.
Lytle, A. D. (Lillian) 1 ch lumber dealer O H&L Elm St B tel.
LYTLE, DAVID (Sarah) lumber dealer O H&L Elm St B tel.
LYTLE, E. R. (Nellie) lumber dealer O H&L Elm St B tel.
MacMaster, Dexter (Mary Ann) 3 ch ret O H&L Maple St.
MacMaster, Mie (Mead) 4 ch railroader & farmer T H&L.
Mahr, Henry (Sadie) ret O H&L.
Malott, Elmer 2 ch electrician T H&L Maple St.
Malott, Periscilla 1 ch ret T H&L E Main St.

DESHLER

Malott, William section man O H&L E Main St.
McDowel, Harry (Lula) 2 ch bartender O H&L.
McFadden, A. A. (Maggie) rural mail carrier T H&L W Main St B tel.
McFadden, Geo. W. (Kittie) 3 ch ticket agent T H&L Vine St B tel.
Metzner, Charlie ticket agent O H&L W Main St.
Metzner, Grover railroader O H&L W Main St.
Meyer, C. W. (Dora) 3 ch varieties O H&L 1h 1c Keyser Ave.
Meyers, Geo. (Mary) 3 ch section boss T Maple St.
Michael, Cathern 1 ch ret O 15a Sycamore St B tel.
Michael, Frank W. (Edith) foreman O H&L E Main St.
Michael, Ida bookkeeper O 1a Sycamore B tel.
Miller, Val. (Mattie) 1 ch carpenter O H&L Water St.
Miller, Willbert (Mary) 1 ch laborer O H&L Elm St.
Miller, Zed (Lula) 2 ch section foreman T H&L Keyser St.
Mincer, D. F. (Gertrude) 4 ch moulder T H&L East Ave.
Monthaven, Allen G. T. (Ethel) 1 ch auto salesman T H&L East Main St.
Monthaven, Ella housekeeper O H&L Elm St.
Monthaven, John janitor T H&L Elm St.
Monthaven, William bartender T H&L Elm St.
Moore, W. J. (Mary) stationary engineer T H&L Main St.
Mootz, Ray (Zella) 1 ch express agent O H&L Lynn St B tel.
Morehart, Jessie (Mary L.) ret O H&L W Main St B tel.
Mormann, William (Lena) 1 ch watchman O H&L S Main St.
Morrison, Thomas H. (Martha) teamster O H&L 2h Maple St B tel.
Morton, John (Irene) 2 ch operator T H&L Vine St.
Myers, H. H. (Gertrude) 1 ch dry goods & notions O H&L W Main St.
Myrice, Mrs. Rebecca 3 ch housekeeper O H&L Elm St B tel.
NANNA, MRS. A. R. milliner O H&L E Main St B tel. See adv.
Neiswender, Mary 1 ch ret farmer O H&L W Main St.
Norris, O. L. (Rose) 2 ch physician O H&L Main St B & Ind tels.
Oberlitner, Rebecca 2 ch ret 4½a.

Oelfke, Geo (Dora) 2 ch bartender T H&L Water St.
Otweil, Thomas H. (Ida) 2 ch minister T H&L East Ave.
PAGE, J. W. (Elizabeth M.) mayor O H&L Maple St.
Patterson, E. A. (Myrtle) 1 ch notion store T flat E Main St.
Patterson, Samantha ret T H&L B tel.
Pearsall, Hannah ret O H&L W Main St.
Peterson, Hattie M. 2 ch ret O H&L W Main St.
Phalen, John (Mint) 1 ch electrician T.
PHALEN, JOSEPH (Mable) railroader T H&L S Park St.
Phillips, Charles E. (Sophia L.) 3 ch laborer T H&L Main St.
Piper, W. H. (Mary E.) 2 ch ret O H&L 1h 1c Lynn St B tel.
POWELL, H. C. (Clara M.) 2 ch auto livery O H&L B tel. See adv.
Powell, Lincoln E. (Mae) 1 ch elevator T H&L Keyser St.
Powers, Charles (Nellie) 1 ch farmer T H&L S Main St.
Pressley, Harris (Winona) 2 ch conductor T H&L W Main St.
Ramsay, W. M. (Elfie) 2 ch railroader O H&L 1c Elm St.
Randall, John (Myrtle) 4 ch farmer T H&L Maple St.
Rangler, Peter J. (Clara) ret farmer O H&L Maple St.
RAYLE, PERRY 4 ch saloon O 25a B tel.
Rayles, Charles W. (Stella) 2 ch carpenter O H&L 1h Elm St B tel.
Reiter, John (Mary) ret O H&L 1c S Main St.
Rentschler, E. H. (Martha) 1 ch furniture & undertaking T H&L Elm St B & Ind tels.
Reynolds, Charlie (Eliza) 4 ch laborer T H&L S Main St.
Rice, Mrs. S. B. art store merchant T store Main St.
RICHARDS, HARRY (Lollie) 6 ch railroader T H&L East Ave B tel.
Rickard, O. J. (Jeannett) 2 ch ret O 2a Water St.
ROBINSON, CARL grain dealer bds Keyser Ave B tel. See adv.
Robinson, Helen Ruth (dau O. C.) school teacher Keyser Ave B tel.
Robinson, Jennie 1 ch cigar box paster T H&L.
Robinson, Lizzie ret O 1a H&L Walnut St.
ROBINSON, O. C. (Nanie) 1 ch grain dealer T H&L Keyser Ave B tel. See adv.

FARMERS' DIRECTORY

Robinson, Ralph section man T H&L 2h 4c Walnut St.
ROBISON, CLARK W. (Orpha) 2 ch hardware merchant O H&L 1c Park St B tel.
Robison, Delilah 1 ch ret T H&L Elm St.
Robison, W. S. (Tora) bakery O H&L.
Roof, Caroline ret O H&L W Main St.
Ross, John (Nannie) 2 ch farmer O 1a 1h 1c Maple St.
Rouch, Branson (Rosa) janitor O 1a Ash St.
Rowell, Dave bartender O H&L Maple St.
Roy, Chas. (Lillie) ret T H&L Keyser St.
Russell, Carl (Mable) 3 ch laborer O H&L 1h 1c Maple St.
Russell, W. S. (Nora) 2 ch farmer T Maple St.
Rutter, Crawford (Eva) 1 ch ret farmer O H&L Elm St B tel.
Samsel, A. F. (Mary) 1 ch shoe store T H&L Elm St B tel.
Samsel, P. F. (Hannah C.) shoe store T H&L Keyser Ave B tel.
Sanner, W. M. carpenter T H&L Lynn St.
Schieb, Henry (Rennie) laborer O H&L Lynn St.
Schiel, Mrs. Elizabeth 1 ch housekeeper O H&L Maple St.
Schwab, W. E. (Harriett) ret O H&L Maple St.
Scott, N. D. (Lillie) railroader O H&L Main St B tel.
Sellers, John (Mead) 2 ch laborer O H&L Maple St.
Shaffstall, Geo. L. 1 ch grocery T W Main St B & Ind tels.
SHANK, A. C. (Alice) 2 ch livery T H&L 8h Lyn St. See adv.
SHANK, H. B. (Jessie) 2 ch livery T H&L 8h Lyn St. See adv.
Shank, Ray (Maud) expressman O H&L Elm St B tel.
Sharp, Mrs. J. W. 3 ch restaurant T W Main St B tel.
Shaw, Art (Anna) 7 ch laborer T H&L Ash St.
Sheets, C. (Laura) 1 ch railroad conductor T H&L E Maple St.
Sheffield, Wm. (Emma) blacksmith O H&L Stearn Ave.
Sherman, Ervin (Bertha) rural mail carrier O H&L Elm St.
SHERMAN, T. A. (May E.) 4 ch bakery O H&L Maple St B tel.
Sherman, T. H. (May) 4 ch baker O H&L Maple St B tel.

Shoemaker, O. M. poultry dealer 5h bds.
SHOEMAKER, W. M. (Abbie) 1 ch poultry dealer O H&L 6h Linn St B tel.
Shoroyer, D. M. (Jane) 1 ch farmer O 10a 2h Lynn St.
Shwab, Ida housekeeper T H&L Lynn St.
Smith, Aaron (Alice) farmer T H&L Maple St.
Smith, William (Alice) 4 ch contractor carpenter O H&L 3h Lynn St.
Snable, E. D. physician T B tel.
SOCKMAN, C. C. (Maude E.) 4 ch veterinary O H&L 6h W Main St B & Ind tels.
Spangler, Levi (Iva) 4 ch farmer O H&L 1h W Main St.
SPANGLER, LONA 991 Main St.
SPANGLER, L. K. (Marjorie) 1 ch dry goods & groceries T H&L 1h Keyser Ave. See adv.
Sperow, E. W. (Nancy) 1 ch janitor O H&L W Main St B tel.
Sperow, Imus telephone operator T H&L W Main St B tel.
Spiker, Fredrick W. (Cathern H.) 2 ch mason O H&L Keyser Ave.
Sprankel, Geo. (Verda) railroad clerk T H&L Keyser Ave.
SPRANKLE, MRS. GEO. J. Box 151.
STAFFORD, M. G. (Julia) grain dealer O 370a H&L 14h Elm St B tel.
Sterling, G. B. (Elizabeth) 5 ch gen mdse O H&L Maple St Ind tel.
Steve, F. W. (Essie M.) 1 ch restaurant T H&L W Main St B tel.
Stevenson, A. E. 2 ch ticket agent at O E Dep bds Main St.
Stevenson, Cora.
Stevenson, James (Bell) 1 ch railroader O H&L Mulberry St B tel.
Stevenson, W. M. (Elvira) laborer O H&L.
Steward, Lawrence (Gladis) 2 ch railroader T H&L W Main St.
Stewart, Harry (Nell) 2 ch foreman railroad freight T H&L Lynn St.
Stewart, John (Ruhamah) pumper O H&L Washington St.
Stewart, M. E. (Jessie) 2 ch carpenter railroad T H&L Walnut St.
Stewart, Nelson W. (Margaret) 4 ch engineer railroad O H&L Lynn St B tel.
Stiles, Milton 1 ch railroad sectionman T H&L S Park St.
Stiles, Vilda housekeeper T H&L Lynn St.
Strawser, Charles (Jennie) 2 ch laborer O H&L Elm St.
Stricker, Amos (Lavina) ret O H&L 1c Mulberry St.

Suber, A. A. (Mary E.) Deshler foundry & machine works O H&L E Main St B tel.
Suber, John (Gertrude) 2 ch machinist O H&L E Main St.
Swartz, Byron (Jennie) 1 ch carpenter T H&L Keyser Ave.
Swartz, Charles (Carrie) 4 ch laborer O H&L 2c Maple St.
Swartz, John (Maud) 5 ch expressman T H&L 1c Keyser Ave.
Thatcher, Clayton (Bessie) 3 ch clerk hardware T H&L E Main St.
Thatcher, Ray (Angeline) 1 ch paper hanger T H&L E Main St.
THATCHER, W. E. (Nellie B.) 2 ch auto livery T H&L Main St B tel. See adv.
Thomas, Minor (Kittie) 1 ch stock buyer O 1a 5h 16c Sycamore B tel.
THOMAS, ROY (Ollie) 2 ch butcher O H &L. Elm St B tel.
Thompson, Frank (Minnie) cement worker T H&L Keyser Ave.
Thompson, Grace 1 ch school teacher T H&L E Main St.
Thomson, A. F. (Grace) 1 ch attorney at law O H&L W Walnut St B tel.
Tussing, Charles (Lefa) 6 ch railroader T H&L Sycamore St.
Tussing, Clyde (Emma) 5 ch barber O H&L Maple St.
Tussing, Earl (Nellie) 2 ch barber T H&L.
Tussing, P. W. (Elizabeth J.) 2 ch veterinary T H&L W Main St Ind tel.
Tussinger, James (Masena) paper hanger & painter O 1a Elm St.
Tussinger, Maud 6 ch housekeeper O H &L S Main St.
Vanaman, Robert (Augusta) ret O H&L E Main St Ind tel.
VANCIL, J. A. shoe repairer bds. See adv.
Van Horn, Glen (Laura) 1 ch carpenter T H&L W Main St.
Van Horn, John K. (Ida) carpenter O H&L Vine St.
Van Horn, Stephen laborer O H&L 1h Ash St.
VAN SCOYSC, I. B. (Elsie C.) ret O H &L 1h Maple St.
Wahler, F. M. (Coonie) 1 ch saloon O H&L Maple St.
Waltermire, C. J. (Nancy) 2 ch ret O H&L W Main St.
Waltermire, Geo. attorney at law bds W Main St.
Waltman, William H. (Mary) 1 ch ret O H&L 1h 1c Elm St Ind tel.

Ward, Alva (Nellie) 6 ch laborer T H &L 2h Lynn St.
Ward, Geo. (Lizzie) 7 ch expressman O H&L Elm St B tel.
Ward, Lee (Ida) peddler O H&L 1h Plum St.
Ward, N. H. (Mary) 2 ch implement dealer O H&L Main St B tel.
Ward, William M. (Lula M.) 2 ch car inspector O H&L Plum St.
Warmley, Sarah 2 ch housekeeper T H &L S Main St.
Weatherhead, Izeral (Lyna) 1 ch elevator employe T H&L Plum St.
Weaver, Geo. William (Ida) 2 ch expressman O H&L Elm St.
WEIST, MABEL.
White, Hetty ret T H&L Main St.
White, Philip (Ella) 1 ch ret T Elm St B tel.
Wiedenroth, A. H. (son Johanna) pool room W Main St B tel.
Wiedenroth, Jahana 4 ch ret O H&L W Main St B tel.
Wiggs, John (Jennie) laborer T H&L S Main St.
Willier, Bliss (Pearl) 2 ch laborer O H &L Keyser Ave.
WILLIER, FRANK (Clara) 1 ch meat market O H&L Elm St B tel. See adv.
Willier, John (Martha) 1 ch stock buyer O H&L 1h 1c Keyser Ave B & Ind tels.
Wink, Chas. (Tenie) 5 ch laborer O H &L 1c Lynn St.
Witham, C. S. (Pearl) 4 ch ret O H&L E Main St B tel.
Wooley, Addie E. 1 ch housekeeper T H &L B tel.
Wooley, Charles (Ida May) 2 ch painter & grocer clerk T H&L Main St.
Wooley, Edward (Nellie) 1 ch railroader T H&L S Main St.
Young, B. H. (Florence) grocery T H &L Maple St B tel.
Young, Mrs. Clara 2 ch ret O H&L Maple St B tel.
Young, Darel (Hattie) grocer clerk T H &L.
Young, H. S. (Mary E.) laborer O H&L Elm St.
Young, J. H. (Laura) laborer T H&L South Park St B tel.
Young, Mrs. Mary 1 ch dressmaker T Lynn St.
Young, Wilber (Violet) express truckman T H&L Elm St.
Zernheld, Enos (Rosa) 2 ch railroad watchman crossing O H&L 2c Walnut St.
Zernheld, Joe (Leona) 2 ch blacksmith T H&L 1c Walnut St.

FARMERS' DIRECTORY

Ziegler, E. A. (Blanche) blacksmith O H&L Maple St.
Ziegler, Geo. (Josie) 3 ch blacksmith O H&L Elm St.
Ziegler, G. W. (Josie) 3 ch blacksmith O H&L Elm St.

Zigler, Harry (Gertrude) laborer O H&L Lynn St.
ZIMMERMAN, CHARLIE (Lena) ret O H&L Maple St B tel.
Zimmerman, M. (Hattie) 2 ch genl store T H&L Main St.

Chores.

Which pays best—

Feeding Cattle and Hogs or Mice and Rats?

Is YOUR Corn Crib RAT PROOF?

Every ear of corn stored in a Dickelman Metal Crib is saved for market or stock

KEEPS OUT SNOW AND RAIN.   SCIENTIFIC VENTILATION.
NO MOLD.

Vermin Proof

Fire Proof

Bird Proof

Lightning Proof

Weather Proof

Thief Proof

MILLIONS OF DOLLARS' WORTH OF GOOD CORN IS FED TO THE RATS AND MICE EVERY YEAR

Corn that would bring cash at top prices, or make fine market cattle or stockers. This loss falls heavily on every farmer in corn country. If you have stored your corn in an old wooden crib where it is exposed to rain and snow, as well as the little thieves, you know the extent of this waste better than we can picture it to you. Enough corn goes this way to pay for the Dickelman Extra, many, many times.

This is a money saving proposition to you. The Dickelman Crib protects your corn not only from the pests but from the weather and mold. Made in three styles. Write for descriptive circular and prices.

THE DICKELMAN MFG. CO., FOREST, O.

FARMERS' DIRECTORY

Ohio National Guard Armory, Napoleon, Ohio.

HENRY COUNTY

ABBREVIATIONS.—a, means acres; bds., boards; B. tel., Bell telephone; 4 ch., 4 children; H&L, house and lot; Flrk 10, Flatrock Township Road No. 10; O, owns; R1, Rural Route No. 1; ret, retired; T, tenant; 4h, 4 horses; 2c, 2 cattle.

The abbreviations used for the Townships of Henry County are as follows:—

Bartlow, Bar.
Damascus, Dms.
Flatrock, Flrk.
Freedom, Fre.
Harrison, Har.
Liberty, Lib.
Marion, Mar.
Monroe, Mon.
Napoleon, Nap.
Pleasant, Ple.
Richfield, Rhfd.
Ridgeville, Rid.
Washington, Wash.

Names in CAPITALS are those of Farm Journal subscribers—always the most intelligent and progressive people in any county. No Tumbledowns, for no farmer can keep on reading the F. J. and being a Tumbledown, too. Many have tried, but all have to quit one or the other

Abbs, Ernest (lives with F. M. Inman) laborer R5 Wauseon Fre 1 Ind tel.
Ackerman, Adam (Anna M.) 1 ch brick layer O H&L Holgate Ple Ind tel.
ACKERMAN, A. W. (Orl) 4 ch farming O 40a 3h 5c R2 Deshler Rhfd 92 Ind tel.
Ackerman, Caroline farmer Deshler Rhfd.
ACKERMAN, JOHN (Caroline) 6 ch ret O 40a 1h 3c R2 Deshler Rhfd 90.
Acterlune, Alfred laborer bds R3 McClure Rhfd 67.
Adams, Frank (son Susan M.) bds R2 Holgate Ple 34 Ind tel.
Adams, G. P. (Edith) farming T 80a 4h R1 Malinta Rhfd 9 Ind tel.
ADAMS, H. H. (Edna) 6 ch moving buildings H&L McClure Dms.
Adams, Lasie (son Wm.) farm laborer R1 McClure Rhfd 98.
Adams, Minnie (dau Wm.) housekeeper R1 McClure Rhfd 98.
Adams, Rob (Ella) 2 ch farmer T 40a 4h 2c R1 Malinta Rhfd 6 Ind tel.
Adams, Rowley (Esther) farmer T H 1h R3 Weston Rhfd 77.
Adams, Stanley (son William) laborer bds 1h R1 McClure Rhfd 98.
Adams, Susan M. farming O 20a 2h 4c R2 Holgate Ple 34 Ind tel.
Adams, William (Louisa) 10 ch farming O 20a 2h 2c R1 McClure Rhfd 98.
Aden, Hannah (dau Mary) O H&L Holgate Ple Ind tel.
Aden, Harm (Lillian) farming T H&L 1h Holgate Ple.

59

ADEN, JOHN J. pool & billiard hall T H&L Holgate Ple Ind tel.
Aden, Mary T H&L Holgate Ple Ind tel.
Aderman, Ernest H. (Emma M.) 6 ch farmer O 79a 5h 10c R1 Malinta Mon 74 Ind tel.
Aderman, Ida (dau Ernest H.) housekeeper R1 Malinta Mon 74 Ind tel.
ADERMAN, R. E. (son Ernest H.) farmer 1h bds R1 Malinta Mon 74 Ind tel.
ADERMAN, WALTER (Bertha) farmer T 60a 1h R1 Malinta Mon 70 Ind tel.
Adlington, F. M. railway work bds Malinta Mon.
Agler, G. Wm. (Helen) 5 ch farmer T 160a 8h 4c R1 Okolona Nap 22 Ind tel.
Agler, Mary 1 ch farming O 27a 4h R1 Okolona Nap 37 Ind tel.
Agler, Wm. farmer R1 Okolona Nap.
Albright, S. F. RD Deshler Bar.
Allen, Ben (Sarah) 3 ch carpenter O 4a 3H RD Deshler Bar 97½.
Allen, Frank (son Henry) laborer bds Grelton Rhfd 1 Ind tel.
ALLEN, HENRY foreman O H&L Grelton Rhfd 1 Ind tel.
Allen, Jerry Grelton Rhfd 1 Ind tel.
Allen, L. K. Liberty Center.
Allen, Mary E. 2 ch ret lives with Henry Grelton Rhfd 1 Ind tel.
Allen, Ralph (Eliza) 2 ch laborer T H Grelton Rhfd 1 Ind tel.
Allen, Sarah farmer RD Deshler Bar.
Allison, M. L. farmer Pleasant Bend Ple.
ALSPAUGH, W. E. (Myrtle) 5 ch hay & straw buyer O 160a H&9Lots 3h McClure Ind tel. See adv.
Altman, Emma R1 Napoleon Har 62 Ind tel.
Altman, Geo. (Maggie) 2 ch laborer O H&L 1h Grelton Rhfd 1.
Altman, Martha A. bds O 40a R1 Napoleon Dms 18 Ind tel.
Altman, Samuel (Alice) 1 ch day laborer T H&L 1h R1 Napoleon Har 62 Ind tel.
Altman, W. S. (Catharine) 5 ch farming O 40a 4h 4c R1 New Bavaria Mar 21.
Ames, Arthur C. laborer care of J. J. Averly R2 Jewell Flrk 7.
Ames, Oscar farmer care of Fred Meyer R2 Jewell Flrk 5.
Amos, David farmer 5h 12c bds R1 Grand Rapids Dms 107 Ind tel.
Amos, Seymour (Kathryn) 2 ch well driller O 20a 2h 1c R3 Liberty Center Lib 86.
Amray, F. L. RD Deshler Bar.
ANDERIC, WILLIS (Della) 1 ch farming T 220a 4h 10c R1 Hamler Mon 84 Ind tel.

Anderson, Andrew carpenter bds R1 McClure Dms 70 Ind tel.
Anderson, Arnold carpenter bds R1 McClure Dms 70 Ind tel.
Anderson, Axel farmer McClure Dms.
ANDERSON, BERT (Rose) 3 ch farmer T 101a R1 Colton Wash 74.
Anderson, Carl (Addie) farmer T 40a 3h 2c R1 McClure Dms 111 Ind tel.
Anderson, Miss Helen M. bds R1 McClure Dms 70 Ind tel.
Anderson, Jacob (Nellie) farmer O 120a 4h 8c R1 McClure Dms 70 Ind tel.
Anderson, Loretta A. 1c furniture & undertaking O Damascus St Liberty Center.
Anderson, Pearl bds school teacher Damascus St Liberty Center Ind tel.
Anderson, Ulrick G. farmer bds R1 McClure Dms 70 Ind tel.
ANDREW, FRANK W. (Rosa) 3 ch ret O 120a 1h 2c R3 Napoleon Flrk 22 Ind tel.
ANDREW, J. A. (Eliza) farmer O 131a 6h 9c R3 Napoleon Flrk 26 Ind tel.
Andrew, W. A. (Jessie) 1 ch farmer T 131a R3 Napoleon Flrk 26 Ind tel.
ANDREW, WM. H. (Flora) 1 ch ret O H&L 1h Florida Flrk Ind tel.
ANDREWS, FLOYD R2 New Bavaria.
Andrews, H. B. (Ruth) 1 ch painter & paperhanger T H&L Holgate Ple.
ANDREWS, H. N. (D. E.) painter & paperhanger O H&L Holgate Ple.
ANDRIC, SCOTT (Catharine) ret O 220a 1h 2c R2 Hamler Mar 69 Ind tel.
Andrix, Harry RD Liberty Center Wash.
Anglemyre, A. G. (Sadie) 1 ch merchant O H&4Lots R2 Liberty Center Wash 106 Ind tel.
Anthony, Albert (Ida) 2 ch farmer O 60a 4h 8c R2 McClure Dms 101 Ind tel.
Anthony, Howard farmer McClure Dms.
Anthony, L. R. shoe repair shop T Ridgeville Corners Rid 64.
Appel, Rev. Jacob J. (Anna) minister Hamler Ind tel.
ARBOGAST, EDWIN F. (Malinda) farmer O 40a 1h 2c R1 Napoleon Har 44 Ind tel.
Arbogast, W. W. truck farmer O 5a R1 Napoleon Har 41 Ind tel.
Archambault, Gladys (dau L. J.) music teacher Holgate Plea Ind tel.
Archambault, L. J. (Maud) 5 ch general horse shoeing & repairing O H&L 1h 3c Holgate Ple Ind tel.
Archer, Sarah O 80a H&L Holgate Ple.
Armbruster, Carl R3 McClure.

FARMERS' DIRECTORY

ARMBRUSTER, C. H. (Anna) 4 ch farmer O 137a 5h 30c R8 Napoleon Har 35 Ind tel.
Armbruster, David (Bertha) carpenter O H&L Holgate Ple Ind tel.
Armbruster, Frank (Amelia) farmer T 60a 3h 2c R3 Holgate Flrk 63 Ind tel.
Armbruster, Frank D. (son G. J.) thrasher bds R3 Napoleon Flrk 69 Ind tel.
Armbruster, F. W. (Ida) 4 ch farming T 170a 5h 20c R3 Napoleon Flrk 70 Ind tel.
Armbruster, Geo. A. (Jennie) 1 ch farmer T 80a 4h 4c R3 Napoleon Flrk 45 Ind tel.
Armbruster, Geo. H. (son Geo. J.) farmer 1h R3 Napoleon Flrk 69.
Armbruster, G. J. 4 ch ret O 100a 1h 1c R3 Napoleon Flrk 69 Ind tel.
Armbruster, Harry W. (son John A.) farmer R3 Napoleon Nap 91.
Armbruster, John farmer McClure Rhfd.
ARMBRUSTER, JOHN A. (Mary) 6 ch farmer O 40a 5h 13c R3 Napoleon Nap 91 Ind tel.
ARMBRUSTER, JOHN F. (Mary) 1 ch farmer T 100a 7h 6c R3 Napoleon Flrk 69 Ind tel.
Armbruster, J. ret lives with R. F. R1 McClure Rhfd 75 Ind tel.
Armbruster, J. Andrew (son John A.) R3 Napoleon Nap 91.
Armbruster, Marie (dau David) waitress Holgate Ple.
Armbruster, Mary M. 10 ch ret O 250a R3 Napoleon Flrk 70 Ind tel.
Armbruster, Nellie (dau John A.) R3 Napoleon Nap 91.
Armbruster, R. F. (Mary) farmer O 80a 5h 7c R1 McClure Rhfd 75 Ind tel.
Armbruster, S. J. McClure Dms.
Armbruster, W. H. farmer McClure Dms.
Armstrong, James G. Naomi Fre.
Arnette, Mrs. T. F. 4 ch T 1a Liberty Center Wash 17.
Arney, Mrs. Nanie 3 ch T H&L Front St McClure.
Arnold, Phillip 3 ch ret bds Westhope Rhfd 45 Ind tel.
Arnos, Adolph (Emma) farmer O 120a 4h 12c R2 Defiance Rid 10 Ind tel.
ARNOS, G. E. (Elizabeth) 1 ch farmer O 116a 7h 10c R3 Stryker Rid 8 Ind tel.
Arnos, J. Fred (son G. E.) R3 Stryker Rid 8 Ind tel.
Arnos, Karl (son Adolph) farmer R2 Defiance Rid 10 Ind tel.
Arnos, S. D. farmer Liberty Center.
Arps, Albert (son Henry) farm laborer bds R3 Deshler Bar 36 Ind tel.

Arps, Albert (son F. H.) farm hand bds R2 Hamler Mon 52 Ind tel.
Arps, Arnold (son H. F.) farm hand R2 Hamler Mar 32 Ind tel.
Arps, Bernard (Augusta 1 ch farmer T 80a 5h 6c R1 Jewell Nap 10 Ind tel.
Arps, Dick (Freida) 1 ch farming O 60a 3h 3c R1 Holgate Mon 27 Ind tel.
Arps, Ernest (son Geo.) farmer R1 Okolona Nap 9.
Arps, Ferdinand (Erna) farmer T 80a 3h 1c R2 Hamler Mon 56 Ind tel.
Arps, Fred G. Malinta Mon.
Arps, F. H. (Sophia) 7 ch farming O 100a 8h 4c R2 Hamler Mon 52 Ind tel.
Arps, Geo. (son F. H.) farm hand bds R2 Hamler Mon 52 Ind tel.
ARPS, GEO. 3 ch farmer O 177½a 5h 12c R1 Okolona Nap 9 Ind tel.
Arps, Hannah (dau Henry) houskeeper R3 Deshler Bar 36 Ind tel.
Arps, Henry laborer care of Wm. Longenhof R1 Okolona Nap 37.
Arps, Henry 7 ch farmer O 80a 6h 5c R3 Deshler Bar 36 Ind tel.
Arps, Henry (Anna) farming O 60a 3h 3c R1 Holgate Mon 27.
Arps, Henry (Dora) farming O 40a 3h 2c R1 Hamler Mar 64 Ind tel.
ARPS, HENRY J. (son Herman) farmer T 40a 3h R1 Jewell Rid 31 Ind tel.
Arps, Herman (Helena) farmer O 40a 2c R1 Jewell Rid 31 Ind tel.
ARPS, HERMAN C. (Emma) hdware & implements O H&L Okolona Nap Ind tel.
Arps, Herman F. laborer bds with Phillip Wolf R1 Jewell Rid 23 Ind tel.
Arps, H. C. farmer Okolona Nap.
Arps, H. F. (Emma) 5 ch farmer O 120a 5h 4c R2 Hamler Mar 32 Ind tel.
Arps, Ida (dau Fred) houpekeeper R2 Malinta Mon 50 Ind tel.
Arps, John (Elizabeth) 6 ch farmer O 200a 3h 7c R2 Hamler Mon 51 Ind tel.
Arps, Luella (dau John) housekeeper R2 Hamler Mon 51 Ind tel.
Arps, Matilda (dau F. H.) R2 Hamler Mon 52.
Arps, Otto (son John) farm hand bds R2 Hamler Mon 51 Ind tel.
Arps, Rudolph (son F. H.) farm hand R2 Hamler Mon 52 Ind tel.
Art, Elizabeth (wid Wm.) ret O 40a R2 Holgate Flrk 13.
ART, LEWIS (Emma) farmer O 80a 4h 3c R2 Holgate Flrk 13 Ind tel.

Aschemeier, Ernest (Alma) farmer T 60a 3h 3c R4 Napoleon Rid 74 Ind tel.
Aschliman, Harvey farmer R3 Stryker Rid.
Aschliman, Jos. farmer R3 Stryker Rid.
Ash, Alfred (son J. W.) farm hand R1 Napoleon Har 61 Ind tel.
Ash, Eugene (son J. W.) farm hand R1 Napoleon Har 61 Ind tel.
ASH, J. W. (Olive) 7 ch farmer & hog raiser O 115a 10h 10c R1 Napoleon Har 61 Ind tel. See adv.
Ash, Walter (son J. W.) gasoline engine expert R1 Napoleon Har 61 Ind tel.
Ashleman, Arveda (dau Joseph) R10 Archbold Rid 13 Ind tel.
Ashleman, Harvey (Pearl) 1 ch farmer T 79a 4h 7c R10 Archbold Rid 13 Ind tel.
Ashleman, Joseph 4 ch ret O 167a 1h R10 Archbold Rid 13 Ind tel.
Askins, Miss Sarah housekeeper 121a 1h 1c R2 Deshler Rhfd 83.
Aurand, Beatrice school teacher bds Malinta Mon Ind tel.
Aurand, Catherine Malinta Mon.
AURAND, W. R. (Catherine) 2 ch ret O 4h 3c Malinta Mon Ind tel.
Auspach, Homer (Mina) 4 ch farmer O 30a 2h 3c R3 Liberty Center Lib 45 Ind tel.
AUSPACH, ROY (Naomi) 2 ch farmer T 80a 2h 9c R3 Liberty Center Lib 45 Ind tel.
AUSTERMILL, LETAH K. R8 Napoleon.
Austermiller Albert farm hand bds 1h R8 Napoleon Mon 2 Ind tel.
Austermiller, Amanda (dau Fred) housekeeper R2 Malinta Mon 21 Ind tel.
Austermiller, Chas. F. (Laura) 1 ch farming T 80a 3h 3c R3 McClure Rhfd 35 Ind tel.
AUSTERMILLER, CHAUNCEY D. (son Fred) farmer O 40a 2h bds R2 Malinta Mon 21 Ind tel.
Austermiller, Conrad farmer RD Napoleon Mon.
Austermiller, C. F. (Alice) 4 ch farmer O 99a 4h 14c R1 Napoleon Dms 32 Ind tel.
Austermiller, Dan (Pearl) 2 ch farmer T 80a 5h 5c R8 Napoleon Har 14 Ind tel.
AUSTERMILLER, ERVIN F. (Blanche) 3 farmer T 120a 5h 7c R3 Holgate Flrk 64 Ind tel.
Austermiller, Esther Holgate Plc.
Austermiller, Frank RD Napoleon Mon.
Austermiller, Fred (Caroline) 6 ch ret O 80a 1h 4c R2 Malinta Mon 21 Ind tel.

AUSTERMILLER, F. C. (Sarah) 1 ch farming T 110a 5h 7c R8 Napoleon Mon 2 Ind tel.
Austermiller, Henry (Martha) 1 ch farmer O 160a 8h 18c R1 Holgate Mon 5 Ind tel.
Austermiller, John (Martha) 5 ch farming O 120a 1c R3 McClure Rhfd 35 Ind tel.
Austermiller, J. F. (Emma) 2 ch farmer T 60a 5h 5c R8 Napoleon Mon 20.
Austermiller, Lewis W. (Maggie)) 1 ch farmer T 80a 3h 4c R3 Holgate Flrk 62 Ind tel.
Austermiller, P. M. (Ruth) 1 ch farmer T 60a 4h 3c R2 Malinta Mon 22 Ind tel.
AUSTERMILLER, RAY W. (Ester) fire insurance O H&L Holgate Ple Ind tel.
Austermiller, Reuben (Marie) farmer T 125a 4h 4c R8 Napoleon Har 12 Ind tel.
AUSTERMILLER, WM. H. (Eva) 3 ch farmer T 95a 5h 4c R8 Napoleon Mon 20 Ind tel.
Austermiller, Wm. M. ret O 120a R3 Holgate Flrk 64 Ind tel.
Austin, W. M. (Mary) 7 ch tile & brick mill T R6 Napoleon Har 67 Ind tel.
Avery, Geo. (Ella) farmer O 40a 8c R3 Liberty Center Lib 72 Ind tel.
Awe, B. A. (Eulice) 1 ch farmer T 40a 3h 5c R8 Napoleon Har 30 Ind tel.
Awe, William 5 ch ret O 40a R8 Napoleon Har 30 Ind tel.
AXLINE, E. E. (Lodoiska) farmer O 40a 2h 6c R5 Napoleon Har 49.
Axx, Jacob (Jane) ret R9 Napoleon Nap 54.
Aycock, W. W. RD Deshler Bar.
Babcock, Alfred (son Harrison) laborer R7 Napoleon Nap 82.
Babcock, Alvin E. (Theresa A.) 4 ch farmer O 55a 5h 2c R1 Liberty Center Wash 14.
Babcock, Asa 11 ch ret O H&L Malinta Mon Ind tel.
Babcock, Chas. (son John) laborer bds Malinta Mon.
Babcock, Chas. L. (Vallie) 1 ch farmer T 40a 3h 5c R10 Napoleon Lib 53 Ind tel.
Babcock, Elza (son Harrison) laborer R3 Napoleon Nap 81.
BABCOCK, JACOB (Cora) farmer O 80a 6h 9c R1 Malinta Mon 67 Ind tel.
Babcock, John farmer 60a 1h R2 Malinta Mon 32.
BABCOCK, JOHN (Clara) 4 ch farm manager T H&L Malinta Mon.

FARMERS' DIRECTORY

Babcock, Joseph farmer O 60a 2h R2 Malinta Mon 32.
Babcock, Lester farmer RD Napoleon Lib.
Babcock, Ora (Clara) 1 ch farmer T 77a 6h 2c R6 Napoleon Har 73 Ind tel.
Babcock, Nate (Laura) farmer O 40a 2h 4c R6 Napoleon Har 64 Ind tel.
Babcock, Will laborer bds with W. E. Lindan R7 Napoleon Nap 76.
Babcock, William (Lizzie) 2 ch farmer O 47a 4h 2c R10 Napoleon Lib 13 Ind tel.
BACHMAN & BURKHART machinery Liberty Center. See adv.
Bachman, Joseph J. (Minnie) 2 ch groceries & meats O 1h Florida Flrk Ind tel.
Bachman, Loy (Georgia) clerk T H&L Florida Flrk.
Bachtell, J. B. Hamler Mar.
BACK, JOSEPH E. (Sarah U.) farmer & Percheron horse breeder O 90a 10h 6c R7 Napoleon Flrk 42 Ind tel. See adv.
Bacon, S. A. (Ella) farmer O 120a 2h 20c R2 McClure Dms 91 B tel.
BADE, HENRY (Elsie D.) farmer O 80a 2h 5c R3 Liberty Center Lib 46 Ind tel.
BADEN, ADOLPH (Mary) 9 ch farmer O 140a 3h 4c R2 Malinta Monroe 48 Ind tel.
Baden, Albert farmer 1h R3 Napoleon Flrk 49.
BADEN, CARL F. (Alma) 2 ch harness maker T 27a 2h 3c Hamler Ind tel.
Baden, Fred (Anna) 4 ch farming O 27a 2c Hamler Ind tel.
Baden, H. F. (Minnie) 2 ch farmer T 121½a 4h 11c R4 Napoleon Rid 62 Ind tel.
Baden, Ida R2 Jewell Flrk 7.
BADEN, WM. (Minnie) 6 ch farmer O 80a 3h 5c R3 Holgate Flrk 21 Ind tel.
Badenhop, Alvena (dau J. Henry) R7 Napoleon Nap 63.
Badenhop, Amelia 3 ch farmer O 70a 3h 5c R1 Holgate Mar 27.
Badenhop, Mrs. Anna (wid Wm.) 4 ch farming O 100a 4h 5c R5 Napoleon Har 49 Ind tel.
Badenhop, Miss Anna (dau Wm., Sr.) bds R5 Napoleon Har 49.
Badenhop, Carl (son Henry C.) laborer R9 Napoleon Fre 47.
BADENHOP, CARL H. (Amelia) 1 ch farmer T 100a 4h 7c R9 Napoleon Nap 7 Ind tel.

Badenhop, Ella (dau J. Henry) R7 Napoleon Nap 63.
Badenhop, Emilie (dau Henry C.) R9 Napoleon Fre 47.
Badenhop, Mrs. Emma (wid Wm.) 9 ch farmer O 78½a 3h 8c R9 Napoleon Fre 43 Ind tel.
Badenhop, Fred (son Wm. F.) farm hand 1h R2 Hamler Mon 83 Ind tel.
Badenhop, Fred farmer helper R1 Holgate Mar 27.
Badenhop, Frieda (dau Wm.) bds R5 Napoleon Har 49.
Badenhop, Geo. (son Wm. F.) farm hand bds R2 Hamler Mon 83 Ind tel.
Badenhop, Geo. (son Wm.) farmer bds R5 Napoleon Har 49.
Badenhop, Geo. (Emma) 7 ch farmer O 80a 3h 5c R4 Napoleon Fre 17 Ind tel.
Badenhop, Henry C. (Sophia) 5 ch farmer O 110a 8h 15c R9 Napoleon Fre 47 Ind tel.
BADENHOP, HENRY G. (Mary) 6 ch farmer O 80a 3h 6c R2 Napoleon Fre 37 Ind tel.
Badenhop, Henry J. ret R9 Napoleon Fre 47.
Badenhop, Herman H. (Mary) farmer O 100a 3h 10c R2 Napoleon Fre 54 Ind tel.
Badenhop, John (Emma) 2 ch farmer O 130a 6h 7c R1 Holgate Mar 27.
Badenhop, Julia (dau Wm. F.) housekeeper R2 Hamler Mon 83 Ind tel.
BADENHOP, J. HENRY (Meta) 4 ch farmer O 80a 4h 7c R7 Napoleon Nap 82 & 86 Ind tel.
Badenhop, Otto (son Geo.) farmer R4 Napoleon Fre 17 Ind tel.
Badenhop, Theodore farmer laborer R1 Holgate Mar 27.
Badenhop, Wm. (son Emma) farmer R9 Napoleon Fre 43.
Badenhop, Wm. (son Wm.) farmer R5 Napoleon Har 49.
Badenhop, Wm. F. (Henrietta) 10 ch farming O 120a 6h 12c R2 Hamler Mon 83 Ind tel.
Baer, Alexander (Catherine) 4 ch farmer O 80a 2h 1c Ridgeville Corners Rid 47.
Baer, Henry 7 ch ret R10 Archbold Rid 51 Ind tel.
Baer, Sam farmer O 80a 2h R10 Archbold Rid 51 Ind tel.
Bahler, D. J. (Fredericka) farming O 55a 4h 4c R8 Napoleon Mon 15 Ind tel.
BAHLER, GEO. M. (Sophia M.) 5 ch ret 1h R2 Malinta Mon 35 Ind tel.

Bahler, Henry (son Geo. M.) farmer O 40a 3h bds R2 Malinta Mon 35 Ind tel.
Bahler, Jacob (son Geo. M.) farmer O 60a bds R2 Malinta Mon 35 Ind tel.
Bahler, Lydia (dau Geo. M.) housekeeper O 20a R2 Malinta Mon 35 Ind tel.
Bahlman, Chas. farm laborer O R2 Deshler Rhfd 59.
Bahlman, Nellie housekeeper O R2 Deshler Rhfd 59.
Bahlman, Wm. farm laborer O R2 Deshler Rhfd 59.
Bailey, Adam (Sylvia) 2 ch day laborer T H&L 1h Holgate Ple.
Bailey, Mrs. Ella 1 ch housekeeper R2 Malinta Mon 62.
BAILEY, JACOB J. (Effie) 2 ch farming T 80a 3h 3c New Bavaria Ple Ind tel.
Bailey, John (Mary) ret O 40a 1h 2c R9 Archbold Rid 72 Ind tel.
BAKER, DAVID (Katie) 4 ch farmer O 20a 1h 2c R2 Holgate Flrk 34.
Baker, Emery E. (son David) R2 Holgate Flrk 34.
Baker, Frank (Stella) 2 ch day laborer O Holgate Ple.
BAKER, HARRIETT (wid Henry) ret O H&L R3 Napoleon Flrk 26.
BAKER, H. M. (Luella) 7 ch section foreman O H&L Damascus St Liberty Center Lib.
BALDWIN, FRANK (Daisy) 1 ch teamster 4h R2 Malinta Mon 42 Ind tel.
BALDWIN, JESSE (Eva) 2 ch farmer T 60a 1h 2c R3 McClure Rhfd 42 Ind tel.
BALES, ALBERT (Frances) 1 ch salesman T 12a 1h 2c R7 Napoleon 71 Ind tel.
BALES, MARTHA A. (wid Jacob) ret O 107a 1h R9 Napoleon Nap 69.
Bales, Mary (wid Isaiah) O 45a R9 Napoleon Nap 70.
BALL, BIRTEN (Francis) 1 ch farmer T H&L R3 McClure Dms 19.
Ball, E. M. (Susie) electrician Holgate Ple Ind tel.
Ball, John (Rachel) ret O 20a R3 McClure Dam 27.
Ball, Wm. (L. A.) 1 ch laborer O 66a Holgate Ple Ind tel.
BALLARD, MRS. A. O. R2 McClure.
BALLARD, E. C. (son J. C.) station agt T St & W R R Grelton Har 79 Ind tel.
Ballard, F. (Martha) 6 ch farmer T 40a 3h 4c R1 Colton Wash 74.
Ballard, J. C. (Harriet) 5 ch paper hanger O H&L Grelton Har 79 Ind tel.
BALLARD, MRS. KATE 4 ch ret O 47a 1h 3c R2 Malinta Mon 41 Ind tel.
Ballard, Mary (dau J. C.) genl store clerk bds Grelton Har 79 Ind tel.

Ballin, Carl (Flossie) 2 ch farmer T 80a 4h 3c R10 Napoleon Lib 48.
Ballin, Clarence farmer bds R10 Napoleon Lib 27 Ind tel.
Ballin, William (Stene) 6 ch farmer O 160a 6h 9c R10 Napoleon Lib 27 Ind tel.
Ballmer, Anthony 1 ch laborer 2h bds R3 McClure Rhfd 72 Ind tel.
BALLMER, A. A. (Barbara) 5 ch farmer & hog breeder O 100a 3h 4c R3 McClure Rhfd 72 Ind tel. See adv.
Ballmer, Elmer (son A. A.) farm laborer & thresher R3 McClure Rhfd 72 Ind tel.
Ballmer, Goldie (dau S.) housekeeper R6 Napoleon Mon 66 Ind tel.
Ballmer, James (Agnes) 1 ch drayman T H&L Main St McClure.
Ballmer, John (Laura) ret O H&L Main St McClure.
Ballmer, Ruby (dau A. A.) housekeeper R3 McClure Rhfd 72 Ind tel.
Ballmer, S. 5 ch farmer O 40a 3h 3c R6 Napoleon Mon 66 Ind tel.
Barber, C. A. (Martha) ret O 40a & H&L Main St McClure Ind tel.
BARE, D. E. (Ina) carpenter O 10a 2h 2c R3 Liberty Center Lib 67 Ind tel.
BARE, FRANK W. (Cora E.) 6 ch carpenter O 13a 1h 3c R3 Liberty Center Lib 70.
Bargman, Harmon (Louise) 3 ch farmer O 40a 2h 4c R4 Napoleon Rid 62 Ind tel.
Bargman, Henry (son Harmon) Ridgeville Corner Rid 62 Ind tel.
Bargman, Martin (son Harmon) R4 Ridgeville Corners Rid 62 Ind tel.
Bargman, Rudolph (son Harmon) Ridgeville Corners Rid 62 Ind tel.
Bargman, Wm. (son Harmon) carpenter O H&L R4 Napoleon Rid 62 Ind tel.
BARHEIT, W. S. (Elenor) general merchandise O H&L Hamler Ind tel.
BARHITE, WARREN (Catharine) engineer O H&L Hamler Mar.
Baringer, Charles (Phoebe J.) 2 ch draying O H&L 5h Holgate Ple Ind tel.
Baringer, E. E. (Emma) 3 ch barber O H&L Holgate Ple.
Baringer, J. W. (Charity) ret O H&L Holgate Ple.
Baringer, L. B. (Myrtle) 4 ch hotel O Holgate Ple Ind tel.
Baringer, Sarah Viola (dau J. W.) art work Holgate Ple.
Barlett, W. C. RD Deshler Bar.
Barlow, A. L. (Christinia) 6 ch farmer O 77a 4h 10c R1 Liberty Center Wash 12 Ind tel.

FARMERS' DIRECTORY

Barlow, Bert farmer Colton Wash.
Barlow, Charles R. (Ora B.) 1 ch farmer O 80a 5h 8c R1 Liberty Center Wash 15 Ind tel.
Barlow, Mrs. Clara T. 3 ch O H&L McClure Dms 72.
Barlow, Ira T. (Anna) 5 ch farmer O 60a 2h 12c R1 Colton Wash 49 Ind tel.
Barlow, M. B. teacher O 2a H&L R1 Colton Wash 49 Ind tel.
Barnes, Carl (son Chas.) well driller R2 Napoleon Mar 25 Ind tel.
Barnes, Charles (Mary) 5 ch farmer O 73a 4h 6c R2 Holgate Mar 25 Ind tel.
Barnes, Crist (Mary) 2 ch farming O 80a 4h 3c R2 Hamler Mon 54 Ind tel.
Barnes, C. C. (Etta) 3 ch farmer & contractor O 4⅛a H&L 2h R2 McClure Dms Ind tel.
Barnes, Fred (Ida) 3 ch farming O 80a 3h 5c R2 Deshler Rhfd 63 Ind tel.
Barnes, Joe E. farmer care of H. E. Ludeman R7 Napoleon Nap 71.
Barnes, John C. (son Crist) farm hand bds R2 Hamler Mon 54 Ind tel.
BARNES, JOHN T. (Grace) 2 ch farmer T 104a 5h 8c R7 Napoleon Nap 74 Ind tel.
Barnes, Otto (son Chas.) farmer R2 Napoleon Mar 25 Ind tel.
Barney, Chas. (Lillie) farm laborer T H&L Pleasant Bend Ple.
Barr, Lewis W. (Harriett) ret O H&L Florida Flrk Ind tel.
Barringer, D. L. (Edna) 3 ch general store T H&L Malinta Mon Ind tel.

BARTELS, FRED, JR. (son Fred Sr.) farmer R1 Hamler Mar 64 Ind tel.
BARTELS, FRED, SR. (Anna) 7 ch farming O 70a 3h 15c R1 Hamler Mar 64 Ind tel.
Barth, A. C. (Clara) 3 ch farmer T 60a 2h 3c R6 Napoleon Har 29.
Barth, Clarance (son Jacob) barber Holgate Ple.
Barth, Frank Holgate Ple.
BARTH, HERMAN (son Jacob) cement worker O H&L Holgate Ple Ind tel.
Barth, Jacob (Elizabeth) 3 ch day laborer T H&L Holgate Ple.
Barth, William (son Jacob) painter & decorator Holgate Ple.
Barton, Chas. (son Sam) contractor 1h R6 Napoleon Har 81 Ind tel.
Barton, Maud (dau Sam) telephone operator R6 Napoleon Har 81 Ind tel.
Barton, Sam (Ana) 7 ch farmer O 40a 3h 7c R6 Napoleon Har 81 Ind tel.
BARTON, WM. (Laura) 1 ch farmer T 100a 4h 2c R3 Deshler Bar 45 Ind tel.
Basselmann, Fred (Sophia) 3 ch farmer O 80a 5h 10c R3 Deshler Bar 66 Ind tel.
BASSELMANN, HENRY (Mary) 5 ch farmer O 320a 3h 5c R3 Deshler Bar 67 Ind tel.
Basselman, Katherine 3 ch ret O 25a R2 Deshler Rhfd 56 Ind tel.
Bates, A. (Jane) 3 ch farmer R3 McClure Dms 61 Ind tel.
BATES, MATHEW (Carrie M.) 2 ch farmer T 60a 1h R1 Colton Wash 85 Ind tel.

Harvesting Henry County Wheat.

HENRY COUNTY

Bates, W. M. farmer McClure Dms.
Battenfield, Mrs. Ella dressmaking O 3H&L bds with Martin Deitrich Malinta Mon Ind tel.
BATTLES, WILLIAM H. (Clara) 2 ch farmer O 125a 4h 6c Grelton Dms 23 Ind tel.
Bauer, Adam (Emma) 3 ch farmer O 40a 4h 2c R3 Holgate Flrk 52.
Bauer, Albert (son Nick) farmer T 40a 2h R3 New Bavaria Ple 30.
BAUER, ANDREW (Margaret) ret farmer O 80a 1h 4c R3 Holgate Flrk 62 Ind tel.
BAUER, ANDREW A. (Agatha) farmer T 120a 5h 4c R3 New Bavaria Ple 14 Ind tel.
Bauer, Anna O H&L Holgate Ple.
Bauer, Catharine 1 ch Holgate Ple.
BAUER, CHARLES (Dell) 2 ch farmer O 80a 3h 4c R3 New Bavaria Ple 4 Ind tel.
Bauer, Chas. A. (Mina) 2 ch farming T 20a 2h 2c R2 Hamler Mar 69.
BAUER, CHRIST (Caroline) ret O 160a 2h 2c R3 Napoleon Flat Rock 22 Ind tel.
Bauer, Clarence (P.) garage O Holgate Ple Ind tel.
Bauer, Emerson (Carrie) 4 ch farmer & thrashing O 2a R1 Holgate Ple 69 Ind tel.
BAUER, FOUDY (son J. M.) barber Holgate Ple.
Bauer, Fred (Edith) 1 ch farmer O 40a 4h 3c R3 Holgate Flrk 54 Ind tel.
Bauer, George G. (Caroline) 4 ch farmer O 40a 3h 5c R2 Holgate Ple 62 Ind tel.
Bauer, Gertie (dau George) R2 Holgate Ple 62 Ind tel.
Bauer, J. M. (Mary) 2 ch justice of the peace & fire insurance O H&L Holgate Ple Ind tel.
Bauer, Martin (Mary) 2 ch farmer T 40a 5h 1c R3 New Bavaria Ple 38 Ind tel.
Bauer, Mary O H&L Holgate Ple.
Bauer, Nick (Katharine) ret O 120a 1h 1c R3 New Bavaria Ple 30 Ind tel.
Bauer, Oscar (son Chas.) farm laborer bds R3 New Bavaria Ple 4 Ind tel.
Bauer, Roy (son Charles) farm laborer R3 New Bavaria Ple 4 Ind tel.
Baughman, Ella ret O 80a Grelton Rhfd 2.
Baughman, L. L. RD Deshler Bar.
Baughman, W. M. (Mahala) 2 ch farmer O H&L Mary Ann St Liberty Center Lib.
Bauhaus, Cornelia R1 Hamler Mar 36.

BAUHAUS, JOSEPH (Theresa) 1 ch farming O 100a 4h 4c R1 Hamler Mar 36 Ind tel.
Bauman, Berl school teacher bds R5 Napoleon Har 57 Ind tel.
BAUMAN, CALEB (Dora) 1 ch farmer O 40a 4h 1c R5 Napoleon Har 57 Ind tel.
Bauman, Miss Laura (dau Wm.) bds R5 Napoleon Har 57.
Bauman, Miss Martha (dau Joseph J.) O 60a 3c R5 Napoleon Har 46.
Bauman, Melvin C. (son Wm.) farmer 1h bds R5 Napoleon Har 57.
Bauman, Wes. farmer New Bavaria Ple.
Bauman, Wm. (Lottie) 1 ch farmer O 40a 5h 2c R5 Napoleon Har 57 Ind tel.
Baur, Geo. H. farmer Holgate Ple.
Beachler, Mrs. Fronia 1 ch Maple Ave Liberty Center.
BEAM, CURT (Grace) farmer O 80a 9h 5c R2 Deshler Bar 71.
BEAM, GRANT (Kate) farmer O 80a 4h 3c R2 Deshler Bar 103 B tel.
BEAM, WM. H. (Sarah) 7 ch ret O 79a 1h 1a R2 Deshler Bar 71 B tel.
Bear, E. S. pool & lunch room T Ridgeville Corners Rid 43 Ind tel.
Beard, Clare laborer bds R8 Napoleon Har 35 Ind tel.
Beard, Frank (Mary) 6 ch farming O 20a 1h 2c R1 Napoleon Har 82 Ind tel.
Beard, Jacob N. 2 ch farmer O 20a R1 Napoleon Har 43 Ind tel.
Beard, J. A. ret O 78a R3 Hamler Mar 84.
Beard, J. R. (Golda) 1 ch farming O 80a 2h 1c R1 Hamler Mar 37 Ind tel.
Beaver, Perry Hamler Mar.
Beaver, Wm. (Elizabeth) 6 ch ret O ½a H Malinta Mon Ind tel.
Beavers, Elmer Hamler Mar.
Beavers, James (Sarah) 8 ch ret O 20a R1 McClure Rhfd 33.
Beavers, J. W. (Olive) 3 ch farmer O 3a 3h 1c R3 McClure Dms 59.
Beavers, Richard (son James) farmer T 60a 3h R1 McClure Rhfd 33.
BEAVERS, SAMER (Pearl) 4 ch farmer T 80a 2h 1c R3 McClure Rhfd 32.
Beaverson, Mary E. O H&L Holgate Ple Ind tel.
Beaverson, Ralph restaurant & confectionery O H&L Holgate Ple.
Beaverson, Sam (Sadie) 2 ch farmer T 35a 5h 3c R9 Archbold Rid 70 Ind tel.
Beaverson, S. E. (Augusta) 3 ch painter & decorator Holgate Ple.

FARMERS' DIRECTORY

Beaverson, W. W. (Emma) 3 ch farmer O 80a 7h 13c R10 Archbold Rid 49 Ind tel.

Bechtol, Abraham 6 ch ret bds with E. M. Malinta Mon Ind tel.

BECHTOL, A. W. Florida.

Bechtol, Cora (dau E. M.) Malinta Mon Ind tel.

Bechtol, E. M. (Jennie B.) 7 ch veterinary O H&L Malinta Mon Ind tel.

BECHTOL, HERBERT E. (Emma) 2 ch farmer O 84a 3h 2c Florida Flrk 7½ Ind tel.

Bechtol, Lewis (son E. M.) laborer bds Malinta Mon Ind tel.

BECHTOL, MRS. L. L. R7 Okolona.

BECHTOL, SIDNEY D. farmer O 3a 1h R1 Okolona Flrk 7½.

Beck, Anna (dau John) farmer 1h R3 Stryker Rid 5 Ind tel.

Beck, Armanda (dau John T.) R3 Stryker Rid 5 Ind tel.

BECK, A. L. (Belle) 3 ch farmer T 160a 5h 5c RD Deshler Bar 77.

Beck, Christ (son John T.) carpenter 1h R3 Stryker Rid 5 Ind tel.

Beck, Clyde (son A L.) student RD Deshler Bar 77.

Beck, Edward (son Sam) farm laborer 1h bds R9 Archbold Rid 67 Ind tel.

Beck, Fred G. (son Geo.) farmer 2h bds R4 Napoleon Nap 67.

Beck, Geo. A. (Louise) 3 ch farmer O 124a 4h 10c R4 Napoleon Nap 67 Ind tel.

Beck, Geo. F. (Mary) 1 ch farmer O 40a 2h 2c R4 Napoleon Rid 42 Ind tel.

Beck, Henry farmer Plesant Bend Ple.

Beck, James (Ellen) 5 ch farmer T 80a 2h 1c R3 Hamler Bar 10 Ind tel.

Beck, Jesse RD Deshler Bar.

Beck, Jno. (Helen) 2 ch farmer bds R4 Napoleon Rid 43 Ind tel.

BECK, JOHN T. (Regina) 8 ch farmer O 135a 9h 21c R3 Stryker Rid 5 Ind tel.

Beck, Joseph (Margaret) 5 ch farmer O 65a 4h 12c R4 Napoleon Rid 43 Ind tel.

Beck, Joseph (Leota) day laborer T H &L Holgate Ple.

Beck, J. W. 5 ch farmer O 80a 1h 3c R3 Hamler Bar 10 Ind tel.

Beck, Mary (dau John T.) R3 Stryker Rid 5 Ind tel.

Beck, Samuel (son John T.) farmer 1h R3 Stryker Rid 5 Ind tel.

Beck, Sam, Sr. (Elizabeth) 7 ch farmer O 99½a 5h 4c R9 Archbold Rid 67 Ind tel.

Beck, Solomon (son John T.) farmer 1h R3 Stryker Rid 5 Ind tel.

BECK, WM. R1 Hamler Ham 106.

Becker, Matthew (Helen) 2 ch blacksmith O H&L Naomi Fre 67.

Beckman, Charles RD Deshler Bar.

Bede, Mrs. ret bds Westhope Rhfd 63 Ind tel.

Beer, Rev. Alvin (Emma) 1 ch minister O 1h R3 New Bavaria Ple 41 Ind tel.

Beer, Bertis (Ethel) R3 Liberty Center Lib 70 Ind tel.

Behnfeldt, Anna (dau Fred) R2 Napoleon Fre 44.

Behnfeldt, August (son Fred) farmer R2 Napoleon Fre 44.

BEHNFELDT, FRED (Sophia) 2 ch O 99a 6h 8c R2 Napoleon Fre 44 Ind tel.

Behnfeldt, Fred H. (Emma) 3 ch hardware machinist Ridgeville Corners Rid 43 Ind tel.

Behnfeldt, Henry C. (Emma) 8 ch farmer O 100a 5h 6c R2 Napoleon Fre 38 Ind tel.

Behnfeldt, John (son Henry C.) R2 Napoleon Fre 55.

Behnje, Mrs. Catharine O 20a R3 McClure Dms 27.

Behnke, H. E. (Elizabeth) 2 ch farmer O 40a 4h 5c R3 Stryker Rid 12 Ind tel.

Behr, V. A. grocery clerk bds with Fred Haner Ridgeville Corners Rid 44 Ind tel.

Behrens, Mrs. C. F. RD Deshler Bar.

Behrens, Fred (son Lizzie) laborer bds R4 Deshler Bar 97.

Behrens, G. C. farmer RD Deshler Bar.

BEHRENS, HENRY (Ella) 2 ch farmer T 80a 3h 7c R1 Jewel Nap 15 Ind tel.

Behrens, Howard (son Lizzie) laborer bds R4 Deshler Bar 97.

Behrens, Lizzie 10 ch farming O 50a 5h 4c R4 Deshler Bar 97.

Behrman, Anna 3 ch ret O H&L Ridgeville Corners Rid 44.

Behrman, Fred farmer O 80a bds R3 Deshler Rhfd 55 Ind tel.

Behrmann, Amanda (dau Ludwig) clerk Holgate Ple.

Behrmann, Amelia (dau Ludwig) clerk Holgate Ple.

BEHRMANN, CARL (son Dorothy) farmer O 39a 3h 4c R2 Napoleon Fre 44 Ind tel.

Behrmann, Dorathy (wid Christian) ret R2 Napoleon Fre 44.

Behrmann, George H. general store O Holgate Ple Ind tel.

Behrmann, Henry (son Dorathy) farmer O 39a 3h 4c R2 Freedom Nap 44 Ind tel.
BEHRMANN, HENRY (Bertha) 1 ch farmer O 80a 4h 8c R1 Jewell Rid 22 Ind tel.
Behrmann, Herman (Anna) 4 ch farmer O 80a 5h 5c R2 Malinta Mon 47 Ind tel.
Behrmann, Herman (Sophia) 7 ch farming O 80a 3h 7c R3 Deshler Rhfd 55 Ind tel.
Behrmann, H. C. (Mary) 4 ch farming O 80a 2h 5c R3 Deshler Rhfd 53 Ind tel.
Behrmann, Ludwig (Anna) ret O 40a Holgate Ple.
Beiderstedt, Herman (Mary) farmer 80a Hamler Mar 75 Ind tel.
BEILHARTZ, E. D. (Emma) farmer O 120a N Main St Liberty Center Ind tel.
BEILHARTZ, F. E. N Main St Box 118 Liberty Center.
Beilharz, H. L. (Lillian M.) 3 ch farmer T 140a 3h 11c R1 Liberty Center Lib 93 Ind tel.
Beilharz, R. A. (Blanch) 4 ch general mdse Liberty Center.
Belding, Mrs. Virginia Holgate Ple.
BELL, ALBERT (Margaret) 3 ch farmer O 93a 5h 6c R2 McClure Dms 98 Ind tel.
Bell, Andrew 4 ch farmer O 60a R2 McClure Dms 96 Ind tel.
BELL, A. E. (Elizabeth) 1 ch O 60a 3h 6c R2 McClure Dms 94 Ind tel.
Bell, A. W. RD Deshler Bar.
Bell, F. J. (Lu) 1 ch farmer O 65a 3h 3c R2 McClure Dms 96 Ind tel.
Bell, George (Sarah) ret O H&L 2c Hamler.
Bell, William farmer 2c bds R2 McClure Dms 98 Ind tel.
Bellfy, Francis ret Hamler.
BELLFY, JOSEPH (Mary) saloonkeeper O H&L Hamler Ind tel.
BELLFY, LEO (Lorena) 2 ch restaurant O H&L Hamler Ind tel.
Benecke, Lydia (dau T. F.) student R4 Napoleon Rid 62½ Ind tel.
BENECKE, T. F. (Mary) 3 ch ret O 148a H&L R4 Napoleon Rid 62½ Ind tel.
BENIEN, FERDINAND C. (Martha) 1 ch farmer T 50a 3h 4c R1 Oklona Nap 20 Ind tel.
Benien, Fred (son Harmon) farmer T 40a 2h R3 Holgate Flrk 62.
Benien, Harmon ret R3 Holgate Flrk 62.

Benien, Henry (Mary) 3 ch farmer O 60a 3h 7c R2 Hamler Mon 51 Ind tel.
BENIEN, HENRY (Anna) 4 ch real estate & general business O 242a 7h 4c Hamler Ind tel.
BENIEN, HENRY (Emilie) 3 ch groceries & meats O H&L 1h Okolona Nap Ind tel.
Benien, John (son Harmon) farmer T 40a R3 Holgate Flrk 62.
BENIEN, JOHN P. (Mary) 3 ch farmer O 80a 8h 6c R3 Napoleon Flrk 46 Ind tel.
Benien, J. Herman (Katherine) 1 ch ret O H&L Oklona Nap Ind tel.
Benien, Matilda (dau J. Herman) bookkeeper bds Oklona Nap.
Benner, Harry Y. railroad agent Hamler.
Bennett, Alva (Minnie) 2 ch farming O 20a 1h 1c R1 McClure Rhfd 79.
BENNETT, CHAS. (Mertie A.) 4 ch farming O 120a 6h 6c R2 Deshler Rhfd 94 Ind tel.
Bennett, Cloe Napoleon Har.
Bennett, Edward B. farming T 80a 3h 1c R1 Custar Rhfd 88.
Bennett, Ellen J. housekeeper R1 Custar Rhfd 88.
Bennett, Irvin L. (Sarah) 2 ch farmer T H&L 1h R5 Napoleon Har 18.
Bennett, Lilly R1 Hamler Mar 45.
Bensing, Anna B. 6 ch ret O 140a 4c Malinta Mon Ind tel.
BENSING, CHAS. (Emma) 1 ch farming lumber & coal dlr O H&L Malinta Mon Ind tel. See adv.
BENSING, H. P. member of Bensing Bros Lumber Co T 5h 2c Malinta Mon Ind tel. See adv.
Bensing, Naomi (dau Chas.) bookkeeper Malinta Mon Ind tel.
Benskin, Charles (Lucy) day laborer O H&L Holgate Ind tel.
Benskin, Ruby E. bds R1 Liberty Center Lib 87 Ind tel.
Benskin, W. H. lineman Holgate Ind tel.
Bent, J. E. (Emma) farmer O H&L E St Liberty Center Lib.
Bergman, Fred RD Deshler Bar.
BERGMAN, GEO W. R1 Deshler.
Bergstedt, Chas. laborer Hamler.
BERGSTEDT, HERMAN Hamler Ham.
Bergstreser, J. A. (Ida) 4 ch thresher O H&L W Maple Av Liberty Center Ind tel.
Bern, Henry V. (Emma) 5 ch tinner O H&L Hamler Ind tel.

FARMERS' DIRECTORY

Bernicke, Frank (Estella) 1 ch farmer T 350a 6h 15c R10 Napoleon Lib 29 Ind tel.

Bernine, Frank (Anna) 3 ch farmer O 120a 4h 6c R3 Deshler Bar 6 Ind tel.

BERNO, HUGH piano tuner & repairer Malinta. See adv.

Berthold, Albert H. (son Paul) R2 Napoleon Fre 65.

BERTHOLD, PAUL (Martha) 1 ch farmer T 40a 3h 2c R2 Napoleon Fre 65 Ind tel.

Betts, Albert (Minnie) 6 ch farmer T 94a 6h 3c R1 Liberty Center Wash 15.

Betts, Elizabeth house maid O H&L Pleasant Bend Ple.

Beuhrer, John N. (Anna) 6 ch farmer & Belgian horses O 104a 8h R4 Napoleon Rid 39 Ind tel.

Beuhrer, Lydia (dau John N.) school teacher R4 Napoleon Rid 39 Ind tel.

Beuhrer, Samuel (son J. N.) farmer R4 Napoleon Rid 39 Ind tel.

Beuhrer, Sophia (dau John N.) R4 Napoleon Rid 39 Ind tel.

Bevans, Silas painter Hamler.

Bevelhymer, C. (Margaretta) 4 ch carpenter O H&L Malinta Mon.

Bevelhymer, Lyman (son Wm.) farm laborer R8 Napoleon Har 13 Ind tel.

Bevelhymer, Wm. (Elizabeth) 3 ch farmer O 100a 4h 12c R8 Napoleon Har 13 Ind tel.

BEVELHYMER, WM. (Pearl) farmer T 80a 3h 3c R8 Napoleon Har Ind tel.

Bevelhymer, W. H. (Emma) 2 ch ret T H&L Malinta Mon Ind tel.

Bever, Perry (Mary) ret O 130a 1h Hamler Ind tel.

Bevers, Elmer (Emma G.) 3 ch barber Hamler.

BICE, FLOYD F. (Catherine) 4 ch farmer T H&L R7 Napoleon Nap 48.

Bickford, Bryan (son of Matthew) laborer bds R9 Napoleon Nap 69.

Bickford, Dan. C. (Frances) laborer & teamster T H&L R9 Napoleon Nap 69.

BICKFORD, MILFORD C. (Carrie) 2 ch farmer T 50a 5h 2c R9 Napoleon Nap 54 Ind tel.

Biederstedt, Herman farmer Hamler Mar.

Biederstedt, W. H. farmer Hamler Mon.

Bigford, Duncan laborer bds Malinta Mon 59 Ind tel.

Biggins, Frank (Tishia M.) 2 ch farmer O 80a 4h 5c R2 Liberty Center Wash 88 Ind tel.

Biggins, Geo. (Emma) 2 ch farmer T 80a 3h 12c R3 Liberty Center Lib 35 Ind tel.

Biggins, Guilia bds R2 Liberty Center Wash 88 Ind tel.

Biggins, H. T. 2 ch farmer O 60a 5h 20c R2 Liberty Center Wash 68 Ind tel.

Biggins, James (Sarah) poultryman O 70a 1h 3c R2 Liberty Center Wash 90 Ind tel.

BIGGINS, JAMES, JR. (Etta) 4 ch farmer O 40a 3h 6c R2 Liberty Center Wash 68 Ind tel.

Biker, Fred RD Deshler Bar.

Biler, Clarance machinist Holgate Ple.

BILER, FRANK (Clara) 3 ch saloon & restaurant O 140a & H&L Holgate Ple Ind tel.

Biler, Leonard saloon & restaurant O 80a Holgate Ple Ind tel.

Billig, Sam (Alverta) 3 ch farmer O 107a 6h 9c R5 Napoleon Har 49 Ind tel.

Bindemann, Ferdinand J. (Emilie) 4 ch hdware & implements & lumber O H&L R2 Napoleon Fre 59 Ind tel.

Binger, Fred blacksmith O H&L Holgate Ple.

Binger, Harmon (Bertha) 2 ch blacksmith O H&L Holgate Ple Ind tel.

Binger, Wm. ret R3 Holgate Flrk 10.

Bird, Celesta 2 ch ret O 40a R1 Custar Rhfd 86 B tel.

Bischoff, Ernest (son Wm.) farm hand bds R2 Hamler Mon 87 Ind tel.

Bischoff, Fred (son John) farmer R2 Holgate Ple 63.

Bischoff, Henry (son John) farmer R2 Holgate Ple 63.

Bischoff, John (Sophia) farmer O 40a 2h 1c R2 Holgate Ple 63.

Bischoff, John, Jr. (son John) farmer R2 Holgate Ple 63.

Bischoff, Wm. (Christina) 5 ch farmer T 80a 5h 5c R2 Hamler Mon 87 Ind tel.

Bischoff, Wm. farmer RD Deshler Bar.

BISH, C. (Mary Jane) 2 ch farmer O 160a 5h 4c R1 Deshler Bar 82 Ind tel.

BISH, GROVER C. (Carrie) farmer T 160a 3h 1c R1 Deshler Bar 82.

Bish, Iva laborer R1 Deshler Bar 82 Ind tel.

Bisher, Charles (Mary) 2 ch farmer O 40a 5h 5c R2 Liberty Center Wash 66 Ind tel.

Bisher, Frost F. carpenter & painter bds R2 Liberty Center Wash 87 Ind tel.

Bisher, John (Mary E.) 7 ch farmer O 70a 3h 4c R2 Liberty Center Wash 87 Ind tel.

Bishoff, Fred (son Henry) R7 Napoleon Fre 62.

Bishoff, Henry F. (son Herman F.) farmer R9 Napoleon Fre 63.
Bishoff, Herman F. (Henrietta) 8 ch farmer O 120a 6h 10c R9 Napoleon Fre 63 Ind tel.
Bishoff, Martha (dau Herman F.) R9 Napoleon Fre 63.
Bishoff, Mary (dau Herman F.) R9 Napoleon Fre 63.
Bishop, Albert (son Wm.) laborer bds R1 Custar Rhfd 81 Ind tel.
Bishop, Amos C. (son J. H.) farming 1h R3 Hamler Mar 94 Ind tel.
Bishop, A. W. 2 ch ret lives with Wm. R1 Custar Rhfd 81 Ind tel.
Bishop, Barney farming R3 Hamler Mar 93 Ind tel.
Bishop, B. C. (Ann) farming O 100a 5h 10c R3 Hamler Mar 96 Ind tel.
BISHOP, C. J. (Hilda) farmer O 80a 3h 2c R1 Belmore Bar 25 Ind tel.
Bishop, Henry D. (son John) laborer R3 Holgate Flrk 64.
BISHOP, HUGH (Emma) 1 ch farmer O 20a 4h 3c R4 Deshler Bar 22 Ind tel.
Bishop, Isaac (son Wm.) laborer R1 Custar Rhfd 81 Ind tel.
Bishop, J. H. (Nannie) 2 ch farming O 400a 10h 30c R3 Hamler Mar 94 Ind tel.
BISHOP, J. W. (Laura E.) farming O 160a 4h 30c R3 Hamler Mar 93 Ind tel.
Bishop, Mary (dau Wm.) R1 Custar Rhfd 81 Ind tel.
Bishop, Orla E. (son J. H.) farmer 1h R3 Hamler Mar 94 Ind tel.
Bishop, Retta (dau Wm.) housekeeper R1 Custar Rhfd 81 Ind tel.
Bishop, Wm. 7 ch farming O 20a 4h 1c R1 Custar Rhfd 81 Ind tel.
Bishop, Wm., Jr. (son Wm.) laborer bds R1 Custar Rhfd 81 Ind tel.
Bissonnette, Alexander A. (son Henry) farmer R3 Napoleon Nap 80.
BISSONNETTE, HENRY (Anna) 1 ch farmer T 140a 6h 17c R3 Napoleon Nap 80 Ind tel.
BISTEL, ALVIN (son Christian) farming T 40a 1h R3 New Bavaria Ple 29 Ind tel.
Bistel, Christiana farmer O 40a 3h 2c R3 New Bavaria Ple 29 Ind tel.
Bistel, Ernest (son Christina) farming bds R3 New Bavaria Ple 29.
Bixby, Curtis (Elizabeth) 4 ch farmer O 3a 1h R1 Napoleon Har 16.
Bixby, Elijah (son Curtis) laborer R1 Napoleon Har 16.
Bixby, Emma (dau Curtis) housekeeper R1 Napoleon Har 16.
Bixby, Rolla (son Curtis) laborer R1 Napoleon Har 16.
Blackburn, W. M. (Alma) 4 ch farmer O 240a 6h 10c R1 McClure Rhfd 64 Ind tel.
Blair, A. B. (Mellie) 5 ch farmer O 10a 3h 2c R6 Napoleon Har 40 Ind tel.
Blair, C. F. farmer O 33a 2h 3c R2 Liberty Center Wash 40 Ind tel.
BLAIR, D. D. (Jennie) mutual lineman O H&L High St Liberty Center Ind tel.
Blair, E. S. RD Napoleon Nap.
Blair, Geo. W. (Dora C.) 1 ch farmer O 60a 3h 15c R1 Napoleon Dms 32 Ind tel.
Blair, Mary E. farmer O 33a 2h 3c R2 Liberty Center Wash 40 Ind tel.
Blake, John day laborer O H&L Pleasant Bend Ple.
Blank, Mrs. Emma ret farmer O 260a 1h 2c R6 Napoleon Har 6 Ind tel.
Blank, Frances (dau J. P.) student R6 Napoleon Har 6 Ind tel.
Blank, J. P. (Nettie C.) 3 ch farmer T 260a 15h 15c R6 Napoleon Har 6 Ind tel.
BLANK, W. H. stock horse owner 4h R6 Napoleon Har 6 Ind tel.
Blanke, Fred (Dora) blacksmith O H & blacksmith shop 1h Westhope Rhfd 47 Ind tel.
Blanke, Henry (Mary) farmer T 60a 3h 3c R2 Napoleon Fre 65.
Blinn, Norman (Dora) restaurant T H &L Hamler.
Blinn, W. J. Hamler Mar.
BLISS, FRANK (Myrtle) 2 ch mechanic T H&L Malinta Mon.
Bliss, John (Jesse) 2 ch farmer O 60a 3h 2c R1 McClure Rhfd 43 Ind tel.
Bliss, Wm. (Hattie) farmer O 40a 6c R6 Napoleon Har 63 Ind tel.
BLUE, E. C. (Sadie M.) farming O 160a 1h 8c R1 Hamler Mar 103 Ind tel.
Blue, Ernest (Maud) farming T 205a 9h 7c R3 Hamler Mar 104 Ind tel.
Blue, F. C. (Lucy) 2 ch farming T 160a 2 mules 3h 12c R1 Hamler Mar 104 Ind tel.
Blue, Gladys school teacher R3 Hamler Mar 104 Ind tel.
BLUE, M. L. (Mary) 2 ch farmer O 242a 4h 8c R3 Hamler Bar 11 Ind tel.
BLUE, O. P. (Hattie) farming & stockman T 120a 8h 12c R3 Hamler Mar 104 Ind tel.
BLUE, V. D. (Genora) 1 ch farming O 17a 5h 8c R3 Hamler Mar 104 Ind tel.

FARMERS' DIRECTORY

Bockelman, Alma (dau Henry) R4 Napoleon Nap 105.
Bockelman, Arnold H. (son Henry) R4 Napoleon Nap 105.
BOCKELMAN, CARL (Dora) 3 ch farmer O 134a 6h 10c R1 Okolona Nap 20 Ind tel.
Bockelman, Carl G. (son Fred W.) 1h R9 Napoleon Nap 69.
Bockelman, Catharine (wid Fred) O H &L Florida Flrk.
Bockelman, C. H. (Sophia) 3 ch farmer O 80a 3h 8c R9 Napoleon Fre 26 Ind tel.
Bockelman, Fred W. (Anna) 3 ch farmer O 147a 7h 30c R9 Napoleon Nap 69 Ind tel.
BOCKELMAN, GEO. J. (Gertrude) 4 ch farmer T 100a 6h 15c R9 Napoleon Fre 61 Ind tel.
BOCKELMAN, HENRY (Della) 3 ch farmer O 120a 7h 20c R4 Napoleon Nap 105 Ind tel.
BOCKELMAN, HERMAN H. (Caroline) 9 ch farmer O 120a 4h 8c R10 Napoleon Lib 47 Ind tel.
Bockelman, Louis B. (son Catharine) carpenter bds Florida Flrk.
Bockelman, M. H. (Catharine) 2 ch farmer O 80a 5h 7c R2 Napoleon Lib 19 Ind tel.
Boesel, I. H. physician & surgeon O H &L McClure Dms Ind tel.
Boesel, R. W. McClure Dms.
BOESLING, C. F. (Sophia) 1 ch farmer O 384a 6h 9c R3 Napoleon Flrk 41 Ind tel.
BOESLING, C. W. (Mabel) 2 ch farmer T 275a 5h 3c R3 Napoleon Flrk 41.
Boesling, Erma (dau C. F.) housekeeper R3 Napoleon Flrk 41 Ind tel.
BOESLING, FRED D. (Florence) farmer T 140a 5h 6c R7 Napoleon Flrk 42 Ind tel.
Boesling, Henry ret O 34a 1h Holgate Mar 26.
Bogart, Geo. N. McClure Dms.
Boggs, John general repair man in garage Holgate Ple.
Bohling, C. W. (Alvina) 3 ch farming O 80a 3h 11c R5 Napoleon Dms 48 Ind tel.
Bohling, Otto (Louise) 4 ch farmer O 80a 5h 8c R5 Napoleon Dms 48 Ind tel.
Bohlman, Charley (Blanche) 1 ch farmer O 60a 4h 7c R10 Napoleon Lib 27 Ind tel.

How the Henry County Pumpkin Crop Was Damaged.

Bohlman, John H. farmer RD Deshler Rhfd.
BOHLMANN, F. jeweler O Holgate Ple.
Boice, C. F. farmer RD Deshler Rhfd.
Boice, Mrs. C. L. farmer RD Deshler Rhfd.
Boice, Geo. F. (Clara L.) 3 ch farming T 80a 5h 6c R2 Deshler Rhfd 92 Ind tel.
Boice, Mearle (son Geo. F.) farm hand bds R2 Deshler Rhfd 92 Ind tel.
Bokelmann, H. C. (Catherine) 2 ch farming O 54a 4h 3c R2 Deshler Rhfd 47 Ind tel.
Bokerman, Dan (Nellie) 1 ch farmer O 80a 4h 7c R5 Wauseon Fre 21 Ind tel.
BOKERMAN, GEO. A. (Anna) 4 ch farmer T 114a 8h 6c R9 Napoleon Nap 27 Ind tel.
Bokerman, Lawrence (son Dan) farmer R5 Wauseon Fre 21 Ind tel.
Boley, C. A. RD Deshler Bar.
Bolles, J. R. (Jennie) doctor O H&L Holgate Ple Ind tel.
Bolles, Milo (Ella) day laborer T H&L Holgate Ple.
BOLLEY, ARTHUR C. (Alta) 2 ch farmer T 80a 4h 5c R3 Holgate Flrk 20 Ind tel.
Bolley, Charles H. (Lella) 2 ch farmer O 86a 5h 4c R10 Napoleon Lib 7 Ind tel.
Bolley, Chas. T. (Maggie) 2 ch farmer O 40a 3h 6c R3 Holgate Flrk 21 Ind tel.
Bolley, Fred (Bertha) 1 ch farming T 55a 2h 2c R2 Holgate Ple 35.
Bollman, Arthur J. (Agnes) 1 ch farmer T 95a 4h 2c R2 Napoleon Fre 73 Ind tel.
Bollman, Chas. F. RD Napoleon Lib.
BOLLMAN, ELIZABETH (wid Jonas F.) 2 ch ret O 95a 1h 1c R2 Napoleon Fre 65 Ind tel.
Bollman, Harley V. (son Elizabeth) carpenter bds R2 Napoleon Fre 65.
Bollman, Harrison W. (son Elizabeth) bds R2 Napoleon Fre 65.
Bollman, Mrs. Jonas F. R2 Napoleon Fre.
Boner, Mrs. Nancy (wid Wilson) O 5a R2 Napoleon Nap 99 Ind tel.
Bonifield, Benj ret O 20a 1h R9 Napoleon Nap 86.
Bonn, Robert C. (Cora) 1 ch signal repairman O H&L Holgate Ple.
BONNER, CLEM (Della) barber T H&L Westhope Rhfd 45 Ind tel.

BONNER, JOHN (Viola) 2 ch carpenter & plasterer O 10a & H 1c Westhope Rhfd 63 Ind tel.
Bonner, Mike (Rebecca) 1 ch ret O 21a 1h R1 McClure Rhfd 45 Ind tel.
Bonner, O. G. (son John) laborer bds R1 Westhope Rhfd 63 Ind tel.
Bonner, W. H. (Luecretia) 1 ch ret O H&L R2 Liberty Center Wash.
BOOHER, E. W. (Della) 1 ch farming O 80a 4h 7c R8 Napoleon Mon 20 Ind tel.
Booth, Bert 5 ch farmer O 97a 4h R1 McClure Rhfd 46.
Booth, Jesse farm laborer bds R1 McClure Rhfd 46 Ind tel.
Bordner, Albert (son Margaret) day laborer Holgate Ple.
Bordner, Catherine O Holgate Ple.
Bordner, David ret O 80a R3 Holgate Flrk 54 Ind tel.
Bordner, F. M. (Lulu) 5 ch flusher operator O 40a 2h 2c R1 Napoleon Har 7 Ind tel.
BORDNER, JERRY 1 ch day laborer bds Holgate Ple.
Bordner, J. V. (Fannie) 2 ch farmer O 100a 7h 10c R3 Holgate Flrk 54 Ind tel.
Bordner, Mary A. T H&L Holgate Ple.
Bordner, Milo A. (Catharine E.) engineer O H&L Holgate Ple.
BORDNER, NOAH (Dora) 4 ch O Holgate Ple.
BORDNER, PITNEY (Mary) 1 ch ret O 55a H&L 1h Holgate Ple.
Boring, Chauncey farm laborer R8 Napoleon Har 14 Ind tel.
Boring, Geo. O 40a R10 Napoleon Lib 82.
Boring, Moody laborer care of J. W. Gisler R3 Napoleon Flrk 72.
Borstelman, George (Maud) 1 ch farmer T 40a 1h 1c Liberty Center Wash 16.
Borstelmann, Henry (son Minnie) farmer R2 Napoleon Fre 39.
Borstelmann, Minnie (wid August) 2 ch farming O 120a 4h 12c R2 Napoleon Fre 39 Ind tel.
Borstelmann, Pauline (dau Mrs. Fred Buchhop) R4 Napoleon Nap 61 Ind tel.
BORSZ, E. H. (Minnie) farming T 124a 4h 1c R5 Leipsic Mar 44.
Bortel, C. R. painter O H&L R2 Liberty Center Wash.
Bortel, Chas. farmer R2 Liberty Center Wash 96.
Bortel, Dick farmer McClure Dms.

FARMERS' DIRECTORY

Bortel, James A. (Grace B.) 1 ch fruit grower O 2½a 1h 4c R2 Liberty Center Wash Ind tel.
Bortel, James S. (Olive) farmer O 92a 2h 3c R5 Napoleon Dms 5 Ind tel.
Bortel, Lydia A. R2 Liberty Center Wash Texas.
Bortel, Mary bds R2 McClure Dms 100 Ind tel.
Bortz, Adam A. (Annie) 4 ch farmer O 80a 6h 7c R3 Napoleon Flrk 50 Ind tel.
Bortz, Carl W. (son Wm. H.) thrasher 1h R3 Napoleon Flrk 67.
Bortz, Clarence (son Wm. H.) thrasher 1h R3 Napoleon Flrk 67.
Bortz, John (Anna) 2 ch farmer T 80a 2h 11c R3 New Bavaria Ple 39 Ind tel.
Bortz, Martha (dau Wm. H.) R3 Napoleon Flrk 67.
Bortz, Matilda (dau Wm. H.) seamstress R3 Napoleon Flrk 67.
Bortz, Wm. H. (Amelia) 8 ch farmer O 80a 3h 7c R3 Napoleon Flrk 67 Ind tel.
BOSSA, HOMER (Hazel) 2 ch well driller T H 1h R2 Deshler Rhfd 61 Ind tel.
Bost, Richard (Inez) 3 ch farmer T 1h R9 Napoleon Nap 7.
Bost, Shepard (Jennie) farmer T 80a 3h 3c R9 Napoleon Nap 7 Ind tel.
Bostelman, Anna house maid O Holgate Ple.
Bostelman, B. H. farmer R7 Napoleon Nap.
Bostelman, Charles (Elizabeth) 3 ch farmer T 80a 3h 7c R3 Holgate Flrk 55 Ind tel.
Bostelman, Court (Anna) 6 ch farmer O 140a 6h 12c R9 Napoleon Fre 27 Ind tel.
Bostelman, C. F. (Dora) 2 ch farmer O 120a 5h 12c R2 McClure Dms 91 Ind tel.
Bostelman, Dora (dau Court) housekeeper R9 Napoleon Fre 27 Ind tel.
Bostelman, Fred (Nettie) ret O 120a 5c R3 Holgate Flrk 55 Ind tel.
Bostelman, Fred (son Court) farmer 1h R9 Napoleon Fre 27 Ind tel.
Bostelman, Fred (son Henry F.) farm hand bds R3 Deshler Rhfd 19 Ind tel.
Bostelman, Fred D. (Lydia) 5 ch farmer T 40a 2h 3c R1 Holgate Ple 98.
BOSTELMAN, FRED L. (Marie) farmer T 60a 2h 3c R4 Napoleon Nap 105 Ind tel.
Bostelman, Harmon (Dora) 3 ch machinist O H&L 1h Holgate Ple.
Bostelman, Henry (son Court) farmer R9 Napoleon Fre 27 Ind tel.

Bostelman, Henry F. 5 ch farmer O 79a 4h 10c R3 Deshler Rhfd 19 Ind tel.
Bostelman, John (son Fred) carpenter bds R3 Holgate Flrk 55.
Bostelman, Julian (Mary) 1 ch farmer T 80a 3h 6c R2 Napoleon Lib 23 Ind tel.
Bostelman, Mary (dau Court) housekeeper R9 Napoleon Fre 27 Ind tel.
Bostelman, Mary (dau Fred) R1 Okolona Nap 9.
Bostelman, Theodore (son Court) farmer 1h R9 Napoleon Fre 27 Ind tel.
Bostelman, T. J. (Mary) 1 ch farming O 120a 6h 5c R1 Holgate Mar 5 Ind tel.
Bostelman, William (son Fred) farming T 80a 3h R3 Holgate Flrk 55 Ind tel.
Bostelman, Wm. farmer 1h 1c R1 Holgate Flrk 5 Ind tel.
BOSTELMAN, WM. M. (Ina) farmer T 90a 4h 4c R1 Okolona Nap 23 Ind tel.
BOSTELMANN, ALBERT (son Fred) farmer 1h R1 Okolona Nap 9.
Bostelmann, Alvin (son Fred) R1 Okolona Nap 9.
Bostelmann, Fred (Anna) 4 ch farmer O 160a 2h 7c R1 Okolona Nap 9 Ind tel.
Bostelmann, Henry (Anna) ret O 60a 1h R4 Napoleon Nap 105 Ind tel.
Bostelmann, H. J. (Mary) farmer O 38a 1h 1c Holgate Flrk 59 Ind tel.
BOSTELMANN, KARL (Alma) 2 ch farmer T 120a 5h 8c R1 Okolona Nap 9 Ind tel.
Both, Jake (son John) laborer bds R1 New Bavaria Ple 111 Ind tel.
Both, John (Elizabeth) 1 ch farmer O 40a R1 New Bavaria Ple 111 Ind tel.
Both, Mike (son John) farmer T 40a R1 New Bavaria Ple 111 Ind tel.
Bothenberger, Liza ret O 240a R3 Napoleon Flrk 27.
Botjer, Geart (Mary) 3 ch ret O 20a R3 Deshler Bar 2.
Botjer, Harmon (Rose) 5 ch farmer O 120a 6h 3c R3 Deshler Bar 6 Ind tel.
Botjer, Henry (son Harmon) farm laborer bds R3 Deshler Bar 6 Ind tel.
Botjer, Lucy (dau Harmon) R3 Deshler Bar 6 Ind tel.
Botjer, Wm. (son Harmon) farm laborer bds R3 Deshler Bar 6 Ind tel.
BOULIS, MRS. ANNA 1 ch farmer O 41a 3h 1c R1 Napoleon Dms 17 Ind tel.
Boulis, C. L. (Constance) 1 ch farmer T H R1 McClure Rhfd 82 Ind tel.
Boulis, Harvey (Jane) 3 ch drayman 3h Hamler.
Boulis, J. W. (Mary) 7 ch farming O 5a 1h R1 McClure Rhfd 68 Ind tel.

BOULIS, O. H. (Verna) 1 ch farming T 46a 5h 1c R3 McClure Rhfd 40 Ind tel.
BOURNS, C. F. (Florence) 1 ch farmer O 60a 3h 2c R3 Holgate Flrk 59 Ind tel.
BOVARD, B. H. 1 ch harness maker O H&L McClure Ind tel.
BOWER, JACOB W. (Anna) 1 ch farmer O 80a 3h 10c R2 Holgate Ple 64 Ind tel.
Bowerman, Charlie (son Frank) farmer 1h bds R5 Napoleon Har 1.
Bowerman, Doud (son Frank) farmer 3h bds R5 Napoleon Har 1.
Bowerman, Frank (Callie) 3 ch farmer T 170a R5 Napoleon Har 1 Ind tel.
Bowerman, Wm. (Mary) 6 ch farming O 41a 5h 2c R1 McClure Rhfd 41 Ind tel.
BOWERS, C. H. (Janette) 2 ch farmer O 130a 7h 10c R10 Napoleon Lib 47 Ind tel.
BOWERS, D. D. (Grace) 4 ch grocer O H&L N Main St Liberty Center Ind tel.
Bowers, D. J. (Gladys) 3 ch farmer 1h Mary Ann St Liberty Center.
BOWERS, MRS. ELIZABETH (wid Calvin H.) O 40a 1h R5 Napoleon Har 49 Ind tel.
Bowers, Frank W. farmer RD Deshler Bar.
BOWERS, GEO. W. (Caroline) 1 ch farmer O 40a 1h 3c R10 Napoleon Lib 33 Ind tel.
Bowers, Howard farmer bds R2 McClure Dms 108 Ind tel.
BOWERS, H. L. (Dora) 4 ch farmer T 116a 4h 15c R10 Napoleon Lib 47 Ind tel.
BOWERS, JAY A. (Frances C.) 6 ch farmer T 40a 3h 2c R2 Liberty Center Wash 45.
Bowers, J. W. farmer Holgate Ple.
Bowers, Milo R. (Addie E.) farming O 43a 3h 4c R8 Napoleon Mon 1 Ind tel.
BOWERS, O. E. (Mary) 3 ch farmer O 111a 5h 8c R10 Napoleon Lib 49 Ind tel.
BOWERS, W. J. (Vinnie) 1 ch barber O H&L 1h East St Liberty Center Ind tel.
Bowker, C. A. clerk Damascus St Liberty Center.
BOWMAN, L. M. (Mary) 3 ch farmer T 80a 5h 2c R4 Deshler Bar 53 Ind tel.
Box, FRED W. (Maggie) 3 ch farmer O 95½a 7h 11c R2 Grand Rapids Wash 86 Ind tel.

Box, J. J. R1 Liberty Center.
Boyd, B. (May) general store T H&L Malinta Mon Ind tel.
Boyd, Chas. A. (Ada) 1 ch farm manager 1h R2 Malinta Mon 64 Ind tel.
BOYEE, FRANK S. (May) farmer & mail carrier O 40a 3h R2 Holgate Ple 32 Ind tel.
BOYEE, JOHN D. farmer O 20a 2h R2 Holgate Flrk 15 Ind tel.
Boyer, Archie (son Wm.) laborer bds R1 Malinta Rhfd 26 Ind tel.
BOYER, CHRISTEN 1 ch ret O 40a 1h R4 Deshler Bar 58 Ind tel.
Boyer, Ernest (son Wm.) farm laborer bds R1 Malinta Rhfd 26 Ind tel.
Boyer, F. J. RD Deshler Bar.
Boyer, Ray RD Deshler Bar.
Boyer, Rissia RD Deshler Bar.
Boyer, Sam E. (Mary J.) 2 ch farmer O 80a 4h R1 Belmore Bar 58 Ind tel.
Boyer, Wm. (Nina) 7 ch farming T 160a 6h 3c R1 Malinto Rhfd 26 Ind tel.
Boyer, Zelma (dau Wm.) R1 Malinta Rhfd 26 Ind tel.
Brackhan, Ferdinand (Anna) farmer O 70a 5h 5c R9 Napoleon Fre 25 Ind tel.
BRADY, A. L. (Redelia) 1 ch billiard parlor O H&L Hamler Mar.
Braemer, Carl (son John F.) farm hand R2 Hamler Mon 52 Ind tel.
Braemer, John F. (Anna) 3 ch farming 160a 3h 6c R2 Hamler Mon 52 Ind tel.
Brailey, Eliza O H&L Colton Wash.
BRAILEY, MRS. MARY bds Colton Wash.
Brandt, Fred (Sopha) 6 ch farmer O 40a 2h 3c R3 Deshler Bar 35 Ind tel.
Brandt, Henry ret O H&L & 11a Ridgeville Corners Rid 43.
BRANDT, HENRY (Caroline) 1 ch manager T H&L West Hope Rhfd 45 Ind tel.
Brase, Fred H. (son Mrs. Fred Lietje) farmer 1h bds R3 Holgate Flrk 19.
Brayer, Caroline 1 ch farmer O 157a 3h 6c Holgate Ple 66 Ind tel.
Brayer, Jeane (dau Caroline) housekeeper Holgate Ple 66 Ind tel.
BRAYER, THOMAS H. (son Caroline) farmer Holgate Ple 66 Ind tel.
Brece, Frank farmer RD Deshler Bar.
Brece, W. A. farmer RD Deshler Bar.
BRECHEISEN, CHARLEY (son Geo.) farmer T 80a 3h 1c R3 Napoleon Flrk 71.
BRECHEISEN, GEO. (Fredericka) 2 ch ret O 80a 1h 5c R3 Napoleon Flrk 71.
Brecheisen, Rebecca O H&L Holgate Ple.
Brecheisen, Rosetta C. (dau Geo.) R3 Napoleon Flrk 71.
Breese, Elizabeth ret lives with J. A. Dunzer R1 Hamler Bar 13 Ind tel.

FARMERS' DIRECTORY

Breese, Mrs. Emma H. 4 ch housekeeper R4 Deshler Bar 32 Ind tel.
Breese, Frank (Hannah) 5 ch farmer O 50a 2h 2c R3 Deshler Bar 34.
Breese, Wm. (Laura) farmer 46a 2h 3c R3 Deshler Bar 34.
Bremer, Albert H. (Lena) farmer & thresher T 80a 5h 6c R2 Hamler Mon 52 Ind tel.
Bremer, Arthur (Eana) farm manager 1h 2c R1 Malinta Mon 99 Ind tel.
BREMER, AUG., SR. 9 ch farming O 80a 10h 8c R3 Deshler Rhfd 53 Ind tel.
Bremer, August, Jr. (son Aug.) farm hand 1h bds R3 Deshler Rhfd 53 Ind tel.
Bremer, Dora (dau Aug.) housekeeper R3 Deshler Rhfd 53 Ind tel.
Bremer, Fred (Elizabeth) ret O H&L 1h Florida Flrk Ind tel.
Bremer, Fred (son Aug.) laborer 1h bds R3 Deshler Rhfd 53 Ind tel.
BREMER, GEO. (Lizzie) 2 ch farmer O 325a 9h 10c R1 Malinta Mon 99 Ind tel.
BREMER, HENRY (Emma) 5 ch farming O 80a 5h 7c R2 Hamler Mon 56 Ind tel.
BREMER, HENRY (Amelia) 2 ch farming T 99a 2h 6c R2 Deshler Rhfd 59 Ind tel.
Bremer, John (son Aug.) laborer 1h bds R3 Deshler Rhfd 53 Ind tel.
Bremer, John F. farmer Hamler Mon.
BREMER, WM. (Minnie) 2 ch farmer T 50a 3h 2c R2 Deshler Rhfd 84 Ind tel.
BRESSLER, DEL laborer T bds Damascus St Liberty Center.
BRESSLER, GEO. (Viola) 3 ch farming 20a 2h 1c R3 McClure Rhfd 42.
Bressler, M. (Matilda) 2 ch farmer T H&L Damascus St Liberty Center.
Bretz, Cecil (son F. J.) farmer R1 McClure Rhfd 100 B & Ind tels.
Bretz, Elma (dau F. J.) housekeeper R1 McClure Rhfd 100 B & Ind tels.
BRETZ, F. J. (Minnie) 2 ch farmer O 131a 4h 12c R1 McClure Rhfd 100 B & Ind tels.
BREY, FRANK F. farmer O 65a 2h 4c R1 Okolona Nap 21 & 43.
BREY, JOSEPH R. (Sophia) farmer O 65a 2h 5c R1 Okolona Nap 21 Ind tel.
Brey, Miss Mary M. O 30a R1 Okolona Nap 21.
Brichard, Wm. farmer Liberty Center Wash.
Brick, John (son J. F.) carpenter R3 Holgate Flrk 64.
Briggle, Levi farmer RD Napoleon Har.
Brillhart, F. B. (Emma) farmer T 80a 3h 7c R8 Napoleon Har 35 Ind tel.

BRILLHART, JOHN (Alice) 4 ch farmer O 40a 3h 5c R6 Napoleon Har 40 Ind tel.
Brillhart, Orie R. (Edna) 2 ch farmer T 60a 2h 4c R1 Napoleon Har 58 Ind tel.
Brillhart, Vernon (Nora) 1 ch farmer T 80a 3h 3c R1 McClure Rhfd 82.
Briney, G. H. (Emma) 4 ch farmer O 120a 6h 10c R2 McClure Dms 79 Ind tel.
Brink, Andrew (Alma) 3 ch farmer T 50a 4h 2c Pleasant Bend Ple.
Brink, A. M. 3 ch farmer O 40a 2h 2c R1 Belmore Bar 54 Ind tel.
Brink, Chas. (Caroline) 5 ch farming O 38a 4h 4c R1 Holgate Mon 12 Ind tel.
Brink, Harry (son Chas.) farmer T 40a 3h R1 Holgate Mon 12 Ind tel.
Brink, Jasper (Leota) 1 ch painter & decorator T Holgate Ple.
Brink, John (Elizabeth) laborer O H&L 1h Holgate Flrk 95.
Brink, Marie (dau Chas.) R1 Holgate Mon 12 Ind tel.
Brink, Rollo (son Chas.) farmer T 30a 1h bds R1 Holgate Mon 12 Ind tel.
Brink, Susan K. RD Deshler Bar.
Brinkman, Chas. W. (Daisy) 3 ch gen store O H&L 1h Florida Flrk Ind tel.
BRINKMAN, MRS. ELIZA ret O 54a 2h 1c R3 Napoleon Flrk 26 Ind tel.
Brinkman, Eugenia (dau Chas. W.) teacher Florida Flrk.
Brinkman, Henry (Elizabeth) farmer O H&L Holgate Ple Ind tel.
Brinkman, Henry J. (Elizabeth S.) 3 ch farmer O 79a 2h 9c R2 New Bavaria Ple 17.
Brinkman, H. F. farmer New Bavaria Ple.
BRINKMAN, JOHN A. (Ella) 2 ch farmer O 160a 9h 8c R3 Napoleon Nap 22 Ind tel.
Brinkman, J. W. (Anna) 4 ch farmer O 80a 4h 7c R3 New Bavaria Ple 18 Ind tel.
Britenricker, Jos. RD Deshler Bar.
Britenricker, Michael, Jr. farmer RD Deshler Bar.
Britton, E. E. McClure Dms.
BRITTON, W. S. McClure.
Brocka, F. A. (Julia) 4 ch ret O 200a R2 Deshler Rhfd 94 Ind tel.
BROCKA, G. C. (Dora) farmer T 80a 2h 2c R2 Deshler Rhfd 94 Ind tel.
Brockhoff, Geo. (Kate) 2 ch farming O 60a 4c R1 Malinta Rhfd 26 Ind tel.
Brockhoff, Louis (Mary) 3 ch farmer O 43a 1h 10c R8 Napoleon Mon 19 Ind tel.
Brokaw, H. C. RD Deshler Bar.

BROMBLEY, JOHN (Mary) farmer O 5a 1h 1c R3 McClure Dms 63.
Brower, Chas. (son George) day laborer O 1h Holgate Plea.
Brower, George nurseryman O H&L 1h Holgate Ple.
Brown, Alonzo A. farmer bds R5 Napoleon Har 18.
Brown, Miss Bessie M. (dau J. Albert) bds R5 Napoleon Har 18 Ind tel.
BROWN, CHRIST (Helen) 6 ch saloon & restaurant O 56a New Bavaria Ple Ind tel.
Brown, Clem J. 1h bds R2 McClure Dms 116 Ind tel.
Brown, David N. (Mary) farmer O 8a H&L 1c McClure Dms.
Brown, Earl bds R2 McClure Dms 116 Ind tel.
BROWN, EDWARD L. (Stella) 2 ch farmer 320a 9h 15c R2 McClure Dms 116 Ind tel.
Brown, Flora A. 4 ch O 1a H R2 Deshler Bar 99.
Brown, Grace D. housekeeper bds McClure Dms.
BROWN, JACOB (Martha) 2 ch farmer O 200a 6h 9c R3 Hamler Mar 72 Ind tel.
BROWN, JESSE (Delila) 6 ch farm mgr Malinta Mon 68 Ind tel.
Brown, Jessie L. teacher bds N Main St Liberty Center.
BROWN, JOSEPH (Elizabeth) ret O 94a H&L 2h New Bavaria Ple Ind tel.
BROWN, JUSTIN F. (Malina C.) ret O H&L N Main St Liberty Center.
BROWN, J. ALBERT (Lavina) 1 ch farmer O 120a 25h 55c R5 Napoleon Har 18 Ind tel.
Brown, J. J. (Minnie) 4 ch bartender T H&L 2h New Bavaria Ple Ind tel.
Brown, Newton carpenter bds McClure Dms.
Brown, Ralph (Helen) 1 ch farming T H&L R5 Napoleon Har 18.
Brown, Ralph O. school teacher 1h R3 Hamler Mar 72 Ind tel.
Brown, Ray L. (son Jacob) school teacher R3 Hamler Mar 72 Ind tel.
Brown, S. J. (Emma M.) 6 ch farmer O 60a 4h 2c R1 Colton Wash 74 Ind tel.
Brown, S. W. farmer RD Napoleon Har.
Brown, Vernon M. farmer bds R5 Napoleon Har 18.
Brown, W. J. (Lydia M.) 4 ch farming O 15a 3h 4c R2 Deshler Bar 99.
Brown, Wilson S. (Lavina H.) ret farmer O H&L 1c N Main St Liberty Center.
Browing, Roll (Gladis) 1 ch farming T 35a 2h R1 McClure Dms 66 Ind tel.
Browning, Carl (son Isaac) farm laborer O bds R1 McClure Rhfd 78.
Browning, Esther B. (dau K.) housekeeper R1 McClure Rhfd 68 Ind tel.
Browning, Isaac (Alice) 3 ch farming O 40a 9h 2c R1 McClure Rhfd 78.
Browning, K. (Harriet C.) 7 ch farmer O 35a 2h 4c R1 McClure Rhfd 68 Ind tel.
Brubach, Lena (dau Louis) housekeeper R1 Malinta Rhfd 28 Ind tel.
Brubach, Leo farmer RD Deshler Bar.
Brubach, Louis, Sr. (lives with Louis, Jr.) R1 Malinta Rhfd 28 Ind tel.
Brubach, Louis, Jr. 2 ch farmer O 60a 3h 3c R1 Malinta Rhfd 28 Ind tel.
Brubach, Sophia housekeeper R1 Malinta Rhfd 28 Ind tel.
BRUBAKER, ALBERT U. (Etty) 5 ch farmer T 135a 4h 5c R7 Napoleon Flrk 42 Ind tel.
BRUBAKER, ALFRED K. (Florence) 6 ch farmer O 105 2h 12c R1 Okolona Flrk 23½ Ind tel.
BRUBAKER, ARTHUR (Frances) 2 ch farmer O 80a 5h 2c R7 Napoleon Nap 51 Ind tel.
BRUBAKER, ARTHUR A. (Anna) 3 ch section hand O H&L 1h Okolona Nap 20 Ind tel.
Brubaker, Christ W. (Martha) 1 ch farmer O 295a R7 Napoleon Nap 44 Ind tel.
BRUBAKER, C. EDWIN (son C. W.) farming bds R7 Napoleon Nap 44.
Brubaker, Daniel (son Albert U.) R7 Napoleon Flrk 42.
Brubaker, Dorthea R3 Hamler Mar 107 Ind tel.
BRUBAKER, EMANUEL W. (Lydia) ret O 100a R1 Okolona Flrk 23½ Ind tel.
Brubaker, Francis M. ret O H&L 1h Florida Flrk Ind tel.
Brubaker, George (Anna) 1 ch farming O 159a 6h 14c R3 Hamler Mar 107.
Brubaker, Henry (Dorothy) 1 ch farmer T 160a R3 Napoleon Flrk 22.
Brubaker, Hugh E. (Mary) farmer T 100a 4h 12c R1 Okolona Flrk 23½ Ind tel.
Brubaker, J. L. RD Deshler Bar.
BRUBAKER, LAWRENCE E. (Ada) 1 ch farming O 38a 7h 30c R7 Napoleon Nap 44 Ind tel.
Brubaker, Levi H. (Lucretia) ret O H&L 1h Florida Flrk.
Brubaker, Logan W. (son C. W.) farming O 37a 7h 30c R7 Napoleon Nap 44.
Brubaker, Madge M. (dau Walter C.) teacher Florida Flrk.
BRUBAKER, NELSON J. (Anna E.) 2 ch cement contractor T H&L R2 Napoleon Nap 99.

FARMERS' DIRECTORY

Brubaker, Owen (Della) farming T 1h 1c R1 New Bavaria Mar 21.
Brubaker, P. H. (Rosina E.) 3 ch farmer O 80a 7h 8c R2 Liberty Center Wash 41 Ind tel.
Brubaker, Ralph E. (son Alfred K.) R1 Okolona Flrk 23½.
Brubaker, Roy A. (son Alfred K.) farmer bds R1 Okolona Flrk 23½.
Brubaker, Sarah (dau Alfred K.) dressmaker R1 Okolona Flrk 23½.
Brubaker, Viola (dau Albert U.) R7 Napoleon Flrk 42.
Brubaker, Walter C. 1 ch engineer & fireman O H&L Florida Flrk.
Brubaker, William farm laborer O 38a R3 Hamler Mar 107.
Brubaker, Wm. N. (Helen) ret O H&L Florida Flrk.
Brubeck, Leo 3 ch farmer T 3h R4 Deshler Bar 31.
Bruns, Emma R4 Napoleon Rid 40 Ind tel.
Bruns, Fredrick (Mary) 2 ch bartender O H&L Hamler.
Bruns, Harmon H. (Marie) 11 ch farmer O 80a 5h 10c R3 Stryker Rid 6 Ind tel.
Bruns, Helen (dau H. H.) R3 Stryker Rid 6 Ind tel.
Bruns, Henry (Anna) 1 ch farmer O 40a 3h 3c R1 Malinta Rhfd 28 Ind tel.
Bruns, Herman (Mary) 1 ch farming T 80a 3h 3c R2 Hamler Mar 31.
Bruns, John carpenter O H&L Ridgeville Corners Rid 44 Ind tel.
Bruns, Lydia (dau H. H.) R3 Stryker Rid 6 Ind tel.
Bruns, Wm. farmer O 90a 5h 2c R3 Stryker Rid 7 Ind tel.
Bruns, Wm. J. (son Harmon H.) laborer R3 Stryker Rid 6 Ind tel.
Bryan, A. Z, Sr. (Verdilla) 4 ch grocer O H&L North St Liberty Center Ind tel.
Bryan, Arthur Z., Jr. (Kathryne) hardware O 3a Damascus St Liberty Center Ind tel. See adv.
Bryan, G. A. (Gertrude) 1 ch poultry, eggs & ice cream T H&L Holgate Ple Ind tel.
Buchenberg, Ella Hamler Mon 82 Ind tel.
Buchenberg, F. (Elizabeth) clothier O H&L & store Holgate Ple Ind tel. See adv.
Buchenberg, Henry farm hand bds R2 Hamler Mon 82 Ind tel.
Buchenberg, Lewis (Mina) farming & contractor T 20a 2h 4c R2 Hamler Mar 70.

Henry County is Noted for its Fine Horses.

Buchholz, Caroline house maid Holgate Ple.
Buchholz, Fred (Bertha) 5 ch farmer O 198a 4h 9c R2 Hamler Mon 82 Ind tel.
Buchhop, Alvin (son John) R7 Napoleon Nap.
Buchhop, Arthur (son Henry F.) farmer bds R4 Napoleon Fre 31 Ind tel.
Buchhop, Carl H. (Mary) 4 ch farmer T 120a 5h 7c R4 Napoleon Nap 31 Ind tel.
BUCHHOP, FRED (Emma) 2 ch farmer T 80a 6h 8c R4 Napoleon Nap 61 Ind tel.
Buchhop, Henry F. (Amelia) 4 ch farmer T 120a 7h 12c R4 Box 10 Napoleon Fre 31 Ind tel.
Buchhop, John (Sophia) 5 ch farmer O 40a 3h 4c R7 Napoleon Nap 84 Ind tel.
Buchhop, Luella (dau Henry F.) R4 Napoleon Fre 31 Ind tel.
Buchhop, Wilhelm (son Wm. M.) laborer R7 Napoleon Nap 84.
Buchhop, Wm. M. (Anna) 4 ch farmer T 80a 8h 8c R9 Napoleon Nap 86 Ind tel.
Buck, R. W. RD Deshler Bar.
Buckinghan, August (Mary) farming T H&L McClure Dms.
Buckley, H. W. RD Deshler Bar.
BUCKLIN, CHAS. (Lillie) 3 ch farmer O 50a 3h 4c R1 Napoleon Dms 9 Ind tel.
Budde, Harry RD Deshler Bar.
Buehler, Robert J. (Mary Ella) farmer T 40a 3h 4c R1 Holgate Flrk 94 Ind tel.
Buehrer, Eldin (son John C.) farmer bds R10 Archbold Rid 26 Ind tel.
Buehrer, Godfried thresher O 1a & H R10 Archbold Rid 3 Ind tel.
Buehrer, Jacob farmer (lives with John K.) R3 Stryker Rid 7 Ind tel.
Buehrer, John C. (Mary) 5 ch farmer & thresher O 20a 3h 2c R10 Archbold Rid 26 Ind tel.
Buehrer, John K. (Elizabeth) farmer R3 Stryker Rid 7 Ind tel.
Buehrer, John N. farmer RD Napoleon Rid.
Buehrer, Lydia farmer RD Napoleon Rid.
Buehrer, Ralph (son John C.) laborer bds R10 Archbold Rid 26 Ind tel.
Buehrer, Samuel farmer RD Napoleon Rid.
BUEHRER, WALTER (Etta) farmer T 80a 5h 5c R2 Napoleon Fre 65 Ind tel.
Buenger, Carl (son Catharine) T 50a R3 Hamler Mar 62 Ind tel.
Buenger, Catharine farming O 134a 5h 15c R3 Hamler Mar 62.
Buenger, Geo. (son Catharine) farmer T 50a R3 Hamler Mar 62 Ind tel.
BUENGER, HENRY (Catharine) farmer R3 Hamler Mar 62 Ind tel.
Buet, Anna ret 1c bds R1 New Bavaria Ple 109 Ind tel.
Buet, Frank laborer bds R1 New Bavaria Ple 109 Ind tel.
Buet, Jacob farmer New Bavaria Ple.
BUET, PETER (Matilda) farmer O 80a 5h 6c R1 New Bavaria Ple 109 Ind tel.
Buet, Jake 3 ch farmer O 50a 2h 2c R1 Miller City Ple 110 Ind tel.
Buff, Jake (Margaret) 4 ch farmer O 80a 1h 3c R3 New Bavaria Ple 21 Ind tel.
Buller, A. A. RD Deshler Bar.
Bullis, Oscar (Mary) 4 ch day laborer T H&L Holgate Ple.
Bundy, Money farmer R3 Stryker Rid.
Bundy, Solomon (Sarah) 2 ch farmer T 80a 3h 6c R3 Stryker Rid 12 Ind tel.
Bunger, Fred farmer Hamler Mar.
BUNKE, DIEDRICH farmer O 70a 4h 9c R2 Holgate Ple 38 Ind tel.
Bunke, Dink farmer New Bavaria Ple.
Bunke, Fred (Catharine) 1 ch farmer O 80a 3h 2c R3 Holgate Flrk 20 Ind tel.
Bunke, Geo. (son Fred) R3 Holgate Flrk 20.
Bunke, Henry (Dora) 4 ch farmer O 120a 5h 6c R3 Holgate Flrk 21 Ind tel.
BUNKE, HERMAN (Clara) 5 ch farmer T 120a 4h 8c R3 Holgate Flrk 20 Ind tel.
BUNTZ, ALFRED (Ella) 2 ch fireman T H&L Okolona Nap Ind tel.
Buntz, Carl (son Jacob) laborer bds Okolona Nap.
Buntz, Fred day laborer Holgate Ple.
Buntz, Geo. (son John) farming T 80a 3h R1 Holgate Mon 11 Ind tel.
Buntz, Geo. laborer O H&L Okolona Nap Ind tel.
Buntz, John (Minnie) 3 ch farmer O 80a 3c R1 Holgate Mon 11 Ind tel.
Buntz, Wm. laborer lives with John R1 Holgate Mon 11 Ind tel.
Burchard, W. C. butcher T 10a R2 Liberty Center Wash 105.
Burdue, James (Katie) 1 ch hostler O H&L Mary Ann St Liberty Center.
Burgel, D. C. farmer T 40a 3h R8 Napoleon Mon 4 Ind tel.
Burgel, Edward M. (Christina) prop Holgate Lumber Co T Holgate Ple.

Burgel, F. M. (Eplonia) 2 ch farming O 40a R8 Napoleon Mon 4 Ind tel.
Burgett, C. E., M. D. (Moretta) physician & surgeon O 100a McClure B & Ind tels.
BURGOON, ELIZABETH O H&L E Main St Liberty Center.
Burgoon, Julia bds E Main St Liberty Center.
BURGOON, M. L. (Mary) 4 ch grocer O H&L W Main St Liberty Center Ind tel. See adv.
Burgoon, Vernis E. bds E Main St Liberty Center.
Burill, Arthur painter bds Pleasant Bend Ple.
Burill, Philip (Eva) carpenter O H&L Pleasant Bend Ple.
Burk, Chas. (Mary) insurance & real estate O H&L Holgate Ind tel.
BURK, FRANK (Cora R.) 1 ch elevator hand O 2a H&L Hamler Ind tel.
Burk, James (Jane) farmer O 4a 1h R2 Napoleon Nap 99 Ind tel.
Burk, Jerry (Elizabeth A.) clerk O H&L Holgate Ple Ind tel.
BURK, JOHN (Ida) ret O H&L Hamler Ind tel.
Burkett, C. C. (Bessie O.) 5 ch farmer O 10a 2h 1c R1 Colton Wash Ind tel.
Burkhart, Christ (Mary) 1 ch farmer O 159a 5h 3c R2 New Bavaria Ple 56 Ind tel.
Burkhart, E. M. farmer Holgate Ple.
Burkhart, Nick farmer O 160a 2h R2 New Bavaria Ple 56 Ind tel.
Burkhart, Ralph (son Christ) farming bds R2 New Bavaria Ple 56.
Burkhart, Roy (son Christ) farming bds R2 New Bavaria Ple 56 Ind tel.
BURKHART, T. F. (Sylvia) 3 ch implements T N Main St Liberty Center Ind tel. See adv.
BURKHART, W. S. (Catharine) 2 ch farmer O 40a 2h 2c RD Holgate Ple 63 Ind tel.
Burkholder, A. M. farmer R9 Archbold Rid.
Burkholder, C. (Clara) 4 ch farmer O 40a 2h 7c R9 Archbold Rid 56 Ind tel.
Burkholder, D. D. (Katie) 9 ch farmer O 80a 1h R10 Archbold Rid 26 Ind tel.
Burkholder, Harry (son D. D.) farmer T 80a 4h R10 Archbold Rid 26 Ind tel.
BURKHOLDER, J. H. (Emma) 5 ch farmer O 80a 6h 11c R9 Archbold Rid 55 Ind tel.
Burkholder, May (dau C.) R9 Archbold Rid 56 Ind tel.
BURKHOLDER, NOAH C. (Ida) 2 ch farmer O 101a 7h 14c R10 Archbold Rid 26 Ind tel.

Burner, C. E. (Cormelia) 7 ch farmer T 160a 6h 5c R4 Deshler Bar 52.
Burner, Hosea (son C. E.) farm laborer R4 Deshler Bar 52.
Burner, H. C. (Eva) 2 ch farmer T 118a 4h 4c R4 Deshler Bar 52 Ind tel.
Burner, Sophia (dau C. E.) housekeeper R4 Deshler Bar 52.
BURNS, MRS. C. M. Holgate.
Burns, Henry (Amelia) 5 ch farming T 80a 2h 4c R2 Hamler Mar 33 Ind tel.
Burr, Berneta (dau Frank) school teacher R2 Malinta Mon 64 Ind tel.
Burr, Burl (son Frank) student R2 Malinta Mon 64 Ind tel.
Burr, Mrs. Ella 2 ch farmer O 59a 1h 3c Malinta Mon Ind tel.
Burr, Frank (Barbara) 4 ch ret 3a 1c R2 Malinta Mon 64 Ind tel.
Burr, Hazel (dau Ella) Malinta Mon Ind tel.
BURR, L. M. blacksmith O shop Malinta Mon. See adv.
Burton, Wm. farmer RD Deshler Bar.
Burwell, S. A. (Alice) 1 ch engineer T H&L East St McClure Ind tel.
Busch, Carl M. (son J. H.) farmer bds R8 Napoleon Mon 16 Ind tel.
Busch, C. F. farmer RD Napoleon Flrk.
Busch, Fred (Sarah) farmer T 80a 3h 4c R8 Napoleon Mon 2 Ind tel.
BUSCH, GEO. (Elsie) 8 ch farmer O 30a 4h 2c R8 Napoleon Mon 19 Ind tel.
Busch, John W. (Lydia) 2 ch farmer T 100a 4h 5c R3 Napoleon Flrk 79 Ind tel.
Busch, J. H. (Mary) 7 ch farmer O 60a 5h 5c R8 Napoleon Mon 16 Ind tel.
Bush, N. W. farmer RD Napoleon Mon.
BUSHONG, H. A. (Ora) 1 ch farming T 13a 2h 4c R1 Deshler Bar 88 B tel.
Bussing, John (Elizabeth) 1 ch laborer O H&Lots Hamler.
Bustleman, Charles (Bertha) 1 ch farmer T 6h 6c R2 Hamler Mar 29.
BUTLER, ARTHUR (Minnie) 2 ch farmer O 40a 4h 4c R4 Deshler Bar 52 Ind tel.
Butler, Chas. W. farmer RD Deshler Bar.
Butler, Elmer RD Deshler Bar.
BUTLER, HESTER A. RD Deshler.
Butler, Ira P. (son L. L.) farm laborer R3 Hamler Mar 85 Ind tel.
Butler, L. L. (Mary S.) 3 ch farming T 140a 7h 9c R3 Hamler Mar 85 Ind tel.
Butler, Mary S. Hamler Mar.
Butler, Rolland (son L. L.) farm laborer R3 Hamler Mar 85 Ind tel.
Byerly, Dean farmer Colton Wash.
Cailey, J. L. farmer R1 McClure Rhfd.
Cain, James E. (Blanche P.) 5 ch farmer T 80a 4h 4c R1 Liberty Center Wash 27.

Cain, J. M. RD Deshler Bar.
Cain, O. M. RD Deshler Bar.
CAIN, ROBERT (Myrtle) 1 ch farmer T 90a 3h 5c R3 Liberty Center Lib 45 Ind tel.
CALDREN, MARCIA R4 Deshler.
Cameron, Inez care of Shepard Bost R9 Napoleon Nap 7.
Campbell, Geo. R. (Hattie B.) 1 ch banking Damascus St Liberty Center Ind tel.
CAMPBELL, SYLVESTER (Stella) 3 ch farming O 40a 3h 4c R4 Leipsic Mar 52 Ind tel.
Camron, Geo. farmer T 20a 2h 1c R9 Archbold Rid 67 Ind tel.
Camron, Katherine 6 ch farmer O 20a R9 Archbold Rid 67 Ind tel.
Cannon, Charley laborer bds R3 McClure Rhfd 35 Ind tel.
CANNON, HARRY farmer T 80a 2h R3 McClure Rhfd 35 Ind tel.
Cannon, John W. (Laura) 2 ch physician O H&L 1h Florida Flrk Ind tel.
Cannon, Wm. (Hulda) farming O 40a 6h 2c R1 McClure Rhfd 78 Ind tel.
CAREY, G. H. Grelton.
Carlile, E. S. (Ada J.) 1 ch barber O H&L McClure Dms.
Carlile, Frank (Alice) farmer T 60a R2 McClure Dms 108 Ind tel.
Carlile, George (Edith) 1 ch barber O H&L McClure Dms.
Carlisle, D. R. (D. J.) 2 ch farmer O 18a R2 McClure Dms 116 Ind tel.
Carman, J. W. farmer Florida Flrk.
Carnahan, L. H. (Alice) farmer O 100a 1h 1c R4 Deshler Bar 51 Ind tel.
Carpenter, A. H. farmer Liberty Center Lib.
CARPENTER, GUY (Edith) 2 ch carpenter T H&L Young St Liberty Center.
Carpenter, Henry (Mary) 5 ch farmer O 45a 2h 6c R3 Liberty Center Lib 69 Ind tel.
Carpenter, Otto (Opal) 1 ch carpenter T H&L Liberty Center Lib.
Carpenter, Roy (Gertie) 1 ch farmer T 40a 3h 1c R2 Napoleon Lib 8.
Carpenter, R. M. (Lily A.) 2 ch farmer O 59a 1h 6c R3 Liberty Center Lib 88 Ind tel.
Carr, D. R. (Elizabeth) 8 ch farmer O 111a 7h 9c R2 McClure Dms 92 Ind tel.
Carrol, Alonzo (Nora) 5 ch laborer O H&L Malinta Mon Ind tel.
Carrol, Chauncey farmer McClure Dms.
CARROL, HENRY (Emma) 4 ch farmer O 50a R2 McClure Dms 75 Ind tel.
Carroll, Charles (Agnes) 2 ch blacksmith O H&L Hamler Mar.
Carroll, Henry farmer O 40a 2h 3c McClure Dms 75 Ind tel.
Carter, Ellis (Laura) laborer 1h R1 Hamler Mar 102 Ind tel.
Casted, Leroy farm laborer R3 Hamler Mar 87 Ind tel.
Casteel, Ora (son W. O.) student bds R1 Belmore Bel 28 Ind tel.
Casteel, Ray farmer T 79a 3h R1 Belmore Bar 28 Ind tel.
Casteel, Sarah E. farmer Holgate Ple.
Casteel, Walter (Bertha) 2 ch laborer 1h R2 Malinta Mon 76 Ind tel.
CASTEEL, W. O. (Annabelle) 3 ch farmer O 80a 6h 11c R1 Belmore Bar 28 Ind tel.
Caton, Harvey ret bds R2 Deshler Rhfd 61.
Cavanaugh, Bernard farming O 80a 4h R3 Hamler Mar 99 Ind tel.
CAVANAUGH, JAMES (Mary) 4 ch farming O 178a 3h 9c R3 Hamler Mar 99 Ind tel.
Cavanaugh, Maggie E. Hamler Mar.
Chamberlain, Myron (Susie) farmer T 80a 2h 1c R2 McClure Dms 108 Ind tel.
Chamberlain, Sherman farmer O 160a 4h 2c bds R2 McClure Dms 108 Ind tel.
Chamberlin, John V. student bds R3 McClure Dms 55 Ind tel.
CHAMPION, A. L. (Mary) ret O H&L Florida Flrk Ind tel.
CHAMPION, CARL S. (Hallie) 1 ch farmer T 160a 5h 3c R3 Napoleon Flrk 22 Ind tel.
CHAMPION, HERMAN (Pearl) 5 ch farmer T 120a 5h 3c R3 Napoleon Flrk 45 Ind tel.
Chandler, Charley 3 ch farmer T 150a 6h 4c R10 Napoleon Lib 13 Ind tel.
Chapman, Mrs. Mary R3 McClure Dms 63.
Cheney, Edna (dau F. W.) R5 Napoleon Har 50.
Cheney, Edna P. bds R5 Napoleon Har 21.
Cheney, Fred W. (Adella) 7 ch farmer O 40a 4h 6c R5 Napoleon Har 21 Ind tel.
Cheney, Imo L. bds R5 Napoleon Har 21.
Cheney, Lucinda E. 4 ch ret O 30a Malinta Mon.
Christman, G. M. farming T 300a R3 Hamler Mar 97 Ind tel.
CHRISTMAN, JULIAN (Grace) farmer T 4h 6c R4 Deshler Bar 20 Ind tel.
Christman, Maggie E. O 300a 6h 8c R3 Hamler Mar 97 Ind tel.
Christman, S. J. farming 300a R3 Hamler Mar 97 Ind tel.

FARMERS' DIRECTORY

Chroninger, B. F. (Asenath) 2 ch farmer O 160a 1h 2c R3 Liberty Center Lib 40 Ind tel.

Chroninger, Henry (Alice) 1 ch farmer O 20a 2h 3c R3 Liberty Center Lib 69 Ind tel.

CHRONINGER, R. R. (Katie) farmer O 60a 3h 13c R3 Liberty Center Lib 40 Ind tel.

Church, John (Clara) 1 ch laborer O 1a Colton Wash.

Church, Merl laborer Colton Wash.

Clady, Alma (dau Jacob) R3 Holgate Flrk 31 Ind tel.

Clady, Chas. (Susan) 2 ch farmer T 80a 3h 3c R3 Holgate Flrk 53 Ind tel.

Clady, Cleveland (Maggie) 1 ch farmer T 90a 5h 2c R3 Holgate Flrk 31 Ind tel.

CLADY, FRED (Ora) 1 ch farmer O 40a 2h 6c R3 Holgate Flrk 29 Ind tel.

Clady, Jacob (Susan) farmer O 130a 2h 3c R3 Holgate Flrk 31 Ind tel.

Clady, Jacob F. farmer Holgate Flrk.

Clair, E. J. (May) 2 ch vet surgeon O 80a H&L Ridgeville Corners Rid 56 Ind tel.

CLAPP, C. W. (Pearl) 3 ch farmer O 10a 3h R3 Liberty Center Lib 63 Ind tel.

CLAPP, H. L. (Imo B.) 1 ch farmer O 20a 2h 12c R3 Liberty Center Lib 72 Ind tel.

CLAPP, JOHN T. farmer O 40a .1h 1c R3 Liberty Center Lib 71.

Clapp, Lena missionary bds R3 Liberty Center Lib 71.

Clapp, Lester farmer Liberty Center Lib.

Clapp, Mary 5 ch O 20a 1c R3 Liberty Center Lib 71.

CLARK, ALVA (Neva) farmer T 80a 2h 2c R1 Holgate Ple 69 Ind tel.

Clark, A. (Mary) ret farmer O 80a 1h 2c R2 McClure Dms 101 Ind tel.

Clark, Caroline O H&L Holgate Ple Ind tel.

Clark, C. E. (son W. D.) farmer bds R2 Malinta Mon 22 Ind tel.

Clark, David (Mary) day laborer O H &L Pleasant Bend Ple.

Clark, Ernest scholar bds R2 McClure Dms 101 Ind tel.

Clark, Francis (Lillian) saloon & restaurant O H&L Pleasant Bend Ple.

Clark, Grover bds R2 McClure Dms 101 Ind tel.

Clark, James M. (Sofa) 2 ch farmer O 80a 3h 3c R2 Holgate Flrk 57.

Clark, J. J. (Ada E.) 3 ch farmer & elev mgr O 40a 1h R2 Malinta Mon 60 Ind tel.

CLARK, LEROY (Alma) 2 ch lineman O H&L 1h McClure Dms Ind tel.

Clark, L. C. (son W. D.) farmer bds R2 Malinta Mon 22 Ind tel.

CLARK, PETER J. (Catherine) 3 ch farmer O 200a 6h 9c R7 Napoleon Nap 50 Ind tel.

CLARK, PRESTON farmer O 15a 2h R2 McClure Dms 106.

Clark, Ruth 8 ch bds R10 Napoleon Lib 30.

Clark, Stephen farmer bds R2 McClure Dms 101 Ind tel.

Clark, Thomas farmer bds R2 McClure Dms 101 Ind tel.

Clark, William (Ester) 3 ch day laborer T H&L Holgate Ple.

CLARK, W. D. (Margaret) 8 ch ret O 220a 9h 6c R2 Malinta Mon 22 Ind tel.

Claty, Thomas laborer O 30a 1h R1 Colton Wash 79.

CLATY, VICTOR (Anna) 2 ch farmer O 50a 5h 6c R1 Colton Wash 79.

Clausen, M. (Tunie) 10 ch farmer O 80a 4h 5c R1 Hamler Bar 10 Ind tel.

Clay, Eli C. (Margaret) 3 ch farming O 101a 1h 3c R1 Liberty Center Wash 3 Ind tel.

CLAY, HARRISON D. (Bessie) farmer O 40a 2h 6c R2 McClure Dms 106 Ind tel.

Clay, Newton E. farming 101a 2h R1 Liberty Center Wash 3.

Clay, Ralph W. 1h R1 Liberty Center Wash 3.

Cleveland, W. J. farmer McClure Dms.

Clevenger, Geo. G. (Alice) 2 ch O 100a 3c R3 Deshler Bar 62 B tel.

Clifton, Charley (Pearl) painter bds R10 Napoleon Lib 15 Ind tel.

Clifton, C. A. farmer Liberty Center Lib.

Clifton, D. L. (Minnie) farmer O 82a 1h 3c R1 Liberty Center Lib 75 Ind tel.

CLIFTON, H. D. (Helen) 1 ch farmer T 100a 4h 14c R2 Liberty Center Lib 100 Ind tel.

Clifton, H. R. farmer Liberty Center Lib.

CLIFTON, RAY (Mary) 1 ch farmer T 81a 3h 3c R1 Liberty Center Lib 75 Ind tel.

Cline, Arthur (son Marion) farm laborer R1 Malinta Rhfd 6 Ind tel.

CLINE, MARION (Matilda) 7 ch farmer O 80a 4h 4c R1 Malinta Rhfd 6 Ind tel.

Cline, M. L. (Gladys) farmer T 83a 2h 2c Malinta Mon Ind tel.

CLINE, PETER (son Marion) school teacher R1 Malinta Rhfd 6 Ind tel.
Cline, Sam (Martha) laborer O 3h Holgate Ple.
CLINE, SAM E., JR. (Lucy) 2 ch plasterer O H&L Holgate Ple.
Close, Mary ret R1 Belmore Bar 56 Ind tel.
Clymer, Amos farmer RD Napoleon Lib.
Clymer, B. (Mary) 1 ch restaurant hand 3c R3 Hamler Mar 87 Ind tel.
Clymer, C. W. (Fuschia) 2 ch farmer T 120a 6h 5c R6 Napoleon Har 25 Ind tel.
Clymer, Elizabeth farmer R2 Napoleon Fre.
CLYMER, GEO. A. (Grace) 1 ch farmer O 60a 3h 7c R3 Liberty Center Lib 22 Ind tel.
Clymer, Joseph (Josephine) 1 ch farming O 79a 3h 3c R3 Hamler Mar 87 Ind tel.
CODY, CLAYTON laborer bds Malinta Mon 59 Ind tel.
CODY, R. L. (Orpha) 3 ch farming T 160a 5h 18c Malinta Mon 59 Ind tel.
Cohrs, Amelia R2 Malinta Mon 47 Ind tel.
Cohrs, Emma housekeeper R3 Deshler Bar 3 Ind tel.
Cohrs, Erna R3 Deshler Bar 3 Ind tel.
Cohrs, Ernest (Luella) farmer bds R1 Malinta Rhfd 27 Ind tel.
COHRS, FRED (Sophia) 10 ch farmer O 80a 3h 6c R3 Deshler Bar 3 Ind tel.
Cohrs, Harmon farmer Malinta Mon.
Cohrs, Henry (Katrina) 8 ch ret O 60a & H&L 1h R2 Malinta Mon 47 Ind tel.
Cohrs, Wm. (Minnie) 3 ch farmer O 120a 5h 14c R3 Deshler Bar 67 Ind tel.
Coldren, Albert (Martha) 3 ch farming O 102a 4h 4c R4 Deshler Mar 95.
Coldren, Chas. (Clara) 2 ch farmer O 130a 9h 5c R4 Deshler Bar 19 Ind tel.
Coldren, Mary 3c R4 Deshler Mar 95 Ind tel.
Cole, G. O. (Clara M.) 1 ch dentist O H&L Holgate Ple Ind tel.
COLE, N. S. (Nora E.) O 230a H&Ls 1h 40c Holgate Ple Ind tel.
Coleman, Henry laborer R2 Liberty Center Wash 112 Ind tel.
COLLIER, JAMES (Alice) 1 ch dairyman O 17a 2h 14c R3 Deshler Bartlow 62 B tel.
Collier, Lincoln farmer O 60a R1 Custar Rhfd 85 Ind tel.
COLLINS, D. A. (Theresa) 4 ch farming O 240a 11h 11c R1 Hamler Marion 102 Ind tel.

COLLINS, GERALD A. (Adelia) 2 ch farmer T 160a 4h 8c R1 Hamler Bar 13 Ind tel.
Collins, Geo. (son M. E.) farmers helper 1h R3 Hamler Mar 63.
COLLINS, H. 1 ch farmer O 78a RD McClure Dms 74 Ind tel.
Collins, Michael farm laborer R3 Hamler Mar 63.
COLLINS, M. E. (Frances) 4 ch farming O 105a 4h 13c R3 Hamler Mar 63 Ind tel.
Collins, Paul (son D. A.) farming R1 Hamler Mar 102 Ind tel.
Collins, Mrs. Rilley bds R3 McClure Dms 54 Ind tel.
Collins, Mrs. Rosina O H&L McClure Dms Ind tel.
Collins, Stephen A. (Theresa) farming O 231a 2h 30c Hamler Mar Ind tel.
Colwell, Bud RD Deshler Bar.
Colwell, Chas. RD Deshler Bar.
Colwell, R. D. RD Deshler Bar.
Colyer, Floyd D. (Emma) farm laborer 1c R2 Liberty Center Wash 112.
Conderse, Joseph (Rosa) junk man & gardener O H & 2½a 1h West Hope Rhfd 45.
Conkle, E. C. (Florence M.) saloon at Gerald T H&L R2 Napoleon Fre 59 Ind tel.
Conkle, Geo. A. (son Geo. W.) saloon at Gerald bds R2 Napoleon Fre 59 Ind tel.
Conklin, L. H. farmer R2 Napoleon Fre 68.
Conn, Clyde farmer RD Napoleon Dms.
CONN, C. J. (Carie) farmer T 120a 3h 6c R5 Napoleon Dms 46 Ind tel.
Conn, F. L. (Edith) farmer O 40a 2h 1c Grelton Dms 21 Ind tel.
CONN, GALE (Gladis) 1 ch farmer O 100a 6h 4c R3 McClure Dms 55 Ind tel.
CONN, GRANT (Eva) 1 ch farmer O 40a 4h 4c R3 McClure Dms 59 Ind tel.
Conn, J. C. farmer McClure Dms.
Conn, Uriel bds R3 McClure Dms 59 Ind tel.
Connelly, C. E. (Georgia) 2 ch station agent T H&L Holgate Ple Ind tel.
CONNER, DAN (Mary) 3 ch farming O 40a 2h 1c R3 Hamler Mon 85 Ind tel.
Connolly, Charles (Lilly) 2 ch farmer O 175a 4h 2c R2 Liberty Center Wash 39.
CONNOLLY, ELIZABETH 4 ch farmer O 116a R2 Liberty Center Wash 40 Ind tel.
Connolly, Mrs. Ellen Grand Rapids Lib.

FARMERS' DIRECTORY

CONNOLLY, EUGENE (Mary) 6 ch farmer O 85a 2h 3c R1 Colton Wash 23 Ind tel.
Connolly, E. U. (Frances) 3 ch farmer O 80a 5h 8c R2 McClure Dms 49 Ind tel.
Connolly, Mrs. F. P. farmer Liberty Center Wash.
CONNOLLY, G. V. (Annie C.) 2 ch farmer O 163a 7h 20c R1 Colton Wash 39 Ind tel.
CONNOLLY, J. A. (Minerva) 2 ch farmer O 160a 6h 38c R1 Liberty Center Wash 19 Ind tel.
Connolly, Lawrence farmer 1h R1 Colton Wash 23 Ind tel.
Connolly, Leo. F. farmer T 116a 6h 23c R2 Liberty Center Wash 40 Ind tel.
CONNOLLY, R. B. (Helen) farmer O 136 2-3a 3h 16c R2 Liberty Center Wash 43 Ind tel.
Connolly, Theresa R2 Liberty Center Wash 40 Ind tel.
Connolly, W. H. (Johanna) 1 ch farmer O 120a & H&L E Maple St Liberty Center.
Conrad, Blanche R1 Malinta Rhfd 4 Ind tel.
CONRAD, CHAS. farmer 1h 1c bds R3 Deshler Bar 64 Ind tel.
Conrad, C. L. farm R1 Malinta Rhfd 4 Ind tel.
CONRAD, EDWARD (Rosie) 10 ch farm manager R6 Napoleon Mon 65 Ind tel.
CONRAD, E. PARKER (Myrtle) 2 ch minister Holgate Ple Ind tel.
Conrad, Geo. W. (Alta) 1 ch farmer O 40a 3h 4c R1 Grand Rapids Dms 104½ Ind tel.
Conrad, Harvey (Gale) 1 ch laborer O H&L Grelton Mon 98.
Conrad, John W. (Minnie) 5 ch farming O 160a 10h 10c R3 Deshler Bar 64 Ind tel.
CONRAD, L. (Mary E.) 8 ch farming O 200a 5h 13c R1 Malinta Rhfd 4 Ind tel.
Conrad, Miss Maggie R2 McClure Dms 74 Ind tel.
Conrad, Michael farmer O 48½a 2h 4c R2 McClure Dms 74 Ind tel.
Conway, F. E. (Laura) 4 ch live stock dlr O H&L Ridgeville Corners Rid 43 Ind tel.
Conway, J. W. carpenter bds with F. E. Ridgeville Corners Rid 43 Ind tel.
Conway, Mrs. Lily RD Napoleon Lib.
Cook, Harriet L. R1 Colton Wash 75 Ind tel.
COOK, J. T. (Minnie B.) 5 ch farmer O 80a 3h 7c R1 Colton Wash 75 Ind tel.
Cook, Nathaniel farmer Hamler Mar.
COOPER, A. C. (Elizabeth) 5 ch farmer O 121a 14h 15c R2 Holgate Ple 66 Ind tel.
Cooper, Charley (Louisa) 6 ch laborer O H&L 1h Holgate Ple.
Cooper, Hannah O Holgate Ple.
Cooper, James (Amanda) 2 ch farmer O 60a 8h 10c R2 Napoleon Lib 23 Ind tel.
Cooper, Walter B. (Cora) 1 ch saloon & restaurant O H&L Holgate Plea Ind tel.
Corbin, Lucinda farmer O 23a 2h 2c R2 Grand Rapids Wash 80.
Corbin, Rollo farmer T 23a R2 Grand Rapids Wash 80.
CORDAS, HENRY farmer O 79a 5h 6c R2 Holgate Ple 37 Ind tel.
Cordes, Albert farm hand R2 Hamler Mar 32 Ind tel.
Cordes, Anna R9 Napoleon Nap 3.
Cordes, Anna R2 Hamler Mar 32 Ind tel.
Cordes, Carl F. (Dena) 1 ch farmer T 80a 4h 5c R4 Napoleon Rid 28 Ind tel.
Cordes, Chas. (Anna) 5 ch hardware machinist Ridgeville Corners Rid 43 Ind tel.
Cordes, Deitrick (Antoney) 1 ch farmer O 160a 2h 7c R3 New Bavaria Ple 38 Ind tel.

Part of Bokerman Farm Herd.

Cordes, Emma R2 Deshler Rhfd 56 Ind tel.
CORDES, FRED (Dora) 1 ch farmer O 40a 7h 6c R3 Napoleon Flrk 49.
Cordes, Fred (Minnie) farming O 110a 7h 5c R2 Hamler Mar 32 Ind tel.
Cordes, Geo. farmer Hamler Mar.
Cordes, Helen R9 Napoleon Nap 3.
Cordes, Henry farmer RD Napoleon Flrk.
Cordes, Henry (Sarah) 4 ch farmer O 55a 3h 5c R2 Deshler Rhfd 56 Ind tel.
Cordes, Henry ret O 160a Holgate Flrk 55 Ind tel.
CORDES, HENRY (Meta) 5 ch farmer O 90a 4h 14c R7 Napoleon Fre 52 Ind tel.
CORDES, HERMAN (son Henry) farmer T 80a 4h 7c R3 Holgate Flrk 55 Ind tel
Cordes, H. farmer RD Deshler Rhfd.
Cordes, Ida (dau Fred) R2 Hamler Mar 32 Ind tel.
CORDES, JOHN (Minnie) 7 ch farmer O 160a 6h 22c R9 Napoleon Nap 3 Ind tel.
Cordes, Mary (dau Henry) R7 Napoleon Fre 49.
Cordes, Minnie R2 Deshler Rhfd 56 Ind tel.
Cordes, Otto (son John) 1h R9 Napoleon Nap 3.
CORESSEL, JNO. P. R1 Okolona.
CORFMAN, H. C. (Edith) 2 ch painter & paper hanger O H&L Malinta Mon.
Cornell, F. L. (Maud) 1 ch farmer T 34a McClure Dms 72.
Cornell, W. S. farmer McClure Dms.
CORWIN, FRED J. (Bertha) 4 ch laborer T H&L R2 Liberty Center Lib 84.
Corwin, George (Anna H.) 3 ch farming O H&2Lots R2 Liberty Center Wash Texas.
Corwin, Ralph (Mary E.) 2 ch laborer T H&L R2 Liberty Center Wash Texas.
Cosgrove, Thomas (Catherine) 4 ch field contractor & sugar beet T H&L Malinta Mon Ind tel.
Cottingham, S. RD Deshler Bar.
COUCH, A. E. 2 ch farmer O 130a 6h 16c R1 Malinta Rhfd 8 Ind tel.
Couch, D. C. (Maud) farmer 2h 2c R1 Malinta Rhfd 8 Ind tel.
Couch, Mrs. M. A. RD Deshler Bar.
Coulter, John (Bertha) 5 ch laborer T H&L Grelton Dms.
Counselman, Bertha telephone operator bds Beaver St McClure.
Counselman, Josephine O H&L Beaver St McClure.
Courtright, Claude (Bertha) farming T 92a 3h 2c R1 Custar Rhfd 81 Ind tel.

Courtright, D. C. (Sophronia) 4 ch ret O 3h&7Lots R2 Liberty Center Wash Texas.
Courtright, Fred (Maggie) 3 ch farmer O 39a 4h R1 McClure Rhfd 82 Ind tel.
Courtright, John B. T H&L R2 Liberty Center Wash Texas.
COUTNEY, GEORGE N. (Ada) 4 ch farmer T 80a 3h 1c R3 New Bavaria Ple 22 Ind tel.
Cowdrick, Edward R. (Sadie) farmer O 37a 3h 6c R5 Napoleon Har 1.
Cowdrick, Wallace farmer bds R5 Napoleon Har 1.
Cox, Elmira RD Deshler Bar.
Cox, John C. (Zella M.) r r station agt T H&L High St Liberty Center Ind tel.
Craig, Frank (Ellen) 3 ch farm laborer T H 1c R2 Deshler Bar 71 Ind tel.
Cramer, Casper (Dora) ret O H&L Hamler.
Cramer, Harry (son Lucinda) clerk bds Holgate Flrk 95.
Cramer, Harry clerk bds Holgate Ple.
Cramer, John (Elizabeth) section hand Holgate Ple Ind tel.
Cramer, Lucinda (wid Michael) 2 ch O 2a H&L 1c Holgate Flrk 95.
Crawford, Albert (Esther) 2 ch farming T 120a 5h 9c R2 Malinta Mon 42 Ind tel.
Crawford, Mrs. Armanda 5 ch O 40a 5h 1c R10 Napoleon Lib 15 Ind tel.
Crawford, Catherine O 225a 1h 1c R1 Napoleon Har 23 Ind tel.
CRAWFORD, CHALLIE (Maud M.) 1 ch farm hand bds R1 Malinta Mon 92.
Crawford, Chas. (Linnie) 4 ch farmer T 225a 8h 10c R1 Napoleon Har 23 Ind tel.
Crawford, C. K. (Rella B.) 5 ch farmer O 40a 2h 3c R3 Liberty Center Lib 73 Ind tel.
Crawford, C. L. (Della) 1 ch machinist O H&L Young St Liberty Center.
Crawford, D. C. (Grace) 2 ch farmer T 80a 6h 2c R1 Malinta Mon 92 Ind tel.
Crawford, Earl (Elma) 1 ch farmer O 40a 3h 9c R1 Napoleon Har 17 Ind tel.
Crawford, G. A. (Jennie) farmer O 20a H&L Main St Liberty Center Lib.
Crawford, Homer bds R10 Napoleon Lib 15 Ind tel.
Crawford, H. E. RD Napoleon Lib.
Crawford, John RD Deshler Bar.
Crawford, John T. (Addie) 1 ch engineer O H&L McClure Dms Ind tel.
Crawford, Lawrence C. bds R10 Napoleon Lib Ind tel.

FARMERS' DIRECTORY

Crawford, Otis (Mazia) 1 ch farmer T 240a 4h 20c R1 Napoleon Har 16 Ind tel.
Crawford, Perry (Frances E.) 4 ch farming O 180a 5h 6c R1 Malinta Mon 92.
Crawford, Robt. farmer RD Napoleon Har.
Crawford, T. C. RD Deshler Bar.
Creager, Clyde H. farm hand Grelton Mon 98 Ind tel.
Creager, C. L. (Etta) 1 ch farmer O 79a 4h 6c R2 McClure Dms 100 Ind tel.
Creager, D. J. (Elmira) 6 ch farmer O 40a 5h 6c Grelton Mon 98 Ind tel.
Creager, Ethel school teacher bds R5 Napoleon Har 3.
Creager, Fred employed by father Hamler Ind tel.
Creager, Harry (Tieney) farming T 100a 2 mules 1h 4c R3 Hamler Mar 95 Ind tel.
Creager, Harry E. farmer bds R5 Napoleon Har 3.
CREAGER, OREN H. (Elza) farmer O 3a 1h R5 Napoleon Har 3.
Creager, Pearly contractor helper Hamler.
Creager, William (Julia) contractor O 80a H&L 2 mules 4c Hamler Ind tel.
Creese, Barney farmer RD Deshler Bar.
Creese, Frank farmer RD Deshler Bar.
Crepps, H. A. farm laborer bds R2 Deshler Rhfd 94.
Crepps, W. F. (M. C.) 12 ch farmer T 80a 3h 3c R2 Deshler Rhfd 94.
Crew, C. C. (Nora) 1 ch freight clerk T H&L Malinta Mon Ind tel.
Crew, Huber (Carrie) stationery eng Naomi elevator T H&L Naomi Fre 56.
Crew, U. S. (Elizabeth) 4 ch sawyer O H&L Malinta Mon Ind tel.
Crider, Jonathan (Martha J.) pastor Methodist Episcopal Church T 1h Liberty Center.
CRIST, CATHERINE 1 ch O H&L Mary Ann St Liberty Center.
CROCKETT, JAMES (Mary) ret O H&L McClure Dms Ind tel.
Crockett, L. M. farmer McClure Dms.
Crockett, Malcolm farmer Grelton Mon.
Crom, A. A. McClure Dms.
CROM, WALTER J. (Lulu) 2 ch farmer T 80a 3h 5c McClure Damascus 54.
CROMLY, T. jeweler O Holgate Ple.
Cromwell, E. O. (Effie) salesman O H&L McClure Dms Ind tel.
CROMWELL, MRS. R. A. O 40a 1h 3c R1 McClure Dms 69 Ind tel.
Cromwell, W. Emmit farmer McClure Dms 69 Ind tel.

CRONINGER, WILLIS E. (Martha) 3 ch farming T 80a 3h 5c Grelton Rhfd 2 Ind tel.
CROSSLEY, O. E. (Agnes) 1 ch farmer T 40a 4h 3c R6 Napoleon Har 63 Ind tel.
Crossman, Albert (Mary) 2 ch farmer O 20a 2h 4c R8 Napoleon Mon 2 Ind tel.
Crossman, Chas. H. farmer R7 Napoleon Nap.
CROSSMAN, CHAS. H. (Mary) farmer O 52a 2h 2c R3 Napoleon Flrk 75.
CROSSMAN, HARRY (Irene) farmer O 56a 2h 7c R3 Napoleon Flrk 41 Ind tel.
Crossman, Hiram 3 ch ret bds R8 Napoleon Mon 2 Ind tel.
Crossman, John A. (Kate) 1 ch farmer & school teacher T 52a 3h 2c R3 Napoleon Flrk 75 Ind tel.
Crowell, C. A. (Jessie) 3 ch farmer T 147a 2c R5 Napoleon Dms 37.
Crowell, Frank (Maud) 3 ch farmer O 120a R2 McClure Dms 79 Ind tel.
Crozier, E. W. (Grace) clerk T H&L Young St Liberty Center.
Crozier, Lelah Maple Av Liberty Center.
Crozier, S. A. 3 ch grocer & merchandise O H&L E Maple Av Liberty Center Ind tel.
CROZIER, WALTER (Minerva B.) 3 ch farmer T 120a 3h 13c R1 Liberty Center Wash 18 Ind tel.
Cruey, Earl farmer T 160a 4h R1 Holgate Mar 5 Ind tel.
Cruey, Mrs. Geo. farmer Hamler Mar.
CRUEY, LEO E. (Hilda) 1 ch farmer T 200a 10h 7c R1 Holgate Mar 5 Ind tel.
Cruey, Orville (son Rose) farmer R1 Holgate Mar 5 Ind tel.
CRUEY, ROSE 6 ch farming O 364a 3h 12c R1 Holgate Mar 5 Ind tel.
Crum, Alice M. R3 Napoleon Nap 91.
CRUM, E. M. druggist Liberty Center. See adv.
Crum, Floyd S. 2 ch rural letter carrier O H&L 1h Maple Ave Liberty Center.
CRUM, MRS. IDA M. baazar store Liberty Center. See Adv.
CRUM, ISAAC farmer O 20a 2h 2c R3 Napoleon Nap 91 Ind tel.
Crum, Jacob 1 ch W Maple St Liberty Center.
Cruse, Albert farm laborer bds R3 Deshler Bar 34.
Cruse, Barney (Katherine) 5 ch farmer T 120a 4h 3c R3 Deshler Bar 34.
CULBERTSON, C. E. (Gertie) 4 ch farmer T 180a 4h 10c R2 McClure Dms 95 Ind tel.
Culbertson, Eli farmer McClure Dms.

CULBERTSON, JAMES G. (Alice) 1 ch farmer O 80a 6h 10c R2 McClure Dms 79 Ind tel.
Culbertson, Tamzon farmer McClure. Dms.
Culver, Mont. McClure Dms.
Culver, Walter 1 ch plasterer & bricklayer 1½a H R1 McClure Rhfd 71 Ind tel.
Cummings, Amos (Grace) 1 ch farming T 115a 5h 2c R1 Deshler Bar 90.
Cummings, Mrs. C. J. 3 ch ret R1 Deshler Bar 90.
Cummings, George laborer bds Holgate Ple.
Cummins, Anna 2 ch Holgate Ple.
CUMMINS, J. P. (Florence) 1 ch farmer O 80a 6h 6c R2 Holgate Flrk 37 Ind tel.
Cummins, Lawrence farmer bds R2 Holgate Flrk 37 Ind tel.
Cunningham, Bercoe farm hand bds R2 Malinta Mon 57 Ind tel.
CUNNINGHAM, CHAS. C. (Cora) 2 ch farmer O 41a 2h 2c R2 Malinta Mon 57 Ind tel.
Cunningham, Florence Malinta Mon.
Cunningham, Floyd school teacher R1 Malinta Mon 97 Ind tel.
Cunningham, G. W. (Etta) 3 ch farmer O H&L Maple Ave Liberty Center Ind tel.
CUNNINGHAM, HARRY H. (Ella) 1 ch farming T 80a 2h 10c R3 Holgate Flrk 56 Ind tel.
Cunningham, Jasper farmer Malinta Mon.
Cunningham, John (Ida) 1 ch farming T 110a 3h 1c R1 Holgate Ple 95.
CUNNINGHAM, J. (Lydia) 1 ch farmer O 80a 4h 5c R1 Malinta Mon 97 Ind tel.
CUNNINGHAM, J. P. laborer T H R2 Malinta Mon 76 Ind tel.
Cupp, Virgil laborer R7 Napoleon Nap 82.
Curns, Bertha Holgate Ple.
Curns, Charley (Clara) teaming O HL 2h Holgate Ple.
Curns, Clarence (Ella) blacksmith T H&L Holgate Ple.
Curns, Eva Holgate Ple.
Curns, Orville (Maud) 1 ch laborer T H&L Holgate Ple.
Curns, Wm. (Jane) 2 ch laborer O H&L Holgate Ple.
CURREN, JOHN F. (Sarah) ret O H&L 1h Florida Flrk Ind tel.
Curren, W. A. (Della) 1 ch farmer O 160a 4h 6c R3 Holgate Flrk 54 Ind tel.
Curtis, Ray (Stella) 2 ch laborer T H 1h R2 Deshler Rhfd 90.

CURTZWILER, WALTER (Alma) 2 ch pool room O H&L Holgate Ple.
Dachenhaus, Anna (dau Christ) R9 Napoleon Nap 36.
Dachenhaus, Carl (son Christ) R9 Napoleon Nap 36.
Dachenhaus, Christian (Sophia) 5 ch farmer O 160a 5h 16c R9 Napoleon Nap 36 Ind tel.
Dachenhaus, Henry (son Henry) farmer RD Holgate Mar 25 Ind tel.
DACHENHAUS, HENRY (Anna) 1 ch farmer O 80a 6h 7c RD Holgate Mar 25 Ind tel.
Dachenhaus, John (Julia) 5 ch farming O 160a 5h 7c R2 Hamler Mar 33 Ind tel.
Dachenhaus, Luella (dau Christ) 8h R9 Napoleon Nap 36.
Dachenhaus, Otto (son Henry) farmer RD Holgate Mar 25.
Dachenhaus, William (Anna) 4 ch farming O 40a 2h 3c R2 Hamler Mar 33 Ind tel.
Dahms, Edw. H. farmer McClure Dms.
Dailey, Rev. E. T. (Rebecca) 2 ch M E minister T H&L McClure Dms Ind tel.
Dale, Clarence (Grace) 2 ch R R clerk O H&L Hamler.
Damen, D. L. Holgate Ple.
Dammann, Alvin (Lela) farmer T H 3h 4c R9 Archbold Rid 72 Ind tel.
Dammann, Clara (dau Wm.) R2 Napoleon Fre 46.
DAMMANN, FRED (Freda) 1 ch farmer T 90a 5h 13c R9 Napoleon Fre 25 Ind tel.
Dammann, Henry (Dora) 4 ch farmer O 80a 4h 9c R2 Napoleon Fre 44 Ind tel.
Dammann, H. F. (Dorothy) 2 ch farmer O 99a 5h 13c R9 Archbold Rid 72 Ind tel.
Dammann, Magdelena (dau Wm.) R2 Napoleon Fre 46.
DAMMANN, WM. (son Henry) 1h R2 Napoleon Fre 44.
Dammann, Wm. (Anna) 5 ch farmer O 120a 3h 8c R2 Napoleon Fre 46.
DANBY, W. J. (Ella C.) grocer O H&L Maple Ave Liberty Center Ind tel.
Dangler, Chester (son D. E.) farm laborer bds R1 Belmore Bar 58 Ind tel.
DANGLER, D. E. (Mary E.) 5 ch farmer T 240a 8h 4c R1 Belmore Bar 58 Ind tel.
Dangler, Effie (dau D. E.) works in cigar box factory R1 Belmore Bar 58 Ind tel.
Dangler, Homer (son D. E.) farm laborer bds R1 Belmore Bar 58 Ind tel.
Dangler, Irvin (son Irvin) farm laborer bds R1 Belmore Bar 58 Ind tel.

FARMERS' DIRECTORY

DARING, F. E. (Mary E.) 3 ch coal dealer & auctioneer T H&L R R Ave Liberty Center Ind tel.

Daring, Sarah E. bds R3 McClure Dms 59.

Dauber, Dave 3 ch laborer bds Malinta Mon.

Dauber, Ernest (son Mary Funget) farmer T 45a 4h 2c R2 Malinta Mon 62 Ind tel.

Dauber, Josephine (dau Mary Funget) housekeeper R2 Malinta Mon 62 Ind tel.

DAUM, C. H. (Pauline) 2 ch farming O 76a 7h 3c R2 Liberty Center Lib 84 Ind tel.

DAUM, C. I. (Iva) 1 ch supt of schools O 35a Damascus St Liberty Center.

Daum, W. F. (Rose M.) 4 ch farming O 80a 3h 12c R10 Napoleon Lib 82 Ind tel.

Davenport, Mary J. housekeeper R3 McClure Rhfd 67 Ind tel.

DAVIDSON, H. J. (Louisa J.) farmer O 74½ 2h 9c R1 Colton Wash 55 Ind tel.

Davis, Calvin 2 ch laborer bds Malinta Mon.

DAVIS, CHAS. (Blanche) 4 ch farmer T 80a 6h 9c R6 Napoleon Har 81.

Davis, Chas. J. laborer bds Florida Flrk.

Davis, Chas. M. (Blanche) 1 ch farmer & teamster T 39a 2h Ridgeville Corners Rid 64.

Davis, Chas. T. farmer RD Napoleon Har.

DAVIS, C. (Chloe) 2 ch farmer O 2h 7c R1 Liberty Center Wash 9.

Davis, C. E. (Hazel) farmer T 100a 3h 4c R2 McClure Dms 91.

Davis, C. F. RD Deshler Bar.

Davis, Ernest farm laborer bds R3 Deshler Bar 10 Ind tel.

DAVIS, EUGENE L. (Edna) 1 ch farmer T 133a 8h 4c R8 Napoleon Nap 96 Ind tel.

Davis, E. G. farmer McClure Rhfd.

Davis, Frank 3 ch laborer T H&L Malinta Mon.

Davis, F. (Emma) 1 ch farmer O 101a 4h 8c R1 Colton Wash 33 Ind tel.

Davis, Geo. H. (son Gilbert) 1h R9 Napoleon Nap 27.

DAVIS, GILBERT (Elizabeth) ret O 64a 2h 2c R9 Napoleon Nap 27 Ind tel.

Davis, Henry (son T. J.) laborer lives with Chas. R6 Napoleon Har 81.

Davis, Henry A. (Julia) 3 ch lineman Okolona Mutual Telephone T H&L 1h Okolona Nap Ind tel.

Davis, J. L. (son T. J.) ret lives with Chas. R6 Napoleon Har 81.

Davis, J. W. (Hattie M.) 3 ch tile ditcher O H&L 1c Colton Wash Ind tel.

Davis, Lawrence works for E. F. Austermiller R3 Holgate Flrk 64.

Davis, Levi (Mary E.) 8 ch laborer O H&L Malinta Mon.

Davis, Logan E. (Gertrude) 2 ch farmer O 20a 4h 2c R5 Napoleon Har 46.

Davis, L. A. RD Deshler Bar.

Davis, Raymond (Hazel) farmer T H&L 1h 1c R5 Napoleon Har 52.

Davis, Samuel laborer bds Florida Flrk.

Davis, Susan (wid Wm.) care of Wm. M. Tietze R4 Napoleon Nap 31.

Davis, T. J. 4 ch ret O 80a R6 Napoleon Har 81.

DAVIS, WM. A. (Minnie) 2 ch farmer T 27a 1h 3c Ridgeville Corners Rid 64 Ind tel.

Davis, W. G. (Mary F.) 3 ch ret O 1½a 2H&L R4 Napoleon Rid 43 Ind tel.

Day, Art McClure Dms.

Day, John I. (Maggie M.) 3 ch farmer O 200a 8h 7c R1 Holgate Mar 3 Ind tel.

Daymude, Oscar (Elizabeth) 1 ch barber O H&L Plesant Bend Ple.

Dayringer, A. A. RD Deshler Bar.

Dayringer, John farm laborer bds R1 Deshler Bar 87 Ind tel.

Deambostle, Fred (Henrietta) 2 ch farmer T 120a 5h 13c R2 Napoleon Fre 35 Ind tel.

De Blair, Gustave 2 ch laborer T H&L R2 Holgate Flrk 13.

Debusschere, Victor farmer RD Deshler Bar.

Decker, E. E. (Mary E.) tile & brick Cherry St Liberty Center Ind tel.

Decko, W. M. (Emma) 3 ch hardware merchant O H&L Malinta Mon Ind tel.

DECKROSH, C. D. (Liza M.) 3 ch farmer O 130a 11h 20c R2 New Bavaria Ple 9 Ind tel.

Dehnbostel, Ernest hardware merchant Ridgeville Corners Rid.

Dehnbostel, Harmon bds R10 Napoleon Lib 7 Ind tel.

Dehnbostel, Henry F. (Lena) 2 ch farmer T 55a 4h 4c R2 Napoleon Lib 5 Ind tel.

Dehnbostel, William (Mary) 7 ch farmer O 135a 5h 5c R10 Napoleon Lib 7 Ind tel.

Dehndoftel, Henry (Anna) 4 ch farmer O 20a 1h 2c Ridgeville Corners Rid 60.

Dehnke, Emil (son Mrs. Henry) farmer bds 1h R4 Napoleon Rid 32 Ind tel.

Dehnke, Mrs. Henry farmer O 80a 2h 7c R4 Napoleon Rid 32 Ind tel.

DEHNKE, WM. (Dora) 3 ch farmer T 140a 4h 5c R3 Stryker Rid 30 Ind tel.
Deily, Earl B. (Mary) farmer T 80a 3h 4c R3 Napoleon Nap 89 Ind tel.
Deily, Geo. (Hanna) 3 ch farmer O 87a R3 Napoleon Nap 89 Ind tel.
Deimer, Walter (Julia) 1 ch farmer O 60a 3h 2c R10 Napoleon Lib 30 Ind tel.
Deisler, Bert (Della) moving picture show Holgate Ple.
Deitrich, Adam (Tessie) 8 ch farm mgr 1c R2 Malinta Mon 37 Ind tel.
DEITRICH, MRS. AMANDA R2 Malinta.
Deitrich, George (Amanda) 4 ch farmer & Carpenter O 40a 5h 5c R2 Malinta Mon 62 Ind tel.
DEITRICH, HARRY (son Geo.) farmer R2 Malinta Mon 62 Ind tel.
Deitrich, Laura school teacher bds R2 Malinta Mon 61 Ind tel.
DEITRICH, M. N. (Ola Z.) hardware merchant T H&L Malinta Mon Ind tel.
Deitrich, Nicholas farmer Malinta Mon.
Deitrich, Wm. Malinta Mon.
DEITRICK, A. J. (Helen) farmer O 30a 3h 5c R1 New Bavaria Ple 102 Ind tel.
Deitrick, Helen (dau M. F.) bds R1 Holgate Ple 69 Ind tel.
DEITRICK, HENRY A. (Johanna) agricultural implements O 1h New Bavaria Ple Ind tel.
DEITRICK, JOHN bartender Holgate Ple.
DEITRICK, M. F. (Elizabeth) 3 ch farmer O 200a 7h 13c R1 Holgate Ple 69 Ind tel.
Deitrick, Peter (Mary) ret O 40a R1 New Bavaria Ple 82.
Deitzen, Mat (Mary) 3 ch farmer T H&L R1 New Bavaria Ple 79.
De Long, Thomas (Tressa) farmer T 160a R1 Grand Rapids Dms 107 Ind tel.
DE LONG, W. A. (Electa K.) 8 ch farmer O 34a 3h 4c R1 Colton Wash 35 Ind tel.
DELPH, CLARENCE (Ella) 1 ch farmer T 61a 4h 4c R8 Napoleon Mon 1 Ind tel.
Delph, Cecil B. (son Phillip) student bds Malinta Mon Ind tel.
DELPH, GEO. (Emma) 2 ch prop general store O H&L Malinta Mon Ind tel. See adv.
DELPH, O. W. (Elsie) 4 ch general store O H&L Malinta Mon Ind tel. See adv.
Delph, Phillip (Elizabeth) 8 ch ret O 37a 2c Malinta Mon Ind tel.

Delventhal, Harmon blacksmith bds with Wm. Von Deylen R2 Napoleon Fre 59.
Delventhal, Joseph (Sylvia) 7 ch farmer T 108a 4h 4c R2 Liberty Center Wash 112 Ind tel.
Delventhal, Sylvia Liberty Center Wash.
Demaline, John W. Laura 3 ch general merchandise T H&L 1h R2 Napoleon Fre 59 Ind tel.
Deman, D. farmer Holgate Ple.
Demland, Andrew farm laborer O 40a R2 New Bavaria Ple 10.
Demland, Clyde farmer New Bavaria Ple.
Demland, D. W. (Addie) farming T 200a 4h 6c R2 New Bavaria Ple 20 Ind tel.
Demland, Earl farmer New Bavaria Ple.
Demland, Gertie bds R2 New Bavaria Ple 10.
Demland, Lizzie bds R2 New Bavaria Ple 10.
Demland, Ralph (son D. W.) farming T 200a 2h R2 New Bavaria Ple 20 Ind tel.
Demland, Warren (son D. W.) farming bds R2 New Bavaria Ple 20 Ind tel.
Demuth, E. J. ret bds R1 Holgate Mon 8 Ind tel.
Dennie, A. H. (Alice) 3 ch carpenter T H&L McClure Dms Ind tel.
Derkem, Mrs. Anna 3 ch ret T H&L Ridgeville Corners Rid 56.
Dershem, Ferris D. (son O. C.) farm hand 1h 1c bds R10 Napoleon Lib 82 Ind tel.
DERSHEM, O. C. (Belle I.) 2 ch farmer O 80a 4h 6c R10 Napoleon Lib 82 Ind tel.
Deselm, Elmer (Blanche) farmer O 40a 5h 3c R9 Archbold Rid 64 Ind tel.
Deselm, Lelah lives with Mrs. H. W. Sechrist Ridgeville Corners Rid 64 Ind tel.
Deselm, Newton (Susan) 3 ch ret O 80a 1h 1c R9 Archbold Rid 64.
Desgeranger, Caroline O H&L Holgate Ple Ind tel.
Desgranges, Chas. carpenter & contractor bds R3 New Bavaria Ple 3 Ind tel.
Desgranges, Frank (Katherine) farmer 110a 4h 4c Pleasant Bend Ple 24 Ind tel.
Desgranges, J. W. (Ruth) 2 ch farmer O 100a 3h 9c R3 New Bavaria Ple 23 Ind tel.
DESGRANGES, OLIVER H. (Mary) 1 ch farmer T 78a 4h R3 New Bavaria Ple 3 Ind tel.

Deters, Frank (Mary) ret O 50a 1h 1c Hamler.
Deters, Geo. Hamler Mar.
Deters, Joseph (Victoria) 7 ch farming T 120a 10h 12c R1 Hamler Mar 103 Ind tel.
Detmer, C. L. (Lizzie) 3 ch farming O 40a 11h 14c R1 Malinta Mon 99 Ind tel.
Detmer, Edward (Louise) 7 ch farmer O 160a 1h 7c R8 Napoleon Mon 2 Ind tel.
Detmer, E. C. (Della) 5 ch farmer T H&L 4h 1c R2 Malinta Monroe 47 Ind tel.
DETMER, F. W. (Nora) blacksmith & farmer O 40a 7h 2c R2 Malinta Mon 32 Ind tel.
Detmer, Ida (dau Edward) housekeeper R8 Napoleon Mon 2 Ind tel.
De Tray, Chas. F. (Nellie) 1 ch farmer T 80a 4h 2c R3 McClure Dms 63.
Detterer, Henry, Jr. (Mary) 1 ch farmer T 80a 6h 6c R4 Napoleon Rid 41 Ind tel.
Detterer, Henry, Sr. (Eva) 5 ch farmer T 80a 7h 7c R4 Napoleon Rid 41 Ind tel.
Detterer, Philip (Elizabeth) 2 ch farmer T 80a 5h 13c R7 Napoleon Fre 42 Ind tel.
DETTMER, EDWARD R8 Napoleon.
Devore, Elizabeth 1 ch O H&L Holgate Ple Ind tel.
Devore, Leo. (son W. H.) laborer Holgate Ple.
Devore, S. E. (son W. H.) laborer Holgate Ple.

Devore, W. H. (R. A.) junk dealer O H&L 1h Holgate Ple.
DEW, ODA (Alice) 4 ch farmer O 103a 4h 6c R8 Napoleon Har 33 Ind tel.
Dewight, William laborer Holgate Ple.
Dewitt, Rev. C. L. (Lenora) commissioner O H&L 1h Beaver St McClure Dms 92 Ind tel.
Dewitt, Ida M. music teacher bds Beaver St McClure Ind tel.
Dibling, Amil farmer Hamler Mar.
Dibling, Anna R3 Hamler Mar 102 Ind tel.
Dibling, F. K. ret O 80a 1h R3 Hamler Mar 102 Ind tel.
DIBLING, JOSEPH (Magdalena) 8 ch farming T 80a 4h 5c R3 Hamler Mar 102 Ind tel.
Dibling, Margaret (dau Jos.) music teacher R3 Hamler Mar 102 Ind tel.
Dickerhoff, Mary J. O H&L Hamler.
Dickman, Mrs. F. W. New Bavaria Ple.
DICKMAN, G. W. (Mary) 2 ch farmer T 40a 2h 2c R R No. 3 New Bavaria Ple 19 Ind tel.
Dickman, John W. farmer Pleasant Bend Ple.
Dickman, Wes. manager of grain elevator O 4a Pleasant Bend Ple Ind tel.
Dickmander, F. W. (Dora) 6 ch farming & carpenter O 40a 3h 2c R1 Malinta Rhfd 28 Ind tel.
Diehl, Harvey (Mary) farmer O 40a 2h 6c R2 Napoleon Fre 70 Ind tel.
Dielmann, Coy (Elsie) 1 ch farmer T 60a 2h 1c R3 McClure Dms 59 Ind tel.
Dielmann, Jacob (Armanda) farmer O 60a 4h 5c R3 McClure Dms 59 Ind tel.

Harvesting by Modern Methods.

Dielmann, O. E. (Mary) 2 ch farmer O 20a 1h 1c R1 Napoleon Dms 32.
Dielman, Sherman farmer McClure Dms.
Diely, Geo. farmer R3 Napoleon Nap.
Diemer, August (Stella) 2 ch painter New Bavaria Ple.
Diemer, Charley (Agnes) 1 ch farm laborer T H&L New Bavaria Ple Ind tel.
Diemer, Henry laborer O H&L New Bavaria Ple.
Diemer, Joe (Salena) 1 ch farming & poultry T 3a R1 New Bavaria Ple 92.
DIEMER, J. J. (Christina) 5 ch garage O ¾a garage & H&L New Bavaria Ple Ind tel.
Diemer, Lewis (Nellie) 4 ch running ditch machine T H&L New Bavaria Ple Ind tel.
Diemer, Oliver P. carpenter bds New Bavaria Ple.
Diemer, Walter farmer Napoleon Lib.
Diemer, Wm. (May) painter & paper hanger T H&L R1 New Bavaria Ple 92 Ind tel.
Dieringer, John (Elizabeth) 3 ch farmer O 59a 4h 3c R1 Napoleon Har 23 Ind tel.
Dierks, Henry J. (Ida) farmer O 47a 2h 5c R1 Okolona Nap 11 Ind tel.
Diery, Laura J. farmer R9 Napoleon Nap.
Diery, P. E. (Emaline) ret Liberty Center.
Diery, W. A. (Bertha) farmer T 80a 3h 3c R10 Napoleon Lib 29 Ind tel.
Dietrich, A. J. farmer New Bavaria Ple.
DIETRICH, FRANK (Lena) 6 ch farmer O 156a 6h 6c R2 Napoleon Nap 100 Ind tel.
Dietrich, Harmon (Fanny) 7 ch farmer O 37a 3h 3c R9 Napoleon Nap 88 Ind tel.
Dietrich, Henry (son Nicholas) R2 Malinta Mon 64 Ind tel.
Dietrich, Henry A. farmer New Bavaria Ple.
Dietrich, John ret R7 Napoleon Nap 82.
Dietrich, Louis, Sr. (Hanna) farmer O 143a 1h 5c R4 Napoleon Nap 68 Ind tel.
Dietrich, Louis, Jr. (Nettie) 10 ch farmer O 56a 3h 7c R9 Napoleon Nap 88 Ind tel.
Dietrich, Martin (Ola) 1 ch contractor carpenter O H&L Malinta Mon Ind tel.
Dietrich, Milton (Laura) 1 ch thresher & carpenter T H&L Malinta Mon Ind tel.
Dietrich, M. F. farmer Holgate Ple.

Dietrich, Nicholas (Elizabeth) 9 ch ret O 36a 3h 3c R2 Malinta Mon 64 Ind tel.
DIETRICH, PETER (Mary) 7 ch ret O 52a 1h 1c R2 Malinta Mon 64 Ind tel.
Dietrich, Wm. (Josephine) thresher O H&L Malinta Mon Ind tel.
Dietrick, Elizabeth New Bavaria Mar.
Dietrick, John A. auto salesman O 78a 1h R1 New Bavaria Mar 17.
DIETRICK, JOSEPH (Christina) 3 ch farmer O 110a 7h 5c R1 New Bavaria Mar 17.
Dietrick, Joseph H. (son Joseph) farming R1 New Bavaria Mar 17.
Dietrick, Marie C. (dau Joseph) R1 New Bavaria Mar 17.
Dietrick, M. J. ret 1h 1c R1 New Bavaria Mar 40 Ind tel.
Dietrick, Peter (Anna) 2 ch farmer O 60a 4h 3c R1 Hamler Mar 47.
Dietrick, Sophia farmer RD Napoleon Rid.
DIETRICK, W. N. farmer O 75a 4h 3c R1 New Bavaria Mar 40 Ind tel.
Digby, H. W. (Bess E.) 4 ch farmer T 80a 3h 2c R2 Deshler Bar 72.
Dill, Chas. RD Deshler Bar.
Dill, Soll RD Deshler Bar.
Dilsaver, A. E. (Alvert) 5 ch farming O 68a 6h 10c West Hope Rhfd 45 Ind tel.
Dilsaver, Geo. (son A. E.) laborer bds West Hope Rhfd 45 Ind tel.
Dillsaver, Arthur (son Wm.) laborer bds RD Deshler Bar 99.
Dillsaver, David (son Wm.) laborer RD Deshler Bar 99.
Dillsaver, Wm. (Alice) 7 ch laborer O H & 3a 1h 2c RD Deshler Bar 99.
Dirr, Andrew (Elizabeth) ret O 224a 1h 7c R3 New Bavaria Ple 30 Ind tel.
Dirr, Charles (Caronila) farmer O 295a 2h 2c Pleasant Bend Ple 49 Ind tel.
DIRR, C. H. (Hattie E.) farmer T 80a 2h 1c New Bavaria Ple 49 Ind tel.
DIRR, ERMAN H. (Bertha) 2 ch laborer O H&L New Bavaria Ple.
Dirr, Harry (Mamie) 2 ch farmer T 224a 5h 12c R3 New Bavaria Ple 30 Ind tel.
Dirr, Jacob (Jennie) farmer O 140a 5h 6c R3 New Bavaria Ple 30 Ind tel.
DIRR, J. W. (Christina) farmer O 80a 5h 8c R2 New Bavaria Ple 9 Ind tel.
Dirr, Mattie (dau J. W.) bds R2 New Bavaria Ple 9 Ind tel.
DIRR, OLIVER (Viola) 1 ch farmer T 140a 3h 5c R3 New Bavaria Ple 30 Ind tel.

FARMERS' DIRECTORY

Dirr, Peat (Rosa) 1 ch farming O 116a 3h 2c Pleasant Bend Ple 49 Ind tel.
Dirr, Peter (Fannie) farmer O 80a 1h 2c Pleasant Bend Ple 24 Ind tel.
Dirr, Robert (son J. W.) farmer bds R2 New Bavaria Ple 9 Ind tel.
DIRR, ROY (Anna) farming T 144a 5h 6c Pleasant Bend Ple 46 Ind tel.
Dirr, Wesley farmer New Bavaria Ple.
Dishong, Reuben RD Deshler Bar.
Dishop, Fred (Minnie) 5 ch farmer O 65a 4h 7c R10 Napoleon Lib 18 Ind tel.
DITTMER, WM. (Louisa) 1 ch farmer O 80a 2h 2c R4 Napoleon Rid 29 Ind tel.
Dittmer, Ervin farmer R4 Napoleon Rid 29 Ind tel.
Dixon, Emma O H&L Hamler.
Doan, W. A. (Martha) laborer T 10a 1h R2 Liberty Center Wash.
Domer, Clara (dau J. W.) housekeeper R1 McClure Rhfd 64 Ind tel.
Domer, J. W. (Lena) 3 ch farmer T 40a 3h 1c R1 McClure Rhfd 64 Ind tel.
Domer, Mary A. bds McClure Dms.
Donald, James (Clenna) 1 ch farming part owner 140a 7h 7c R1 Deshler Bar 82 Ind tel.
Donald, Jessie farmer O 80a 3h 5c R1 Deshler Bar 87.
Donnelly, Patrick farmer O 677a 23h 17c R2 Liberty Center Wash 87 Ind tel.
Donner, Frank A. (May) 2 ch teacher O 1½a 1h R3 McClure Dms 66 Ind tel.
Donner, Wm. farmer McClure Rhfd.
Donovan, John A. RD Deshler Bar.
Donovan, Margaret E. RD Deshler Bar.
Doren, Isaac ret bds R2 Liberty Center Wash 42 Ind tel.
Doren, Roswell (Fredia) 3 ch farmer O 120a 4h 15c R2 Liberty Center Wash 42.
Doty, Conway (Gusta) 1 ch farming T 39a 3h 2c R3 Hamler Mar 57 Ind tel.
Dougherty, Frank (Anna) 2 ch farmer O 55a 4h 5c R2 Liberty Center Wash 90 Ind tel.
Dougherty, J. F. farmer Liberty Center Wash.
Downard, Charles (son G. E.) farm laborer 2h R1 McClure Rhfd 78 Ind tel.
Downard, G. E. (Iva) 8 ch farmer T 80a 1h 2c R1 McClure Rhfd 78 Ind tel.
DOMNER, L. L. (Stella) 1 ch barber & pool room prop T H&L Ridgeville Corners Rid 44.
Drackert, Peter farmer O 80a 2h R3 Napoleon Flrk 67.
Drewes, A. H. (Louise) farming O 140a 5h 8c R2 Hamler Mon 87 Ind tel.

Drewes, Charles (Sophia) 3 ch bartender O H&L Hamler.
Drewes, Clara (dau Henry) housekeeper Ridgeville Corners Rid 43 Ind tel.
Drewes, Edward (Mary) 3 ch farm hand R1 Hamler Mar 36 Ind tel.
Drewes, Fred (son John) farming bds 1h R2 Malinta Mon 78 Ind tel.
DREWES, GEO. H. (Sophia) 8 ch farmer O 160a 8h 26c R7 Napoleon Nap 48 Ind tel.
Drewes, Henry (Sophia) 7 ch ret O 160a H&L 1h 1c Ridgeville Corners Rid 43 Ind tel.
Drewes, Henry F. (Annie) 3 ch farmer O 80a 7h 11c R9 Napoleon Nap 36 Ind tel.
Drewes, John (Dora) 2 ch farming O 120a 6h 12c R2 Mtlinta Mon 78 Ind tel.
Drewes, Laura (dau Henry) clerk Ridgeville Corners Rid 43 Ind tel.
Drewes, Theodore farmer O 69a 3h 4c bds R2 Hamler Mon 83 Ind tel.
Drewes, Wm. (Catherine) 2 ch farming O 59a 3h 4c R2 Hamler Mon 83 Ind tel.
DREWES, WM. F. (Anna) 3 ch farmer breeder of Holstein Cattle O 79a 4h 11c R4 Napoleon Nap 63½ Ind tel.
Drummond, N. (Sarah A.) 2 ch farmer O H&L McClure Dms Ind tel.
Ducat, B. J. retail clerk Main St Liberty Center.
DUDING, CHAS. R1 Hamler Mar 64.
Duding, Ferdinand A. (Catharine) machine work O Hamler Ind tel.
Duffy, Elizabeth 3 ch lives with Chas. E. Hoffman R6 Napoleon Har 69 Ind tel.
Dull, B. D. (Edna) 1 ch farming O 40a 6h 4c R3 McClure Rhfd 74 Ind tel.
Dull, Geo. RD Deshler Bar.
Dull, H. T. (Kate) ret farmer O 400a 2h 2c R1 McClure Dms 115 Ind tel.
DULL, SAMUEL (Marie) farming T 120a 3h 3c R3 McClure Rhfd 72.
DULL, W. H. (Lovenia) 6 ch farmer & carpenter O 120a 2h 5c R1 McClure Rhfd 71 Ind tel.
Dunbar, Boyd (Anna) 1 ch farmer O 60a 2h 3c R3 Napoleon Nap 77.
Dunbar, Earl (Harriett) laborer 1h 1c care of Eliza Brinkman R3 Napoleon Flrk 26.
Dunbar, Elmer (son Boyd) farmer T 60a 2h 2c R3 Napoleon Napoleon 77 & 90.
DUNBAR, JOSEPH P. (Margaret) ret O 40a R3 Hamler Mar 72.
Dunbar, Lester R. farmer T 60a 2h R3 Hamler Mar 72 Ind tel.

91

HENRY COUNTY

DUNBAR, OTTO (Lola) 5 ch farmer T 40a 2h R1 Colton Wash 74.
DUNBAR, R. K. (Ada) 3 ch truck & fruit grower T 20a 4h 3c R1 Napoleon Har 43 Ind tel.
Dunbar, William (Sophia) laborer T H&L 1h Florida Flrk Ind tel.
Dunlap, David (Sadie) section hand O H&L Pleasant Bend Ple Ind tel.
Dunlap, D. H. (Carrie) 6 ch traveling salesman T 1a H 1h R6 Napoleon Har 29 Ind tel.
Dunmire, Ira (Phoebe C.) 4 ch farming O 34a 1h 2c R1 Liberty Center Wash 15.
Dunmier, Sam farmer O 40a 1h 2c R1 Liberty Center Wash 13.
Dunn, Laura RD Deshler Bar.
DUNN, R. T. (Hettie) 6 ch farmer T 80a 3h 4c R2 Malinta Mon 41.
Dunnigan, Anna (dau John) seamstress Holgate Ple.
Dunnigan, Catharine (dau John) housekeeper Holgate Ple.
Dunnigan, Irene (dau John) Holgate Ple.
Dunnigan, Jennie (dau John) school teacher Holgate Ple.
Dunnigan, John, Jr. (son John) school teacher Holgate Ple.
DUNNIGAN, JOHN (Ann) ret O 120a H&L 1h Holgate Ple Ind tel.
DUNNIGAN, MARK farmer O 80a 5h R4 Deshler Bar 30.
Dunzer, A. F. (Amelia) 3 ch farmer O 60a 4h 5c R1 Hamler Bar 13 Ind tel.
Dunzer, Geo. 9 ch farmer O 80a 1h 1c R4 Deshler Bar 32 Ind tel.
DUNZER, GEO. J. (Matilda) farmer T 90a 3h 3c R1 Okolona Nap 41 Ind tel.
Dunzer, J. A. (Amanda) farmer O 100a 5h 7c R1 Hamler Bar 13 Ind tel.
Durant, Fred farmer RD Napoleon Lib.
Durant, William (Elizabeth) 7 ch farmer T 80a 7h 14c R2 Napoleon Lib 20 Ind tel.
Durbin, C. F. McClure Dms.
DURBIN, D. L. (Anna M.) 3 ch banker O McClure.
DURHAM, ALONZO (Jennie M.) farmer T 80a 6h 6c R10 Napoleon Lib 49 Ind tel.
Durham, Benjamin (Tillie) 1 ch farmer T 118a 4h 6c R1 Okolona Nap 45 Ind tel.
Durham, Cary L. (Martha) 6 ch farmer O 80a 5h 8c R1 Okolona Flrk 23½ Ind tel.
Durham, Ellen (sister J. W.) R7 Napoleon Nap 51.
Durham, Emma (dau W. W.) housekeeper R6 Napoleon Har 37 Ind tel.

DURHAM, ERNEST E. (Bertha E.) 3 ch farmer T 179a 7h 3c R7 Napoleon Nap 51 Ind tel.
Durham, J. Wesley (Clara) 1 ch farmer O 179a 1h R7 Napoleon Nap 51 Ind tel.
Durham, O. E. 1 ch farmer T 200a 7h 8c R3 Napoleon Flrk 45 Ind tel.
DURHAM, STEPHEN (Callie) 1 ch farmer T 160a 10h 17c R1 Okolona Nap 43 Ind tel.
Durham, Theo. M. (Rosa) 6 ch laborer O 3a 1h R2 Napoleon Nap 99 Ind tel.
Durham, W. W. (Hattie) 4 ch farmer & teamster T H&L 2h 2c R6 Napoleon Har 37 Ind tel.
Durringer, Levi 7 ch ret O 15a R3 Deshler Bar 34.
Early, M. J. farmer RD Deshler Bar.
EARLY, WM. (Iva) 1 ch farmer T 40a 3h 1c R2 Deshler Bar 76.
Earp, J. F. (Elizabeth) 2 ch physician O H&L Holgate Ple Ind tel.
EATON, JAMES (Sylvia) 8 ch laborer T H&L Grelton Mon 98.
Eaton, Ralph (son James) laborer bds 1h Grelton Mon 98.
Eaton, Ray (son James) laborer bds Grelton Mon 98.
Eavers, Seldon (Lottie C.) 1 ch farmer T 53a 2h R1 McClure Rhfd 68 Ind tel.
Eberle, Andrew (Elizabeth) ret O 60a 1h R1 Holgate Flrk 88 Ind tel.
Eberle, Clement (son John) farm hand bds R1 Holgate Mon 26 B & Ind tels.
Eberle, C. M. (Emma) 1 ch farming O 80a 3h 5c R1 Holgate Mon 14 Ind tel.
Eberle, Eva (dau Geo.) house maid Holgate Ple.
Eberle, George (Kate) 2 ch laborer T H&L Holgate Ple.
EBERLE, HENRY (Emelia) 3 ch farmer O 130a 2h 6c R7 Napoleon Flrk 25 Ind tel.
Eberle, John (Rebecca) 4 ch farming O 60a 3h 4c R1 Holgate Mon 26 Ind tel.
Eberle, Milton C. (son Henry) 2h R7 Napoleon Flrk 25.
Eberle, R. W. Holgate Ple.
EBERLE, WM. A. (Lydia) 1 ch farmer T 80a 5h 3c R1 Holgate Flrk 88 Ind tel.
EDDY, H. A. (Rachel) 4 ch farmer O 25a 3h 3c R1 Liberty Center Lib 93 Ind tel.
Edgar, Charles (Sarah) 1 ch farmer O 13a 3h 2c R2 Napoleon Lib 9.
EDGAR, WILLIAM (Nettie M.) farmer O 19a 1h 1c N Main St Liberty Center Lib Ind tel.

FARMERS' DIRECTORY

Edger, Geo. (Alice) 4 ch O 40a 1h 3c R10 Napoleon Lib 32.

Eding, J. A. (Margaret) 4 ch farmer O 110a 3h 5c R2 New Bavaria Ple 49 Ind tel.

EDINGTON, FRANK 2 ch laborer R1 Hamler Mar 46.

EDINGTON, GERTRUDE (dau Herbert) clerk R2 Napoleon Nap 102.

EDINGTON, HERBERT H. (Anna) 7 ch farmer T H&L R2 Napoleon Nap 102 Ind tel.

Edington, Sarah ret R1 Hamler Mar 46.

EDWARDS, B. J. (Zella) 2 ch dentist T Damascus St Liberty Center Ind tel.

Edwards, Mrs. Emma housekeeper bds R6 Napoleon Dms 32 Ind tel.

Edwards, George (Mary) ret T H&L 1h Holgate Ple Ind tel.

EDWARDS, GRANT (May) 6 ch farmer T 221a 7h 10c R2 Liberty Center Wash 96 Ind tel.

EDWARDS, HARRY (Pearl E.) 1 ch laborer T H&L Cherry St Liberty Center.

Edwards, James farmer T 60a R10 Napoleon Lib 30 Ind tel.

Edwards, L. M. (Kate) hay & straw bailer O H&L 4h Holgate Ple Ind tel.

Edwards, Peter 2 ch horse trainer bds Holgate Ple.

Edwards, Proviance farmer bds R2 Liberty Center Wash 96 Ind tel.

Edwards, S. W. (Nettie) mason O H&L Hamler.

Edwards, Dr. Wm. Henry (Emma) 1 ch dentist T H&L RD Napoleon Har 5 B tel.

Egbert, Allen (Orpha) 1 ch farming O 80a 5h 4c R1 Deshler Bar 84 Ind tel.

Egbert, Orpha farmer RD Deshler Bar.

Egbert, S. A. farmer RD Deshler Bar.

Eger, E. M. (Mary) 3 ch general store O H&L Pleasant Bend Ple Ind tel.

Eggelbrecht, Elsie 6 ch ret lives with Henry Schwiebert R3 Deshler Rich 53 Ind tel.

EGGERS, C. L. (Amelia) 2 ch farmer O 160a 7h 12c R9 Napoleon Fre 15 Ind tel.

Ehlen, Joe (Margaret) 2 ch farming O 40a 1h 1c R1 Custar Rhfd 96 B tel.

EHLERS, FRED (Anna) 4 ch farming O 80a 5h 6c R1 Hamler Mar 81 Ind tel.

Ehlers, Frederick farm laborer 1h R1 Hamler Mar 81 Ind tel.

Ehlers, William (son Fred) farm laborer R1 Hamler Mar 81 Ind tel.

Eicher, Ben (Louisa) 6 ch farmer & thresher O 40a 4h 9c R4 Napoleon Rid 49 Ind tel.

Eicher, John E. (Ida) 7 ch farmer O 40a 3h 4c R4 Napoleon Rid 74 Ind tel.

Eicher, Wm. B. (son John E.) farmer bds R4 Napoleon Rid 74 Ind tel.

Eicher, W. J. farmer RD Napoleon Lib.

Eichner, Ernest (Martha) 4 ch farmer O 40a 1h 2c R1 Colton Wash 58.

Eichner, George (Mary M.) 1 ch farmer O 80a 3h 20c R1 Colton Wash 50 Ind tel.

Eichner, William (Emma) 2 ch farmer O 49a 5h 3c R10 Napoleon Lib 7.

Eickhoff, Anna (dau Henry) housekeeper R2 Hamler Mon 82 Ind tel.

EICKHOFF, CHARLEY (Emma) laborer 2c R2 Hamler Mar 67.

Eickhoff, Ferdinand (son Henry) farm hand Hamler Mar Ind tel.

Eickhoff, Fred W. (Mary) 2 ch laborer Hamler Mar.

EICKHOFF, GEO. (Matilda) 2 ch farmer O 39a 2h 2c R2 Hamler Mar 68.

EICKHOFF, HENRY (Mary) 8 ch ret O 120a 6h 13c Hamler Mar Ind tel.

EICKHOFF, HENRY F. (Emma) 3 ch restaurant O H&L Hamler Mar.

Eickhoff, John (son Henry) farmer T 120a R2 Hamler Mon 82 Ind tel.

EICKMEIER, ALVA L. (Florence) farming T 200a 10h 15c R1 McClure Rhfd 46 Ind tel.

Eiden, Frank farmer O 60a 1h R1 New Bavaria Ple 88 Ind tel.

EIDEN, IGNATIUS (Veronica) 2 ch farmer O 82a 3h 2c R1 New Bavaria Ple 88 Ind tel.

EIDEN, PETER farmer O 60a 4h R1 New Bavaria Ple 88 Ind tel.

EIS, CALVIN A. (Frieda) 7 ch farmer O 160a 14h 8c R3 Holgate Flrk 56 Ind tel.

EIS, CHAS. E. (Phoebe) 2 ch farmer T H&L Florida Flrk.

EIS, FRED (Maud) 3 ch section foreman O ½a H&L R2 Holgate Flrk 13.

Eis, Harry (son Wm.) R3 Holgate Flrk 20.

Eis, Jacob (Mary S.) ret O 81a 4h 2c R3 Napoleon Flrk 26 Ind tel.

Eis, Martin E. (son Wm.) engineer at Stanley Elevator R3 Holgate Flrk 20.

Eis, WM. (Elizabeth) 2 ch farmer O 80a 3h 5c R3 Holgate Flrk 20 Ind tel.

Eisaman, Ada housekeeper R2 Malinta Mon 40 Ind tel.

Eisaman, Austin (son F. M.) student bds R8 Napoleon Har 34 Ind tel.

EISAMAN, F. M. (Louisa) 3 ch farmer O 95a 4h 7c R8 Napoleon Har 34 Ind tel.

EISAMAN, H. M. (Ellen) farmer O 100a 3h 1c R3 Deshler Bar 48 Ind tel.
EISAMAN, J. S. (Cora) 6 ch farmer O 60a 6h 7c R8 Napoleon Mon 39 Ind tel.
EISAMAN, N. S. farmer O 84a 3h 6c R2 Malinta Mon 40 Ind tel.
Eisaman, Orland (son J. S.) farm hand bds R8 Napoleon Mon 39 Ind tel.
Eisaman, Vilas (son J. S.) laborer 1h bds R8 Napoleon Mon 39 Ind tel.
EISAMAN, W. C. (Ella) 4 ch farmer O 80a 7h 5c R3 Deshler Bar 32.
Eitzman, Clara (dau Henry) bds R3 Holgate Flrk 55 Ind tel.
Eitzman, Fred (son Henry) laborer 1h bds R3 Holgate Flrk 55 Ind tel.
Eitzman, Henry (Anna) 4 ch farmer O 60a 5h 7c R3 Holgate Flrk 55 Ind tel.
Eitzman, Winnie (dau Henry) bds R3 Holgate Flrk 55 Ind tel.
Eitzman, Wm. carpenter & cement worker O 60a R3 Holgate Flrk 55 Ind tel.
Eitzman, Wm. farmer Holgate Flrk.
Elarton, C. B. (Ettie) 3 ch farmer O 80a 3h 5c R2 Napoleon Lib 16 Ind tel.
Elarton, C. R. (Lena) 2 ch farmer T 80a 3h 7c R10 Napoleon Lib 11 Ind tel.
Elarton, Geo. S. farmer RD Napoleon Lib.
Elarton, John W. 1 ch farmer O 80a bds R10 Napoleon Lib 11 Ind tel.
Elarton, Rollin farmer RD Napoleon Lib.
ELCHINGER, GEO. (Ida) 1 ch farmer T 70a 3h 1c R1 New Bavaria Mar 18.
Elchinger, Joseph farming O 190a 3h 4c R1 New Bavaria Mar 18 Ind tel.
Elchinger, Wm. (son Jos.) farmer T 2h R1 New Bavaria Mar 18.
Elder, G. A. (B. R.) 1 ch telegraph operator T H&L Holgate Ple.
Elling, Henry (son Fred) laborer works for Adolph Mahnke 1h R7 Napoleon Fre 42.
Elling, Herman (Helen) 2 ch farmer T 60a 3h 2c R9 Napoleon Fre 53 Ind tel.
Ellinwood, G. W. (Emma) 4 ch farmer T 98a R3 Liberty Center Lib 62 Ind tel.
Ellis, Lucinda 6 ch farming O 40a 1h 1c R3 McClure Rhfd 35 Ind tel.
ELLSWORTH, FRANK (Katie) 1 ch farmer O 85a 7h 5c R2 Liberty Center Wash 44 Ind tel.
Ellsworth, H. H. (Samantha) 3 ch farmer O 40a 9h 5c R2 Deshler Rhfd 94.
ELLSWORTH, W. H. (Lola) 2 ch superintendent of schools O H&L Hamler Ind tel.

Ellsworth, W. W. (Leah) 3 ch ret O 40a R2 Deshler Rhfd 94.
Elpers, Wayne (son William) care of Dorothy Behrmann R2 Napoleon Fre 44.
Emahiser, Charles G. (Myra A.) 2 ch farmer O 44a 1h 8c Colton Wash.
Emahiser, C. B. farmer RD Deshler Bar.
EMAHISER, E. L. (Pearl) 1 ch restaurant & confectionery T store & rooms Malinta Mon Ind tel.
Emahiser, Peter 11 ch farmer O 100a R1 Colton Wash 35 Ind tel.
Emahiser, Sarah R1 Colton Wash 35 Ind tel.
Emahiser, Zene L. (Nettie) 2 ch farmer O 40a 3h 5c R1 Colton Wash 46 Ind tel.
Emery, Mrs. A. C. ret O 40a H&L Grelton Har 76 Ind tel.
EMERY, DORR C. (Anna) farmer O 23a 3h 11c R1 Napoleon Dms 14 Ind tel.
EMERY, ELIZABETH ret O 10a 1h R1 Napoleon Har 60 Ind tel.
Emery, Eva M. ret O 310a H&L 1c Grelton Har 76 Ind tel.
Emery, J. A. (Mary E.) 4 ch janitor at school house O H&L Ridgeville Corners Rid 64 Ind tel.
Emery, T. B. farmer RD Napoleon Har.
Emery, Wm. 5 ch laborer T H&L R2 Malinta Mon 47 Ind tel.
Emery, Zuleita (dau Elizabeth) O 10a R1 Napoleon Har 60 Ind tel.
Emmel, Henry H. (Frances) farmer O 38a 3h 6c R2 Liberty Center Wash 21 Ind tel.
EMMEL, WM. H. (Dora) 5 ch farmer T 80a 7h 6c R1 Okolona Nap 45 Ind tel.
Engel, Arthur (son J. J.) farmer bds R3 New Bavaria Ple 38.
Engel, Charles (Katie) 4 ch farmer O 80a 4h 7c R2 Holgate Flrk 37 Ind tel.
Engel, Clarence (son J. J.) farmer bds R3 New Bavaria Ple 38.
Engel, Clifford (son John H.) laborer R2 Holgate Flrk 13.
ENGEL, HARRISON C. (Emma) 4 ch farmer O 69a 3h 3c R3 Holgate Flrk 9 Ind tel.
Engel, Henry farmer O 80a 2h Holgate Ple.
Engel, Henry farmer O 80a 2h R2 Deshler Rhfd 90.
ENGEL, JOHN H. (Ida) 6 ch general merchandise O H&L 2h R2 Holgate Flrk 13. See adv.
Engel, J. J. (Maria) 1 ch farmer O 147½a 10h 16c R3 New Bavaria Ple 38 Ind tel.

FARMERS' DIRECTORY

Engel, Wm. H. (son John H.) laborer R2 Holgate Flrk 13.
ENGELMANN, PAUL A. (Elizabeth) 3 ch farmer T 60a 4h 6c R1 Holgate Flrk 88 Ind tel.
ENGLE, JAMES O. (Alfaretta E.) hotel East St & Railroad Ave Liberty Center Lib B tel.
ENGLE, JAMES W., JR. Box 115 McClure.
ENGLER, A. E. (Ida) 9 ch farmer T H&L 3h R2 Malinta Mon 47.
ENGLER, FRANK D. (son John) farmer 1h bds R8 Napoleon Flrk 85.
Engler, F. E. (C. A.) farm laborer T H R3 Deshler Rhfd 18 Ind tel.
Engler, F. W. (Martha K.) 3 ch farmer O 80a 14h 15c R3 McClure Dms 55 Ind tel.
Engler, John (Katharine) 7 ch farmer T 160a 6h 6c R8 Napoleon Flrk 85 Ind tel.
Engler, Margaret A. (dau John) R8 Napoleon Flrk 85.
Engler, Roy (son A. E.) telegraph operator bds R2 Malinta Mon 47 Ind tel.
Enman, Julia Liberty Center Wash.
ENNES, L. G., M.D. physician O H&L Maple Ave Liberty Center Lib Ind tel.
Ensman, Bertha (dau Emil) R1 New Bavaria Mar 20.
Ensman, Emil (Rosily) 4 ch farming O 40a 5h 6c R1 New Bavaria Mar 20.
Ensman, Fred farming 1h R1 New Bavaria Mar 20.
Ensman, John (son Emil) laborer R1 New Bavaria Mar 20.
Erbskorn, Jacob (Ethel) 1 ch farmer T 76a 3h 6c R5 Wauseon Fre 21 Ind tel.
ERFORD, ALVIN (Effie) 3 ch farmer O 240a 9h 5c R1 Hamler Mar 105 Ind tel.
Erford, Earl (Mary) 1 ch farming T 120a 5h 1c R1 McClure Rhfd 79 Ind tel.
Erford, Harry Francis (son N.) laborer R1 Hamler Mar 61.
Erford, John (son N.) farmer T 40a R1 Hamler Mar 61.
Erford, Maud E. (dau N.) R1 Hamler Mar 61.
ERFORD, NICHOLAS 2 ch farming O 120a 4h 12c R1 Hamler Mar 61.
Erford, Viola A. (dau N.) R1 Hamler Mar 61.
Erford, Wm. G. (son N.) farming R1 Hamler Mar 61.
Ernst, A. W. (Amelia) 1 ch farmer O 50a 2h 6c Ridgeville Corners Rid 56.
Ernst, Benjamin (Barbara) 6 ch ret O 80a H&L 1h Ridgeville Corners Rid 56 Ind tel.
Ernst, E. L. (Hatie) 6 ch farmer O 80a 4h 6c R3 Liberty Center Lib 46 Ind tel.

The Same Row of Trees in Blossom and in Fruit.

HENRY COUNTY

ERNST, GEO. (Guilah) 1 ch farmer O 39a 3h 5c R3 Liberty Center Lib 59 Ind tel.
ERNST, O. B. (Fannie) 5 ch farmer T 80a 5h 8c R10 Napoleon Lib 33 Ind tel.
Errett, H. R. farmer T 80a R1 Holgate Mon 50.
Errett, Wm. 1 ch farmer 80a 8h 1c R1 Holgate Mon 50.
Etchen, John laborer R1 New Baltimore Mar 21.
Ethell, O. R. farmer 1h bds R2 Grand Rapids Wash 80.
Ethell, R. O. (Rachel V.) 7 ch farmer T 60a 2h R2 Grand Rapids Wash 80.
Evans, G. W. (Catharine) laborer O H &L 1h R2 Liberty Center Wash.
Evans, Margaret 2 ch seamstress O H &L Holgate Ple.
Evens, Even (Elizabeth) laborer O Holgate Ple.
Everett, C. C. (Lillie) 4 ch stave & barrel mill T 4h Holgate Ple Ind tel.
Everett, Mabel (dau C. C.) milliner Holgate Ple.
Everett, Jane ret Grelton Mon 100.
Eversole, E. E. farmer Liberty Center Wash.
EVERSOLE, J. E. (Jessie L.) 1 ch farmer T 50a 3h 6c Liberty Center Wash 14 Ind tel.
EVERSOLE, JEROME W. (Hazel A.) 2 ch hardware O H&L Maple Ave Liberty Center.
Faber, Ben 3 ch ret bds with Paul Petersen R3 Deshler Bar 38 Ind tel.
Faber, Frank (son John) farming T 160a R2 New Bavaria Ple 56 Ind tel.
Faber, John (Mary) farmer O 160a 6h 5c R2 New Bavaria Ple 56 Ind tel.
Faber, Peat ret bds New Bavaria Ple 56.
Fackler, A. J. (Nora E.) 7 ch farming T 160a 5h 3c R1 Hamler Mar 60 Ind tel.
Fackler, Isaac F. (Mary) 8 ch laborer T H&L Malinta Mon Ind tel.
Fackler, Jay laborer bds R1 Hamler Bar 13 Ind tel.
Fackler, Joseph (Emma) laborer O 5a 1c Hamler.
Fackler, Martha O 18a Hamler.
Fackler, William (Ellen) 5 ch laborer Hamler.
Faeth, Chas. V. (son Geo.) laborer Holgate Ple.
Faeth, George (Mary) ret Holgate Ple.
FAETH, PHILLIP (Katie) 4 ch farmer O 138a 3h 8c R1 Colton Wash 63 Ind tel.

Fahrer, Albert (son Lewis) farm hand R8 Napoleon Mon 23 Ind tel.
Fahrer, Lewis (Tillie) 2 ch farmer O 60a 6h 2c R8 Napoleon Mon 23 Ind tel.
Fahringer, Cyrus (Almeda) 3 ch farmer O 54a 6h 7c R2 Napoleon Nap 99 Ind tel.
Fahringer, Geo. (Alice) ret O 160a H &L Mill St Liberty Center.
Fahringer, Irma bds Mill St Liberty Center Lib.
FAHRINGER, JAMES (Mary) 3 ch farmer O 80a 6h 6c R1 Liberty Center Lib 54 Ind tel.
FAIRBANK, MRS. SADIE R2 Deshler.
Fairbanks, Oliver (Nareissus) 1 ch ret O 2a H R2 Deshler Bar 99.
Fairchild, E. L. (Deborah) 2 ch farmer O 40a 3h 4c R1 Hamler Bar 10 Ind tel.
Fairchild, E. O. RD Deshler Bar.
Fairchild, Viola (dau E. L.) school teacher bds R1 Hamler Bar 10 Ind tel.
Farison, Bertha (dau Chas. V.) R3 Napoleon Flrk 81.
Farison, Bess (dau Etta) R3 Napoleon Flrk 78.
Farison, Carl W. (son Samuel P.) farmer R3 Napoleon Flrk 81.
Farison, Mrs. Catharine 3 ch farmer O 80a 1h 3c R2 McClure Dms 98 Ind tel.
Farison, Chas. H. (son Etta) thresher R3 Napoleon Flrk 78.
FARISON, CHAS. V. (Caroline) 2 ch farmer O 30a 2h 12c R3 Napoleon Flrk 81 Ind tel.
FARISON, ETTA (wid Wm. H.) 6 ch farming O 110a 2h 12c R3 Napoleon Flrk 78 Ind tel.
Farison, Mrs. G. H. McClure Dms.
FARISON, MRS. J. A. R2 McClure.
Farison, Richard O. (son Etta) student R3 Napoleon Flrk 78.
FARISON, SAMUEL P. (Amanda) 2 ch farmer O 90a 4h 12c R3 Napoleon Flrk 81 Ind tel.
Farison, W. Earl (son Etta) thresher 1h R3 Napoleon Flrk 78.
Farquharson, Andrew (Anna) 1 ch farming T 40a 2h 2c R2 Deshler Bar 96 Ind tel.
Farquharson, John RD Deshler Bar.
Farquharson, Robt. RD Deshler Bar.
Farrison, J. R. (Jennie) 4 ch farmer O 120a 5h 6c R1 Malinta Rhfd 7 Ind tel.
Farrison, Mrs. W. H. RD Napoleon Flrk.
Fasnaugh, Barney (Janette) 6 ch laborer T H&L 1h 1c R2 Liberty Center Wash Texas.

FARMERS' DIRECTORY

FASNAUGH, NOAH (Myrtle) 3 ch farm hand T H 1h R2 Deshler Rhfd 92 B tel.
Fasnaugh, Wesley McClure Dms.
Fast, Charles S. (Nellie G.) groceries O Holgate Ple Ind tel.
Fast, Harry C. (Bertha) 2 ch farmer O 80a 4h 10c R1 Napoleon Har 17 Ind tel.
Fast, James (Clara) 1 ch clerk in clothing store O H&L Holgate Ple Ind tel.
Fast, Rosa Holgate Ple.
Fate, Pearl (wid Harry) (dau Chas. E. Gunn) 1 ch 1a R7 Napoleon Nap 52½.
Faucher, Grace RD Deshler Bar..
Fausnaugh, A. F. (May) 1 ch farmer T 80a 4h 5c R2 McClure Dms 101 Ind tel.
Fausnaugh, Ed. farmer McClure Dms.
Faust, H. S. RD Napoleon Nap.
Fauver, A. V. (Lizzie) 2 ch barber & farmer O 21a H&L Ridgeville Corners Rid 62½.
Fawcett, J. W. (Eva) 1 ch printer T H &L Holgate Ple.
Fawley, Clarence (son D. A.) farm hand R1 McClure Rhfd 41 Ind tel.
FAWLEY, D. A. (Emma) 4 ch farming O 122a 5h 20c R1 McClure Rhfd 41 Ind tel.
Fawley, Hattie (dau D. A.) housekeeper R1 McClure Rhfd 41 Ind tel.
Fawley, Sadie (dau D. A.) housekeeper R1 McClure Rhfd 41 Ind tel.
FAWLEY, S. A. (Lena) 3 ch farming T H 1h 2c R1 McClure Rhfd 41.
Fayram, Henry RD Deshler Bar.
Feath, Philip farmer Colton Wash.
FEEHAN, JAMES (Mary A.) 6 ch farmer O 240a 9h 6c R2 Holgate Ple 2 Ind tel.
Feehan, Lawrence B. (Anna) 4 ch farmer O 240a 12h 12c R4 Deshler Bar 51 B tel.
Feeney, Michael (Gertrude) 2 ch farmer & teamster T 25a 1h 2c R6 Napoleon Har 66 Ind tel.
Feltman, Wm. livery and auto livery T H&L 1h Holgate Ple Ind tel.
Fenstermaker, D. A. (Emma E.) 2 ch farmer O 80a 6h 8c R2 Deshler Rhfd 91 Ind tel.
Fenstermaker, E. D. (Addie) 10 ch farming O 60a 3h 4c R1 Custar Rhfd 81 Ind tel.
Fenstermaker, Gertrude (dau E. D.) R1 Custar Rhfd 81 Ind tel.

Fenstermaker, S. T. (Margaret Elizabeth) 5 ch farmer T 160a 8h 5c R4 Deshler Bar 29 Ind tel.
Fenter, Barney (Leah) 1 ch farmer O 160a 4h 2c R3 New Bavaria Ple 40 Ind tel.
Fenter, Charles (Emma) 1 ch farming O 180a 4h 4c New Bavaria Ple 61 Ind tel.
Fenter, Conrad (Della) 2 ch farmer O 106 2-3a 3h 5c R2 New Bavaria Ple 27 Ind tel.
Fenter, Esther (dau John A.) bds R3 New Bavaria Ple 40 Ind tel.
Fenter, John A. (Mary) farmer O 160a 1h 6c R3 New Bavaria Ple 40 Ind tel.
Fenter, John H. (Luella) 1 ch farming T 80a 4h 3c R2 Holgate Ple 36 Ind tel.
Fenter, Mike (Louisa) 3 ch farmer O 54a 2h 4c R3 New Bavaria Ple 28 Ind tel.
Ferguson, E. Ray (son Francis A.) hay baler R7 Napoleon Nap 71.
FERGUSON, E. R. (Mary) barber O H&L 1h Malinta Mon.
Ferguson, Floyd A. (Bertha) 1 ch farmer R7 Napoleon Nap 71.
FERGUSON, FRANCIS A. (Louisa) 1 ch farmer T 100a 3h 6c R7 Napoleon Nap 71 Ind tel.
Ferguson, Gale farmer O bds Maple St Liberty Center Lib Ind tel.
FERGUSON, MRS. LUCY Liberty Center.
Ferguson, L. A. (Martha) bartender T H&L R2 Malinta Mon 47 Ind tel.
Ferrell, Sam (Tunie) 3 ch farmer T 60a 4h 6c R1 Belmore Bar 24 Ind tel.
Fether, Andrew (Ida) farmer T 60a 5h 6c R9 Archbold Rid 53 Ind tel.
Fether, Anna 4 ch ret O 60a R9 Archbold Rid 53 Ind tel.
Fether, Calista (dau Anna) R9 Archbold Rid 53 Ind tel.
Fether, C. M. (Mary) 2 ch farmer T 80a 5h 4c R9 Archbold Rid 54 Ind tel.
FETTER, ERWIN M. (Ida) 2 ch T 5h 2c R7 Napoleon Nap 48 Ind tel.
FETTER, GEO. A. (Lillian) 1 ch farmer T H&L 2h 1c R7 Napoleon Nap.
Fetter, Harry (son John) farmer R7 Napoleon Nap 48.
FETTER, JOHN (Elizabeth) 2 ch farmer O 74a 5h 5c R7 Napoleon Nap 48 Ind tel.
Fetter, Wm. (Mary) 7 ch farming O 80a 3h 6c R3 Deshler Mon 86 Ind tel.
Fetterman, Alonzo (Cora) 1 ch grain buyer O 60a S Main St Liberty Center Lib.

FETTERMAN, D. F. (Elvina H.) 2 ch farmer O 80a 4h 9c R3 Liberty Center Lib 46 Ind tel.
Fickel, J. W. (Amanda) 2 ch farmer O 40a 2h 1c R1 McClure Rhfd 46 Ind tel.
FIGY, CHAS. (Adeline) farmer & milk route T 80a 6h 9c R4 Napoleon Nap 59 Ind tel.
Filling, Carrie farmer R8 Napoleon Nap.
Fillings, Clara R8 Napoleon Nap 94.
Fillings, Fred farmer R8 Napoleon Nap 94.
Fillings, Henry farmer R8 Napoleon Nap 94 Ind tel.
Fillings, L. farmer R8 Napoleon Nap 94.
Fillings, Mary R8 Napoleon Nap 94.
Fillings, William farmer R8 Napoleon Nap 94.
FINERTY, JOE (Vera) 2 ch horse & auto Livery O H&L 5h Holgate Ple Ind tel.
Finkenbiner, Ray laborer bds R2 Malinta Mon 41 Ind tel.
FINKS, A. J. (Grace) groceries O H&L Malinta Mon Ind tel.
Finks, Celestia RD Napoleon Har.
Finks, Ervin T. (Caroline) 4 ch farmer T 137a 7h 8c R7 Napoleon Nap 69 Ind tel.
FINKS, FRANCIS N. (Myrtle) 10 ch T H&L McClure Dms Ind tel.
Finks, Grace Packard Malinta Mon.
Finks, Ruth H. (dau Ervin T.) teacher bds R9 Napoleon Nap 69.
FINKS, T. M. (Celesta A.) 5 ch farmer O 60a 2h 2c R6 Napoleon Har 65 Ind tel.
Finter, Emma (dau Wm.) housekeeper R3 Deshler Bar 68 Ind tel.
Finter, Wm. (Mary) 11 ch farmer O 120a 3h 9c R3 Deshler Bar 68 Ind tel.
Firestine, M. M. (Bessie) 2 ch farmer T 40a 6h 5c R1 Belmore Bar 24 Ind tel.
FISCHER, JOHN farmer O 205a 10h 20c R7 Napoleon Nap 53 Ind tel.
Fischer, Joseph F. laborer R7 Napoleon Nap 53.
Fischer, Veronica R7 Napoleon Nap 53.
FISCHER, WILLIAM (Nettie) 6 ch farmer T 40a 2h 3c R3 Liberty Center Lib 35.
FISER, BEN S. (Margarite) farmer O 80a 4h 11c R1 Napoleon Har 17 Ind tel.
Fiser, Bruce farmer RD Napoleon Dms.
FISER, B. E. (Eva) 3 ch farmer T 80a 4h 4c R3 McClure Dms 117 Ind tel.
Fiser, C. M. (Esther) grocery clerk O H&L Sumit & Main St McClure Ind tel.
Fiser, Fama student bds Sumit & Main Sts McClure Ind tel.
Fiser, Flosie L. bds R1 Napoleon Dms 13 Ind tel.
Fiser, James W. (Margaret A.) farmer O 80a 4h 7c R1 Napoleon Dms 13 Ind tel.
Fiser, John W. farmer O 40a R1 Napoleon Har 17 Ind tel.
Fiser, J. Donald (son J. H.) student Malinta Mon Ind tel.
Fiser, J. B. (Elsie) 2 ch farmer T 20a 1h 3c R1 Napoleon Dms 11 Ind tel.
Fiser, Dr. J. H. (Irene W.) 2 ch O H&L Malinta Mon Ind tel.
Fiser, J. W. farmer RD Napoleon Dms.
Fiser, Lena C. teacher bds Sumit & Main Sts McClure Ind tel.
Fiser, Winifred (dau J. H.) student Malinta Mon Ind tel.
FISH, A. M. (Mary S.) 4 ch merchant O 158a store & H&L Colton Wash Ind tel.
Fish, Ida T H&L Colton Wash.
Fish, Joe (Hattie) farmer O 10a R3 Grand Rapids Wash 86.
Fisher, Belle (dau W. G.) school teacher R10 Archbold Rid 16 Ind tel.
Fisher, Caroline house maid O H&L Holgate Ple.
FISHER, CHAS. W. breeder of reg Percheron horses O 80a 7h R3 Napoleon Flrk 81 Ind tel.
Fisher, Mrs. Estella 4 ch T H&L Maple Ave Liberty Center.
Fisher, Geo. W. (Elizabeth) 1 ch farmer T 80a 5h 3c R3 Napoleon Flrk 81.
Fisher, Hazel (dau W. G.) school teacher R10 Archbold Rid 16 Ind tel.
Fisher, Jacob (Mary E.) 2 ch farmer T 40a 3h R3 Liberty Center Lib 64.
FISHER, LAURA (dau Caroline) post office clerk O H&L Holgate Ple.
FISHER, MARTIN (Bertha) 4 ch barber O H&L Hamler Mar Ind tel.
Fisher, Milton (Mary) farming & thresher O 40a 3h 3c R2 Belmore Bar 80 Ind tel.
Fisher, M. J. (Eliza) 7 ch farmer O 11a 1h 2c Grelton Dms 21 Ind tel.
Fisher, Mrs. Nettie farmer Liberty Center Lib.
Fisher, Wm. L. (Caroline) minister O H&L R9 Napoleon Fre 43 Ind tel.
Fisher, W. G. (Hannah) 5 ch farmer O 40a 1h 1c R10 Archbold Rid 16 Ind tel.
FISTER, GEO. W. (Maude) farming T 80a 3h 4c R1 McClure Rhfd 66 Ind tel.
Fitch, Frank farmer McClure Dms.
Fitzenreiter, Harmon (Bertha) 1 ch farmer T 80a R10 Napoleon Lib 24 Ind tel.

FARMERS' DIRECTORY

Fitzenreiter, John farmer R3 Deshler Bar 37.
FITZENREITS, B. R10 Napoleon.
Flagg, C. G. Liberty Center Lib.
Fleming, J. Thomas Florida Flrk.
Flick, A. (Susan) 3 ch farmer O 10a R6 Napoleon Har 9.
Flick, L. D. (son A.) farm laborer R6 Napoleon Har 9.
FLICKINGER, HENRY J. (Ida) 3 ch farmer T 80a 3h 6c R3 Liberty Center Lib 35 Ind tel.
Flickinger, Lewis (Ida) livery O H&L 1h Holgate Ple. Ind tel.
Flitod, Mrs. Sophia F. 2 ch ret O 40a H&L Ridgeville Corners Rid 57 Ind tel.
Flogus, John (Emma) 1 ch farmer T 85a 3h 5c R7 Napoleon Nap 53 Ind tel.
Flory, Andrew (Mary) 5 ch farmer T 220a 6h 13c R7 Napoleon Nap 52.
Flory, Dolor (son Andrew) laborer R7 Napoleon Nap 52.
FLORY, JESSE W. (Eva) 2 ch hardware & farm implements O H&L R2 Holgate Flrk 13 Ind tel. See adv.
Flory, Urban (son Andrew) laborer R7 Napoleon Nap 52.
Flowers, Alban J. (son J. H.) farmer Holgate Mar 25 Ind tel.
Flowers, Frank A. farmer RD Deshler Bar.
Flowers, John A. (son J. A.) farmer O 40a R1 Holgate Mar 25 Ind tel.
FLOWERS, J. H. (Mary Anna) farmer O 107a 5h 6c R1 Holgate Mar 25 Ind tel.
Flowers, Wm. J. (son J. H.) farmer O 40a 2h R1 Holgate Mar 25 Ind tel.
Follett, Emma J. farmer RD Napoleon Lib.
Foltz, Clem machinist McClure Dms 74.
Foltz, David, Sr. (E. A.) ret farmer O 45a 1h R3 McClure Dms 15 Ind tel.
Foltz, D. 2 ch O 1a R2 McClure Dms 100.
Foltz, F. E. (Alice) 1 ch barber T H&L McClure Dms 74.
Foltz, Miss Marie student McClure Dms 74.
FOLTZ, MRS. O. H. R1 Deshler.
FOLTZ, S. S. farmer T 45a 2h 1c R3 bds McClure Dms 15 Ind tel.
FONCANON, G. U. (Harriet) druggtsi O H&L Maple Ave Liberty Center Lib Ind tel.
Foncannon, H. H. Liberty Center Lib.
Foor, A. S. (Maggie) 7 ch laborer T 1a 1h R2 Grand Rapids Wash 78 Ind tel.
Foor, Grover (Addie) 4 ch laborer T 1a Colton Wash 77 Ind tel.
Foor, Harrison F. (son W. C.) farm hand bds R8 Malinta Mon 19 Ind tel.
FOOR, ROLLIE (Martha) 3 ch general store T H&L store room R2 Malinta Mon 47 Ind tel.
Foor, W. C. (Mary K. 4 ch farmer O 87a 4h 7c R8 Napoleon Mon 19 Ind tel.
FOOTE, BEN laborer bds R2 Grand Rapids Wash 86.
Foote, George H. bds R2 Grand Ropids Wash 86.
Foote, Henrietta B. bds R2 Grand Rapids Wash 86.
Foote, Mary A. T 1a R2 Grand Rapids Wash 86.
FOREMAN, JOHN (Nora J.) 5 ch farmer O 40a 3h 2c R1 Colton Wash 35.
Foreman, Nellie Jeanette R1 Colton Wash 35.
Fortney, Alta M. McClure Dms.
Fortune, Joseph farmer Hamler Mar.
FOSNOW, H. W. (Olive) farmer T 290a 1c R2 Deshler Bar 101 B tel.
Fosnow, Julius RD Deshler Bar.
Foster, Frank (Eva) 3 ch jaintor T H&L Holgate Ple.
Foster, F. A. (Elizabeth) 3 ch manager Elery Grain Elevator T H&L R2 Malinta Mon 47 Ind tel.
Foster, G. L. (Mary) laborer O H&L 2h Holgate Ple.
Foust, Mrs. Mary 4 ch ret bds H. A. Bushong R1 Deshler Bar 88 B tel.
Foust, T. M. farmer RD Deshler Bar.
Fouts, Chas. J. (son S. A.) chauffeur R2 Deshler Bar 73.
Fouts, S. A. (Clara) 10 ch farm laborer T H R2 Deshler Bar 73.
FOX, FRED farmer O 99a 3h 2c R3 New Bavaria Ple 23 Ind tel.
FOX, HARRY E. (Grace M.) 1 ch agent T H&L Holgate Ple Ind tel.
Fox, Harvey A. (Lillian) 2 ch farming T 99a 4h 2c R3 New Bavaria Ple 23 Ind tel.
Fox, J. W. Hamler Mar.
Fox, Sarah E. (dau Fred) bds R3 New Bavaria Ple 23 Ind tel.
Fraker, Arthur (son of J. H.) farming T 99a 2h Pleasant Bend Ple 57 Ind tel.
Fraker, John H. (Henrietta) ret O 296a 1h 5c Pleasant Bend Ple 57 Ind tel.
Francis, Eli farmer McClure Dms.
Frank, Geo. (Dora) 4 ch farmer T 100a 3h 3c R2 New Bavaria Ple 8.

FRANK, JOHN H. (Minnie) farmer O 100a 1h 2c R2 New Bavaria Ple 8 Ind tel.
Frank, John W. (Amanda) 2 ch ret O 1 1-20a 1h 1c R8 Napoleon Har 34.
Frank, Lillie (dau John H.) bds R2 New Bavaria Ple 8 Ind tel.
Frank, Philip (Rosa) laborer T H&L 1h 1c R7 Napoleon Fre 42.
FRANKFATHER, E. E. (Maude) 4 ch farmer & thrasher O 81.80a 4h 9c Westhope Rhfd.
FRANKFATHER, H. A. (Mary R.) 5 ch farmer O 22a 2h 1c R2 Liberty Center Wash 92.
Frankfather, J. B. (Viola E.) 3 ch carpenter O H&L Colton Wash.
Frankfather, M. F. (Jennie) 5 ch farmer O 40a 1h 4c R2 Napoleon Lib 20.
FRANKFATHER, O. O. (Julia) 2 ch farmer & carpenter T 22a 1h R2 Liberty Center Wash 21.
Frankfather, Mrs. S. J. ret O H&L Malinta Mon.
Frankfather, Vern (Neoma W.) 2 ch laborer T R3 Liberty Center Lib 89.
Frankfather, Wm. H. (son E. E.) farmer bds Westhope Rhfd 46 Ind tel.
Franz, Albert (Valy) 3 ch farmer O 80a 3h 10c R3 Napoleon Flrk 68 Ind tel.
Franz, Alfred (Maudie) 1 ch farmer T 90a 4h 5c R3 Napoleon Flrk 50 Ind tel.
Franz, Mrs. August 3 ch O 80a H&L 1h Holgate Ple Ind tel.
Franz, Conrad (Lodema) 1 ch ret O 170a 1h 2c Holgate Ple Ind tel.
FRANX, ERNEST A. (Julia) 6 ch farmer O 75a 7h 5c R7 Napoleon Nap 47 Ind tel.
Franz, Ferdinand (Clara) 2 ch farmer T 80a 5h 3c R3 Napoleon Flrk 67.
Franz, Fred (Mary) 6 ch farmer O 80a 3h 7c R8 Napoleon Mon 4 Ind tel.
Franz, Geo. day laborer T H&L Holgate Ple.
Franz, Hilda (dau Fred) housekeeper R8 Napoleon Mon 4 Ind tel.
Franz, Inez housekeeper R1 Malinta Mon 72 Ind tel.
FRANZ, JOHN (Mary) 6 ch stock buyer O 100a 1h 10c R1 Malinta Mon 72 Ind tel. See adv.
Franz, John E. (Emma) 2 ch farmer O 80a 2h 2c R1 Holgate Flrk 91 Ind tel.
Franz, Milten (Anna) farmer O 80a 5h 7c R3 Napoleon Flrk 49 Ind tel.
Franz, Mrs. Minnie Holgate Ple.
Franz, Ruth (dau John E.) R1 Holgate Flrk 91.
Franz, Walter (son Fred) farm laborer 1h bds R8 Napoleon Mon 4 Ind tel.
Franz, Wm. F. (May) 2 ch farmer O 79a 3h 6c R1 Holgate Mon 6 Ind tel.
FRAVIS, F. S. (Anna) 4 ch farmer O 40a T 90a 6h 6c R3 Napoleon Nap 80 Ind tel.
Frazier, A. J. (Iva) 2 ch timber agent O H&L 1h Front St McClure Ind tel.
FRAZIER, D. J. (Blanche) 2 ch farmer O 60a 4h 6c R2 McClure Dms 49 Ind tel.
Frazier, F. E. (Gae) 1 ch farmer T 156a 4h 2c R3 McClure Dms 15 Ind tel.
FRAZIER, GOLDIE M. bds McClure Dms.
Frease, C. C. farmer RD Napoleon Bar.
Frease, S. farmer RD Napoleon Bar.
Fredrick, A. J. (Etta) 4 ch farmer O 79½a 4h 3c R2 Holgate Flrk 36 Ind tel.
FREDRICK, ERNEST (Bertha) 1 ch farmer T 80a 4h 4c R3 Napoleon Flrk 27 Ind tel.
Fredrick, Granvil (son A. J.) farmer R2 Holgate Flrk 36 Ind tel.
Fredrick, Ivin (son A. J.) farmer R2 Holgate Flrk 36 Ind tel.
Fredrick, J. J. (Sarah) ret O H&L E Main St Liberty Center.
Fredrick, J. L. (Ida) 7 ch blacksmith T H&L Railroad St Liberty Center.
Fredrick, O. J. (Mary E.) 2 ch engineer T H&L Railroad St Liberty Center.
FREDERICK, ROBERT meat market Liberty Center. See adv.
FREDERICK, W. H. (Claranda) stock buyer & poultry O H&L Cherry St Liberty Center Ind tel.
Fredricks, John P. (Emma K.) 4 ch machinist O H&L Hamler.
FREED, CHRIST (Elizabeth) 5 ch farmer O 20a 2h 1c R4 Deshler Bar 61.
FREED, FRED (Sylvia) 1 ch farmer T 80a 3h 2c R2 Deshler Bar 73.
Freed, Geo. farm hand 1h bds R4 Deshler Bar 18 Ind tel.
Freeman, Emma RD Deshler Bar.
Freeman, Hannah RD Deshler Bar.
FREEMAN, OLIVER R4 Deshler.
Frees, John (Minia) 3 ch laborer R1 Holgate Ple 98 Ind tel.
French, John farmer RD Napoleon Har.
FRENCH, LEONARD E. (Freda) 3 ch farmer O 134a 6h 17c R3 Napoleon Nap 81 Ind tel.
Frey, A. D. (Anna) 6 ch farmer O 80a 4h 6c R9 Archbold Rid 73 Ind tel.

FREY, GUY E. (Anna C.) 1 ch blacksmith O H&L Hamler.
Freytag, Albert (Dora) 5 ch farming O 40a 3h 6c R3 Deshler Bar 43 Ind tel.
FREYTAG, FRED (Emma) 6 ch farmer O 60a 7h 12c R9 Napoleon Nap 37-25 Ind tel.
Freytag, Geo. (Catherine) ret O 60a R9 Napoleon Nap 37.
Freytag, Geo. H. (Minna) 11 ch farmer O 99a 5h 11c R1 Okolona Nap 25 Ind tel.
Freytag, Henry (son Geo. H.) student R1 Okolona Nap 25.
Freytag, Mary (dau Geo. H.) R1 Okolona Nap 25.
FREYTAG, WM. (Sophia) 2 ch ret R1 Okolona Nap 25 Ind tel.
Freytag, Wm. D. (son Wm.) teacher R1 Okolona Nap 25.
Friedhoff, Charles (Sophia) 4 ch laborer Holgate Ple.
FRIEND, AMANDA E. (wid Adam) 6 ch ret O 35a 2c R3 Napoleon Flrk 78 Ind tel.
Friend, Ethel M. (dau Amanda) R3 Napoleon Flrk 78.
Friend, Florence N. (dau Amanda) R3 Napoleon Flrk 78.
Friend, Gale C. (son Amanda) R3 Napoleon Flrk 78.
Friend, Harry W. (son Amanda) farmer T 35a 3h R3 Napoleon Flrk 78 Ind tel.
Friend, Lillian B. (dau Amanda) teacher R3 Napoleon Flrk 78.
Friend, Minnie M. (dau Amanda E.) nurse R3 Napoleon Flrk 78.
Fritch, Arthur barber Holgate Ple.
FRITCH, HOWARD barber O shop Holgate Ple.
Fritsch, Henry (Phoebe) 2 ch farmer T 80a 4h 6c R2 Holgate Ple 35 Ind tel.
Fritz, Albert (Lena) farmer T 100a 4h 1c R2 Holgate Flrk 36.
Fritz, George (son John M.) farmer O R2 Holgate Flrk 15.
FRITZ, JOHN M. (Mary) 1 ch farmer O 104a 4h 4c R2 Holgate Flrk 15 Ind tel.
Fritz, Wilhelmina housekeeper R2 Malinta Mon 45 Ind tel.
Frizzell, C .E. RD Deshler Bar.
Frolich, Alfred (son Mary) laborer wks for Arthur Bollman R2 Napoleon Fre 73.
Fronce, Henry Liberty Center Lib.
Fronce, Jacob (Catharine) ret farmer O 74½a H&L N Main St Liberty Center.
FRONCE, S. J. (Ota) 3 ch farmer T 130a 5h 15c R1 Napoleon Dms 32 Ind tel.
Fruth, Albert L. (Ida) 4 ch farming O 40a 6h 10c R3 Napoleon Flrk 49 Ind tel.
Fruth, Alfred (Ida) 1 ch farmer T 60a 2h 3c R8 Napoleon Flrk 80 Ind tel.
Fruth, Catharine (wid John) ret O 79a 2c R3 Napoleon Flrk 69 Ind tel.
Fruth, Conrad farmer RD Napoleon Flrk.
FRUTH, C. LOUIS (Marie) farmer & thresher T 48a 5h 6c R3 Napoleon Flrk 76 Ind tel.
Fruth, Daniel H. (Hattie) 3 ch farmer T 80a 4h 6c R1 Holgate Flrk 92 Ind tel.
Fruth, Edward (son Frank) farmer bds R8 Napoleon Mon 2 Ind tel.

"Goin' Fishin'?"

Fruth, Frank (Sophia) 5 ch farmer & thresher O 297a 5h 8c R8 Napoleon Mon 2 Ind tel.
Fruth, F. M. (Margaret) 3 ch farming T 90a 5h 10c R8 Napoleon Mon 2 Ind tel.
FRUTH, GEO. W. (Katherine) 6 ch farmer O 40a 5h 11c R3 Napoleon Flrk 49 Ind tel.
Fruth, Gertrude (dau Henry) R3 Napoleon Flrk 81.
Fruth, Harold (son Fred) student R3 Napoleon Flrk 76.
Fruth, Henry (Lucy) 3 ch ret O 80a 1h 5c R3 Napoleon Flrk 81 Ind tel.
Fruth, John M. (Catharine) 1 ch farmer O 159a 2h 15c R1 Holgate Flrk 94 Ind tel.
Fruth, J. W. (Ora) 1 ch farming O 20a 5h 10c R1 Holgate Mon 14 Ind tel.
Fruth, Sarah E. (dau John M.) R1 Holgate Flrk 94.
Fruth, Walter (son Henry) farmer T 80a 3h R3 Napoleon Flrk 81.
Fruth, Wm. (Katherine) 1 ch farmer T 100a R8 Napoleon Mon 2 Ind tel.
Fry, Henry S. (Hattie) 4 ch farmer O 25a 3h 3c R5 Napoleon Har 52 Ind tel.
Fryman, Emmet R2 Deshler Rhfd 89.
Frysinger, C. E. (Lillie) 6 ch manager Mutual Tel Co T H&L Ridgeville Corners Rid 56 Ind tel.
FRYSINGER, C. M. (Meta) 1 ch manager lumber yards T H&L McClure Dms Ind tel.
Frysinger, William (Lotie) 4 ch farmer O 67a 5h 6c R10 Napoleon Lib 7 Ind tel.
Fuhrhop, Fred (Dora) 2 ch ret O 80a 1h 5c R2 Hamler Mon 87 Ind tel.
Fuhrhop, Fred H. (Caroline) 2 ch farmer O 40a 6h 8c R2 Hamler Mar 68.
Fuhrhop, Fred H. (son Fred W.) R2 Napoleon Fre 74.
FUHRHOP, FRED W. 2 ch farmer O 105a 8h R2 Napoleon Fre 74 Ind tel.
Fuhrhop, Henry, Jr. (son Henry) farmer T 80a 2h R2 Malinta Mon 57 Ind tel.
Fuhrhop, Henry, Sr. (Katherine) 4 ch farming O 370a 3h 4c R2 Malinta Mon 57 Ind tel.
Fuhrhop, Herbert J. (son Fred W.) R2 Napoleon Fre 74.
Fuhrhop, Herman (Tillie) 3 ch farmer T 80a 2h 4c R2 Hamler Mon 87 Ind tel.
Fulde, Henry 4 ch farmer O 80a 4h 5c R2 Napoleon Lib 10 Ind tel.

Fulk, Hannah 2 ch ret Malinta Mon.
FULLER, ALFRED (Rose E.) 5 ch mail carrier O 40a 3h 8c Colton Wash 32 Ind tel.
Fuller, Amos (Amanda) farming O 20a 5h 1c R2 Deshler Rhfd 47 Ind tel.
Fuller, Wm. (Anna) 1 ch farming O 30a 2h 1c R1 McClure Rhfd 45 Ind tel.
FULLER, WILLIS (Nora M.) 6 ch farmer O 40a 2h 8c R1 Colton Wash 54.
Funchion, Joe (Minnie) 1 ch farmer T 74a 5h 1c R5 Napoleon Har 57.
Funchion, Leo (son Mike) farm hand R1 Napoleon Har 82.
Funchion, Mike (Caroline) 8 ch farmer O 80a 3h 8c R1 Napoleon Har 82 Ind tel.
FUNCHION, WILLIAM (Maud) 4 ch farmer T 120a 5h 4c R1 Napoleon Har 55 Ind tel.
FUNK, MARTIN (Cora) 4 ch laborer & fisherman T 2a R3 Holgate Flrk 11.
FUNKHOUSER, BERT (Bertha) 1 ch farmer T 150a 9h 11c Ridgeville Corners Rid 59 Ind tel.
Funkhouser, J. U. (Hannah) 12 ch ret O H&L Ridgeville Corners Rid 59 Ind tel.
FURES, KARL R1 Colton.
Furguson, Mrs. Lucy O H&L Maple St Liberty Center Ind tel.
Furhop, F. C. (Leah) farmer & thresher O 40a 4h 4c R2 Malinta Mon 47 Ind tel.
Furhop, Henry L. (Frieda) farming T 80a 3h 2c R3 Deshler Bar 70 Ind tel.
Furhop, Herman (Della) 1 ch farming T 60a R2 Malinta Mon 50 Ind tel.
Furhop, Otto (Lena) farmer & thresher T 80a 3h 5c R2 Malinta Mon 47 Ind tel.
Gabel, Carl (Mary) 5 ch farmer O 80a 5h 9c R3 Liberty Center Lib 42.
Gabel, William bds R3 Liberty Center Lib.
Gackel, Fred (Nellie) ret O H&L 1h Florida Flrk.
Gackel, Wm. J. (Flora) 1 ch hardware & lumber O H&L 1h Florida Flrk Ind tel.
Gaede, Louis farmer RD Napoleon Lib.
Gaede, Martin (Sophia) O 40a R2 Napoleon Nap 102.
Gaede, Minnie (wid Lewis) O 35a 1c R2 Napoleon Nap 101.
Gaede, Wm. (Augusta) 3 ch farmer T 75a 3h 3c R2 Napoleon Nap 102 Ind tel.

Gallagher, A. D. farmer McClure Dms.
GALLAGHER, D. W. (Myrtle B.) 5 ch carpenter T 5a 1c Liberty Center Wash 17.
Gallagher, Frank farmer McClure Dms.
Gallagher, Mrs. J. W. O H&L R2 Liberty Center Wash 106.
Gallant, Floyd (son Geo.) farm hand 1h bds R2 Deshler Rhfd 57 Ind tel.
GALLANT, GEO. (Mary) 6 ch farmer & thresher O 41a 3h 1c R2 Deshler Rhfd 57 Ind tel.
Gallant, Goldie (dau Geo.) housekeeper R2 Deshler Rhfd 57 Ind tel.
Gallant, William (son Geo.) farm hand 1h R2 Deshler Rhfd 57 Ind tel.
GANDERN, GEORGE (Jennie) 2 ch farmer O 40a 2h 2c R1 Colton Wash 53 Ind tel.
Gandern, Lottie L. seamstress 1c R1 Colton Wash 35 Ind tel.
GANDERN, R. J. R1 Colton Col.
Garber, Forest laborer care of Geo. Overly R7 Napoleon Nap 52.
Garbers, Fred (Dora) 6 ch farmer T 80a 3h 5c R10 Napoleon Lib 7.
Garbers, William (Lizzie) 2 ch farmer O 70a R10 Napoleon Lib 24 Ind tel.
GARDERN, R. J. R1 Colton.
Garster, A. F. R. (Rosetta) farmer O 60a 3h 5c R3 McClure Dms 28 Ind tel.
Garster, C. S. (Della) 4 ch elevator hand T H&L McClure Dms Ind tel.
Garster, John W. 1h bds R3 McClure Dms 28 Ind tel.
Garverick, C. (Anna) 3 ch farmer T 50a 3h 3c R1 Napoleon Har 43 Ind tel.
Garwood, G. E. (Frances) 1 ch physician O H&2Lots 1h Colton Wash Ind tel.
Gaskel, Eugene farmer Grelton Mon.
Gaskell, Jay M. (Nina) farmer & poultry T 3a R2 Liberty Center Wash Texas.
Gathman, Harmon (Anna) 1 ch farmer T 50a 3h 5c R4 Napoleon Fre 31 Ind tel.
GATHMAN, HENRY, SR. 1 ch farmer 7a 1h 1c R4 Napoleon Fre 29 Ind tel.
Gathman, Henry, Jr. (son Henry, Sr.) R4 Napoleon Fre 29 Ind tel.
Gebers, Caroline (dau Dietrich) R9 Napoleon Fre 53.
GEBERS, DIETRICH H. (Mary) 5 ch ret O 120a 2h 5c R9 Napoleon Fre 53 Ind tel.
Gebers, Fred C. 4 ch farmer O 80a 3h 5c R2 Napoleon Fre 65 Ind tel.
Gebers, Helen (dau of Fred C.) R2 Napoleon Fre 65.

Gebers, Henry (son Dietrich) farmer T 120a 3h 9c R9 Napoleon Fre 53 Ind tel.
GEBERS, HERMAN (Marie) 3 ch farmer O 160a 3h 12c R2 Napoleon Fre 66 Ind tel.
Gebers, Sophia 8 ch farming O 200a 3h 10c R3 Hamler Mar 63 Ind tel.
GEBHART, ADOLPH (Mary) 8 ch farmer T 140a 6h 6c R1 Okolona Nap 42 Ind tel.
Gebhart, Geo. S. (son Adolph) farming R1 Okolona Nap 42.
Gebhart, Marguerite L. (dau Nicholas) R3 Holgate Flrk 20.
GEBHART, NICHOLAS (Susan) 8 ch farmer T 40a 2h 1c R3 Holgate Flrk 20.
Gebhart, Pearl A. (dau Nicholas) R3 Holgate Flrk 20.
Geesey, F. A. farmer Archbold Rid.
Geesige, August farmer New Bavaria Mar.
Geeson, Frederick (Hannah) 6 ch ret O 20a 2h R4 Deshler Bar 50.
GEESON, GEO. (son Frederick) R4 Deshler Bar 50.
Gefeke, Anna (wid John, Sr.) R2 Napoleon Fre 44.
Gefeke, John (Alma) 3 ch teacher T H&L R2 Napoleon Fre 44 & 47 Ind tel.
Gehrett, Eli ret RD Napoleon Nap.
Gehrett, Lewis (Augusta) farmer O 20a 3h 6c R8 Napoleon Nap 94 Ind tel.
Geib, H. gardener O H&L Damascus St Liberty Center.
GEIGER, CHRIST (Anna) 4 ch farmer O 104a 4h 6c R2 Holgate Flrk 16 Ind tel.
GEIGER, GEORGE day laborer O 45½a New Bavaria Ple.
Geiger, Harvey A. (son Christ) R2 Holgate Flrk 16.
Geiger, Wm. C. (son Christ) 1h R2 Holgate Flrk 16.
Geisige, Bert (Agnes) 1 ch farmer T 80a 3h 5c R1 New Bavaria Ple 92 Ind tel.
Geisler, John ret O 20a R8 Napoleon Har 68.
Geist, Asa (Libbie) 2 ch farmer T 60a 3h 4c R2 Malinta Mon 61 Ind tel.
Geist, C. D. (Mamie B.) 1 ch garage & auto salesman O garage & dwelling Malinta Mon Ind tel.
Geist, Henry (Ede M.) 4 ch cashier O H&L Malinta Mon Ind tel.
Geist, Martin (Audrey) farmer T 54a 2h Malinta Mon.
Geist, Rosa housekeeper R2 Malinta Mon 61 Ind tel.

Gensel, F. M. (Elizabeth) 3 ch ret O H&L Malinta Mon.
Genter, Aaron (son Christ H.) 1h R4 Napoleon Rid 30 Ind tel.
Genter, Christ H. (Anna) farmer O 100a 7h 7c R4 Napoleon Rid 30 Ind tel.
Genter, Dora (dau C. H.) housekeeper R4 Napoleon Rid 30 Ind tel.
Genter, Walter (son C. H.) 1h R4 Napoleon Rid 30 Ind tel.
GENUIT, EDWARD H. (son Fred) poultry raiser bds R8 Napoleon Flrk 82.
GENUIT, FRED (Sophie) 4 ch farmer O 49a 4h 7c R8 Napoleon Flrk 82 Ind tel.
George, Arnold (Carrie) 5 ch farmer O 53½a 5h 5c R1 Belmore Bar 57 Ind tel.
George, Edna (dau Fred) R1 Bedmore Bar 57 Ind tel.
George, Fred (Amelia) 1 ch farmer O 93½a 5h 3c R1 Bedmore Bar 57 Ind tel.
George, Ira farmer Liberty Center Lib.
George, Maude (dau Arnold) housekeeper R1 Belmore Bar 57 Ind tel.
George, R. J. farmer Belmore Bar.
GEORGE, WILLIAM (Mary) 5 ch farmer O 13a 2h 3c R3 Liberty Center Lib 23.
Gerdeman, Clara RD Deshler Bar.
Gerdeman, J. L. (Marie) farm laborer T H R4 Deshler Bar 29.
Gerdes, Geo. (Catharine) 2 ch farmer O 40a 3h 5c R2 McClure Dms 77 Ind tel.
Gericke, Agusta (dau Wm.) housekeeper R1 Jewell Rid 31 Ind tel.
Gericke, Anthony (son Wm.) farmer R1 Jewell Rid 31 Ind tel.
Gericke, Wm. (Lizzie) farmer O 80a 5h 7c R1 Jewell Rid 31 Ind tel.
Gerken, Albert (son John H.) farmer bds R9 Napoleon Fre 33 Ind tel.
GERKEN, ALBERT H. (Emma) 1 ch farmer T 90a 3h 5c R2 Malinta Mon 77 Ind tel.
Gerken, Alwin (son Herman) R2 Napoleon Fre 58.
Gerken, August (Mamie) 3 ch farming O 80a 5h 5c R2 Hamler Mar 30 Ind tel.
Gerken, Chas. (son Henry A.) farmer R9 Archbold Fre 8 Ind tel.
Gerken, Emma (wid Geo. W.) 2 ch O 60a 1h 1c R9 Napoleon Fre 53 Ind tel.
Gerken, Ernest Ridgeville Corners Rid.
Gerken, Fred (Ida) 2 ch farmer O 70a 2h 6c R9 Napoleon Fre 53 Ind tel.
Gerken, F. W. (Anna) 3 ch farming O 60a 3h 4c R2 Deshler Rhfd 56 Ind tel.
Gerken, Geo. (son Mary) farmer O 43a 6h 9c R9 Napoleon Nap 27 Ind tel.

GERKEN, GEO. C. (Dora) 1 ch farmer T 100a 3h 7c R9 Napoleon Nap 7 Ind tel.
Gerken, Harmon (Minnie) 12 ch farmer O 100a 5h 13c R9 Napoleon Fre 33 Ind tel.
Gerken, Harmon (son Mary) carpenter & farmer O 43a R9 Napoleon Nap 27.
Gerken, Henrietta (dau Mary) R9 Napoleon Nap 27.
Gerken, Henry laborer bds Okolona Nap.
Gerken, Henry, Jr. (Dora) 2 ch farming T 158a 5h 7c R2 Hamler Mon 80 Ind tel.
Gerken, Henry, Sr. (Sophia) 2 ch ret O 158a R2 Hamler Mon 80 Ind tel.
Gerken, Henry A. (Mary) 8 ch farmer O 65a 3h 7c R9 Archbold Fre 8 Ind tel.
GERKEN, MRS. HENRY F. Okolona.
Gerken, Herman (Mary) 7 ch farmer O 160a 4h 8c R2 Napoleon Fre 58 Ind tel.
Gerken, H. F. (Minnie) 1 ch ret O 80a H&L 1h Ridgeville Corners Rid 44 Ind tel.
Gerken, H. H. (Minnie) 5 ch farmer O 80a 4h 8c R2 Deshler Rhfd 93 Ind tel.
Gerken, John (Caroline) 5 ch engineer O H&L R2 Napoleon Fre 59.
Gerken, John H. (Sophia) 3 ch farmer O 160a 6h 15c R9 Napoleon Fre 33 Ind tel.
Gerken, J. F. (Mary) 2 ch farming O 120a 1h 2c R2 Malinta Mon 77 Ind tel.
Gerken, Karl W. (son Fred) farmer R9 Napoleon Fre 53.
Gerken, Kasper (Bertha) thresher O H&L 1h Okolona Nap Ind tel.
Gerken, Martha (dau Harmon) R9 Napoleon Fre 33 Ind tel.
Gerken, Mary (dau Wm.) R2 Napoleon Fre 75.
Gerken, Mary H. (wid Harmon) ret R9 Napoleon Nap 27.
Gerken, Oscar (Esther) farmer T 80a 8h 20c R4 Napoleon Rid 29 Ind tel.
Gerken, Otto (son Harmon) farmer R9 Napoleon Fre 33 Ind tel.
Gerken, William (son Herman) R2 Hamler Marion.
Gerken, Wm. (Annie) 7 ch farmer O 200a 5h 15c R2 Napoleon Fre 75 Ind tel.
Gerken, Will H. (son Mary) carpenter R9 Napoleon Nap 27.
German, Harry (son John) farm hand 1h R2 Malinta Mon 35 Ind tel.

German, Henry (Katy) 7 ch farmer O 80a 7h 6c R8 Napoleon Mon 16 Ind tel.
German, John (Josephine) 5 ch farming O 80a 4h 7c R2 Malinta Mon 35 Ind tel.
German, Nora (son John) R2 Malinta Mon 35 Ind tel.
German, Oscar (son Henry) farmer R8 Napoleon Mon 16 Ind tel.
Gerschutz, Catharine (dau Theresia) R1 New Bavaria Mar 19.
Gerschutz, Ferdinand (Mary E.) 6 ch farming O 120a 4h 4c R5 Leipsic Mar 20 Ind tel.
Gerschutz, Henry farmer R1 New Bavaria Mar 19.
GERSCHUTZ, JOHN (Florence) 3 ch farming O 80a 4h 3c R1 New Bavaria Mar 19.
GERSCHUTZ, NICK R1 New Bavaria Mar 19.
Gerschutz, Rose R1 New Bavaria Mar 19.
GERSCHUTZ, THERESIA 1 ch farming O 100a 6h 4c R1 New Bavaria Mar 19.
GESSMER, PHILL (Amelia) 1 ch farmer O 80a 6h 4c R3 Holgate Flrk 39.
GESSNER, A. E. boots & shoes Box 29 Holgate. See adv.
Gessner, Wm. (Ida) 3 ch farmer O 80a 5h 8c R3 Holgate Flrk 51 Ind tel.
Getz, Tetty (Pearl) farm laborer T H&L Holgate Ple 70.
Gfell, Charley (Mary) laborer O Holgate Ple.
Gibson, A. G. (Alice) 1 ch farming O 80a 1h 2c R1 Hamler Mar 49.
Gibson, Chas. (Ella) 2 ch farmer O 20a 3h 1c R4 Napoleon Fre 14 Ind tel.
GIBSON, LEROY (Hattie I.) 3 ch farming O 80a 4h 4c R3 Hamler Mar 55 Ind tel.
Gidley, A. M. (Sarah A.) farmer O 13a R1 McClure Dms 66.
Giffey, Albert (Mary) ret O 1h 1c Ridgeville Corners Rid 64.
GIFFEY, ANTON (Sophia) 3 ch tile mfg O 199a & H&L 10h 11c Ridgeville Corners Rid 43 Ind tel.
Giffey, Arthur (son Anton) laborer Ridgeville Corners Rid 43.
GIFFEY, CARL (Martha) 3 ch ret O 50a 1h R4 Napoleon Rid 45 Ind tel.
Giffey, Wm. H. (son Anton) laborer bds Ridgeville Corners Rid 43.
Giesige, Adalaide (son August) R1 New Bavaria Mar 19.
GIESIGE, ALBERT (Clara) 2 ch farming T 79a 2h R1 New Bavaria Mar 17 Ind tel.
Giesige, Apalonia (dau August) music teacher R1 New Bavaria Mar 19.
Giesige, August (Victoria) farming O 80a 3h 4c R1 New Bavaria Mar 19.
Giesege, Bert farmer New Bavaria Ple.
Giesige, Clarence (son John) farmer 1h R5 Leipsic Mar 42.
Giesige, Henry ret O 79a 1h 4c R1 New Bavaria Mar 17 Ind tel.
Giesige, Henry (Catharine) farmer T 60a 2h 1c New Bavaria Ple 101 Ind tel.
Giesige, John (Mary Anna) farming O 160a 4h 11c R5 Leipsic Mar 42.
Giesige, Mary (dau August) dressmaker R1 New Bavaria Mar 19.
Giesige, Mathias (Mary) 5 ch farming O 91a 4h 5c R1 New Bavaria Mar 17.
GIESIGE, RAYMOND (son Mathias) salesman 1h R1 New Bavaria Mar 17.
Giesige, Urban (Emma) 1 ch farming T 80a 2h 3c R5 Leipsic Mar 20.
Giesige, Wm. (Mary) 1 ch farmer T 40a 2h 1c R1 New Bavaria Ple 112 Ind tel.
Giger, Charles farmer part owner 89a 3h New Bavaria Ple 39.
GILBERT, EDWARD (Ida) 3 ch farmer O 14¾a 2h 2c R3 Liberty Center Lib 70 Int tel.
Gilbert, S. W. RD Napoleon Nap.
Gilgenbaugh, John (Maggie) 5 ch farming O 50a 2h 2c R1 New Bavaria Mar 17.
Gillespie, C. A. (Mabel) 2 ch farmer T 80a 3h 4c R1 Hamler Mar 47 Ind tel.
Gillette, Joseph (Alice) general merchandise O H&L Holgate Ple Ind tel.
Gillette, Ray (W. B.) general merchandise O H&L Holgate Ple Ind tel.
Gilliland, Elroy farmer Malinta Mon.
GILLIAND, H. E. (Mary) 2 ch farming T 80a 3h 4c R8 Napoleon Har 31 Ind tel.
Gilliland, Levi farmer 2h R2 Malinta Mon 41 Ind tel.
GILLILAND, ROY (Jennie) 4 ch farmer T 80a 4h 3c R2 Malinta Mon 20 Ind tel.
Gilmore, John laborer 1h R2 Napoleon Fre 58.
Gilmore, Mary O H&L Young St Liberty Center Lib.
Gilmore, O. H. Liberty Center Lib.
GILSON, G. L. (Beyrl) 3 ch farmer T 100a 3h 11c R3 Liberty Center Lib 40 Ind tel.
GILSON, MARY A. (wid David) ret O 40a 1h 1c R9 Napoleon Nap 54.
Ginder, L. E. farmer O 14a 1h 2c R2 Liberty Center Wash Ind tel.
Ginder, Mary E. 5 ch O H&L R2 Liberty Center Wash Ind tel.

GINDER, SAMUEL (Mary C.) ret O 3a H&L R2 Liberty Center Wash Ind tel.
Gineman, L. M. (Adeline) 3 ch farmer O 50a 3h 7c R3 Liberty Center Lib 65.
Gingery, John E. R1 Deshler Bar.
Gingrich, Samuel, Sr. (Mary Ann) 4 ch farming O 40a 7h 2c R2 Deshler Rhfd 84.
Gingrich, Samuel, Jr. (son Samuel, Sr.) farm laborer 1h R2 Deshler Rhfd 84.
Gisler, J. Wesley (Emma) 5 ch farmer O 142a 5h 6c R3 Napoleon Flrk 72 Ind tel.
GISLER, MARION (Frieda) 4 ch farmer O 80a 4h 5c R1 Napoleon Har 22 Ind tel.
Glanz, Adolpf 5 ch farmer & genl store O 76a 4h 6c Naomi Fre 56.
Glanz, Amelia (dau Adolf) Naomi Fre 56.
Glanz, A. H. (Hulda) 3 ch farmer T 98a 4h 2 c R9 Archbold Rid 64 Ind tel.
Glanz, Frank (Helen) 2 ch farmer T 120a 7h 7c R1 Holgate Ple 69 Ind tel.
Glanz, Fred farmer O 80a 3h 4c R3 Deshler Bar 66 Ind tel.
Glanz, Geo. (Elizabeth) 1 ch farmer O 80a 3h 5c R3 Deshler Bar 66 Ind tel.
Glanz, Geo. (Martha) 1 ch farmer T 60a 3h 6c R5 Wauseon Fre 21 Ind tel.
Glanz, Henry (Adeline) 2 ch farmer O 140a 5h 6c R2 Napoleon Fre 58 Ind tel.
Glanz, Henry, Jr. (son Henry, Sr.) laborer 1h R2 Napoleon Fre 58.
GLANZ, HENRY W. (Anna) 4 ch farmer O 80a 5h 4c R2 Napoleon Fre 68 Ind tel.
Glanz, Leo. (son Henry, Sr.) R2 Napoleon Fre 58.
GLANZ, WM. M. (Josie L.) 2 ch farmer T 107a 5h 4c R9 Napoleon Nap 69.
Glassburn, C. W. (Maud) 1 ch general store O Holgate Ple Ind tel.
Glee, Carl J. (Nora May) 1 ch laborer T 5a 1h R2 Liberty Center Wash 39.
Glenn, Preshy farmer RD Deshler Rhfd.
Glick, Cecil A. (son I. M.) laborer O R6 Napoleon Har 40 Ind tel.
Glick, David 6 ch ret O 30a R2 Malinta Mon 62 Ind tel.
GLICK, I. M. (Eliza) 3 ch farming O 20a 1h 1c R6 Napoleon Har 40 Ind tel.
Glick, Jacob S. (Minnie) 1 ch ret O 105a 1h 4c R8 Napoleon Har 34 Ind tel.
Glick, John B. (son David) bds R2 Malinta Mon 62.

GLICK, J. D. (Sarah) 3 ch farmer & mason O 18a 2h 3c R2 Malinta Mon 63 Ind tel.
Glick, Len carpenter O H&L Malinta Mon.
Glick, O. O. farmer Malinta Mon.
Glick, S. B. 1 ch school teacher R6 Napoleon Har 65 Ind tel.
GLORE, ALBERT (Clara) 2 ch farm laborer T H 1h 2c R4 Deshler Bar 32 Ind tel.
GLORE, ALBERT (Helen) farmer T 147a 3h R3 Napoleon Flrk 22 Ind tel.
Glore, Bert farmer RD Napoleon Flrk.
Glore, Charley (Lucy) 4 ch farmer O 40a 3h 6c R3 Liberty Center Lib 55 Ind tel.
GLORE, GUY (Eva) farmer T H&L Florida Flrk.
Gluss, August Hamler Mar.
GLUSS, FRED. (Catharine) cement construction O 2h Hamler Ind tel.
Gobrogge, Frieda D. Hamler Mar 82 Ind tel.
GOBROGGE, HENRY (Catharine) 6 ch farmer O 100a 5h 9c Box 192 Hamler Mar.
GOBROGGE, HERMAN (Emma) 8 ch farmer O 80a 2h 7c R2 Hamler Mon 79 Ind tel.
Gobrogge, Sophia 5 ch ret R2 Hamler Mon 82 Ind tel.
Godeke, Henry, Sr. (Barbara) 7 ch farmer O 100a 7h 6c R2 Deshler Bar 69 Ind tel.
Godeke, Henry, Jr. (son Henry) farm hand bds R3 Deshler Bar 69 Ind tel.
Godeke, Wm. (son Henry) carpenter bds R2 Deshler Bar 69 Ind tel.
Goebelt, Ed. RD Deshler Bar.
Goebelt, Jacob RD Deshler Bar.
Goldenstar, Elizabeth (wid Wm.) Florida Flrk.
Goldenstar, Herman H. (son Elizabeth) laborer O H&L Florida Flrk.
Goldsberry, Alison (Laura) 9 ch farmer T 20a 4h 5c R3 Liberty Center Lib 89.
Goldsberry, Anson laborer lives with Frank Hoffman R9 Archbold Fre 5.
Goldsberry, Deyrias M. (son M. S.) laborer 1h Holgate Ple.
Goldsberry, Dick (son M. S.) laborer Holgate Ple.
Goldsberry, Homer laborer lives with Elmer Hoffman R5 Wauseon Fre 24 Ind tel.
GOLDSBERRY, MOREY D. (son M. S.) hay baler O H&L 3h Holgate Ple.
Goldsberry, M. S. (Barbara) 1 ch laborer 2h Holgate Ple.

FARMERS' DIRECTORY

GOLDSBERRY, ROBERT (Cora) farmer O 60a 4h 3c R2 Holgate Ple 33 Ind tel.
GOOD, CHESTER J. (Edith) farmer T 80a 6s 1c R1 Napoleon Dms 17 Ind tel.
Good, James D. (Metta) 9 ch farmer O 40a T 95a 5h 3c R3 McClure Dms 29 Ind tel .
Good, J. H. 2 ch farmer O 80a 5h 2c bds R1 Napoleon Dms 17 Ind tel.
Good, William (Silva) farmer O 95a R3 McClure Dms 27 Ind tel.
Goodwin, Donald (son J. H.) farm hand Liberty Center Lib 77 Ind tel.
Goodwin, J. H. (Flora A.) 2 ch ret O 65a 1h 1c Liberty Center Lib 77 Ind tel.
Goodwin, Latona (dau J. H.) housekeeper Liberty Center Lib 77 Ind tel.
GORDON, F. A. (Mary) 4 ch farming O 80a 5h 4c R2 Deshler Rhfd 89 Ind tel.
Gordon, Lucille (dau S. V.) housekeeper R3 Deshler Bar 45 Ind tel.
Gordon, L. A. (son S. V.) farmer bds R3 Deshler Bar 45 Ind tel.
Gordon, Maude (dau S. V.) student R3 Deshler Bar 45 Ind tel.
Gordon, R. F. (Agnes) farmer 2c R3 Deshler Bar 45 Ind tel.
Gordon, S. V. (Clara) 6 ch farmer O 240a 7h 9c R3 Deshler Bar 45 Ind tel.
GORSUCH, CHAS. R1 Deshler.
Gottschalk, Alfred (Mary) 1 ch farmer T 2h 2c R10 Napoleon Lib 26.
Gottschalk, August (Katharine) 6 ch farmer O 120a 5h 7c R10 Napoleon Lib 26 Ind tel.
Gottschalk, Fred J. (Barbie) 10 ch farmer O 160a 5h 8c R10 Napoleon Lib 28 Ind tel.
GOTTSCHALK, FRANK O. (Lela) 1 ch farmer T 80a 3h 6c R7 Napoleon Nap 74 Ind tel.
Gotwalt, Lenhart (Mary) laborer O Holgate Ple.
Gouldsberry, A. farmer Liberty Center Lib.
Gouldsberry, Ira farmer Liberty Center Lib.
Goxheimar, Bell 5 ch gardening 1a H R4 Deshler Bar 97.
Goxheimar, Richard 1 ch laborer bds R4 Deshler Bar 97.
Grabow, Alta (dau Ollie) R1 Hamler Mar 37 Ind tel.
Grabow, Charles farming T 101a 2h 1c R1 Hamler Mar 37 Ind tel.
Grabow, Eva (dau Ollie) R1 Hamler Mar 37 Ind tel.
Grabow, Ollie 5 ch farmer T 101a 4h 5c R1 Hamler Mar 37 Ind tel.
Graf, Amel 5 ch farmer O 74a R2 McClure Dms 96 Ind tel.
Graf, E. D. farmer McClure Dms.
Graff, Chas. farmer RD Deshler Bar.
GRAFFICE, WILMER (Flossie) 2 ch farmer T 40a 3h 3c R3 Liberty Center Lib 64 Ind tel.
Graham, Mrs. L. housekeeper R8 Napoleon Har 14 Ind tel.

It Is Not Always Summer.

Gramling, Alice 3 ch farmer O 120a 1h 8c R1 Liberty Center Wash 31 Ind tel.
Gramling, Bertha May O 40a 2c R1 Liberty Center Wash 31 Ind tel.
Gramling, Clara Alice Liberty Center Wash.
GRAMLING, E. C. (Mayme) 2 ch farming O 120a 3h 9c R1 Colton Wash 53 Ind tel.
Gramling, Ethel Colton Wash 36 Ind tel.
Gramling, H. (Anna M.) 2 ch farmer O 410a 7h 25c Colton Wash 36 Ind tel.
GRAMLING, JOHN M. (Florence) O 60a 5h 16c R1 Liberty Center Wash 31 Ind tel.
Grammer, W. B. RD Deshler Bar.
Graner, Mrs. Alice Liberty Center Lib.
GRANER, CHARLEY A. (Pearl) 2 ch machinist O H&L Cherry St Liberty Center Ind tel.
GRANER, G. W. (Adie S.) 3 ch engineer O 10a H&L W Cherry St Liberty Center.
Grater, C. E. farmer Elery Mon.
Grater, Peter farmer Elery Mon.
Grau, George A. carpenter O 40a R3 New Bavaria Ple 38 Ind tel.
Grau, Henry (Mattie) 2 ch carpenter O Holgate Ple.
Grau, J. C. ret O R3 New Bavaria Ple 38 Ind tel.
Grau, J. F. (Stella) 1 ch farmer O 80a 6h 5c R3 New Bavaria Ple 38 Ind tel.
Grau, William (Mary) 3 ch farmer O 40a 3h 3c R3 New Bavaria Ple 38.
Graver, Harland (son H. W.) student bds New Bavaria Ple Ind tel.
Graver, H. W. (Catharine) 5 ch general merchandise O store H&Lots 2h New Bavaria Ple Ind tel.
Graver, Robert (son H. W.) clerk bds New Bavaria Ple Ind tel.
Graves, Henry W. farmer New Bavaria Ple.
Gray, Chas. (Marie) 2 ch laborer T H&L R9 Napoleon Fre 61.
GRAY, HARRY S. (Cora) 3 ch farmer O 160a 7h 8c R1 Malinta Mon 67 Ind tel.
Gray, Henry C. farmer bds R5 Napoleon Har 45.
Gray, John C. (Mary) farmer O 68a 2h 8c R5 Napoleon Har 45 Ind tel.
Gray, Miss Matilda (dau John C.) bds R5 Napoleon Har 45.
Gray, Morton S. (Loma) 4 ch farmer T 80a 5h 6c R3 Liberty Center Lib 44 Ind tel.

Gray, Neal RD Deshler Bar.
Gray, Scott (Dora) 3 ch farmer O 55a 2h 5c R1 Napoleon Har 55 Ind tel.
Gray, Stanton farmer Liberty Center Lib.
Gray, Wm. RD Deshler Bar.
Greater, C. E. (Esther) 3 ch farmer 80a 5h 2c R2 Malinta Mon 47 Ind tel.
Greater, P. (Susan) 4 ch ret T H&L 2h 3c R2 Malinta Mon 47.
Greater, Wm. laborer bds R2 Malinta Mon 47.
Greenen, Bert V. (Cathrine) 7 ch farmer O 50a 3h 6c R10 Napoleon Lib 82.
Greenhagen, Annie (dau Fred) R2 Napoleon Fre 39.
Greenhagen, Dietrich (son Fred) farmer & carpenter R2 Napoleon Fre 39.
Greenhagen, Fred (Dora) 6 ch farmer O 140a 5h 14c R2 Napoleon Fre 39 Ind tel.
GREENHAGEN, FRED (Emma) farmer T 40a 2h 3c R9 Napoleon Fre 47 & 43.
Greenhagen, Henry (son Fred) R2 Napoleon Fre 39.
Greenhagen, Martha (dau Fred) R2 Napoleon Fre 39.
Greenhagen, Wm. (son Fred) carpenter R2 Napoleon Fre 39.
GREENLER, CARL L. (Nellie E.) 5 ch farming T 120a 6h 10c R2 Holgate Ple 33 Ind tel.
Greenler, Dallas G. (son G. W.) student bds R1 Holgate Ple 69 Ind tel.
GREENLER, G. W. (Icie) 1 ch farmer O 65a 7h 5c R1 Holgate Ple 69 Ind tel.
Greenler, Harry L. (son G. W.) farm laborer bds R1 Holgate Ple 69 Ind tel.
Greenwald, Henry (Frieda) ret O H&L 1c Holgate Ple.
Greiner, Arthur (Georgia) 2 ch fireman T H&L Colton Wash.
Greiner, Mary 3 ch farmer O 100a 2h 6c bds R1 Colton Wash 23 Ind tel.
Gremling, Sarah O H&L Holgate Ple.
GRENOW, GEORGE (Sarah) 1 ch laborer 1h 1c R3 Hamler Mar 72.
Grentman, John (Elizabeth) 3 ch farmer T 100a 3h 6c R1 Napoleon Har 55.
Gribbell, Fred attorney RD Deshler Bar.
Grim, Amos (Bessie) 3 ch farmer T 93a 5h 9c R2 Napoleon Nap 99 Ind tel.
Grim, A. J. (Nellie) 2 ch farmer O 60a 5h 4c R8 Napoleon Har 13 Ind tel.
Grim, Daniel S. (Verna) 1 ch farmer T 100a 3h 4c R8 Napoleon Nap 98 Ind tel.

FARMERS' DIRECTORY

Grim, F. W. farmer RD Napoleon Har.
GRIM, J. M. (Bertha) 5 ch farm manager 1h R1 Malinta Mon 67 Ind tel.
GRIM, P. F. (Caroline) 2 ch farmer O 160a 5h 15c R2 New Bavaria Ple 27 Ind tel.
GRIMES, CHAS. W. (Bertha) 1 ch farming T 80a 5h 8c R7 Napoleon Nap 74 Ind tel.
Grimes, William G. farmer 1h bds R7 Napoleon Nap 74.
Grinder, J. M. farmer O 80a H&L 1h E St Liberty Center Lib Ind tel.
Grinder, Lydia O H&L N Main St Liberty Center.
GROFF, CHAS. (Etta) farming O 117½a 8h 5c R1 Deshler Bar 78 B tel.
Groll, Albert C. (Rosa) 5 ch farmer T 100a 6h 6c R2 Holgate Ple 63 Ind tel.
GROLL, CAROLINE (widow John F.) 2 ch farmer O 85a 3h 5c R2 Holgate Flrk 14 Ind tel.
GROLL, CHARLES T. (Louise) 1 ch hardware implements & automobiles O 40a H&L Holgate Ple Ind tel.
Groll, Crist (Katie) ret O 200a H&L Holgate Ple Ind tel.
Groll, David J. (Sophia) 5 ch hardware implements & automobiles O 40a H&L 1h Holgate Ple Ind tel.
Groll, Edward (Tillie) 1 ch laborer T H&L Holgate Ple.
Groll, Emil (son Caroline) R2 Holgate Flrk 14.
Groll, Helen (dau Rosa) milliner Holgate Ple.
GROLL, HENRY (Edith) barber O Holgate Ple.
GROLL, JOHN (Clara) 3 ch farmer T 200a 7h 8c R3 New Bavaria Ple 30 Ind tel.
Groll, John C. farmer RD Napoleon Flrk.
Groll, J. J. (Mary) 2 ch farmer O 258a Holgate Flrk 62 Ind tel.
Groll, Lawrence H. (son Rose) laborer R3 Holgate Flrk 62.
Groll, Mattie (dau J. J.) bds Holgate Flrk 62 Ind tel.
Groll, Robert (dau J. J.) farm laborer bds Holgate Flrk 62 Ind tel.
Groll, Urban (son Chas. T.) high school student Holgate Ple.
Groll, Walter C. (Marie) farmer T 180a 4h 1c R3 Holgate Flrk 62 Ind tel.
GROSSMANN, CHARLES (Katie) 3 ch farmer T 100a 5h 6c R7 Napoleon Nap 48 Ind tel.
GROVE, L. M. 2 ch farmer O 45a 2h 2c R8 Napoleon Mon 19 Ind tel.

Grove, M. (Rosina) 4 ch ret O 95a 1h 1c R8 Napoleon Mon 19 Ind tel.
Gruber, C. A. farmer Liberty Center Wash.
GRUBER, JAMES E. (Catharine) 1 ch farmer O H&L High St Liberty Center.
GRUBER, SIDNEY Railroad St Liberty Center Lib.
Gruenhagen, Herman (Mary) 2 ch farming O 20a 2h 4c R3 Deshler Rhfd 53.
Gruenhagen, Ida (dau Herman) housekeeper R3 Deshler Rhfd 53.
Grunhagen, Fred H. farmer R2 Napoleon Fre.
Grunhagen, Herman farmer RD Deshler Rhfd.
Guber, Fred 6 ch laborer bds RD Deshler Bar 60½.
Guelde, Augusta Hamler Mar.
Guelde, Henry shoes O 40a Hamler Mar.
GUELDE, HERMAN (Hilda) 1 ch clerk O H&L Hamler Mar.
Guhl, Adolph (Tillie) 6 ch farmer O 75a 6h 4c R1 Napoleon Har 17 Ind tel.
GUHL, CHARLES A. (Ida) bee keeper O 15a 1h R7 Napoleon Nap 53 Ind tel.
GUL, CHARLEY R7 Napoleon.
GUNN, BENJAMIN H. (Tillie) 1 ch farmer T 160a 11h 8c R1 Okolona Flrk 3 Ind tel.
Gunn, Chas. E. (Etta) 1 ch farmer O 70a 3h 10c R7 Napoleon Nap 52½ Ind tel.
Gunn, Chas. H. farmer RD Napoleon Flrk.
GUNN, MRS. CLARA S. (wid Chas. H.) 1 ch ret O 88a 1h 2c R7 Napoleon Flrk 42 Ind tel.
Gunn, Fred A. (Rosena) 3 ch farmer O 120a R1 Okolona Nap 41 Ind tel.
GUNN, FRED W. (Alice) 2 ch farmer T 125a 6h 10c R5 Napoleon Har 1.
Gunn, F. Mabel (dau Clara S.) R7 Napoleon Flrk 42.
Gunn, Geo. H. (Dorothy) farmer O 57a 3h 2c R5 Napoleon Dms 8 Ind tel.
Gunn, Howard L. farmer R1 Okolona Nap.
Gunn, Lyman S. (Jennie) farmer O 52a 1h 5c R1 Okolona Nap 37 Ind tel.
Gunn, L. E. farmer R7 Napoleon Nap.
Gunn, Ortes (son Fred A.) R1 Okolona Nap 41.
Gunter, Ammasa (son D. H.) laborer bds R2 Malinta Mon 61.

109

Gunter, D. H. 6 ch farmer O 40a 2h 2c R2 Malinta Mon 61.
Gunter, D. M., Jr. (Rosie) 9 ch farmer O 2H&L 2h 1c R2 Malinta Mon 47.
Gunter, Lester (son D. M., Jr.) laborer bds R2 Malinta Mon 47.
GUNTER, ROBERT (Sarah) 1 ch laborer bds R2 Malinta Mon 61.
Gunter, W. K. (Ruby) 1 ch concrete worker O H&L Malinta Mon.
Guschutz, Ignatius (son Theresia) farmer O 40a R1 New Bavaria Mar 19.
Gustwiller, Albert (Elsie) 2 ch farmer T 60a 4h 3c R1 New Bavaria Ple 103 Ind tel.
Gustwiller, Arthur (Della) farming T 80a 3h 3c R1 New Bavaria Mar 21.
Gustwiller, Edward (Helen) 2 ch day laborer T H&L Holgate Ple.
Gustwiller, Elmer (Mary) 1 ch manager garage T H&L Holgate Ple Ind tel.
GUSTWILLER, JOHN (Elizabeth) 4 ch farming O 4a 3h 2c Holgate Ple Ind tel.
Gustwiller, Lewis W. (Helen) farm laborer T H&L 1h R1 New Bavaria Ple 88 Ind tel.
Gustwiller, Oscar (Tillie) laborer T H&L R1 New Bavaria Ple 101.
GUSTWILLER, WILLIAM (Anna) garage O 40a H&L Holgate Ple Ind tel.
Gutmann, Charles (Elizabeth) 5 ch tile manufacturer O 4a Hamler Mar.
Guyer, Floyd L. farmer R1 Colton Wash 47 Ind tel.
GUYER, H. C. teacher 2h R1 Colton Wash 47 Ind tel.
GUYER, J. S. (Louisa) 2 ch farmer O 40a 4h 6c R1 Colton Wash 47 Ind tel.
Haag, Dr. D. E. (Florence M.) O H&L Maple St Liberty Center Ind tel.
Haag, H. P. (Pearl W.) physician O H&L 1h S Main St Liberty Center Ind tel.
Haake, Henry (son Sopha) carpenter R3 Deshler Bar 35.
Haake, John (son Sopha) farmer T part owner 40a 3h 4c R3 Deshler Bar 35.
Haake, Sopha farmer T part owner 40a 3h 4c R3 Deshler Bar 35.
Haase, Anna (wid Fred D.) 5 ch farming T 5a R1 Okolona Nap 6.
Haase, Carl (son Henry J.) farm hand R1 Holgate Mon 6 Ind tel.
HAASE, EDWARD (Anna) 2 ch farmer O 37a 3h 3c R1 Okolona Nap 39 Ind tel.
Haase, Emil (son Geo. F.) farmer & laborer T 14a R2 Hamler Mon 55 Ind tel.
Haase, Emma (dau Anna) R1 Okolona Nap 24.
Haase, Geo. well driller bds R9 Napoleon Nap 58.
Haase, Geo. F. (Mary) 1 ch farmer O 40a 3h 3c R2 Hamler Mon 55 Ind tel.
Haase, Henry (Ida) laborer Hamler Ind tel.
Haase, Henry F. (Anna) 3 ch farmer O 50a 2h 5c R9 Napoleon Nap 58 Ind tel.
Haase, Henry J. (Anna) 10 ch farmer T 80a 3h 4c R1 Holgate Mon 6 Ind tel.
HAASE, HERMAN (Sophia) 1 ch farmer T 36a 3h 3c R1 Okolona Nap 38 & 40 Ind tel.
Haase, Irene M. (dau Edward) cigar maker R1 Okolona Nap 39.
Haase, Julia (wid Geo., Sr.) ret R9 Napoleon Nap 58.
Haase, Katherine (wid Henry) R2 Napoleon Fre 44.
HAASE, RAYMOND (son Herman) farmer R1 Okolona Nap 38.
HAASE, WILLIAM (Freda) 2 ch farmer O 80a 4h 7c R1 Okolona Nap 25 Ind tel.
HADLEY, ELMER (Mary) 2 ch school teacher T H&L West Hope Rhfd 46.
Hadley, H. E. (Lizzie M.) 3 ch farmer O 20a 4h 2c R3 McClure Rhfd 74 Ind tel.
HADLEY, J. W. (Anna) 2 ch meat market O 80a H&L N Main St Liberty Center.
Hadley, Nellie May (dau H. E.) housekeeper R3 McClure Rhfd 74 Ind tel.
Haffer, O. (Phoebe) carpenter O H&L Maple Ave Liberty Center.
HAFFEY, ALFRED farmer T 28a 3h Hamler Mar 31.
HAFFEY, ROY (son Julia) drayman Malinta Ind tel.
Haffey, Vera (dau Mrs. Julia) telephone operator Malinta Ind tel.
Haffy, Anna ret O 20a R1 Malinta Mon 69.
HAFFY, JOHN (Julia) 6 ch chicken farm O 3a 1L Malinta Mon.
Hagan, Albert (Minnie) 4 ch farmer T 120a 4h 6c Hamler Ind tel.
Hagans, Marie housekeeper O H&L S Main St Liberty Center Ind tel.
Hagen, Fred ret T H&L R1 Okolona Nap 23.
Hagen, Wm. (Christina) 3 ch O H&L Hamler.
HAGERTY, CHAS. F. (Iva B.) 2 ch farmer S 40a 2h 1c R1 Liberty Center Wash Ind tel.
Hahn, August Lizzie) 5 ch farming O 80a 4h 3c R2 Deshler Rhfd 51 Ind tel.

Hahn, Carl (son Herman) farm hand R2 Hamler Mon 54 Ind tel.
HAHN, C. V. (Leona) 1 ch farmer O 40a 1h 3c R1 Liberty Center Wash 18.
Hahn, Edna D. (dau Henry) R9 Napoleon Nap 56.
Hahn, Elsie (dau Henry) R2 Hamler Mon 82 Ind tel.
Hahn, Frank L. (Clara) farming O 80a 5h 4c R1 Liberty Center Lib 99.
Hahn, Fred (Mary) 6 ch farmer O 80a R1 Malinta Rhfd 48 Ind tel.
Hahn, Fred farmer O 105a bds R3 Liberty Center Lib 55.
Hahn, Geo. (son Fred) farmer T 80a 3h 3c bds R1 Malinta Rhfd 48 Ind tel.
HAHN, HENRY (Anna) 5 ch farmer O 40a 4h 4c R9 Napoleon Nap 56.
Hahn, Henry (Mary) 3 ch farming O 40a 3h 6c R2 Hamler Mon 55 Ind tel.
Hahn, Herman (Mary) 6 ch O 80a R2 Hamler Mon 54 Ind tel.
Hahn, J. H. (Ida) 7 ch farmer O 140a 4h 7c R2 Hamler Mon 52 Ind tel.
Hale, Earl 1h bds R1 McClure Dms 71 Ind tel.
HALE, ELI (Ida) 1 ch farmer & cemetary work O 1a R1 McClure Dms 71.
Hale, Miss Flosie bds R1 McClure Dms 71 Ind tel.
Hale, W. M. farmer O 13a 1c R1 McClure Dms 71 Ind tel.
Hales, Fred A. (Rebecca) 2 ch farmer O 44a 2h 3c R3 Liberty Center Lib 70 Ind tel.
Hales, William (Ellen) farmer O 20a 3h 3c R3 Liberty Center Lib 69 Ind tel.
Haley, Frank (Alta) 6 ch mason O H&L Grelton Rhfd 1 Ind tel.
Haley, Richard (Theresa) 3 ch laborer O H&L Holgate.
HALL, ARTIE (Nellie) 1 ch farmer T 86a 5h 9c R6 Napoleon Har 70 Ind tel.
Hall, Mrs. A. T. 5 ch ret O 133a 1h 1c R6 Napoleon Har 70 Ind tel.
Hall, Mrs. H. E. farmer RD Napoleon.
Haly, A. A. (Mamie) 2 ch painter & paper hanger O H&L Grelton Rhfd 1 Ind tel.
Haly, Sarah J. 4 ch ret bds with Ad. Grelton Rhfd 1 Ind tel.
Hamelskamp, Henry (Edith) farmer O 65a 3h 4c R2 McClure Dms 94 Ind tel.
Hammer, Carrol P. (son Fred W.) R1 Okolona Flrk 3.

HAMMER, FRED W. (Edith) 6 ch farmer T 90a 4h 9c R1 Okolona Flrk 3 Ind tel.
Hammon, Edward (Elsie) farmer O 80a 5h 13c R7 Napoleon Nap 72 Ind tel.
HAMMON, E. W. (Sarah) farmer T 80a 5h 5c R5 Napoleon Har 20.
Hammon, Lewis F. (Sadie) prop elevator at Stoudley O H&L 1h Florida Flrk Ind tel.
Hammon, L. E. farmer Florida.
Hamp, Elsworth (Katherine) 2 ch laborer T H&L Colton.
Hane, Ida (wid Dr. C. L.) 1 ch ret O H&L Florida Flrk Ind tel.
HANN, J. W. (Laura) 1 ch farmer T 65a R3 Liberty Center Lib 68 Ind tel.
HANNA, ORTEZ C. (Mattie K.) 1 ch cattle & poultry O 200a 6h 15c R7 Napoleon Nap 73 Ind tel. See adv.
HARBAUGH, G. W. 2 ch ret O 41a R3 McClure Rhfd 72 Ind tel.
Hardy, David W. (Lydia N.) 4 ch laborer O H&2L R2 Liberty Center Wash.
Hardy, Mrs. Pearl C. farmer RD Napoleon Lib.
Hardy, Russell (Mable) school teacher T H&L Maple Ave Liberty Center Ind tel.
HARFST, JOHN R2 McClure Dms 109 Ind tel.
Harman, Chas. E. (Verde E.) plaster & mason O H&L McClure.
HARMAN, HARVEY D. (Georgia) 2 ch farmer T 100a 3h R1 Napoleon Dms 30 Ind tel.
Harman, Mrs. Sarah E. (Wid S. C.) O 80a R5 Napoleon Har 54.
Harmon, Bert RD Deshler Bar.
Harmon, C. C. RD Deshler Bar.
Harmon, Delmar (Pearl) 4 ch furniture clerk T H&L R4 Napoleon Nap 67½.
Harmon, Frank (son Simon) farmer R4 Napoleon Nap 33.
Harmon, Gayle (son S. E.) farm hand bds R2 Liberty Center Lib 100.
Harmon, John F. McClure.
HARMON, JOHN H. (Elizabeth) 1 ch farmer O 131a 3h 12c R7 Napoleon Flrk 42 Ind tel.
Harmon, Kathryn RD Deshler Bar.
Harmon, L. RD Deshler Bar.
Harmon, Martha ret McClure.
Harmon, Oscar (Lizzie) 7 ch farmer T 80a 3h 5c R4 Napoleon Nap 31 Ind tel.
Harmon, Scott McClure.
HARMON, SIMON (Susan) 1 ch farmer O 80a 4h 4c R4 Napoleon Nap 33 Ind tel.

Harmon, S. E. (Hattie) 3 ch farmer O 134a 5h 10c R2 Liberty Center Lib 100.
HARMAN, S. Ross (Effie) 5 ch farmer T 80a 4h 6c R5 Napoleon Har 54 Ind tel.
Harman, W. H. (Mary E.) farmer O 90a 2h 3c R2 McClure Dms 31.
Harmon, W. M. 2 ch blacksmith O H&L Ridgeville Corners Rid 62½ Ind tel.
HARMS, FRANK (Bertha E.) 1 ch farmer T 60a R2 Malinta Mon 42 Ind tel.
Harms, Fred laborer 1h R7 Napoleon Nap 72.
Harms, John (Augusta) 2 ch ret O 40a 5c R2 Napoleon Fre 55 Ind tel.
Harms, John (Anna) 2 ch farmer O 40a 5h 6c R9 Napoleon Fre 27 Ind tel.
Harms, John F. (son John, Sr.) farmer T 40a 4h R2 Napoleon Fre 55.
HARMS, JOHN H. (Amelia) 2 ch farmer T 79a 5h 3c R5 Wauseon Fre 24 Ind tel.
Harms, Karl L. (son Wm.) farm hand bds R2 Malinta Mon 43 Ind tel.
Harms, Lawrence W. (son Wm.) farm hand bds R8 Malinta Mon 43 Ind tel.
Harms, Mary (dau John, Sr.) R2 Napoleon Fre 55.
Harms, Oscar H. (son Wm.) farm hand 1h bds R8 Malinta Mon 43 Ind tel.
Harms, Otto (Clara) farmer 1h R9 Napoleon Fre 27 Ind tel.
HARMS, WM. (Sarah) 4 ch farming O 140a 6h 9c R2 Malinta Mon 43 Ind tel.
Harner, W. M. McClure.
HARPER, A. R. (Laura) 12 ch farmer O 80a 3h 2c R9 Archbold Rid 56 Ind tel.
Harrington, Mrs. Emma Holgate.
Harris, Floyd farmer 1h bds R1 Colton Wash 73 Ind tel.
HARRIS, GEO. E. (Sadie) 7 ch farmer O 80a 2h 7c R1 Colton Wash 73 Ind tel.
Harris, Homer (Nellie) farmer bds R6 Napoleon Har 29.
Harsch, Geo. painter O H&L Mary Ann St Liberty Center.
Hartman, Bertha (dau R. W.) R1 Malinta Mon 70 Ind tel.
Hartman, Chas. (son R. W.) farm work bds R1 Malinta Mon 70 Ind tel.
Hartman, Clarence (son Lorenzo) farm hand R9 Archbold Rid 71 Ind tel.
Hartman, C. J. farmer RD Napoleon Har.
Hartman, Earl (son Lorenzo) farm hand R9 Archbold Rid 71 Ind tel.
HARTMAN, MRS. J. F. R1 Deshler.

Hartman, Levi, Jr. ret R8 Napoleon Har 31 Ind tel.
Hartman, Lloyd (son Lorenzo) farm hand R9 Archbold Rid 71 Ind tel.
HARTMAN, LORENZO (Ella) 7 ch farmer T 130a 7h 3c R9 Archbold Rid 71 Ind tel.
HARTMAN, R. W. (Mellie) 7 ch farmer O 155a 8h 18c R1 Malinta Mon 70 Ind tel.
HARTMAN, S. F. R1 Deshler.
Hartman, S. W. farmer O 25a 2h R6 Napoleon Har 40.
Hartsing, Harry (Dulcie) 1 ch elevator man T H&L Main St McClure.
Harvey, Albert (Pearl) 3 ch farmer O 160a 9h 13c R10 Archbold Rid 1 Ind tel.
Hasemann, Adila (dau Adina) Okolona.
Hasemann, Adina (wid Henry) 3 ch O 10a 1c Okolona.
Hasemann, Arnold (Mary) 3 ch farming T 60a 3h 2c R3 McClure Rhfd 34 Ind tel.
Hasemann, Emma (dau Adina) Okolona.
HASEMEIER, HENRY J. (Vinnie B.) 1 ch farmer O 20a 2h 4c R1 Liberty Center Lib 95.
Hashbarger, S. O. (Margaret) 1 ch farming O 132a 4h 5c R4 Leipsic Mar 53 Ind tel.
Hashberger, Coy (son W. E.) farmer 2h R5 Leipsic Mar 42 Ind tel.
Hashberger, H. J. (Sarah C.) farming O 245a 6h 10c R1 Hamler Mar 48 Ind tel.
Hashberger, I. A. farmer R7 Napoleon Nap.
Hashberger, Lettie R1 Hamler Mar 48 Ind tel.
Hashberger, Margaret housekeeper 1c R1 Hamler Mar 45.
HASHBERGER, ORPHA 4 ch farming T 40a 4h 9c R1 Hamler Mar 45.
Hashberger, Verda R1 Hamler Mar 45.
HASHBERGER, W. E. (Sarah) 1 ch farming O 158a 5h 6c R5 Leipsic Mar 42 Ind tel.
Hashoover, David (Mary) 3 ch laborer O H&L Grelton Rhfd 1.
Hastedt, Ed. (son Fred) farm hand R2 Hamler Mon 29 Ind tel.
Hastedt, Fred (Emma) 2 ch farmer O 80a 4h 5c R2 Hamler Mon 29 Ind tel.
Hastedt, Wm. (Emma) 3 ch farmer O 122a 5h 3c R2 Malinta Mon 25 Ind tel.
Hastedt, Wm., Jr. (son Wm.) farm hand R2 Malinta Mon 25 Ind tel.

FARMERS' DIRECTORY

HATCHER, CHAS. E. (Elbertha) 4 ch Supt of County Infirmary & county farm of 240a R7 Napoleon Nap 84 Ind tel.
HATCHER, C. T. (Erma) 4 ch carpenter & contractor O H&L W Maple Ave Liberty Center Ind tel. See adv.
Hatcher, Miss Esther bds R2 McClure Dms 101 Ind tel.
Hatcher, J. E. (Rilla) 3 ch postmaster O H&L Hamler Ind tel.
HATCHER, WILLIAM F. (Luella) 2 ch farmer O 80a 3h 2c R2 McClure Dms 101 Ind tel.
Hathorn, Fred farmer Belmore.
Hau, John farmer Holgate.
Hauchett, C. H. 2 ch ret O 34a 1h R2 Liberty Center Wash 106.
Hauck, John A. (Agnes) day laborer T H&L Holgate.
Hauck, W. F. (Ella) 2 ch section forman Holgate.
HAUSCHILD, JOHN (Minnia) 5 ch farming O 41a 2h 3c R2 Malinta Mon 48 Ind tel.
Hawk, Edward 2 ch farmer 5h 9c bds R1 Liberty Center Lib 96 Ind tel.
HAWK, CHAUNCEY (Emma Bell) 8 ch farmer T 80a 2h R1 Liberty Center Wash 13.
Hawk, Gerald E. farmer 1h bds Liberty Center Wash 13.
Hawkins, A. C. RD Deshler Bar.
Hawkins, Eva M. RD Deshler Bar.
Hayes, Henry (Anna) laborer Hamler.
HAYES, MICHAEL (Helena) 2 ch farming & stock buyer O 160a 6h 25c R3 Hamler Mar 87 Ind tel.
Hayman, A. F. RD Deshler Bar.
Hayman, C. B. RD Deshler Bar.
Haynes, Eli laborer Holgate.
HAYNES, EUGENE B. (Alice) 1 ch farmer T 80a 3h 5c R7 Napoleon Nap 74 Ind tel.
Haynes, Jerry M. (Rena) 5 ch laborer O H&L Holgate.
Haynes, S. W. buying & selling poultry O H&L 1h Holgate.
Hazeltine, Mrs. W. D. RD Deshler Bar.
Hearn, John O. farmer bds R2 Liberty Center Wash 67.
Heater, A. B. (Grace) 4 ch saw mill owner & T H&L 1h 1c R1 Napoleon Har 60 Ind tel.
Heath, George RD Wauseon.
Heberger, A. J. (son L.) bartender Malinta Ind tel.
Heberger, Louise (dau L.) housekeeper Malinta Ind tel.
HEBERGER, L. (Rose) 3 ch hotel & cafe O business Malinta Ind tel.
Heberger, Wm. G. (Mildred) 1 ch bartender Malinta Ind tel.
Heckler, Adela Malinta.
Heckler, Albert farmer Malinta.

Filling a Silo With a Modern Cutter.

HENRY COUNTY

Heckler, A. R. (Dora) 2 ch farmer T 68a 6h 3c R8 Napoleon Har 34 Ind tel.
HECKLER, D. A, (Sarah) 3 ch farmer O 95a 3h 3c Malinta Mon 65 Ind tel.
HECKLER, FRANK (Nela) 2 ch farmer O 80a 7h 7c R1 Malinta Mon 70 Ind tel.
Heckler, Harmon (Tillie) 2 ch farmer O 10a 3h 2c R2 Malinta Mon 71 Ind tel.
Heckler, Herbert (son Frank) farm hand R1 Malinta Mon 70 Ind tel.
Heckler, L. E. (Caroline R.) 3 ch farmer O 130a 6h 9c R10 Napoleon Lib 24 Ind tel.
HECKLER, MARTIN (Alverda) 1 ch farming T 97a 3h 4c Malinta Ind tel.
Heckler, Mary farmer Malinta.
Heckler, Merlim bds R10 Napoleon Lib 24 Ind tel.
HECKLER, PETE (Bertha) 5 ch farmer O 60a 3h 2c R1 Malinta Mon 69 Ind tel.
Heckler, Phillip, Jr. (Mary) 2 ch farming O 80a 4h 5c R1 Malinta Mon 74 Ind tel.
Heckler, Phillip, Sr. 8 ch ret O 100a 1h R2 Malinta Mon 59 Ind tel.
Heckler, Ray farmer RD Napoleon Har.
Heckler, Roy B. (son Pete) farm hand R1 Malinta Mon 69 Ind tel.
HECKLER, S. F. (Adellia) 2 ch farmer & mgr Malinta Horse Co O 124a H&L Malinta Ind tel.
Heckler, W. P. farmer Malinta.
Heckler, W. T. (Pauline) farmer T 80a 4h R1 Malinta Mon 74 Ind tel.
Hees, Gottlob (Ella) 1 ch ret R3 Holgate Flrk 30 Ind tel.
HEES, WM. (son Gottlob) farmer O 25a 3h 2c R3 Holgate Flrk 30 Ind tel.
Hefflinger, Mrs. Emma 9 ch farming T 80a 6h 2c R2 Deshler Rich 63 Ind tel.
HEFFLINGER, E. T. farmer RD Napoleon Har.
HEFFLINGER, FRED (Lou) 12 ch farmer O 144a 6h 10c R1 Napoleon Har 81 Ind tel.
Hefflinger, F. T. (Maria) 2 ch ret O 80a 1h 9c R6 Napoleon Har 80 Ind tel.
HEFFLINGER, GUY (Grace) 1 ch farmer T 100a 2h 2c R5 Napoleon Har 57 Ind tel.
Hefflinger, Harley (son Emma) laborer bds R2 Deshler Rhfd 63 Ind tel.
Hefflinger, John (son Joseph) farm hand 1h R6 Napoleon Har 40 Ind tel.
Hefflinger, Joseph (Iva) 3 ch farmer O 114 5-10a 5h 10c R6 Napoleon Har 40 Ind tel.
Hefflinger, Leona (dau Joseph) housekeeper R6 Napoleon Har 40 Ind tel.
Hefflinger, L. (son Emma) farm laborer 2h bds R2 Deshler Rhfd 63 Ind tel.
Hefflinger, Mrs. Lola 1 ch farmer O 80a 5h 6c R6 Napoleon Har 80 Ind tel.
Hefflinger, Ola (dau Fred) housekeeper R1 Napoleon Har 81 Ind tel.
HEFFLINGER, ROBERT (Edith) farmer T 80a 4h 4c R7 Napoleon Nap 72.
Hefflinger, Walter (son Fred) 2 h R1 Napoleon Hr 81a Ind tel.
Hefflinger, William (Margaret) 2 ch farmer O 3h 4c R1 Napoleon Har 44 Ind tel.
HEFT, C. (Florence) 2 ch farmer O 10a 5c R3 Liberty Center Lib 70.
Heft, Martin L. (Jennie) 2 ch farming O H&L N Main St Liberty Center Ind tel.
Heilman, Daniel L. (Anna) 4 ch farmer O 80a 5h 6c R8 Napoleon Mon 20 Ind tel.
HEILMAN, ERNEST (Mae) 5 ch farmer T 102a 5h 3c R1 Okolona Flrk 23 Ind tel.
Heilman, John J. section foreman O H&L Florida.
Heilman, J. W. (Katie) 5 ch farmer O 77a 3h 8c R3 Liberty Center Lib 90 Ind tel.
Heilman, Lester laborer 1h R3 Holgate Flrk 64.
Heilman, Miss Martha O H&L Florida.
Heilman, Oscar (son Sam) baker Holgate.
Heilman, Sam (Ida) 3 ch laborer T H&L Holgate.
Heilman, Wm. (Katherine) 5 ch farmer O 96a 4h 2c R6 Napoleon Har 6 Ind tel.
HEILMAN, WM. E. (Blanche) 6 ch farmer T 108a 4h 2c R3 Napoleon Flrk 27 Ind tel.
Heinrichs, Ella (dau Fred) R2 Hamler Mon 56 Ind tel.
Heinrichs, Fred (Anna) 5 ch farming O 80a 5h 6c R2 Hamler Mon 56 Ind tel.
Heinrichs, Milie (dau Fred) R2 Hamler Mon 56 Ind tel.
Heinrichs, Milton (son Fred) farm hand bds R2 Hamler Mon 56 Ind tel.
Heist, Grover (Myrtle) 1 ch laborer O H&L Mary Ann St Liberty Center.
HEIST, PETER Mary Ann St Box 4 Liberty Center.

FARMERS' DIRECTORY

Heitman, Alvin G. (Carrie) genl mdse O H&L Okolona Ind tel.
HEITMAN, FRED H. (Helena) 4 ch postmaster O H&L Okolona Ind tel.
Heitman, Wm. (Anna) genl mdse O H&L 1h Okolona Ind tel.
Helberg, Anna (wid Christ) R9 Napoleon Nap 36.
Helberg, Arthur farm hand 1h bds R2 Malinta Mon 50 Ind tel.
HELBERG, BARNEY H. (Anna) 3 ch farmer T 80a 5h 5c R9 Napoleon Nap 29 Ind tel.
Helberg, Deitrick (Sophia) 3 ch farmer O 60a 2h 4c R2 Holgate Ple 33 Ind tel.
Helberg, Dora (wid Fred) O 1a H&L R9 Napoleon Nap 29 Ind tel.
Helberg, Ed. (Helen) 2 ch laborer T H R4 Napoleon Fre 28 Ind tel.
Helberg, F. (Emma) 2 ch farmer O 80a 3h 5c R2 Malinta Mon 50 Ind tel.
HELBERG, GEO. (Amelia) 2 ch farmer O 90a 3h 8c R9 Napoleon Nap 36 Ind tel.
Helberg, Henry (Catherine) ret 1c R9 Napoleon Nap 36 Ind tel.
Helberg, Henry (Lena) 6 ch farmer O 40a 3h 4c R2 Holgate Ple 36.
Helberg, Henry, Jr. (son Henry) farm laborer bds R2 Holgate Ple 36.
HELBERG, JOHN H. (Anna) 6 ch farmer O 70a 4h 9c R9 Napoleon Nap 56 Ind tel.
Helberg, Karl (son Wm.) farmer 1h RD Napoleon Fre.
HELBERG, WM. (Helen) 6 ch farmer O 80a 5h 15c R9 Napoleon Nap 7 Ind tel.
Held, George farmer Colton.
Helfer, Scott H. (Pearl) 1 ch farmer T 80a 5h 3c R1 Belmore Bar 25 Ind tel.
Helmke, F. H. (Sophia) 2 ch farmer O 80a 7h 9c R2 Liberty Center Wash 98 Ind tel.
Helmke, Harmon (son H. D.) farm hand bds R3 Deshler Rhfd 54.
Helmke, Henry D. (Anna) 9 ch farming O 40a 3h 2c R3 Deshler Rhfd 54 Ind tel.
HELMKE, HERMAN (Mary) 2 ch farmer O 80a 3h 4c R2 Holgate Ple 33 Ind tel.
HELMKE, LOUIS (Dora) 1 ch farmer T 60a 5h 3c R4 Napoleon Rid 62 Ind tel.
Helmke, Mary (dau Wm.) R2 Hamler Mon 90 Ind tel.

Helmke, Wm. (son Herman) carpenter bds R2 Holgate Ple 33 Ind tel.
Helmke, Wm. (Sophia) 5 ch farming O 40a 3h 4c R2 Hamler Mon 90 Ind tel.
Hemsoth, Catherine 8 ch farmer 37a 1c Malinta Ind tel.
HEMSOTH, C. C. (son Mrs. Catherine) farmer T 37a 2h Malinta Ind tel.
Hemsoth, O. J. (Edith) T H&L Malinta Ind tel.
Henderson, Mrs. J. G. farmer Hamler.
Hemmelskamp, H. B. farmer McClure.
Hemsicker, Gottlieb farmer RD Deshler Mon.
Hench, Rudolph (Katie) meat market O H&L Holgate Ind tel.
Henderson, Lu laborer O H&L High St Liberty Center.
Henderson, R. D. farmer Weston.
Hendricks, Mark (Laura) blacksmith Hamler.
Heneman, Fred H. (Anna) 4 ch farming O 9a 3h 4c R3 Hamler Bar 4 Ind tel.
Hennessey, Edw. RD Deshler Bar.
Henning, Mary A. 4 ch ret O 40a R1 McClure Rhfd 64.
Henricks, Earl (Dorathea) R7 Napoleon Nap 82.
Henrichs, Earl M. farmer Liberty Center.
HENRICKS, E. S. (Edith) 3 ch farmer T 20a 1h 3c R2 Liberty Center Wash 21 Ind tel.
Henricks, James (Civilla) 1 ch laborer T H&L 1h R2 Liberty Center Wash 106.
HENRICKS, J. A. (Emaline) 1 ch carpenter & builder O H&L N St Liberty Center Ind tel.
Henricks, Ward farmer RD Napoleon Lib.
HENRICKS, WM. (Mary E.) 8 ch farmer O 120½a 9h 29c R2 Liberty Center Wash 22 Ind tel.
Henry, Ed. (son Martha) farmer R1 McClure Rhfd 99 Ind tel.
Henry, J. E. (Mattie) 7 ch ret O 140a 1h R10 Archbold Rid 49 Ind tel.
Henry, Floyd farm laborer R3 Hamler Mar 104 Ind tel.
Henry, Lloyd C. (Ida) farmer & horse breeder T 140a 9h 14c R10 Archbold Rid 49 Ind tel.
Henry, Martha 1 ch farmer O 37½a 2h 5c R1 McClure Rhfd 99 Ind tel.
Henry, Martin (Eitha) 1 ch farmer T H 1h R4 Archbold Rid 49 Ind tel.
Henry, M. J. farmer R10 Archbold Rid.
Henry, R. C. (Crescent) garage O H&L Ridgeville Corners Rid 44 Ind tel.

Henry, Wm. (Anna) laborer O H&L Hamler Ind tel.
HERGE, ARTHUR (Emma) 2 ch farming T 60a 3h 4c R2 Hamler Mon 56 Ind tel.
Herge, Charley (Minnie) 4 ch farmer O 87a 3h 4c RD Napoleon Nap.
HERGE, CHAS. (Minnie) 4 ch farmer T 80a H&L 4h 3c R3 Napoleon Flrk 76 Ind tel.
Herge, Elizabeth 10 ch ret bds F. Malinta Ind tel
HERGE, FRANK (Eva) contractor O H&L Malinta Ind tel.
Herkimer, Russell (Lucy) 3 ch farmer O 35a 2h 4c R10 Napoleon Lib 16 Ind tel.
Herr, Chas. RD Deshler Bar.
Herr, Geo. W. RD Deshler Bar.
Herr, Henry (Hannah) 9 ch farming O 160a 4h 7c R1 Malinta Rhfd 11 Ind tel.
Herr, Henry, Jr. (son Henry) school teacher bds R1 Malinta Rhfd 11 Ind tel.
HERR, HERMAN (son Henry) farm laborer 4h bds R1 Malinta Rhfd 8 Ind tel.
Herr, H. (Genevieve) farmer T 100a 3h 2c R1 McClure Rhfd 64 Ind tel.
HERR, JOE (Amanda) 4 ch farming T 100a 5h 6c R1 Malinta Rhfd 13 Ind tel.
HERR, LUKE (Martha) 1 ch farmer O 47a 4h 2c R1 Napoleon Har 17 Ind tel.
Herr, Ross (son Henry) student bds R1 Malinta Rhfd 11 Ind tel.
Herr, Theo. RD Deshler Bar.
Herring, C. T. (Rose) 2 ch confectionary Ice cream & car inspector O business rooms & H Malinta Ind tel. See adv.
Hershberger, Albert (son T. W.) farm hand bds R8 Napoleon Har 34 Ind tel.
Hershberger, Caroline (wid Isaac W.) R7 Napoleon Nap 48.
HERSHBERGER, ISAAC A. (Katherine) 2 ch farmer O 104a 9h 11c R7 Napoleon Nap 48 Ind tel.
Hershberger, Nellie (dau T. W.) student R8 Napoleon Har 34 Ind tel.
Hershberger, Ralph W. (son Isaac) R7 Napoleon Nap 48.
HERSHBERGER, T. W. (Minerva) 2 ch farmer O 60a 4h 17c R8 Napoleon Har 34 Ind tel.
Herthneck, George (Adalia) wagonmaker O H&L Holgate.

Hess, Carrie (dau Lewis) bds Pleasant Bend 52 Ind tel.
Hess, Chas. laborer R3 Hamler Bar 5.
Hess, Mrs. Cora May 2 ch housekeeper R6 Napoleon Har 70.
HESS, GEO. A. (Della) farmer T 60a 4h 5c R1 Malinta Mon 97 Ind tel.
Hess, Henry (Mary) farming T 100a 2h Pleasant Bend Ple 52 Ind tel.
Hess, Levi (Martha) 5 ch farmer O 60a 2h 4c R5 Napoleon Har 56 & 57.
HESS, LEWIS (Elizabeth) farmer O 116½a 3h 4c Pleasant Bend Ple 52 Ind tel.
Hess, Noah (Maud S.) 2 ch laborer O H&L Malinta.
Hess, P. Albert 4 ch farmer O 60a 2h R1 Malinta Mon 97 Ind tel.
Hess, Solomon (Laura) 1 ch farmer T 80a 3h 1c R3 McClure Rhfd 35 Ind tel.
Hess, Wm. (Retta) 1 ch marshall O H &L Malinta.
Hess, Wm. farmer Holgate.
Hess, W. F. (son Lewis) laborer bds Pleasant Bend Ple 52 Ind tel.
Hesterman, Fred (Anna) 2 ch farmer O 80a 3h 14c R2 Napoleon Nap 102 Ind tel.
Hesterman, (wid Fred, Sr.) R2 Napoleon Nap 102.
Hesterman, William (Ida) 7 ch farmer O 65a 4h 4c R9 Archbald Rid 66 Ind tel.
Hicks, Albert (Bertha) 8 ch farmer T 120a 5h 2c R2 Deshler Rhfd 63 Ind tel.
Hicks, M. McClure.
Hicksted, Albert 7 ch ret bds R1 Malinta Mon 74 Ind tel.
Hicksted, Frank (Matilda C.) 2 ch farmer T 64a 3h 2c R9 Napoleon Nap 27.
HIGGINS, A. M. (Alice) 1 ch farmer O 2h 2c R3 McClure Rhfd 42.
Higgins, Calvin (Cora) ret O 20a H&L McClure Ind tel.
Higgins, Helen (dau Mrs. Fred Gackel) student Florida.
Higgins, H. A. (son H. D.) school teacher R1 McClure Rhfd 43 Ind tel.
Higgins, H. D. (Christina) 4 ch farmer O 20a 3h 1c R1 McClure Rhfd 43 Ind tel.
Higgins, Mate farmer McClure.
Higgins, Myrtle (dau H. D.) clerk dept store R1 McClure Rhfd 43 Ind tel.
Higgins, S. E. (Josephine) hotel O L Hamler Ind tel.

FARMERS' DIRECTORY

Higgins, Wm. (son H. D.) farm hand bds R1 Westhope Rhfd 43 Ind tel.

Highland, E. (Mabel) 1 ch telegraph operator T H&L Malinta.

Highshn, Z. ret O H&L McClure.

Higley, Edwin (Mary) 1 ch laborer T H&L 2h 1c Holgate.

Hildebrandt, John C. (Louise) farmer O 80a 4h 8c R2 Napoleon Fre 71 Ind tel.

Hill, Al. farmer O 3a R1 Holgate Ple 69.

Hill, C. O. (Bertha) 2 ch farmer T 68a 6h 8c R6 Napoleon Har 66 Ind tel.

Hill, Dennis (son W. M.) laborer 1h R4 Deshler Bar 59.

Hill, Frank RD Deshler Bar.

Hill, James (Eva) 5 ch laborer T H&L Holgate.

HILL, JOHN (Lillie M.) 6 ch farming & teaming O H&L 2h Holgate.

Hill, Oliver laborer bds Holgate.

Hill, Richard (Jennie) 5 ch laborer O H&L Holgate.

Hill, Squire (Allas) 2 ch dehorning cattle T H&L 1h Holgate.

Hill, William selling fruit trees O H&L Holgate.

Hill, Wm. B. (son Wm. M.) laborer R4 Deshler Bar 59.

Hill, Wm. M. (Mary C.) 5 ch farming O 40a 3h 3c R4 Deshler Bar 59.

Hillabold, L. S. ret O 4a Holgate.

Hillard, Claude (Minnie) 1 ch farm hand T H R3 Deshler Bar 48.

Hillard, Selby (Florence) 3 ch farmer T 140a 10h 6c R3 Deshler Bar 48 Ind tel.

Hillis, Eli farmer 1h R3 Napoleon Nap 81.

Hilton, W. S. (Emma) 1 ch physician O H&L 2h Pleasant Bend Ind tel.

Hineline, Fred (Anna) 1 ch laborer T H&L R7 Napoleon Nap 50.

HINES, CLIFFORD (son Wm. L.) school teacher bds R1 Westhope Rhfd 46 Ind tel.

HINES, LEE (Carrie) 3 ch farming T 80a 5h 3c R1 Custar Rhfd 83 Ind tel.

Hines, Virgil (son Wm. L.) farmer bds Westhope Rhfd 46 Ind tel.

Hines, W. F. farmer Westhope.

Hines, Wm. L. (Ida) 5 ch farming O 10a 7h 3c Westhope Rhfd 46 Ind tel.

Hinton, C. L. baker Hamler.

Hipp, Fred 3 ch ret O 80a R2 Malinta Mon 44 Ind tel.

Hipp, Geo. (Ida M.) 4 ch farmer O 60a 4h 6c R2 Malinta Mon 44 Ind tel.

HISER, DAVID J. 1h bds R1 Liberty Center Wash 6 Ind tel.

Hiser, Sol. (Mary) 3 ch farming O 90a 3h 3c R1 Liberty Center Wash 6 Ind tel.

Hissong, Dr. C. G. (Hazel) 1 ch physician O H&L Hamler.

Hite, Noah (Sarah J.) 5 ch farmer O 115a 2h 4c R3 Liberty Center Lib 64 Ind tel.

Hitt, Jessie W. ret O 40a R1 Hamler Mar 64.

HITT, J. LLOYD farmer O 40a 2h R2 Hamler Mar 66.

Hitts, Albert farmer O 18a R6 Napoleon Har 40.

Hitts, Arthur (Gladys) 1 ch farmer T 50a 4h 1c R6 Napoleon Har 80 Ind tel.

Hitts, Gus (Hannah) farmer T 80a 3h R1 Napoleon Har 82.

Hitts, James farmer O 18a 2h 3c R6 Napoleon Har 40.

Hitts, Peter (Mary) farmer T 100a 7h 10c R1 Napoleon Har 17 Ind tel.

Hitts, Rose farmer O 18a R6 Napoleon Har 40.

Hoch, John Holgate.

Hoch, Mary O H&L Holgate.

Hockerman, C. H. RD Deshler Bar.

Hockman, B. F. (Mattie L.) 5 ch farmer O 20a 5h 3c R3 McClure Dms 29 Ind tel.

Hockman, Carl (Flosie) 2 ch farmer T 80a R1 McClure Dms 54 Ind tel.

Hockman, E. J. (Lizzie) ret O 140a H &L McClure.

Hockman, Frank farmer McClure.

Hockman, Jacob farmer McClure.

Hockman, J. E. farmer O 80a 5h 8c R2 McClure Dms 50 Ind tel.

Hockman, Peter (Eliza A.) farmer O 80a 2h 3c R3 McClure Dms 54 Ind tel.

Hockman, W. O. (Mary) 2 ch farmer T 80a 4h 3c R6 Napoleon Har 73 Ind tel.

HOEFFEL, EDWARD A. (Anna) 5 ch farmer O 113a 9h 22c R2 Napoleon Nap 99 Ind tel.

Hoehring, Jacob ret O 80a Holgate.

Hoellerich, George (Maggie) 1 ch farmer O 80a 3h 5c R2 New Bavaria Ple 17 Ind tel.

Hoff, Charley H. (son C. L.) farmer T 100a 3h 2c R2 Malinta Mon 23 Ind tel.

Hoff, C. L. (Nettie) 4 ch ret O 180a 1h 3c R2 Malinta Mon 23 Ind tel.

117

Hoff, Daniel (Nettie) 1 ch farmer O 40a 4h 5c R2 Malinta Mon 23 Ind tel.
Hoff, Fred W. (Barbara) ret O 180a H&L 1c Holgate Ind tel.
Hoff, Henry (Cora) 1 ch farmer O 40a 2h 3c R1 Holgate Mon 11 Ind tel.
Hoff, Jacob farmer Holgate.
Hoff, John, Jr. (son John, Sr.) ret O 40a R1 Holgate Mon 11 Ind tel.
Hoff, John, Sr. (Lizzie) 6 ch farmer O 80a 4c R1 Holgate Mon 11 Ind tel.
Hoff, Lewis (Cora) 1 ch farming T 80a 3h 2c R1 Holgate Mon 26 Ind tel.
Hoff, Martin (Minnie) 3 ch farmer O 40a 2h 3c R1 Holgate Mon 12 Ind tel.
Hoff, Philip (son Fred W.) laborer Holgate Ind tel.
Hoff, Sam (son John H.) farmer O 80a 3h R1 Holgate Mon 11 Ind tel.
Hoff, W. G. (T. L.) 2 ch farmer T 40a 3h 3c R2 Malinta Mon 22 Ind tel.
Hoffer, Millie Liberty Center.
HOFFLINGER, FRED R1 Napoleon.
Hoffman, Andrew (Anna) ret O 320a 3h 7c Pleasant Bend Ple 52 Ind tel.
Hoffman, Andrew farmer bds R3 New Bavaria Ple 18 Ind tel.
HOFFMAN, ARCHBOLD P. (Anna) 1 ch farmer T 40a 4h 3c R1 Napoleon Dms 18 Ind tel.
Hoffman, Chas. E. (Dora) farmer T 80a 5h 4c R6 Napoleon Har 69 Ind tel.
Hoffman, C. P. (Myrtle M.) 2 ch farmer O 200a 2h 17c R1 Colton Wash 48 Ind tel.
Hoffman, Daniel (Lydia) 2 ch farmer O 20a 2h 2c R3 Liberty Center Lib 77 Ind tel.
Hoffman, Ed. farmer bds R3 New Bavaria Ple 18 Ind tel.
HOFFMAN, ELMER (Minnie) 3 ch farmer T 123a 6h 22c R5 Wauseon Fre 24 Ind tel.
Hoffman, E. E. (Lulu R.) 1 ch farmer O 40a 5h 4c R3 Liberty Center Lib 74 Ind tel.
Hoffman, Frank (son Mike) laborer bds Florida.
HOFFMAN, FRANK (Mabel) 1 ch farmer T 145a 5h 14c R9 Archbold Fre 5 Ind tel.
HOFFMAN, FRED (Elizabeth) 2 ch farmer T 80a 3h 5c R10 Archbold Rid 38 Ind tel.
Hoffman, Geo. (Ella) farming O 40a 3h 3c R2 Malinta Mon 46 Ind tel.
Hoffman, Geo. (Clara) 3 ch farmer O 60a 6h R9 Archbold Rid 53 Ind tel.

Hoffman, Harvey W. (Aurleta) farmer T H&L 3h 1c R8 Napoleon Mon 2.
Hoffman, H. C. (Vivian) 1 ch farmer T H&L 1h 1c R10 Napoleon Lib 47 Ind tel.
Hoffman, H. M. bds R1 Napoleon Dms 17 Ind tel.
Hoffman, Ida farmer Liberty Center.
HOFFMAN, JACOB J. (Sarah) 1 ch farmer O 320a 6h 22c R3 New Bavaria Ple 18 Ind tel.
Hoffman, James (son Lewis) laborer R3 Napoleon Flrk 67.
Hoffman, John (Theresa) farm laborer T H&L 1c R3 New Bavaria Ple 72 Ind tel.
Hoffman, Julius (son J. J.) farming & thrashing 1h bds R3 New Bavaria Ple 18 Ind tel.
HOFFMAN, J. A. (Hanna E.) farmer T H&L 2h 5c R1 Napoleon Dms 18.
Hoffman, Lewis (Mary) 2 ch farmer O 80a 4h 4c R3 Napoleon Flrk 67 Ind tel.
Hoffman, Lucinda 5 ch bds R1 Colton Wash 48 Ind tel.
Hoffman, Malon (Ethel) 8 ch farmer O 50a 6h 2c R3 New Bavaria Ple 23 Ind tel.
HOFFMAN, MARTIN P. R3 Liberty Center.
Hoffman, Mike (Louisa) 1 ch laborer O H&L Florida Flrk.
Hoffman, Oscar farmer R1 Napoleon Dms 17 Ind tel.
HOFFMAN, O. L. (Ethel M.) 2 ch farmer T 120a 5h 14c R3 Liberty Center Lib 73 Ind tel.
Hoffman, Peter (Emma) farmer O 140a 1h 9c R3 New Bavaria Ple 19 Ind tel.
Hoffman, Peter J. laborer R1 Hamler Mar 46.
Hoffman, Peter J. (Barbara) 1 ch ret O 40a 1h 1c R1 New Bavaria Mar 41.
HOFFMAN, PHILIP R2 New Bavaria.
Hoffman, P. (Nancie) ret farmer O 70a R1 Napoleon Dms 18 Ind tel.
HOFFMAN, S. M. (Ada I.) 1 ch farmer O 205a 3h 5c R1 Liberty Center Wash 32 Ind tel.
Hoffman, Walter bds T 11a 1h R1 Napoleon Dms 17 Ind tel.
Hoffman, W. J. farmer Florida.
Hograve, Louis (Helen) 1 ch farmer T 80a 3h 5c R7 Napoleon Fre 48 Ind tel.
Hogrefe, Albert (son Dietrich) R7 Napoleon Fre 51.
Hogrefe, Dietrich (Mary) 5 ch farmer O 140a 6h 10c R7 Napoleon Fre 51 Ind tel.

FARMERS' DIRECTORY

Hogrefe, Dietrich ret O 80a 1h R3 Holgate Flrk 21 Ind tel.
Hogrefe, Ehler, Sr. (Maggie) 3 ch farmer O 99a 4h 5c R1 Malinta Rhfd 26 Ind tel.
Hogrefe, Ehler, Jr. (son Ehler) farm laborer bds R1 Malinta Rhfd 26 Ind tel.
Hogrefe, Fred farmer R2 Deshler Bar.
Hogrefe, Henry (Minnie) 5 ch farmer O 94a 5h 10c R10 Napoleon Lib 14.
Hohenberger, Leo. (Clara) 3 ch farmer T 104a 4h 14c R3 New Bavaria Ple 40 Ind tel.
HOHENBERGER, J. A. (Alma) 3 ch farmer T 80a 4h 7c R2 Holgate Ple 66.
Hohenbrink, Frank (son J.) clerk Holgate.
Hohenbrink, Elizabeth (dau J.) telephone operator Holgate.
Hohenbrink, Joseph (Dena) 2 ch day laborer O H&L Holgate.
Hohenbrink, Norbert (Bertha) 1 ch farmer O 40a 3h 6c R2 New Bavaria Ple 87.
HOHENBRINK, WILLIAM (Anna) 3 ch farmer 40a 3h 2c R1 New Bavaria Ple 88 Ind tel.
Hoke, J. W. RD Deshler Bar.
Holepeter, Bernice (dau Mrs. J. W. Shidler) student R3 McClure Rhfd 1 Ind tel.
Holepeter, Ervilla L. O 18a R1 Napoleon Dms 18 Ind tel.
Holers, Catherine (wid Henry) R1 Okolona Nap 11.
Holers, Fred (son Wm.) R2 Napoleon Fre 37.
Holers, Wm. (Minnie) 1 ch farmer O 105a 4h 9c R1 Okolona Nap 11 Ind tel.
HOLERS, WM. (Dora) 2 ch farmer O 200a 10h 14c R2 Napoleon Fre 37 Ind tel.
Holloway, Ethel music teacher Holgate Ind tel.
Holmes, J. A. RD Deshler Bar.
Homan, Earl (Bessie) 4 ch farmer T 60a 3h 3c R9 Napoleon Nap 69 Ind tel.
Homan, T. E. farmer R9 Napoleon Nap.
Homan, Wm. (Fanny) 6 ch farmer O 12a 4h 1c R6 Nap Har 28 Ind tel.
HOMANN, FRED H. (Clara) 2 ch farmer T 80a 5h 7c R2 Napoleon Fre 37 Ind tel.
Homann, Helen (dau Henry) R2 Napoleon Fre 59.
Homann, Henry (Anna) 5 ch farmer & horse breeder O 80a 8h 13c R2 Napoleon Fre 59 Ind tel.
HOMANN, H. F. (Johanna) 1 ch farmer T 80a 3h 11c R4 Weauseon Lib 37 Ind tel.

Pure Bloods.

Homeyer, Anna R1 New Bavaria Mar 17.
Honeck, Aug., Sr. (Elizabeth) 3 ch tile mill & saw mill O H&L 1h Malinta Ind tel.
Honeck, August, Jr. (Maude) 2 ch tile & saw mill O H&L R2 Malinta Mon 47 Ind tel.
Honeck, Gertrude (son Aug) school teacher bds Malinta Ind tel.
Honeck, Herman (son Aug., Sr.) student bds Malinta Ind tel.
Honeman, F. H. farmer Hamler.
Hoops, Fred (son J. H. L.) farm laborer bds R3 Deshler Rhfd 54 Ind tel.
Hoops, Fred G. (Erna) 3 ch farming O 80a 4h 3c R3 Deshler Bar 37 Ind tel.
Hoops, George butcher Hamler.
HOOPS, GUST Hamler.
Hoops, Henry farmer RD Deshler Rhfd.
Hoops, H. H. (Matilda) 3 ch farming O 75a 4h 3c R3 Deshler Bar 40 Ind tel.
HOOPS, J. AUGUST (Wilhelmina) 7 ch ret O 240a 6h 8c R3 Deshler Rhfd 53 Ind tel.
Hoops, J. F. (Adine) 5 ch farmer O 80a 5h 8c R3 Deshler Bar 72 Ind tel.
Hoops, J. H. L. (Louisa) 6 ch farmer O 110a 8h 12c R3 Deshler Rhfd 54 Ind tel.
Hoops, Luella (dau J. H. L.) housekeeper R3 Deshler Rhfd 54 Ind tel.
Hoops, William (Anna) 2 ch farm laborer lives with J. Aug. R3 Deshler Rhfd 53 Ind tel.
HOOVER, A. (Effie) ret O H&L Garfield & Plum St Liberty Center.
Hoover, John farmer Liberty Center.
Hoover, John (Ella) 1 ch farmer T 50a 3h 3c R4 Napoleon Fre 31 Ind tel.
Hoover, J. D. (Mary) 5 ch farmer T 80a 5h 4c R10 Napoleon Lib 53 Ind tel.
Hoover, Martin (Rose) 1 ch ret O 50a 3h 2c R4 Napoleon Fre 31 Ind tel.
Hoover, Mrs. Mary 3 ch T H R4 Napoleon Fre 14.
Hopas, A. (Lydia) ret O H&L Maple Ave Liberty Center Ind tel.
HOPKINS, M. C. (Martha) 4 ch farmer T 80a R3 Napoleon Flrk 47.
Horning, Carl (Josephine) 1 ch farming T 55a 3h 4c R8 Napoleon Har 13 Ind tel.
Hornung, Albert H. (son Jacob) auctioneer bds New Bavaria Ind tel.

HORNUNG, ANDREW J. (Gertrude F.) 1 ch manager T H&L New Bavaria Ind tel.
Hornung, A. C. (Blanche) 2 ch farmer O 40a 3h 6c R3 New Bavaria Ple 21 Ind tel.
Hornung, Charles (Emma) 3 ch farming T 133a 13h 11c R3 New Bavaria Ple 39 Ind tel.
HORNUNG, CHARLES S. (Ola) 2 ch restaurant also milliner store run by Ola O H&L Holgate Ind tel.
Hornung, C. F. mail carrier bds New Bavaria.
Hornung, Daniel farmer New Bavaria.
Hornung, D. W. (Fannie) 1 ch farmer O 80a 2h 4c R2 New Bavaria Ple 26 Ind tel.
Hornung, Helen (dau Chas.) waitress in restaurant Holgate.
HORNUNG, JACOB ret O 350a 10h 2c New Bavaria Ple Ind tel.
Hornung, Margaret (dau Jacob) bds New Bavaria Ind tel.
Hornung, Ora C. (son Jacob) farming T 100a 6h New Bavaria Ind tel.
HORNUNG, PHILIP R2 New Bavaria.
Hornung, Ruth (dau Jacob) bds New Bavaria Ind tel.
Horr, W. J. (Rose) 1 ch farmer O 68a 7h 3c R4 Napoleon Rid 48 Ind tel.
Hoskinson, A. D. (Carrie) farming O 5a 3h 1c Westhope Rhfd 47 Ind tel.
Hoskinson, Carl RD Deshler Bar.
Hoskinson, C. A. farmer Malinta.
Hoskinson, Gladys (dau Samuel) school teacher R1 McClure Rhfd 82 Ind tel.
Hoskinson, R. W. RD Deshler Bar.
HOSKINSON, SAMUEL (Mary) 6 ch ret O 80a 2h 8c R1 McClure Rhfd 82 Ind tel.
Houck, Carolina Geo. RD Deshler Bar.
House, F. J. RD Deshler Bar.
House, H. L. RD Deshler Bar.
House, W. Scott RD Deshler Bar.
Houser, B. F. (Lillie) 5 ch farming O 40a 4h 7c R1 McClure Rhfd 41 Ind tel.
Houser, Chas. (Libbie) butcher O H&L Beaver St McClure.
Houser, Clyde farmer Grelton.
HOUSER, C. F. (Chloe) 1 ch farming T 80a 4h 3c Grelton Rhfd 2 Ind tel.
Houser, Dan (Nancy) farmer O H&L Depot St McClure.
Houser, Lolla postoffice clerk bds Beaver St McClure.
Houser, Mrs. Mary C. O 40a 3c McClure Dms 62 Ind tel.

FARMERS' DIRECTORY

Houser, Nora dressmaker Beaver St McClure.
HOUSER, O. C. (Turie) 1 ch mail carrier O 12½a 1h East St McClure Ind tel.
Houser, S. P. (Hanna) ret O 42a 1c McClure Ind tel.
HOUSLEY, W. L. (Mary) 6 ch farmer T 303a 11h 12c R2 Liberty Center Wash 108 Ind tel.
Houts, B. F. (Maria) 1 ch farmer T 80a 3h 3c R1 Colton Wash 38.
Houts, Daniel (Amgaline) ret farmer O H&L Maple St Liberty Center.
HOUTS, D. W. (Caroline) meat market O 20a H&L Cherry St Liberty Center Ind tel.
Hovey, Floyd W. (son Joseph) machinist bds Florida.
Hovey, Harry H. (Reba) machinist T H&L Florida.
HOVEY, JOS. (Virgie) 1 ch machinery & machinist O H&L Florida Ind tel. See adv.
Howard, W. S. (Elizabeth) ret O H&L Holgate.
Howe, C. E. 1 ch farmer O 82a T 20a 4h 4c bds R1 Napoleon Dms 18 Ind tel.
Howe, Henry (son John) farming 1h bds R2 Holgate Flrk 58.
HOWE, JOHN (Mary) 3 ch farmer O 145a 9h 16c R2 Holgate Flrk 58 Ind tel.
Howe, John J. farmer New Bavaria.
Howe, W. R. (Hattie) 4 ch farmer O 120a 9h 6c Grelton Dms 23 Ind tel.
Howell, Mrs. Alice Liberty Center.
Howell, Amanda 2 ch bds R1 Liberty Center Lib 96 Ind tel.
Hoy, Frank farmer RD Napoleon Har.
Huber, Mrs. Adam O 80a H&L Holgate.
Huber, Alvin (son Jacob) farm hand 1h bds R1 Holgate Mon 27 Ind tel.
Huber, Amelia (dau Mrs. Adam) saleslady Holgate.
Huber, Carl (Anna) 2 ch farming T 80a 5h 5c R2 Hamler Mon 79 Ind tel.
Huber, Carrie (dau Mrs. Adam) milliner Holgate.
Huber, Edward (son John) farm hand bds Holgate Mon 8 Ind tel.
Huber, Frieda (dau Jacob) R1 Holgate Mon 27 Ind tel.
Huber, George (Emma) 4 ch farmer O 60a 4h 3c R1 Holgate Mon 6.
Huber, Jacob (Catherine) 4 ch farmer O 79a 4h 7c R1 Holgate Mon 27 Ind tel.
Huber, John (Mary) 6 ch farmer & stock buyer O 120a 8h 5c Holgate Mon 8 Ind tel.

Huber, Laura N. (dau Peter) R1 Holgate Flrk 91.
Huber, Martin (Anna B.) 1 ch farmer O 160a 4h 5c R1 Holgate Ple 69 Ind tel.
HUBER, PETER (Rosina) 2 ch ret O 120a 2h 5c R1 Holgate Flrk 91 Ind tel.
Hubner, Elizabeth RD Deshler Bar.
Huddle, Cora (dau John) R3 Napoleon Nap 89½.
Huddle, Daniel A. (Anna) 4 ch farmer O 98a 5h 4c R1 Napoleon Har 5 Ind tel.
Huddle, Howard G. (son Dan A.) farmer bds R3 Napoleon Nap 89½.
Huddle, John (Catherine) 5 ch farmer O 73a 1h R3 Napoleon Nap 89½ Ind tel.
Huddle, O. E. farmer RD Napoleon Nap.
Hudson, Brink W. (Flora E.) 1 ch farming O 35a 2h 4c R1 Liberty Center Lib 96 Ind tel.
HUDSON, C. E. R1 Deshler.
Hudson, E. A. (Viola) 3 ch farmer T 40a 2h 4c R3 Deshler Bar 46 B tel.
Hudson, F. M. 5 ch ret O 40a R3 Deshler Bar 46 B tel.
Hudson, Mary M. ret O H&L Malinta Ind tel.
Hudson, William farming O 25a 1h 1c R2 Liberty Center Lib 101 Ind tel.
Hudson, W. P. (son Mary M.) station agt & tel operator bds Malinta Ind tel.
Huffer, Arthur (Alice) 5 ch farmer & thresher T H&L Maple St Liberty Center.
Huffer, David saw mill O 40a Maple Ave Liberty Center Ind tel.
Huffey, Mrs. Julia 6 ch ret O H&L Malinta Ind tel.
Huffman, Chas. (son Hattie) farmer & laborer T 10a R1 Belmore Bar 55 Ind tel.
Huffman, Charles (Liddie) farmer T 120a 3h 3c Pleasant Bend Ple 52 Ind tel.
Huffman, Hattie 3 ch farmer O 10a R1 Belmore Bar 55 Ind tel.
Hughes, C. E. (Rosetta) 1 ch farmer O 40a 5h 5c R3 McClure Dms 54 Ind tel.
Hughey, Hazel (dau Sherman) R3 Napoleon Flrk 27.
Hughey, Lehr (son Sherman) farmer bds R3 Napoleon Flrk 27.
HUGHEY, SHERN (Adora) 1 ch farmer O 120a 6h 12c R3 Napoleon Flrk 27 Ind tel.

HULL, E. E. (Amilie) 3 ch farmer O 100a 5h 12c R1 McClure Rhfd 33 Ind tel.
Hull, Knolen (son E. E.) farm hand bds R1 McClure Rhfd 33 Ind tel.
Hull, Virgel A. (Minnie) mail carrier T H&L 2h Okolona.
Hultinge, Albert laborer Hamler.
Huner, August (son Wm.) laborer 1h R4 Napoleon Fre 27 Ind tel.
Huner, Carl D. farmer R9 Archbold Fre.
Huner, Carl L. farmer R4 Napoleon Rid.
Huner, Chas. D. (Emma) 2 ch farmer O 123½a 6h 16c R9 Archbold Fre 5 Ind tel.
Huner, Emma (dau Henry) housekeeper Ridgeville Corners Rid 43 Ind tel.
Huner, Fred (Mary) ret O 66a H&L Ridgeville Corners Rid 62½ Ind tel.
Huner, Geo. (son Chas. D.) farmer 1h R9 Archbold Fre 5 Ind tel.
Huner, Helen (dau Wm.) R4 Napoleon Fre 27 Ind tel.
Huner, Henry (Sophia) 3 ch grocery & saloon O 156a H&L Ridgeville Corners Rid 43 Ind tel.
Huner, Henry F. (Sophia) 1 ch farmer T 75a 3h 6c R4 Napoleon Fre 17 Ind tel.
Huner, Henry J. farmer R9 Napoleon Fre.
HUNER, HERMAN (Martha) farmer T 80a 2h 5c R4 Napoleon Fre 32 Ind tel.
HUNER, WM. (Minnie) 2 ch grocery & saloon O H&L Ridgeville Corners Rid 44 Ind tel.
Huner, Wm. (Sophia) 6 ch ret O 100a 1h 5c R4 Napoleon Fre 27 Ind tel.
Hunsicker, G. J. (Bertha) farmer O 80a 4h 2c R3 Deshler Mon 86 Ind tel.
Hurd, Henry (Etta) ret O H&L Florida Ind tel.
Hurd, Ray (Eva) 4 ch clerk O H&L Florida Ind tel.
Huren, Albert (son H. J.) farmer R9 Napoleon Fre 18.
Huren, H. J. (Anna) 7 ch farmer O 80a 5h 8c R9 Napoleon Fre 18 Ind tel.
Hurst, Amelia (dau Chas., Sr.) R9 Napoleon 60.
Hurst, Chas., Sr. (Annie) 5 ch farmer O 40a 6h 8c R9 Napoleon Fre 60 Ind tel.
Hurst, Chas. F., Jr. (son Chas., Sr.) farmer 1h R9 Napoleon Fre 60.
Huston, H. H. (E. H.) 1 ch poultry O 2a R1 Holgate Ple 69 Ind tel.
HUSTON, JOHN A. (Julia) saloon O H&L High St Florida Ind tel.
Huston, Mahlon R. (Sarah J.) ret O H&L Florida Flrk.
Hutcheson, J. E. (Sarah E.) 1 ch furniture & undertaking O 4h McClure Ind tel.
HUTCHISON, J. A. editor of the Henry Co Review Holgate. See adv.
HUTCHINSON, RAY D. R4 Deshler.
Hutchinson, Robert (Clara) 2 ch farming O H&L 2h Holgate Ind tel.
Hutchison, Vance (Charlotte) farmer T 160a 4h 3c R2 Dashler Bar 102 B tel
Hutter, Kate RD Deshler Bar.
Hutto, Oscar (Della) 2 ch telegraph operator O H&L Holgate.
Hyslop, Geo. L. (Julia) 1 ch farmer O 113a 4h 127c R3 Deshler Bar 44.
HYTER, CHAS. (Elizabeth) 6 ch farmer O 37a 4h 1c R1 Cotton Wash 56.
Hyter, John (Adaline) 2 ch farming O 40a 1c R1 Colton Wash 38.
HYTER, SERENA 3 ch farmer O 60a 1h 3c R1 Liberty Center Wash 33 Ind tel.
Hyter, Wm. farmer Liberty Center.
Iler, Joe (Dolla) 5 ch laborer T H&L Holgate Ple.
Imbrock, Conrad (Louise) 12 ch farmer O 80a 3h 6c R3 Deshler Bar 47 Ind tel.
Imbrock, Fred H. (son Geo.) farmer R4 Napoleon Nap 66.
IMBROCK, GEORGE (Mary) 3 ch farmer O 134a 6h 18c R4 Napoleon Nap 66 Ind tel.
Imbrock, Helen (dau Geo.) R4 Napoleon Nap 66.
Imbrock, Henry (Emma) 1 ch farmer T 80a 3h 2c R3 Deshler Rhfd 17 Ind tel.
Imbrock, Henry (son Geo.) farmer R4 Napoleon Nap 66.
Imbrock, Ida (dau Conrad) housekeeper R3 Deshler Bar 47 Ind tel.
Imbrock, Martin (son Conrad) farm laborer bds R3 Deshler Bar 47 Ind tel.
IMBROCK, W. (Anna) 6 ch farmer O 80a 5h 6c R3 Deshler Bar 37 Ind tel.
Ingle, Charles W. (Mary) 2 ch harness maker T H&L Holgate Ple Ind tel.
Ingle, Ira E. (Ida) 1 ch carpenter O 6a H&L 2h McClure Dms Ind tel.
Ingle, Isaac W. McClure Dms.
Ingle, James W., Sr. paper hanger O H&L McClure Ind tel.
Ingle, Madaline O 142a H&L Holgate Ple.
Ingle, Mrs. M. E. O 7a 1c Holgate Ind tel.

FARMERS' DIRECTORY

Inman, F. M. (Clara) 1 ch farmer O 50a 3h 4c R5 Wauseon Fre 1 Ind tel.
Inman, O. A. (Julia) 1 ch farmer T 20a 3h R2 Liberty Center Wash 71 Ind tel.
Ireland, Wm. (Lydia) 6 ch ret O 30a 2h 2c R2 Deshler Rhfd 57.
Ives, Mary E. bds Cherry St Liberty Center Ind tel.
Jacklin, Sylvester (Bertha) miller T Holgate.
Jacklin, Vincent (Elizabeth) ret O H&L Holgate.
Jackman, A. M. real estate & insurance Hamler.
Jackman, Chas. W. (Edith) 2 ch mgr Florida Telephone Exchange T H&L 3h Florida Ind tel.
Jackman, Earl D. (son Nick) engineer Holgate.
Jackman, Joseph A. (Catharine) 4 ch hardware Hamler Ind tel.
Jackman, Nicholas (Margarett) mgr grain elevator O H&L Holgate Ind tel.
Jackman, Peter S. laborer R7 Napoleon Flrk 42.
Jacksman, Eva R3 Hamler Mar 79 Ind tel.
Jacksman, James (Frances) 2 ch farmer O 40a 2h 6c R3 Hamler Mar 79 Ind tel.
Jackson, Dick C. (son W.) farm hand Grelton Har 76 Ind tel.
Jackson, Elmer (Mabel) farming T 80a 3h 5c R3 Deshler Rhfd 23.
Jackson, E. H. (Sarah Alice) 4 ch farmer O 254 96-100a 6h 3c R2 Deshler Bar 76 B tel.
Jackson, Sanford A. (Samantha) farmer O 108a 7h 10c R3 Napoleon Nap 81 Ind tel.
Jackson, Mrs. S. H. farmer R3 Napoleon Nap.
Jackson, Willis (Jennie) 4 ch farming O 200a 15h 30c Grelton Har 76 Ind tel.
Jackson, W. M. (Virginia) 1 ch mgr farmers elevator Holgate.
Jacobson, Chas. (Laura) farmer O 44a 3h 6c R3 McClure Dms 56 Ind tel.
Jacobson, Miss Lizzie bds R1 McClure Dms 71 Ind tel.
Jacobson, O. (Mary) farmer O 40a 3h 3c R1 McClure Dms 71 Ind tel.
Jacobson, Miss Pearly clerk bds R1 McClure Dms 71 Ind tel.
Jacobson, Zoa H. bds R3 McClure Dms 56 Ind tel.

Jahn, Clarence M. (son Geo. H.) farmer R7 Napoleon Nap 71.
Jahn, Elizabeth D. (dau Geo. H.) milliner R7 Napoleon Nap 71.
Jahn, Eva V. (dau Geo. H.) R7 Napoleon Nap 71.
Jahn, Geo. H. (Florence) farmer O 130a 5h 16c R7 Napoleon Nap 71 Ind tel.
Janes, Simse laborer Holgate.
Janin, Andrew (Emma) farming O 80a 1h 4c R1 New Bavaria Mar 21.
Janin, Ellen R1 New Bavaria Mar 21.
Janin, Josephine R1 New Bavaria Mar 21.
Janin, Regina (dau Andrew) R1 New Bavaria Mar 21.
Janise, John laborer R1 New Bavaria Mar 21.
Jaqua, Charles farming R3 Hamler Bar.
Jaqua, Clark (Elizabeth) farmer O 2h R1 Napoleon Har 58.
Jaqua, Harry C. (Carrie) 2 ch farming T 160a 5h 11c R3 Hamler Bar 5 Ind tel.
Jaqua, Henry farmer bds R1 Napoleon Har 58.
Jaqua, R. (Mary) 3 ch farmer O 80a 3h 8c R2 Napoleon Lib 5 Ind tel.
Jaqua, W. A. (E.) 1 ch ret O 16a R3 Hamler Bar 5.
Jeakle, Mrs. Mary A. 1 ch ret O 360a R8 Napoleon Har Ind tel.
Jenkins, Andrew (Nora) 1 ch farmer T 80a 3h 6c R4 Napoleon Fre 28.
Jenkins, A. F. RD Deshler Bar.
Jenkins, John (Tobetha) 5 ch ret O 80a 1h 2c R4 Napoleon Fre 32 Ind tel.
Jenkins, Martha Bell (dau John) housekeeper R4 Napoleon Fre 32 Ind tel.
Jenkins, Roy (son Andrew) farmer 1h R4 Napoleon Fre 28.
Jennings, Alfred B. (Melissa) 2 ch farmer O 149a 2h 6c R3 Liberty Center Lib Ind tel.
Jennings, A. A. (Rachel) 1 ch farmer O 40a 3h 5c R3 McClure Dms 50 Ind tel.
Jennings, A. B. (Toy) 2 ch farmer O 140a 5h 10c R2 McClure Dms 117 Ind tel.
Jennings, A. E. (Martha J.) 3 ch laborer O H&L McClure.
Jennings, A. J. (Eva B.) 4 ch farmer T 80a 2h 9c R3 Liberty Center Lib 44 Ind tel.
Jennings, Bert Liberty Center.
Jennigs, B. A. (Clara) 4 ch farming T 80a 6h 13c R1 Liberty Center Lib 99.
Jennings, Edward L. (Myrta M.) 2 ch farmer O 40a 4h 6c R3 McClure Dms 50 Ind tel.

JENNINGS, FRANK Liberty Center.
Jennings, Frank McClure.
JENNINGS, F. A. (Mary) ret O 3½a N St McClure Ind tel.
Jennings, Mrs. Geo. R. McClure.
Jennings, Glen W. (Nellie) 1 ch farmer O 190a 5h 18c R5 Napoleon Har 18 Ind tel.
Jennings, Herbert L. (Ethel) 1 ch farmer O 80a 4h 9c R3 McClure Dms 50 Ind tel.
JENNINGS, HOWARD (Jessie) 2 ch farming T 80a 3h 3c R3 McClure Rhfd 74 Ind tel.
Jennings, Jane North St McClure Ind tel.
Jennings, P. H. (Gertrude) 2 ch farmer T 100a 3h 5c R8 Napoleon Har 32 Ind tel.
Jennings, Ray farmer McClure.
Jennings, Roy W. (Dovie) 1 ch farmer T 31a 3h 3c R2 McClure Dms 105 Ind tel.
JENNINGS, R. B. (Linnie) 3 ch farmer T 5h 8c R1 McClure Dms 71 Ind tel.
Jennings, R. M. farmer McClure.
Jennings, Thomas (Mary) 6 ch farmer O 80a R5 Napoleon Dms 48 Ind tel.
Johnson, Albert, Jr. (son Albert) laborer R1 Malinta Rhfd 48.
Johnson, Albert, Sr. (Liza) 8 ch farming O 80a 2h 2c R1 Malinta Rhfd 48.
Johnson, Andrew (Ida L.) 3 ch ret O 137a 4h 6c R3 McClure Dms 62 Ind tel.
JOHNSON, C. A. (Clara) farmer O H&L Cor Plum & Garfield Sts Liberty Center.
JOHNSON, C. E. (Hattie) 5 ch farmer O 55a 5h 9c R3 Liberty Center Lib 89 Ind tel.
Johnson, F. A. farmer RD Napoleon Har.
Johnson, F. J. (Nellie) farmer O 37a 3h 1c R1 Napoleon Har 16.
Johnson, Genevieve Hamler Ind tel.
Johnson, George (Martha) 4 ch general merchandise O H&L Hamler.
Johnson, Jennie O 20a bds R1 Napoleon Dms 11 Ind tel.
Johnson, Mrs. Jessie 2 ch housekeeper lives with J. D. Kelly R1 Grelton Har 62 Ind tel.
Johnson, Leonard (Lucy) farmer & teacher O 1a H&L R2 Liberty Center Wash 106 Ind tel.
Johnson, Lines (Maude) 6 ch farmer O 40a 4h 1c R1 Malinta Rhfd 48 Ind tel.
Johnson, O. E. (Alice) 2 ch farmer O 40a 6h 4c R3 McClure Dms 62 Ind tel.

Johnson, Walter W. farmer T 120a 3h 8c R2 Liberty Center Wash 103 Ind tel.
Johnson, W. H. farmer Belmore.
Johnson, W. W. (Maud) 1 ch farmer T 80a 2h 1c R1 McClure Dms 66 Ind tel.
Johnston, Alvin (Orpha) 2 ch farming T 100a 3 h2c R1 Custar Rhfd 83 Ind tel.
Johnston, A. E. (May) 4 ch farmer O 86a 4h 4c R2 Liberty Center Wash 90 Ind tel.
Johnston, Mrs. Emma bds R2 Liberty Center Wash 68 Ind tel.
Johnston, P. E. (Phoebe) 4 ch farmer O 111a 6h 10c R2 Liberty Center Wash 66 Ind tel.
Johnston, R. E. 1 ch farmer O 80a 3h 14c R2 Liberty Center Wash 66 Ind tel.
Jokway, Clark farmer RD Napoleon Har.
Jones, Mrs. Catharine T H&L R2 McClure Dms 94 Ind tel.
Jones, Coy (Rae) farmer T 40a 3h 1c R3 McClure Rhfd 34 Ind tel.
Jones, C. L. farmer McClure.
Jones, Elizabeth (wid Samuel) ret O H&L Florida.
Jones, Fred (son L. M.) farm hand bds R3 McClure Rhfd 39 Ind tel.
Jones, Mrs. Harriet 8 ch ret O 40a bds with H. V. Meyer) R1 Holgate Mon 27 Ind tel.
Jones, Harriett O 40a bds R1 McClure Dms 111 Ind tel.
Jones, Hudson farmer Delta.
Jones, J. H. 3 ch hotel porter Holgate.
Jones, Lucind 2 ch O H&L Hamler.
Jones, L. M. (Daisy) 4 ch farmer O 120a 6h 6c R3 McClure Rhfd 39 Ind tel.
Jones, Roland (son Simon farmer bds 1h R3 Hamler Bar 14 Ind tel.
JONES, SIMON (Celia) 9 ch farmer & carpenter O 50a 4h 3c R3 Hamler Bar 14 Ind tel.
Jones, S. A. RD Deshler Bar.
Jones, S. C. (Emma) 1 ch thresher O H&L McClure Dms 54.
Jones, Zail (Mary) 8 ch engineer O 2a H&L McClure nd tel.
Jordan, Mrs. Maud housekeeper Malinta.
JOY, GARNER (Bessie) 4 ch farming O 2½a 2h 1c Grelton Mon 100 Ind tel.
Joy, Levi A. (Ellen) farmer O 39a 3h 2c R3 McClure Dms 59.
JOY, L. C. (Lillie) 3 ch barber & restaurant T H&L Grelton Mon 98 Ind tel.

Junge, Alvena (dau Katherine) R3 Deshler Rhfd 18 Ind tel.
Junge, Carl (son Katherine) farming 1c R3 Deshler Rhfd 18 Ind tel.
Junge, Katherine 8 ch farming T 80a 1c R3 Deshler Rhfd 18 Ind tel.
Kahle, Frederick farmer O 40a 3h 4c Hamler Mar 33 Ind tel.
Kailey, J. L. ret bds with Bert Thompson R1 McClure Rhfd 44 Ind tel.
Kaloski, Mike bartender O 1a Holgate.
Kammerer, Ludwig (Katharine) ret O 40a 2h 2c R1 New Bavaria Ple 74 Ind tel.
Kammerer, Mat (son Ludwig farmer bds R1 New Bavaria Ple 74 Ind tel.
KAMMERER, PETER (son Ludwig) farm hand bds R1 New Bavaria Ple 74 Ind tel.
Kane, Wm. (Julia E.) 1 ch farmer & carpenter O 8a Colton Wash 49.
Kappus, O. C. Holgate.
Karg, Maud (dau Matilda) R2 Hamler Mon 82 Ind tel.
Karg, May (dau Matilda) O R2 Hamler Mon 82 Ind tel.
Karg, Mrs. Matilda farming O 62a 4h 3c R2 Hamler Mon 82 Ind tel.
KARG, MELVIN (dau Matilda) farm hand 1h bds R2 Hamler Mon 82 Ind tel.
Karg, Viola (dau Matilda) housekeeper R2 Hamler Mon 82 Ind tel.
Karschner, E. A. O H&L bds Maple St Liberty Center.

Karsner, George I. (Zella) 1 ch hdwe clerk T H&L Florida.
KARSNER, WM. F. (Anna) 1 ch farmer O 85a 4h 9c Florida Flrk 25 Ind tel.
Kassow, Fred farmer Hamler.
Kaylor, John laborer bds R3 McClure Dms 63.
Kechley, M. farmer Grand Rapids.
Keehn, Antone M. (son Mrs. A. G. Wieland R2 Holgate Flrk 18.
Keehn, Clara A. (dau Mrs. A. G. Wieland R2 Holgate Flrk 18.
KEELER, FLOYD H. (Amanda D.) 5 ch T R2 Grand Rapids Wash 83 Ind tel.
Keeler, Roy (Lilly) 5 ch farmer T 80a 4h 6c R2 Liberty Center Wash 70.
KEENER, D. W. (Anna) 3 ch salesman O 3a H&L R1 Okolona Flrk.
Keeran, Bertha (dau W. D.) housekeeper R1 Belmore Bar 25 Ind tel.
KEERAN, W. D. (Maggie) 9 ch farmer T 200a 5h 14c R1 Belmore Bar 25 Ind tel.
KEETERLE, ANDREW (Katherine) 4 ch farming T 80a 3h 2c R1 New Bavaria Ple 108 Ind tel.
Keeterle, Clarence (son George) farm hand O 15a R1 New Bavaria Ple 93 Ind tel.
Keeterle, Frank (son George) farmer O 15a R1 New Bavaria Ple 93 Ind tel.

Calf in a Modern Shipping Crate.

Keeterle, George, Jr. (son George, Sr.) farm hand O 15a R1 New Bavaria Ple 93 Ind tel.
Keeterle, George, Sr. farmer O 180a 7h 5c R1 New Bavaria Ple 93 Ind tel.
Keeterle, Lucinda (dau George) housekeeper bds R1 New Bavaria Ple 93 Ind tel.
Keeterle, Peat (son George) farm hand O 15a R1 New Bavaria Ple 93 Ind tel.
Keifer, Harry (Alta) 2 ch painter & paper hanger T H&L Holgate Ind tel.
Keign, Antone laborer R2 Holgate Flrk 34.
Keith, Mrs. Rosette housekeeper T H&L Holgate Ind tel.
KELLER, ADAM (Susan M.) farmer O 80a 3h 10c R5 Napoleon Dms 46 Ind tel.
Keller, Albert (son John) farm hand Ridgeville Corners Rid 56 Ind tel.
Keller, Catherine (dau John) Ridgeville Corners Rid 56 Ind tel.
KELLER, GEO. W. (Florence) 1 ch farmer T 80a 5h 5c R5 Napoleon Dms 46.
Keller, Harry Ridgeville Corners.
Keller, John farmer R9 Archbold Rid.
Keller, John (Elizabeth) 5 ch farmer O 56a H&L Ridgeville Corners Rid 56 Ind tel.
Keller, Margaret (dau John) Ridgeville Corners Rid 56 Ind tel.
Keller, Mrs. Maria O 40a R5 Napoleon Dms 34.
Keller, Walter (Olive) 4 ch farmer T 40a 2h 4c R5 Napoleon Dms 34.
Kelly, Edward (Effie) 3 ch farming T 160a 6h 3c R1 Holgate Mar 10.
KELLY, E. H. (Anna) 3 ch farmer T 80a 3h 1c R1 Malinta Rhfd 6 Ind tel.
Kelly, E. H. farmer McClure.
Kelly, Fred farmer Grelton.
KELLY, F. L. (Alta) farmer T 140a 3h 5c R1 Napoleon Har 62 Ind tel.
KELLY, JOHN (Cecelia) 1 ch farmer O 78a 3h 4c R3 New Bavaria Ple 4 Ind tel.
Kelly, Joseph J. (Anna) farmer O 82a 4h 4c R2 Holgate Ple 3 Ind tel.
Kelly, J. D. (America) 6 ch ret farmer O 340a 1h 9c Grelton Har 62 Ind tel.
KELLY, MRS. MET Grelton.
Kelly, R. W. (Lottie) 3 ch farming T 80a 5h 4c R1 Malinta Rhfd 6 Ind tel.
Kelly, R. W farmer RD Napoleon.
Kelly, Wm. farmer O 80a 2h R3 New Bavaria Ple 3 Ind tel.

Kemm, Allen O. (son Lewis) R3 Napoleon Flrk 74.
Kemm, Carl H. (son Wm.) R3 Napoleon Flrk 74.
Kemm, Cora A. (dau Wm.) R3 Napoleon Flrk 74.
KEMM, WM. (Katharine) 2 ch farmer O 45a 3h 6c R3 Napoleon Flrk 74 Ind tel.
Kemmer, Adam (Permelia) carpenter & controller O Holgate.
Kemmer, Clarence (son Geo.) farm laborer R2 Holgate Flrk 33.
Kemmer, Emuel L. (son Geo.) farm laborer R2 Holgate Flrk 33.
Kemmer, Geo. (Margaret) 5 ch farmer O 50a T 15a 4h 4c R2 Holgate Flrk 33 Ind tel.
Kemmer, Ludwig farmer New Bavaria.
Kemmer, Peter laborer bds Holgate.
Kemmer, Raymond (son Adam) school teacher Holgate.
Kemmer, W. H. (son Adam) engineer O Holgate.
Kendall, E. J. RD Deshler.
Kendall, Jerry (Sarah E.) laborer O 80a H&2Lots Colton.
Kenner, Lawrence (Barbara) section foreman Holgate.
Kenner, Lorenz Holgate.
Kepling, J. J. (I. L.) 1 ch farming T 70a 5h 3c R4 Deshler Bar 97 B tel.
KERMAN, RAY O. (Maude) 2 ch trucking & teacher O 5a 1h R3 Napoleon Nap 81 Ind tel.
Kern, Chas. (Bessie) 4 ch farmer T 140a 4h 4c R3 Deshler Bar 74.
Kernsher, E. J. (Elvadore) 3 ch painter O H&L N Main St Liberty Center.
Kerr, Arthur (Gertrude) 1 ch farmer T 70a 5h 9c R10 Napoleon Lib 33 Ind tel.
Kerr, John W. farmer Grand Rapids.
Kershner, C. B. (Ella M.) 2 ch O H&L N Main St Liberty Center.
Kershner, Ida teacher bds W Maple Ave Liberty Center.
Kershner, L. S. (Mary) 1 ch carpenter O H&L 4c W Maple St Liberty Center.
Kershner, Sarah E. O H&L N St Liberty Center
KESSLER, B. R. (Florence) 5 ch farmer O 40a 5h 5c R1 Liberty Center Wash 5 Ind tel.
Kessler, Chas H. (Cora E.) 3 ch farmer O 40a 3h 7c R3 Liberty Center Lib 89 Ind tel.
KESSLER, HOMER L. (Barbara E.) 1 ch bds R1 Liberty Center Wash 9.
KESSLER, ROYAL (Maud) 2 ch farmer T 80a 3h 4c R3 Liberty Center Lib 64 Ind tel.

FARMERS' DIRECTORY

Kestner, Albert (Adelaide) farmer O 80a 4h 5c R2 Hamler Mar 30.
Kestner, Fred (son Albert) farm laborer R2 Hamler Mar 30 Ind tel.
KESTNER, J. R. (Ella) farming T 40a 2h 2c R2 Hamler Mon 80 Ind tel.
Keterle, Andrew farmer New Bavaria.
Ketring, Miss Lilly teacher bds Liberty Center Wash 17.
Keuper, Helen bds R1 New Bavaria Ple 101.
Kiefer, Clarance (Maud) 1 ch laborer Holgate.
Kiefer, Henry (Ella) 3 ch laborer T H&L Holgate.
Kiefer, Martin farmer Archbold.
Kiefer, Sinna laborer Holgate.
KIEFFER, SETH R1 Deshler.
Kigar, George (Alvira) 1 ch O 10a 1c R1 Colton Wash 45.
Kigar, James (Emma) 1 ch farmer O 40a 3h 7c R1 Liberty Center Lib 96 Ind tel.
Kigar, Laura O 84a 1h bds R2 Liberty Center Wash 66 Ind tel.
Kigar, Onetta bds R2 Liberty Center Wash 66 Ind tel.
Kigar, Scott (Mable) 2 ch farmer T 84a 2h 3c R1 Colton Wash 62.
Kigar, Virgil (Ida Irene) 2 ch laborer T 1a 1c R1 Liberty Center Wash 29.
Kile, Edward Hamler.
Kilpatrick, Mrs. Mary (wid David) O 252a bds R5 Napoleon Har 19 Ind tel.
Kimberlin, Adison J. barber bds McClure Ind tel.
Kimberlin, Grover carpenter bds McClure Ind tel.
Kimberlin, M. H. (Catharine) carpenter O H&L McClure Ind tel.
Kimberly, Eva dressmaker O H&L Hamler Ind tel.
Kimberly, Lottie music teacher Hamler.
Kimberley, S. (Emily) laborer Hamler.
Kimberly, S. B. (Eliza) ret T Hamler.
Kimberly, L. M. Hamler.
Kimberly, W. F. (Maggie) 2 ch railroad section foreman O H&L Hamler.
Kimmich, Charles (son V.) laborer T Holgate.
Kimmich, V. (M.) ret O H&L Holgate Ind tel.
Kinder, Alberta bds R2 Liberty Center Wash 99 Ind tel.
Kinder, David (Dora) 8 ch farming O 80a 10h 4c R2 Hamler Mon 89 Ind tel.
Kinder, George farmer Hamler.
Kinder, Geo. (Maude) 2 ch farmer T 80a 3h 5c R1 Malinta Rhfd 7.

Kinder, John (Bell) 3 ch laborer O H&L Hamler.
Kinder, Ora (Margarite) blacksmith O H&L Hamler.
King, Alta (dau Geo. J.) Florida.
King, Chas. C. farmer RD Napoleon.
KING, CLARENCE E. farmer R2 Jewell Flrk 7.
King, Clifford clerk Hamler Ind tel.
KING, C. C. (Mabel) 4 ch farmer O 63a 8h 25c R5 Napoleon Dms 37 Ind tel.
King, Ed. RD Deshler.
King, Edgar F. (Anna G.) 4 ch grocer O H&L Hamler Ind tel.
King, Geo. J. (Clara) 1 ch ret O H&L 1h Florida Ind tel.
King, Geo. W. (son Geo. J.) painter bds Florida.
King, Henry farmer RD Napoleon.
King, Jay I. laborer R1 Okolona Flrk 3.
King, Mrs. Levi farmer RD Napoleon.
King, Lucy farmer O 147a 1h 6c R5 Napoleon Dms 37 Ind tel.
King, L. A. (Martha) 5 ch farmer O 40a 2h 5c R2 Deshler Rhfd 94 Ind tel.
King, Monroe farmer RD Napoleon.
KING, PETER (Georgia) 3 ch farmer O 50a 5h 3c R2 McClure Dms 77 Ind tel.
King, Roll (Anna) farmer T 120a 5h 4c R2 Jewell Flrk 7 Ind tel.
King, Russel H. farmer 1h R3 Napoleon Flrk 27.
KING, S. H. R5 Napoleon.
King, S. S. farmer O 250a 7h 35c R5 Napoleon Dms 44 Ind tel.
KING, WM. H. (Sarah) 1 ch farmer T 80a 4h 3c R10 Archbold Rid 18 Ind tel.
Kinney, A. S. (Liza B.) 1 ch farmer O 118a 8h 10c R2 McClure Dms 100 Ind tel.
Kinney, C. L. (Elizabeth) 4 ch farmer T 80a 2h 8c R5 Napoleon Har 46.
Kinney, Elizabeth farmer RD Napoleon.
KINNEY, HELEN telephone operator Holgate.
Kinney, Mrs. Lucinda O H&L McClure Dms.
KINNEY, W. F. C. (Leanna M.) ret O 160a H&L 8h 8c Depot St McClure Ind tel.
KINNEY, Z. L. carpenter O 6a H&L Half St McClure.
KINSEL, GEORGE (Sarah A.) farmer O 123a 3h 6c R3 Hamler Mar 56 Ind tel.
Kinsel, Goldie (dau Geo.) R3 Hamler Mar 46 Ind tel.

Kinsel, Jesse (Nellie) farming O 43a 2h 4c R3 Hamler Mar 56 Ind tel.
Kinsel, Sidney farmer Hamler.
Kinsinger, Oscar (Olgo) 2 ch farmer T 100a 8h 12c R2 Deshler Bar 71.
Kinstle, Albert H. (Thresia) 1 ch farmer O 105a 4h 3c R1 New Bavaria Ple 90 Ind tel.
Kinstle, John carpenter & contractor bds R1 New Bavaria Ple 90 Ind tel.
Kinstle, Rudolph W. (son Albert H.) farming bds R1 New Bavaria Ple 90 Ind tel.
Kipp, Fred (son Jacob) farmer R2 Hamler Mar 31.
KIPP, JACOB (Marie) 6 ch farming O 160a 7h 11c R2 Hamler Mar 31 Ind tel.
Kipp, John (son Jacob) farming R2 Hamler Mar 31.
Kipp, Mary (dau Jacob) R2 Hamler Mar 31.
Kirk, J. (Anna) ret farmer O H&L Fifth St McClure.
Kiser, Blanche (dau Lizzie) R5 Wauseon Fre 1 Ind tel.
Kiser, Grace (dau Lizzie) R5 Wauseon Fre 1 Ind tel.
Kistler, John 2 ch farming O 90a 2h 1c R2 Deshler Rhfd 56.
Kistner, A. B. (Etta) 6 ch farmer O 100a 6h 8c R1 McClure Rhfd 75 Ind tel.
Kistner, Ernest (son Joseph E.) farming T 80a 3h R1 McClure Rhfd 71 Ind tel.
Kistner, John farmer RD Deshler.
KISTNER, JOSEPH E. (Elizabeth) 13 ch ret O 80a 2h 3c R1 McClure Rhfd 71 Ind tel.
KISTNER, J. F. (Amelia) 2 ch farmer O 80a 8h 6c R1 Grand Rapids Dms 107 Ind tel.
Kitchen, F. H. (Hattie) 2 ch farming T 80a 3h 3c R2 Deshler Rhfd 92 Ind tel.
Kitchen, Geo. farmer Custar.
Kitchen, Nick (Clara) farm hand T H 1h R4 Deshler Bar 31.
Kitter, Clare 1h bds R10 Napoleon Lib 15 Ind tel.
Kitter, John (Polly) 4 ch farmer T 80a 6h 5c R10 Napoleon Lib. 15 Ind tel.
Kizer, Lizzie 4 ch farmer O 19a 1c R5 Wauseon Fre 1 Ind tel.
Klanz, Henry farmer R2 Napoleon.
Klear, Elizabeth (dau Frank) housekeeper bds R1 New Bavaria Ple 94 Ind tel.
Klear, Frances (dau Frank) housekeeper bds R1 New Bavaria Ple 94 Ind tel.
Klear, Frank 1 ch farmer O 80a 4h 5c R1 New Bavaria Ple 94 Ind tel.
Klear, Fred (son Jacob) farmer O 87a 2h R1 New Bavaria Ple 102.
Klear, Jacob (Mary) ret 2c bds R1 New Bavaria Ple 102.
Klear, Jacob, Jr. (Elizabeth) farmer O 40a 1h 2c R1 New Bavaria Ple 94 Ind tel.
Klear, John ret O 117a R1 New Bavaria Ple 73.
Klear, Katharine (dau Jacob) housekeeper bds R1 New Bavaria Ple 102.
Klear, Leona (dau Frank housekeeper bds R1 New Bavaria Ple 94 Ind tel.
Klear, Martin (son Frank) farm hand bds R1 New Bavaria Ple 94 Ind tel.
Klear, Peter (Isabelle) 3 ch farmer O 50a 3h 1c R1 New Bavaria Ple 111 Ind tel.
Klear, R. D. (Adrew) agent & operator O H&L Pleasant Bend Ind tel.
Klear, Wm. (Emma) laborer T H&L 1h Pleasant Bend Ple 57 Ind tel.
KLECK, DAVID (Sadie) 2 ch farmer O 40a 2h 4c R9 Archbold Rid 67 Ind tel.
KLEIN, CHAS. (Freda) 5 ch farmer O 20a 2h 2c R8 Napoleon Nap 96 Ind tel.
Klein, Clara (dau Chas.) R8 Napoleon Nap 96.
Klein, C. A. (Ida) 6 ch farming O 80a 3h 7c R8 Napoleon Flrk 82 Ind. tel.
Klein, Emil farmer Malinta.
Klein, Emil (Esther) farming T 160a 7h 13c R1 Malinta Rhfd 11 Ind tel.
Klein, Flossie E. (dau C. A.) R8 Napoleon Flrk 82 Ind tel.
Klein, Karl F. farmer McClure.
Klein, Mary ret O 100a R1 New Bavaria Mar 41 Ind tel.
Klein, Vernon E. (son C. A.) 6 ch farm hand 1h R8 Napoleon Flrk 82 Ind tel.
KLEMENT, A. J. (Kate) 3 ch farmer O 79a 3h 5c R3 New Bavaria Ple 11 Ind tel.
Kline, Albert (son J. E.) laborer bds R5 Wauseon Fre 1.
KLINE, AMIEL R1 Malinta Rhfd 11.
Kline, Carl (Mary) farming T 120a 5h 5c R1 McClure Rhfd 82 Ind tel.
Kline, Dora (dau M. J.) R9 Archbold Rid 71 Ind tel.
Kline, Edith (dau Geo.) housekeeper R9 Archbold Rid 71 Ind tel.
Kline, Emma farmer O 60a 1h 3c R3 Liberty Center Lib 89.
Kline, Geo. (Rosalia) 10 ch farmer O 50a 1h 2c R9 Archbold Rid 71 Ind tel.

FARMERS' DIRECTORY

Kline, Geo. farmer R9 Archbold Rid.
Kline, J. E. (Emma M.) 3 ch farmer O 41a 3h 2c R5 Wauseon Fre 1 Ind tel.
Kline, Levi laborer R2 Deshler Rhfd 90.
Kline, M. J. (Emma) 3 ch farmer O 25a 2h 2c R9 Archbold Rid 71 Ind tel.
Kline, O. A. (Inez) 3 ch farmer 131a 3h 1c R5 Wauseon Fre 24 Ind tel.
Kline, Samuel Holgate.
Kline, Wm. farmer R9 Archbold.
KLINE, W. O. (Ida) farmer O 131a 6h 10c R5 Wauseon Fre 24 Ind tel.
Kline, W. O. (Millie) 3 ch farmer T 140a 4h 9c R9 Archbold Fre 2.
Klingshirn, Clara (dau Geo.) housekeeper bds R2 New Bavaria Ple 83 Ind tel.
Klingshirn, Clarence (son Geo.) farm hand bds R2 New Bavaria Ple 83.
Klingshirn, C. J. (Elizabeth) 2 ch farmer O 40a 3h 4c R2 New Bavaria Ple 83 Ind tel.
KLINGSHIRN, GEORGE (Anna) 1 ch farmer O 60a 3h 2c R2 New Bavaria Ple 83 Ind tel.
Klingshirn, Mary ret 100a 1h R1 New Bavaria Ple 83 Ind tel.
Klingshirn, Nora (dau Geo.) bds R2 New Bavaria Ple 83 Ind tel.
Klug, Mrs. Catharine (wid Christ) 1 ch 4h 6c R5 Napoleon Har 19 Ind tel.
KLUG, CHRIST, JR. (son Catharine) farmer O 100a R5 Napoleon Har 19.
Klug, H. G. (Pauline) 2 ch ret grocery-man T H&L Malinta Ind tel.
Klunder, John painter O 40a H&L Holgate.
Klunder, Made housekeeper O 40a Holgate.
Knapp, Addison C. (Minnie) 3 ch farmer O 20a 3h 10c R3 Holgate Flrk 64 Ind tel.
Knapp, Catherine (wid Emanuel) 1 ch ret O 120a 1h R3 Holgate Flrk 64.
Knapp, C. F. farmer Holgate.
Knapp, C. Wm. (son Catherine) farmer O 20a 3h 10c R3 Holgate Flrk 64 Ind tel.
Knapp, Earl (Ester) groceries & meat market T H&L Holgate Ind tel.
Knapp, Elizabeth (wid Wm.) ret O 80a R3 Holgate Flrk 64.
Knapp, Elizabeth bds R10 Napoleon Lib 9 Ind tel.
Knapp, Helen (dau Albert) R3 Holgate Flrk 64.
Knapp, Henry (Anna) 3 ch groceries & meat market O H&L 1h Holgate Ind tel.
Knapp, Jacob F. (Alice) 1 ch farmer O 40a 4h 4c R3 Holgate Flrk 64 Ind tel.

Knapp, John (Maud) 1 ch farmer T 80a 3h 1c R10 Napoleon Lib 7 Ind tel.
Knapp, Noah D. (Emma) 3 ch farmer O 40a 4h 9c R3 Holgate Flrk 64 Ind tel.
Knapp, Wm. farmer Holgate.
Knechk, Charles H. (Lena E.) 1 ch machinist T H&L Cherry St Liberty Center Ind tel.
Knepley, A. J. farming O 62a R8 Napoleon Flrk 80 Ind tel.
Knepley, David (Lizzie) 7 ch farmer O 110a 5h R1 Holgate Flrk 87 Ind tel.
Knepley, David farmer RD Napoleon.
Knepley, Ernest O. (Alice) farmer O 80a 4h 4c R1 Napoleon Har 17 Ind tel.
Knepley, Grant (son S. J.) farm laborer R8 Napoleon Har 14 Ind tel.
Knepley, Harry (son Jacob) farm laborer bds R8 Napoleon Mon 3 Ind tel.
Knepley, Herman (son Jacob) farm laborer bds R8 Napoleon Mon 3 Ind tel.
KNEPLEY, JACOB (Christina) 7 ch farmer O 80a 6h 8c R8 Napoleon Mon 3 Ind tel.
Knepley, Nora (dau David) housekeeper R1 Holgate Flrk 87 Ind tel.
Knepley, Oscar (son David) farm hand bds R1 Holgate Flrk 87 Ind tel.
Knepley, Paul (son David) carpenter bds R1 Holgate Flrk 87 Ind tel.
KNEPLEY, S. J. (Ella) 5 ch farmer O 80a 6h 11h R8 Napoleon Har 14 Ind tel.
Knepley, S. M. (Caroline) farmer O 40a 2h 4c R8 Napoleon Mon 3 Ind tel.
KNEPLEY, WM. (son David) farm hand R1 Holgate Flrk 87 Ind tel.
Knepper, R. (Katie) 3 ch farming T 77a 4h 3c R8 Napoleon Har 32.
Knipp, Benjamin (son J. Tobias) farmer T 50a 4h R3 Napoleon Flrk 70.
Knipp, C. A. (Katie E.) 1 ch farmer O 126a 7h 12c R3 Napoleon Flrk 44 Ind tel.
Knipp, Earl E. (son C. A.) farmer R3 Napoleon Flrk 44 Ind tel.
KNIPP, ELIAS T. (Julia) 3 ch farmer O 60a 5h 6c R9 Napoleon Nap 105 Ind tel.
KNIPP, ENNO (Ollie) farming T 180a 5h 10c R8 Napoleon Nap 96 Ind tel.
Knipp, Esther (dau L. T.) stenographer & bookkeeper R2 Malinta Har 71 Ind tel.

KNIPP, E. MELLFORD (Barbara) farmer T 4a 4h 2c R1 Holgate Flrk 90 Ind tel.
Knipp, Harley A. (Sadie) 1 ch painter & paper hanger O H&L Holgate.
Knipp, Jacob (Anna) ret O 40a H&L Holgate.
Knipp, J. B. (Regina) ret farmer O 110a H&L Holgate Ind tel.
Knipp, J. Tobias (Margarete) ret farmer O 50a 4h 4c R3 Napoleon Flrk 70 Ind tel.
Knipp, Kathryn (dau J. Tobias) dressmaker R3 Napoleon Flrk 70.
Knipp, L. T. (Mellie) 3 ch farmer O 94a 3h 19c R2 Malinta Har 71 Ind tel.
Knipp, Mary E. (dau L. T.) student R2 Malinta Mon 71 Ind tel.
Knipp, Milton J. (Ida) farmer O 72a 2h 7c R3 Napoleon Flrk 46 Ind tel.
Knipp, Oliver B. (son J. T.) farmer T 50a 2h R3 Napoleon Flrk 70 Ind tel.
Knipp, Paula (dau L. T.) student R2 Malinta Har 71 Ind tel.
Knipp, S. F. farmer RD Napoleon.
Knipp, Walter F. (Mary E.) 4 ch farmer O 69a 4h 10c R3 Napoleon Flrk 44 Ind tel.
Knipp, William (Clara) 2 ch farmer T 110a 6h 11c R3 Napoleon Flrk 68 Ind tel.
Knisel, Sidney (Alta) farming O 39a 4h 4c R3 Hamler Mar 84 Ind tel.
Knisley, Henry (Henrietta) ret O H&L Holgate.
Koberstein, Anton (Adeline) 1 ch grocery clerk T H&L Ridgeville Corners Rid 62½ & 64 Ind tel.
Koch, A. G. farmer Liberty Center.
Koch, Casper Holgate.
Koch, Dora (wid Fred) ret O H&L Okolona Ind tel.
Koch, Fred farmer Okolona.
Koch, Henry F. (Mary) 2 ch farmer O 67a 3h 8c R3 Holgate Flrk 21 Ind tel.
Koch, Wm. farmer Holgate.
Kocher, Katie L. teacher R3 Liberty Center Lib 89 Ind tel.
Kocher, Laura bds R3 Liberty Center Lib 89 Ind tel.
Kocher, Peter (Mahala) 4 ch farmer O 40a 2h 10c R3 Liberty Center Lib 89 Ind tel.
Koehnke, Henry (Anna) 4 ch farmer O 40a 3h 8c R3 Deshler Bar 66 Ind tel.
Koehnke, John (Sophie) 3 ch farming O 120a 3h 4c R3 Deshler Bar 43 Ind tel.
Koenig, Charles (son Fred) farmer T 65a Pleasant Bend Ple 52 Ind tel.
Koenig, Ella (dau Fred) Pleasant Bend Ple 57 Ind tel.
Koenig, Fred (Caroline) farmer O 130a 8h 8c Pleasant Bend Ple 52 Ind tel.
KOLB, REV. T. M. priest R1 New Bavaria Ple 102 Ind tel.
Kolbe, August (Emma) 7 ch farming O 80a 6h 6c R1 Malinta Rhfd 27 Ind tel.
KOLBE, AUGUST F. (Sophia) 6 ch farmer O 80a 5h 6c Okolona.
Kolbe, August F. farmer Ridgeville Corners.
Kolbe, Catharine (wid Charles) ret T H&L Okolona.
KOLBE, HENRY P. (Mary) 2 ch farmer & teamster O H&L 2h 1c Florida.
Kolbe, Herman (son Aug.) farm hand R1 Malinta Rhfd 27 Ind tel.
KOLBE, HERMAN C. (Ethel) 1 ch auto dealer & saloon O H&L Okolona Ind tel. See adv.
Kolbe, H. P. saloon Florida.
Kolbe, Verna (dau August F.) Okolona.
KONZEN, ALBERT F. (Lillian) 1 ch lunch room Hamler Ind tel.
Konzen, Anna C. R2 Napoleon Fre 58.
Konzen, Edward G. farmer R2 Napoleon Fre 58.
Konzen, Frances Marie (dau Henry) Hamler Ind tel.
Konzen, Frank farm laborer 1h R8 Napoleon Har 32 Ind tel.
Konzen, Frank A. R2 Napoleon Fre 58.
KONZEN, HENRY 5 ch farmer O 101a 2 mules 7c Hamler Ind tel.
Konzen, Henry J. farmer T 160a 11h 12c R2 Napoleon Fre 58 Ind tel.
KONZEN, JOHN L. (Mary) 2 ch sugar beet representative O 112a H&L Holgate Ind tel.
Konzen, Joseph A. (Dora) 1 ch farmer O 40a 3h 2c R2 Napoleon Fre 58 Ind tel.
Konzen, Leo. H. (son Henry) school teacher Hamler Ind tel.
Konzen, Leonard farmer R2 Napoleon Fre 58.
Konzen, Mary E. R2 Napoleon Fre 58.
Konzen, William M. (son Henry) farming Hamler Ind tel.
Kopp, Charles laundry & dry cleaning O Holgate.
Kopp, Edward laborer O Holgate.
Kopp, Louise O Holgate.
Koppenhofer, Alfred (son John) farm hand bds Holgate Mon 14 Ind tel.
Koppenhofer, Arthur (son Geo.) farm hand O R1 Holgate Mon 26 Ind tel.
Koppenhofer, Edwin (son John) farm hand bds Holgate Mon 14 Ind tel.

FARMERS' DIRECTORY

Koppenhofer, Frieda (dau Geo.) R1 Holgate Mon 26 Ind tel.

Koppenhofer, Geo. (Minnie) 8 ch farmer O 160a 7h 10c R1 Holgate Mon 26 Ind tel.

Koppenhofer, John (Mary) 6 ch farming O 40a 8h 6c Holgate Mon 14 Ind tel.

Korte, Will (Anna) 2 ch farmer O 39a 2h 3c R2 Hamler Mon 51 Ind tel.

Kortes, Henry (Minnie) 2 ch ret O H&L Ridgeville Corners Rid 43 Ind tel.

Kossow, C. F. (Anna) 2 ch farmer O 40a 6h 5c R2 Hamler Mon 84 Ind tel.

KOSSOW, FRED (Julia) 2 ch farming O 40a 2h 3c R2 Hamler Mar 67.

Kossow, Fred G. (son C. F.) hardware clerk 1h bds R2 Hamler Mon 84 Ind tel.

Kossow, Katherine ret bds with C. F. R2 Hamler Mon 84 Ind tel.

Krabach, Frank (Elizabeth) 1 ch harness & shoe repairing O H&L Holgate.

Krabach, Hilda (dau Frank) clerk Holgate.

Krabach, Mable (dau Frank) housekeeper Holgate.

KRAEGEL, ALVIN H. (son Fred) farm laborer bds R2 Holgate Ple 35.

Kraegel, Mrs. Augusta 1 ch farming O 40a 2h 4c R2 Holgate Ple 35 Ind tel.

Kraegel, Fred, Sr. (Katharine) 1 ch farmer O 80a 5h 5c R2 Holgate Ple 35 Ind tel.

Kraegel, Fred H., Jr. farm hand bds R2 Holgate Ple 35.

Kraegel, Freddie (dau Mrs. A.) housekeeper bds R2 Holgate Ple 35 Ind tel.

Kraegel, Harmon J. (son Fred) farm hand bds R2 Holgate Ple 35.

Kraegel, Henry (Nora) bartender T H &L Ridgeville Corners Rid 43 Ind tel.

Kraegel, Miss Lena (dau Augusta) housekeeper bds R2 Holgate Ple 35 Ind tel.

Kraegel, Miss Sophia (dau Mrs. Augusta) housekeeper bds R2 Holgate Ple 35 Ind tel.

Kramer, Mary care of F. A. Zimmer R2 Napoleon Fre 57.

Kratz, Katy ret bds R8 Napoleon Mon 39 Ind tel.

Kratz, William (Elizabeth) 1 ch farmer O 80a 5h 8c R8 Napoleon Har 13 Ind tel.

KRAUSE, CARL (Johanna) blacksmith O H&L McClure.

KRAUSE, CHARLEY B. 4 ch farmer T 160a 8h 12c R3 Holgate Flrk 10 Ind tel.

Krause, Wm. (Elizabeth) 2 ch laborer T H&L Malinta.

A Filled Silo.

Krauter, G. (Margaret) 3 ch farming O 20a 2h 1c R2 Hamler Mon 52 Ind tel.
KREPS, HARRY (Mary) 3 ch signal helper T H&L Holgate.
Kress, Adolph (Ruth) 1 ch laborer Hamler Ind tel.
KRETZ, ALBERT J. farmer O 7h 18c Naomi Fre 57 Ind tel.
Kretz, Charlotte O Naomi Fre 57.
Kretz, Clarence E. farmer O Naomi Fre 57.
Kretz, Elizabeth 7 ch farmer O 80a 10h 7c R2 Napoleon Lib 3.
Kretz, Leo farmer O Naomi Fre 57.
Kretz, John W. farmer Naomi.
Krieger, Carl farmer RD Napoleon.
Krieger, Harvey (son John A.) farmer 2h R3 Stryker Rid 19 Ind tel.
KRIEGER, JOHN A. (Fredericka) 4 ch farmer O 57a 3h 5c R3 Stryker Rid 19 Ind tel.
KROHN, CHAS. B. (Margaret) 2 ch grain buyer O H&L Grelton Ind tel.
Krohn, Emma (dau Rosa) housekeeper R3 McClure Rhfd 37 Ind tel.
Krohn, John (son Rose) farmer R3 McClure Rhfd 37 Ind tel.
Krohn, Lewis (son Rosa) farmer R3 McClure Rhfd 37 Ind tel.
Krohn, May (dau Rosa) housekeeper R3 McClure Rhfd 37 Ind tel.
KROHN, RAY (son Rosa) farmer R3 McClure Rhfd 37 Ind tel.
KROHN, ROSA 9 ch farming O 253a 17h 27c R3 McClure Rhfd 37 Ind tel.
Krotzer, Mildred (dau Adora Hughy) bds R3 Napoleon Flrk 27.
Krout, Clem E. farmer McClure.
Kruger, August farmer O 90a R5 Napoleon Har 50.
KRUGER, JOHN (Nellie) 2 ch farmer O 124a 5h 15c R2 Liberty Center Wash 40 Ind tel.
Kruse, Albert (Mary) 3 ch farmer T 60a 4h 5c R3 Stryker Rid 20 Ind tel.
Kruse, Albert C. (son Henry J.) R9 Napoleon Nap 5.
Kruse, Alvina (dau Fred) housekeeper R3 Stryker Rid 11 Ind tel.
Kruse, Anna (dau Wm.) housekeeper R2 Hamler Mon 29 Ind tel.
Kruse, Anna (dau Henry J.) R9 Napoleon Nap 5.
Kruse, Anna (dau Henry W.) R9 Napoleon Fre 43.
Kruse, Carl (Caroline) 3 ch farmer T 80a 4h 3c R2 Napoleon Fre 55 Ind tel.
Kruse, C. (Mary) 3 ch farmer O 80a 5h 8c R2 Hamler Mon 29 Ind tel.

Kruse, Edward (son Jno.) farmer 1h R3 Stryker Rid 21 Ind tel.
Kruse, Fred (son C.) farm hand bds R2 Malinta Mon 29 Ind tel.
Kruse, Fred H. (Mary) 8 ch farmer O 120a 5h 8c R9 Napoleon Fre 61 Ind tel.
Kruse, Fred (Caroline) farmer O 159a 6h 9c R3 Stryker Rid 11 Ind tel.
Kruse, Fred, Jr. (son Fred) farmer 1h R3 Stryker Rid 11 Ind tel.
Kruse, Geo. (son Wm.) farmer bds R2 Hamler Mon 29 Ind tel.
Kruse, Harmon A. (son Henry J.) R9 Napoleon Nap 5.
Kruse, Henry H. (Ida) 2 ch farmer T 80a 3h 9c R2 Napoleon Fre 69 Ind tel.
Kruse, Henry J. (Mary) 5 ch farmer O 120a 6h 8c R9 Napoleon Nap 5 Ind tel.
Kruse, Henry W. (Sophia) 2 ch farmer O 120a 3h 10c R9 Napoleon Fre 43 Ind tel.
Kruse, John (son Henry) laborer wks for Wm. H. Meyer R2 Napoleon Fre 58.
Kruse, Jno. (Josephine) 2 ch farmer O 230a 9h 16c R3 Stryker Rid 21 Ind tel.
Kruse, John H. (son Henry J.) farmer T 92a 3h R9 Napoleon Nap 27 Ind tel.
Kruse, Margarete (wid Henry) ret care of Fred Kruse R9 Napoleon Fre 61.
Kruse, Mary (dau Henry) employee at county infirmary R7 Napoleon Nap 84.
Kruse, Minna (dau Fred) housekeeper R3 Stryker Rid 11 Ind tel.
Kruse, Nettie (dau Jno.) housekeeper R3 Stryker Rid 21 Ind tel.
Kruse, Rudolph (son Fred) farmer 1h R3 Stryker Rid 11 Ind tel.
Kruse, Sophia bds with Jno R3 Stryker Rid 21 Ind tel.
Kruse, Wm. (son Jno.) 1h R3 Stryker Rid 21 Ind tel.
Kruse, Wm. (son Henry W.) farmer 1h R9 Napoleon Fre 43.
Kruse, Wm. 9 ch farming O 80a 6h 8c R2 Hamler Mon 29 Ind tel.
Kryder, George (Elizabeth) ret O 40a R3 McClure Dms 27 Ind tel.
Kryder, Geo. E. (Gertrude) 5 ch farmer O 50a 4h 12c R3 McClure Dms 27 Ind tel.
KRYLING, DANIEL (Sarah C.) 5 ch farmer O 40a 3h 5c R2 Malinta Mon 43 Ind tel.
Kryling, Ricka C. 6 ch ret bds R3 Napoleon Flrk 70 Ind tel.

FARMERS' DIRECTORY

Kryling, Samuel (Minnie C.) 3 ch farming O 50a 2h 4c R3 Napoleon Flrk 70 Ind tel.
Kuhlman, Albert (son Anna) farmer bds R1 New Bavaria Ple 107 Ind tel.
KUHLMAN, ANNA ret O 50a 3h 2c R1 New Bavaria Ple 107 Ind tel.
Kuhlman, Fred (Sarah) 3 ch farmer T 160a 7h 18c R10 Napoleon Lib 25 Ind tel.
Kuhlman, Frederick (Elizabeth) 4 ch farmer O 80a 3h 1c R1 Liberty Center Wash 29.
Kuhlman, Nellie (dau Anna) bds R1 New Bavaria Ple 107.
Kuhn, Earl cigarmaker Holgate.
Kurtz, Chas. farmer Malinta.
Kurtz, Emma (dau Martin) housekeeper R2 Malinta Mon 45 Ind tel.
KURTZ, GEO. (Katie) 5 ch farming T 160a 8h 6c R2 Malinta Mon 35 Ind tel.
Kurtz, Martin (Catherine) 9 ch ret O 120a 1h 3c R2 Malinta Mon 45 Ind tel.
Kutzli, Albert (son B. J.) farmwork bds R9 Archbold Rid 55 Ind tel.
Kutzli, Blassius 12 ch farmer O 80a R10 Archbold Rid 36 Ind tel.
Kutzli, B. J. (Martha) 4 ch farmer O 60a 5h 8c Archbold Rid 55 Ind tel.
Kutzli, Clarence (son B. J.) farm hand bds R9 Archbold Rid 55 Ind tel.
KUTZLI, MENNO (Lenore) 4 ch farmer O 80a 4h 1c R10 Archbold Rid 18 Ind tel.
Kutzly, Emiel (Fanny) 2 ch farmer T 80a 4h R10 Archbold Rid 36 Ind tel.
LaFountaine, Frank (Josephine) saloonkeeper O H&L Hamler Ind tel.
Lahe, Anna RD Deshler Bar.
Lahe, Henry RD Deshler Bar.
Lamb, Harriett A. O H&L North St Liberty Center.
Lamb, Ida (son J. A.) R1 Belmore Bar 58 Ind tel.
LAMB, J. A. (Mima) 3 ch farmer O 80a 5h 15c R1 Belmore Bar 58 Ind tel.
LAMBERT, EDMUND farmer O 20a 3h 3c bds R1 Liberty Center Wash 2 Ind tel.
Lambert, Edward (Ella) 4 ch laborer T H&L 2h Holgate.
Lambert, Ella 3 ch farmer O 40a R1 Liberty Center Wash 2 Ind tel.
Lambert, Esther 1 ch T H&L Holgate.
Lambert, Helen bds R1 Liberty Center Wash 2 Ind tel.
Lamphier, Mary O 80a R1 Liberty Center Lib 96 Ind tel.
Lampman, Elizabeth T H&L Holgate.
Lampman, G. H. (Clara B.) photographer O Holgate Ind tel.
Lampman, Halla A. (dau G. H.) musical director Holgate Ind tel.
LAMSON, CHAS. M. (Lilian) 1 ch farmer O 208a 6h 10c R2 Liberty Center Wash 112 Ind tel.
Landis, Earl machinist O H&L Grelton Dms 22.
Landis, Mrs. Eliza 2 ch farmer O 40a 1h 3c R2 McClure Dms 96 Ind tel.
LANEY, FRANK (Isabelle) 5 ch farmer T 120a 7h 10c R4 Deshler Bar 18.
Laney, J. F. farmer RD Napoleon Har.
LANGE, ALVIN (Mary) farmer T 80a 4h 4c R1 Okolona Nap 14 Ind tel.
Lange, Emma (dau Henry) dressmaker R1 Jewell Nap 14 Ind tel.
Lange, Ernst (Erma) 1 ch farmer T 74a 5h 4c R2 Hamler Mar 31.
LANGE, FERDINAND (Minnie) farmer T 80a 4h 6c R1 Okolona Nap 11 Ind tel.
Lange, Frank (Anna) ret O H&2Lots Colton.
Lange, Fred carpenter bds with Fred Sattler R2 Napoleon Fre 59.
Lange, Geo. (Ida) 1 ch farmer T H&L R2 Napoleon Lib 3.
Lange, Henry farm laborer R2 Hamler Mar 33 Ind tel.
LANGE, HENRY (Freda) 6 ch farmer O 80a 3h 5c R1 Jewell Nap 14 Ind tel.
Lange, Herman (Caroline) farmer T 80a 3h 4c R7 Napoleon Nap 63 Ind tel.
Lange, Mary (dau Henry) R1 Jewell Nap 14.
Lange, Wm. (Marth) farmer T 70a 2h 4c R1 Okolona Nap 23.
Langenhop, Mary (wid Henry) 2 ch ret O 140a R1 Okolona Nap 37 Ind tel.
LANGENHOP, WM. (Anna) farmer T 140a 7h 10c R1 Okolona Nap 37 Ind tel.
Langhop, Fred (Dora) 3 ch farmer O 286a 6h 18c R10 Napoleon Lib 24 Ind tel.
Lashaway, James (Bertha) 2 ch farmer O 45a 3h 2c R1 Colton Wash 81 Ind tel.
LASHWAY, REASY (Archie) 2 ch farming T 60a 2h 4c R1 McClure Rhfd 99.
Laskey, Carl farmer RD Grand Rapids Rhfd.
Laskey, Ed. farmer RD Grand Rapids Wash.
Lather, Edward (Minnie) harness shop prop. O H Ridgeville Corners Rid 43 Ind tel.

133

LATHER, WM. (Abgel) 3 ch laborer T H&L 3c R9 Archbold Fre 4.
LATTA, BURT E. (Cora) 5 ch farmer O H&L 4h 5c Malinta Mon.
Latta, D. N. (Myrtle) 1 ch laborer O H&L Malinta Ind tel.
LATTA, GEO. F. (Melissa) 1 ch farmer O 20a 2h 2c R1 Malinta Mon 69.
LATTA, JEMIAMA 1 ch ret O 80a Malinta Ind tel.
Latta, Lulu O H&L bds Malinta.
Latta, L. L. 1 ch section foreman bds Malinta Ind tel.
Latta, Newton Malinta.
Laub, Corey (son Frank) school teacher bds R3 Napoleon Flrk 49.
LAUB, FRANK (Emma) 3 ch farmer O 80a 9h 14c R3 Napoleon Flrk 49.
LAUB, JOHN farmer O 12a R3 Napoleon Flrk 22 Ind tel.
Laubenthal, Mike (Nellie) 10 ch section laborer O H&L Holgate.
LAUZER, HENRY (Carolina) 8 ch farming O 240a 8h 14c R2 Hamler Mon 90 Ind tel.
Lauzer, Ida (dau Henry) housekeeper R2 Hamler Mon 90 Ind tel.
Lauzer, Walter (son Henry) farm hand bds R2 Hamler Mon 90 Ind tel.
Laver, G. W. ret O 21a H&L bds N Main St Liberty Center Ind tel.
Laver, H. (Harriet) 1 ch laborer O H&L McClure.
Laver, Jane O H&L East St Liberty Center.
LAVER, JOHN (Alice) farming O 40a H&L 1h 2c Maple Ave Liberty Center Ind tel.
Lavorenz, O. R. Malinta.
Lawrence, Charley farmer bds R6 Napoleon Dms 32 Ind tel.
Lawerence, Geo. ret O 40a R6 Napoleon Dms 32 Ind tel.
Lawrence, Jerome C. (Ada) 8 ch farmer T 80a 4h 5c R5 Napoleon Har 47 Ind tel.
Lawton, Clarence farm laborer 1h R3 McClure Rhfd 20 Ind tel.
Layman, Joe laborer O H&L Pleasant Bend.
Lazenby, A. E. (Anna) 5 ch farming T 80a 4h 2c R3 Hamler Mar 101 Ind tel.
Lazenby, C. F. (Maude) 2 ch farmer O 40a T 80a R4 Deshler Bar 23 Ind tel.
Lazenby, Ralph farmer Hamler.
Lea, I. P. RD Deshler Bar.
Leaba, Otto H. carpenter & painter O city property H&L Hamler.
Leader, Fred (Grace) 1 ch farm laborer T H&L 1h 2c R3 New Bavaria Ple 4 Ind tel.

Leaders, Emma (dau Henry) R2 Holgate Flrk 34.
LEADERS, HENRY C. (Caroline) 5 ch farmer O 220a 8h 15c R2 Holgate Flrk 34 Ind tel.
LEADERS, JOHN (Maud) farm laborer T H&L 1h R2 Holgate Flrk 54 Ind tel.
Leaders, Peter (son Henry) R2 Holgate Flrk 34.
Leadom, Harold student R5 Napoleon Har 49.
Leahy, A. J. postmaster Liberty Center.
Leahy, Donald farmer bds R2 Liberty Center Wash 67 Ind tel.
Leahy, Mary A. 6 ch farmer O 100a 8h 7c R2 Liberty Center Wash 67 Ind tel.
LEARN, GORDON (Jennie) 1 ch farming T H&L R1 Liberty Center Lib 77 Ind tel.
Leatherman, Anna (dau Effie A.) housekeeper bds Malinta.
Leatherman, Effije A. 8 ch ret O H&L Malinta.
Leatherman, Jesse (Inez) farmer T 80a 2h 3c R10 Archbold Rid 37 Ind tel.
Leatherman, W. D. (Grace) 2 ch farmer O 50a 4h 9c R1 Colton Wash 54 Ind tel.
LEBAY, FRANK JACOB (Anna) 9 ch farmer O 40a 3h 1c R1 Malinta Rhfd 48 Ind tel.
LeBay, Riley (son Frank Jacob) student R1 Malinta Rhfd 48 Ind tel.
Lee, Anna 4 ch housekeeper R1 Deshler Bar 92 Ind tel.
LEE, A. M. (Jennie) 3 ch ret O 206 1h 3c R5 Wauseon Fre 3 Ind tel.
Lee, C. O. RD Deshler Bar.
Lee, M. M. RD Deshler Bar.
Lee, Stanley (Mabel) 1 ch farmer O 100a 4h 11c R9 Archbold Rid 53 Ind tel.
Lee, T. H. (Ida) 2 ch farmer O 40a 3h 5c R5 Wauseon Fre 5 Ind tel.
Leeders, Christ (Ellen) clerk O H&L Hamler Ind tel.
Leeders, Emma (dau Christ) Hamler Ind tel.
Leffler, Mrs. D. G. R2 Belmore Bar.
Leffler, Peter 5 ch ret O H&2Lots R2 Belmore Bar 80 Ind tel.
Lehman, Burt (Rosie) 1 ch farmer T 90a 5h 9c R10 Archbold Rid 13 Ind tel.
Leiendecker, Frank (Olive) farming T 200a 8h 10c R3 Weston Rhfd 77 Ind tel.
Leifer, Albert F. (Bertha) 2 ch farmer O 135a 6h 20c R8 Napoleon Mon 3 Ind tel.

FARMERS' DIRECTORY

Leifer, Samuel (Rosina) ret O 2½a H&L 1h 1c R9 Napoleon Nap 69 Ind tel.
Leifer, T. J. (Annetta) 2 ch ret O 95a 2h 22c R8 Napoleon Mon 3 Ind tel.
LEIK, JACOB (Lena) 3 ch farming O 80a 3h 5c R5 Leipsic Mar 42 Ind tel.
Leik, Ralph (son Jacob) farming 1h R5 Leipsic Mar 42 Ind tel.
Leininger, Emil farmer R10 Archbold Rid.
Leininger, Joseph (Dina) 2 ch farmer T 80a 5h 7c R10 Archbold Rid 16 Ind tel.
LEININGER, LUES laborer T H R10 Archbold Rid 16 Ind tel.
Leininger, Oliver (Fanny) 1 ch farmer O 120a 4h 5c R10 Archbold Rid 51 Ind tel.
Leininger, Robert G. (Dora) 2 ch farmer T 160a 13h 7c R2 Napoleon Lib 1 Ind tel.
Leist, Alfred R. 1h bds R3 Liberty Center Lib 85 Ind tel.
Leist, David (Sylvia) O H&L N Main St Liberty Center.
LEIST, D. E. R3 Box 2 Liberty Center.
Leist, Edward farmer Liberty Center.
LEIST, ELIPHUS D. (Minerva) 2 ch farming O 20a 2h 4c R3 Liberty Center Lib 85 Ind tel.
Leist, E. J. (Sarah) farmer O 40a 3h 4c R3 Liberty Center Lib 63 Ind tel.
Leist, H. V. (Bertha) 1 ch ret O 80a H &L N Main St Liberty Center Ind tel.
Leist, J. E. (Mary C.) ret O H&L Cherry St Liberty Center Ind tel.
LEIST, PHILIP (Mary J.) laborer O H &L Cross St McClure.
Leist, Susan farmer Liberty Center.
Leithauser, M. D. (Carrie) druggist O stock Ridgeville Corners Rid 43 Ind tel.
Leitner, D. M. (Mary A.) blacksmith O H&L Cherry St Liberty Center.
LEITNER, ED. F. (Inez M.) 4 ch retail clerk Cherry St Liberty Center.
Lemert, Dorothy (dau W. W.) student R1 Napoleon Har 8 Ind tel.
Lemert, Wm. W. (Lena) 2 ch farmer O 80a 3h 20c R1 Napoleon Har 8 Ind tel.
Lemon, Geo. RD Deshler Bar.
Lemon, H. (Dora) 1 ch farmer T 80a 4h 2c R2 Malinta Mon 41.
Lenhart, Joseph laborer bds R1 Holgate Mon 8 Ind tel.
Leonhart, Bess M. (dau Jacob) R3 Napoleon Nap 81.
Leonhart, Clarence C. (son George) laborer Holgate.
Leonhart, Donald C. (grandson Jacob) student R3 Napoleon Nap 81.
LEONHART, F. B. Florida.
Leonhart, George (Amelia) 1 ch laborer O H&L Holgate.
Leonhart, Harry W. (Otillie) farmer T 80a 3h 2c R3 Holgate Flrk 9.
Leonhart, Jacob (Emma) 1 ch farmer O 42a 4h 3c R3 Napoleon Nap 81 Ind tel.
Leonhart, Mrs. Jennie (wid Geo.) 1 ch ret 1h Florida Flrk.
Leonhart, Joe (son Geo.) laborer Holgate.
Leonhart, John A. (Minnie) ret O 80a 1h 4c R3 Holgate Flrk 9 Ind tel.
Leonhart, Mrs. Nancy (wid Fred) ret O 80a 1h 1c R3 Holgate Flrk 20 Ind tel.
LEONHART, PAUL (son Jennie L.) care of Mrs. Joseph Lowry Florida.
Leonhart, Walter farmer Holgate.
LEONHART, WM. A. (Mabel) ret O H&L 1h Florida Ind tel.
LESH, FRED W. (Minnie) 2 ch mail route & farming O 50a 4h 6c R2 New Bavaria Ple 9 Ind tel.
Leupp, John farmer R9 Archbold Rid.
Leupp, John J. farmer R10 Archbold Rid.
LeVECK, ELLWOOD (Viola) farmer T 100a 5h 5c R2 Deshler Bar 72.
Levin, Morris Holgate.
Lewis, Art farmer Holgate.
Lewis, C. P. (Mary Jane) 2 ch ret O 157½a 4h 9c R3 Weston Rhfd 80 Ind tel.
LEWIS, F. W. (Mamie) 3 ch cigar mfg O H&L Holgate.
LEWIS, JOHN L. (Emily) 1 ch farmer T 85a 3h 8c R1 Okolona Flrk 3 Ind tel.
Lewis, Joseph J. ret O 85a R1 Okolona Flrk 3.
Lewis, Verda (dau C. P.) housekeeper R3 Weston Rhfd 80 Ind tel.
Ley, Frank RD Deshler Bar.
Leyser, G. R. RD Deshler Bar.
LIDDLE, ARTHUR farmer O 13a 5h 5c bds R2 Liberty Center Wash 20 Ind tel.
Liddle, John (Elizabeth) 13 ch farmer O 240a 2h 8c R2 Liberty Center Wash 20 Ind tel.
Liddle, John C. farmer bds R2 Liberty Center Wash 20 Ind tel.
LIDDLE, RAY (Iona Mae) 1 ch farmer O 13a 4h 3c R1 Liberty Center Wash 19 Ind tel.
Liddle, Wayne farmer O 13 1-3a 3h 1c bds R2 Liberty Center Wash 20 Ind tel.

LIEB, CHARLEY (Flora) 2 ch farming O 50a 2h 2c R4 Leipsic Mar 54 Ind tel.
Lieb, Christ (Mary) 5 ch laborer in garage 2h R4 Leipsic Mar 88 Ind tel.
Lieb, Ellen Hamler.
Lieb, Frank farming 3h R3 Hamler Mar 87 Ind tel.
Lieb, George (Candace) 7 ch farming O 55a 7h 7c R4 Leipsic Mar 53 Ind tel.
Lieb, Jacob (Ellen) farming O 100a 5h 6c R3 Hamler Mar 87 Ind tel.
Lieb, Jane farmer Hamler.
Lieb, Levi (Maranda) farming O 60a 4h 6c R4 Leipsic Mar 88 Ind tel.
Lieb, Maud R4 Leipsic Mar 54 Ind tel.
Liechty, J. C. (Emma) farmer T 50a 5h 5c R9 Archbold Fre 1.
Liechty, Silas (Sarah) 2 ch farmer O 39½a 7h 7c R10 Archbold Rid 51 Ind tel.
Lienan, Miss Dora (dau Dorothy) housekeeper R4 Napoleon Rid 32 Ind tel.
Lienan, Dorothy R4 Napoleon Rid 32 Ind tel.
Lienan, Fred W. (Ida) 2 ch farmer O 120a 7h 10c R4 Napoleon Rid 32 Ind tel.
Liengo, Mrs. Katie bds R2 McClure Dms 80.
Light, Alfred F. (Florence) 1 ch farmer T 85a 1h 1c R2 Liberty Center Wash 72.
Light, D. L. (Anna) 1 ch farmer O 80a 5h 6c R3 McClure Dms 56 Ind tel.
Light, E. (Laura) ret O 80a H&L Carl St McClure Ind tel.
Light, Frank (Iva) 5 ch farmer T 80a 2h 1c R2 Liberty Center Wash 71 Ind tel.
LIKE, CHARLES (Catharine) 5 ch farming O 31a 2h 3c R1 Hamler Mar 47 Ind tel.
LIMBAUGH, ALBERT (Ellen) farmer O 5h 3c R1 New Bavaria Ple 82 Ind tel.
LIMPACH, BERNARD (son Wm.) farmer bds R1 New Bavaria Ple 82 Ind tel.
Limpach, D. J. 5 ch laborer O H&L Holgate.
LIMPACH, HARMAN agent for Morrison Thompson Elevator T H&L New Bavaria Ind tel.
Limpach, John (Eva) farmer O 80a 2h 2c R1 New Bavaria Ple 109 Ind tel.
Limpach, Mike (Emma) ret O 150a 2c New Bavaria Ind tel.
Limpach, Raymond (son D. I.) railroad clerk Holgate.
Limpach, Rudolph (son D. I.) laborer Holgate.
Limpach, Wm. (Tracy) farmer O 80a 6h 5c R1 New Bavaria Ple 88 Ind tel.
LINDAU, WM. E. (Lena) 3 ch farmer T 105a 5h 30c R7 Napoleon Nap 76 Ind tel.
Linde, Laura Holgate.
Line, Carl (son O. P.) high school student Holgate.
Line, Cecelia (dau O. P.) Holgate.
Line, Ethel (dau O. P.) student Holgate.
Line, O. P. (Alice) 1 ch laborer O H&L Holgate Ind tel.
LINGEL, THOMAS W. (Louise) 4 ch farmer T 20a 3h 2c R3 Napoleon Ind tel.
Lingle, Mrs. Ella (wid Joseph C.) bds R3 Napoleon Nap 81.
LINHART, GEO. R3 Hamler Mar 95.
Linhorst, Mary 7 ch farming O 80a 2h 9c R2 Hamler Mar 68 Ind tel.
LINTHICUM, I. G. (Fannie) 6 ch farmer O 40a 6h 9c R10 Napoleon Lib 14 Ind tel.
LINTHICUM, L. A. (Eva) 2 ch farmer O 60a 5h 19c R10 Napoleon Lib 24 Ind tel.
LIONHART, F. A. R3 Napoleon.
LIPE, J. J. (Florence) 1 ch farmer T 80a 4h 5c R10 Archbold Rid 36 Ind tel.
Lipe, J. L. (Lydia) 4 ch farmer O 60a 5h 5c R9 Archbold Rid 54 Ind tel.
Litchenvalt, Jacob 2 ch farmer T H&L R9 Archbold Rid 71 Ind tel.
LITZENBERG, A. F. (Dora) 1 ch farmer O 65a 7h 9c R2 Malinta Mon 57 Ind tel.
Litzenberg, R. RD Deshler Bar.
Litzenberg, Stella (dau A. F.) housekeeper R2 Malinta Mon 57 Ind tel.
Livers, Thos. J. farmer RD Belmore Bar.
Loch, Willis RD Deshler Bar.
LOCKER, CLAUDE (Ida) 4 ch molder T H&L RD Deshler Bar 97½.
Lockmann, Fred farmer RD Wauseon.
LOGAN, A. E. (Martha) 1 ch farmer O 10a 1h 1c R1 McClure Dms 66.
Logan, Finley farming O 140a 4h 4c R4 Leipsic Mar 51 Ind tel.
Logan, Maria farmer O 120a 4c R4 Leipsic Mar 57 Ind tel.
Logan, Sidney laborer 2h 2c R4 Leipsic Mar 57 Ind tel.
Logghe, Derize (Helena) farmer T 40a 2h New Bavaria Ind tel.
Lohse, Elma (dau John) R10 Archbold Rid 2 Ind tel.
Lohse, John (Mary) 6 ch farmer 55a 3h 4c R10 Archbold Rid 2 Ind tel.

LOITZ, CHAS. (Jennie) 2 ch farmer T 80a 3h 4c R2 Napoleon Fre 66.
Long, Bertha (dau Lydia) Holgate.
LONG, CHAS. R. (Josephine) 4 ch farmer O 80a 3h 6c R6 Napoleon Har 29 Ind tel.
Long, Daniel RD Deshler Bar.
Long, Della (dau Honer) bds Grelton Mon 100.
Long, Donald D. (son Frank P.) R1 Okolona Nap 22.
Long, Dorothy M. (dau Frank P.) R1 Okolona Nap 22.
Long, Enid L. (dau Eva A.) housekeeper R1 Holgate Mon 8 Ind tel.
LONG, EVA A. 3 ch farmer O 363a 5h 22c R1 Holgate Mon 8 Ind tel.
Long, Floyd (Ruth) 2 ch farming T 61a 1h 2c R6 Napoleon Har 29.
LONG, FRANK P. (Jennie) 3 ch farmer O 84a 4h 6c R1 Okolona Nap 22 Ind tel.
Long, Geo. RD Deshler Bar.
Long, George A. (son Eva A.) farm hand bds R1 Holgate Mon 8 Ind tel.
LONG, HONER 1 ch ret 1a H&L Grelton Mon 100.
Long, Lawrence L. (son Frank P.) engineer bds R1 Okolona Nap 22.
Long, Lydia A. Holgate Ple.
Long, L. E. attorney RD Deshler Bar.
Long, Mabel (dau Lydia) needle work Holgate.
Long, Ora F. Okolona.
Long, Ottilia C. nurse Holgate Ind tel.
Long, William (Margaret) 3 ch farmer O 78a 3h 7c Hamler.

Longnecker, A. L. farmer RD Swanton Wash.
Longnecker, M. (S. E.) ret farmer O 130a H&L McClure Ind tel.
Lose, Ada (dau Martin) R4 Deshler Bar 60½ B tel.
Lose, Martin (Jane) 8 ch farmer O 80a 6h 10c R4 Deshler Bar 60½ B tel.
LOUDON, H. A. (Irene) 1 ch farming T 40a 3h 2c R1 Liberty Center Lib 77 Ind tel.
Loudon, H. A. (Lydia) 1 ch farming T 25a 3h 2c Westhope Rhfd 63 Ind tel.
Loudon, H. J. farmer Liberty Center.
LOUDON, I. W. (Anna) 4 ch farming O 120a 7h 5c R1 Liberty Center Lib 77 Ind tel.
Loudon, Ray (Helen) 1 ch draying O H&L 1h N Main St Liberty Center Ind tel.
LOVE, CHESTER (Hulda) 2 ch farmer T 8a 2h 1c R3 McClure Dma 57.
Love, Ernest M. (Nellie F.) 2 ch drug clerk Maple St Liberty Center.
Love, John (Jane) ret O H&L McClure.
Lowery, C. S. McClure.
Lowery, Samuel farmer bds R5 Napoleon Har 18.
Lowmaster, Bessie May (dau Mary E.) housekeeper R1 McClure Rhfd 68 Ind tel.
Lowmaster, Mrs. Mary E. 2 ch farming O 53a 1h 1c R1 McClure Rhfd 68 Ind tel.
LOWRY, F. W. farmer R7 Napoleon Flrk.

Thrashing with Gasoline Power.

LOWRY, JOHN H. (Rosamond) 1 ch ret O 120a 5h 5c R3 Napoleon Flrk 41 Ind tel.
Lowry, Jos. Florida.
Lowry, Kenneth A. (son Wm. H.) student Florida Flrk.
LOWRY, MRS. SAMANTHA A. ret O H&L Florida Flrk Ind tel.
LOWRY, TRACY (Blanche) 1 ch farmer & poultry raising T 10a 2h 5c R7 Napoleon Flrk 42 Ind tel.
LOWRY, WM. H. (Beatrice) 3 ch farmer O 110a 5h 11c Florida Flrk 42 Ind tel.
Luce, J. M. (Nellie) 3 ch merchant O store bldg H&L Colton Ind tel.
Ludeman, Chas. H. (Belva) farmer T 57a R5 Napoleon Dms 5.
Ludeman, Fred farmer 1h care of Maria R4 Napoleon Nap 67.
LUDEMAN, HENRY E. farmer O 20a 2h 2c R7 Napoleon Nap 71 Ind tel.
Ludeman, H. J. (Amelia) 6 ch farmer O 40a 2h 1c R5 Napoleon Dms 48 Ind tel.
LUDEMAN, MARIA farming O 20a 1h 1c R4 Napoleon Nap 67.
Ludeman, Wm. 7 ch ret 80a bds R2 Deshler Rhfd 56 Ind tel.
Ludeman, Wm. (Sophia) 2 ch farming T 80a 4h 4c R3 Deshler Rhfd 22 Ind tel.
LUDEMAN, WM. F. (Gladys) 3 ch hay baler T H&L R7 Napoleon Nap 71.
Luderman, Geo. farmer Hamler.
Luderman, Henry (Ida) 5 ch laborer T H&L R2 Malinda Mon 47.
Ludwig, Arthur (son John) farm laborer R1 Malinta Rhfd 30 Ind tel.
Ludwig, Elvera (dau John) school teacher R1 Malinta Rhfd 30 Ind tel.
Ludwig, Franklin O 20a bds R10 Napoleon Lib 30 Ind tel.
Ludwig, John (Celia) 3 ch farming O 80a 5h 7c R1 Malinta Rhfd 30 Ind tel.
Ludwig, William E. (Rosie) 3 ch farmer T 66a 3h 4c R10 Napoleon Lib 30 Ind tel.
Luebker, Henry (Myrtle) 1 ch farmer T 140a 8h 5c R8 Napoleon Har 13 Ind tel.
LUEBKER, HERMAN J. (Lorena) 2 ch farmer T 60a 4h 4c R3 Napoleon Nap 91 Ind tel.
Luebker, Wm. farmer O 60a R3 Napoleon Nap 91 Ind tel.
Luffs, Chas. (Anna) farm laborer R3 Deshler Bar 44.
Lugbill, Christian (Martha) 7 ch ret O 180a R10 Archbold Rid 13 Ind tel.
Lugbill, Ely (Jennie) farmer O 40a 5b 9c R10 Archbold Rid 14 Ind tel.
Lugbill, Peter (Armanda) 1 ch farmer & stock buyer O 30a 1h 2c R10 Archbold Rid 17 Ind tel.
Lugbill, S. (son Christian) farmer T 90a 4h 2c R10 Archbold Rid 13 Ind tel.
Lulfs, H. C. (Mary) 2 ch farmer T 80a 7h 11c R4 Deshler Bar 18 Ind tel.
Lulfs, W. M. (Kate) 5 ch farmer T 140a 4h 1c R10 Napoleon Lib 7 Ind tel.
Lust, F. W. (Katherine) 2 ch farmer O 50a 4h 2c R6 Napoleon Har 80 Ind tel.
Lust, J. E. (Katy) carpenter builder & contractor O H&L Holgate Ind tel.
Lust, Lewis (Lottie) 1 ch farming O 49a 2h 3c R3 Napoleon Flrk 82.
Lust, Mary care of C. V. Farison R3 Napoleon Flrk 81.
Lutz, A. F. banker RD Deshler Bar.
LUTZ, F. A. (Catharine) 1 ch banker O 140a Hamler Ind tel.
Lyle, Emmet (son W. A.) farmer bds R4 Deshler Bar 95.
Lyle, W. A. (Eva) 8 ch farming T 80a 4h R4 Deshler Bar 95.
Lynda, Laura school teacher O H&L Holgate Ind tel.
LYNN, C. J. (Jane) 2 ch farmer T 40a 2h 3c R1 Colton Wash 79 Ind tel.
Lytle, David RD Deshler Bar.
Lytle, E. R. RD Deshler Bar.
McALLISTER, J. R. (Olive) 3 ch farmer O 63a 7h 3c R8 Napoleon Nap 98 Ind tel.
McCABE, ALEX. (Mary) ret O 77a 2h 2c R10 Napoleon Lib 7 Ind tel.
McCABE, CHARLEY (Sylvia) 2 ch farmer O 80a 5h 11c R10 Napoleon Lib 7 Ind tel.
McCLAIN, H. F. (Della) 3 ch farmer O 120a 7h 9c R2 McClure Dms 103 Ind tel.
McClure, Ada R. bds millinery McClure Dms 66.
McClure, Calvin bds R3 McClure Dms 112 Ind tel.
McClure, D. H. (Priscilla) 1 ch section foreman O H&L McClure Ind tel.
McClure, Gertrude telephone opt bds McClure Ind tel.
McClure, Mrs. Jane farmer O 40a R3 McClure Dms 112 Ind tel.
McClure, Lester A. bds farmer McClure Dms 66.
McClure, L. E. (Mary E.) farmer O 64a 1h 6c McClure Dms 66.
McCLURE, T. N. (Della) 3 ch farmer O 200a 6h 10c R1 McClure Dms 115 Ind tel.

FARMERS' DIRECTORY

McClure, W. W. (Lizzie) 1 ch farmer O 100a 8h 7c R3 McClure Dms 112 Ind tel.
McComb, L. H. RD Napoleon Nap.
McCoy, Frank (Mary) saloon T H&L R2 Holgate Flrk 13.
McCracken, Miss Ada B. (dau Jefferson) R7 Napoleon Flrk 42 Ind tel.
McCracken, Tracy C. (son Jefferson) ret O 140a 5h R7 Napoleon Flrk 42 Ind tel.
McCulick, Silas (Jane) Holgate.
McCurdy, W. O. (Grace) 5 ch farmer O 60a 4h 5c R1 Napoleon Dms 32 Ind tel.
McDonald, Meda farmer RD Deshler.
McDonald, Robt. (Alineda) 3 ch laborer T H&L 2c R4 Deshler Bar 93.
McDonnall, G. E. (Lottie B.) farmer 1h 2c bds R1 Colton Wash 50 Ind tel.
McDonnall, John (Lizzie) 1 ch farmer O 77a 4h 9c R1 Colton Wash 50 Ind tel.
McDowell, C. H. (Mattie) 3 ch farmer T 130a 5h 4c R1 Belmore Bar 56 Ind tel.
McDowell, Lois (dau C. H.) stenographer R1 Belmore Bar 56 Ind tel.
McEwen, Sarah O H&L Holgate Ple.
McFarland, H. S. farmer RD Napoleon.
McGarbey, Carrie 4 ch bds R1 Liberty Center Wash 32 Ind tel.
McGarbey, Will (Jessie) 2 ch barber T H&L Colton Wash.
McGarvey, George engineer R1 Liberty Center Wash 32 Ind tel.
McGill, E. B. Holgate.
McGill, Ray (Izora) 3 ch general store O H&L Holgate Ple Ind tel.
McGrane, P. K. (Julia) farmer O 66¾a 2h 5c R2 Liberty Center Wash 42 Ind tel.
McGue, Frank (Lola) 2 ch car inspector T H&L Holgate Ple.
McIntire, Christopher (Jane) grain elevator manager O H&L 1c Hamler Ind tel.
McIntire, Warren Hamler Ind tel.
McKee, W. H. (Jennie) 1 ch hardware & implements O 80a H&L 1h Hamler Ind tel.
McKenzie, Ed (Addie) 3 ch farmer T 38a 3h 4c R1 McClure Rhfd 99.
McKenzie, Edna (dau Joseph) housekeeper R1 McClure Rhfd 99 Ind tel.
McKenzie, Elmer (son Joseph) farming bds R1 McClure Rhfd 99 Ind tel.
McKenzie, Henry (son Joseph) farmer bds R1 McClure Rhfd 99 Ind tel.
McKenzie, Joseph 9 ch ret O 160a 6h 6c R1 McClure Rhfd 99 Ind tel.
McKenzie, Wilbur (son Joseph) farming bds R1 McClure Rhfd 99 Ind tel.
McKinley, Robt farmer & laborer T 5a 2h 1c R6 Napoleon Har 34 Ind tel.
McLain, H. F. farmer McClure.
McMaster, Chas. (Myrtle) 5 ch farmer T 115a 4h 8c R3 Deshler Bar 45 B tel.
McMaster, Geo. H. (Laura) 1 ch farmer T 119a 3h 1c R3 Deshler Bar 46 B tel.
McMaster, Grace housekeeper R3 Deshler Bar 45 B tel.
McMaster, William farmer T 100a 6h 7c R1 Colton Wash 35 Ind tel.
McMichael, Christ (Clista) 5 ch laborer T H&L Holgate Ple.
McMichael, John (son Mall) day laborer Holgate Ple.
McMichael, Mall (Emline) 1 ch day laborer T H&L Holgate Ple.
McMillen, C. W. (Bertha A.) 3 ch farmer 120a 4h 4c R8 Napoleon Har 32 Ind tel.
McMillen, Frank D. (Sarah) 5 ch farmer T 40a 3h 4c R1 McClure Rhfd 65 Ind tel.
McMillen, Robert (son F. D.) hay baler R1 McClure Rhfd 65 Ind tel.
McMillen, Virgil (son F. D.) hay baler R1 McClure Rhfd 65 Ind tel.
McMillen, Zoa (dau F. D.) housekeeper R1 McClure Rhfd 65 Ind tel.
McNickle, Charles W. (May) 2 ch farmer O 165a 7h 7c RD Deshler Bar 75 B tel.
McVetta, Ernest farmer Hamler.
McVetta, J. T. (Flora) 4 ch farmer O 80a 3h 6c R2 Liberty Center Wash 44.
Maas, Nick A. (Katherine) 1 ch farming O 95a 5h 4c R1 McClure Rhfd 78 B tel.
Maas, P. N. (Veronica) 6 ch farmer O 80a 4h 11c R1 Custar Rhfd 87.
Maassel, Fred (Anna) 4 ch ret O 200a 2h 8c R2 Hamler Mon 79 Ind tel.
Maassel, Geo. (son Fred) student bds R2 Hamler Mon 79 Ind tel.
Maassel, Henry (Minnie) farming T 80a 3h 6c R2 Malinta Mon 78 Ind tel.
Maassel, H. F. farmer Hamler.
Maassel, Wm. (Amelia) farming T 80a 3h 2c R2 Hamler Mon 79 Ind tel.
Mack, Mary Hamler Ind tel.
Mack, M. J. (Theresa) 6 ch general merchandise H&L Hamler Mar.

HENRY COUNTY

MACK, WALTER (Maud) 4 ch cement worker O H&L Hamler.
Maddock, Wm. (Eliza) 1 ch ret O 80a 1h 2c R4 Napoleon Nap 67½ Ind tel.
Machlman, Carl (Ida) farmer T 80a R9 Napoleon Fre 25 Ind tel.
Machlman, Harmon (Emma) farmer O 80a 4h 8c R9 Napoleon Fre 25 Ind tel.
MAGILL, MRS. JNO. Grelton.
Magill, Marion farmer O 40a 3h 4c Grelton Dms 21 Ind tel.
Mahermann, J. F. farmer Malinta.
Mahler, J. (Margaret Amelia) 2 ch farming O 40a 3h 5c R1 McClure Rhfd 66 Ind tel.
Mahler, J. S. laborer T H&L McClure Dms 54.
Mahler, Odessa (dau J.) housekeeper R1 McClure Rhfd 66 Ind tel.
Mahlman, Alma (dau Henry) R1 Holgate Mar 28.
Mahlman, Henry (son Henry) farmer R1 Holgate Mar 28.
Mahlman, Henry (Mary) 4 ch farming O 80a 4h 7c R1 Holgate Mar 28.
Mahlman, Herman farmer R9 Napoleon Fre.
MAHNKE, ADOLPH H. (Ida) 1 ch farmer T 160a 5h 12c R7 Napoleon Fre 42 Ind tel.
Mahnke, Catherine (wid Henry) ret O 120a R7 Napoleon Fre 50 Ind tel.
Mahnke, Geo. (Clara) 5 ch farmer O 40a 4h 7c R4 Napoleon Fre 29 Ind tel.
Mahnke, Henry (Anna) 3 ch farmer O 80a 5h 7c R4 Napoleon Rid 50 Ind tel.
Mahnke, Herman (Minnie) ret O 120a 1h 2c R7 Napoleon Fre 42 Ind tel.
Maiberger, Matt 1 ch laborer bds R1 Belmore Bar 57.
Maiberger, P. (Katherine) 7 ch farmer O 55a R1 Belmore Bar 57.
MAIER, C. C. (Magdalena) 1 ch farmer O 40a 3h 3c R3 McClure Dms 52 Ind tel.
MAIERS, G. N. (Minnie) 3 ch farmer O 40a 3h 6c R2 McClure Dms 101 Ind tel.
Maiers, William H. farmer O 80a 4h 9c R3 McClure Dms 50 Ind tel.
Mangas, Alva (son J. F.) farmer R1 Holgate Mar 3 Ind tel.
Mangas, Fred (son J. F.) farmer R1 Holgate Mar 3 Ind tel.
MANGAS, H. C. (Levina) 2 ch farming O 170a 5h 4c R1 Hamler Mar 46.
MANGAS, JOHN P. (Margaret) 4 ch farming O 360a 8h 20c R1 New Bavaria Mar 21.
MANGAS, J. F. (Minnie) farmer O 112a 5h 3c R1 Holgate Mar 3 Ind tel.
Mangas, J. J. farmer New Bavaria.
Mangas, Mary R1 New Bavaria Mar 21.
Mangas, Peter farmer O 76a 6h New Bavaria Ple.
MANGAS, T. A. horse breeder 1h R1 New Bavaria Mar 21.
Mangus, Frank bartender bds New Bavaria Ple.
Mann, A. N. (Fannie) clothing & gents' furnishings O Holgate.
Mann, E. E. manager bds Holgate.
Mann, E. L. (Minnie) 1 ch O H&L Holgate Ple.
Mann, John mail carrier & poultry raiser T H&L Malinta Mon.
Mann, R. S. (Anna) 2 ch clerk O H&L Holgate.
Mansfield, John (Esther) 1 ch blacksmith T H&L Pleasant Bend.
March, Albert F. (Emma) farmer O 50a 2h 2c R3 Holgate Flrk 31 Ind tel.
MARCH, CHAS. F. (Siera) painter & paperhanger O H&L 1h Florida.
MARCH, CHAS. J. (Catharine) section hand O H&L R2 Holgate Flrk 14.
MARCH, EDWIN (Belle) 2 ch farmer T 60a 7h 5c R3 Holgate Flrk 29 Ind tel.
March, E. M. farmer O 50a 4h R3 Holgate Flrk 31.
March, E. W. farmer Holgate.
March, Geo. ret O H&L Florida.
March Guy farmer McClure.
MARCH, PHILIP (Catharine) farmer O 160a H&L 1h McClure Ind tel.
MARCH, W. E. (Cordelia) 1 ch farmer T 80a R5 McClure Dms 47 Ind tel.
MARCHAL, ALBERT (Katharine) 3 ch barber O H&L New Bavaria Ple.
Marchal, August 2 ch laborer O H&L New Bavaria Ple.
Marchal, Bernatine (dau August) bds New Bavaria Ple.
Marchal, L. E. (son August) operator bds New Bavaria.
Marchal, Sylvester (son August) farm laborer bds New Bavaria Ple.
Marchal, Sylvester farming bds New Bavaria Ple 39.
Market, Wm. (Louisa) 3 ch farmer O 160a 4h 26c R5 Napoleon Har 48.
MARKLEY, D. A. (Elizabeth) 1 ch farmer O 60a 1h 2c R9 Napoleon Fre 15 Ind tel.
Markley, E. R. (Clara) 2 ch farmer T 60a 2 mules 1c R9 Napoleon Fre 15.
Markley, John (Dora) 2 ch bricklayer T H&L Holgate Ple.

140

Markley, J. G. (Hattie) 1 ch ret O H&L Malinta Mon Ind tel.
Marksch, Carl (Sophia) 6 ch farming O 80a 3h 4c R3 Deshler Rhfd 54 Ind tel.
Marksch, Wm. farmer RD Napoleon Lib.
Marlow, Agnes M. (dau Jacob F.) student bds R7 Napoleon Nap 53.
MARLOW, JACOB F. 2 ch farmer R7 Napoleon Nap 53.
Marschal, Lucins farmer New Bavaria.
Marshaus, Fred W. farmer New Bavaria.
Marshouse, Fred (Mary) 1 ch farmer 80a 3h 6c R2 New Bavaria Ple 20 Ind tel.
Martin, Susan New Bavaria.
Martin, N. C. painter R1 McClure Rhfd 97.
Martz, D. E. pastor St Johns Reformed Church T Damascus St Liberty Center.
Marx, William 2 ch farmer O 104a 4h 6c R10 Napoleon Lib 50 Ind tel.
Mason, Charley farmer bds R2 McClure Dms 100 Ind tel.
MASON, DENTON (Lu) farmer O 110a 4h 6c R2 McClure Dms 100 Ind tel.
Mason, Geo. W. (Cristina) 2 ch farmer O 60a 4h 6c R2 McClure Dms 103 Ind tel.
Mason, Jasper McClure.
MASON, LAWRENCE E. (Almeda) 2 ch farmer T 80a 2h R5 Napoleon Har 52.
Mason, Marshall (Jane) 1ch farmer O 80a 1h 7c R2 McClure Dms 99 Ind tel.
Mason, W. H. (Bell) 3 ch farmer T 160a 7h 7c R2 McClure Dms 97 Ind tel.
MATHEWS, EDWARD (Emma) ret O 110a H&5Lots 2h Colton Wash Ind tel.
Matthews, A. G. Liberty Center.
Matthews, Grey E. (Ella E.) farmer T 80a 5h 12c R1 Liberty Center Wash 13 Ind tel.
Matthews, Laura A. Liberty Center.
MAUK, HARRY (Hattie) 1 ch farmer O 60a 3h 8c R6 Napoleon Har 25 Ind tel.
Mauley, Jacob, Sr. 3 ch ret O 80a 1h R10 Archbold Rid 37 Ind tel.
MAURER, CARL D. (Agnes) 2 ch electrician T Elizabeth St Liberty Center Ind tel.
May, Chas. L. (Nettie L.) 2 ch farmer O 70a 4h 3c R10 Napoleon Lib 48 Ind tel.
May, G. C. (Rose) 3 ch farming O 40a 3h 3c R1 McClure Rhfd 66 Ind tel.
MAY, SAMUEL W. (Catharine) ret O H&L Florida Ind tel.
MAYER, E. P. (Mary) 4 ch farmer O 33a 3h 5c R2 Malinta Mon 40 Ind tel.
Meach, Abner (Susan) 2 ch laborer O H&L McClure.

Mead, Clyde L. (Catharine) 4 ch farmer O 40a Grelton Dms 22 Ind tel.
Mead, Mrs. J. N. 3 ch ret O 40a R6 Napoleon Har 69 Ind tel.
Meades, Leo laborer bds R1 Custar Rhfd 86.
MEASEL, GEORGE A. (Cally) farming O 39a 2h 3c R2 Hamler Mar 66 Ind tel.
Measel, John farmer Pleasant Bend.
Meeker, Eliza (wid Wm.) ret O 172a 3c R7 Napoleon Nap 53.
Meeker, L. A. (Imo) 3 ch MD O H&L 1h Holgate Ind tel.
MEHRMAN, WM. R2 Malinta Mon 77.
Meiberger, Peter farmer RD Deshler.
Meinburg, Wm. (Mary) 6 ch farming O 80a 2h 15c R1 Malinta Rhfd 25 Ind tel.
MEINE, FRED C. (Emma) 4 ch farmer O 120a 3h 14c R1 Okolona Nap 18 Ind tel.
Meinen, Cora bank clerk Holgate.
Meinen, D. A. gardener O H&L Holgate Ple.
Meinen, J. D. (Viola S.) 2 ch O H&L Holgate Ple.
Meister, Harry (son John C.) farmer 1h R3 Stryker Rid 8 Ind tel.
Meister, John C. (Catherina) 1 ch farmer O 80a 5h 6c R3 Stryker Rid 8 Ind tel.
Meister, Sherman (son Jno. C.) farmer R3 Stryker Rid 8 Ind tel.
Meller, Florence student R5 Wauseon Fre 21 Ind tel.
Meller, Ray farmer 1h R5 Wauseon Fre 21 Ind tel.
Melson, John A. farmer McClure.
MEMMER, HENRY (Elsie) 2 ch farmer T 80a 4h 5c R3 Holgate Flrk 29 Ind tel.
Mengerink, Edward W. (son E. B.) cement worker R2 Napoleon Nap 100.
MENGERINK, E. B. (Sarah) farmer O 40a 3h 2c R2 Napoleon Nap 100 Ind tel.
Mengerink, Ernest (Lena) farming O 40a 2h 2c R8 Napoleon Mon 20 Ind tel.
MENGERINK, WM. (Christine) 7 ch farmer T 100a 5h 5c R2 Malinta Mon 48 Ind tel.
Merriman, Milo (Ruth) 2 ch fireman O H&L Pleasant Bend.
Merritt, Amelia Hamler.
Mess, Bernadette J. 1 ch post mistress bds New Bavaria Ple Ind tel.
MESS, FRANK (Mathilda) farming O 60a 3h 4c R1 Holgate Mar 10.
MESS, J. B. contractor O 70a R1 New Bavaria Mar 16 Ind tel.
Mess, J. P. farmer New Bavaria.
Metcalf, Forest (Fay) teamster T H&L 6h R3 Liberty Center Lib 44 Ind tel.

Methan, Melissa housekeeper O 1a R1 Hamler Mar 47.
Metzner, Grover B. RD Deshler.
Meyer, Albert laborer R5 Wauseon Fre 5 Ind tel.
Meyer, Albert (son F. H.) farm hand R3 Deshler Rhfd 21 Ind tel.
Meyer, Alma (dau H. J.) R2 Holgate Ple 37 Ind tel.
Meyer, Alma (dau John C.) music teacher R2 Hamler Mon 81 Ind tel.
Meyer, Alvin (son G. F.) laborer bds R2 Holgate Ple 35.
Meyer, Alvin (son H. J.) laborer 1h bds R3 New Bavaria Ple 38.
Meyer, Alvina bds R3 Holgate Flrk 60 Ind tel.
Meyer, Arthur farmer bds R3 Holgate Flrk 60 Ind tel.
MEYER, AUG. (Mary) 8 ch farming O 80a 5h 14c R2 Hamler Mon 81 Ind tel.
Meyer, August (Fredricka) R2 Napoleon Fre 46.
Meyer, Carl laborer R1 Holgate Flrk 92.
MEYER, CARL H. (son H. J.) farming T 110a 4h 22c R2 Holgate Ple 37 Ind tel.
Meyer, Chas. (Mary) 7 ch' farmer 40a 5h 5c R9 Napoleon Fre 60 Ind tel.
MEYER, CHAS. (Ida) 4 ch farmer O 79a 3h 6c R1 Hamler Bar 12 Ind tel.
Meyer, Christ farming O 160a 2h R1 Hamler Mar 62 Ind tel.
MEYER, CHRIST (Celia) 3 ch farmer O 40a 2h 7c R2 Napoleon Lib 6 Ind tel.
MEYER, CHRIST H. (Minnie) 2 ch farmer T 80a 3h 7c R2 Napoleon Fre 59 Ind tel.
Meyer, Cristof (Elsie) farmer O 40a 3h 2c R2 Hamler Mar 34 Ind tel.
Meyer, C. H. farmer Holgate.
Meyer, C. W. RD Deshler.
MEYER, DIETRICH H. (Katie) 2 ch ret O 309a 1h 2c R2 Jewell Flrk 7 Ind tel.
Meyer, Ed. (Ida) 3 ch farmer O 100a 6h 5c R1 Holgate Mon 11 Ind tel.
Meyer, Emma R9 Napoleon Fre 7 Ind tel.
MEYER, FRED (Mary) 2 ch farmer O 60a 4h 3c R2 Jewell Flrk 5 Ind tel.
Meyer, Fred 4 ch ret O 80a R3 Deshler Rhfd 20 Ind tel.
Meyer, Fred (Mary) ret O 20a 1h 2c R9 Napoleon Fre 47 Ind tel.
Meyer, Fred farm laborer R2 Hamler Mon 82 Ind tel.
Meyer, Fred D. (Mary) 1 ch farmer O 225a 11h 9c R3 Holgate Flrk 60 Ind tel.
MEYER, FRED E. (Emalie) 2 ch farmer O 80a 3h 9c R2 Napoleon Fre 68 Ind tel.
Meyer, Fred H. laborer lives with Herman H. R9 Archbold Rid 64 Ind tel.
Meyer, Fred H. (Emma) 1 ch farmer T 80a 4h 8c R4 Napoleon Rid 62 Ind tel.
MEYER, FRED J. (Lizzie) 3 ch farmer T 120a 5h 4c R9 Napoleon Nap 88 Ind tel.
Meyer, F. C. (Anna) 7 ch farmer O 170a 4h 6c R4 Napoleon Rid 40 Ind tel.
Meyer, F. H. (Mary) 2 ch farmer & auto salesman O 160a 6h 8c R3 Deshler Rhfd 21 Ind tel.
Meyer, Geo. (Catherine) 2 ch farmer O 80a 6h 4c R2 Napoleon Fre 46 Ind tel.
Meyer, Geo. (son D. H.) R2 Jewell Flrk 7.
Meyer, Geo. farmer 1h R9 Napoleon Fre 7 Ind tel.
MEYER, G. FRED (Anna) 6 ch farmer & breeder reg Holstein cattle O 80a 3h 20c R4 Napoleon Nap 63½ Ind tel.
Meyer, Mrs. G. F. 1 ch farmer O 80a 5h 9c R2 Holgate Ple 35 Ind tel.
Meyer, Helen R9 Napoleon Fre 60.
Meyer, Henry (Sophia) 2 ch farmer T 80a 3h 6c R3 Deshler Mon 19 Ind tel.
MEYER, HENRY (Mary) 1 ch farming O 40a 4h 5c R2 Hamler Mar 67.
Meyer, Henry (son G. F.) ditcher bds R2 Holgate Ple 35.
Meyer, Henry (Christina) ret O 83a 1c Holgate Ple.
Meyer, Henry (Christena) ret O 80a 1h 1c R2 Napoleon Fre 59 Ind tel.
Meyer, Henry A. (Kathryn) 8 ch farmer O 80a 5h 6c R9 Napoleon Fre 7 Ind tel.
MEYER, HENRY C. (Annie) 2 ch farmer O 80a 4h 10c R9 Napoleon Nap 54 Ind tel.
Meyer, Henry C. (Kate) 6 ch farmer O 80a 3h 7c R1 Malinta Rhfd 24 Ind tel.
MEYER, HENRY D. (Minnie) 4 ch farmer O 80a 6h 8c R2 Napoleon Fre 71 Ind tel.
Meyer, Henry F. (Mary) 1 ch farmer O 80a 2h 11c R7 Napoleon Fre 51 Ind tel.
Meyer, Henry F. farmer RD Deshler Rhfd.
Meyer, Henry H. (Sophia) 1 ch ret O 130a H&L 1h 1c Ridgeville Corners Rid 43 Ind tel.

MEYER, HENRY J. (Matilda) 2 ch farmer O 80a 5h 9c R3 New Bavaria Ple 38.
Meyer, Henry M. Ridgeville Corners.
Meyer, Henry T. (Mary) 1 ch drayman T 3h Hamler.
Meyer, Herman (Margarete) ret O 40a R3 Holgate Flrk 65 Ind tel.
Meyer, Herman (Mary) 7 ch farmer O 80a 4h 10c R3 Deshler Bar 37 Ind tel.
MEYER, HERMAN (Sophia) 4 ch farmer O 145a 5h 10c R2 Hamler Mon 82 Ind tel.
Meyer, Herman F. (Louise) 5 ch farmer O 70a 3h 12c R9 Napoleon Nap 54 Ind tel.
Meyer, Herman H. (Emma) 2 ch farmer T 131a 5h 8c R9 Archbold Rid 64 Ind tel.
MEYER, HERMAN H. (Minnie) 3 ch genl mdse O H&L Holgate. See adv.
MEYER, HERMAN H. (Minnie) 4 ch farmer O 80a 3h 10c R2 Napoleon Fre 37 Ind tel.
Meyer, Herman M. (Mary) 5 ch farmer O 96a 5h 11c R2 Napoleon Fre 59 Ind tel.
Meyer, H. H. (Lena) 4 ch farming O 200a 8h 9c R2 Hamler Mar 33 Ind tel.
Meyer, H. J. (Mary) 3 ch farmer O 40a 3h 4c R2 Deshler Bar 71 Ind tel.
Meyer, H. P. (Anna) 1 ch ret 1h 1c R1 Holgate Monroe 11 Ind tel.

Meyer, Ida (dau Mrs. G. F.) bds R2 Holgate Ple 35.
Meyer, Mrs. Jennie Holgate.
MEYER, JOHN (Amelia) 1 ch farmer T 40a 2h 2c R3 Holgate Flrk 65 Ind tel.
MEYER, JOHN C. farming O R3 Deshler Bar 39.
Meyer, John C. (Katie) 2 ch farmer O 80a 3h 5c R2 Hamler Mon 81 Ind tel.
Meyer, John J. farmer RD Napoleon Mon.
Meyer, Joseph carpenter bds New Bavaria Ple.
MEYER, KARL (Mary) 4 ch farmer O 100a 3h 14c R2 Napoleon Fre 59 Ind tel.
Meyer, Mary (dau Henry C.) R1 Malinta Rhfd 24 Ind tel.
Meyer, Mary farming O 80a 3h 8c R1 Hamler Mar 36 Ind tel.
Meyer, Mary ret O 40a R2 Hamler Mar 67 Ind tel.
Meyer, Mary ret R9 Napoleon Nap 54.
Meyer, Mary farmer Holgate.
Meyer, Mrs. Minnie 3 ch farmer O 25a R5 Wauseon Fre 5 Ind tel.
Meyer, Noah laborer bds R3 Holgate Flrk 60 Ind tel.
Meyer, Otto (Helen) 1 ch farmer T 100a 5h 2c R2 Jewell Flrk 7 Ind tel.
Meyer, Otto W. farmer R2 Napoleon Fre 59.

Herd of Thoroughbred Sheep.

HENRY COUNTY

Meyer, Rudolph (son Aug.) farm hand bds R2 Hamler Mon 81 Ind tel.
Meyer, Sophia (dau Mrs. G. F.) bds R2 Holgate Ple 35.
Meyer, Tillie (dau Mrs. G. F.) bds R2 Holgate Ple 35.
Meyer, Walter farm hand bds R3 Holgate Flrk 60 Ind tel.
Meyer, William (Emma) 3 ch farming T 80a 3h 14c R1 Hamler Mar 61.
Meyer, Wm. (son Henry C.) farm hand bds R1 Malinta Rhfd 24 Ind tel.
Meyer, Wm. C. (Dora) 1 ch farmer O 40a 3h 4c R1 Okolona Nap 9 Ind tel.
Meyer, Wm. F. (Minnie) 5 ch farmer T 80a 3h 8c R2 Napoleon Fre 46 Ind tel.
Meyer, Wm. H. (Ida) 2 ch farmer O 80a 6h 8c R2 Napoleon Fre 58 Ind tel.
Meyer, W. C. (Mattie) ret O 100a 1h 3c R3 Holgate Flrk 56 Ind tel.
Meyerholtz, Joseph H. (Mathilda) 2 ch general store O H&L Hamler.
Meyers, A. E. (Nellie M.) farmer T 80a 3h 4c R3 McClure Dms 64 Ind tel.
Meyers, Carl (Freda) 1 ch farmer T 40a 2h 4c R9 Napoleon Fre 20 Ind tel.
Meyers, Chas. (Anna) laborer Hamler.
MEYERS, CHAS. H. (son Mary) farmer T 120a 2h 4c R2 Napoleon Fre 54 Ind tel.
Meyers, Earnest D. (son Mary) farmer R2 Napoleon Fre 54.
Meyers, Edith (dau J. F.) school teacher R1 Malinta Mon 92 Ind tel.
Meyers, Edna housekeeper R2 Malinta Mon 62 Ind tel.
Meyers, George laborer bds R2 Malinta Mon 62 Ind tel.
Meyers, Harry Malinta.
Meyers, John cigar maker Holgate Ple.
MEYERS, JOHN I. (Katherine) 1 ch farmer T 83 96-100a 3h 4c R8 Napoleon Mon 39 Ind tel.
Meyers, J. F. (Lillie) 5 ch farming O 160a 5h 9c R1 Malinta Mon 92 Ind tel.
Meyers, Mary (wid Christian) ret O 120a R2 Napoleon Fre 54.
Meyers, Nellie student R2 Malinta Mon 62 Ind tel.
Meyer, H. V. (Sadie) 3 ch farmer O 80a 4h 9c R1 Holgate Mon 27 Ind tel.
Myers, Orlo C. (Myrtle) 1 ch telegraph operator T H&L Malinta Mon.
Meyers, Lem farmer R9 Archbold Rid.
Michael, Ida RD Deshler Bar.

Michael, John ret O 160a RD Deshler Bar 99.
Michaelis, August (Adelia) 1 ch farming T 80a 3h 5c R2 Hamler Mon 53 Ind tel.
Michaelis, Fred W. 7 ch ret O 80a R2 Hamler Mon 53 Ind tel.
Michaelis, T. H. farmer Hamler.
Michaelis, Wm. (Louisa) farming T 80a 6h 5c R2 Malinta Mon 50 Ind tel.
Middleton, Kenn (Enidin) laborer T H &L 2h 1c R3 McClure Dms 55.
Middleton, Orman bds R3 McClure Dms 62.
MIDDLETON, MRS. SARAH O 20a R3 McClure Dms 62.
Miehls, A. J. RD Deshler Bar.
Miller, Adam (Udah) 4 ch farmer O 85a 4h 13c R5 Napoleon Dms 7 Ind tel.
MILLER, ADOLPH (Bertha) 4 ch laborer T H&L 1c R1 Westhope Rhfd 45.
Miller, Albert laborer bds R2 Malinta Mon 76 Ind tel.
Miller, Alvin R2 Napoleon Fre 46.
Miller, Mrs. Ambrose 10 ch ret O 37a R4 Napoleon Rid 50.
Miller, Ambrose (Katie) farmer O 40a 5h 4c R9 Archbold Rid 56 Ind tel.
Miller, Anthony 11 ch farmer O 120a 4h 6c R1 Belmore Bar 54 Ind tel.
MILLER, ANTHONY (Emma) 2 ch farmer O 80a 4h 6c R4 Napoleon Rid 46 Ind tel.
Miller, Art farmer Hamler.
Miller, Arthur (Emma) 1 ch farmer T 80a 3h 10c R5 Napoleon Dms 47 Ind tel.
MILLER, AUGUST (Mary) 3 ch farmer O 120a 3h 15c R7 Napoleon Fre 62 Ind tel.
MILLER, A. L. (Susan G.) salesman O H &L Cor Cherry & W Main Sts Liberty Center Ind tel.
Miller, A. M. (Sarah O.) 8 ch farmer O 79a 4h 13c R2 Liberty Center Wash 42 Ind tel.
Miller, A. O. (E. L.) farmer T 130a 5h R2 Hamler Mon 88 Ind tel.
Miller, Blanche housekeeper R5 Wauseon Fre 5 Ind tel.
Miller, Mrs. Caroline O 1a R2 Napoleon Lib 9.
Miller, Charles (Nettie) blacksmith T High St Liberty Center Ind tel.
MILLER, CHAS. T. (Agnes) laborer T H&L R1 Malinta Mon 92.
Miller, Cheopius (son Emiel) laborer bds R10 Archbold Rid 3 Ind tel.
Miller, Clarence bds R2 Napoleon Lib 9.

144

Miller, Cornelius (Sarah) street commissioner O H&L Hamler Mar.
Miller, C. D. (Emma) ret O 154a 1h Hamler Ind tel.
Miller, C. D. Liberty Center.
MILLER, C. E. (Julia) 2 ch farmer O 160a 4h 20c R3 Liberty Center Lib 42 Ind tel.
Miller, D. A. (Ellen) garage Hamler Mar Ind tel.
Miller, D. C. (Alice A.) grocer O H&L Maple Ave Liberty Center Ind tel.
Miller, D. V. laborer R3 Hamler Mar 58.
Miller, Earl farmer R5 Wauseon Fre 5 Ind tel.
Miller, Ed. (Dollie) 6 ch farming T 80a 4a 4c R3 McClure Rhfd 3.
Miller, Edward (Mary) 1 ch ret O 120a 1h 1c R8 Napoleon Mon 14 Ind tel.
Miller, Edward farmer Grelton.
Miller, Edward F. (Permelia) ret O H &L 1h Holgate Ind tel.
Miller, Ella (dau Anthony) housekeeper R1 Belmore Bar 54 Ind tel.
Miller, Ella R2 Napoleon Fre 46.
Miller, Emiel (Anna) 6 ch farmer O 50a 4h 4c R10 Archbold Rid 3 Ind tel.
Miller, Emma C. farmer R4 Napoleon Rid.
Miller, Mrs. Ethel 2 ch ret T H&L R6 Napoleon Har 67.
MILLER, FRANCIS B. (Bessie) 1 ch farmer T 80a 3h 5c R2 Holgate Flrk 35 Ind tel.
Miller, Frank laborer bds New Bavaria Ple.
Miller, Frank student R5 Wauseon Fre 5 Ind tel.
Miller, Frank farmer RD Napoleon.
MILLER, FRANK P. (Hellen L.) 5 ch farmer O 40a 4h 5c R3 Liberty Center Lib 73 Ind tel.
Miller, Fred ret O H&L R2 Malinta Mon 47.
MILLER, FRED (Philapine) farmer O H &L 1h Florida Ind tel.
Miller, Fred laborer O R2 Hamler Mar 31.
Miller, Geo. (Amelia) 1 ch farmer T 100a 3h 4c R2 Malinta Mon 76 Ind tel.
MILLER, GEO. E. (Mollie) 1 ch carpenter & thresher T H&L Florida.
Miller, Geo. W. (Fannie) 3 ch farmer & saw mill O 20a 2h Ridgeville Corners Rid 43 Ind tel.
Miller, George B. farming O 97a 2h R3 Hamler Mar 97 Ind tel.

Miller, Grace (dau Anthony) student R4 Napoleon Rid 46 Ind tel.
Miller, Grey farmer 2h bds R2 Liberty Center Wash 42 Ind tel.
MILLER, G. H. (Blanche) 5 ch farmer O 100a 6h 9c R5 Wauseon Fre 21 Ind tel.
Miller, Harry (son John C.) farm hand bds R10 Archbold Rid 37 Ind tel.
MILLER, HENRY (Sophia) 4 ch farmer T 100a 5h 4c R2 Napoleon Fre 46 Ind tel.
Miller, Jacob C. (Cora) 4 ch farmer O 80a 6h 5c R9 Archbold Rid 53 Ind tel.
Miller, James (Cora) ret O H&L N Main St Liberty Center Ind tel.
Miller, John farmer Grelton.
MILLER, JOHN (Sophia) 5 ch grain elevator manager O H&L Hamler.
Miller, John (Mary) 7 ch farmer T 45a 3h 2c R1 Liberty Center Lib 82 Ind tel.
Miller, John A. (Elizabeth) 5 ch farmer O 86a 6h 9c R5 Wauseon Fre 5 Ind tel.
Miller, John C. (Susan) 3 ch farmer O 20a 4h 7c R10 Archbold Rid 37 Ind tel.
MILLER, JOHN H. minister Holgate Ind tel.
Miller, John M. (Anna) 5 ch insurance O H&L McClure Dms Ind tel.
MILLER, JOHN S. (Amy E.) 4 ch farmer & thresher O 80a 5h 9c Liberty Center Ind tel.
Miller, John W. (Loretta O.) 2 ch farmer O 80a 6h 4c R10 Napoleon Lib 81.
MILLER, JOS. C. (Addie) 2 ch farmer O 80a 4h 7c R1 Jewell Rid 58 Ind tel.
Miller, J. (Sarah) 2 ch ret O 80a 1h 2c R3 McClure Rhfd 3 Ind tel.
Miller, J. H. Hamler.
MILLER, J. W. (Mary) 3 ch farmer O 80a 3h 5c R4 Deshler Bar 52 Ind tel.
Miller, Margaret farmer RD Napoleon Nap.
Miller, Marjorie housekeeper Ridgeville Corners Rid 62½ Ind tel.
Miller, Martin (Mary A.) farmer O 100a 7h 10c R2 McClure Dms 109 Ind tel.
Miller, Melvin (son Emiel) laborer bds R10 Archbold Rid 3 Ind tel.
Miller, Nellie (dau G. W.) housekeeper Ridgeville Corners Rid 43 Ind tel.
Miller, Otto (son Emiel) laborer bds R10 Archbold Rid 3 Ind tel.
Miller, Otto F. farmer bds R2 McClure Dms 109 Ind tel.

Miller, O. J. RD Deshler Bar.
Miller, Ray (son Anthony) farmer R1 Belmore Bar 54 Ind tel.
Miller, Ray laborer bds High St Liberty Center Ind tel.
Miller, Ruth (dau Anthony) housekeeper R1 Belmore Bar 54 Ind tel.
Miller, Sherm farmer Colton.
Miller, Tom W. 6 ch farmer T 114a 3h 3c RD Napoleon Har 68.
Miller, T. W. (Dora) 8 ch farmer T 80a 3h 7c R8 Napoleon Har 13 Ind tel.
Miller, Walter A. (son Rev. F. W.) farm hand R8 Napoleon Flrk 83 Ind tel.
MILLER, WESSIE R3 Box 43 McClure.
Miller, Wilmer farmer Liberty Center.
Miller, Wm. laborer O H&2Lots Colton Wash Ind tel.
Miller, W. H. (Ketwah) farming O 80a 5h 9c R3 Hamler Mar 97.
Mink, Chas. day laborer Holgate Ple.
MINK, CONRAD (Ella) saloon & restaurant O H&L Holgate Ple Ind tel.
Mink, Gertrude (dau Henry) clerk Holgate.
Mink, Hazel (dau Henry) piano player Holgate.
Mink, Henry (Cathrine) general store O H&L Holgate Ind tel.
Mink, Mrs. Julia Holgate.
MINNICH, A. J. (Jennie) blacksmith O H&L Liberty Center.
Minnich, Jacob blacksmith O H&L North St Liberty Center.
Minnich, Lloyd (Mary) 1 ch painter O Railroad Ave Liberty Center.
MINNICH, O. R. (Anna Mae) 4 ch barber T W Maple Ave Liberty Center.
Minnick, Arch. engineer R2 Liberty Center Wash 67.
MINNICK, CHAS. F. (Grace) farmer T 40a 3h 2c R1 Napoleon Har 55.
Minnick, Earl farmer Liberty Center.
Minnick, Emanuel (Katherine) 5 ch trucking O 5a 3c R2 Liberty Center Wash 67.
Mires, D. S. publisher O H&L Maple Ave Liberty Center Ind tel.
MIRES, MRS. EMMA A. Liberty Center.
Mires, E. P. (Leona C.) 1 ch railway mail clerk O H&L Maple Ave Liberty Center Ind tel.
Mires, J. S. 1 ch publisher O H&L Damascus St Liberty Center.
MIRES, KETURAH O H&L Maple St Liberty Center.
Mitchel, Geo. farmer RD Napoleon Har.
Mitchel, Gilbert (Jennie) 2 ch farm laborer T H 1h 1c R1 Malinta Rhfd 13 Ind tel.
Mitchel, Noah farmer RD Napoleon Har.
MITCHELL, A. A. (Anna) 6 ch farmer O 50a 2h 6c R8 Napoleon Mon 17 Ind tel.
Mitchell, Elias 10 ch farmer O 80a 2h 7c R3 Liberty Center Lib 46 Ind tel.
MITCHELL, GEO. (Minnie) 3 ch farmer O 24a 3h 2c R1 Napoleon Har 5 Ind tel.
Mitchell, Grover farmer Liberty Center.
MITCHELL, JULIUS C. (Nellie A.) 3 ch farmer O 40a 1h 3c R1 Liberty Center Lib 87 Ind tel.
Mitchell, Robert (Tillie) 2 ch farmer T 80a 4h 7c R2 Hamler Mon 82 Ind tel.
Moehring, August farmer Malinta.
Moehrman, F. H. (Mary) 2 ch farmer T 40a R2 Malinta Mon 77.
Moehrman, Gottlieb farmer R7 Napoleon Nap.
Moehrman, Henry (son J. F.) laborer bds R2 Malinta Mon 77.
Moehrman, J. F. (Minnie) 9 ch farmer O 40a 4h 3c R2 Maltinta Mon 77.
Moehrman, W. M. (son J. F.) laborer bds R2 Malinta Mon 77.
MOHLER, ALLEN (Sarah) 5 ch farmer O 40a 2h 4c R1 Liberty Center Lib 87 Ind tel.
MOHLER, A. Z. (Ethel E.) 5 ch farming T 160a 3h 6c R1 Liberty Center Wash 6.
Mohler, Bessie J. 1h bds R1 Liberty Center Wash 6.
Mohler, Caroline 8 ch ret O H&L Malinta Mon.
MOHLER, CLARENCE bds R3 Liberty Center Lib 45 Ind tel.
MOHLER, ED (Laura) 3 ch cement & mason worker T H&L Malinta Mon Ind tel.
Mohler, Emma J. (dau Samuel) R7 Napoleon Nap 52½.
Mohler, F. E. (Martha) 6 ch farmer T 129a 3h 2c R3 Liberty Center Lib 45 Ind tel.
MOHLER, G. ROLL. (Ada) 4 ch farmer T 60a 2h 5c R1 Okolona Flrk Ind tel.
Mohler, Harvey (Pearl) farmer O H&L 2h W Cherry St Liberty Center.
Mohler, Mrs. Ida housekeeper R2 Malinta Mon 40 Ind tel.
Mohler, Jacob farmer McClure.

FARMERS' DIRECTORY

Mohler, J. E. (Mary A.) 6 ch ret O 3a H&L Malinta Mon Ind tel.
MOHLER, J. W. mason O H&L North St Liberty Center.
Mohler, Laura E. 6 ch farming O 160a 6c R1 Liberty Center Wash 6.
Mohler, Mary M. bds R1 Liberty Center Wash 6.
Mohler, Milow 1 ch farmer T H&L R7 Napoleon Nap 73.
Mohler, Olive E. (dau Samuel) R7 Napoleon Nap 52½.
Mohler, Ralph (Ida) 2 ch farmer 122a 5h 6c R2 Liberty Center Lib 84 Ind tel.
Mohler, R. F. (Lottie) 2 ch farmer T 80a 7h 7c R8 Napoleon Har 35 Ind tel.
MOHLER, SAMUEL W. (Mercy Jane) 2 ch farmer O 23a 1h 3c R7 Napoleon Nap 52½ Ind tel.
MOHLER, SIMON P. (Bertha) 4 ch decorator & painter O H&L Malinta Mon Ind tel.
MOHLER, WINFIELD (Kathrine) 2 ch farmer T 80a 3h 3c R3 Liberty Center Lib 62 Ind tel.
Mohler, W. S. farmer Liberty Center.
Mohler, W. J. farmer Liberty Center.
Mohler, W. J. (Lydia) 4 ch farmer O 23a 3h 4c R3 Liberty Center Lib 90 Ind tel.
MOHLER, W. W. (Martha E.) 4 ch teacher & farmer O 40a 1h 8c R1 Liberty Center Wash 8 Ind tel.
Mohler, W. W. farmer Liberty Center.
Mohr, Adam C. farmer R10 Archbold Rid.
Mohr, Albert (son A. C.) farmer R10 Archbold Rid 54 Ind tel.
Mohr, A. C. (Susan) 3 ch farmer O 80a 4h 2c R10 Archbold Rid 54 Ind tel.
Mohr, Dora bds R2 Liberty Center Wash 68 Ind tel.
Mohr, Emma (dau A. C.) housekeeper R10 Archbold Rid 54 Ind tel.
Mohr, Ernest (Lucy) farmer 3h 2c R10 Archbold Rid 54.
Mohr, Jacob farmer bds R2 Liberty Center Wash 68 Ind tel.
Mohr, W. C. (Catherine) 6 ch farmer O 80a 2h 3c R2 Liberty Center Wash 68 Ind tel.
Mohring, August (Minnie) 3 ch farming O 80a 4h 5c R1 Malinta Rhfd 24 Ind tel.
MOHRING, HENRY (Sophia) 2 ch farmer T 80a 4h 5c RD Holgate Mar 25 Ind tel.

MOLL, ADAM (Fannie) 9 ch farmer O 200a 14h 20c R4 Napoleon Rid 50 Ind tel.
Moll, Frank (son Adam) farmer R4 Napoleon Rid 50 Ind tel.
Moll, Harvey (son Adam) farmer R4 Napoleon Rid 50 Ind tel.
Moll, Ida R4 Napoleon Rid.
Moll, Louis (son Adam) farmer R4 Napoleon Rid 50 Ind tel.
Moll, Samuel A. (Esther) 1 ch farmer O 40a 3h 7c R10 Archbold Rid 38 Ind tel.
Mollett, Geo. F. (Maggie) 5 ch farming O 76a 3h 10c R2 Holgate Flrk 57.
Mollett, Philip (Catharine) ret T H&L Holgate.
Mollett, P. J. McClure.
Mollett, W. R. (Sarah) 4 ch farmer O 11a 3h 4c R3 Holgate Ple 65 Ind tel.
Monthaven, E. H. RD Deshler Bar.
Moon, Ernest bds R3 McClure Dms 56 Ind tel.
Moore, C. J. (Binnie) 2 ch farmer T 80a 3h 10c R1 Colton Wash 38 Ind tel.
MOORE, D. D. (Nellie) 2 ch laborer T H&L R2 Deshler Bar 97½.
Moore, George D. (Hattie B.) farmer O 80a 4h 7c R1 Liberty Center Wash 9.
Moore, Israel (Emily) 6 ch farming O 78a 2h 6c R1 Liberty Center Wash 12.
MOORE, JAMES (Frances) 2 ch section foreman O H&L Holgate Ple.
Moore, Myron day laborer Holgate Ple.
Moore, Roy (Ethel) 4 ch laborer Holgate Ple.
Moore, S. L. farming 40a 3h bds R1 Liberty Center Wash 12.
MOOSE, M. H. (Flora) 2 ch farming T 150a 7h 5c R1 Hamler Mar 80.
Mootz, A. R. RD Deshler Bar.
Moran, James (Florence) 6 ch farming T 85a 3h R1 New Bavaria Ple 79.
Moran, John farmer New Bavaria.
Morey, Andrew (son Joe) farm hand 1h bds Holgate Mon 9 Ind tel.
Morey, C. C. farmer RD Napoleon Lib.
MOREY, CHAS. R. (Clara) 2 ch farming T 120a 4h 2c R3 Napoleon Flrk 27 Ind tel.
Morey, Frank (son Joe) farm hand bds Holgate Mon 9 Ind tel.
Morey, G. W. farmer RD Napoleon Lib.
MOREY, JOE (Etta) 6 ch farmer O 50a 7h 4c Holgate Mon 9 Ind tel.

147

Morey, Orley (D.) laborer T H&L Holgate Ple.
Morgret, F. C. (Gay) 2 ch steel moulder T H&L Malinta Mon.
Moritz, H. F. (Margaretta) 2 ch farmer O 20a 1h 2c R9 Napoleon Fre 33 Ind tel.
Morles, Roy (Birdy) 2 ch farming T 110a 4h 3c R3 Hamler Bar 4 Ind tel.
Morris, Freeman farming T 40a 4h 4c R1 Belmore Mar 92½ Ind tel.
Morris, Jim farm laborer 1h bds R1 Belmore Bar 27 Ind tel.
Morris, J. C. farmer Hamler.
MORRIS, J. E. (Emma) 1 ch farmer T 80a 3h 4c R3 New Bavaria Ple 31 Ind tel.
Morris, Roxana ret O 40a R1 Belmore Mar 92½ Ind tel.
MORRISON, G. G. (Minnie) 4 ch farmer O 40a 2h 8c R3 Liberty Center Lib 55 Ind tel.
Morrison, T. H. RD Deshler Bar.
MORSE, FRANK (Ella) 3 ch carpenter T H&L Young St Liberty Center.
Mortell, Stanley (Mattie) 1 ch laborer T H&L RD Deshler Bar 60½.
Moser, Alta R1 Hamler Bar 12.
Moser, Carl farmer R1 Hamler Bar 12.
Motter, Augustus (Addie) 4 ch farmer O 26a 2h 3c R4 Deshler Rid 62 Ind tel.
Motter, Ethel (dau Geo.) housekeeper Ridgeville Corners Rid 64 Ind tel.
Motter, Mrs. F. C. RD Deshler Bar.
Motter, Geo. (Ida) 1 ch road contractor O H&L Ridgeville Corners Rid 64 Ind tel.
Motter, Gilbert (son Aug.) farmer T 56a 2h bds R4 Napoleon Rhfd 62 Ind tel.
Motter, Mary ret O 56a lives with Aug. R4 Napoleon Rid 62 Ind tel.
Motter, Ollie (dau Aug.) housekeeper R4 Napoleon Rid 62 Ind tel.
Mowery, A. L. (Olla) farmer O 80a 4h 3c R1 Hamler Mar 47 Ind tel.
MOWERY, E. W. (Etta) 4 ch farmer O 23a 4h 11c R6 Napoleon Har 69 Ind tel.
Mowery, Henry Malinta.
Mowery, Mrs. J. F. 7 ch ret O 100a 1c R6 Napoleon Har 69 Ind tel.
Mowery, J. N. (Ella M.) 5 ch farmer O 60a 7h 10c R1 McClure Dms 65 Ind tel.
Mowery, Lola (dau E. W.) school teacher bds R6 Napoleon Har 69 Ind tel.
Mowery, Nina (dau E. W.) school teacher bds R6 Napoleon Har 69 Ind tel.

Mowery, W. H. (Martha) 2 ch ret O 130a H&L 1h Malinta Mon Ind tel.
MOWRER, C. D. 4 ch carpenter H&L Cor Damascus & Railroad Sts Liberty Center.
Moyer, Ralph F. (Grace) 3 ch hardware dealer O H&L Lincoln St Liberty Center.
Mueller, Edwin (son F. W.) student R8 Napoleon Flrk 83.
Mueller, F. W. (Minnie) 1 ch minister St Pauls Lutheran Church T 1h R8 Napoleon Flrk 83 Ind tel.
Mueller, Henry (son H. H.) farm hand bds R1 Malinta Rhfd 48 Ind tel.
Mueller, H. H. (Dorothy) 4 ch farmer O 80a 1h 2c R1 Malinta Rhfd 48 Ind tel.
MUELLER, L. A. laborer Wabash Ave Liberty Center.
MULCAHY, N. F. (Hazel) farming & justice of peace T 80a 3h 2c R1 Custar Rhfd 83.
Mull, Ed. (son H. R.) farmer bds R9 Archbold Rid 67 Ind tel.
Mull, Elger (son H. R.) farmer bds R9 Archbold Rid 67 Ind tel.
Mull, H. R. (Elizabeth) 9 ch farmer O 200a 12h 27c R9 Archbold Rid 67 Ind tel.
Mull, Ora (son H. R.) farmer bds R9 Archbold Rid 67 Ind tel.
Mull, Wilbur E. RD Deshler Bar.
Muller, F. H. (Mary) 5 ch farmer O 80a 4h 7c R9 Napoleon Fre 25 Ind tel.
Muntz, Caroline Holgate Ple.
Muntz, John W. (Mabel) 1 ch mail carrier O 55a H&L 2h 1c Holgate Ple.
MUNTZ, ORLANDO (Amelia) 6 ch farmer T 55a 4h 2c Holgate Ple 63 Ind tel.
MUNTZ, WM. (Lena) 2 ch mail carrier O H&L Holgate Ple Ind tel.
Murdock, David 3 ch farmer O 102a 1h 1c bds R1 Colton Wash 79 Ind tel.
MURDOCK, D. C. (Clara L.) 4 ch farmer O 80a 2h 7c R3 Liberty Center Lib 63.
MURDOCK, ISAAC 6 ch farmer & mason O 20a R1 Liberty Center Wash 9.
Murdock, J. D. (Lilly A.) 3 ch farmer O 70a 8h 68c R1 Colton Wash 79. Ind tel.
Murdock, Marian Ester bds R1 Liberty Center Wash 9.
MURDOCK, O. E. (Ida P.) 5 ch teacher O 20a 5c R3 Liberty Center Lib 88 Ind tel.
Murdock, S. W. 3 ch tile ditcher O ½a R1 Liberty Center Wash 10.
Murdock, Wm. H. farmer 20a 4h 2c bds R1 Liberty Center Wash 9.
Murphy, Alice E. (wid Alton) 1 ch T H&L R1 Napoleon Har 17.

FARMERS' DIRECTORY

Murphy, Mrs. Cora R1 Colton Wash 53.
Murray, Geo. J. (Myrta) 2 ch laborer O H&L Maple St Liberty Center.
Murrey, Alice O 39a 2c Hamler.
Murrey, Amanda 2 ch R3 Liberty Center Lib 74.
MURREY, H. N. (Mable) 3 ch farmer O 40a 5h 11c R1 Napoleon Dms 19 Ind tel.
Murrey, Norton farmer R1 Napoleon Dms.
MURREY, ORRIS (Ethel) mgr Grelton Tel Co O H&L Grelton Mon 98 Ind tel.
Musgrove, H. A. 2 ch carpet weaver O H&2Lots Colton Wash.
Mutchler, E. J. (Mary) 4 ch farming T 80a 4h 5c R1 Hamler Mar 49.
MUTH, PHILLIP (Helen) 1 ch farmer O 80a 3h 5c R2 Deshler Bar 73.
Myerholtz, John F. (son Louisa) farmer O 10a 1h 1c R7 Napoleon Nap 71 Ind tel.
MYERHOLTZ, LOUISA (wid Herman A.) 1 ch ret R7 Napoleon Nap 71.
Myers, Abbie R. teacher bds R2 Liberty Center Wash 39 Ind tel.
Myers, Atha 3 ch farmer R2 Malinta Mon 41.
Myers, A. J. (Clara) 2 ch carpenter O H&L W Cherry St Liberty Center.
MYERS, BYRON (Blanche) 3 ch farmer O 74a 4h 6c R5 Napoleon Dms 5 Ind tel.
Myers, Claud (Delpha) 1 ch farmer T 120a 4h 6c R5 Napoleon Dms 35.
Myers, Clayton (son Daniel) student R4 Napoleon Rid 48 Ind tel.
MYERS, C. C. R3 McClure.
MYERS, C. S. (Susannah) 6 ch farmer O 100a 4h 10c R2 Liberty Center Wash 39 Ind tel.
MYERS, DANIEL (Francis) 4 ch farmer T 135a 6h 10c R4 Napoleon Rid 48 Ind tel.
Myers, Ed. V. farmer 1h R5 Napoleon Har 18.
MYERS, ERVIN (Agnus) 5 ch farmer O 65a 2h 6c R3 McClure Dms 50 Ind tel.
Myers, Floyd E. (son Pliny D.) farmer bds R5 Napoleon Har 46.
Myers, Gayette R. teacher R2 Liberty Center Wash 39 Ind tel.
MYERS, GEO. G. (Emma) 5 ch farmer T 40a 2h 3c R1 Napoleon Har 21 Ind tel.
Myers, George (Jennie) 1 ch foreman O H&L Holgate.
Myers, Harry (Gladys) 2 ch mail carrier T H&L Malinta Mon Ind tel.
MYERS, HENRY A. (Margret) farmer O 120a 2h 7c R5 Napoleon Dms 35 Ind tel.
Myers, I. E. farmer McClure.
Myers, Jacob (Elizabeth) 7 ch farmer T 37a 4h 8c R4 Napoleon Rid 50 Ind tel.
Myers, Jacob 8 ch ret O 135a lives with Daniel R4 Napoleon Rid 48 Ind tel.
Myers, Jessie M. teacher bds R3 McClure Dms 50 Ind tel.
Myers, John (Mary) 3 ch laborer T H R3 Deshler Rhfd 22.
Myers, John farmer O 80a 3h R1 New Bavaria Ple 82.

Damascus School, McClure, Ohio.

HENRY COUNTY

Myers, John C. (Mary) 6 ch farming O 80a 6h 7c R3 Deshler Bar 39 Ind tel.
MYERS, JOHN W. (Anna) 4 ch painter & farmer O 1c R2 Malinta Mon 61 Ind tel.
Myers, Kathryn J. teacher 1h bds R2 Liberty Center Wash 39 Ind tel.
Myers, Lasell (dau Sam) housekeeper R9 Archbold Rid 66 Ind tel.
Myers, LeRoy (son Daniel) farmer bds R4 Napoleon Rid 48 Ind tel.
Myers, Lewis laborer bds R1 New Bavaria Ple 82.
Myers, L. H. McClure.
Myers, Nellie P. teacher bds R3 McClure Dms 50 Ind tel.
MYERS, OTTO (Olive) 4 ch farmer O 54½a 4h 8c R4 Napoleon Rid 50 Ind tel.
Myers, O. H. (Susie) 3 ch laborer O H &L Mill St Liberty Center.
MYERS, PHINY D. (Alice) 4 ch farmer O 80a 9h 12c R5 Napoleon Har 46 Ind tel.
Myers, Sam (Flora) 3 ch farmer O 40a 5h 7c R9 Archbold Rid 66 Ind tel.
Myers, William farmer bds R5 Napoleon Dms 36 Ind tel.
Myles, Alex. (Jessie) 6 ch farmer O 60a 2h 3c R1 Colton Wash 84 Ind tel.
MYLES, ANGUS (Agnes) 4 ch farmer O 40a 3h 7c R2 Liberty Center Wash 88 Ind tel.
Myles, Ernest (Cora) 4 ch farmer O 44a 2h 2c R1 Colton Wash 82.
Myles, P. E. (Alice) 2 ch farmer T 60a 2h 3c R1 Colton Wash 84.
Myles, Roy farmer Hamler.
Nagel, Adolph (Emma) farmer O 80a 3h 7c R10 Archbold Rid 38 Ind tel.
Nagel, Albert (Anna) 1 ch farming T 40a 2h 2c R2 Malinta Mon 75 Ind tel.
Nagel, Chas. (Caroline) 1 ch ret O H &L 1h 2c Ridgeville Corners Rid 43 Ind tel.
Nagel, Edwin (son Wm.) farmer R4 Napoleon Rid 38 Ind tel.
Nagel, Elmer (son Wm.) farmer bds R4 Napoleon Rid 38 Ind tel.
Nagel, Emma R4 Napoleon Rid 29 Ind tel.
Nagel, Ervin (son W. J.) farmer 1h R3 Stryker Rid 19 Ind tel.
Nagel, Harvey farmer O 40a 3h 3c R4 Napoleon Rid 29 Ind tel.
Nagel, John (Dora) 2 ch farmer O 40a 2h 3c R2 Hamler Mon 80 Ind tel.

Nagel, John (Frieda) farming T 160a 5h 6c R2 Malinta Mon 50 Ind tel.
Nagel, Martin (Gertie) 4 ch farmer T 60a 4h 3c R3 Stryker Rid 19 Ind tel.
Nagel, Nettie bds with John R2 Hamler Mon 80 Ind tel.
Nagel, Otto farmer O 40a 3h 4c R4 Napoleon Rid 29 Ind tel.
Nagel, Reinhold (Bertha) 3 ch farmer O 80a 4h 7c R10 Archbold Rid 18 Ind tel.
Nagel, Wm. (Minnie) 2 ch farmer O 80a 6h 8c R4 Napoleon Rid 38 Ind tel.
Nagel, Wm., Sr. 3 ch ret bds with Wm. Schnitkey Ridgeville Corners Rid 57 Ind tel.
NAGEL, WM. J. (Minnie) 4 ch farmer O 160a 7h 9c R3 Stryker Rid 19 Ind tel.
Nanna, Mrs. A. R. RD Deshler Bar.
Nartker, Chas. H. (Cora) 1 ch farmer T 77a 2h R6 Napoleon Har 73 Ind tel.
Nartker, John T. (Therifia) 5 ch farmer T 160a 7h 6c R6 Napoleon Har 69 Ind tel.
Nash, Hazel May (dau Wm.) housekeeper R1 Belmore Bar 55 Ind tel.
Nash, Wm. (Anna) 3 ch farmer O 88½a 2h 8c R1 Belmore Bar 55 Ind tel.
NAUGLE, C. O. (Goldie) cemetery sexton T H 1h 1c R3 Deshler Bar 65 Ind tel.
NAUGLE, S. G. (Lucy) 5 ch laborer O H&L W Summit St McClure Dms.
Naugle, Theron laborer 1h care of C. B. Krause R3 Holgate Flrk 10.
Naus, Calvin farmer R7 Napoleon Nap.
Navin, Albert F. (son Thomas) Okolona Nap 17.
Navin, D. Wm. (son Thomas) manager Okolona Grain & Stock Co. bds Okolona Nap 17.
Navin, Mary J. (dau Thomas) Okolona Nap 17.
Navin, Raymond E. (son Thomas) tel agt & operator bds Okolona Nap 17.
Navin, Theresa L. (dau Thomas) Okolona Nap 17.
NAVIN, THOMAS (Margaret) 6 ch farmer O 165a 10h 6c Okolona Nap 17 Ind tel.
Navin, Walter M. (son Thomas) student Okolona Nap 17.
Navin, Wm. farmer Okolona Nap.
NEFF, MAHLON (Harriet) 2 ch farmer T 70a 3h 4c R7 Napoleon Flrk 43 Ind tel.

150

FARMERS' DIRECTORY

NEIFER, HERMAN (Mary) 1 ch laborer O H&L Westhope Rhfd 63 Ind tel.
Neiling, Clara (dau Frank M.) student R1 Custar Rhfd 85.
Neiling, Floyd (son Louis) farm hand 1h bds R2 Deshler Rhfd 92 Ind tel.
Neiling, Frank M. (Margaret) 4 ch farming O 80a 2h 7c R1 Custar Rhfd 85.
Neiling, Mrs. John 3 ch ret O 60a 1c R2 Deshler Rhfd 92.
NEILING, LOUIS (Anna) 2 ch farmer T 120a 5h 4c R2 Deshler Rhfd 92 Ind tel.
NEILSON, CHAS. farm hand 1h R1 Malinta Rhfd 30 Ind tel.
Neilson, Edward (Nellie) farming T 160a 5h 3c R1 Malinta Rhfd 14 Ind tel.
Neilson, Henry (Opal) farmer O 80a R2 Malinta Mon 57 Ind tel.
Neilson, Julius (Metta) farmer T 93a 3h 2c R2 McClure Dms 108 Ind tel.
Neilson, Peter J. (Hattie) farming T 160a 6h 2c R1 Malinta Rhfd 30 Ind tel.
Neiswander, Morris RD Deshler Bar.
NEISWENDER, ELIJAH R1 Deshler.
Neiswender, Mrs. Martha RD Deshler Bar.
NELSON, C. R. (Bodel) 2 ch farming T 200a 10h 3c R1 McClure Rhfd 82 Ind tel.
Nelson, John F. (Nellie) 4 ch farmer O 120a 2h 3c R1 McClure Rhfd 78 Ind tel.
Nelson, M. C. (son Richard) farmer T 160a 4h 29c R8 Napoleon Har 35 Ind tel.
Nelson, Richard (Anna Mary) 6 ch ret O 560a 1h 1c RD Napoleon Har 35 Ind tel.
Nelson, William bds R3 New Bavaria Ple 40 Ind tel.
Nelson, Wm. (Bertha C.) 7 ch merchant O McClure Ind tel.
Ness, Frank 4 ch shoemaker O H&L Young St Liberty Center.
Nestleroad, S. S. (Alma) 1 ch school teacher O 5a 1h R8 Napoleon Har 71 Ind tel.
Neuhauser, E. (Priscilla) dry goods merchant T H&L Ridgeville Corners Rid 64 Ind tel.
Newel, Ben. (Elizabeth) 6 ch farm T 50a 2h 1c Ridgeville Corners Rid 57 Ind tel.
Newell, Bert (Lillie) 1 ch live stock buyer O H&L 1h Ridgeville Corners Rid 56 Ind tel.
Newel, Lillian (dau Ben) school teacher Ridgeville Corners Rid 57 Ind tel.
NEWMAN, GEO. A. (Emma A.) merchant O store bldg H&L Colton Wash Ind tel.
NEWTON, JOHN V. (Amelia) 9 ch mail carrier T 154a 9h 13c R3 Hamler Mar 87 Ind tel.
Nicely, Geo. bds R2 McClure Dms 79.
Nicely, Gus (Catherine) 3 ch laborer T H&L R6 Napoleon Har 66 Ind tel.
NICELY, JOHN (Lucinda) 4 ch farm hand R1 Holgate Mar 4.
Nicely, J. W. (Lizzie) 4 ch farmer T 96a 3h 5c R1 Liberty Center Wash 6.
Nicely, Wesley (Nancy A.) 4 ch bds R1 Liberty Center Wash 6.
NICHELS, FRANK (Mary) 2 ch farming O 40a 6h 3c R1 Malinta Rhfd 23 Ind tel.
Nichols, Otto J. (Ethel) 1 ch farming T 75a 3h 1c R1 Malinta Mon 95 Ind tel.
Nichols, Wm. H. 8 ch ret R1 Custar Rhfd 85 Ind tel.
Niebel, E. M. (Lydia) 3 ch farmer O 19a 4h 16c R6 Napoleon Har 27 Ind tel.
Nischwitz, Catherine (dau Mary) housekeeper R3 Napoleon Flrk 95 Ind tel.
NISCHWITZ, MRS. MARY farmer O 200a 1h R3 Napoleon Flrk 45 Ind tel.
NOAKER, A. H. (Lura F.) farmer O 20a 4h 2c R1 Colton Wash 84.
NOBLIT, CHAS. (Myrtle) 3 ch farming O 50a 5h 3c R2 Dreshler Rhfd 59 Ind tel.
Noblit, Wm. 5 ch farmer O 2h 2c R2 Deshler Bar 70.
Noel, Chas. S. RD Deshler Bar.
Noel, John farmer RD Deshler Bar.
Nofzinger, Clarence J. (son John S.) laborer R10 Archbold Rid 18 Ind tel.
Nofzinger, John S. (Mary A.) 5 ch farmer O 80a 1h 1c R10 Archbold Rid 18.
Nofzinger, J. E. (Katie) 3 ch farmer O 80a 7h 12c R10 Archbold Rid 28 Ind tel.
Nofzinger, Myron (Viola) farmer R10 Archbold Rid 13 Ind tel.
Nofzinger, Walter L. (son J. E.) farmer R10 Archbold Rid 28 Ind tel.
Nofzinger, Will H. (son John S.) farmer T 40a 4h R10 Archbold Rid 18 Ind tel.
Nolan, Elizabeth bds Holgate Ple 69.
Nolan, Robert (Leona) 1 ch farmer O 40a 5h 2c R4 Deshler Bar 60.

Nolan, W. F. (Rose) 1 ch farmer O 80a 5h 3c R4 Deshler Bar 60.
Norden, Anna (dau August F.) R2 Napoleon Fre 54.
Norden, August F. ret O 80a R2 Napoleon Fre 54 Ind tel.
NORDEN, CARL H. (Emma) farmer T 142a 4h 7c R4 Napoleon Fre 29 Ind tel.
NORDEN, CHAS. (Dora) 2 ch farmer O 120a 6h 6c R9 Napoleon Nap 3 Ind tel.
Norden, David (Anna) 2 ch farmer T 100a 4h 10c R7 Napoleon Fre 51 Ind tel.
Norden, Ferdinand (son Chas.) R9 Napoleon Nap 3.
Norden, Harmon F. farmer R5 Wauseon Fre.
Norden, Henry (son Chas.) R9 Napoleon Nap 3.
Norden, Henry (Dora) 2 ch farmer T 80a 3h 6c R2 Napoleon Fre 54.
Norden, John (Mary) 6 ch farmer & thresher 40a 3h 3c R2 Napoleon Fre 35 Ind tel.
Norden, Lydia (dau John) seamstress R2 Napoleon Fre 35 Ind tel.
Norden, Wm. C. (Mary) 1 ch farmer T 60a 2h 7c R7 Napoleon Fre 49 Ind tel.
Norris, O. L. RD Deshler Bar.
Nulton, Mrs. Allie 4 ch farming O 80a 1h 6c R1 McClure Rhfd 41 Ind tel.
Nulton, Edward farmer McClure Dms.
Nulton, George W. (Mary) 2 ch blacksmith O H&L McClure.
NYE, A. L. (Anna) 5 ch farming O 1a 3h 1c R3 Liberty Center Lib 101 Ind tel.
NYE, SOL (Amelia) 5 ch farmer O 40a 2h 2c R10 Napoleon Lib 31 Ind tel.
NYE, WILLIAM 8 ch farmer O 20a 1h 2c RD Liberty Center Lib 74.
Nygren, Fred (Martha) 1 ch farmer T 60a 3h R1 McClure Rhfd 45.
Nyswander, Ruben (Hettie) farmer O 62a R3 Napoleon Nap 81 Ind tel.
Oberdorf, N. E. (Myrtle) 2 ch farmer O 44a 1h 3c R5 Napoleon Dms 7.
Oberdorf, S. E. (Maggie) farmer O 72a 3h 5c R5 Napoleon Dms 7 Ind tel.
Oberhaus, Albert (son John F.) farmer bds R7 Napoleon Nap 63.
Oberhaus, Ferdinand (son John F.) mail clerk bds R7 Napoleon Nap 63.
Oberhaus, Frank, Jr. (son Frank, Sr.) laborer bds with Chas. H. Plassmann R7 Napoleon Nap 63.
Oberhaus, Fred H. (Sarah) 4 ch carpenter T H&L 1h R7 Napoleon Nap 63 Ind tel.

OBERHAUS, GEO. H. (Elizabeth) 1 ch farmer O 60a 5h 7c R7 Napoleon Fre 49 Ind tel.
OBERHAUS, JOHN F. (Mary) farmer O 160a 7h 15c R7 Napoleon Nap 63 Ind tel.
Oberhaus, Karl (Ida) 2 ch farmer O 80a 6h 10c R10 Napoleon Lib 81 Ind tel.
Oberhaus, Minnie (dau John F.) R7 Napoleon Nap 63.
Oberhaus, William (son John F.) farmer bds R7 Napoleon Nap 63.
Oberleitner, Michael farmer Hamler Mar.
Oberlitner, Henry (Odessa) 2 ch farmer T 80a 4h 6c R4 Deshler Bar 60½.
Oberlitner, Thomas (Susan) ret farmer O 160a 8c R1 Deshler Bar 90.
Oberlitner, W. A. (Nellie) 3 ch farmer O 40a 5h 8c R1 Deshler Bar 89 Ind tel.
OBERTETNER, W. A. R1 Deshler.
Oedy, Hubert (Allie) ret O 80a Hamler.
OEDY, JOSEPH ret O 80a 1h 3c R1 New Bavaria Mar 21.
OEDY, MRS. MARY 1 ch farming O 80a 2h 1c R1 Hamler Mar 42 Ind tel.
OEDY, MICHAEL (Lillian) 2 ch farmer T 70a 3h 3c R1 New Bavaria Ple 111 Ind tel.
OEDY, VALENTINE (Caroline) farming O 80a 2h 2c R1 New Bavaria Mar 19.
Oehns, Adam (son Carl) bds R1 Okolona Nap 12 B tel.
Oehns, Carl (son Mary) agt Monroe Nursery bds Okolona Nap 22 Ind tel.
Oehns, Carl (Minnie) 5 ch salesman Monroe Nursery O 510a 4h 12c R1 Okolona Nap 12 B tel.
Oehns, Henry (son Mary) laborer bds with mother Okolona Nap 22 Ind tel.
Oehns, Mary ret O H&L Okolona Nap 22 Ind tel.
Oelfke, Anna M. ret O 80a R9 Napoleon Nap 56 Ind tel.
Oelfke, Carl farm laborer R2 Hamler Mon 82 Ind tel.
Oelfke, Fred, Jr. farm hand R2 Malinta Mon 82 Ind tel.
Oelfke, Fred, Sr. (Lena) 8 ch farmer O 78½a 6h 7c R2 Hamler Mon 82 Ind tel.
OELFKE, JOHN C. (son Anna) farmer O 40a 5h 14c R9 Napoleon Nap 56 Ind tel.
O'Hearn, J. F. RD Deshler Bar.
Okuly, Albert (Agnes) 2 ch farming O 80a 7h 8c R1 New Bavaria Mar 21 Ind tel.
Okuly, Delphia (dau J. B.) bds R1 New Bavaria Ple 104.

Okuly, Edward (son John) butcher bds New Bavaria Ple Ind tel.
Okuly, Emma (dau Frank) bds R1 Holgate Ple 69 Ind tel.
Okuly, Frances (dau Frank) bds R1 Holgate Ple 69 Ind tel.
Okuly, Frances (dau J. B.) music teacher bds R1 New Bavaria Ple 104.
Okuly, Frank (Margaret) 4 ch farmer O 180a 9h 10c R1 Holgate Ple 69 Ind tel.
Okuly, F. J.'(son J. B.) mechanic bds R1 New Bavaria Ple 104.
OKULY, F. W. (Anna) 4 ch farming T 80a 4h 3c R3 New Bavaria Ple 38 Ind tel.
Okuly, John (Bernett) blacksmith O H&L New Bavaria Ind tel.
Okuly, John B. 1 ch farmer O 40a 2h 3c R1 New Bavaria Ple 104 Ind tel.
OKULY, JOSEPH W. (Mary A.) 1 ch farmer O 55a 3h 4c R1 New Bavaria Ple 90 Ind tel.
Okuly, Laura (dau J. B.) bds R1 New Bavaria Ple 104.
Okuly, Peter (Barbara) 3 ch farmer O 40a 3c R1 New Bavaria Ple 103.
Okuly, Philip carpenter bds R1 New Bavaria Ple 90.
Okuly, Walter (son Wendel) farm laborer bds R1 Holgate Ple 69 Ind tel.
Okuly, Wendel (Josephine) 5 ch farmer O 260a 9h 15c R1 Holgate Ple 69 Ind tel.
Okuly, Wendle (Katie) 4 ch bartender O Holgate.
Okuly, William (son Frank) farm laborer bds R1 Holgate Ple 69 Ind tel.
OLDER, ED (Ada) 7 ch truck farmer O 3½a 1h 2c R1 McClure Rhfd 99.
Older, Esther (dau Ed) housekeeper R1 McClure Rhfd 99.
Older, Mary bds with Ed Older 5 ch ret R1 McClure Rhfd 99.
Omwake, Mrs. Anna bds with F. C. Spafford R6 Napoleon Har 40 Ind tel.
Omwake, Miss Ida (dau Mrs. Anna) bds with F. C. Spafford R6 Napoleon Har 40 Ind tel.
Ordway, B. (Nettie) 5 ch farming T 120a 5h 7c R2 Malinta Mon 77 Ind tel.
Ordway, B. D. (Rebecca) 6 ch laborer T H&L 1h Colton.
Ordway, Lemuel (Elizabeth) 4 ch farmer O 13½a 2 H&L & store bldg Malinta Ind tel.
Orich, John (Mary) 4 ch farming T 60a 3h 3c R2 Hamler Mon 55 Ind tel.

Orthwein, Mrs. Anna B. 10 ch bds R3 Napoleon Flrk 69 Ind tel.
Orthwein, Carl H. (son Wm.) laborer R8 Napoleon Flrk 82.
Orthwein, Edward (son Frank) farmer bds R2 Malinta Mon 45 Ind tel.
Orthwein, Francis (son Fred) farm hand R3 Hamler Mar 78 Ind tel.
ORTHWEIN, FRANK (Mary E.) 5 ch farming O 160a 4h 4c R2 Malinta Mon 45 Ind tel.
Orthwein, Fredrick (Mary) 1 ch farming O 200a 5h 5c R3 Hamler Mar 78.
Orthwein, Helen (dau Wm.) R8 Napoleon Flrk 82.
ORTHWEIN, JACOB (Anna) 2 ch carpenter & contractor O 195a 1h 2c R2 Hamler Mar 62 Ind tel.
Orthwein, Laura A. (dau Wm.) R8 Napoleon Flrk 82.
Orthwein, Margaret school teacher R2 Hamler Mar 78 Ind tel.
Orthwein, Mrs. Nora 2 ch O 40a 1h 2c R2 Hamler Mar 78 Ind tel.
ORTHWEIN, WM. (Ella) 6 ch farmer O 80a 3h 7c R8 Napoleon Flrk 82 Ind tel.
Orthwein, W. F. (Anna) farm hand R3 Hamler Mar 78 Ind tel.
ORWIG, MRS. V. B. farmer O 80a R1 Napoleon Dms 30 Ind tel.
OSBORN, CHAS. E. (Emma C.) 1 ch O 80a 7h 7c R3 Napoleon Flrk 49 Ind tel.
Osborn, C. S. (Cora Bell) 4 ch T 80a 6h 4c R3 Napoleon Flrk 49 Ind tel.
OSBORN, DAVID (Minnie) 2 ch farming O 80a 6h 10c R3 Napoleon Flrk 40 Ind tel.
OSBORN, HARRY (Lula) 3 ch garage works O H&L Hamler.
Osborn, John (Hattie) farmer T 80a 3h 4c R1 Hamler Mar 102 Ind tel.
Osborn, Tom (Adaline) day laborer O H&L Holgate.
Osborn, W. H. (Lucy) 1 ch farm hand R3 New Bavaria Ple 41.
Osenbaugh, A. H. (Augusta) farming T '91a 5h 2c R4 Deshler Bar 96 Ind tel.
Osenbaugh, J. B. (Laura B.) 2 ch farming O 91a 2c R4 Deshler Bar 96 Ind tel.
Ott, Louis laborer R7 Napoleon Flrk 42.
Otte, Carl H. (son Fred) farmer bds R4 Napoleon Rid 34 Ind tel.
OTTE, EDWARD H. (Doris) 2 ch grocer O H&L Ridgeville Corners Rid 43 Ind tel. See adv.

OTTE, FRED (Anna) 4 ch farmer & grocer O 80a 5h 8c R4 Napoleon Rid 34 Ind tel. See adv.
Otte, Paul (son Fred) grocery clerk Ridgeville Corners Rid 43 Ind tel.
Ottinger, A. H. farmer Grelton Dms.
Ottinger, Mrs. Marilla O 40a 4h 1c Grelton Dms 25 Ind tel.
Ottinger, Miss Nora bds Grelton Dms 25 Ind tel.
Ottinger, Samuel bds Grelton Dms 25 Ind tel.
OTTO, D. L. (Semia) 1 ch farmer O 80a 3h R3 Hamler Bar 23 Ind tel.
Otto, Massilon (Maud) 4 ch farmer T 80a 8c R3 Hamler Bar 23.
Otto, R. M. farmer Hamler Bar.
Overhulse, Mrs. A. M. Holgate Ple.
Overhulse, Ernest (Hazel) farmer T R2 Malinta Mon 46 Ind tel.
Overhulse, Mrs. Fidelia rooming house O Holgate Ple Ind tel.
OVERHULSE, H. L. (Catherine) 3 ch farming O 79a 5h 3c R2 Malinta Mon 46 Ind tel.
OVERHULSE, L. C. (Effie) 4 ch stationary engineer T H&L R2 Malinta Mon 47.
Overhulse, S. G. Malinta.
Overhultz, Brook (son S. G.) farm hand bds Malinta Mon Ind tel.
Overhultz, Bruce (son S. G.) student bds Malinta Mon Ind tel.
OVERHULTZ, ELIZA 2 ch ret O 12½a R2 Malinta Mon 61 Ind tel.
Overhultz, Glenn (son S. G.) farm hand bds Malinta Mon Ind tel.
Overhultz, S. G. (Anna N.) 4 ch farmer O 70a 5h 4c Malinta Mon Ind tel.
OVERLY, GEO. W. (Clara) 3 ch farmer T 132a 4h 3c R7 Napoleon Nap 53 Ind tel.
Overly, Hugh (Bessie) 2 ch farmer T 40a 2h 3c R1 McClure Dms 111 Ind
OVERLY, JACOB J. (May) 1 ch farmer T 160a 6h 4c R2 Jewell Flrk 7 Ind tel.
OVERLY, JOHN D. (Elizabeth) ret O H&L 2h Florida Ind tel.
Overmier, Edvina S. R1 Colton Wash 23 Ind tel.
Overmier, (Gertrude C.) 4 ch farmer O 80a 7h 10c R1 Liberty Center Wash 16 Ind tel.
Overmier, Leroy E. farmer O 80a 3h 4c R1 Colton Wash 23 Ind tel.
OVERMIER, SAMUEL (Mary E.) ret farmer O 60a H&L Maple Ave Liberty Center Ind tel.
Overmier, Sarah E. farmer O 80a 4c R1 Colton Wash 23 Ind tel.

Overmire, W. B. (Katie) 1 ch farmer T 160a 3h 2c R1 Colton Wash 62.
Overmier, W. H. (Eva D.) 4 ch farmer O 80a 3h 3c R1 Liberty Center Wash 3 Ind tel.
Overmyer, Eugene J. (Laura E.) 7 ch farmer T 200a 5h 5c R1 Liberty Center Wash 7 Ind tel.
Overmyer, Mrs. R. C. E Maple Ave Liberty Center.
OVERY, ALBERT (Elizabeth) 6 ch farmer T 90a 4h 6c R1 McClure Rhfd 73 Ind tel.
Overy Chas. W. (Eva) 2 ch farmer T 80a 3h 2c R3 McClure Dms 50 Ind tel.
Overy, Fred (Alta) farmer T 80a 3h 6c R1 McClure Dms 107 Ind tel.
OVERY, GEORGE (Margrett) 7 ch farmer O 40a 3h 5c R2 Liberty Center Wash 69 Ind tel.
Overy, Hugh farmer McClure.
Overy, Mary bds R2 Liberty Center Wash 69 Ind tel.
Owens, M. Beatrice (dau Ellis W.) teacher Florida.
OWENS, BURT C. (Nellie) 3 ch laborer T H&L 1h Florida Ind tel.
OWENS, ELLIS W. (Alma) 1 ch thresher O H&L Florida.
Owens, E. Stanton 1 ch laborer bds Florida.
Owens, Samuel F. (Agnes) 4 ch farmer T 80a 3h 4c R3 Holgate Flrk 20 Ind tel.
Packard, Almenzer plaster & mason work O 3½a Holgate.
Packard, Cary (son Almenzer) laborer bds R9 Napoleon Nap 69.
Packard, Chas. O. (son Mrs. O. Dew) farmer bds R8 Napoleon Har 33 Ind tel.
Packard, Dollie housekeeper bds R8 Napoleon Har 33 Ind tel.
Packard, E. B. (Susan C.) 3 ch farmer O 80a 3h 5c Grelton Har 77 Ind tel.
PACKARD, E. O. (Chloe) 1 ch farming O 4h 7c R1 Hamler Mar 48 Ind tel.
Packard, Lowell (son A.) plasterer bds Holgate.
Pacy, Flossie R3 Hamler Mar 85 Ind tel.
Pacy, G. W. (Clara) 3 ch salesman T 80a 3h 8c R3 Hamler Mar 85 Ind tel.
Paley, Chas. laborer O L Hamler.
Paley, John (Mamie L.) laborer O H&L Hamler.
Palmer, Alva S. (Golda) 1 ch farmer O 87a 8h 15c R5 Napoleon Har 18 Ind tel.

Palmer, Art (Anna) 1 ch laborer O H&L Hamler.
Palmer, Arthur H. (Tillie) 4 ch farmer O 34a 3h 4c R7 Napoleon Nap 75 Ind tel.
Palmer, Jonathan (Hannah) ret farmer O 20a 1h R3 Hamler Mar 86.
PALMER, LOUIS (Ethel) farmer 16a 6h 10c R1 Liberty Center Lib 77 Ind tel.
Palmer, S. A. farmer Liberty Center.
Palmerton, R. W. farmer Liberty Center.
Palmerton, Wayne farmer 5h bds R2 Liberty Center Wash 99 Ind tel.
PANNING, ALBERT F. (Anna) 2 ch farmer T 80a 4h 4c R2 Napoleon Fre 66 Ind tel.
Panning, Antone (son Carolina) R4 Napoleon Nap 33.
Panning, Arnold (son Diedrich) R1 Okolona Nap 26.
Panning, Arthur (Amelia) 3 ch farmer T 80a 4h 7c R3 Deshler Bar 37 Ind tel.
PANNING, AUGUST (Minnie) 3 ch farmer O 80a 5h 6c R1 Okolona Nap 26 Ind tel.
PANNING, MRS. CAROLINA (wid Henry D.) 5 ch farming O 55a 3h 8c R4 Napoleon Nap 33 Ind tel.
Panning, Caroline (dau Friede) R1 Jewell Nap 10.
PANNING, C. D. (Sophia) 6 ch retail lumber business O 80a 3h Hamler Mar Ind tel.
PANNING, DIEDRICH (Emelia) 5 ch farmer O 119a 5h 14c R1 Okolona Nap 26 Ind tel.
Panning, Emil (son Diedrich) R1 Okolona Nap 26.
Panning, Emma (dau Diedrich) R1 Okolona Nap 26.
Panning, Ferdinand (son Diedrich) R1 Okolona Nap 26.
PANNING, FRED (Anna) 3 ch farming T 80a 3h 3c R3 Deshler Bar 39.

PANNING, FRIEDRICH ret farmer O 80a 1c R1 Jewell Nap 10 Ind tel.
Panning, Geo. D. farmer 80a 5h R2 Hamler Mon 53 Ind tel.
Panning, Hannah (dau Carolina) R4 Napoleon Nap 33.
PANNING, HENRY ret O 80a R1 Okolona Nap 26 Ind tel.
PANNING, HENRY C. (Ida) 3 ch farmer O 40a 4h 7c R2 Napoleon Fre 44 Ind tel.
PANNING, HENRY E. 1 ch farmer T 80a 4h 10c R1 Okolona Nap 26.
Panning, Henry W. farmer R2 Napoleon Fre.
PANNING, HERMAN (Martha) 3 ch retail lumber O 80a 3h Hamler.
PANNING, MRS. H. D. R4 Napoleon.
Panning, Ida 4 ch farmer O 44a 3h 4c R2 Hamler Mar 29.
Panning, John (son Carolina) farmer R4 Napoleon Nap 33.
Panning, Otto (son Carolina) farmer R4 Napoleon Nap 33.
PANNING, WM. H. (Ida) 2 ch farmer & breeder Belgian horses T 120a 7h 6c R7 Napoleon Fre 50 Ind tel.
Paradies, Helena bds art work R3 McClure Dms 28.
Paradies, Henrietta O 5a R3 McClure Dms 28.
Paradies, Johanna housekeeper bds R3 McClure Dms 28.
PARADIES, JOHN W. bds farmer T 5a 1h 1c R3 McClure Dms 28.
Pardonner, W. G. picture salesman T H 1h R3 Stryker Rid 20.
Parish, A. B. (Milly) 1 ch farmer ret O H&L Garfield Liberty Center.
Paritt, Charles (Ella) 7 ch farmer O 20a R1 Colton Wash 46.
Paritt, Wm. 3 ch laborer T H&L Colton.
Parker, F. B. RD Deshler Bar.
PARKER, GEO. (Hanna H.) 1 ch farmer O 40a 3h 8c R3 Liberty Center Lib 86 Ind tel.

Secrets.

PARKER, O. E. (Carrie A.) 6 ch farmer O 40a 4h 5c R3 Liberty Center Lib 86 Ind tel.
Parmer, Sid farmer O 80a 5h 4c R10 Napoleon Lib 52 Ind tel.
Parritt, A. F. (Mary A.) 1 ch farmer O 60a 4h 5c R1 Liberty Center Wash 32 Ind tel.
Parritt, Bertie (dau J. F.) asst P M Malinta Ind tel.
Parritt, J. F. (Mary E.) 8 ch mgr Malinta Grain & Supply Co & P M O 40a H&L Malinta Ind tel.
Parritt, Leah (dau J. F.) teacher Malinta Ind tel.
Parsons, Harvey (Ethel) gardener T H&L 1h R2 Liberty Center Wash.
Parsons, Merl laborer 1h bds R2 Liberty Center Wash Ind tel.
Parsons, Thomas E. (Zella G.) 8 ch laborer O H&4Lots R2 Liberty Center Wash Ind tel.
Parsons, Wm. H., Jr. (son Wm. H.) bds R2 Liberty Center Lib 100 Ind tel.
Parsons, Wm. H., Sr. (Mary J.) 6 ch ret O 4a R2 Liberty Center Lib 100 Ind tel.
PASSMORE, CHARLES (Myrtle) laborer O H&L R3 Holgate Ple 69 Ind tel.
Passmore, John laborer bds Holgate Ple 65.
Patrick, Adolph 3 ch farmer O 66a 5h 2c R10 Napoleon Lib 13 Ind tel.
Patrick, Bert H. (Ada I.) 5 ch farmer O 20a 1h 3c R1 Liberty Center Wash 34.
Patrick, Helen 2 ch O H&L bds Colton.
PATRICK, JOHN A. bds R10 Napoleon Lib 13 Ind tel.
PATTEEN, HENRY G. (Mary) 2 ch garage & accessories O H&L McClure Ind tel. See adv.
Patterson, A. J. (Eliza) 2 ch farmer O 20a 6h 6c R2 McClure Dms 101 Ind tel.
Patterson, Ben farmer McClure.
Patterson, Clyde farmer bds R2 McClure Dms 101 Ind tel.
Patterson, Ernest farmer bds R2 McClure Dms 101 Ind tel.
Patterson, John farmer McClure.
Patterson, Miss May bds R2 McClure Dms 101 Ind tel.
Patterson, Myrtle RD Deshler Bar.
Patterson, Roy farmer bds R2 McClure Dms 101 Ind tel.
Patterson, S. C. (Ida) farmer O 80a 1h R5 Napoleon Dms 34 Ind tel.

Patton, Homer (Bertha) farmer 3h 3c bds R1 Colton Wash 37 Ind tel.
Patton, John D. (Caroline) 9 ch farmer O 35a 2h 7c R1 Colton Wash 37 Ind tel.
Paul, Ernest (Johnora) 2 ch minister 1h R3 Deshler Bar 40 Ind tel.
Paxin, Mrs. Elizabeth O H&L Holgate.
Payne, G. S. (Delcie) 2 ch farmer T 120a 5h 3c R3 McClure Rhfd 20 Ind tel.
Payne, Sheldon farmer McClure.
Pearsall, Clyde farmer RD Deshler Bar.
Pearsall, H. J. RD Deshler Bar.
Peatee, G. A. farmer McClure.
Peatze, G. A. (Annie) farming O 40a 3h 2c R1 Malinta Rhfd 59.
Pecay, G. W. farmer Hamler.
Pederson, G. M. veterinarian 2h Hamler Mar.
Peery, A. H. ret McClure.
Peery, J. D. (Elizabeth A.) farmer O 77a 1h 8c R2 McClure Dms 100 Ind tel.
Peery, J. J. (Maud) 2 ch billard room O H&L East St McClure.
Peery, Miss Lottie B. bds R2 McClure Dms 100 Ind tel.
Peery, Roll (Zelma E.) 3 ch auto dealer McClure Ind tel.
Peery, Wm. (Ella M.) 1 ch plaster & mason O McClure.
Pennell, John E. (Dortha) 1 ch farmer T 120a 4h 2c R1 Liberty Center Wash 16.
Peper, Arnold (son Wm.) mechanic Holgate.
Peper, August (Mata) 1 ch laborer O H&L Holgate.
Peper, Christ farmer RD Deshler Rhfd.
Peper, E. C. Holgate.
Peper, E. G. (Carrie E.) 1 ch clothing & shoes & furnishings O H&L Holgate.
PEPER, WM. (Emma) 4 ch farming T 60a 5h 6c R2 Deshler Rhfd 59 Ind tel.
Peper, W. H. (Minnie) 4 ch prop Holgate Lumber Co O 2h 1c Holgate.
Perry, A. H. McClure.
Perry, George (Fern) 3 ch laborer T H&L Colton.
PERRY, R. J. farmer McClure.
Peteen, Henry G. McClure.
Peters, Philip minister 1h R3 Deshler Bar 40 B tel.
Peters, Tom (Cora) 6 ch laborer T H&L Holgate.
Petersen, Ben (son Paul) farmer bds R3 Deshler Bar 38 Ind tel.

FARMERS' DIRECTORY

Petersen, Henrietta R3 Deshler Bar 38 Ind tel.
PETERSEN, MATHIAS (son Paul) farm laborer bds R3 Deshler Bar 38 Ind tel.
Petersen, Paul (Emma) 4 ch farmer O 100a 6h 8c R3 Deshler Bar 38 Ind tel.
Peterson, Mrs. Hattie RD Deshler Bar.
Peterson, Henry farmer RD Deshler Bar.
Peterson, Herbert (Mildred) 1 ch farmer T 80a 1h 1c R4 Deshler Bar 13.
Peterson, H. E. farmer RD Deshler Bar.
Peterson, Webster farmer T 40a 2h bds R4 Deshler Bar 13.
Pfahlert, Alvin (son Minnie) clerk in general store bds Holgate.
Pfahlert, Frieda (dau Minnie) clerk in general store bds Holgate.
Pfahlert, Hannah cook in restaurant O H&L Holgate.
Pfahlert, Joseph (Della) 3 ch laborer O H&L 1c Holgate.
Pfahlert, Julius barber O shop H&L Holgate.
Pfahlert, Minnie 1 ch O H&L Holgate.
Pfahlert, Sophia Holgate.
Pfau, C. J. (Margaret) 4 ch farmer O 80a 3h 5c R3 New Bavaria Ple 29 Ind tel.
Pfau, H. J. (Ella) 6 ch general store O 40a Pleasant Bend Ind tel.
PFAU, JOHN C. (Mary) 6 ch farmer O 80a 5h 6c R2 Holgate Flrk 33 Ind tel.
Pfau, J. H. farmer Pleasant Bend Ple.
Pfau, Raymond C. (son John C.) machinist R2 Holgate Flrk 33.
Pfau, William (son John C.) farm laborer R2 Holgate Flrk 33.
Pfau, William (Anna) farmer O 60a 2h 4c R3 New Bavaria Ple 29 Ind tel.
PHILLIPS, FRED (Inez) photographer 2 ch T H&L N Main St Liberty Center. See adv.
Philpott, Geo. (Ida M.) 1 ch shoe dealer O H&L Front St McClure Bar.
Philpott, T. D. farmer O 60a 3h 5c R2 McClure Dms 65 Ind tel.
Philpott, W. S. (Mary B.) ret minister O H&L McClure Dms 72 Ind tel.
Pickens, Ira (Jennie) 3 ch farmer O 80a 5h R3 Deshler Bar 45.
Pickens, John I. farmer RD Deshler Bar.
Pickering, G. L. (Sarah) farmer O 65a 5h 5c Holgate Ple 69 Ind tel.
Piddock, David (Henrietta) 2 ch farming O 40a 4h 5c R2 Deshler Rhfd 61.
PIDDOCK, S. S. (Junietta) farming O 40a 3h 3c R1 Custar Rhfd 81.

Pierce, Melvin S. (Hazel) minister T H&L 1h Florida Ind tel.
Pike, Elizabeth McClure.
Piper, W. H. RD Deshler Bar.
PISHONG, MRS. J. M. R1 Deshler.
Pistel, Fred (son Rosa) carpet weaver Holgate.
Pistel, John farmer New Bavaria.
Pistel, Mrs. Rosa Holgate.
Pittman, Geo. (Anna) 6 ch farmer O 200a 6h 10c R1 McClure Dms 65 Ind tel.
PLASSMAN, CARL (Freida) 3 ch ditcher O 2a H 1h Ridgeville Rid 64 Ind tel.
Plasman, Chas. (Kathyrn) 3 ch farmer O 120a 2c R2 Napoleon Fre 35 Ind tel.
PLASSMAN, CHAS. H. (Clara) farmer T 90a 3h 7c R7 Napoleon Nap 63 Ind tel.
PLASSMAN, DORA (wid Fred) 7 ch ret O 80a 3h 3c R1 Okolona Nap Ind tel.
Plassman, Fred (Amelia) farmer T 80a R4 Napoleon Nap 59.
Plassman, Geo. (son Wm., Sr.) R9 Napoleon Nap 27.
PLASSMAN, HENRY F. (Clara) farmer O 42a 3h 4c R1 Okolona Nap 25 Ind tel.
Plassman, John (son Dora) farmer R1 Okolona Nap 25.
Plassman, Otto farmer R9 Napoleon Nap.
Plassman, Wm., Jr. (son Wm., Sr.) R9 Napoleon Nap 27.
PLASSMAN, WM., SR. (Minnie) 8 ch farmer O 145a 6h 9c R9 Napoleon Nap 27 Ind tel.
Plassman, Wm. H. (Emma) 2 ch farmer O 80a 3h 4c RD Napoleon Nap 94 Ind tel.
PLETCHER, ANDREW 5 ch farmer T 6a 1h 1c R2 Deshler Rhfd 83.
Plotts, Chas. (Loa) 1 ch farmer T 80a 4h 4c R3 Deshler Bar 48 Ind tel.
PLOTTS, J. E. (Ida) 7 ch farming T 80a 3h 6c R3 Deshler Mon 86 Ind tel.
PLOTTS, WM. (Jennie) 2 ch farming O 40a 6h 7c R3 Hamler Mon 85 Ind tel.
POETTER, REV. J. HENRY (Amelia) 2 ch minister St Johns Reformed Church T 1h 1c R1 Holgate Flrk 88 Ind tel.
Pohlman, Henry F. farmer RD Napoleon Mon.
Poley, Orson laborer Hamler.
Poling, Elijah (Eliza) 5 ch ret O 2a H&L Colton Ind tel.
Poling, I. P. Liberty Center Lib.
Poling, Opal bds with Edward C. Schultz R4 Napoleon Nap 31.
Poling, P. (Nettie) mail carrier O H&L 1h E Maple Ave Liberty Center.
Pollitz, Clarence (son Herman) R1 Okolona Nap 11.

157

Pollitz, Josephine (dau Herman) pupil care of Herman Haase R1 Okolona Nap 38.
Pollitz, Luella (dau Herman) care of Edward Haase R1 Okolona Nap 39.
PONTIOUS, HARRY M. (Orila) 1 ch farmer T 120a 4h 2c R3 Liberty Center Lib 43 Ind tel.
Pontious, Israel (Ella) 2 ch farmer O 120a 4h 2c R3 Liberty Center Lib 43 Ind tel.
Pope, E. M. (Maud) 4 ch farmer O 80a 5h 6c Grelton Dms 21 Ind tel.
Pope, Frank (Sarah) farmer O 90a 1h 2c R3 McClure Dms 26 Ind tel.
Pope, Miss Hazel bds Grelton Dms 21 Ind tel.
Pope, Russell R. (Anna) 4 ch farmer O 67a 3h 4c R3 McClure Dms 26 Ind tel.
PORTER, J. F. (Grace V.) 1 ch minister T H&L Cherry St Liberty Center Ind tel.
Powell, H. C. RD Deshler Bar.
POWERS, C. A. (Nellie) 1 ch farmer T 140a 4h 1c R2 Deshler Bar 102.
Pratt, C. A. RD Deshler Bar.
Pratt, Gertrude (dau Wm.) housekeeper R2 Deshler Rhfd 47 Ind tel.
Pratt, Wm. (Mary M.) 5 ch farming O 55a 3h 6c R2 Deshler Rhfd 47 Ind tel.
Pray, Jas. W. 2 ch jeweler O H&L N Main St Liberty Center.
PRECHT, CHAS. J. (Bertha) 3 ch general merchandise O H&L Hamler Ind tel.
PRECHT, HENRY (Louise) 6 ch farmer O 190a 5h 9c R2 Liberty Center Wash 98 Ind tel.
Precht, Herman (Mary) 4 ch farmer O 60a 3h 2c R9 Napoleon Fre 48 Ind tel.
Precht, William (son Herman) carpenter R9 Napoleon Fre 48.
PRENTISS, P. C. attorney-at-law W Clinton St Napoleon Ind tel. See adv.
PRESTON, ABRAHAM (Nora E.) laborer T H&L Malinta Ind tel.
PRESTON, W. A. (Gertrude) mason bds R1 McClure Rhfd 71 Ind tel.
Price, Mrs. I. D. farmer Liberty Center Lib.
Price, John E. O 40a 2h 3c R1 Liberty Center Lib 94 Ind tel.
Price, J. W. farmer Liberty Center Lib.
PRICE, L. J. (Fannie S.) 2 ch veterinary surgeon O H&L Railroad Ave Liberty Center Ind tel. See adv.
Price, Margaret 6 ch bds R1 Liberty Center Lib 94 Ind tel.
PRIGGE, ALBERT (Ottina) 1 ch farming T 110a 5h 6c R2 Hamler Mar 25 Ind tel.

Prigge, Amelia (dau Henry C.) R2 Hamler Mon 79 Ind tel.
Prigge, Clarence bartender bds Okolono.
PRIGGE, HENRY C. (Mary) 3 ch farming O 230a 7c 7c R2 Hamler Mon 79 Ind tel.
Prigge, Otto (son Henry C.) farm hand bds R2 Hamler Mon 79 Ind tel.
PRINTIS, JACOB (Mahala) farmer O 3½a 1h 1c R1 Napoleon Har 44 Ind tel.
PRIOR, G. H. (Elizabeth) 6 ch farmer O 120a 6h 7c R6 Napoleon Har 10 Ind tel.
Prior, Louis (son G. H.) farm hand R6 Napoleon Har 10 Ind tel.
Prior, Wm. (son G. H.) farm laborer R6 Napoleon Har 10 Ind tel.
Provost, John (Caroline) 5 ch carpenter O H&L Holgate.
Pugh, Harriet 4 ch ret O 90a 1h R1 McClure Rhfd 97 Ind tel.
PUGH, OTIS W. (Anna) 4 ch farming O 80a 4h 7c R1 McClure Rhfd 97.
Pugh, Rufo M. (son Harriet) farmer O 159a 6h 27c R1 McClure Rhfd 97 Ind tel.
Pugh, Sarah ret R1 McClure Rhfd 97 Ind tel.
Puls, Wm. farmer Weston.
PUNCHES, DANIEL D. (Mathilda) farming O 160a 5h R1 Hamler Mar 39 Ind tel.
Punches, Effie dressmaker 1h R1 Hamler Mar 39 Ind tel.
Punches, Grover farming T 60a 7h 6c R1 Hamler Mar 39 Ind tel.
PUNCHES, JOHN J. (Florence) 1 ch farmer T 60a 2h 3c R1 Hamler Mar 39.
PUNCHES, P. P. R1 Hamler.
PUNCHES, WILLIAM (Nellie) 2 ch farming T 80a 5h 2c R1 Hamler Mar 36 Ind tel.
Rabe, Anna (dau Fred W.) R9 Napoleon Fre 43.
Rabe, Carl F. (Minnie) 3 ch farmer T 120a 4h 10c R9 Napoleon Nap 7 Ind tel.
Rabe, Fred (son Fred W.) laborer R9 Napoleon Fre 43.
Rabe, Fred W. (Friedrike) 4 ch farmer T 120a 1c R9 Napoleon Fre 43 Ind tel.
RABE, GEORGE (Frida) 3 ch farming O 80a 5h 6c R1 Hamler Mar 36 Ind tel.
Rabe, Henry (son Fred W.) laborer works for Wm. Rabe 1h R9 Napoleon Fre 43.
Rabe, Harman (Emma) 2 ch farmer T 190a 5h 9c R2 Liberty Center Wash 98 Ind tel.

FARMERS' DIRECTORY

Rabe, Wm. F. 4 ch farmer T 120a 7h 13c R9 Napoleon Fre 43 Ind tel.
Racey, Art laborer T H&L R1 McClure Dms 71 Ind tel.
Radel, Catherine (dau John) R8 Napoleon Har 14 Ind tel.
Radel, Frank (son John) drives delivery wagon R8 Napoleon Har 14 Ind tel.
RADEL, HARRY R8 Napoleon Har 14.
Radel, John (Emma) 9 ch farmer O 40a 2h 3c R8 Napoleon Har 14 Ind tel.
Rader, Clyde farmer RD Deshler Bar.
Rader, Fred (son Mary) farmer T 40a 4h 2c R1 Belmore Bar 24 Ind tel.
Rader, Geo. (Emma) 7 ch farmer O 40a 5h 2c R4 Deshler Bar 22 Ind tel.
Rader, J. A. farmer Liberty Center.
Rader, Lillian (dau Geo.) R4 Deshler Bar 22 Ind tel.
Rader, Mary 11 ch farmer O 40a R1 Belmore Bar 24 Ind tel.
Rader, Wm. farmer Belmore.
Rafferty, Alexander F. ret O 56a 1h R7 Napoleon Nap 48.
RAFFERTY, WALTER S. (Mary) 2 ch farmer T 70a 5h 2c R5 Napoleon Dms 8 Ind tel.
Rahmel, H. K. (Rose) tinner O shop Holgate.
RAHRIG, CHARLES (Matilda) 3 ch farmer O 80a 4h 3c R1 New Bavaria Ple 101.
Rahrig, Mrs. Frank RD Deshler Bar.
RAHRIG, JOHN (Catharine) farming T 200a 4h 3 mules 15c R1 Hamler Mar 23 Ind tel.
Rahrig, Leo (Maggie) farmer T 80a 2h 3c Pleasant Bend Ple 52 Ind tel.
Rahrig, Mary 3 ch farmer O 80a 1h 2c R3 Deshler Bar 3 Ind tel.
Rakestraw, Barbara C. (dau Thomas B.) R2 Napoleon Fre 76.
Rakestraw, Cloyd (son Thomas B.) laborer R2 Napoleon Fre 76.
Rakestraw, Owen (son Thomas B.) student R2 Napoleon Fre 76.
Rakestraw, Thomas B. (Henrietta) 6 ch farmer O 80a 5h 9c R2 Napoleon Fre 76 Ind tel.
Rambacher, John farmer R1 Jewell Rid.
Rambo, Elizabeth 2 ch ret O H&L R1 McClure Rhfd 97 Ind tel.
Ramsey, Mrs. Effie RD Deshler Bar.
RAMUS, MRS. CAROLINE (wid Joseph) carpet weaver O H&L Florida Flrk.
Ramus, Frank (son Caroline) painter & paper hanger bds Florida.
Ramus, Wm. M. (Ethel) clerk T H&L Florida.
RANDALL, W. S. farmer O 30a 2h R1 Napoleon Har 60 Ind tel.

RANDOLPH, A. H. (Ada) 7 ch contractor & painter O H&L McClure.
Randolph, J. A. (Rose C.) life insurance O H&L McClure.
Rangler, P. J. RD Deshler Bar.
Rasey, Anna (dau G. W.) R6 Napoleon Har 40 Ind tel.
Rasey, Edwin (Mary) 2 ch farmer O 2a R2 McClure Dms 108 Ind tel.
Rasey, G. W. (Maggie) 7 ch farmer O 19a 2h 2c R6 Napoleon Har 40 Ind tel.
Rasey, Harry (son G. W.) farm hand R6 Napoleon Har 40 Ind tel.
Rasey, Nellie (dau G. W.) R6 Napoleon Har 40 Ind tel.
Rasey, Ray (Lillian) 1 ch farming & laborer T 6a 1h R6 Napoleon Har 28 Ind tel.
Rasmessen, Rev. Richard (Sylvia) Lutheran minister T H&L McClure Ind tel.
Rasmus, Adolph N. (Elizabeth) 4 ch harness & shoe maker & postmaster O H&L Florida Ind tel.
Rasmus, Mary E. (dau Adolph N.) teacher Florida.
Rathman, Carl (Sophia) 1 ch farmer O 20a 2h 8c R4 Napoleon Nap 66 Ind tel.
Rauch, Louis (Minnie) 2 ch farmer T 60a 5h 7c R9 Napoleon Fre 48 Ind tel.
Rauch, Wm. (wid Caroline) ret R9 Napoleon Fre 48.
Rausch, Chas. H. (Sophia) farmer O 20a 4h 2c R3 Napoleon Nap 81 Ind tel.
Rausch, Clara (dau Chas. H.) teacher R3 Napoleon Nap 81.
Rausch, Cora A. (dau Chas. H.) nurse R3 Napoleon Nap 81.
RAUTZ, J. C. (Rosa) carpenter & contractor O H&L Holgate.
Rautz, Nellie (dau J. C.) Holgate.
Rayle, Alice J. O 40a R4 Leipsic Mar 47 Ind tel.
Rayle, Arthur school teacher R4 Leipsic Mar 53 Ind tel.
Rayle, Chas. RD Deshler Bar.
Rayle, Caroline ret O 40a 1c Hamler Mar 83.
Rayle, Clarence farming T 40a 3h Hamler Mar 83.
RAYLE, EDWARD (Ada M.) 2 ch farming O 55a 5h 6c R4 Leipsic Mar 53 Ind tel.
Rayle, Geo. E. farmer Colton.
Rayle, Jackson (Rachel A.) ret O 120a R3 Hamler Mar 100 Ind tel.

Rayle, Jeff 2 ch farmer T 78a 3h 3c R1 Belmore Bar 58 Ind tel.
Rayle, Jim (Bessie) 3 ch farmer O 20a 2h 3c R4 Deshler Bar 19.
Rayle, John F. (Minnie) 2 ch farming T 120a 9h 9c R3 Hamler Mar 100 Ind tel.
Rayle, Rebecca farmer RD Deshler Bar.
RAYMOND, L. J. (Grace) farmer & salesman O 30a 1h 5c R1 Liberty Center Lib 87 Ind tel.
Reabasahl, Catherine Holgate.
REAMS, MRS. MARY E. O 40a H&L McClure.
Rearick, Elwood 2h bds R1 Colton Wash 74 Ind tel.
REARICK, JACOB R3 Liberty Center.
REARICK, J. F. (Mattie) 2 ch farmer O 80a 3h 7c R1 Colton Wash 74 Ind tel.
Rechner, F. J. (Clara) 2 ch hardware O 6a 1h McClure Dms 66 Ind tel.
Reddin, F. O. farmer Hamler.
Reddin, John 1h Hamler Ind tel.
Reddin, L. M. 3 ch O 174a 1h 5c Hamler Ind tel.
Reddin, Thos. F. laborer Hamler Ind tel.
Redfield, C. C. (Edna) 1 ch farmer O 40a 4h 1c R10 Napoleon Lib 15 Ind tel.
Redfield, Mrs. Hattie O 80a bds R10 Napoleon Lib 15 Ind tel.
REDMAN, M. L. (Alice) 1 ch farmer & carpenter O 23a 2h 2c R4 Napoleon Rid 62½.
Reed, Albert farm hand R3 Napoleon Nap 81.
Reed, Mrs. Anna M. O H&L Holgate.
Reed, Edward Malinta.
REED, EDMOND R. (Bertha) 3 ch barber & life ins agt O H&L Malinta Ind tel.
Reed, Frank (Rose) 4 ch laborer T H&L Holgate Flrk 95.
Reed, Guy (Donna) farmer T 73 75-100a 2h 3c R1 Napoleon Har 41 Ind tel.
Reed, John F. (Rillie) 4 ch farmer O 50a 2h 2c R1 Napoleon Har 42 Ind tel.
REED, KARA (Ruby) 3 ch farm hand 1h R2 Malinta Har 71 Ind tel.
REED, MILTON (Bell) 3 ch farmer O 14½a 2h 2c R1 Napoleon Har 22 Ind tel.
Reed, Mrs. R. C. 3 ch boarding house O H&L McClure Dms Ind tel.
REED, MRS. SAMANTH O 20a 3c R3 Liberty Center Lib 70 Ind tel.
Reed, S. C. (Belle) 1 ch farmer O 100a 10h 16c R1 McClure Rhfd 33 Ind tel.

REED, W. L. (Julia A.) 4 ch farmer O 80a 3h 5c R8 Napoleon Har 14 Ind tel.
Reese, Harry (son R. B.) farmer 2h bds R4 Deshler Bar 20 Ind tel.
REESE, H. F. (son R. B.) farmer 1h bds R4 Deshler Bar 20 Ind tel.
Reese, R. B. 2 ch farmer O 100a 3h 4c R4 Deshler Bar 20 Ind tel.
Rehm, Andy (Mary) farmer O 20a 3h 2c R2 New Bavaria Ple 49 Ind tel.
Reichert, Jake (Della) farmer T 110a 7h 6c R1 Napoleon Har 82 Ind tel.
Reichmen, Frank (Margaret E.) farmer O 130a 5h 11c R2 New Bavaria Ple 7 Ind tel.
Reid, B. A. (Edith) 2 ch farmer T 130a R5 Napoleon Dms 48 Ind tel.
Reid, Chas. (Myrtle) 1 ch farmer O 81a 5h 8c R5 Napoleon Dms 36 Ind tel.
REID, EDWIN C. farmer O 113a 6h 2c bds R5 Napoleon Dms 48 Ind tel.
Reid, John M. (Linda) farmer T 100a 3h 4c R5 Napoleon Dms 35.
Reid, Knott (Emma) farmer O 135a 6h 22c R5 Napoleon Dms 36 Ind tel.
Reid, William (Jennie) 1 ch farmer O 100a 4h 6c R5 Napoleon Dms 36 Ind tel.
REIGHARD, A. C. (Opal E.) 2 ch farmer O 25a 3h 6c R1 Colton Wash 53.
Reimund, Albert J. farmer O 1h 1c R2 Malinta Mon 41.
REIMUND, DAN (Avis) 3 ch farmer T 108a 4h 12c R8 Napoleon Har 31 Ind tel.
Reimund, Earnest M. (Carrie) 2 ch farmer O 25a 3h 3c R5 Napoleon Dms 35.
RIEMUND, EDWARD C. (Lulu) farmer T 98a 3h 2c R8 Napoleon Mon 1 Ind tel.
Reimund, Elizabeth farmer RD Napoleon.
Reimund, Mrs. Geo. 6 ch ret O 98a 3h 2c R8 Napoleon Mon 1 Ind tel.
Reimund, Harry (Lucy) farmer T 120a 3h 8c R8 Napoleon Mon 2 Ind tel.
Reimund, Henry (Goldie) 1 ch farmer O 40a 3h 3c R8 Napoleon Mon 19 Ind tel.
REIMUND, JOHN (Mary) ret O 40a 2h 1c R8 Napoleon Mon 17.
Reimund, Ora M. (Emma) 2 ch school teacher O H&L Malinta Ind tel.
Reimund, Peter farmer Malinta.
Reimond, Ray (son Wm. E.) farm hand bds R2 Malinta Mon 41 Ind tel.
Reimond, Wm. E. (Allie) 5 ch farmer O 30a 5h 4c R2 Malinta Mon 41 Ind tel.

FARMERS' DIRECTORY

Reimund, W. G. (Maggie) 5 ch farmer O 80a T 80a 5h 14c R3 Deshler Bar 35 Ind tel.
Reinbolt, Geo. farmer RD Napoleon Har.
Reinbolt, John (Libba) farmer O 20a 1h 1c R5 Napoleon Har 57.
Reinbolt, Mrs. Mary J. (wid Geo.) 7 ch farming O 143a 1h 2c R5 Napoleon Har 19 Ind tel.
Reinbolt, M. R. farmer bds R1 Napoleon Har 55.
Reinbolt, Miss Nettie (dau John) R5 Napoleon Har 57.
REINKE, CHAS. J. (Louise) 3 ch farmer O 120a 7h 7c R7 Napoleon Nap 82 Ind tel.
Reiser, John G. farmer RD Napoleon Nap.
Reiter, Delia farming O 40a 1h 2c R5 Napoleon Har 3.
Reiter, John fireman bds R5 Napoleon Har 3.
Reiter, Mary A. RD Deshler Bar.
REITER, ORVA G. (Bessie) 2 ch farmer O 75a 3h 4c R1 Napoleon Har 5 Ind tel.
REITERMAN, HENRY (Araminta) farmer O 11a 1h 1c R1 Napoleon Har 44 Ind tel.
Rennecker, J. H. (Lila) ret O 80a H&L Holgate Ind tel.
Rennecker, R. R. (Vernice) farmer T 80a 4h 3c R3 Holgate Flrk 53 Ind tel.
Rennecker, W. E. farmer RD Napoleon Har.
RENNER, FRANK H. (Ruby) 4 ch salesman T H&L R2 Malinta Mon 44 Ind tel.
Rentschler, E. H. RD Deshler Bar.
Rentz, A. Ray (son Jacob C.) decorator bds R9 Napoleon Nap 70.
Rentz, Homer (son Joseph L.) laborer bds R2 Malinta Mon 58 Ind tel.
Rentz, Howard (Nettie) 7 ch farmer T 120a 5h 4c R2 Malinta Mon 58 Ind tel.

Rentz, Joseph L. (Amanda) 8 ch ret O 240a 2h 4c R2 Malinta Mon 58 Ind tel.
RENTZ, JACOB C. (Mary) 1 ch farmer T 45a 3h 4c R9 Napoleon Nap 70.
Rentz, Orville (Hannah) 1 ch farmer T 120a 2h 3c R2 Malinta Mon 58 Ind tel.
Retcher, Fred H. (Anna) 1 ch farmer O 70a 5h 3c R3 Holgate Flrk 12.
RETTIG, AARON J. (Mary) farmer T 80a 3h 4c R1 Holgate Flrk 88 Ind tel.
Rettig, Adam farmer Malinta.
Rettig, Adolph A. (Dora M.) 3 ch laborer R3 Holgate Flrk 20 Ind tel.
Rettig, Alfred (son John) farmer bds R1 Holgate Flrk 66 Ind tel.
Rettig, Alma A. (dau Magdelena) R1 Holgate Flrk 88.
Rettig, Ameal C. (son John) farmer R1 Holgate Nap 66.
Rettig, Archie R. (son Chas. P.) 1h R1 Holgate Flrk 87.
Rettig, A. B. 3 ch ret O 120a R1 Malinta Mon 99 Ind tel.
Rettig, A. J. farmer Holgate.
Rettig, A. M. (A. R.) 2 ch farming O 80a 3h 1c R8 Napoleon Mon 4 Ind tel.
Rettig, Carl A. (son Geo. H.) farmer R1 Holgate Flrk 92.
Rettig, Chas. P. (Rosa) 2 ch farmer O 80a 3h 3c R1 Holgate Flrk 87 Ind tel.
Rettig, Chas. (son Lawrence) farmer bds R1 Holgate Mon 8 Ind tel.
RETTIG, CHAS. H. (Emma) 1 ch farmer & poultry raiser O 80a 3h 3c R1 Holgate Flrk 90 Ind tel.
Rettig, Clinton S. (Esther) farmer T 80a 1h 2c R8 Napoleon Mon 4 Ind tel.
Rettig, C. B. (Lydia) 3 ch farmer O 160a 8h 15c R8 Napoleon Mon 15 Ind tel.

"Pigs Is Pigs."

Rettig, C. S. farmer RD Napoleon Mon.
Rettig, David G. (Eliza) 4 ch farmer O 80a 3h 4c R3 Napoleon Flrk 48 Ind tel.
Rettig, Della 2 ch dress making O Holgate.
Rettig, D. C. farmer Holgate.
Rettig, D. J. (Julia) 2 ch farming T 80a 4h 8c R1 Holgate Mon 26 Ind tel.
Rettig, D. P. (Mary) 2 ch farming O 20a 3h 3c R2 Malinta Mon 31 Ind tel.
Rettig, E. Ardell (dau R. E.) R8 Napoleon Mon 14 Ind tel.
Rettig, Emma (dau Mrs. J. A.) R1 Holgate Mon 11 Ind tel.
RETTIG, EMMA 2 ch farmer O 80a 5h 7c R1 Holgate Mar 20 Ind tel.
Rettig, E. B. (Idella) 2 ch farmer T 110a 8h 3c R3 Holgate Flrk 65 Ind tel.
RETTIG, EARNEST J. (Anna) 2 ch farmer T 80a 3h 4c R1 Holgate Flrk 89 Ind tel.
Rettig, E. M. (Clara) 3 ch hardware salesman O H&L Holgate Ind tel.
Rettig, Geo. H. (Anna) 2 ch farmer O 80a 3h 6c R1 Holgate Flrk 92 Ind tel.
Rettig, Gilbert E. (son Chas. P.) 1h R1 Holgate Flrk 87.
RETTIG, G. W. (Nora) 3 ch farmer O 70a 6h 13c R3 Napoleon Flrk 28 Ind tel.
Rettig, Harry (Tillie) farmer R2 Malinta Mon 33 Ind tel.
Rettig, Henry (son Mrs. J. A.) farm hand bds R1 Holgate Mon 11 Ind tel.
RETTIG, HERMAN R. (Dora M.) 1 ch farmer T 120a 4h 4c R3 Holgate Flrk 20.
Rettig, Jacob (Caroline) 5 ch farmer O 80a 4h 8c R3 Deshler Rhfd 20 Ind tel.
RETTIG, JOHN 6 ch farmer O 60a 6h 10 R1 Holgate Flrk 66 Ind tel.
RETTIG, JOHN 4 ch farmer O 60a 6h 8c R1 Holgate Flrk 66.
Rettig, John F. (Ida) 3 ch section hand O H&L Holgate Ple.
Rettig, Joseph (son Lawrence) laborer bds R1 Holgate Mon 8 Ind tel.
Rettig, Julia (dau John) bds R1 Holgate Flrk 66 Ind tel.
Rettig, Julius (Elizabeth) farmer T 40a 5h 4c R2 Malinta Mon 22 Ind tel.
Rettig, Julius (Callie) farming T 80a 3h 2c R1 Holgate Mon 27 Ind tel.
Rettig, Mrs. J. A. 5 ch farming O 40a 1h 2c R1 Holgate Mon 11 Ind tel.

Rettig, Lawrence (Katherine) 8 ch ret O 65a 1h 2c R1 Holgate Mon 8 Ind tel.
Rettig, Mrs. Magdelna (wid Jacob) 2 ch ret O 80a R1 Holgate Flrk 88 Ind tel.
Rettig, Martin (son Mrs. J. A.) farmer T 40a 4h R1 Holgate Mon 11 Ind tel.
Rettig, Mattie (dau Lawrence) bds R1 Holgate Mon 8 Ind tel.
RETTIG, MICHAEL (Jane) ret O 40a 1h 1c R1 Holgate Flrk 90 Ind tel.
Rettig, Milton (son Lawrence) painter bds 1h R1 Holgate Mon 8 Ind tel.
Rettig, Minnie (dau John) R1 Holgate Nap 66.
Rettig, Nicholas E. (Rena) 2 ch farmer O 60a 3h 3c R1 Holgate Flrk 66 Ind tel.
Rettig, Noah (Augusta) 2 ch farmer O 60a 6h 4c R2 Malinta Mon 24 Ind tel.
Rettig, Nora 'E. (dau R. E.) R8 Napoleon Mon 14 Ind tel.
Rettig, N. E. (Janie) 3 ch farming O 60a 3h 3c R1 Holgate Flrk 66 Ind tel.
Rettig, N. H. (Mary) ret O 80a H&L 1h Holgate Ple Ind tel.
Rettig, Oliver M. (Mary) farming O 40a 4h 12c R1 Holgate Mon 5 Ind tel.
Rettig, Paul (son John) farmer bds R1 Holgate Flrk 66 Ind tel.
RETTIG, PHILIP M. (Carrie) farmer O 96a 3h 10c R1 Holgate Flrk 88 Ind tel.
Rettig, Paul A. (son John) laborer R3 Holgate Flrk 67.
Rettig, Ralph A. (son John F.) pharmacist Holgate.
Rettig, Raymond (son N. E.) farmer 1h R1 Holgate Flrk 66 Ind tel.
Rettig, Richard A. (son Magdelena) farmer 1h R1 Holgate Flrk 88.
RETTIG, R. E. (Nettie) 3 ch farmer O 60a 5h 3c R8 Napoleon Mon 14 Ind tel.
RETTIG, S. H. (Emma) 5 ch farming O 80a 3h 6c R1 Holgate Mon 13 Ind tel.
Rettig, W. F. (Callie) 4 ch farmer O 55a 3h 4c R5 Napoleon Dms 36 Ind tel.
REYNOLDS, ERNEST A. (Nellie) 2 ch gen mdse T H&L 1h R2 Holgate Flrk 13 Ind tel. See adv.
Rhoda, Emma (dau Henry) R8 Napoleon Har 12.
Rhoda, Henry (Caroline) 3 ch farmer O 37a 2h 2c R8 Napoleon Har 12.
Rhoda, Ida L. (dau Louis) R4 Napoleon Nap 68.

FARMERS' DIRECTORY

Rhoda, Wm. F. (Mary) 5 ch farmer O 30a 5h 14c R4 Napoleon Nap 68 Ind tel.
RHODES, CLARENCE C. (Angie) farmer T 20a 3h 1c McClure Dms 69.
Rhodes, Isaac N. (Linnie) farmer R9 Napoleon Nap 69.
Rice, C. E. (Clara E.) 3 ch farmer O 15a R9 Archbold Rid 66 Ind tel.
RICE, C. F. (Lydia) 2 ch ,farming O 80a 4h 9c R3 Liberty Center Lib 65 Ind tel.
Rice, O. C. (Freda) 3 ch farmer T 106a 7h R10 Archbold Rid 52 Ind tel.
Rice, Samuel (Wilhelmina) 1 ch carpenter O H&L 1h 1c Ridgeville Corners Rid 64 Ind tel.
Richard, Albert laborer T H R3 McClure Rhfd 67.
Richard, Daniel (Myrtle) 3 ch farming O 80a 12h 2c R3 McClure Rhfd 67 Ind tel.
Richard, Glend farm hand T H R3 McClure Rhfd 67.
RICHARD, J. A. (Mary) 2 ch farmer T 80a 7h 3c R3 McClure Dms 60 Ind tel.
Richard, J. A. farmer Grelton.
Richard, L. N. R3 McClure.
Richard, Oscar RD Deshler Bar.
Richard, Wm. farm hand T H R3 McClure Rhfd 67 Ind tel.
RICHARD, W. S. R4 Deshler.
Richards, Ollie farm hand bds R3 McClure Rhfd 67 Ind tel.
RICHHOLT, CHAS. (Gertrude) 2 ch brick & tile manufacturer O Holgate Ind tel.
Richholt, Clarence E. (Tillie M.) 2 ch brick & tile manufacturer O 11a Holgate Ind tel.
Richholt, Fred Holgate.
Richholt, Mary 1 ch housekeeper O H&L Holgate Ind tel.
Richholt, T. M. Holgate.
Richmond, A. L. (Clara) 6 ch laborer T H&L 2h R3 Deshler Bar 65.
Richmond, Coy (son A. L.) laborer bds R3 Deshler Bar 65.
Richmond, Frank farmer New Bavaria.
Richmond, Harry (son A. L.) laborer bds R3 Deshler Bar 65.
RICHMOND, ORIN (Zelma) railroad section worker T R3 Deshler Bar 66.
Richmond, Perry (Ora) farming O 5a 2h 1c R5 Napoleon Dms 8 Ind tel.
Richmond, Vina (dau A. L.) R3 Deshler Bar 65.
Rickard, Alice RD Deshler Bar.
Rickenberg, Albert (son Fred, Sr.) 1h R9 Napoleon Nap 30.

Rickenberg, Amelia (dau Henry) R9 Napoleon Nap 30.
Rickenberg, Amelia (dau Henry) R2 Malinta Mon 78 Ind tel.
Rickenberg, Anna (dau Henry) R2 Malinta Mon 78 Ind tel.
Rickenberg, Ernest (son Lena) R9 Napoleon Nap 3.
RICKENBERG, FRED, SR. (Emma) 4 ch farmer & blacksmith O 100a 8h 15c R9 Napoleon Nap 30 Ind tel.
Rickenberg, Fred, Jr. (son Fred, Sr.) R9 Napoleon Nap 30.
Rickenberg, Geo. (son Henry) farm hand bds R2 Malinta Mon 78 Ind tel.
Rickenberg, Henry (Amma) 10 ch farming O 158a 5h 15c R2 Malinta Mon 78 Ind tel.
Rickenberg, John (son Lena) farmer & mill operator 1h R4 Napoleon Nap 31.
Rickenberg, Lena (wid Geo.) 3 ch farmer O 100a 4h 4c R4 Napoleon Nap 31 Ind tel.
Rickenberg, Martin (son Lena) R4 Napoleon Nap 31.
Rickenberg, Wm. (son Fred, Sr.) farmer 1h R9 Napoleon Nap 30.
RICKER, CARL (Maggie) farmer T 80a 4h 18c R2 Holgate Ple 63 Ind tel.
Ricker, Geo. (Barbara) 1 ch ret O 400a R2 Holgate Ple 63 Ind tel.
RICKER, G. E. (Alma) 3 ch farmer O 100a 5h 10c R2 Holgate Ple 64 Ind tel.
RICKER, JOHN G. 1 ch farmer T 80a 4h 7c R10 Napoleon Lib 33 Ind tel.
Ricker, Mrs. J. G. O 335a H&L Holgate Ind tel.
Ricker, Peter (Ida) ret O 80a H&L Holgate Ind tel.
Rickman, Christ laborer bds R2 Deshler Rhfd 47 Ind tel.
RIEBESEHL, CATHARINE 2 ch O H&L Holgate.
Riebesehl, Clara (dau Catharine) Holgate.
Riebesehl, Edward (son Catharine) laborer Holgate.
Riebelsehl, Ernest (son Catharine) carpenter Holgate.
Riebesel, Fred laborer boarding R1 Okolona Nap 11.
RIEBESEL, HENRY H. (Helen) 3 ch farmer T 98a 7h 2c R1 Okolona Nap 11 Ind tel.
Riebesel, Herman (Anna) 3 ch laborer Holgate.
Riefers, Carl (son Henry, Sr.) laborer 1h R9 Napoleon Fre 47.

HENRY COUNTY

Riefers, Fred (Ella) 3 ch farmer & breeder of chickens O 60a T 40a 5h 6c R9 Napoleon Fre 47 Ind tel.
Riefers, Harmon farmer R9 Napoleon.
Riefers, Henry Sr. (Katharine) ret O 40a 1h 1c R9 Napoleon Fre 47 Ind tel.
Riefers, Henry, Jr. (son Henry, Sr.) carpenter 1h R9 Napoleon Fre 47.
Riefers, Wm. (son Henry, Sr.) student R9 Napoleon Fre 47.
Riegsecker, Christian (Louisa) 1 ch farmer O 80a 5h 7c R3 Stryker Rid 13 Ind tel.
Riegsecker, M. H. (son Christina) farmer R3 Stryker Rid 13 Ind tel.
Riegsecker, Theophious (Freida) 8 ch farmer O 50a 3h 2c R3 Stryker Rid 6 Ind tel.
Riesfers, Herman (Ella) 1 ch farmer O 80a 3h 11c R9 Napoleon Fre 27 Ind tel.
RIESSEN, CHAS. H. (son Henry) farmer R9 Napoleon Nap 88.
Riessen, Henry (Mary) 2 ch farmer O 120a 5h 16c R9 Napoleon Nap 88 Ind tel.
Riessen, Mary C. (dau Henry) R9 Napoleon Nap 88.
RIGAL, R. D. (Laura) 3 ch lumberman O H&L Mary Ann St Liberty Center Ind tel.
RIGEL, SAMUEL (Joanna) 1 ch manufacturer O H&L 1h E Main St Liberty Center.
RIGG, H. J. farmer bds R1 Colton Wash 74 Ind tel.
RIGG, NEIL (Nellie) 2 ch farmer T 100a 5h 4c R3 Holgate Flrk 51.
Rigg, Sherman (Ivy E.) 2 ch carpenter O 80a 3h 4c R1 Colton Wash 74 Ind tel.
Riggs, Charlie 6 ch O 120a R5 Napoleon Har 18.
Riggs, C. W. farmer RD Leipsic Mar.
Riggs, J. A. farmer Hamler.
Rike, Dora 3 ch farmer R1 Hamler Bar 10 Ind tel.
RIKE, HARLEY R. (son Dora) farmer T 80a 3h 2c R1 Hamler Bar 10 Ind tel.
Ripke, Anna (dau Christ) R2 Hamler Mon 56 Ind tel.
Ripke, Christ (Dora) 3 ch farming O 40a 2h 4c R2 Hamler Mon 56 Ind tel.
Ripke, Theodore (Mazie) 2 ch farmer O 57a 3h 2c R9 Archbold Rid 64 Ind tel.
RITTER, LEVI T. (Ida A.) pool room 114a business room & dwelling Malinta Mon.

Ritz, Ada A. Hamler.
RITZ, ALBERT M. (Emma) 1 ch farming O 50a 1h 6c R1 Hamler Mar 39 Ind tel.
Ritz, Charles (Amelia) 6 ch postmaster O Holgate.
RITZ, CHESTER (Eva) farming O 40a 4h 1c R3 Hamler Mar 98.
Ritz, Clara (dau Chas.) assistant postmistress Holgate.
Ritz, Gale teacher R4 Leipsic Mar 57.
Ritz, Harry cigarmaker O Holgate.
Ritz, John L. farming O 56a 3h 1c R1 Hamler Mar 48.
RITZ, J. W. (Emma) 2 ch hardware merchant O H&L Hamler Ind tel.
Ritz, Oliver (Ona) farming O 12a 4h 2c R1 Hamler Mar 49.
Ritz, S. F. (Elsie M.) farming O 60a 7h 13c R4 Leipsic Mar 57.
Ritz, Wm. O. farmer Hamler.
Roach, Clair bds bookkeeper R1 Colton Wash 82 Ind tel.
Roach, E. E. (Ida) 3 ch farmer O 40a T 70a 5h 3c R3 Deshler Bar 65.
Roach, George (May) 7 ch farmer O 5a 1h 1c R1 Colton Wash 81 Ind tel.
Roach, H. E. (Laura) 7 ch farmer & ditcher O 40a 2h 1c R1 Colton Wash 82 Ind tel.
Roach, Llyod E. (son E. E.) farm laborer bds R3 Deshler Bar 65.
Roach, Muriel (dau E. E.) housekeeper R3 Deshler Bar 65.
Roach, Rev. R. A. minister Hamler Ind tel.
Roberts, C. E. (Mary) school teacher T R2 Deshler Rhfd 61 Ind tel.
Roberts, D. C. (Orpha) 1 ch farming O 40a 2h 3c R1 Hamler Mar 57 Ind tel.
ROBERTS, FRANK W. (Cinda) 3 ch farmer O 40a 3h 6c R1 Liberty Center Lib 94 Ind tel.
ROBERTS, H. W. (Bernis) garage & autos T H&L Liberty Center Lib Ind tel.
Roberts, John Westhope.
Roberts, J. A. (M. E.) farming O 80a 1h 4c R4 Leipsic Mar 54 Ind tel.
Roberts, J. E. farmer Holgate.
Roberts, J. E. (Flora A.) 4 ch farming O 19a 2h 4c R3 Hamler Mar 86 Ind tel.
Roberts, W. F. Westhope.
Roberts, W. F. (Maggie M.) 3 ch farming O 40a 2h 4c R1 Hamler Mar 48.
ROBINSON, EARL (Dorcas) 3 ch farmer O 50a 6h 3c R7 Napoleon Nap 76 Ind tel.

Robinson, Geo. (Stella) 2 ch farmer O 60a H&L Ridgeville Corners Rid 62½ Ind tel.
Robinson, Jas. (Dora) 6 ch farmer O 80a 4h 5c R5 Napoleon Har 52 Ind tel.
Robinson, Len Ridgeville Corners.
Robinson, Lorenzo (Cordelia) 4 ch ret O 53a H&L 1h 1c Ridgeville Corners Rid 62½ Ind tel.
Robinson, Myrl (son Geo.) clerk bds Ridgeville Corners Rid 62½ Ind tel.
Robinson, O. C. RD Deshler Bar.
Robinson, Ralph RD Deshler Bar.
ROBINSON, ROY (Lenna D.) 3 ch farmer O 40a 3h 8c R3 Liberty Center Lib 89 Ind tel.
Robison, C. W. RD Deshler Bar.
Robison, John (Boneita) 3 ch farmer T 140a 5h 4c R1 McClure Rhfd 82.
Rochte, A. T. (Ada L.) jeweler & mft O H&L Main St McClure.
Rockwell, Byerl bds R2 Napoleon Fre 71.
ROCKWELL, CLARENCE (Hazel) stock & poultry remedies O H&L 2h Cherry St Liberty Center Ind tel. See adv.
Rockwell, Edward farmer RD Napoleon.
Rockwell, Mrs. Ellen 1 ch farmer O 40a 1h 1c R2 Napoleon Lib 1 Ind tel.
Rockwell, Ezra (son Sarah) farmer T 26a 1h R2 Napoleon Fre 71.
ROCKWELL, MYRON S. farmer R2 Napoleon.
ROCKWELL, SARAH (wid Philo) 1 ch O 26a 2h 2c R2 Napoleon Fre 71 Ind tel.
Roddy, Albert (son Frank) laborer bds R4 Napoleon Fre 17 Ind tel.
Roddy, Eva (dau Frank) bds R4 Napoleon Fre 17 Ind tel.
Roddy, Frank 2 ch farmer O 80a 5h 10c R4 Napoleon Fre 17.
Roddy, Frank (Phoebe) 5 ch farmer R4 Napoleon Fre 17 Ind tel.
Roddy, Geo. (Grace) veterinary surgeon O Holgate.
Roddy, John (Lulu) 1 ch farmer O 40a 3h 4c R8 Napoleon Mon 4 Ind tel.
Roddy, John farmer Malinta.
Roddy, Lester (son Frank) laborer bds R4 Napoleon Fre 17 Ind tel.
Roddy, Logan laborer 1h bds R2 Napoleon Fre 65.
Roddy, Lucinda 10 ch ret R8 Napoleon Mon 4 Ind tel.
Roddy, Scott (Sarah) 2 ch farmer O 50a T 40a 3h 6c R2 Holgate Flrk 33 Ind tel.

Rodman, Victor (Mary) 5 ch farming O 43a 1c R1 McClure Rhfd 46 Ind tel.
ROEHL, ALBERT H. (Emma) 2 ch farmer O 78a 4h 5c R2 Malinta Mon 78 Ind tel.
ROEHL, GUST (Clara) farmer O 80a 4h 4c R4 Napoleon Nap 67½ Ind tel.
Roehrs, Ernest A. farmer Liberty Center.
Rogers, A. L. farmer RD Deshler.
Rogers, Ed. (Nellie) 6 ch tile mfg O tile mill & 20a 1h 6c R2 Deshler Rhfd 51 Ind tel.
ROGERS, H. L. (Alice) 1 ch ret O 100a 14c R2 Deshler Rhfd 49 Ind tel.
Rogers, J. W. (Martha) ret farmer O H&L North St Liberty.
Rogers, Marie (dau Ed.) student R2 Deshler Rhfd 51 Ind tel.
ROGERS, MARTIN (Hattie) garage & automobiles O 120a H&L N Main St Liberty Center Ind tel.
Rogers, M. E. farmer RD Deshler Rhfd.
Rogers, W. C. (Clara A.) livery & feed stable O 60a 12h Railroad Ave Liberty Center Ind tel.
Rogge, Anna Liberty Center.
Rogge, Clara farmer 1c bds R2 Liberty Center Wash 19 Ind tel.
Rogge, William (Anna) 3 ch farmer O 160a 4h 12c R2 Liberty Center Wash 19 Ind tel.
Rohrbach, John (Caroline) 6 ch ret O 40a 1c R8 Napoleon Har 14 Ind tel.
Rohrbach, Julius (Leah) 6 ch farmer T 77a 3h 2c R6 Napoleon Har 6.
Rohrbach, Lewis (son John) farmer O 20a R8 Napoleon Har 14 Ind tel.
Rohrbach, W. F. (Edna) 3 ch laborer T R8 Napoleon Har.
Rohrbaugh, Frank farmer Hamler.
Rohrbaugh, Franklin (Margaret Anne) 9 ch ret O 10a 1h 2c R6 Napoleon Har 29.
Rohrbaugh, John (son John, Sr.) laborer R9 Napoleon Nap 27.
Rohrbaugh, J. R. farmer RD Napoleon Har.
Rohrbaugh, L. E. farmer RD Napoleon Har.
Rohrs, Althe (dau John C.) R4 Napoleon Fre 41.
Rohrs, Anna (dau H. A.) R4 Napoleon Fre 31 Ind tel.
Rohrs, Carl (Frieda) farmer T 60a 3h 1c R2 Deshler Rhfd 59.
Rohrs, Carl H. (Erna) farmer & breeder of Percheron horses T 80a 5h 5c R7 Napoleon Nap 74 Ind tel.

ROHRS, CHAS. (Loretta) 4 ch laborer 1h R8 Napoleon Mon 1.
Rohrs, Charley (son Henry) farming Holgate.
Rohrs, Christ ret bds with Will Korte R2 Hamler Mon 51 Ind tel.
ROHRS, ED. (Helen) hardware merchant O H&L Ridgeville Corners Rid 44 Ind tel.
Rohrs, Elsa (dau Henry F.) Okolona.
Rohrs, Eva Maple Ave Liberty Center.
Rohrs, E. A. 5 ch farmer O 100a 3h 7c R1 Liberty Center Wash 30 Ind tel.
Rohrs, Frank farmer McClure.
Rohrs, Frank (Emma) 2 ch farming O 60a 3h 5c R1 Malinta Rhfd 49 Ind tel.
Rohrs, Fred farmer RD Deshler Bar.
Rohrs, Fred (Anna) 8 ch farmer 280a 5h 11c R2 Malinta Mon 46 Ind tel.
Rohrs, Fred, Jr. (son Fred) farm hand 1h R2 Malinta Mon 46 Ind tel.
Rohrs, Fred ret O bds with Harmon Gathman R4 Napoleon Fre 31 Ind tel.
Rohrs, Geo. (Caroline) farmer O 40a 2h 2c R3 Napoleon Flrk 48 Ind tel.
ROHRS, GEO. W. F. (Anna) 5 ch farmer T 120a 7h 8c R71 Napoleon Nap 84 Ind tel.
Rohrs, Henry (Lizzie) 1 ch carpenter T H 1h 1c R2 Deshler Bar 69 Ind tel.
Rohrs, Henry saloon Florida.
Rohrs, Henry, Jr. (son H. A.) farmer R4 Napoleon Fre 31 Ind tel.
ROHRS, HENRY C. (Augusta) farmer O 5h 2c Holgate Ind tel.
Rohrs, Henry F. (Dora) ret farmer O 4½a 1h R9 Archbold Fre 5 Ind tel.
Rohrs, Henry F. farmer R7 Napoleon Fre.
ROHR, HENRY F. (Minna) 1 ch saloon O H&L 1h Okolona Ind tel.
Rohrs, Henry G. (Emma) farmer O 40a 3h 4c R1 Holgate Flrk 66 Ind tel.
Rohrs, Henry H. farmer R4 Napoleon.
Rohrs, Henry J. (son Sophia) farmer wks for Carl H. Buchop 1h R4 Napoleon Nap 31.
Rohrs, Herman (son John C.) R4 Napoleon Fre 41.
ROHRS, H. A. (Anna) 9 ch farmer R4 Napoleon Fre 31 Ind tel.
Rohrs, H. C. 5 ch ret O 120a R2 Hamler Mon 79 Ind tel.
ROHR, H. H. (Anna) 8 ch farmer O 119a 6h 10c R3 Deshler Bar 7 Ind tel.
Rohrs, Ida (dau H. A.) R4 Napoleon Fre 31 Ind tel.

Rohrs, John A. (Emma) 1 ch farmer T H 3h 1c R4 Napoleon Rid 62 Ind tel.
ROHRS, JOHN C. (Mary) 6 ch horse & swine breeder O 120a 22h 8c R4 Napoleon Fre 41 Ind tel. See adv.
Rohrs, John H. (Magdalene) 3 ch farmer O 20a 1h 6c R4 Napoleon Rid 62 Ind tel.
Rohrs, J. Henry (Lillie) farmer O 69a 2h 6c R7 Napoleon Flrk 42 Ind tel.
Rohrs, Minnie bds R1 Liberty Center Wash 30.
Rohrs, Wm. (son John C.) R4 Napoleon Fre 41.
Rohrs, W. H. (Anna) 4 ch farming T 120a 5h 7c R2 Hamler Mon 79 Ind tel.
Roland, Silas farmer McClure.
Roller, Charles farmer 65a 4h 4c Holgate Ple 69 Ind tel.
Roller, Ella milliner bds Holgate Ple 69 Ind tel.
Rollin, G. A. (Florence) 1 ch hotel & feed barn O H&L Ridgeville Corners Rid 62½ Ind tel.
Rollin, H. L. (son G. A.) laborer bds Ridgeville Corners Rid 62½ Ind tel.
Rollin, S. W. Ridgeville Corners.
Romaker, John (Mamie) 2 ch farming T 80a 2h 1c R1 Custar Rhfd 88.
Romaker, Joseph McClure.
Romaker, W. (Eunice) farming T 80a 4h 4c R1 Malinta Rhfd 30.
Romes, Agnes (dau Mathias) housekeeper bds R1 New Bavaria Ple 73.
Romes, Fred (son Mathias) farmer bds R1 New Bavaria Ple 73.
Romes, John ret O 54a R1 New Bavaria Ple 93 Ind tel.
Romes, Joseph (son Mathias) farm laborer bds R1 New Bavaria Ple 73.
ROMES, MATHIAS (Matilda) 6 ch farmer O 120a 6h 9c R1 New Bavaria Ple 73 Ind tel.
Romes, Minnie (dau Mathias) housekeeper bds R1 New Bavaria Ple 73.
Romes, William (son Mathias) carpenter bds R1 New Bavaria Ple 73.
Rook, Mrs. Chas. O ½a R1 Napoleon Har 5.
Root, Clayton M. (Amanda) 4 ch auctioneer T H&L RD Napoleon Ind tel.
Root, G. A. (Levina) farmer T 60a 5h 3c R4 Napoleon Rid 62 Ind tel.
Root, John E. (Mary E.) 6 ch ret O 60a 3c R4 Napoleon Rid 62 Ind tel.
Rose, Cary T H&L R10 Napoleon Lib 9.
Rose, John 5 ch blacksmith O H&L Hamler Mar.
Rosebrock, Alma (dau John) R2 Napoleon Fre 77.

Rosebrock, Alvina (dau Henry W.) R2 Napoleon Fre 46.
Rosebrock, Carl (son John) R2 Napoleon Fre 77.
Rosebrock, Cristina (wid Henry) ret O 53a 1h 2c R1 Okolona Nap 23 Ind tel.
Rosebrock, E. H. farmer R4 Napoleon.
Rosebrock, Fred (son Henry W.) 1h R2 Napoleon Fre 46.
Rosebrock, Freda (dau John) R2 Napoleon Fre 77.
Rosebrock, Geo. (Minnie) 7 ch farmer O 26a 2h 3c R4 Napoleon Rid 62 Ind tel.
Rosebrock, Henry (Anna) 5 ch farmer T 105a 6h 13c R1 Liberty Center Lib 78 Ind tel.
ROSEBROCK, HENRY (Minnie) 2 ch farming O 34a 2h 2c R1 Malinta Rhfd 28.
ROSEBROCK, HENRY (Anna) laborer T H 1h 1c Ridgeville Corners Rid 60½ Ind tel.
Rosebrock, Henry C. (Marie) farming O 118a R3 Hamler Mar 58 Ind tel.
Rosebrock, Henry H. (son Henry W.) R2 Napoleon Fre 46.
Rosebrock, Henry W. (Mina) 2 ch farming O 80a 4h 5c R3 Hamler Mar 75.
Rosebrock, Henry W. (Minnie) 5 ch farmer T 80a 3h 5c R2 Napoleon Fre 46 Ind tel.
Rosebrock, Herman (Lidia) farming T 78a 3h 4c R3 Hamler Mar 58 Ind tel.
Rosebrock, Johannas (son John) R2 Napoleon Fre 77.
Rosebrock, John (Mary) 5 ch farmer O 240a 7h 18c R2 Napoleon Fre 77 Ind tel.
Rosebrock, Otto J. (son Henry W.) laborer 1h R2 Napoleon Fre 46.
Rosebrock, Sophia (wid Fred) care of Henry Miller R2 Napoleon Fre 46.
Rosebrock, Walter (son Geo.) laborer bds R4 Napoleon Rid 62 Ind tel.
Rosebrock, William (Dora) 6 ch farming O 160a 5h 13c R3 Deshler Bar 44.
Rosebrock, Wm. farmer Hamler.
Rosebrock, Wm. laborer works for Henry Homann R2 Napoleon Fre 59.
Rosebrock, Wm. (son Geo.) laborer bds R4 Napoleon Rid 62 Ind tel.
ROSEBROCK, WM. F. (Minnie) plumber & electrician T H&L R2 Napoleon Fre 73 Ind tel.
Roseman, Fred (Mary) laborer Holgate.
Roseman, John (Anna) 5 ch laborer O H&L Holgate.
Roth, Cristian (Matilda) 1 ch ret O 40a 1h 2c Ridgeville Corners Rid 49 Ind tel.
Roth, H. L. (Bertha) 3 ch farmer O 20a 1h 1c R9 Archbold Rid 56.
Rothbart, Charley farming 3h Holgate.
Rothbart, Fred (Caroline) 1 ch farmer T 80a 3h 4c R1 Holgate Flrk 94.
Rothbart, Henry (son John) R2 Holgate Flrk 36.
Rothbart, John (Clara) 11 ch farmer T 88a 5h 4c R5 Napoleon Dms 44 Ind tel.
Rothbart, Sophia housekeeper O H&L Holgate.
Rothenberger, Clarence bds R1 Colton Wash 75.
Rothenberger, Cora J. bds R1 Colton Wash 75.
Rothenberger, Mrs. C. W. housekeeper O H&L Holgate Ind tel.
Rothenberger, Eliza housekeeper O 320a H&L Holgate.

The Way We Used To Do It.

Rothenberger, Ernest R1 Colton Wash 75.
ROTHENBERGER, E. M. (Madge Gahrett) hardware buggies implements & automobiles O H&L 1h Holgate Ind tel.
ROTHENBERGER, FRED E. (Mary E.) 6 ch farmer O 94a 4h 6c R1 Colton Wash 75.
ROTHENBERGER, HENRY M. (Annie) 3 ch farmer T 50a 3h 1c R1 Napoleon Har 58.
ROTHENBERGER, H. S. (Maggie) farmer O 80a 4h 5c RD Napoleon Flrk 27 Ind tel.
Rothman, Carl farmer R4 Napoleon.
Rothman, Jake (Katie) 2 ch farmer O 60a 4h 4c R1 New Bavaria Ple 81 Ind tel.
ROTHMAN, JOHN (Ida) 8 ch farming T 60a 4h 3c R1 New Bavaria Ple 79 Ind tel.
Rothman, Joseph (Barbara) ret O 41a 1h R1 Holgate Ple 69 Ind tel.
Rothman, Mary ret O 60a R1 New Bavaria Ple 101 Ind tel.
Rouch, Louis farmer R9 Napoleon.
ROUE, F. A. Ridgeville Corners.
Rowe, C. F. (Grace) 3 ch farmer O 66a 3h 6c R4 Napoleon Fre 9 Ind tel.
Rowe, Dorothy (dau F. A.) housekeeper Ridgeville Corners Rid 43 Ind tel.
Rowe, F. A. (Hattie E.) 2 ch ret O 41a H&L Ridgeville Corners Rid 43 Ind tel.
Rowe, Geo. W. RD Deshler Bar.
ROWE, LANEY W. (Catherine) 1 ch farmer T 40a 3h 4c R8 Napoleon Nap 94.
Rowe, O. A. (Francis) 2 ch farmer T 80a 4h 1c R2 Deshler Rhfd 94 Ind tel.
Rowell, David M. farmer bds R5 Napoleon Har 57.
Rowland, Eugene (Alma I.) 3 ch farmer O 24a 4h 1c West Hope Rhfd 45 Ind tel.
Rowland, James farmer RD Grand Rapids.
Rowland, S. H. (Josephine L.) 1 ch farmer O 40a 2h 2c R1 McClure Rhfd 45 Ind tel.
Rowland, Thomas farmer O 160a bds R1 Grand Rapids Dms 107 Ind tel.
Roy, Chas. RD Deshler Bar.
ROYAL, JOHN S. (Bridget) 7 ch farmer O 160a 4h 8c R2 New Bavaria Ple 55 Ind tel.
Royal, Sebastian ret bds R2 New Bavaria Ple 55 Ind tel.
Royse, A. E. (Flora) 7 ch farmer O 160a 10h 2c R4 Deshler Bar 60 B tel.
Royse, Edith (dau A. E.) housekeeper R4 Deshler Bar 60 B tel.

Rozelle, G. A. (Martha) 4 ch farmer O 30a T 120a 4h 5c R3 Deshler Bar 48 Ind tel.
Rozelle, J. (Goldie) 4 ch farmer T 110a 3h 1c R3 Deshler Bar 47.
Rozelle, J. K. laborer O H&5Lots R2 Liberty Center.
Rozelle, Rex (son G. A.) farmer R3 Deshler Bar 48 Ind tel.
Ruch, Claud (Jennie) 1 ch R R clerk T H&L Holgate.
Ruch, Ralph (son Royal) salesman Holgate.
RUCH, ROYAL A. (Emma) carpenter & dairyman O 8a 3c Holgate.
Ruder, Dr. J. O. 1 L Grelton Mon 98 Ind tel.
RUDOLPH, GEO. V. (Mamie) 4 ch farmer O 80a 5h 12c R1 McClure Dms 117 Ind tel.
Rudolph, Grace (dau W. S.) music teacher R3 McClure Rhfd 20 Ind tel.
Rudolph, J. E. (son W. S.) farm hand bds R3 McClure Rhfd 20 Ind tel.
Rudolph, Maude (dau W. S.) school teacher R3 McClure Rhfd 20 Ind tel.
RUDOLPH, W. S. (Mary E.) 9 ch farming O 80a 5h 9c R3 McClure Rhfd 20 Ind tel.
Rufenacht, Ephriam A. (Anna) 1 ch farmer T 95a 3h 10c R10 Archbold Rid 27 Ind tel.
Rufenacht, Simon (Christina) farmer O 80a 4h 8c R10 Archbold Rid 27 Ind tel.
Rufenacht, Ulrich ret O 95a R10 Archbold Rid 27 Ind tel.
Ruffer, Argra (dau Henry B.) school teacher Ridgeville Corners Rid 56.
Ruffer, Chas. (Matilda) 2 ch painter & paper hanger O H&L & store bldg Ridgeville Corners Rid 59 Ind tel.
Ruffer, Cleo. Ridgeville Corners.
Ruffer, C. R. (Lydia) 1 ch butcher T H&L Ridgeville Corners Rid 57 Ind tel.
Ruffer, Henry B. 3 ch painter O H&L Ridgeville Corners Rid 56.
Ruinlan, James (Bridget) ret O Holgate.
Rupp, Alfred D. (Ella) 3 ch farmer O 50a 10h 9c R10 Archbold Rid 1 Ind tel.
Rupp, Clarence (Elma) farm hand R9 Archbold Rid 54 Ind tel.
Rupp, Frank E. (Meta) 1 ch farmer T 160a 10h R3 Stryker Rid 20 Ind tel.
Rupp, Frank H. (Lydia) 5 ch farmer O 80a 5h 8c R10 Archbold Rid 27 Ind tel.

Rupp, Sam Y. (Emma) 4 ch farmer O 60a 4h 5c R10 Archbold Rid 51 Ind tel.
Rush, Alice school teacher O 93a 4h 3c R3 Holgate Flrk 51 Ind tel.
Rush, Cary farmer O 93a 4h 3c R3 Holgate Flrk 51 Ind tel.
Rush, Herman farmer O 93a 4h 3c R3 Holgate Flrk 51 Ind tel.
RUSH, JOHN (Maud) 2 ch farmer T 100a 4h 6e R2 Holgate Ple 64 Ind tel.
Rush, John W. farmer Holgate.
Rush, Miss Ruth school teacher O 93a 4h 3c R3 Holgate Flrk 51 Ind tel.
Ruskey, Joe (Emma) 3 ch farmer T 180a 7h 10c R3 Deshler Bar 45.
Russell, Mrs. Allitta M. 1 ch Maple Ave Liberty Center Ind tel.
Russell, A. R. Hamler.
Russell, Carl (Mabel) 3 ch laborer T H R2 Deshler Rhfd 56.
RUSSELL, CLINTON E. (Nancy) 2 ch barber O H&L N Main St Liberty Center.
Russell, C. E. (Elizabeth) 5 ch O H&L N Main St Liberty Center.
Russell, Miss Donas A. post office clerk Maple Ave Liberty Center Ind tel.
Russell, Eliza Marie teacher bds Maple Ave Liberty Center.
Russell, E. C. (Harriet E.) 3 ch farming O 40a 2h 2c R1 Custar Rhfd 81 Ind tel.
Russell, F. O. (Bertha) 2 ch twp supt schools T H&L Ridgeville Corners Rid 44 Ind tel.
Russell, G. V. (Ada) barber O H&L N Main St Liberty Center Ind tel.
Russell, J. C. farmer RD Deshler Rhfd.
RUSSELL, M. F. (Mary A.) bookkeeper O 160a H&L Maple Ave Liberty Center.
RUSSELL, RAY farmer T 160a 6h 15c bds R3 Liberty Center Lib 64 Ind tel.
Russell, Roscoe (Nona) 5 ch farmer & supt Malinta public school T 130a 5h 10c R6 Napoleon Har 70 Ind tel.
Russell, R. G. farmer RD Napoleon Har.
Russell, Sadie 2 ch O H&L Hamler.
Russell, Miss Winifred bds R3 Liberty Center Lib 64 Ind tel.
Russell, Wm. farmer RD Deshler Rhfd.
RUSSELL, W. D. (Chloe) 2 ch broom maker O H&L 2c N Main St Liberty Center.
Ruth, John general merchandise O H&L R3 Hamler Mar 87 Ind tel.
RUTH, WM. P. R3 Hamler.
Rutledge, John (Fanny) 2 ch laborer O H&L Grelton Rhfd 1.
Rutledge, Wesley (Mamie) laborer O H&L Grelton Rhfd 1.
Rutter, Earl (son Ellsworth) farm laborer bds R1 Belmore Bar 58 Ind tel.
Rutter, Ellsworth (Emma F.) 8 ch. farmer T 188a 5h 4c R1 Belmore Bar 58 Ind tel.
Rutter, Harvey (son Ellsworth) farm laborer bds R1 Belmore Bar 58 Ind tel.
RUTTER, LEE (Lois) 3 ch farmer T 160a 9h 2c R4 Deshler Bar 21 Ind tel.
Rutter, R. D. (Esme) 1 ch expressman T H&L R4 Deshler Bar 97 B tel.
Ryan, Jerry laborer 1h R2 Grand Rapids Wash 80.
Ryber, Andrew (Elizabeth) deliveryman O H&L McClure Ind tel.
Rychener, Frieda (dau J. S.) student Ridgeville Corners Rid 43 Ind tel.
RYCHENER, J. S. (Elizabeth) 1 ch cashier Ridgeville Savings Bank O H&L Ridgeville Corners Rid 43 Ind tel.
Rychner, Noah J. Archbold.
SABIN, CHARLES (Nellie) 3 ch farming O 20a 3h 4c R1 Hamler Mar 39 Ind tel.
Sabin, John farmer O 20a 2h 4c R1 Hamler Mar 39 Ind tel.
Sabin, Joseph (Mary Ann) ret O 60a 2h R1 Hamler Mar 39 Ind tel.
SAGERS, EMMET (Thelma) 1 ch farmer T 140a 5h R3 Deshler Bar 34 Ind tel.
SAGERS, R. (Blanche) 3 ch farmer T 170a 8h 2c R1 Belmore Bar 27 Ind tel.
Samlow, Geo. H. (Nettie) 2 ch farmer T 120a 5h 4c R8 Napoleon Har 96 Ind tel.
Samlow, Mrs. Louisa (dau Fred Stroch) 7 ch housekeeper R1 Napoleon Har 16.
SAMPSEL, B. E. (Anna) 5 ch farmer O 99a 3h 8c R3 McClure Dms 59 Ind tel.
Sampsel, Cora M. (dau J. F.) housekeeper Grelton Har 79 Ind tel.
Sampsel, J. F. (Libby) 3 ch farmer O 100a 4h 8c Grelton Har 79 Ind tel.
Samsel, A. F. RD Deshler Bar.
Samsel, H. C. RD Deshler Bar.
Samsel, M. E. RD Deshler Bar.
Samsel, P. F. RD Deshler Bar.
Sandmann, Fred, Sr. (Minnie) 8 ch farmer O 80a 3h 6c R3 Deshler Bar 67 Ind tel.
Sandmann, Fred, Jr. (son Fred, Sr.) farm hand bds R3 Deshler Bar 67 Ind tel.

SANDMANN, HENRY D. (Minnie) 1 ch farming T 40a 2h 2c R1 Hamler Mar 64.
Sandmann, Theodore (son Fred, Sr.) farm hand bds R3 Deshler Bar 67 Ind tel.
SANDMANN, WM. (Mary) 4 ch farmer T 40a 2h 2c R9 Napoleon Nap 54 Ind tel.
Saneholtz, Fred farmer RD Napoleon Har.
Saneholtz, Hugo bds R10 Napoleon Lib 17 Ind tel.
Saneholtz, James (Florence) 2 ch farmer T 118a 6h 20c R8 Napoleon Har 35 Ind tel.
Saneholtz, Minnie B. RD Napoleon Har.
Saneholtz, Mrs. Sophia 2 ch farmer O 80a 3h 8c R10 Napoleon Lib 17 Ind tel.
SANEHOLTZ, WM. H. (Eva May) 4 ch farmer T 80a 4h 8c R10 Napoleon Lib 33 Ind tel.
Sapp, Lorena Holgate.
Sattler, Erna (dau Fred) R2 Napoleon Fre 59.
Sattler, Fred (Catharine) 2 ch brick & cement contractor O H&L 1h R2 Napoleon Fre 59 Ind tel.
Sattler, Wm. (son Fred) brick & cement contractor bds R2 Napoleon Fre 59 Ind tel.
Sauder, Wm. (Emma) 2 ch farmer T 106 2-3a 5h 12c R10 Archbold Rid 15 Ind tel.
Sauer, Cora (dau Henry) housekeeper R2 Holgate Ple 63 Ind tel.
SAUER, GEO. A. (Zelma) 1 ch farmer T 40a 3h 3c R2 Holgate Ple 63 Ind tel.
Sauer, George J. (Eliza) 2 ch farmer T 40a 6h 3c R3 New Bavaria Ple 15 Ind tel.
Sauer, Harmon (son Henry) farmer R2 Holgate Ple 63 Ind tel.
Sauer, Henry farmer O 60a 2h 1c R2 Holgate Ple 63 Ind tel.
SAUER, HENRY J. 1 ch farmer T 40a 2h 1c R3 New Bavaria Ple 29 Ind tel.
Sauer, Maggie (dau Henry) housekeeper R2 Holgate Ple 63 Ind tel.
SAUER, VERINE (son Henry) farmer R2 Holgate Ple 63 Ind tel.
Sauer, William (Elizabeth) farmer O 80a 2c R3 New Bavaria Ple 29 Ind tel.
SAUERS, CHAS. R. (Irene) 2 ch farmer O 40a 3h 8c R3 Napoleon Flrk 52 Ind tel.

Sauers, Emma N. (dau Chas. R.) R3 Napoleon Flrk 52.
Saul, Chas. farmer Malinta.
Saul, Geo. M. (Nettie) 8 ch carpenter O 40a W Young St Liberty Center Ind tel.
Saul, Jessie B. bds R3 Napoleon Flrk 82.
SAUL, J. J. (Sarah) 12 ch farming O 20a 9h 6c R2 Liberty Center Lib 100 Ind tel.
Saul, Muriel B. (dau J. J.) telephone operator bds R2 Liberty Center Lib 100 Ind tel.
SAUL, MRS. NETTIE R2 Box 55 Liberty Center.
SAUSSER, BYRON farm hand bds R2 Malinta Mon 76 Ind tel.
Sausser, Frank (Ida) 5 ch farmer T 120a 3h 9c R2 Malinta Mon 76 Ind tel.
SAUSSER, JESSE (Hannah) 3 ch farmer O 247a 3h 12c R2 Malinta Mon 76 Ind tel.
SAUTTER, JOHN (Ella N.) 1 ch farmer T 151a 4h 7c R3 Weston Rhfd 76 Ind tel.
Sautter, Wm. RD Deshler Bar.
SCHAFER, FREDERICK Malinta.
Schall, Geo. M. (Bertha) 4 ch salesman O H&L Cherry St Liberty Center.
Schall, Henry (Alpha) 4 ch farmer T 80a 7h 6c R3 Liberty Center Lib 55 Ind tel.
Schall, John bds E Main St Liberty Center.
Schall, Peter (Christina) 1 ch farmer O 80a H&L E Main St Liberty Center.
Schank, Harry farmer T 20a 1h R1 Colton Wash 75.
SCHAPER, C. F. (Mary) 4 ch farming O 80a 2h 4c R2 Malinta Mon 75 Ind tel.
Schaper, Fred farmer Malinta.
SCHAPER, HARRY (Emma) farming O 20a 2h 2c R2 Malinta Mon 47 Ind tel.
Scharnakan, Fred (Ruby) 7 ch farmer O 40a 2h 4c R2 New Bavaria Ple 10.
Scharnakan, Lewis farmer O 30a 2h R2 New Bavaria Ple 10 Ind tel.
Schartzen, E. J. O 1a H&L Hamler.
SCHARTZER, HENRY blacksmith Hamler.
Schatz, Adam farmer New Bavaria.
SCHATZ, CURTIS (Ella) farmer T 80a 6h 4c R3 New Bavaria Ple 6 Ind tel.
Schatz, John A. (Sarah) farmer O 140a 8h 18c R2 New Bavaria Ple 7 Ind tel.

FARMERS' DIRECTORY

Schatz, Martin (son J. A.) laborer bds R2 New Bavaria Ple 7 Ind tel.
Schatz, Rosada T 1h 2c R3 New Bavaria Ple 6 Ind tel.
Schatz, Walter (Carrie) 1 ch farmer T 40a 4h 6c R3 New Bavaria Ple 30.
Schatz, William (Mary) farming O 140a 7h 23c R2 New Bavaria Ple 7 Ind tel.
Scheele, Fred farmer RD Deshler Bar.
SCHEELE, F. J. (son Mrs. Mary) farmer T 65a 3h 1c R3 Holgate Flrk 31 Ind tel.
Scheele, Geo. farmer RD Deshler Rhfd.
Scheele, Henry (Dora) farmer O 24a 3h 3c R1 Okolona Nap 11 Ind tel.
Scheele, Henry, Jr. (son Henry, Sr.) farmer T 40a 3h R9 Napoleon Fre 48.
Scheele, Henry, Sr. (Minnie) 1 ch ret O 120a 1h 3c R9 Napoleon Fre 48 Ind tel.
Scheele, Henry F. laborer 1h R9 Napoleon Nap 88.
SCHEELE, H. F. (Anna) 8 ch farmer O 80a 6h 5c R3 Holgate Flrk 38 Ind tel.
Scheele, John (Emma) 3 ch farmer T 120a 3h 2c R2 Deshler Bar 69 Ind tel.
Scheele, John H. farmer R9 Napoleon Fre.
Scheele, Mary bds R3 Deshler Bar 39 Ind tel.
Scheele, Mrs. Mary housekeeper T 65a R3 Holgate Flrk 31.
Scheele, William T. (Emma) 1 ch farming 160a 5h 6c R3 Deshler Bar 39.
Scheller, Ed farmer New Bavaria.
Scheller, John (Mary) 2 ch farmer O 60a 2h 2c R1 New Bavaria Ple 112 Ind tel.
Scherer, Anna (dau Geo.) R1 Malinta Rhfd 7.
Scherer, Geo. (Susanna) 8 ch farmer O 30a 4h 5c R1 Malinta Rhfd 7.
Scherer, Tillie (dau Geo.) music teacher R1 Malinta Rhfd 7.
Scherer, Wm. (son Geo.) farm hand bds R1 Malinta Rhfd 7.
SCHERFF, ALBERT (Elizabeth) farmer T 80a 6h 5c R3 Napoleon Flrk 40.
SCHEULER, C. F. R7 Napoleon.
Schlappi, Ella D. R1 Colton Wash 35 Ind tel.
SCHLATTER, GEO. R2 New Bavaria.
Schlender, Harmon (Kate) wagon maker O H&L Maple Ave Liberty Center.
SCHLENDER, HENRY (Ava) 1 ch wagon manufacturing & repairing O H&L Maple St Liberty Center.

Schlentz, Chas. P. (Elizabeth) 2 ch farmer O 114a 7h 7c R10 Napoleon Lib 26 Ind tel.
Schlentz, Geo. F. farmer O 36a R2 Holgate Ple 63.
Schlienz, Chas. ret R2 Holgate Ple 63.
SCHLMEYER, O. W. (Minnie) 1 ch farming T 80a 4h 6c R1 Malinta Rhfd 49 Ind tel.
Schlosser, Carson (son John) laborer bds R9 Napoleon Nap 54.
Schlosser, Geo. (Emma) carpenter O 2a H&L 1h R9 Napoleon Nap 28.
SCHLOSSER, JOHN W. (Chloe) 1 ch farmer O 7a 2h 1c R7 Napoleon Flrk 42 Ind tel.
Schlotz, Gottlieb farmer McClure.
Schlueter, August (Mary) 4 ch farmer O 72a 4h 9c R2 Holgate Flrk 36 Ind tel.
SCHLUETER, HENRY (Minnie) 2 ch farmer O 140a 2h 10c R2 Napoleon Fre 37 Ind tel.
Schlueter, Herman Ridgeville Corners.
Schlueter, Katharine (wid Christian) ret R2 Napoleon Fre 37.
Schmitz, Anton (Louise) 1 ch butcher O H&L New Bavaria Ind tel.
Schnable, Henry (Susan) farming O 140a 6h 3c R4 Deshler Bar 50.
Schnable, H. F. farming 3h R4 Deshler Bar 50.
Schnable, Mary (dau Henry) bds R4 Deshler Bar 50.
Schnitkey, August (Lena) 9 ch farmer O 80a 7h 7c R3 Stryker Rid 25 Ind tel.
Schnitkey, August (son Henry) farmer 1h R4 Napoleon Rid 29 Ind tel.
Schnitkey, Henry (Elizabeth) 4 ch farmer R4 Napoleon Rid 29 Ind tel.
Schnitkey, John (son Henry) farmer 2h R4 Napoleon Rid 29 Ind tel.
Schnitkey, J. A. farmer R3 Stryker Rid.
Schnitkey, Louis (son Henry) farmer R4 Napoleon Rid 29 Ind tel.
Schnitkey, Renetta (dau Henry) R4 Napoleon Rid 29 Ind tel.
Schnitkey, Walter (son August) farmer R3 Stryker Rid 25 Ind tel.
Schnitkey, Wm. (Mary) ret O 80a H&L Ridgeville Corners Rid 57 Ind tel.
Schoepke, Charles (Catharine) farming O 3a 1c Hamler Ind tel.
Scholl, Adam (Lizzie) 3 ch farming 173a 5h 5c R1 Belmore Bar 57 Ind tel.
Scholl, Hedrick (dau Adam) housekeeper R1 Belmore Bar 57 Ind tel.

Schon, Anna 4 ch T H&L R1 Holgate Ple 69.
Schon, Elizabeth (dau Anna) bds R1 Holgate Ple 69.
Schon, Florence (dau Anna) bds Holgate.
Schon, Mary (dau Anna) nurse bds R1 Holgate Ple 69.
Schorling, Catherine (dau Henry) R4 Napoleon Nap 65.
Schorling, Emma (dau Henry) R4 Napoleon Nap 65.
Schorling, G. F. 1 ch carpenter O H&L Holgate.
SCHORLING, HENRY (Catherine) 2 ch farmer O 60a 2h 8c R4 Napoleon Nap 65 Ind tel.
Schrader, Carl (Emma) 1 ch farmer T 80a 3h 4c R10a Napoleon Lib 30 Ind tel.
Schrader, Luther 6 ch farmer O 40a 3h 5c R10 Napoleon Lib 14 Ind tel.
Schrant, Elizabeth 3 ch farmer O 40a R2 Deshler Bar 71.
Schrant, Henry (son Elizabeth) farming O 40a 2h 2c R2 Deshler Bar 71.
Schrant, Mary (dau Elizabeth) housekeeper R2 Deshler Bar 71.
Schreidonk, F. H. (Emma) 11 ch farming O 160a 5h 4c R3 Deshler Bar 43 Ind tel.
Schroder, Anna R2 Holgate Flrk 16.
Schroeder, Adena (dau Robt.) R3 Stryker Rid 21 Ind tel.
SCHROEDER, ADOLPH (son Otto) 1h R3 Stryker Rid 21 Ind tel.
Schroeder, Agner (dau Otto G.) school teacher R3 Stryker Rid 8 Ind tel.
Schroeder, A. F. (Matilda) 3 ch farmer O 73½a 3h 5c R9 Archbold Rid 64 Ind tel.
Schroeder, Mrs. Bertha 7 ch ret O 88a 3h 2c R2 Hamler Mon 53 Ind tel.
Schroeder, Carl farmer RD Napoleon Lib.
Schroeder, Carl (Doris) ret O 157a 1h 2c R3 Stryker Rid 8 Ind tel.
Schroeder, Chas. H. (Mary) 3 ch clothing O H&L Ridgeville Corners Rid 43 Ind tel.
SCHROEDER, DIETRICH (Caroline) 3 ch farmer O 120a 5h 5c Okolona Nap 14 Ind tel.
Schroeder, Ella lives with F. J. R4 Napoleon Rid 28 Ind tel.
Schroeder, Fred (Clara) 1 ch farmer T 80a 5h 3c R1 Holgate Mon 26 Ind tel.
SCHROEDER, FRED (Dora) 2 ch farming O 20a 1h 2c R2 Hamler Mon 52 Ind tel.
SCHROEDER, FRED ret lives with F. J. R4 Napoleon Rid 28 Ind tel.
Schroeder, Freda (dau Fred) R2 Hamler Mon 52 Ind tel.
Schroeder, Fritz (Mary) 1 ch ret O 4½a 1h 1c R4 Napoleon Rid 43 Ind tel.
Schroeder, F. E. (Anna) 3 ch blacksmith O H&L Ridgeville Corners Rid 56 Ind tel.
Schroeder, F. J. farmer T 80a 5h 5c R4 Napoleon Rid 28 Ind tel.
Schroeder, Harmon (Mary) 1 ch farmer T 80a 4h 5c R2 Napoleon Lib 20 Ind tel.
Schroeder, Harmon laborer lives with F. J. R4 Napoleon Rid 28 Ind tel.
Schroeder, Henry (Emma E.) farming bds R2 Hamler Mon 53 Ind tel.
Schroeder, Hugo (Emma) 3 ch farming & carpenter O 40a 1c Ridgeville Corners Rid 56 Ind tel.
Schroeder, Ida (dau Robt.) student R3 Stryker Rid 21 Ind tel.
Schroeder, Louis farmer RD Napoleon Lib.
Schroeder, Magdelena (wid William) ret O Okolona Nap.
Schroeder, Mary (dau Otto G.) housekeeper R3 Stryker Rid 8 Ind tel.
Schroeder, Otto G. (Mary) 6 ch farmer T 157a 5h 5c R3 Stryker Rid 8 Ind tel.
Schroeder, Otto (Maria) 1 ch farmer O 160a 6h 7c R3 Stryker Rid 21 Ind tel.
Schroeder, Robert (Anna) 3 ch farmer O 80a 3h 5c R3 Stryker Rid 21 Ind tel.
SCHROEDER, WM. (Augusta) 3 ch farmer T 90a 7h 4c R5 Napoleon Har 50.
Schroeder, Wm. farmer Colton.
Schubert, J. W. (Augusta) 3 ch field manager for Sugar Beet Co O 40a H &L Holgate Ind tel.
SCHUELER, F. A. (Victoria) 5 ch farmer T 120a 7h 10c R6 Napoleon Har 37 Ind tel.
SCHUELER, HARMON (Susanna) 4 ch farmer O 140a 1h 6c R8 Napoleon Har 14 Ind tel.
Schuelter, Harmon (Emma) 1 ch ret 80a H&L Ridgeville Corners Rid 57 Ind tel.
Schuette, Erma (dau Fred, Jr.) R9 Napoleon Nap 36.
Schuette, Fred, Jr. (Anna) 2 ch ret O 60a 2h 6c R9 Napoleon Nap 36 Ind tel.
SCHUETTE, GEO. (Minnie) farmer O 40a 2h 3c R4 Napoleon Fre 14 Ind tel.

FARMERS' DIRECTORY

SCHUETTE, HENRY H. (son Fred, Jr.) thresher & farmer T 60a 1h R9 Napoleon Nap 29.

Schuette, Herman (Freda) 1 ch farmer T 1a H&L 1h 1c R9 Napoleon Nap 36 Ind tel.

Schuette, H. F. farmer R1 Okolona Nap.

Schuette, Ida (dau Mrs. Will Korte) R2 Hamler Mon 51 Ind tel.

Schuller, Arthur (son Lena) laborer bds R1 New Bavaria Ple 92 Ind tel.

Schuller, Fred (son Nick) clerk bds New Bavaria.

Schuller, Joseph laborer R1 New Bavaria Mar 17.

Schuller, Katharine (dau Nick) bds New Bavaria.

Schuller, Lena (wid Matthew) farmer O 38a 2h 5c R1 New Bavaria Ple 92 Ind tel.

Schuller, Leo farm hand R1 Holgate Mar 10.

Schuller, Mary A. farmer New Bavaria.

Schuller, Mat (Laura) laborer O 15a R1 New Bavaria Ple 101 Ind tel.

Schuller, Michael (Elizabeth) 5 ch farming T 10a 1h 2c R1 New Bavaria Mar 17.

Schuller, Nick (Margaret) 1 ch gen store & furniture & undertaking O 2h New Bavaria Ind tel.

SCHULLER, PETER (Dora) 5 ch farm hand T H&L R1 Holgate Ple 94 Ind tel.

SCHULLER, WM. (Genevieve) 2 ch lunch & pool & ice cream O H&L 2h New Bavaria Ind tel.

Schultz, Christ F. (Dora) 3 ch ret 1h R3 Stryker Rid 12 Ind tel.

SCHULTZ, EDWARD C. (Hattie) 2 ch farmer T 102a 6h 4c R4 Napoleon Nap 31 Ind tel.

Schultz, Fred (Sophia) 2 ch farmer O 65a 5h 4c R3 Stryker Rid 12 Ind tel.

Schultz, F. W. (Minnie) 4 ch farmer & threshing O 30a 5h 5c R1 Jewell Rid 22 Ind tel.

Schultz, William (Doris) farming O 80a 3h 4c R3 Deshler Bar 39.

Schultz, Wm. farmer bds R4 Napoleon Rid 28 Ind tel.

SCHULTZ, WM., JR. (Freda) 3 ch farming O & T 72a 3h 4c R2 Deshler Rhfd 61 Ind tel.

Schulze, August 2 ch ret O 3a Malinta.

Schumacher, Elizabeth 8 ch farmer O 80a R3 Stryker Rid 24 Ind tel.

Schumacher, Ernest (son Elizabeth) T R3 Stryker Rid 24 Ind tel.

Schumacher, Ferdinand (son Elizabeth) farmer O 60a R3 Stryker Rid 24 Ind tel.

Schumacher, Henry (son Elizabeth) farmer O 60a R3 Stryker Rid 24 Ind tel.

Schumacher, Hulda (dau Elizabeth) housekeeper ½ of 7c R3 Stryker Rid 24 Ind tel.

Schumacher, Laura (dau Elizabeth) R3 Stryker Rid 24 Ind tel.

Schutte, Arnold (Minnie) farmer T H &L 1h 1c R4 Napoleon Nap 29 Ind tel.

Filling a Silo in the Modern Way.

SCHUTTE, HENRY A. (Dora) 2 ch farmer O 80a 4h 10c R9 Napoleon Nap 3 Ind tel.
Schutte, Theodore (son Henry A.) 1h R9 Napoleon Nap 3.
Schutte, William (Manda) 3 ch farming T 120a 5h 2c R1 Hamler Mar 38 Ind tel.
Schwab, Anna (dau John) housekeeper R1 Custar Rhfd 86.
Schwab, Anna M. ret O 40a R1 New Bavaria Mar 15.
Schwab, Herman (Mary) 3 ch farmer T 54a 5h 2c R1 New Bavaria Ple 93 Ind tel.
Schwab, Ida (dau P. A.) R1 New Bavaria Mar 4.
SCHWAB, JOHN (Margaret) 6 ch farming O 252a 8h 15c R1 Custar Rhfd 86.
Schwab, John farmer New Bavaria.
Schwab, Joseph (son John) farm hand bds R1 Custar Rhfd 86.
Schwab, Michael (son John) farm hand R1 Custar Rhfd 86.
SCHWAB, P. A. (Elizabeth) 5 ch farming O 20a 7h 2c R1 New Bavaria Mar 4 Ind tel.
SCHWAB, WILLIAM (Elizabeth) farming T 60a 3h 3c R1 New Bavaria Mar 15.
Schwander, Eli (Amanda) 1 ch farmer T 40a 3h 5c R1 Napoleon Har 61 Ind tel.
Schwanger, E. farmer RD Napoleon Har.
SCHWANKOVSKY, THEODORE (Erna) minister R1 Okolona Flrk 7½ Ind tel.
Schwebert, Agatha laborer R3 Deshler Bar 43.
SCHWEINHAGEN, MARTIN (Lucinda) 1 ch farmer O 80a 5h 7c R4 Napoleon Rid 32 Ind tel.
Schweitzer, M. (Lysta) 3 ch farmer T 80a 3h 5c R3 Deshler Bar 50 Ind tel.
Schwiebert, Carl (Lydia) farmer T 46a 6h 3c R2 Hamler Mar 29 Ind tel.
SCHWIEBERT, CHRIST (Anna) 2 ch farming O 114a 5h 7c R2 Hamler Mar 30.
Schwiebert, Emma (dau Henry) housekeeper R3 Deshler Rhfd 53 Ind tel.
SCHWIEBERT, FERDINAND (Mary) 2 ch farmer T 40a 2h 3c R2 Hamler Mar 66.
Schwiebert, Fred (Emma) 5 ch farming O 80a 4h 9c R2 Hamler Mon 53 Ind tel.
Schwiebert, Fred A. (Amelia) 1 ch laborer 1h 1c R2 Hamler Mar 30.
Schwiebert, F. H. farmer RD Deshler Bar.
Schwiebert, Henry 7 ch farming O 70a 3h 6c R3 Deshler Rhfd 53 Ind tel.
Schwiebert, Henry (Anna) ret O 79a 1h 3c R2 Hamler Mar 67.
Schwiebert, H. F. (Anna) 5 ch farming O 76a 4h 4c R1 Holgate Mar 26 Ind tel.
Schwiebert, William farmer 1h R2 Hamler Mar 30.
Scofield, Blanche (dau Chas. W.) R1 Okolona Nap 19.
SCOFIELD, CHAS. E. (Florice M.) 1 ch farmer & thresher T 80a 6h 5c R1 Okolona Flrk 3 Ind tel.
SCOFIELD, CHAS. W. (Mellie) 6 ch farmer O 40a 5h 3c R1 Okolona Nap 19 Ind tel.
Scofield, James E. (Barbara E.) ret O H&L 1h Florida Flrk Ind tel.
Scofield, Joseph C. (son Charles W.) R1 Okolona Nap 19.
Scott, Jennie RD Napoleon Rhfd.
Scott, N. D. RD Deshler Bar.
Scott, Mrs. R. E. 1 ch housekeeper Malinta.
Scott, Simon farming T 180a 6h R3 Deshler Rhfd 23.
SCRIBNER, FRANK L. (Jennie) painter & paperhanger O H&L Short St Liberty Center Ind tel. See adv.
Scribner, Harry painter bds E St Liberty Center.
Scribner, Nellie O H&L E St Liberty Center.
SCRIBNER, RALPH (Hannah) 2 ch cement worker O H&L Young St Liberty Center.
Scudder, Harold farm hand bds R9 Archbold Rid 53 Ind tel.
Seafart, Pete farm hand bds R2 New Bavaria Ple 89 Ind tel.
Seafart, Wendel (Margaret) farmer O 80a 2h 2c R2 New Bavaria Ple 89 Ind tel.
SEAMAN, GLENN (Lillian) farm hand T H 1h 2c R3 Hamler Bar 14.
SEAMAN, J. N. (Dora) 4 ch farmer O H&L 8h 5c R3 Deshler Bar 34 Ind tel.
Sechrist, Mrs. H. W. 1 ch ret O 20a H&L Ridgeville Corners Rid 64 Ind tel.
Seedorf, Chris (Margaret) farmer T 40a 2h 1c R3 Deshler Bar 43 Ind tel.
Seedorf, Henry (Mary) farming O 120a 4h 8c R3 Deshler Bar 43 Ind tel.
Seedorf, Henry K. (Kate) 1 ch farmer O 20a 2h 1c R3 Deshler Bar 47.
Seedorf, William (Mada) 5 ch farming R3 Deshler Bar 43.

FARMERS' DIRECTORY

Seekamp, H. C. (Dora) 3 ch grocery & bakery O H&L Railroad St McClure Ind tel.
SEEL, WM. (Edith I.) 6 ch farming T 80a 4h 17c R1 Colton Wash 74.
Seelig, F. H. (Mary) 4 ch farmer T 90a 7h 12c R10 Napoleon Lib 33 Ind tel.
SEELIG, JOHN (Rosa) 3 ch farmer O 80a 3h 10c R10 Napoleon Lib 52 Ind tel.
Seeman, Fred farmer laborer R3 Deshler Bar 37.
Seeman, Henry D. (Emma) 8 ch farming O 80a 4h 6c R3 Deshler Bar 40 Ind tel.
Seeman, H. H. (Minnie) 3 ch farming O 60a 2h 2c R2 Deshler Rhfd 51 Ind tel.
SEIBEL, JACOB C. builder & contractor T H&L Florida Flrk.
Seidels, Geo. (Helena) laborer O H&L 2h Hamler.
Seidenstecker, Henry (Mary) laborer Holgate.
Seifert, John (Eugene) 2 ch farming T 60a 3h 3c R1 New Bavaria Ple 78 Ind tel.
Seigman, Harvey (Viola) 2 ch section hand O H&L 2c Pleasant Bend Ind tel.
Seilers, Floyd (son John) farmer R1 Malinta Rhfd 9 Ind tel.
SEILERS, JOHN (Stella) 7 ch farmer T 120a 5h 8c R1 Malinta Rhfd 9 Ind tel.
SEIM, MRS. CONRAD R3 Deshler Bar.
Seitz, Frank hardware salesman bds Holgate.
Sell, Adam (Minnie) 1 ch laborer O H&L 1h Holgate.
Sell, John laborer care of Robert J. Buehler R1 Holgate Flrk 94.
Sell, Margarete (wid John S.) ret O 40a R1 Holgate Flrk 94.
Sell, Wm. farmer Colton.
Sells, Mrs. Ella 1 ch housekeeper Malinta.
Sellsgrom, Aug. (Mary) 3 ch farmer O 120a 6h 6c R1 McClure Rhfd 45 Ind tel.
Sellsgrom, Ellen (dau Aug.) housekeeper R1 McClure Rhfd 45 Ind tel.
Serfoss, Glen (Lilly) 2 ch laborer 1h R5 Leipsic Mar 44.
Serrick, Johanna farmer Liberty Center.
Servatius, Fred (Marie) machinist T H&L Holgate.
Seymour, C. L. (Della) 1 ch farmer O 40a 5h 10c R1 Liberty Center Lib 87 Ind tel.
Seymour, Geo. (Sarah) ret O 80a H&L Liberty Center.

Shadford, Permelia ret O Ridgeville Corners Rid 64 Ind tel.
Shadford, Ralph (son Wm. M.) garage mechanic bds R4 Napoleon Rid 43 Ind tel.
Shadford, Wm. M. (Bertha) 4 ch ret O 70a 1h 1c R4 Napoleon Rid 43 Ind tel.
Shafer, H. W. (Nina F.) farming O 80a 8h 7c R3 Hamler Mar 96 Ind tel.
Shaffer, Chas. M. (Hannah) 3 ch farmer O 18a 2h R1 Malinta Rhfd 16.
SHAFFER, DAVID (Alice) farmer O 46a 3h 5c R2 McClure Dms 100 Ind tel.
Shaffer, Miss Ethyl dressmaker R2 McClure Dms 100 Ind tel.
Shaffer, G. A. (Lena) farmer O 40a 3c R2 McClure Dms 100 Ind tel.
Shaffer, Howard G. farmer bds R2 McClure Dms 100 Ind tel.
Shaffer, J. C. (Augusta D.) farmer O 40a 4c R2 McClure Dms 99 Ind tel.
SHAFFER, S. A. (Lamella) farmer O 80a 4h 4c R2 McClure Dms 100 Ind tel.
Shaffstall, Geo. L. RD Deshler Bar.
Shall, Henry farmer Liberty Center.
Shank, A. C. RD Deshler Bar.
Shank, Ellen O H&L Hamler.
SHANK, E. D. (Josie) 3 ch thresher O H&L 1h Grelton Ind tel.
SHANK, M. G. (Allie) farmer O 40a 3h 4c R1 Napoleon Har 55 Ind tel.
Shank, W. R. RD Deshler Bar.
Sharp, C. L. (Sarah K.) 3 ch farmer T 40a 3h 6c R1 Liberty Center Wash 10.
SHARP, DAN (Florence) 4 ch laborer O H&L Mary Ann St Liberty Center.
Sharp, Homer L. (Helen) 1 ch farmer T 80a 2h 8c R10 Napoleon Lib 15 Ind tel.
Sharp, James (Jennie May) 6 ch general work O H&L 2h 2c N Main St Liberty Center Ind tel.
SHARP, J. E. 3 ch farmer O 40a 1h bds R1 Liberty Center Wash 10.
Sharp, Rosa RD Deshler Bar.
Sharp, W. C. teacher bds R1 Liberty Center Wash 10.
Sharpe, Fred N. (Edith) 4 ch marshal of Liberty Center O H&L High St Liberty Center.
SHARPE, IRA G. (Josephine P.) 3 ch manufacturer O H&L Liberty Center Ind tel. See adv.
SHARTZER, G. laborer Hamler.
SHAW, J. N. (Martha) decorator O H&L N Main St Liberty Center.
Shaw, R. A. (Dollie E.) 2 ch funeral director & furniture dealer O store H&L 2h Holgate Ind tel.
Shawber, Clyde (Carrie) 1 ch farmer T 120a 4h 8c R2 Malinta Mon 76 Ind tel.

SHAWBER, F. L. (Usula) 2 ch farmer O 20a 8h 6c R4 Deshler Bar 20 Ind tel.
SHAWBER, J. C. (Kittie) 2 ch farming O 120a 7h 9c R2 Hamler Mon 81.
Sheats, E. J. (son W. M.) farmer & laborer T 10a 3h R1 Napoleon Har 22 Ind tel.
Sheats, Mrs. Mary (wid John) O 60a R1 Napoleon Har 17 Ind tel.
SHEATS, WILLIAM (Irene) 4 ch farmer O 40a 4h 3c R1 Napoleon Har 17 Ind tel.
SHEATS, WM. (Irene) 4 ch farmer O 40a 3h 3c R1 Napoleon Har 22 Ind tel.
Sheele, Anna ret R2 Hamler Mon 54 Ind tel.
Sheele, Anna 3 ch farmer O 40a R2 Deshler Rhfd 56 Ind tel.
Sheely, Alton Liberty Center.
SHEELY, HOMER A. (Abbie) farmer T 80a 3h 1c R5 Napoleon Har 52 Ind tel.
Sheets, C. RD Deshler Bar.
Sheffield, James W. (Pearl) 5 ch solicitor O H&L N Main St Liberty Center.
Sheffield, Wm. RD Deshler Bar.
Shell, Clark (Alice Gay) 1 ch farmer T 80a 4h 2c R1 McClure Rhfd 75 Ind tel.
Sheller, Arthur (son Elmer) student R6 Napoleon Har 80 Ind tel.
SHELLER, CHAS. E. (Laura) 1 ch farmer O 40a 4h 3c Grelton Har 74 Ind tel.
SHELLER, ELMER (Kate) 1 ch farmer O 92a 3h 7c R6 Napoleon Har 80 Ind tel.
Shellito, M. M. Okolona.
Shelly, C. S. (Helen R.) 2 ch farmer & prop hotel O 180a Holgate Ind tel.
Shelly, S. F. (Clara) farming O 1000a 36 mules 9h 10c RD Holgate Mar 8 Ind tel.
SHELLY, S. P. farmer & prop hotel O 920a 40h 100c Holgate Ple Ind tel.
Shelt, Mrs. Emma (wid Levi) farming O 80a 3h R5 Napoleon Har 47.
SHELT, L. S. R1 Colton.
SHENEMAN, S. (Elizabeth H.) 3 ch road work T H 1h 2c R4 Napoleon Fre 11 Ind tel.
Shepard, Miss Ada bds R3 McClure Dms 62 Ind tel.
SHEPARD, A. L. (Jennie) farmer O 80a 3h 3c R3 McClure Dms 54 Ind tel.
Shepard, Bennie farmer bds R3 McClure Dms 54 Ind tel.
Shepard, Catherine ret O R1 McClure Rhfd 97 Ind tel.
SHEPARD, DUD (Flora E.) vetinary surgeon O H&L Main St McClure Ind tel.

Shepard, Earl (Oryl) 1 ch farmer O 2a H&L 4h R3 McClure Dms 52 Ind tel.
SHEPARD, ED. (Myrtle) 5 ch farmer O 60a 6h 4c R3 McClure Dms 52 Ind tel.
Shepard, G. L. (Laura) 4 ch blacksmith O 11a 1h R1 McClure Rhfd 97 Ind tel.
SHEPARD, G. W. (Mary S.) farmer O 53 1-3a R3 McClure Dms 52 Ind tel.
Shepard, J. B. (Candis) farmer O 60a 3h 4c R3 McClure Dms 62 Ind tel.
Shepard, Lee (Laurene) 1 ch mail carrier O H&L 2h McClure Ind tel.
Shepard, Leo. (son G. L.) artist R1 McClure Rhfd 97 Ind tel.
SHEPARD, W. S. (Lydia A.) 2 ch farmer O 83a 3h 8c McClure Dms 54 Ind tel.
SHERMAN, ALBERT B. (Blanche) 2 ch farmer O 80a 5h 5c R2 Napoleon Fre 76 Ind tel.
Sherman, Allen B. farmer R2 Napoleon Fre.
SHERMAN, AUGUST (Alice) 2 ch farmer O 80a 3h 5c R2 Napoleon Fre 72 Ind tel.
SHERMAN, CHAS. (Elizabeth) 3 ch farmer O 80a 5h 6c R2 Napoleon Fre 75 Ind tel.
SHERMAN, JOSEPH C. (Minnie) 1 ch farmer O 80a 4h 8c R2 Napoleon Fre 76 Ind tel.
SHERMAN, J. L. (Veronica) drugs wall paper & paint O store H&L Holgate Ind tel.
Sherman, T. A. RD Deshler Bar.
Sherman, Veronica O H&L Holgate Ind tel.
Shiarla, Allen care of Nooh D Knapp R1 Holgate Flrk 64.
Shiarla, David (Gertie) 1 ch farmer O 30a 2h 1c R2 Malinta Mon 25 Ind tel.
Shiarla, Elizabeth 5 ch ret bds R2 Malinta Mon 25 Ind tel.
Shiarla, Jacob farmer O 30a 1h 2c R2 Malinta Mon 25 Ind tel.
SHIARLA, MRS. JOHN 2 ch farming O 40a 2h 4c R8 Napoleon Mon 4 Ind tel.
Shiarla, J. Adam (Amelia) 3 ch farmer T 80a 3h 10c R3 Napoleon Flrk 67 Ind tel.
SHIBLER, ELMER (son Sam) farmer T 80a 2h R10 Archbold Rid 16 Ind tel.
Shibler, Fred farm hand lives with W. W. R10 Archbold Rid 49 Ind tel.
Shibler, Sam (Elizabeth) 8 ch farmer O 40a 2h 1c R10 Archbold Rid 16 Ind tel.

FARMERS' DIRECTORY

SHIDLER, E. L. (Lizzie) 2 ch farmer O 40a 3h 4c R3 McClure Rhfd 42 Ind tel.
SHIDLER, J. W. (Lina) 7 ch farming O 200a 10h 8c R3 McClure Rhfd 1 Ind tel.
Shidler, Peter (son J. W.) farm R3 McClure Rhfd 1 Ind tel.
Shiffersten, Lewis (Anna) farmer T 50a 3h 3c R1 New Bavaria Mar 41 Ind tel.
Shilling, Gotlieb (Margaret) 2 ch farming O 40a 1h 3c R2 Deshler Rhfd 56.
Shilling, Josephine (dau Gotlieb) housekeeper R2 Deshler Rhfd 56.
Shinen, John L. (Clara) 5 ch farmer O 30a 3h 3c R10 Napoleon Lib 82.
SHINEN, PEARL bds R10 Napoleon Lib 82.
Shirey, E. A. RD Deshler Bar.
Shirey, Ralph H. (Orma G.) 1 ch lumber Maple Ave Liberty Center.
SHIREY, R. KEYS (Mary) retail lumber O H&L Damascus St Liberty Center Ind tel.
Shirley, David farmer Malinta.
Shirley, Elizabeth A. farmer Malinta.
Shirley, Jacob farmer Malinta.
Shirley, Mary RD Napoleon Mon.
Shiveley, A. E. school teacher Holgate.
Shively, A. J. ret O 80a 6c R3 Hamler Mar 97 Ind tel.
SHIVELY, C. H. R4 Deshler.
SHIVELY, DANIEL M. ret T 1a H&L 1h 2c R9 Napoleon Nap 27 Ind tel.
Shively, Edith C. (dau Daniel) R9 Napoleon Nap 27.
Shively, J. M. (Lillie M.) 1 ch farmer T 80a 4h 5c R3 Deshler Bar 63.
SHIVELY, RAY B. farming T 80a 3h 6c R3 Hamler Mar 97 Ind tel.
Shivley, C. M. (Fanny) 1 ch ret O H&L Holgate Id tel.
Shnarski, Aug. (Caroline) 2 ch farmer O 60a 3h 6c R2 Hamler Mon 29 Ind tel.
Shock, Ed. (Margie) 1 ch farmer T 114a 5h 6c R3 Liberty Center Lib 56 Ind tel.
Shock, Henry L. (son Wm. L.) carpenter bds R3 Napoleon Flrk 48.
Shock, Mae (dau Daniel) student bds Okolona Nap.
Shock, Mary (wid John) R3 Napoleon Flrk 48.
Shock, Wm. L. (Amanda) 6 ch farmer O 80a 5h 3c R3 Napoleon Flrk 48 Ind tel.
SHOCKEY, JOHN (Mary J.) electrician O H&L Holgate.

Shoemaker, Chas. (Alice) 2 ch farmer T 40a 4h 6c R10 Napoleon Lib 26 Ind tel.
Shoemaker, D. J. farmer RD Deshler Bar.
Shoemaker, George farmer O 30a 1h 1c R1 Colton Wash 81.
Shoemaker, G. L. (Vernis) 1 ch farmer T 80a 2h 7c R10 Napoleon Lib 25 Ind tel.
Shoemaker, G. W. (Clarie) 5 ch farmer O 40a 4h 5c R3 Liberty Center Lib 65 Ind tel.
Shoemaker, J. D. (Mary) 2 ch farmer & carpenter O 230a 5h 8c R2 Deshler Bar 99.
SHOEMAKER, J. M. (Nellie J.) 4 ch farmer T 80a R3 Liberty Center Lib 65 Ind tel.
Shoemaker, Leonard farmer RD Napoleon Lib.
Shoemaker, Ober (son J. D.) poultry buyer & farmer RD Deshler Bar 99.
Sholtz, Godlap (Katharine) 1 ch farmer O 40a R2 McClure Dms 93 Ind tel.
Shondal, M. L. (Regiena) 2 ch farmer O 80a 4h 4c R1 Holgate Ple 98.
Shondell, John (son M. J.) farming T 70a 3h R1 New Bavaria Mar 18 Ind tel.
SHONDELL, M. J. (Anna) 2 ch farming O 70a 4h 1c R1 New Bavaria Mar 18.
Shonk, Frank T. (Elma M.) 1 ch laborer O H&5L Colton.
SHONK, S. L. (Susan) 10 ch farmer O 15a 2h R1 Colton Wash 82 Ind tel.
Short, Aaron P. (Verena) 4 ch farmer O 66 2-3a 4h 5c R10 Archbold Rid 51 Ind tel.
Short, Albert P. (Elizabeth) 3 ch farmer O 80a 7h 6c R10 Archbold Rid 27 Ind tel.
Short, Ben (Mary) 5 ch farmer O 65a 5h 12c R3 Stryker Rid 13 Ind tel.
Short, Clarence (Mary) 1 ch farmer T 80a 4h 5c R10 Archbold Rid 16 Ind tel.
Short, Emiel (Mary A.) 3 ch farmer O 50a 5h 10c R10 Archbold Rid 17 Ind tel.
Short, Herma (dau Ben) R3 Stryker Rid 13 Ind tel.
Short, Jesse (son Simeon) farm hand 1h R10 Archbold Rid 27 Ind tel.
Short, Jonas (Eliza) 2 ch farmer O 80a 7h 10c R10 Archbold Rid 16 Ind tel.
Short, Menno (Katie) 3 ch farmer O 80a 5h 12c R10 Archbold Rid 14 Ind tel.
Short, Priscilla (dau Ben) R3 Stryker Rid 13 Ind tel.

Short, Simeon (Louise) 5 ch farmer O 122a R10 Archbold Rid 27 Ind tel.
Shoup, N. W. 3 ch O 1a R3 Liberty Center Lib 70.
SHOWMAN, CHAS. M. (Delia A.) 5 ch ret O 125a 2H&L 1h R2 Liberty Center Wash 106 Ind tel.
SHOWMAN, CLOYCE M. (Abbie) 2 ch farmer T 100a 4h 12c R2 Liberty Center Wash 98 Ind tel.
Showman, Lyllian M. farmer O 61a 2h 8c R2 Liberty Center Wash 99 Ind tel.
Showman, May Liberty Center.
Showman, M. B. (Myrtle) 2 ch tinsmith Maple Ave Liberty Center.
Shreves, C. W. (Pearl) blacksmith T H&L W Cherry St Liberty Center.
Shroyer, D. M. RD Deshler Bar.
Shroyer, J. O. RD Deshler Bar.
SHUFELDT, HENRY (Elizabeth J.) 5 ch ret O 10a 1c R1 Liberty Center Wash 24.
SHUFELDT, I. U. auctioneer Liberty Center.
SHUFELT, ABRAHAM (Anna) mason O H&L Main St McClure.
Shufelt, Clarence (Alice) 5 ch farmer T 71a 3h R2 Liberty Center Wash 45 Ind tel.
SHUFELT, JAMES A. (Eva) 1 ch farmer T 40a 2h R3 McClure Rhfd 42.
Shuler, E. W. (Talitha) 6 ch farmer O 240a 6h 45c R6 Napoleon Har 72 Ind tel.
Shuler, Glenn (son E. W.) farm hand bds 2h R6 Napoleon Har 72 Ind tel.
Shuler, Grace (dau E. W.) housekeeper R6 Napoleon Har 72 Ind tel.
Shulfelt, D. N. (Anna) laborer O H&L McClure Ind tel.
Shull, Clark farmer McClure.
Shull, Geo. (Jane) 5 ch farming 60a 3h 5c R1 McClure Rhfd 41 Ind tel.
SHULL, OLA (dau Geo.) school teacher R1 McClure Rhfd 41 Ind tel.
Shull, Ollie (dau Geo.) school teacher R1 McClure Rhfd 41 Ind tel.
SHUMAKER, (Asenat) 2 ch farmer O 46a 3h 14c R6 Napoleon Har 70 Ind
Shumann, Nick (Lizzie) 7 ch farmer O 54a 3h 4c R1 Liberty Center Wash 13.
Shunk, Charles W. (Lydia) 1 ch farming O 40a 3h 4c R1 Liberty Center Wash 4 Ind tel.
Shwab, Peter (Margaret) 2 ch farmer O 80a 3h 5c R1 New Bavaria Ple 88 Ind tel.

SICKMILLER, AGNEW (Grace) 1 ch farmer T 80a 2h R1 Malinta Mon 94 Ind tel.
Sickmiller, D. M. (Glee) 7 ch farmer T 160a 7h 1c R1 Malinta Mon 93 Ind tel.
Sickmiller, Ellen (dau Henry) housekeeper R8 Napoleon Mon 20 Ind tel.
SICKMILLER, GEO. (Catharine) 2 ch farmer T 120a 5h 1c R8 Napoleon Nap 94 Ind tel.
Sickmiller, Henry farmer Malinta.
Sickmiller, Henry (Maude) 9 ch farmer O 20a 6h 4c R8 Napoleon Mon 20 Ind tel.
SICKMILLER, JOHN (Ida) 6 ch farming O 80a 4h 8c R8 Napoleon Mon 17 Ind tel.
Sickmiller, John, Jr. farmer 1h bds R1 Malinta Mon 93 Ind tel.
Sickmiller, Lizzie farmer Malinta.
Sickmiller, Mary (dau Geo.) R8 Napoleon Nap 94.
Sickmiller, Wm. (Lizzie) 1 ch ret O 80a 1h 6c R1 Malinta Mon 94 Ind tel.
SICKMILLER, WM. HARRY (Beryl) 1 ch farmer T 83a 3h 5c R3 Napoleon Nap 81 Ind tel.
SIDERS, W. J. (Tillie) 4 ch farming T 80a 4h 1c R1 Malinta Mon 91 Ind tel.
SIDLE, GEO. (Daisy) 3 ch farmer O 100a 8h 4c R1 McClure Rhfd 79 Ind tel.
Sidle, Sherman employee at County Infirmary R7 Napoleon Nap 84.
Siegert, H. C. (Margaret) 4 ch minister Holgate Ind tel.
Siford, Geo. ret O 68a R6 Napoleon Har 66 Ind tel.
SIGG, WM. H. (Lydia) 7 ch farmer O 65a 7h 13c R10 Archbold Rid 38 Ind tel.
Sigler, Ervin (son Geo.) clerk RD Deshler Bar 99.
Sigler, Geo. (Anna) 9 ch farmer & trucker O 7a 1h 1c RD Deshler Bar 99.
Sigler, Raymond (son Geo.) student RD Deshler Bar 99.
SILVENS, AMOS M. (Callie M.) 2 ch farmer O 40a 7h 4c R10 Napoleon Lib 24 Ind tel.
SILVENS, J. W. (Lucy) 2 ch farmer T 60a R3 Liberty Center Lib Ind tel.
Silvers, Perry (Emma) 1 ch carpenter O H&L McClure Ind tel.
Singer, A. G. farmer RD Deshler Bar.
Singer, Charley (May) farmer T 160a 8h 7c R2 McClure Dms 98 Ind tel.
Singer, Martha McClure.

FARMERS' DIRECTORY

SINGLETON, G. S. (Dorothy E.) 3 ch farmer T H 2c R2 Deshler Bar 73 Ind tel.

Sisey, Mrs. Mary E. dressmaker O H&L Damascus St Liberty Center.

SISTY, G. L. (Mara) 1 ch farmer O 50a 3h 4c R1 Napoleon Har 62 Ind tel.

Skinner, Agnes (dau Wm.) housekeeper R6 Napoleon Har 70 Ind tel.

Skinner, G. W. Liberty Center.

Skinner, Vernon (Etta) 1 ch farmer T 133a 4h 8c R6 Napoleon Har 70 Ind tel.

SKINNER, WM. (Mary E.) 4 ch farmer O 40a 2h 2c R6 Napoleon Har 70 Ind tel.

Skiver, Albert (Rachel) farmer T H&L 1h R2 Holgate Flrk 37 Ind tel.

Skiver, James P. (Mary A.) farmer O 1a 2h 2c R3 New Bavaria Ple 3.

Slagle, Charles F. (May) 4 ch farmer T 250a 11h 5c R5 Napoleon Har 18 Ind tel.

Slagle, Leo farmer boarding R5 Napoleon Har 18.

Slagle, Stanley farmer boarding R5 Napoleon Har 18.

Slee, Carl J. farmer Liberty Center.

SLEE, CHAS. C. (Druscilla) 2 ch tile ditcher T 1a R1 Liberty Center Wash 4.

Slee, Fred farmer Colton.

Slentz, Chas P. farmer RD Napoleon Lib.

Slentz, Lonis 1c bds R10 Napoleon Lib 33 Ind tel.

Slentz, Mrs. Margaret farmer RD Napoleon Lib.

Slight, Geo. (son J. O.) laborer bds Malinta.

Slight, Grover (son J. O.) laborer bds Malinta.

Slight, J. O. (Elsie) 5 ch laborer O H&L 1h Malinta.

Slight, Wm. (son J. O.) laborer bds Malinta.

Sloan, Adam (Zella) 6 ch farmer T 80a 4h 1c R3 CcClure Rhfd 36 Ind tel.

Sloan, Mrs. Anna 1 ch farmer O 40a 1h 2c R3 McClure Rhfd 34 Ind tel.

Sloan, Audrey (dau Lewis) school teacher Grelton Mon 98 Ind tel.

SLOAN, J. E. R1 McClure.

Sloan, Lewis (Martha) 8 ch grain buyer, real estate & auto agent O 1a H&L 1h 1c Grelton Mon 98 Ind tel.

Sloan, Murray (son Adam) farm hand R3 McClure Rhfd 36 Ind tel.

Sloan, Nellie (dau Adam) R3 McClure Rhfd 36 Ind tel.

Sloan, Opal (dau Adam) housekeeper R3 McClure Rhfd 36 Ind tel.

Sloan, Teenie ret R3 McClure Rhfd 36 Ind tel.

Sloan, Walter (son Lewis) school teacher Grelton Mon 98 Ind tel.

SLOSSER, D. J. (Elsie) 3 ch physician .T H&L Ridgeville Corners Rid 43 Ind tel.

Smit, Engel farm hand R6 Napoleon Har 6 Ind tel.

Smith, Albert (Mary) 4 ch farmer O 70a 4h 10c R9 Napoleon Nap 36 Ind tel.

Smith, Alfred assessor bds with J. A. R4 Napoleon Rid 47 Ind tel.

SMITH, ALMA 2 ch farmer O 20a 3h 3c R1 Hamler Bar 12.

SMITH, ALVA (Goldie) repairman T H&L McClure Ind tel.

Smith, Austin (Delcy) 4 ch farmer O 80a 4h 2c R1 Colton Wash 72.

Smith, A. B. editor RD Deshler Bar.

Smith, A. J. 4 ch laborer O 20a R2 Deshler Rhfd 92 Ind tel.

Smith, Mrs. A. J. Colton.

SMITH, A. W. (Levina) 2 ch farmer O 80a 6h 18c R1 Malinta Mon 72 Ind tel.

SMITH, BURTIS M. 2 ch farmer T 40a 2h R1 Napoleon Har 17.

Smith, Burton S. (Lydia) 2 ch farming O 34½a 3h 4c R2 Deshler Rhfd 90 Ind tel.

Smith, Catharine Holgate.

Smith, Chas. (Katherine) 2 ch carpenter O H&L Ridgeville Corners Rid 44.

SMITH, CHAS. (Sarah) 8 ch farming O 80a 5h 8c R3 McClure Rhfd 67 Ind tel.

SMITH, CHAS. M. (Verna) 3 ch farming O 40a 3h 8c R2 Hamler Mon 87 Ind tel.

Smith, Clarence D. bartender bds with H. W. Huner Ridgeville Corners Rid 64.

Smith, Claud A. (Anna May) farmer T 75a 1h R1 Liberty Center Wash 11 Ind tel.

SMITH, CLIFF (Vera) farmer O 22a 1c R1 Liberty Center Wash 14.

Smith, David cement worker Holgate.

Smith, Mrs. David O H&L Damascus St Libertv Center Ind tel.

SMITH, DAVID (Henrietta) 1 ch hardware merchant O H&L Westhope Rhfd 45 Ind tel. See adv.

Smith, D. F. (Eva) 2 ch timber buyer O H&L Ridgeville Corners Rid 44.

179

SMITH, D. L. (Bessie F.) 2 ch laborer T 1¼a 2c Liberty Center Wash 10.
Smith, D. R. (Blanche) 3 ch farmer T 80a 4h 3c R1 Napoleon Har 55 Ind tel.
Smith, Earl (Bessie) farmer T H&L Grelton Dms 21 Ind tel.
Smith, Earl (son D. F.) laborer bds Ridgeville Corners Rid 44.
Smith, Elizabeth Custar.
SMITH, EVA DELL R3 McClure Rhfd 72.
SMITH, E. M. (Amanda) 1 ch farmer O 35a 1h 8c R3 Liberty Center Lib 66 Ind tel.
Smith, Frank stationary engineer Hamler Ind tel.
Smith, Frank farm hand R1 Hamler Mar 105 Ind tel.
Smith, Frank (son Chas.) farm hand bds R3 McClure Rhfd 67 Ind tel.
Smith, Frank E. (Jennie) farmer O 35a 2h 2c Pleasant Bend Ple 52.
Smith, Frank M. (Minnie) 1 ch stallions & breeding barn O 4a 2h Holgate Ind tel.
Smith, F. M. (Beth) general merchandise O H&L Hamler.
SMITH, F. W. (Alice) 1 ch prop general store O stock bldg Grelton Rhfd 2 Ind tel.
Smith, F. W. Liberty Center.
Smith, Gabriel ret bds with Rome R4 Napoleon Rid 44 Ind tel.
Smith, George (Fadie) section hand T H&L Holgate.
Smith, Geo. (Ova) 3 ch carpenter O H Ridgeville Corners Rid 57.
SMITH, GUY (Katie) 3 ch farm hand T H 1h R4 Deshler Bar 51.
Smith, Harry (Laura) 1 ch farm hand 1h bds Holgate Ple 70.
Smith, Harry (Alva) 1 ch farm hand T H R1 McClure Rhfd 99.
Smith, Henry (Sarah) farmer O 120a 5h 5c Holgate Ple 70.
Smith, Henry farmer RD Napoleon Har.
SMITH, H. C. (Minnie E.) 6 ch farmer O 75a 3h 19c R1 Liberty Center Wash 11 Ind tel.
Smith, H. M. farmer McClure.
Smith, H. S. (Lucy) 3 ch farmer T 40a 2h 2c R2 McClure Dms 103 Ind tel.
Smith, Jacob B. (Catherine B.) 4 ch farming O 40a 1h 3c R1 Liberty Center Lib 95 Ind tel.
Smith, James H. (Emma C.) 1 ch physician O H&L Holgate Ind tel.
Smith, Joe (Sarah) 7 ch ret O H&L Ridgeville Corners Rid 43 Ind tel.
Smith, John (Lena) 1 ch bds R1 Colton Wash 55 Ind tel.
Smith, John farm hand 1h bds R3 Deshler Bar 35.
Smith, John (Susan) 5 ch laborer O H &L Holgate.
Smith, John (Mary) 6 ch farmer O 20a 2h R1 Napoleon Har 58.
Smith, Jonas M. (Alice A.) 3 ch farmer O 80a 4h 4c R1 Colton Wash 25 Ind tel.
Smith, J. A. (Mary) 3 ch hdwe merchant O 2 store bldgs H&L 1h R1 Malinta Ind tel.
Smith, J. A. (Ella) 7 ch farmer & thresher O 10a 2h R4 Napoleon Rid 47 Ind tel.
SMITH, J. B. (Jane) farmer O 140a 4h R5 Napoleon Dms 6 Ind tel.
Smith, J. H. Holgate.
Smith, J. N. (Julia) 4 ch farmer O 80a 3h 5c R3 Holgate Flrk 60 Ind tel.
Smith, J. P. (Abigail J. M.) ret O H &2Lots 1c Colton.
Smith, J. W. (Caroline) ret O 80a H&L McClure Ind tel.
Smith, Lester laborer bds Damascus St Liberty Center Ind tel.
Smith, Mrs. Lona O H&L Maple Ave Liberty Center Ind tel.
Smith, Loring impersonator bds R5 Napoleon Dms 6 Ind tel.
Smith, Louisa housekeeper O H&L Holgate.
Smith, Mrs. Lucinda E. 3 ch ret O 20a H&L Malinta.
Smith, Mattie O H&L Colton.
Smith, Minnie E. 6 ch farmer O 20a R1 Liberty Center Wash 11 Ind tel.
Smith, Nancy J. O 1a L bds Colton.
Smith, Nelson farmer McClure.
Smith, Nick (Viola J.) 5 ch farming O 40a 5h 12c R1 Malinta Mon 73 Ind tel.
Smith, Oscar (son J. A.) farmer R4 Napoleon Rid 47 Ind tel.
SMITH, OSCAR O. (Edna B.) 2 ch farmer 30a 3h R1 Malinta Rhfd 8.
Smith, Pearl (dau. Nick) R1 Malinta Mon 73 Ind tel.
Smith, Ray farmer 1h bds R5 Napoleon Har 57.
SMITH, ROME (Margaret) 8 ch farmer T 65a 5h 4c R4 Napoleon Rid 44 Ind tel.
Smith, Roy (son Chas.) carpenter bds Ridgeville Corners Rid 44.
Smith, Sarah Liberty Center.
SMITH, SCOTT (Stella) 3 ch farmer O 40a 3h 9c R2 Liberty Center Wash 22.
Smith, Thomas (Caroline) laborer O H& L Colton.

FARMERS' DIRECTORY

Smith, Thomas (Etha) 3 ch farmer T 120a 8h 8c R3 Deshler Bar 35.
Smith, Vernin E. (Nellie) 1 ch farmer T 80a R10 Napoleon Lib 11 Ind tel.
Smith, Viola J. farmer Malinta.
Smith, Watson cement worker T H&L Holgate.
Smith, William (Elizabeth) 5 ch farmer O 5a 4h 2c R2 Deshler Rhfd 90 Ind tel.
Smith, Wm. laborer bds with Joe Ridgeville Corners Rid 43 Ind tel.
SMITH, W. H. (son J. A.) salesman bds Malinta.
Smothers, Ida (dau Wm.) housekeeper Holgate.
Smothers, William (Nellie) 5 ch laborer T H&L Holgate.
Snable, E. D. RD Deshler Bar.
SNIVELY, N. E. (Florence) 2 ch teamster O H&L 3h 1c Malinta.
Snow, George (Ellen) 2 ch farming O 76a 2h 6c R4 Leipsic Mar 54 Ind tel.
Snydam, Clement F. farmer R7 Napoleon Nap 71.
SNYDAM, FRANK B. (Ida) 3 ch farmer O 70a 3h 8c R7 Napoleon Nap 71 Ind tel.
Snyder, Mrs. Angeline M. 1 ch housekeeper R6 Napoleon Har 70.
SNYDER, A. R. (Loie) 4 ch laborer T H &L Malinta.
SNYDER, BEN (Ella) 2 ch farmer O 57a 3h 4c R1 Napoleon Har 5 B tel.
Snyder, Clarence J. (son Matilda) R1 Holgate Flrk 88.
Snyder, Clyde W. (son Matilda) R1 Holgate Flrk 88.
SNYDER, DAN A. (Ida) 2 ch farmer O 80a 3h 6c R1 Holgate Flrk 87 Ind tel.
Snyder, David (Alice) 8 ch farmer O 30a 3h 4c R3 McClure Dms 110 Ind tel.
Snyder, E. E. Holgate.
SNYDER, E. F. (Stella) 2 ch grain & milling O 1h Holgate Ind tel. See adv.
Snyder, Geo. laborer O H&L East St Liberty Center.
Snyder, Glen (Pearl) 4 ch laborer T H &L McClure.
SNYDER, HARRY (Ida) 4 ch farmer T 130a 8h R7 Napoleon Nap 82 Ind tel.
SNYDER, JAMES (Nevada) 1 ch farmer O 60a 3h 2c R2 McClure Dms 110 Ind tel.
Snyder, Joe farm hand bds R3 Hamler Bar 11 Ind tel.
Snyder, Joseph farmer O 30a R2 McClure Dms 110 Ind tel.
Snyder, Joseph (Elizabeth) 1 ch farmer O 40a 2h 2c R1 New Bavaria Ple 73 Ind tel.
SNYDER, MRS. JULIUS 5 ch farming O 80a 4h 5c R1 Holgate Flrk 88 Ind tel.
Snyder, J. C. farmer Holgate.
SNYDER, J. W. (Ida) 3 ch farming O 40a 7h 3c R2 Deshler Rhfd 95 Ind tel.
Snyder, Mabel R1 Holgate Flrk 88.

"Ducks are Dollars."

Snyder, Mary O 80a Holgate.
Snyder, Richard farmer 1h R2 Deshler Bar 71.
Snyder, R. C. (Chloe) 3 ch farmer O 80a 7h 5c R1 Napoleon Har 55 Ind tel.
SNYDER, S. L. grain Holgate. See adv.
Snyder, S. L. (Nettie M.) 2 ch bookkeeper T H&L Holgate Ind tel.
Snyder, Wm. H. (Ruth) 2 ch farmer T 130a 5h 18c R7 Napoleon Nap 82 Ind tel.
SNYDER, WM. J. (Emma) 4 ch farmer O 80a 3h 19c R8 Napoleon Flrk 85 Ind tel.
SNYDER, W. M. (Libbie) 4 ch concrete work O 20a H&L 2h McClure Ind tel.
Sockman, C. C. RD Deshler Bar.
Soles, C. M. (Gertrude) 1 ch farmer T 84a 4h 9c R1 Colton Wash 60.
Soles, F. H. (Laura M.) 3 ch laborer & poultry O 1¼a Colton.
Soliday, E. J. farmer McClure.
Soliday, P. O 3h 4c R3 McClure Dms 50 Ind tel.
Soliday, S. P. farmer McClure.
Somerlot, A. E. (Nellie) section foreman T H&L Malinta.
Somers, A. A. Holgate.
SONNENBERG, AUGUST (Sophia) 2 ch farmer O 59a 4h 6c R7 Napoleon Nap 84 Ind tel.
SONNENBERG, CHAS. F (Minnie) 2 ch farmer & breeder of Holstein cattle O 90a 6h 10c R7 Napoleon Fre 41 Ind tel.
SONNENBERG, EDWARD (Henrietta) 6 ch farmer O 57a 2h 7c R9 Napoleon Nap 86 Ind tel.
SONNENBERG, FRED (Rose) 2 ch farmer O 40a 3h 2c R1 Okolona Nap 25 Ind tel.
Sonnenberg, Geo. H. (Sophia) 2 ch farming O 40a 4h 8c R1 Holgate Mon 11 Ind tel.
SONNENBERG, HENRY (Elsie) 1 ch farmer & carpenter O 40a 4h 4c R1 Okolona Nap 25 Ind tel.
Sonnenberg, Henry (Eliza) ret O 180a Hamler Ind tel.
SONNENBERG, HERMAN (Henrietta) 1 ch farmer O 20a 4h 10c R1 Malinta Rhfd 27 Ind tel.
Sonnenberg, Theo. (Amelia) 1 ch farmer T 80a 4h 7c R1 Holgate Mon 11 Ind tel.
Sonnenberg, Wilhelmina 6 ch ret O H&L Ridgeville Corners Rid 43 Ind tel.
Souders, Geo. (Dora) 6 ch farmer T 20a 2h 2c R2 McClure Dms 77.
South, Charles H. (Alice) 2 ch farmer O 120a 3h 6c R1 Hamler Mar 6 Ind tel.

SPADHOLTZ, FRED farmer O 72a 2h R2 Jewell Nap 39 Ind tel.
SPAFFORD, F. C. (Alice E.) 1 ch farmer O 80a 2h 3c R6 Napoleon Har 40 Ind tel.
Spafford, L. V. (Fanny) 1 ch teaming O H&L 2h RD Napoleon Nap Ind tel.
Spafford, Marion housekeeper RD Napoleon Nap Ind tel.
Spangler, Albert (Lizzie) 2 ch farmer T 80a 4h 3c RD McClure Rich 44.
Spangler, Anna housekeeper R1 McClure Rhfd 33 Ind tel.
Spangler, Bert farm hand R1 New Bavaria Mar 17.
Spangler, C. G. (Florence) 2 ch city marshal O H&L Hamler Ind tel.
Spangler, Dan farmer O 40a 2h R2 Napoleon Fre 70 Ind tel.
Spangler, David (Anna) 2 ch laborer Holgate.
Spangler, Dietrich ret Hamler.
SPANGLER, EARNEST (son J. W.) farm hand bds R1 McClure Rhfd 33 Ind tel.
Spangler, Frances R1 New Bavaria Mar 17.
Spangler, Francis farm hand T H 1h 2c R4 Deshler Bar 29.
Spangler, Fredrick laborer 2h 2c Hamler.
Spangler, Grover C. (Clara) 1 ch farmer T 120a 2h 7c R1 Hamler Bar 12.
Spangler, Jesse (Cora) farmer T 60a 6h 6c R1 Malinta Rhfd 4.
Spangler, John (Margaret) O 79½a 6h 4c R1 New Bavaria Mar 17.
Spangler, J. W. 7 ch farmer O 40a 7h 5c R1 McClure Rhfd 33 Ind tel.
Spangler, Levi farmer RD Deshler Bar.
Spangler, L. K. RD Deshler Bar.
Spangler, Mary S. (dau Sarah J.) school teacher bds R1 Holgate Ple 69.
Spangler, Mathias F. farmer R1 New Bavaria Mar 17.
Spangler, M. M. (Julia) asst mgr Malinta Grain & Supply Co O H&L Malinta Ind tel.
Spangler, Nelson farmer R1 Hamler Bar 12.
Spangler, Roy farmer 3h bds R1 McClure Rhfd 33 Ind tel.
SPANGLER, SARAH J. 1 ch farming O 15a 2c R1 Holgate Ple 69.
Spangler, William carpenter 2h R1 New Bavaria Mar 17.
Spencer, C. J. (Margaret) 1 ch telegraph operator T H&L Holgate.
Spencer, J. H. (Clara) 3 ch city marshal T H&L Holgate Ind tel.
Spencer, W. E. (Bell) 1 ch carpenter O H&L McClure Ind tel.

FARMERS' DIRECTORY

Spengler, F. H. farmer RD Deshler Bar.
SPENGLER, SAMUEL E. (Viola) 1 ch laborer T H&L 1h Malinta.
Sperling, Fritz farming 2h R3 Deshler Bar 44.
Sperling, Henry (Mary) 3 ch farming O 39a 2h 4c R3 Deshler Bar 44.
Sperow, Imos RD Deshler Bar.
Spicer, C. C. farmer McClure.
Spiess, Dan (Mary) 5 ch farmer T 40a 3h R4 Napoleon Fre 9 Ind tel.
Spiess, Edward (Maggie L.) 7 ch farmer & township trustee O 80a 4h 8c R3 Liberty Center Lib 67 Ind tel.
Spiess, Lawrence (Esther) farmer T 160a 7h 20c R3 Liberty Center Lib 44 Ind tel.
Spiess, Reuben farmer RD Napoleon Lib.
Spiess, Wm. H. (Lottie) 2 ch farming Young St Liberty Center.
Spieth, Clarence laborer R1 Napoleon Har 7 Ind tel.
Spieth, John (Anna) 6 ch farmer O 97a 4h 5c R1 Napoleon Har 7 Ind tel.
Spieth, Sophia housekeeper R1 Napoleon Har 7 Ind tel.
Spith, Frank W. butcher T H&L Holgate.
Spoering, Henry (Mary) 3 ch carpenter T H&L Westhope Rhfd 45.
Sprankel, G. J. RD Deshler Bar.
Springer, Charlie (Goldie) 1 ch farmer T 40a R2 McClure Dms 99 Ind tel.
Springer, P. B. ret O 40a bds R2 McClure Dms 99 Ind tel.
SPRINGHORN, AUG. (Minnie) 1 ch hardware merchant O H&L Westhope Rhfd 46 Ind tel. See adv.
SPRINGHORN, FRED (Ida) farming T 80a 3h 5c R1 Malinta Rhfd 24 Ind tel.
Springhorn, Henry 2 ch ret O 80a R1 Malinta Rhfd 24 Ind tel.
Sprow, C. R. (Etta) 5 ch farmer O 40a 3h 3c R1 Malinta Rhfd 6 Ind tel.
Spurgeon, Elza laborer R7 Napoleon Nap 74.
SPURGEON, LOUIS laborer bds Holgate.
Spurgeon, Sam (Jane) 4 ch laborer T H&L Holgate.
Spyker, Fred RD Deshler Bar.
Stafford, M. G. RD Deshler Bar.
STAGE, O. D. elevator man Railroad Ave Liberty Center.
Stahl, Carl (son Jacob) student R2 Deshler Rhfd 60 Ind tel.
Stahl, Jacob (Carrie) 1 ch farmer O 40a 2h 5c R2 Deshler Rhfd 60 Ind tel.
Stahr, Edna D. (dau Wm.) housekeeper R1 Custar Rhfd 88.
STAHR, WM. (Lena) 5 ch farmer O 80a 5h 5c R1 Custar Rhfd 88.

Stall, Jacob farmer RD Deshler Rhfd.
STAMM, ADOLPH (Ida) 5 ch farmer O 80a 6h 10c R9 Archbold Rid 73 Ind tel.
STAMM, F. C. pool room bds Malinta Ind tel.
STAMM, JOHN farming O 2h 2c Hamler Mar 72.
Stamm, Peter 7 ch ret O 110a 2h R6 Napoleon Har 70.
Stamm, Will farmer T 110a 2h 8c R6 Napoleon Har 70.
Stanfield, Ardie (Laura) 6 ch farmer T 120a 5h 4c R4 Deshler Bar 15.
Stanfield, Orvan (son Ardie) farm hand bds R4 Deshler Bar 15.
Stark, William C. (Anna) 1 ch photographer Holgate Ind tel.
STARKEY, G. M. R10 Napoleon Nap.
STARKEY, G. W. (Lucida) 8 ch farmer O 80a 4h 7c R10 Napoleon Lib 53 Ind tel.
Starr, John RD Deshler Bar.
Staub, Herman H. farmer McClure.
Steffens, Henry (lives with John H.) 2 ch ret O 40a R5 Wauseon Fre 24 Ind tel.
Steffens, John H. (Caroline R.) 3 ch farmer O 40a 2h 21c R5 Wauseon Fre 24 Ind tel.
Steiger, Alma McClure.
Steiger, B. F. O 80a 4h 5c R2 McClure Dms 49 Ind tel.
STEINACKER, G. A. (Amelia) farmer O 90a 3h 5c R2 Holgate Ple 37 Ind tel.
Steingass, John (Caroline) 6 ch farmer O 54a 3h 3c R2 New Bavaria Ple 8 Ind tel.
Steinman, Barbara ret bds with G. W. Miller Ridgeville Corners Rid 43 Ind tel.
Steinman, Jacob laborer bds with Geo. Miller Ridgeville Corners Rid 43 Ind tel.
Steinman, Lizzie lives at F. E. Schroeder Ridgeville Corners Rid 56 Ind tel.
Steinmarer, Julian farmer New Bavaria.
Sterling, D. M. (Laura) 1 ch farmer O 160a 4h 1c R1 Colton Wash 60 Ind tel.
Sterling, G. B. RD Deshler Bar.
STEVENS, A. D. (Della M.) 1 ch laborer T 2a R1 Liberty Center Wash 14.
STEVENS, CASSIUS M. (Maggie) 5 ch liquor license com H&L 1h Malinta Ind tel.
Stevens, C. C. (Bertha) 1 ch mail carrier T H&L 1h Malinta Ind tel .
Stevens, Fred L. farmer Liberty Center.

Stevens, King (son Cassius M.) laborer Malinta Ind tel.
Stevens, McKinley (son Cassius M.) laborer Malinta Ind tel.
Stevens, Mary J. Liberty Center.
Stevens, P. J. farmer Holgate.
STEVENS, R. A. (Edith L.) 5 ch liveryman O H&L & barn 1h Malinta Ind tel.
Stevens, Sidney C. (Sarah F.) 2 ch ret O 3a H&L Malinta Ind tel.
Stevenson, Charles H. (Verna) farmer T 60a 5h 6c R4 Leipsic Mar 57.
Stevenson, Jane housekeeper O 18a 1h R5 Leipsic Mar 44.
Steward, Elmer B. bds R3 Liberty Center Lib Ind tel.
Steward, Fred (Emaline) farmer & real estate justice of peace O 74a H&L 1h E Maple Ave Liberty Center Ind tel.
STEWARD, G. M. (Lily D.) 4 ch farmer O 100a 8h 26c R3 Liberty Center Lib 35 Ind tel.
Steward, Homer (Pearl) 2 ch farmer T 80a 3h 25c R3 Liberty Center Lib 35 Ind tel.
Stewart, Lawrence farmer RD Deshler Rhfd.
Stewart, M. E. RD Deshler Bar.
Stewart, N. W. RD Deshler Bar.
Stewart, William A. (Rebecca) 3 ch farming O 40a T 80a 5h 6c R3 Hamler Mar 85 Ind tel.
STICKLEY, GEO. (Lucinda) 1 ch farming O 39a 3h 5c R2 Malinta Mon 75.
Stiles, Harry E. (Vergie) 3 ch farm laborer T H 1h 1c R3 Deshler Bar 32.
Stiles, Russell farmer RD Deshler Bar.
Stocker, C. F. farmer O 80a 2h 4c R2 McClure Dms 99 Ind tel.
Stocker, J. W. farmer Colton.
STOCKMAN, F. H. (Mary) 3 ch farming O 80a 6h 5c R1 Hamler Mar 37 Ind tel.
Stockmann, Henry (Emma) 1 ch farmer O 35a 4h 4c R1 Jewell Nap 8 Ind tel.
Stockman, Hermon (Mary) 2 ch farmer O 80a 3h 5c R2 Napoleon Fre 74 Ind tel.
Stockman, Laura (dau Herman) R2 Napoleon Fre 74.
Stockman, Mary (dau W. P.) school teacher R6 Napoleon Har 6 Ind tel.
Stockman Minna (dau Sophia) ret O 40a R1 Jewell Nap 8.
Stockmann, Sophia (wid Henry) ret O 5a R1 Jewell Nap 8 Ind tel.
STOCKMAN, WILHELM (Elizabeth) 3 ch farming O 140a 7h 3c R1 Hamler Mar 39 Ind tel.

Stockman, W. P. (Jennie) 9 ch farmer O 12a 1h R6 Napoleon Har 6 Ind tel.
Stolts, Wm. (Jennie) 5 ch farmer O 25a 1h R1 Colton Wash 53.
Stoner, Jim farmer O 80a 4h bds R3 McClure Dms 64 Ind tel.
Stoner, O. E. farmer McClure.
Stoner, Perry (Jennie) 3 ch ret O L R2 Liberty Center Wash 106.
Storch, Anna (dau D.) R2 Hamler Mon 52 Ind tel.
Storch, Chas. (son Maria) farmer T 80a 1h 5c R1 Napoleon Har 61 Ind tel.
Storch, D. (Margaret) 4 ch farming O 80a 3h 6c R2 Hamler Mon 52 Ind tel.
Storch, Edward (son Maria) farmer T 80a R1 Napoleon Har 61 Ind tel.
STORCH, GEO. (son Maria) farmer T 80a 5c R1 Napoleon Har 61 Ind tel.
Storch, Henry (son D.) farm hand bds R2 Hamler Mon 52 Ind tel.
Storch, Mrs. Maria 5 ch farmer O 240a 9h 13c R1 Napoleon Har 61 Ind tel.
Storch, Marie (dau Maria) housekeeper R1 Napoleon Har 61 Ind tel.
STORRS, J. C. (Grace) 2 ch insurance O H&L 2h N High St Liberty Center Ind tel. See adv.
STOTTS, OMER R1 Colton 53.
Stotts, Wm. farmer Colton.
Stout, Chas. J. (son L. R.) farm laborer R6 Napoleon Har 65.
Stout, Floyd B. (son L. R.) drug clerk R6 Napoleon Har 65.
Stout, Fred 1 ch farmer T 105a 4h 2c R2 Napoleon Nap 99 Ind tel.
Stout, Geo. E. (son L. R.) farm laborer R6 Napoleon Har 65.
Stout, John C. (son L. R.) school teacher R6 Napoleon Har 65.
Stout, Henry (Maria) sexton O 2H&L Mary Ann St Liberty Center.
Stout, L. R. (Anna) 7 ch farmer T 145a 2h 12c R6 Napoleon Har 65.
Stout, Mary (wid John) ret O H&L Florida Flrk.
Straten, Geo. section boss Malinta.
STRAYER, A. L. (E. May) 4 ch contractor farmer O 280a 12h 15c R2 Liberty Center Wash 93 Ind tel.
Strayer, Hazel housekeeper Malinta Mon 65 Ind tel.
Strayer, J. E. (Anna B.) 2 ch farmer O 40a 8h 8c R2 Liberty Center Wash 112 Ind tel.
Streicher, Margaret O H&L Holgate Ind tel.
STRETSBURY, GROVER (Grace) 2 ch farming T 157a 2h 6c R3 Weston Rhfd 80.
Stricker, Amos RD Deshler Bar.

FARMERS' DIRECTORY

Stroch, Fred 9 ch farmer T 21a 2h R1 Napoleon Har 16 Ind tel.
Strong, Hellen Y. T H&L Colton Ind tel.
STRUBEL, CHAS. McClure.
Struble, A. N. farmer Liberty Center.
Struble, C. C. (Maud) 6 ch farmer T 80a 4h 10c Grelton Dms 21 Ind tel.
Struble, Mrs. Lizzie 1 ch ret O H&L Malinta.
Stuart, Henry (Mina) 2 ch ret O 20a 1h R3 Deshler Bar 47.
Sturdavant, Elmer (Alice) 1 ch farmer T 41.5a 3h 2c R6 Napoleon Har 65 Ind tel.
Sturdavant, Henry (Rosa) 2 ch farmer O 40a 2h 7c R2 Napoleon Lib 20 Ind tel.
STURDAVANT, L. (Martha) 2 ch ret farmer O 41½a 1h 1c R6 Napoleon Har 65 Ind tel.
STURDAVANT, WM. (Ellen) 1 ch farmer O 113a 2h 8c R2 Napoleon Lib 23 Ind tel.
Stykemain, Chas. (Catharine) 11 ch ret O 40a R8 Napoleon Har 14.
STYKEMAIN, FRED (Stella) laborer T H&L Okolona Nap.
STYKEMAIN, THOMAS E. (Grace) farmer T 80a 7h 2c R2 Napoleon Fre 58 Ind tel.
Stykeman, Frank (Bertha) farmer T 80a 4h 2c R2 Hamler Mar 66 Ind tel.
Suber, A. A. RD Deshler Bar.
Sundermann, Aug. (Sopha) 3 ch farmer O 60a 3h 3c R2 Hamler Mon 29 Ind tel.
Sundermann, Henry, Jr. (son Henry) farm hand bds R1 Malinta Rhfd 16 Ind tel.
Sundermann, Henry, Sr. (Lucy) 5 ch farmer O 40a 6h 5c R1 Malinta Rhfd 16 Ind tel.
Sundermann, Herman (Dora) 6 ch farmer O 40a 2h 3c R1 Malinta Rhfd 28.
Sundermann, Will (Anna) 2 ch farmer T 40a 3h 2c R1 Holgate Mon 30.
Swander, Joseph 1 ch ret bds with J. W. Ash R1 Napoleon Har 61 Ind tel.
Swartz, C. A. RD Deshler Bar.
Swartz, J. F. RD Deshler Bar.
Swartzlander, Alta R3 Liberty Center Lib 88.
Swartzlander, W. R. (Vida) 1 ch farmer T 80a 6h 12c R3 Liberty Center Lib 62 Ind tel.
SWARY, ALBERT (Mary) 5 ch farming O 79a 6h 5c R1 Hamler Mar 46 Ind tel.

SWARY, ANDREW (Sarah) 1 ch farmer O 100a 3h 1c R1 New Bavaria Ple 90 Ind tel.
Swary, Arthur (Emma) 1 ch carpenter T H&L R1 New Bavaria Ple 88 Ind tel.
Swary, Arthur C. (son Casper) farm hand bds R1 New Bavaria Ple 73.
Swary, Carl (son Jacob) farm hand bds R1 New Bavaria Ple 73.
Swary, Casper (Cordelia farmer O 40a 2h 2c R1 New Bavaria Ple 73 Ind tel.
Swary, Gertrude (dau Jacob) bds R1 New Bavaria Ple 73.
Swary, Gilbert (son Andrew) farmer bds R1 New Bavaria Ple 90 Ind tel.
Swary, Jacob (Catharine) farmer O 145a 4h 5c R1 New Bavaria Ple 73.
Swary, Joseph (Ella) 3 ch farmer O 40a 5h 8c R1 New Bavaria Ple 90 Ind tel.
Swary, Lyman (Nora) 2 ch farmer T 65a 3h 2c R1 New Bavaria Ple 73 Ind tel.
Swary, Peter 1 ch farmer O 40a 4h 2c R1 New Bavaria Ple 105 Ind tel.
Swary, Urban (son Andy) day laborer bds R1 New Bavaria Ple 90 Ind tel.
Sweeney, Eliza O H&L Holgate.
SWEENEY, E. N. (Bessie) 5 ch farmer T 110a 3h 2c R1 Colton Wash 54.
Sweinhagen, Martin farmer R4 Napoleon Rid.
SWIGERT, ALBERT W. (son Sophia) barber & billiards bds Oklona Nap Ind tel.
Swigert, Pauline (dau Sophia) bds Okolona Nap.
Swigert, Sophia (wid Geo.) 2 ch O H &L Okolona Nap.
Swihart, George (Alta) 4 ch farming O 80a 4h 7c R3 Hamler Mar 96 Ind tel.
Swihart, Harriett Rebecca O 20a R4 Leipsic Mar 52 Ind tel.
Swihart, P. G. ret O 100a 1h 2c R3 Hamler Mar 55 Ind tel.
Swin, Albert farmer RD Napoleon Mon.
Swin, Geo. (Emma) 5 ch farmer O 70a 3h 3c R8 Napoleon Mon 18 Ind tel.
Swin, Geogria G. (son Peter) farm hand 3h R7 Napoleon Har 13.
SWIN, JOHN (Irene) 1 ch farm hand 3h R8 Napoleon Har 13.
SWIN, PETER (Caroline) 5 ch farmer O 120a 2h 16c Napoleon Har 13.
Swinehart, Frank (Ethel) farmer T 160a 4h 5c R3 Liberty Center Lib 46 Ind tel.

185

SWISHER, JESSE (Amy) 1 ch farming T 80a 3h 3c R2 Deshler Rhfd 63 Ind tel.
Swisher, Rebecca 3 ch ret O 80a R2 Malinta Mon 57.
Sworden, Elmer 2h bds R10 Napoleon Lib 9 Ind tel.
Sworden, Floyd bds R10 Napoleon Lib 9 Ind tel.
Sworden, Grover (Ella) farmer T H&L 5h 3c R10 Napoleon Lib 7 Ind tel.
Sworden, Lilly bds R10 Napoleon Lib 9 Ind tel.
Sworden, Olla bds R10 Napoleon Lib 9 Ind tel.
Sworden, Zenith (Mary) 6 ch farmer O 60a 3h 4c R10 Napoleon Lib 9 Ind tel.
TABLER, A. F. R5 Napoleon Har 50½.
Tadsen, Christ farmer Holgate.
Tadsen, C. H. (Sophia) 4 ch T 80a 5h 12c R2 Holgate Ple 35 Ind tel.
Tadsen, Henry (Amelia) 2 ch blacksmith T H&L Okolona Ind tel.
Tadsen, Paul (Elizabeth) 8 ch farming O 160a 5h 4c R8 Napoleon Har 32 Ind tel.
Tadsen, Tom (Amanda) farming T 160a 4h 4c R8 Napoleon Harrison 32 Ind tel.
TAHRINGER, JAMES R1 Liberty Center Lib 54.
Tanenier, Albert farmer R2 Deshler Rhfd.
TANIER, C. E. (Eva A.) 7 ch farmer O 40a 2h 5c R1 Colton Wash 46.
Tanier, Harry E. farmer bds Colton Wash 46.
TANIER, JOHN Cherry St Liberty Center Lib.
Tanner, Ben W. (Marion) 3 ch farmer O 97a 5h 22c R3 Napoleon Nap 81 Ind tel.
Tanner, John (Bessie) 3 ch janitor O H&L Cherry St Liberty Center.
Tarris, Chas. (son W. H.) carpenter bds R2 Deshler Bar 103.
TARRIS, W. H. (Amanda) 3 ch farmer O 40a 2h 2c R2 Deshler Bar 103.
Tawney, C. S. farmer Leipsic.
Taylor, Bert (son Theodore) laborer bds Malinta Ind tel.
Taylor, Chase (Mary) laborer T H&L 2h Florida.
Taylor, C. H. (Alice) 1 ch farming O 20a 2h 1c Malinta Ind tel.
Taylor, Ed J. farmer R5 Wauseon Fre.
Taylor, Emmet 2 ch laborer Malinta Monroe 66.
Taylor, Fred bds Liberty Center Wash 16.

TAYLOR, GEO. F. (Amelia) general merchandise T H&L Naomi Fre 56 Ind tel.
Taylor, Henry (Susia) 1 ch day laborer R1 Holgate Ple 98 Ind tel.
Taylor, Howard W. (Elma) 1 ch farmer T 40a 3h 3c R5 Wauseon Fre 22.
Taylor, James R. 4 ch ret Malinta Mon 66.
Taylor, Jane 1 ch housekeeper Malinta Mon 66.
TAYLOR, J. W. (Maggie) 2 ch farmer O 65a 3h 4c R1 Malinta Mon 95 Ind tel.
Taylor, L. D. 4 ch farmer O H&L 2h 2c Colton.
Taylor, L. H. farmer RD Deshler Bar.
Taylor, Maude (dau J. W.) housekeeper R1 Malinta Mon 95 Ind tel.
Taylor, Mrs. M. A. O H&L Beaver St McClure.
Taylor, Ollie laborer Malinta Mon 66.
Taylor, Theodore (Addie) 3 ch ret O H&L 75a Malinta Ind tel.
Taylor, V. R. (son J. W.) farmer & chauffeur bds R1 Malinta Mon 95 Ind tel.
Teel, Harlem ret O H&L East St Liberty Center.
Teel, Kate housekeeper bds East St Liberty Center.
Teeple, B. (Mamie) 1 ch blacksmith O H&L Ridgeville Corners Rid 56.
Teeters, Mrs. Esther 5 ch ret O H& 3Lots Malinta.
Teeters, Leonard C. (Floss) 1 ch clerk T H&L Mary Ann St Liberty Center.
Tester, Elizabeth bds Cherry St Liberty Center.
Tester, Geo. (Aria) 1 ch funeral director O H&L Liberty Center B & Ind tels.
Tester, John (Lilian) 2 ch farmer O 18a 1h 1c R1 Liberty Center Wash 16 Ind tel.
Tester, Sophia 7 ch farmer O 80a R3 Liberty Center Lib 44 Ind tel.
Thackery, Jane Ellen dressmaker O H&L Holgate.
Thatcher, Ray farmer RD Deshler Bar.
Thayer, Alvy (son Belle) laborer 1h bds R3 Holgate Flrk 38 Ind tel.
Thayer, Mrs. Belle 1 ch farming O 40a 1c R3 Holgate Flrk 38 Ind tel.
Thayer, Calvy (son Belle) farmer 2h R3 Holgate Flrk 38 Ind tel.
Thayer, Pete (Anna) 1 ch farmer T 40a 4h 4c R3 Holgate Flrk 29 Ind tel.
Thayer, Ray (Mellie) 3 ch florist O 4a 1h 1c R3 Napoleon Nap 81 Ind tel.

FARMERS' DIRECTORY

Thayer, Roy (son Belle) jeweler bds R3 Holgate Flrk 38 Ind tel.
THEIROFF, GEO. W. (Amelia) 2 ch farmer O 62a 3h 5c R2 Holgate Flrk 13 Ind tel.
THEISEN, JOSEPH stationary engineer bds New Bavaria Ind tel.
Theisen, Martin farmer bds R1 New Bavaria Ple 91.
Thomas, Bert (Julyan) 1 ch laborer R1 Hamler Mar.
Thomas, Carl (Bertha) 2 ch livery O H&L New Bavaria.
Thomas, Ellery farm hand bds R10 Archbold Rid 51 Ind tel.
Thomas, George farmer RD Leipsic Mar.
Thomas, George H. (Anna M.) 7 ch farmer O 100a 4h 14c R1 New Bavaria Ple 105 Ind tel.
Thomas, Kate O 130a New Bavaria Ind tel.
Thomas, M. O. RD Deshler Bar.
Thomas, Peter farmer New Bavaria.
THOMAS, R. S. (Melisa) ret O 12a 1h 1c N Main St Liberty Center Ind tel.
Thombs, C. A. Holgate.
Thome, Albert J. farmer New Bavaria.
Thome, Joseph farmer New Bavaria.
Thome, Mat., Jr. farmer New Bavaria.
Thome, Mathias, Sr. farmer New Bavaria.
Thome, Peter farmer New Bavaria.
Thomes, Bert (Julian) 1 ch laborer R1 Hamler Mar 102.
Thompson, A. F. RD Deshler Bar.
Thompson, Bert (Florence) farming O 160a 9h 8c R1 McClure Rhfd 44 Ind tel.
Thompson, Mrs. C. H. 1 ch boarding house O 80a Grelton Mon 98 Ind tel.
Thompson, H. A. painter & decorator bds Garfield St Liberty Center.
THOMPSON, IRVIN laborer bds R6 Malinta Har 34.
Thompson, Jack (Lillian) piano tuner T H&L Holgate.
Thompson, Katharine 2 ch bds R1 Colton Wash 38.
Thompson, Lee S. (Elva G.) 1 ch laborer T H&L Colton.
Thompson, O. F. 5 ch farmer O 47a Colton Ind tel.
Thompson, Mrs. T. O H&L High St Liberty Center Ind tel.
Thompson, Wm. H. (Effie) blacksmith O H&L Florida.
Thomson, John W. (Julia) farmer O H &L Garfield St Liberty Center.
Thorn, Clein farmer bds with Earl Robinson R7 Napoleon Nap 76.
Thorn, George M. (Irene) 3 ch farmer O 40a 3h 5c R5 Napoleon Har 53.
Thorn, J. A. (son J. W.) laborer O 2a H 1h R6 Napoleon Har 66 Ind tel.

A Profitable Herd of Holsteins.

Thorn, J. W. (Mary) 4 ch ret O 5a H R6 Napoleon Har 66 Ind tel.
THORNE, ALBERT (Martha) 3 ch farming T 300a 8h 1c R1 New Bavaria Ple 101 Ind tel.
Thorne, Ambros (son Peter) farmer R1 New Bavaria Mar 29 Ind tel.
Thorne, Elizabeth (dau Math) bds R1 New Bavaria Ple 91 Ind tel.
Thorne, Frances (dau Math) bds R1 New Bavaria Ple 91 Ind tel.
Thorne, John (son Math) farmer bds R1 New Bavaria Ple 91 Ind tel.
Thorne, Joseph (Mary) ret O 540a 2c R1 New Bavaria Ple 99.
Thorne, Joseph (son Math) farmer bds R1 New Bavaria Ple 91 Ind tel.
Thorne, Joseph J. (Viola) 3 ch section hand O H&Lots Holgate.
Thorne, Katharine (dau Math) bds R1 New Bavaria Ple 91 Ind tel.
THORNE, MATH, JR. (Ella L.) 3 ch farmer T 70a 3h 3c R1 New Bavaria Ple 105 Ind tel.
THORNE, MATH, SR. (Elizabeth) farmer O 446a 9h 27c R1 New Bavaria Ple 91 Ind tel.
Thorne, Peter 1 ch farmer O 80a 6h 1c R1 New Bavaria Mar 29 Ind tel.
Thorne, Peter, Jr. (Tillie) 2 ch farmer T 80a 2h 2c R3 New Bavaria Ple 75 Ind tel.
Thorne, Wm. (son Peter) farmer R1 New Bavaria Mar 29.
Thrapp, Earl H. (Ella) 3 ch farmer O 16a 1h 3c R1 Napoleon Dms 32.
THRAPP, ISAAC I. (Jeanette) 1 ch farmer O 80a 5h 10c R7 Napoleon Nap 84 Ind tel.
Thrapp, Nellie M. (dau Isaac I.) R7 Napoleon Nap 84.
Thrapp, W. Grover (Mary) 2 ch farmer T 7a 1h R7 Napoleon Nap 82.
Thrasher, Elmina (dau Wm.) R9 Archbold Rid 72 Ind tel.
Thrasher, Robert farmer R5 Wauseon Rid.
Thrasher, Wm. (Anna) 4 ch farmer O 40a 3h 4c R9 Archbold Rid 72 Ind tel.
THUN, AUG. R7 Napoleon.
Thun, Edith (dau Han) housekeeper R4 Napoleon Rid 43 Ind tel.
Thun, Gustave (Madsine) 1 ch minister St John's Evangelical Lutheran T H &L 1h R9 Napoleon Fre 43 Ind tel.
Thun, Hans (Maria) 6 ch ret R4 Napoleon Rid 43 Ind tel.
Thun, Marquis farmer O 10a R4 Napoleon Rid 43 Ind tel.
Thun, Wilhelmina (dau Hans) housekeeper R4 Napoleon Rid 43 Ind tel.
THURSTON, V. (Jeanette) 5 ch farming O 32a 5h 3c R2 Deshler Rhfd 89 Ind tel.
Tietje, Almena (dau Geo. H.) R9 Napoleon Nap 7.
Tietje, Anna (dau Henry) R2 Napoleon Fre 35 Ind tel.
Tietje, August (Augusta) 4 ch farming O 40a 2h 4c R1 Malinta Rhfd 25 Ind tel.
Tietje, August (son Herman) farm hand bds R1 Malinta Rhfd 16 Ind tel.
Tietje, Chris (son H. Henry) laborer 1h R1 Malinta Rhfd 28 Ind tel.
Tietje, Eldor W. (son Geo H.) student R9 Napoleon Nap 7.
Tietje, Fred (Elizabeth) 5 ch farmer O 77a 4h 7c R3 Holgate Flrk 19 Ind tel.
Tietje, F. Henry farmer Hamler.
TIETJE, GEO. H. (Anna) 2 ch farmer O 40a 3h 7c R9 Napoleon Nap 7 Ind tel.
Tietje, Harmon (son H. Henry) laborer bds R1 Malinta Rid 28 Ind tel.
Tietje, Hattie (dau Herman) R1 Malinta Rhfd 16 Ind tel.
Tietje, Henry (son Herman) farm hand bds R1 Malinta Rhfd 16 Ind tel.
Tietje, Henry (son H. Henry) laborer 1h bds R1 Malinta Rhfd 28 Ind tel.
TIETJE, HENRY (Anna) 4 ch farmer O 80a 3h 7c R2 Napoleon Fre 35 Ind tel.
Tietje, Henry (Mary) 2 ch ret O H&L 325a 1c Ridgeville Corners Rid 62½ Ind tel.
Tietje, Henry, Jr. (son Henry) farm hand R2 Hamler Rhfd 15.
Tietje, Henry, Sr. (Dora) 2 ch farming O 40a 3h 2c R2 Hamler Rhfd 15 Ind tel.
Tietje, Herman 7 ch farmer O 320a 10h 25c R1 Malinta Rhfd 16 Ind tel.
Tietje, H. Henry (Minnie) 6 ch farmer O 85a 7h 11c R1 Malinta Rhfd 28 Ind tel.
Tietje, John H. (Amelia) 5 ch farmer T 167a 10h 22c R4 Napoleon Fre 14 Ind tel.
Tietje, Lena (dau Henry) R2 Napoleon Fre 35 Ind tel.
Tietje, Mary 8 ch housekeeper O life lease 5a R2 Hamler Rhfd 15 Ind tel.
Tietje, Sopha ret lives with Henry Ridgeville Corners Rid 62½ Ind tel.
Tietje, Wm. (son Mary) farmer O 20a 2h R2 Hamler Rhfd 15 Ind tel.
Tietje, Wm. H farmer Hamler.

FARMERS' DIRECTORY

Tietje, Wm M. (Dila) 1 ch farmer. O 40a 2h 2c R4 Napoleon Nap 31 Ind tel.
Tietje, W. H. (Kate) farmer T 158a 5h 3c R1 Holgate Ple 98 Ind tel.
Tiffina, Elizabeth 4 ch O H&4Lots R2 Liberty Center Wash 106.
Tilse, Leonhard (Anna) 4 ch farmer O 77a 5h 6c R3 Stryker Rid 21 Ind tel.
Tilse, W. D. (Mary) 1 ch farmer O 80a 3h 6c R3 Stryker Rid 12 Ind tel.
Titus, Ed farmer McClure.
Titus, O. D. McClure.
Tobias, Dorothy (dau W. F.) housekeeper R1 Malinta Rhfd 9 Ind tel.
Tobias, E. H. (Laura) 2 ch farmer and thrasher T 80a 4h 2c R1 Malinta Rhfd 4 Ind tel.
Tobias, M. J. (Olive M.) farmer O 80a 5h 3c R1 Malinta Rhfd 5 Ind tel.
Tobias, W. F. (Alice) 10 ch farming O 80a 6h 8c R1 Malinta Rhfd 9 Ind tel.
Tobias, W. W. thresher O 80a R1 Malinta Rhfd 5 Ind tel.
Todd, Harmon O. (Nora) carpenter T H&L McClure.
TONGES, CHAS. A. (Bessie) 4 ch farming T 200a 9h 20c R2 Malinta Mon 41 Ind tel.
Tonges, John (Lucia) 2 ch farmer T 190a 6h 8c R2 McClure Dms 92 Ind tel.
Tonges, Miss Laura bds R2 McClure Dms 92 Ind tel.
Towney, George (Pearl) 3 ch farming O 100a 3h 7c R4 Leipsic Mar 52 Ind tel.
TRAVIS, ALBERT (Lotta) 1 ch blacksmith T H&L Grelton Mon 98 Ind tel. See adv.
Travis, Chas. (Alta) 2 ch barber O H&L Florida Ind tel.
Travis, Frank (Josephine) 5 ch farming O H&L 5h 6c Grelton Mon 98 Ind tel.
TRAVIS, F. S. R3 Napoleon Nap.
Travis, Helen (dau Frank) school teacher Grelton Mon 98 Ind tel.
TRAVIS, JESSE (Martha) farmer T 28a R5 Napoleon Har 1 Ind tel.
Travis, Samuel barber T H&L Florida.
TRAVIS, Z. H. (Jane) 1 ch farmer T 7a 1h 1c R3 Napoleon Nap 81.
Tressler, Elmer (Minnie) 2 ch ret O H&1½a Ridgeville Corners Rid 56 Ind tel.
Tressler, Mrs. Louise 2 ch ret bds with Elmer Ridgeville Corners Rid 56 Ind tel.

Tressler, Mary (dau Elmer) Ridgeville Corners Rid 56 Ind tel.
TRESSLER, MRS. R. B. Ridgeville Corners.
Trietch, Carl C. (son Henry) operator Holgate.
Trietch, Chas. (Laura) ch 1 farmer O 65a 3h 10c R3 Holgate Flrk 64 Ind tel.
Trietch, Ester (dau Nick.) school teacher Holgate Ind tel.
Trietch, George (Emma) farmer O 80a 4h 10c R3 Holgate Flrk 64 Ind tel.
Trietch, Henry (Viola) 1 ch carpenter O 40a H&L Holgate Ind tel.
Trietch, Marvel (dau Nick.) school teacher Holgate Ind tel.
TRIETCH, NICK. (Julia) hardware salesman O H&L Holgate Ind tel.
Trietch, Raymond (Vera) farming T 80a 2h R2 Holgate Ple 36 Ind tel.
Tripp, Alice bakery T H&L Holgate Ind tel.
Tripp, Frank (son Alice) baker O H&L also bakery Holgate Ind tel.
Tripp, Muriel, (dau Alice) supervising principal High School O H&L Holgate Ind tel.
TUNGET, MARY 4 ch farmer O 45a R2 Malinta Mon 62 Ind tel.
Turf, Eamiel ch 1 farm hand bds R2 Holgate Ple 68.
Turner, J. G. farmer Colton.
Turner, M. B. (Sarah E.) farming O 120a 5h 7c R1 Liberty Center Wash 32 Ind tel.
Tusong, Perry farming T 40a 2h R1 Deshler Bar 84.
Tusing, John T. RD Deshler Bartlow.
Tuttle, A. (Anna) 1 ch painter O H&L McClure Ind tel.
ULRICH, DAVID E. (Bertha E.) 2 ch farmer T 88a 4h 9c R3 Napoleon Nap 81 Ind tel.
Ulrich, Mary student R3 Napoleon Nap 81.
ULRICH, WM. H. (Ida) 1 ch farmer O 88a 1h 9c R3 Napoleon Nap 81 Ind tel.
Vajen, Carl H. farmer R3 Napoleon Flrk 69.
Vajen, Chas. (Ida) farmer O 78a 3h 5c R2 Hamler Mar 68.
Vajen, Christ. (Coral) 1 ch farmer T 131a 3h 2c R7 Napoleon Flrk 42.
Vajen, George farmer R3 Napoleon Nap 81.
Vajen, Henry C. (Caroline) 6 ch farmer O 20a 2h 2c R3 Napoleon Flrk 75 Ind tel.

Vajen, H. L. (Anna) 5 ch farmer O 80a 4h 4c R3 Liberty Center Lib Ind tel.
Vajen, John H. ch 2 farmer O 100a 3h 7c R3 Napoleon Nap 81 Ind tel.
Vajen, Mary R3 Napoleon Nap 81.
Valentine, Miss Nettie nurse O H&L High St Liberty Center Ind tel.
VAN AMAN, C. L. widower farmer and hog breeder O 59a 5h 5c R1 Deshler Bar 92 Ind tel.
Vanaman, Robert RD Deshler Bar.
Vancil, Joel A. RD Deshler Bar.
Vandercort, Sam. (Jeanette K.) 4 ch farmer O 30a 4h 2c R3 Liberty Center Lib Ind tel.
Van Horn, Raymond C. (Louisa) 2 ch teamster and hay baler T H&L 2h RD Deshler Bar.
Van Horn, John RD Deshler Bar.
Van Horn, Steve RD Deshler Bar.
Van Horn, W. A. 2 ch engineer O 6⅓a Napoleon Wash 77.
Vanlancher, Henry farmer RD Deshler Bar.
Van Ness, N. A. (Clara) painter O 2a H&L RD Ridgeville Corners Rid 44 Ind tel.
VANNETT, MINERVA Grelton.
VANNIEUWKERKE, HENRY (Triphonie) 1 ch farmer T 175a 8h 6c R1 Holgate Ple 69 Ind tel.
Vannieuwkerke, Julius farm hand bds R1 Holgate Ple 69 Ind tel.
Van Pelt, Hazel millinery R5 Napoleon Har 49.
Van Pelt, Paul I. (son Tom G.) teacher bds R5 Napoleon Har 49.
VAN PELT, TOM G. (Minda) 2 ch farmer O 82a 4h 6c R5 Napoleon Har 49 Ind tel.
Van Scoder, Wm. N. (Myrtle) 3 ch plasterer and lather T H&L Holgate Flrk 95.
Van Scoyac, I. B. farmer RD Deshler Bar.
VAN SCOYOC, CHAS. (Myrtle) farming O 40a 3h 1c R1 Deshler Bar 88 Ind tel.
Van Scoyoc, E. E. (Minnie) 2 ch farming O 80a 7h 3c R1 Deshler Bar 84 Ind tel.
VAN SCOYOC, J. W. (Della) 2 ch farmer O 80a 6h 8c R4 Deshler Bar 93 Ind tel.
VAN SCOYOC, P. E. (Mary) 2 ch farming O 65½a 5h 6c R1 Deshler Bar 88 Ind tel.
VAN TASSEL, CLYDE school teacher 1h R1 McClure Rhfd 45 Ind tel.

VAN TASSEL, FRED (Lottie) 7 ch farming and member school board T 160a 5h 7c R1 McClure Rhfd 45 Ind tel.
Van Tassel, G. S. (Calista) farmer O 20a 2h 1c R3 McClure Dms 16 Ind tel.
VAN TASSEL, JAMES (Mary) 3 ch farmer O 58a 2h 8c RD McClure Dms Ind tel.
VAN TASSEL, O. L. (Alice) 1 ch farmer O 40a 3h 8c R1 McClure Dms 71 Ind tel.
Van Tassel, Mrs. Rachel O 80a R1 McClure Dms 71 Ind tel.
Van Vlerah, Abraham D. R3 Napoleon Flrk 74.
VAN VLERAH, CURTIS J. (Clara) 1 ch plasterer O 5a 1h R3 Napoleon Flrk 74 Ind tel.
VAN VLERAH, W. R. (Della) farmer O 10a 3h 1c R1 McClure Dms 71.
VAN ZANDT, O. T. (Gertrude) 3 ch farming O 80a 5h 6c R1 Deshler Bar 88 Ind tel.
Varner, Mason (Julia) O H&L Mary Ann St Liberty Center.
Viegel, Grace I. R7 Napoleon Nap 64.
Viegel, Helen C. teacher R7 Napoleon Nap 64.
VIEGEL, JACOB F. (Ida) 5 ch farmer O 80a 5h 11c R7 Napoleon Nap 64 Ind tel.
VIERS, E. L. (Esther) farming T 120a 3h 5c R10 Napoleon Lib 82 Ind tel.
Viers, John B. (Almira) 2 ch ret 2h 5c R10 Napoleon Lib 82 Ind tel.
Vogel, Chas. McClure.
Vogel, Elizabeth care of Wm. Holers R2 Napoleon Fre 37.
Vogel, Frank (Mabel) 1 ch farmer O 40a 4h 1c R2 McClure Dms 98 Ind tel.
Voigt, Charles (Florence) 4 ch butcher O H&L Holgate Ind tel.
Voigt, Clara clerk Holgate Ind tel.
Voigt, Dorothy High School student T H&L Holgate Ind tel.
Voigt, Emma T H&L Holgate Ind tel.
VOIGT, F. H. (Mary C.) cashier in bank O 350a H&L Holgate. See adv.
VOIGT, GUST (son F. H.) asst cashier in bank T H&L Holgate Ind tel.
Voigt, John thresher & saw mill O 27a R2 Napoleon Fre 72 Ind tel.
Voigt, Madeline bank clerk T H&L Holgate Ind tel.
Voigt, Mary O H&L Holgate Ind tel.
VOLANT, HENRY (Caroline) 2 ch farmer T 80a 4h 3c R9 Napoleon Fre 61 Ind tel.

FARMERS' DIRECTORY

Volkmann, Henry W. 5 ch ret O 62a R4 Napoleon Fre 31 Ind tel.
Volkmann, John (Kate) 3 ch farmer T 62a 2h R4 Napoleon Fre 31 Ind tel.
Von Deylen, Emma R7 Napoleon Flrk 42.
Von Deylen, Ferdinand laborer 1h wks for Wm. H. Panning R7 Napoleon Fre 50.
VON DEYLEN, GEO. (Anna) 1 ch farmer O 60a 5h 6c R9 Napoleon Fre 25 Ind tel.
Von Deylen, Henry (Adele) farmer O 140a 5h 8c R9 Napoleon Fre 18 Ind tel.
Von Deylen, Herman (Minnie) 4 ch farmer O 80a 3h 8c R4 Napoleon Fre 19 Ind tel.
VON DEYLEN, JOHN 7 ch farmer O 153a 10h 17c R7 Napoleon Flrk 42 Ind tel.
Von Deylen, Margarete R7 Napoleon Flrk 42.
Von Deylen, Otto farmer R4 Napoleon Fre.
Von Deylen, Wm. (Minnie) 3 ch blacksmith O H&L 1c R2 Napoleon Fre 59 Ind tel.
VonFintel, Wm. farmer RD Deshler Bar.
VONLIGGEN, FRANK R2 Napoleon.
VonSeggern, D. J. farmer McClure.
VonSeggern, Ernest farmer R4 Napoleon Fre.
VonSeggern, Frank (Helen) farmer T 80a 3h 3c R2 Napoleon Fre 35 Ind tel.
VonSeggern, Fred works for Wm. Holers R2 Napoleon Fre 37.
Vonseggern, John works for Adolf Glanz RD Naomi Fre 56.
Vorwerk, William (Mary) ret Hamler Mar.
VunDeilen, (Ella) farmer T 60a 2h 6c R4 Napoleon Fre 19 Ind tel.
Wachtmann, Alvin (son Fred) 1h R4 Napoleon Nap 61.
Wachtmann, Carl (son Wm.) works for Fred R4 Napoleon Nap 61.
Wachtmann, Dietrich (Emma) 3 ch farmer O 119a 5h 11c R9 Napoleon Nap 3 Ind tel.
WACHTMANN, FERDINAND (Mary) farmer T 40a 3h 1c R1 Okolona Nap 26 Ind tel.
Wachtmann, Fred (Anna) 5 ch farmer O 160a 7h 20c R4 Napoleon Nap 61 Ind tel.
WACHTMANN, GEO. W. (Ellen) farmer T 120a 5h 7c R3 Holgate Flrk 20 Ind tel.
Wachtmann, Henry laborer 1h care of H. F. Drewes R9 Napoleon Nap 36.

Wachtmann, Luella (dau Wm.) R2 Holgate Flrk 13.
Wachtmann, Wm. (Dora) 1 ch ret O 2a 1h 2c R2 Holgate Flrk 13 Ind tel.
Wade, Chas. W. (Nellie) 1 ch farmer T 80a 3h 1c R2 Deshler Rhfd 61 Ind tel.
Wade, Edgar (son Wm. E.) farm hand bds R2 Deshler Rhfd 63 Ind tel.
Wade, J. W. (Hattie) 4 ch farming O 20a 1h 1c R2 Deshler Rhfd 51 Ind tel.
WADE, WM. E. (Stella) 5 ch farming O 160a 10h 10c R2 Deshler Rhfd 63 Ind tel.
WAGENES, C. A. (May S.) 3 ch farmer & blacksmith T 160a 4h 3c R1 Colton Wash 73 Ind tel.
Wagner, Mrs. Cora E. farmer Liberty Center.
Wagner, Cladys bds R2 Liberty Center Wash Texas Ind tel.
Wagner, Herbert engineer bds R2 Liberty Center Wash Texas Ind tel.
WAGNER, JOSEPH (Gertrude) 8 ch farmer O 95a 3h 4c R1 New Bavaria Ple 91 Ind tel.
Wagner, J. C. (Bell) 1 ch farmer T 80a 6h 8c R5 Napoleon Dms 44 Ind tel.
Wagner, Theo. (Amanda R.) 7 ch farmer O 100a H&L 2h 4c R2 Liberty Center Wash Texas Ind tel.
Wagner, Wallace farmer RD Napoleon Lib.
WAHL, CHARLES (Magie E.) 3 ch farmer O 160a 3h 10c R2 Holgate Ple 36 Ind tel.
WAHL, CHRIST (Caroline) 5 ch farmer O 45a 2h 2c R2 Holgate Ple 63.
Wahl, Frank (son Christ) farmer 2h R2 Holgate Ple 63.
Wahl, Fred (Christina) ret O 80a Holgate Ind tel.
Wahl, George (son Christ) farmer R2 Holgate Ple 63.
Wahl, Jacob farmer O 25a 1h R2 Holgate Ple 63.
WAHL, WM. F. (Ida) 2 ch dairy & ice O H&L 4h Holgate Ind tel.
Waite, William H. (Della) 6 ch farmer T 120a 2h 3c R10 Napoleon Lib 26 Ind tel.
WALKER, ARCHIE (Frances) 1 ch farmer T 100a 7h 10c R1 Napoleon Har 17 Ind tel.
Walker, Chas. (Cora) contractor T H&L RD Liberty Center Ind tel.
Walker, Fred farmer RD Deshler Bar.
Walker, Howard (son J. E.) farmer T part of 80a R1 Deshler Bar 83 Ind tel.
WALKER, JNO. E. (Martha) 2 ch farming O 120a 7h 9c R1 Deshler Bar 83 Ind tel.

191

HENRY COUNTY

WALKER, J. E. (Hattie C.) 2 ch painter O H&L Damascus St Liberty Center.
Walker, J. F. (Blanche) 3 ch farming O 84a T 160a 7h 10c R1 Deshler Bar 87a Ind tel.
Walker, Sarah J., Sr. O H&L High St Liberty Center Ind tel.
Walker, S. H. farmer RD Napoleon Dms.
Walker, S. S. (Catherine) 2 ch farmer O 20a 3h 3c R5 Napoleon Dms 7.
Wallace, Harmon (Emma) 1 ch carpenter O H&L Holgate.
Wallace, James C. (Ida M.) 8 ch farmer O 20a 2h 1c R1 Colton Wash.
Wallace, M. L. RD Deshler Bar.
Walp, Frank (Emma) 4 ch farmer T 193a R10 Napoleon Lib 13 Ind tel.
Walter, Carl (son John) farmer bds R3 Holgate Flrk 60 Ind tel.
Walter, Christ F. (Anna) 3 ch farmer T 80a 3h 10c R2 Holgate Ple 63 Ind tel.
Walter, Daniel (Almedia) 1 ch farming O 20a T 120a 3h 6c R3 Hamler Mar 99.
Walter, Harmon (son John) farmer bds R3 Holgate Flrk 60 Ind tel.
Walter, Joe (Lillie) 4 ch cattle buyer & butcher O H&L 1c Florida Flor Ind tel.
Walter, John (Mary B.) 1 ch farmer T 160a 6h 5c R3 Holgate Flrk 60 Ind tel.
Walters Carl (Josephine) grocery clerk Grelton Har 79.
Walters, Ed. (Rosie) 3 ch grocery prop O H&L Grelton Har 79.
Walters, Geo. (son Ed.) laborer bds Grelton Har 79.
Walters, Joseph farmer Florida.
WALTERS, MARY. A. (wid Frederick) ret O 54a R9 Napoleon Nap 69.
Walters, R. C. farmer RD Deshler Bar.
Walter, Daniel farmer Hamler.
WALTHER, FRED (Amelia) 2 ch farmer O 140a 4h 3c R4 Deshler Bar 30.
Walther, George (Anna) 3 ch farming O 41a T 40a 3h 1c R3 Hamler Mar 97 Ind tel.
WALTHER, JOHN (Malinda) 8 ch farming O 80a 3h 4c R3 Hamler Mar 98 Ind tel.
Walther, Nicholas (Elizabeth) ret O 100a 3h 1c R3 Hamler Mar 99.
Waltimire, G C RD Deshler Bar.
Waltimire, J. C. RD Deshler Bar.
Waltimire, Mrs. Nancy RD Deshler Bar.
Waltimire, Ora laborer bds with J. A. Andrews R3 Napoleon Flrk 26.
Waltman, W. H. RD Deshler Bar.
Walton, R. S. Holgate.

WARD, A. A. (Elizabeth J.) salesman O H&L Mary Ann St Liberty Center.
Ward, Bernice RD Deshler Bar.
Ward, Chas. A. (Cora) 3 ch teamster T 2h 1c Naomi Fre 56.
Ward, Dale (son G. M.) laborer R1 Napoleon Har 82 Ind tel.
Ward, Frank 3 ch farmer O 60a 4h 5c R2 McClure Dms 69 Ind tel.
WARD, G. M. (Delia) 7 ch gardener & farmer O 20a 2h 4c R1 Napoleon Har 82 Ind tel.
Ward, Mary RD Deshler Bar.
Ward, May (dau G. M.) housekeeper R1 Napoleon Har 82 Ind tel.
Ward, M. O. (Iona) 3 ch section foreman O H&L Pleasant Bend.
Ward, N. H. RD Deshler Bar.
Ward, S. J. (Dortha) 3 ch farming O 40a 3h 3c R4 Leipsic Mar 52 Ind tel.
Ward, Wm. RD Deshler Bar.
Warncke, Carl H. (son Sophia H.) laborer 1h bds Naomi Fre 56.
WARNCKE, FRED W. (Mary) 3 ch farmer O 40a 2h 2c R2 Napoleon Fre 55 Ind tel.
WARNCKE, HARMON H. (Agnes) 2 ch mgr Naomi Grain Co O H&L Naomi Fre 56 Ind tel.
WARNCKE, HENRY G. (Doris) 5 ch farmer O 70a 5h 12c R1 Okolona Nap 23 Ind tel.
Warncke, Sophia H. (wid Harmon, Sr.) 1 ch ret O H&L Naomi Fre 56 Ind tel.
Warncke, Wm. F. (Ethel) mgr Gerald Grain & Stock Co O H&L R2 Napoleon Fre 59 Ind tel.
Warner, A. J. (Cora H.) 1 ch farmer O 73a 3h 2c R2 Liberty Center Wash 42 Ind tel.
Warner, A. L. farmer Liberty Center.
Warner, D. L. (Ellen) ret farmer O 240a H&L W Maple Ave Liberty Center Ind tel.
Warner, Frank farmer RD Napoleon Har.
Warner, Frederick O. laborer bds R1 Colton Wash 79.
WARNER, F. B. (Ruth E.) farmer T 140a 3h 3c R1 Liberty Center Wash 97 Ind tel.
Warner, F. L. (Clara A.) ret O 92a 3c Grelton Dms 22 Ind tel.
WARNER, G. W. ret bds O 80a 1h R1 Colton Wash 79.
WARNER, KIRBY M. (Della) 3 ch farmer & thresher O 40a 2h 3c R3 Liberty Center Lib 86 Ind tel.

FARMERS' DIRECTORY

Warner, L. A. (Myrtle) 4 ch farmer T 80a 4h 5c R10 Napoleon Lib 79 Ind tel.
Warner, O. A. (Rosa E.) 2 ch farmer O 60a 5h 6c R3 McClure Dms 55 Ind tel.
Warner, R. B. (N. Pearl) 4 ch farmer T 143½a 3h 4c R1 Colton Wash 79.
Warner, Samuel, Jr., farmer Malinta.
Warner, Sarah A. farmer RD Napoleon Mon.
WARNER, S. C. (Catharine) 2 ch farmer O 80a 2h 4c R2 McClure Dms 49 Ind tel.
Warner, Virgil O. bds R1 Napoleon Dms 32 Ind tel.
Warner, Walton F. (Loretta) 2 ch farmer T 80a 3h 4c R6 Napoleon Har 74 Ind tel.
Warner, Wealthil F. teacher bds R1 Napoleon Dms 32 Ind tel.
WARNER, WILSON E. (Elizabeth) 4 ch farmer T 153a 5h 4c R2 Malinta Rhfd 62 Ind tel.
Warner, W. J. (Laura L.) 2 ch farmer O 40a 4h 5c R1 Napoleon Dms 32 Ind tel.
Warniment, Nicholas (Threasa) 8 ch farmer O 120a 4h 4c R1 New Bavaria Ple 83 Ind tel.
WARNIMENT, PETER (Margaret) farmer T 40a 2h 2c R2 New Bavaria Ple 84 Ind tel.

Warren, Alfred (Ira) 1 ch farming T 80a 3h 4c R3 Hamler Mar 96.
Waters, Earl (son Clara Curns) day laborer 1h Holgate.
Waters, Nettie bds Grelton Mon 100.
Watkins, Chas. (Jennie) 6 ch farmer O 80a 6h 9c R1 Napoleon Har 59 Ind tel.
Watkins, Chellus (Bernice) 2 ch farmer T 30a R4 Deshler Bar 19 Ind tel.
Watkins, Clem (Eva) 7 ch farmer O 60a 7h 3c R4 Deshler Bar 19 Ind tel.
Watkins, C. B. (son Wm. J.) student R1 McClure Rhfd 97 Ind tel.
Watkins, Ezra (dau Clem) housekeeper R4 Deshler Bar 19 Ind tel.
Watkins, Grover (Lulu) 3 ch farmer T 30a R4 Deshler Bar 19 Ind tel.
Watkins, Howard (Meda) 2 ch farming T 120a 4h 4c R1 Hamler Mar 64.
Watkins, Wm. J. (Minnie) 3 ch farmer O 63a 3h 5c R1 McClure Rhfd 97 Ind tel.
Watson, Doris (dau Howard) school teacher bds R5 Napoleon Har 50.
Watson, D. G. contractor & farmer O 87a 25h bds Malinta.
Watson, Frank farmer Colton.
Watson, Gale (son J. G.) laborer R1 Napoleon Har 63 Ind tel.
Watson, Glenn (son Howard) trucking bds R5 Napoleon Har 50.

The Interest School Children Take in Farm Journal.

HENRY COUNTY

WATSON, HOWARD (Eva) 10c farmer T 38a 6h 1c R5 Napoleon Har 50 Ind tel.
Watson, J. G. (Bessie) farmer O 120a 4h 14c R1 Napoleon Har 63 Ind tel.
Watson, Rachel (widow J. P.) O 38a R5 Napoleon Har 50.
Watson, Wendall (son J. G.) laborer R1 Napoleon Har 63 Ind tel.
Watson, Wm. (son J. G.) student R1 Napoleon Har 63 Ind tel.
Weakley, Mrs. Cora 4 ch O H&L N. Main St Liberty Center Ind tel.
Weakley, M. (Armanda) farmer O 226a H&L N Main St Liberty Center Ind tel.
Weaks, C. L. farmer McClure.
Weaks, David (Elizabeth) laborer O H&L McClure.
Weaks, Earl G. (son James P.) farmer bds R5 Napoleon Har 19.
WEAKS, JAMES P. (Anna) 2 ch farmer T 252a 9h 10c R5 Napoleon Har 19 Ind tel.
Weaks, Lee S (Lela) farmer T H&L R5 Napoleon Har 79.
Weaks, Leon section hand bds McClure.
Weaks, Vern farmer McClure.
Weasel, Geo. (son Tony) farm hand 1h R1 Malinta Rhfd 30 Ind tel.
Weasel, Tony (Effie) 7 ch farming O 160a 12h 9c R1 Malinta Rhfd 30 Ind tel.
WEAVER, ANNA bds R1 New Bavaria Ple 92 Ind tel.
WEAVER, CHAS. M. (Mary) 1 ch painter T H&L Cherry St Liberty Center Ind tel.
WEAVER, C. F. (Grace) 1 ch farmer O 40a 2h 2c R2 McClure Dms 100 Ind tel.
Weaver, David (Elizabeth) ret farmer O H&L Florida Ind tel.
Weaver, David J. (son J. G.) clerk bds New Bavaria.
Weaver, Eugene (Emma) ret O H&L 1h Florida Ind tel.
Weaver, E. J. (Anna) 3 ch farmer O 80a 6h 12c R2 McClure Dms 101 Ind tel.
WEAVER, E. N. (Florence) farmer O 130a 4h 10c R3 Napoleon Flrk 41 Ind tel.
Weaver, Frank (Bessie) 2 ch farmer T 119a 5h 4c R3 Napoleon Flrk 41 Ind tel.
Weaver, Geo. laborer R21 Deshler Rhfd 83.
Weaver, George (son J. G.) day laborer bds New Bavaria.
Weaver, James Mrs. McClure.

WEAVER, JOHN (Mary) farmer O 80a 6h 3c R1 Holgate Mar 5.
Weaver, John E. farmer McClure.
Weaver, John G. (S. A.) 1 ch hardware O store & H&L New Bavaria Ind tel.
Weaver, Lauretta (dau J. G.) bds New Bavaria.
Weaver, Lena farmer New Bavaria.
Weaver, Louie (son John) farmer R1 Holgate Mar 5.
Weaver, Nellie G. 3 ch farming O 100a 1h 6c R3 McClure Rhfd 40 Ind tel.
WEAVER, ORA (Erma) farmer O 154a 7h 10c R10 Napoleon Liberty 1 Ind tel.
Weaver, Orville bds R2 McClure Dms 100 Ind tel.
Weaver, O. F. McClure Dms 99.
Weaver, P. D. carpenter O H&L Holgate.
Weaver, Sylvester (son John) farmer R1 Holgate Mar 5.
Weaver, W. F. (Jennie) 6 ch farmer O 28a 4h 3c R1 Grand Rapids Dms 104 Ind tel.
Webb, Bertha milliner T Hamler.
Webb, Bertha Hamler.
WEBER, CHAS. J. (Mathilda) laborer O H&L 2h Holgate.
WEBER, CHAS. W. (Nettie) 5 ch general merchandise O Holgate Ind tel.
Weber, Clarence N. (Ida) farmer T 50a 4h 2c R10 Archbold Rid 3 Ind tel.
WEBER, GEO. (Caroline) 6 ch farmer O 116a 4h 14c R10 Archbold Rid 3.
Weber, Geo. J. (Martha) 2 ch dentist O. H&L Maple St Liberty Center.
Weber, Henry (Perl) 4 ch laborer Holgate.
Weber, John (Lizzie) 4 ch farmer O 80a 4h 5c R3 New Bavaria Ple 62 Ind tel.
Weddelman, Minna (dau Theodore) R7 Napoleon Flrk 42.
Weddelman, Theodore (Dora) 5 ch farmer O 115a 6h 8c R7 Napoleon Flrk 42 Ind tel.
Weding, Will (Nellie) 1 ch carpenter T H&L Ridgeville Corners Rid 62½ & 64 Ind tel.
Weerts, F. E. (Clara) 3 ch farmer) T 160a 6h 7c R1 Holgate Ple 69 Ind tel.
Weerts, Harry W. farm laborer bds R1 Holgate Ple 69 Ind tel.
Wegener, F. H. (Emma) 1 ch farm laborer T 60a 3h R2 Holgate Ple 64.
WEICHMAN, OTTO (Nellie) 2 ch farmer T 113a 3h 5c R7 Napoleon Flrk 42 Ind tel.

Weimer, E. farmer O 40a 2h 4c R2 McClure Dms 80.
Weimer, E. T. hotel cook Holgate.
Weimer, Reinhard (Ora) 2 ch farmer T 80a 3h 2c R5 Napoleon Har 46 Ind tel.
Weirauch, Christian (widow Adam) 2 ch ret O 20a R1 Okolona Nap 26.
Weirauch, Clarence C. (son Henry) R1 Okolona Nap 26.
Weirauch, Esther (dau Christena) R1 Okolona Nap 26.
WEIRAUCH, GEO. (son Christena) farmer T 180a 5h 6c R1 Okolona Nap 26.
Weirauch, Henry (Rosa) 7 ch farmer T 180a 5h 6c R1 Okolona Nap 26 Ind tel.
Weirich, Arthur farmer bds R1 Colton Wash 35 Ind tel.
Weirich, Bernis bds Maple St Liberty Center.
Weirich, Daniel farmer O 40a 1h 3c R1 Liberty Center, Lib 87 Ind tel.
WEIRICH, E. T. 6 ch farmer O 60a 5h 20c R1 Liberty Center Wash 33.
Weirich, Frank ret farmer O H&L Maple St Liberty Center.
WEIRICH, FRED R. (Alice Irene) 4 ch farmer O 40a 2h 6c R1 Liberty Center Wash 28 Ind tel.
WEIRICH, GEO. 8 ch farmer O 80a 6h 6c R1 Colton Wash 35 Ind tel.
Weirich, James F. (Bell F.) farmer O 144a 5h 9c R1 Colton Wash 56 Ind tel.
Weis, Nicholas farmer 1h bds R1 Colton Wash 46 Ind tel.
Weis, N. P. (Mary) 4 ch farmer O 130a 3h 16c R1 Colton Wash 46 Ind tel.
Weis, Victor J. farmer 1h bds R1 Colton Wash 46 Ind tel.
Weisbecker, Alice (dau J. A.) Holgate.
Weisbecker, Berwadine (dau J. A.) clerk in store Holgate.
Weisbecker, Ed. (son J. A.) laborer bds Holgate.
Weisbecker, J. A. (Anna) 5 ch brick mason O 3a Holgate.
Weisbecker, Threasa (dau J. A.) waitress Holgate.
Weisbecker, Wm. (son J. A.) laborer bds Holgate.
Weist, Caroline Mabel (dau Mary C.) clerk R2 Deshler Bar 76.
WEIST, MARY C. 3 ch farmer O 5a 1h R2 Deshler Bar 76.
Weisz, Orville R. farmer New Bavaria.
Weittenberg, Henry (son Sophia Rathman) laborer R4 Napoleon Nap 66.
Weittenberg, Ida (dau Sophia Rathman) R4 Napoleon Nap 66.
Weitzykoski, Egna laborer Holgate.
Weitzykoski, John (Josephine) watchman O H&L Holgate.
Welch, Horace Malinta.
Welker, Basil laborer works for C. L. Durham R1 Okolona Flrk 23.
Wells, Burdette (son N. B.) farm hand bds Grelton Har 78 Ind tel.
Wells, Chas. D. (son N. B.) farm hand bds Grelton Har 78 Ind tel.
Wells, Edith (dau N. B.) housekeeper bds Grelton Har 78 Ind tel.
Wells, Geo. T. (Lila) 3 ch laborer O H&L Florida Ind tel.
WELLS, GUY (Nealie) 7 ch laborer O H&L Malinta Mon.
Wells, Harlan (son Guy) student Malinta.
Wells, Miss Nora farming O 40a 1h 2c R3 Holgate Flrk 54 Ind tel.
Wells, N. B. (Sarah) 6 ch farmer O 80a 3h 7c Grelton Har 78 Ind tel.
Wells, Sarah (dau Guy) Malinta.
Wells, Willie (son N. B.) farm hand bds Grelton Har 78 Ind tel.
Welson, Cora B. Liberty Center.
WELSON, HOMER E. (Frances) 1 ch farmer O 20a 2h 4c R3 Liberty Center Lib 89 Ind tel.
Welz, Christ (Mary) 5 ch farmer O 100a 7h 7c R3 New Bavaria Ple 62 Ind tel.
Welz, Ella (dau Christ) R3 New Bavaria Ple 62.
Welz, Pauline (dau Christ) bds R3 New Bavaria Ple 62 Ind tel.
Wendt, Alfred (son John) 2h R3 Stryker Rid 23 Ind tel.
Wendt, Aug. (Brigger) 9 ch ret O H&L Ridgeville Corners Rid 62½ Ind tel.
WENDT, EMIL (Clara) 1 ch farmer O 80a 5h 5c R4 Napoleon Rid 41 Ind tel.
Wendt, Emma (dau Aug.) Ridgeville Corners Rid 62½ Ind tel.
Wendt, Engel M. farmer RD Deshler Bar.
WENDT, JOHN (Emma) farmer O 123a 2h 12c R3 Stryker Rid 23 Ind tel.
Wendt, Mrs. Mary 5 ch ret O 40a 2h 3c R3 Deshler Bar 34 Ind tel.
Wendt, Mary (dau Jno.) housekeeper R3 Stryker Rid 23 Ind tel.
Wendt, Minnie (dau Aug.) Ridgeville Corners Rid 62½ Ind tel.
Wenner, A. L. (Emma) 7 ch farmer & thresher O 97a 5h 9c R4 Deshler Bar 32.
Wenner, Chas. (son Ed.) farm hand R2 Deshler Bar 73.
WENNER, ED. (Ida) 6 ch farmer O 80a 6h 5c R2 Deshler Bar 73.
Wenner, Pearl (dau Ed.) student bds R2 Deshler Bar 73.

Wenner, Thomas (Oddessa) 4 ch farmer T 80a 4h 8c R3 Deshler Bar 65 Ind tel.
Wensink, Chas. (son Henry) farmer bds R2 Deshler Bar 105 B tel.
Wensink, Dora (dau Henry) housekeeper R2 Deshler Bar 105 B tel.
Wensink, Henry (Regina) 5 ch farmer O 200a 10h 3c R2 Deshler Bar 105 B tel.
Wensink, Wm. farmer RD Deshler Bar.
Wenzinger, Francis ret O 87a R1 New Bavaria Ple 78 Ind tel.
Wenzinger, Mrs. Mary O 80a 1h Hamler.
Wenzinger, Mrs. Mary ret O R2 New Bavaria Ple 55 Ind tel.
WENZINGER, MAT H. (Gertrude) 4 ch farmer O 208a 4h 12c R2 New Bavaria Ple 55 Ind tel.
Werder, Henry farmer R10 Archbold Rid.
Wesche, Albert (Emma) furniture & undertaking Ridgeville Corners Rid 43 Ind tel.
Wesche, Chas. (Emma) 3 ch furniture & undertaking Ridgeville Corners Rid 43 Ind tel.
Wesche, Daniel ret O 140a R3 Stryker Rid 30 Ind tel.
Wesche, Esther (dau John) R4 Napoleon Rid 34 Ind tel.
Wesche, Frieda (dau Wm.) housekeeper R4 Napoleon Rid 40 Ind tel.
Wesche, John (Lucinda) 2 ch farmer O 80a 2H&L 4h 5c R4 Napoleon Rid 34 Ind tel.
Wesche, Laura (dau Dan) housekeeper R3 Stryker Rid 30 Ind tel.
Wesche, Wm. (Charlotte) 9 ch farmer O 60a 3h 6c R4 Napoleon Rid 40 Ind tel.
Wescott, Maria 6 ch ret O 20a R3 McClure Rhfd 35 Ind tel.
Wesley, Geo. A. laborer bds R6 Napoleon Har 34.
Wesley, Wm. (Sarah Jane) 3 ch laborer T H&L R6 Napoleon Har 34.
Wesner, Isaac (C.) laborer O H&L Hamler.
Wesner, Valentine (Mary) 2 ch laborer O H&L Hamler.
WESNER, W. A. (Ada) 2 ch signalman on B & O R R O H&L Hamler Ind tel.
WEST, A. G. (Lottie) 2 ch clothing & gents furnishings Maplewood St Liberty Center 74 Ind tel.
West, Forest (Maud) 4 ch lineman T H&L High St Liberty Center Ind tel.
WEST, J. T., JR. (Mary) carpenter O H&L Young St Liberty Center.
WEST, J. T., SR., Liberty Center.
West, W. W., Jr. (Leona) 1 ch clerk T H&L Damascus St Liberty Center.

Westhoven, Frank 6 ch farmer O 60a 4h 6c R2 Napoleon Lib 10 Ind tel.
Westhoven, Joseph (Elizabeth) 6 ch farmer O 140a 6h 20c R2 Liberty Center Wash 22 Ind tel.
Westhoven, Leo J. (Bertha) 1 ch farmer T H&L 1c R2 Napoleon Nap 99 Ind tel.
Westhover, B. E. (Frances) farmer T 80a 3h R2 Liberty Center Wash 22 Ind tel.
Westinghausen, C. H. farmer RD Napoleon Flrk.
Westinghausen, Phillip F. (Ida S.) 2 ch farmer O 90a 7h 14c R3 Napoleon Flrk 49 Ind tel.
Westinghausen, P. E. farmer RD Napoleon Flrk.
Westner, Jacob (Iva) 1 ch railroad section hand O H&L Hamler Ind tel.
Westrick, A. C. (son J. A.) farmer R1 Hamler Mar 9 Ind tel.
Westrick, Frank (Threasa) 3 ch farming T 120a 3h 1c R2 New Bavaria Ple 83 Ind tel.
Westrick, H. F. Hamler.
Westrick, John Albert farmer O 80a 5h 2c R1 New Bavaria Ple 111 Ind tel.
WESTRICK, JOHN A. (Mary M.) O 360a 9h 11c R1 Hamler Mar 9 Ind tel.
Westrick, J. H. (son J. A.) farmer R1 Hamler Mar 9 Ind tel.
WESTRICK, LEWIS (Katie) 9 ch farmer O 80a 5h 2c R2 New Bavaria Ple 86.
Westrick, Mary J. R1 New Bavaria Ple 116 Ind tel.
WESTRICK, WALTER S. (Nora) 3 ch farming O 85a 2h 7c R1 New Bavaria Mar 21.
WESTRICK, WILLIAM J. (Anna M.) 2 ch farming O 80a 4h 3c R5 Leipsic Mar 42 Ind tel.
Wheaton, Wm. Ridgeville Corners.
Wheeler, Mrs. A. M. bds N Main St Liberty Center.
Wheeler, Caleb E. farmer O 80a 4h 4c R5 Napoleon Har 46 Ind tel.
Wheeler, G. G. farmer RD Napoleon Har.
Wheeler, Julian H. farmer T 80a 1h R5 Napoleon Har 46.
Wheeler, Mildred L. housework bds R5 Napoleon Har 46.
Wheeler, Wesley (Rosa) 8 ch day laborer T H&L 1h Pleasant Bend.
WHIPPLE, G. W. (Nora B.) 6 ch farmer T 80a 2h 10c R1 Liberty Center Wash 1 Ind tel.
Whitaker, Elizabeth ret O 154a Colton Ind tel.

FARMERS' DIRECTORY

WHITAKER, RAY H. (Lillian Grace) 2 ch farmer T 154a 7h 14c Colton Ind tel.
White, Mrs. Ida, Liberty Center.
Whitehead, Reno farm hand bds R1 R1 McClure Rhfd 64 Ind tel.
Whitehead, Walter farm hand bds R1 McClure Rhfd 64 Ind tel.
Whiteman, Chas. G. farmer R4 Napoleon Nap.
Whiteman, Fred W. (Pearl) 1 ch farmer T 80a 3h 12c R3 Liberty Center Lib 62 Ind tel.
Whiteman, H. L. farmer RD Wausen Lib.
Whiteman, M. L. (Maleda) 3 ch farmer O 308a 6h 30c R3 Liberty Center Lib 58 Ind tel.
WHITEMAN, TARRY A. (Cleola G.) 1 ch farmer T 150a 4h 10c R3 Liberty Center Lib 57 Ind tel.
Whitemire, Chas. E. (Jennie) 4 ch farmer T 100a 5h 5c R3 Liberty Center Lib 44 Ind tel.
Whitman, Charles (Irene) 1 ch farmer T 3a R1 McClure Dms 71 Ind tel.
Whitman, Emma O 3a bds R1 McClure Dms 71 Ind tel.
WHITMER, H. H. (Nora) painter T 3a 1h 2c R3 Liberty Center Lib 46 Ind tel.
Whitmer, Minnie E. farmer Liberty Center.
Whitmore, S. S. farmer Liberty Center.
Whitney, F. E. (Alta) 1 ch farming O 80a 5h 3c R3 McClure Rhfd 39 Ind tel.
WHITNEY, RAY R3 McClure.
Whittaker, James (Mary E.) 1 ch laborer T H&L Grelton Rhfd 1.
Wiechers, Henry (Louise) 1 ch farmer T 70a 3h 5c Napoleon Nap 66 Ind tel.
Wiechers, Wm. (Mary) farmer O 60a 1h 1c R4 Napoleon Nap 66.
Wieding, Fred (Minnie) 1 ch farmer O 61a 3h 7c R9 Archbold Rid 55 Ind tel.
Wieding, John (Ella) farmer R9 Archbold Rid 55 Ind tel.
WIELAND, ALBERT G. (Mary) 7 ch farmer O 46a 6h 4c R2 Holgate Flrk 18 Ind tel.
Wiener, John F. (Hope) 3 ch farmer T 35 & O 25a 3h 7c McClure Dms 71 Ind tel.
Wilcox, Clyde (Alma) 1 ch farmer T 120a 3h 6c R3 McClure Rid 69 Ind tel.
Wilcox, Earl (son J. S.) farmer 1h R2 Deshler Bar 76 Ind tel.
Wilcox, Edison R. F. D. Mail Carrier O H&L 2h McClure Dms 71 Ind tel.
Wilcox, Electa McClure.
Wilcox, Elizabeth 4 ch ret R1 Deshler Bar 88 Ind tel.
Wilcox, Howard J. (Maud) 5 ch farmer T 80a R5 Napoleon Dms 34 Ind tel.
Wilcox, H. (Chloe) 1 ch farmer O 40a 2h R1 McClure Dms 66 Ind tel.
Wilcox, James E. farmer McClure.
Wilcox, John (Electa) 2 ch farmer O 40a 3h 4c R2 McClure Dms 106 Ind tel.
Wilcox, J. S. (Dora) 5 ch farmer O 175a 8h 9c R2 Deshler Bar 76 Ind tel.
Wilcox, M. C. bds 1c R1 McClure Dms 66 Ind tel.
Wilcox, M. F. (Sarah M.) farmer O 70a 3h 4c R1 McClure Dms 66 Ind tel.
Wilcox, S. E. (Kate) farmer O 40a 2h 6c McClure Dms 69 Ind tel.
WILCOX, S. O. (Merta) 2 ch T 160a 6h 3c R4 Deshler Bar 51 Ind tel.
Wilcox, W. F. farmer McClure.
Wildenroth, A. H. RD Deshler Bar.
Wildenroth, Mrs. J. RD Deshler Bar.
WILDING, D. F. (Margaret) photographer O H&L Holgate Ind tel.
Wildung, Frank H. (Edith) commercial photographer T H&L Holgate Ind tel.
Wildung, Sophia (dau D. F.) housemaid Holgate Ind tel.
Wiles, Charles (Cora R.) 1 ch farmer O 80a 5h 5c R1 Colton Washington 55 Ind tel.
Wiles, C. L. (Dora) 2 ch grocer T H&L 1h 2c R3 Liberty Center Lib 23 Ind tel.
Wiles, Wilson (Susie E.) 5 ch farmer O 60a 3h 4c R1 Colton Wash 56 Ind tel.
WILFORD, JAMES ASHLEY 3 ch farmer O 57a 5h 10c R1 Napoleon Dms 14 Ind tel.
WILHELM, ADAM (Margaret) 7 ch farming T 160a 5h 1c R5 Leipsic Mar 20.
Wilhelm, Christina housekeeper T H&L Holgate.
Wilhelm, Frank (son Jno.) farm hand bds R1 New Bavaria Ple 102 Ind tel.
WILHELM, JOHN, JR. (Christina) 2 ch farming T 80a 3h 9c R1 New Bavaria Ple 102 Ind tel.
WILHELM, JOHN, SR. (Mary) farmer O 6.80a 8h 10c R1 New Bavaria Ple 102 Ind tel.

197

WILHELM, JOSEPH (Mary E.) 3 ch farming T 120a 4h 5c R5 Leipsic Mar 20.
Wilhelm, Josephine (dau Jno.) bds R1 New Bavaria Ple 102.
Wilhelm, Katharine (dau Jno.) bds R1 New Bavaria Ple 102.
Wilhelm, Peter (Frances) 2 ch farm hand bds R1 New Bavaria Ple 102.
WILLARD, HARRY A. farmer R1 Hamler Mar.
WILLARD, H. L. R2 Hamler.
Willard, John (son Lucy) laborer bds R4 Napoleon Nap 31.
Willard, Lucy (wid Samuel) 1 ch ret O H&L R4 Napoleon Nap 31.
Willeman, Ellen 6 ch ret O 79a R4 Ridgeville Corners Rid 43 Ind tel.
Willeman, Jacob (son Ellen) laborer bds R4 Ridgeville Corners Rid 43.
Willeman, J. M. (Florence) hotel O H &L Ridgeville Corners Rid 62½ Ind tel.
WILLEMAN, M. A. (Florence A.) 4 ch farmer T 79a 4h 4c R4 Napoleon Rid 43 Ind tel.
Willeman, Oscar (son Ellen) carpenter bds R4 Ridgeville Corners Rid 43.
Willeman, Sherman (Alice) 3 ch laborer T H&L Ridgeville Corners Rid 43.
Williams, Clarence (son John) threshing bds R2 New Bavaria Ple 20 Ind tel.
Williams, Jacob (Clara) 2 ch farming T 100a 4h 2c R1 Custar Rhfd 86.
Williams, James (Rebecca) laborer O H&L Hamler.
Williams, John (Jane) 2 ch farmer O 40a 2h 3c R2 New Bavaria Ple 20 Ind tel.
Williams, Joseph 6 ch ret R1 Deshler Bar 89 Ind tel.
WILLIAMS, ORA (Sadie) 1 ch farming T 160a 5h 3c R1 Malinta Rhfd 14.
Williams, Roial S. farmer bds R1 Grand Rapids Dms 104½ Ind tel.
Williams, Sylvester (Sarah A.) farmer O 5a 2h 1c R1 Grand Rapids Dms 104½ Ind tel.
Williams, William 3 ch farm hand R1 Hamler Mar 48 Ind tel.
Williamson, R. H. (Minnie) farmer O 40a 3h 1c R4 Deshler Bar 60 Ind tel.
WILLIER, A. (Elsie) 3 ch farmer T 40a 3h R1 Custar Rhfd 85 Ind tel.
Willier, Geo. (Anna M.) 1 ch ret O 100a 4h 6c R3 Weston Rhfd 76 Ind tel.
Willier, John F. RD Deshler Bar.
Willier, Mabel (dau N. S.) housekeeper R3 Weston Rhfd 77 Ind tel.

Willier, N. S. (Amanda) 2 ch farming O 40a 2h 2c R3 Weston Rhfd 77 Ind tel.
Wilmer, George (Adelia) 1 ch farmer T 160a 5h 7c R2 McClure Dms 100 Ind tel.
Wilmer, H. W. McClure.
Wilmer, J. F. farmer McClure.
Wilmer, Paul F. farmer R5 Napoleon Dms.
Wilsberg, Anna (dau Christina) bds R1 New Bavaria Ple 93 Ind tel.
Wilsberg, Mrs. Christina 1 ch farmer O 60a 5h 4c R1 New Bavaria Ple 93 Ind tel.
Wilsberg, Elizabeth (dau Christina) bds R1 New Bavaria Ple 93 Ind tel.
Wilsberg, Joseph (son Christina) farm hand bds R1 New Bavaria Ple 93 Ind tel.
Wilsberg, Lena (dau Christina) bds R1 New Bavaria Ple 93 Ind tel.
Wilsberg, William (son Christina) farm hand 1h bds R1 New Bavaria Ple 93 Ind tel.
Wilson, Edyth housekeeper R2 Malinta Mon 59 Ind tel.
Wilson, Frank (Ethel) 3 ch farmer O 30a 2h 3c R1 Colton Wash 23.
Wilson, Fred (Rosetta) 6 ch farmer O 115a 4h 5c R2 Holgate Flrk 18 Ind tel.
Wilson, James (Elizabeth) 1 ch farmer O 40a 1h 2c R2 Holgate Flrk 33 Ind tel.
WILSON, JOSEPH M. (Lizzie) 3 ch farmer T 118a 5h 8c R3 Holgate Flrk 9 Ind tel.
WILSON, J. ANDERSON (Hattie) 2 ch live stock buyer O 62a 2h 2c R2 Holgate Flrk 19 Ind tel.
Wilson, Kenneth Ridgeville Corners.
Wilson, Robert W. (Matilda) 2 ch farmer O 56a 3h 4c R2 Holgate Flrk 33 Ind tel.
Wilson, T. M. (Rosa A.) ret O 118a H&L Holgate.
Wilson, Wm. (Florence) 2 ch laborer Holgate.
Wilson, W. E. (Inez) T 80a 3h 3c R3 Holgate Flrk 51 Ind tel.
Wilson, W. H. (Ella) ret O 80a 1c Holgate Ind tel.
Winbauer, Martin (Clarissa) 5 ch agent O H&L Holgate.
Winch, L. J. (Lucy) 2 ch farmer O 40a 3h 4c R3 McClure Dms 64 Ind tel.
Winch, Raymond E. farmer bds R3 McClure Dms 64 Ind tel.
WINELAND, JONATHAN (Dora) 1 ch farming O 40a 2h 4c R4 Leipsic Mar 96.

FARMERS' DIRECTORY

Winemiller, Getrece (dau J. F.) R1 Hamler Mar 37 Ind tel.
WINEMILLER, JAY G. (Estella) 1 ch farming T 60a 3h 2c R1 Hamler Mar 61 Ind tel.
WINEMILLER, J. F. (Lillie) farming O 80a 3h 3c R1 Hamler Mar 37 Ind tel.
Winkel, Fred farm hand R3 Hamler Mar 99.
Winkelmann, Fred (Dorothy) 3 ch farmer O 80a 3h 8c R7 Napoleon Fre 42 Ind tel.
Winkelmann, Henry (son Katherine) farmer O 77a 3h 7c R9 Archbold Fre 5 Ind tel.
Winkelmann, Herman (Helen) 1 ch farmer O 41 53-100a 2h 4c R9 Archbold Fre 5 Ind tel.
Winkelmann, Kathyrn 5 ch R9 Archbold Fre 5 Ind tel.
WINNER, J. H. (Eleanor) 4 ch farming & thresher O 60a 4h 10c R2 Deshler Rhfd 47 Ind tel.
Winner, Ovid (Katherine) 1 ch farmer T 120a R3 McClure Rhfd 67 Ind tel.
Winner, Taylor farmer McClure.
Winner, Worline (Sadie) 1 ch farming O 35a 6h 1c R3 McClure Rhfd 67 Ind tel.
Winover, Annie R1 Colton Wash 39 Ind tel.
Winover, Cecil M. R1 Colton Wash 54.
Winover, G. (Myrta B.) 3 ch farmer O 40a 4h 7c R1 Colton Wash 54.
Winover, Harry laborer 1h R1 Colton Wash 84 Ind tel.
Winover, Martin 5 ch farmer O 80a 3h 8c R1 Colton Wash 84 Ind tel.
Winover, Will laborer 1h bds R1 Colton Wash 84 Ind tel.
WINSEMANN, FRED (Katie) 3 ch farmer O 100a 4h 13c R7 Napoleon Nap Ind tel.
WINSZMANN, WM. (Mary) 3 ch farmer T 83a 5h 2c R1 Okolona Nap 45 Ind tel.
WINTERS, CHAS. H. (Lillian) 1 ch r r mail carrier O H&L Maple St Liberty Center.
Winters, Kathryn bds with J. E. Henry R10 Archbold Rid 49 Ind tel.
WIRTH, ANNA (wid Chas.) 3 ch farmer O 120a 4h 5c R3 Holgate Flrk 67 Ind tel.
Wirth, Albert (son Frank) farmer O 20a 3h 3c R2 Holgate Flrk 37 Ind tel.
Wirth, Carl (son Frank) farmer O 20a 3h 3c R2 Holgate Flrk 37 Ind tel.
Wirth, Emma M. (dau Anna) R3 Holgate Flrk 67.

Wirth, Florence A. (dau Anna) R3 Holgate Flrk 67.
WIRTH, FRANK (Maggie) 1 ch ret O 60a 1h 3c R2 Holgate Flrk 37 Ind tel.
WIRTH, JOHN M. (Margaret) 5 ch farmer O 96a 2h 12c R8 Napoleon Mon 1 Ind tel.
Wirth, J. C. farmer Holgate.
Wirth, J. F. farmer Holgate.
Wirth, Lillian L. (dau Anna) R3 Holgate Flrk 67.
Wirth, M. farmer RD Napoleon Lib.
Wise, Milo (Sadie) 2 ch farmer T 160a 6h 13c R1 Colton Wash 79 Ind tel.
Wisner, Wm. S. (Helen C.) 1 ch farmer T 88a 4h 2c R7 Napoleon Flrk 42.
Wistinghausen, C. Henry (Louise) ret farmer O 40a 1h 2c R3 Napoleon Flrk 46 Ind tel.
WISTINGHAUSEN, P. F. R3 Napoleon.
Witham, C. S. farmer RD Deshler Bar.
Witte, Deidrick (Minnie) farming O 5a Holgate Ple.
Witte, Earnst (Christina) 3 ch farmer O 160a 3h 7c R2 Hamler Mar 31.
WITTE, FRED (Amelia) 1 ch farmer O 80a 4h 5c R2 Hamler Mar 31.
Witte, Henry (Anna) 2 ch ret O 80a 2h 3c R2 Napoleon Fre 44.
Witte, Henry (Edna) laborer Hamler Mar 63.
WITTE, WILLIAM (Anna) huckster O H&L 1h Hamler Ind tel.
WITTENBERG, GEO. H. (Anna) 2 ch farmer O 73a 4h 7c R4 Napoleon Nap 35 Ind tel.
Wolf, Carolina (dau Daniel) housekeeper bds R1 Jewell Rid 23 Ind tel.
Wolf, Charles L. (Sarah A.) 3 ch farmer O 60a 6h 3c R2 New Bavaria Ple 47 Ind tel.
Wolf, Christ (Carrie) 2 ch farmer O 80a 2h 4c R3 New Bavaria Ple 25 Ind tel.
Wolf, Clint farmer New Bavaria.
Wolf, C. L. farmer Pleasant Bend.
WOLF, DANIEL (Mary C.) 1 ch farmer O 80a 1h 6c R3 New Bavaria Ple 18 Ind tel.
Wolf, Daniel (Sophia) ret O 100a 1h 2c R1 Jewell Rid 23 Ind tel.
WOLF, DANIEL F. (Florence) farmer T 100a 2h 1c R1 Jewell Rid 23 Ind tel.
Wolf, D. A. (Ola) 2 ch general hardware 1h Hamler Mar Ind tel.
Wolf, Earl N. (son Geo.) farm laborer 1h bds R2 New Bavaria Ple 27 Ind tel.
Wolf, Ed. farmer R1 Jewell Rid.
Wolf, George farmer New Bavaria.

Wolf, Mrs. Hattie Pleasant Bend.
Wolf, Hattie bds R2 New Bavaria Ple 47 Ind tel.
Wolf, Henry (Minnie) 2 ch farmer O 42a 3h 3c R9 Archbold Rid 64 Ind tel.
Wolf, Henry (Margaret) 1 ch farmer O 40a 2h 4c Pleasant Bend Ple 48 Ind tel.
WOLF, H. F. (Henrietta) 1 ch farmer T 40a R3 Deshler Bar 34 Ind tel.
Wolf, H. M. (Pearl) 2 ch farmer O 40a 3h 7c R3 New Bavaria Ple 18 Ind tel.
Wolf, Jacob (Katherina) ret O 80a 2c R1 Jewell Rid 23 Ind tel.
Wolf, John ret bds New Bavaria Plo 48 Ind tel.
Wolf, Mrs. Margaret New Bavaria.
Wolf, Philip ret O 80a 1h 1c R2 New Bavaria Ple 47 Ind tel.
WOLF, PHILIP (Frieda) 3 ch farmer T 80a 4h 6c R1 Jewell Rid 23 Ind tel.
Wolf, Ruth (dau Geo.) R2 New Bavaria Ple 27.
Wolf, William (Hattie) 2 ch section hand O Pleasant Bend Ind tel.
Wolf, W. A. (Laura O.) 3 ch farmer O 40a 7h 4c R3 New Bavaria Ple 22 Ind tel.
Wolf, W. F. (Sarah C.) 5 ch farmer O 80a 3h 5c R2 New Bavaria Ple 25 Ind tel.
Wolfe, A. E. (Adaline) farmer O 40a 2h 2c R3 McClure Dms 62 Ind tel.
Wolfe, H. C. (Ella) 6 ch farmer O 80a 4h 6c R5 Napoleon Dms 33 Ind tel.
WOLFE, H. E. (Ada R.) 3 ch farmer T 40a 3h 4c R2 McClure Dms.
Wolfe, Theo. (Emma) 1 ch carpenter T R3 Stryker Rid 21 Ind tel.
Wood, Frank laborer bds R1 Colton Wash 73 Ind tel.
Woodburn, Marilla L. farmer O 16a 1c R9 Archbold Fre 3½ Ind tel.
Woodburn, Susan farmer O 16a 1c R9 Archbold Fre 3½ Ind tel.
WOODRUFF, C. G. (Ethyl) 1 ch Wabash agent & operator T H&L Okolona Ind tel.
Woodward, Clarence (Vivian) 2 ch engineer O H&L Garfield St Liberty Center.
Woodward, E. C. (Harriet) 2 ch farmer O 120a 7h 15c R1 Liberty Center Lib 56 Ind tel.
Woodward, Jason (Emma) 4 ch thresher T H&L 1h R3 Liberty Center Lib 74.
WOODWARD, J. F. (Margaret D.) laborer O H&L Young St Liberty Center.

WOODWARD, O. U. (Emma A.) carpenter O H&L Garfield & Lincoln Sts Liberty Center.
Woodward, Ray (Edyth) mail carrier O H&L 1h Maple Ave Liberty Center Ind tel.
WOODWARD, W. L. (Josephine) farmer O 80a 7h 12c R3 Liberty Center Lib 56 Ind tel.
Woody, J. E. (Emma E.) 4 ch farming T 158a 5h 4c R1 Malinta Rhfd 12 Ind tel.
Worth, Maggie (dau John M.) housekeeper R8 Napoleon Mon 1 Ind tel.
Worth, Michael (Maggie) 2 ch farmer T 480a 8h 2c R10 Napoleon Lib 11 Ind tel.
Wright, C. M. (Julia) 3 ch O 120a 5h 20c R3 Liberty Center Lib 56 Ind tel.
Wright, Mrs. Ellen O H&L Maple Av Liberty Center.
Wright, E. L. farmer Colton.
Wright, E. N. (Blanche) 2 ch farmer O 40a 4h 3c R1 Liberty Center Lib 75 Ind tel.
WRIGHT, FRED (Elsie) 3 ch blacksmith T shop H&L Malinta.
Wright, I. L. (Flora M.) 2 ch farmer O 80a 3h 5c R1 Colton Wash 72 Ind tel.
WRIGHT, JAMES W. (Emma) 1 ch farmer O 58a 3h 25c W Maple St Liberty Center Ind tel.
WRIGHT, JOHN A. (Emily C.) 6 ch farmer & Holstein Friesian cattle O 120a 6h 25c R3 Liberty Center Lib 74 Ind tel.
Wright, L. V. (Della M.) farmer T 80a 3h 2c R1 Colton Wash 72 Ind tel.
WULFF, BARNEY (Lena) 4 ch farmer O 80a 8h 11c R10 Napoleon Lib 55.
Wulff, Cecil farmer bds R2 McClure Dms 100 Ind tel.
WULFF, CORNELIUS (Hattie C.) 2 ch farmer T 80a 3h 13c R2 Liberty Center Wash 96 Ind tel.
Wulff, Geo. H. farmer McClure.
Wulff, Herman 2 ch ret O 80a bds R2 Liberty Center Wash 96 Ind tel.
Wulff, John (Bessie) 5 ch farmer T 160a 4h 6c R10 Napoleon Lib 30 Ind tel.
Wulff, William (Rachel) 5 ch farmer O 160a 10h 22c R3 Liberty Center Lib 55.
Wulff, William C. (Lena) farmer O 30a R2 McClure Dms 100 Ind tel.
Wurthmann, Rev. H. B. (Wilhelmina) 6 ch minister 1h R2 Hamler Mon 82 Ind tel.

FARMERS' DIRECTORY

Wyse, Wm. M. farmer R10 Archbold Rid.
Yackee, Albert H. (Helen M.) farmer T 85a 3h 4c R3 Napoleon Flrk 74 Ind tel.
Yackee, Chas. (Emma R.) 6 ch farming O 6h 7c R3 Napoleon Flrk 69 Ind tel.
Yackee, Ester S. R3 Napoleon Flrk 74.
Yackee, Eugene farmer T 86a 3h 3c R3 Napoleon Flrk 72.
Yackee, Fred ret farmer O 40a 1h R3 Napoleon Flrk 78 Ind tel.
Yackee, Hattie L. R3 Napoleon Flrk 74.
Yackee, Herman (Sarah) 2 ch farmer T 80a 5h 5c R1 Holgate Mar 4.
Yackee, John farmer RD Napoleon Flrk.
YACKEE, PHILIP L. (Lucy) 7 ch O 85a 3h 10c R3 Napoleon Flrk 74 Ind tel.
Yackee, Philip P. (Katharine) 1 ch ret O 86a 2h 1c R3 Napoleon Flrk 72 Ind tel.
YACKEE, WM. F. (Clara) 2 ch farmer T 40a 2h 2c R3 Napoleon Flrk 78 Ind tel.
YAICHNER, E. M. (Margaret) 3 ch stationary engineer T H&L R2 Malinta Mon 47.
Yaichner, Frank laborer 1h Holgate.
Yaichner, Geo. M. (Bessie) farmer T 40a 2h 2c R3 Holgate Flrk 52 Ind tel.
Yaichner, H. stationery engineer bds R2 Malinta Mon 47.
Yaichner, Mrs. Jacob RD Napoleon Flrk.
YAICHNER, JOHN W. (Lillian) farmer T 48a 3h 5c R3 Holgate Flrk 52.
Yaichner, Mary O 40a H&L Holgate Ind tel.
Yaney, F. L. farmer Wauseon.
Yaney, G. L. farmer O 120a 4h 20c R4 Wauseon Lib 39 Ind tel.
Yaney, Harry farmer bds R4 Wauseon Lib 39 Ind tel.
Yaney, J. E. (Etta) 2 ch farmer O 80a 6h 6c R10 Napoleon Lib 47 Ind tel.
Yaney, Naman farmer Liberty Center.
YANEY, W. A. (Iva) 2 ch junk dealer O H&L 1h E Maple Ave Liberty Center Ind tel.
Yaneyroad, Naman farmer R2 Liberty Center Wash 64.
Yant, H. D. (Cora E.) minister O 20a Holgate Ind tel.
Yarnell, Clair farmer RD Napoleon Lib.
YARNELL, JERRY M. (Mertie) 4 ch farmer O 20a 4h 21c R2 Napoleon Fre 70 Ind tel.
Yauch, Wm. Holgate.
Yaunt, Wm. blacksmith Okolona.

Yenner, A. A. (Alma) farmer T 80a 4h 2c R3 Holgate Flrk 50 Ind tel.
Yenner, Geo. S. (Lizzia) ret O 180a H&L Holgate Ind tel.
Yetter, A. A. (Elsie) 1 ch farmer T 140a 3h 4c R3 New Bavaria Ple 59 Ind tel.
Yetter, Bertha bds R3 New Bavaria Ple 40 Ind tel.
Yetter, Charles C. (Caroline) farmer O 65a 3h 5c R2 Holgate Ple 37 Ind tel.
Yetter, Esther bds R3 New Bavaria Ple 59 Ind tel.
Yetter, Fred W. (Frances) 4 ch farmer O 70a 2h 4c R3 New Bavaria Ple 59 Ind tel.
Yetter, Freida (dau C. C.) bds R2 Holgate Ple 37 Ind tel.
YETTER, GEORGE E. (Stella) 5 ch farmer O 60a 2h 3c R2 Holgate Ple 37 Ind tel.
Yetter, G. C. (Anna) farmer O 120a 5h 20c R3 New Bavaria Ple 40 Ind tel.
Yetter, J. C. (Fredericke) farmer O 140a 3h 6c R3 New Bavaria Ple 59 Ind tel.
Yetter, J. G. farmer New Bavaria.
Yetter, Manila (dau J. G.) bds R3 New Bavaria Ple 59 Ind tel.
Yetter, Margaret ret T R3 New Bavaria Ple 59.
Yetter, Mary New Bavaria.
Yetter, Richard (son C. C.) farming bds R2 Holgate Ple 37 Ind tel.
YETTER, WILL P. (Emma) 5 ch farmer & fancy poultry O 70a 3h 7c R3 New Bavaria Ple 59 Ind tel.
Yocom, Adam (Mary) 5 ch farmer T 112a 4h 4c R5 Napoleon Har 1 Ind tel.
Yoder, Jonas farmer R9 Archbold Rid.
Yokee, John A. (Emma) 1 ch farmer T 140a 5h 7c R3 Napoleon Flrk 47 Ind tel.
Yorges, Freda R1 Okolona Flrk 3.
Yorges, Harriett E. R1 Okolona Flrk 3.
Yorges, Helen M. R1 Okolona Flrk 3.
YORGES, JOHN A. (Anna E.) 5 ch farmer O 77a 5h 4c R1 Okolona Flrk 3 Ind tel.
Yorges, Lewis H. R1 Okolona Flrk 3.
Yost, D. J. (Jennie C.) ret O 2a R3 McClure Dms 62.
Young, Anna F. Holgate.
Young, Arthur farmer Grelton.
Young, Burdette (son Lyda) printer Holgate.
Young, B. H. RD Deshler Bar.
Young, Mrs. Chas. RD Deshler Rhfd.
Young, Clara RD Deshler Bar.

Young, Fred (Anna F.) salesman O H &L 1h Holgate.
YOUNG, F. O. (Nettie) 1 ch farmer T 90a 5h 7c R3 New Bavaria Ple 15 Ind tel.
Young, G. W. P. Hamler.
Young, Harry E. farmer T H&L R7 Napoleon Nap 73.
Young, Henry (Minnie) farmer O 80a 5h 3c R3 Deshler Rhfd 17 Ind tel.
Young, Jacob plaster & brick layer bds Holgate.
YOUNG, JAMES (Maud) 2 ch farmer T 80a 2h 4c R1 Liberty Center Wash 31 Ind tel.
Young, J. H. RD Deshler Bar.
Young, Lydia T Holgate.
Young, Ludwig farmer Malinta.
Young, M. C. (Bertha) 4 ch farmer T 80a 3h 7c R2 Liberty Center Wash 41 Ind tel.
YOUNG, O. L. (Nora A.) 1 ch farmer T 160a 5h 7c R2 New Bavaria Ple 27 Ind tel.
Young, Mrs. Sarah A. Liberty Center.
Young, Verga Holgate.
Young, W. F. pool room O 61a H&L Holgate.
Young, W. H. RD Deshler Bar.
Young, W. P. Holgate.
Young, W. W. (Adella M.) 1 ch dry goods H&L Liberty Center.
Youngker, Cleveland farming T 28a 2h R3 Hamler Mar 63.
Youngker, F. C. (Elizabeth) ret O 60a 3h 4c R3 Hamler Mar 58 Ind tel.
Youngker, George (Ruth A.) 1 ch grain buyer 1c R3 Hamler Mar 63.
Yoxthimer, Miles 5 ch laborer bds R4 Deshler Bar 93.
YUNGMANN, AUGUST (Adina) 4 ch farming T 80a 3h 3c R1 Hamler Mar 36 Ind tel.
Yungmann, Christ (Mary) 5 ch ret O 80a H&L 1h 1c RD Ridgeville Corners Rid 43 Ind tel.
Yungmann, Emma housekeeper & clerk Ridgeville Corners Rid 43 Ind tel.
Yungmann, F. H. (Verna) farmer O 8a 5h R9 Archbold Rid 64 Ind tel.
Zachrich, Albert (son Conrad) farmer T 20a RD New Bavaria Ple 9 Ind tel.
ZACHRICH, CHRIST (Caroline) ret O 85a H&L Holgate.
Zachrich, Conrad (Regina) 5 ch farmer O 40a 5h 4c R2 New Bavaria Ple 9 Ind tel.
ZACHRICH, FERD farmer O 47a 3h 3c R2 New Bavaria Ple 9 Ind tel.

ZACHRICH, FRED (Gertrude) 2 ch cattle & poultry breeder 85a 2h 5c R9 Holgate Ple 63. See adv.
Zachrich, Harmon farming 1h bds R2 New Bavaria Ple 9 Ind tel.
Zachrich, Henry (Mary) 1 ch farmer 114a 1h 2c R2 New Bavaria Ple 9 Ind tel.
Zachrich, Lewis (Aline) 4 ch clerk O H&L Holgate.
Zachrich, Walter J. farmer New Bavaria.
ZACHRICH, WM. (Winnie) 3 ch butcher O H&L Holgate.
ZAHREND, EARL R10 Napoleon.
Zahrend, Fred (Ellen) 2 ch farmer O 105a 7h 7c R10 Napoleon Lib 50 Ind tel.
Zahrend, Harmon (Harriet) 2 ch farmer O 106a 4h 6c R1 Liberty Center Lib 75 Ind tel.
Zellers, Miss Anna R3 McClure Dms 15 Ind tel.
ZELLERS, N. (Mary) ret O 25a 1h 2c R3 McClure Dms 15 Ind tel.
Zenz, Ernest (Ella) 1 ch farmer T 90a 3h 1c R3 Napoleon Flrk 50 Ind tel.
Zenz, Mike laborer T bds R1 New Bavaria Ple 103 Ind tel.
ZENZ, PETER, JR. farmer O 40a 3h R1 New Bavaria Ple 92 Ind tel.
Zenz, Peter, Sr. (Rosanna) 1 ch farmer O 40a 3h 2c R1 New Bavaria Ple 103 Ind tel.
Zenz, Ray shipping clerk bds R1 New Bavaria Ple 103.
Zenz, Will (May) 1 ch farmer T 120a 4h 13c R10 Napoleon Lib 47 Ind tel.
Zernheld, Enos RD Deshler Bar.
Zernheld, J. F. RD Deshler Bar.
Ziegler, Edward RD Deshler Bar.
Ziegler, Geo., Sr. farmer RD Deshler Bar.
Ziegler, G. W. RD Deshler Bar.
Ziegler, Wm. J. laborer bds R2 Holgate Flrk 14.
Zierolf, Mary R1 Hamler Mar 46.
ZIEROLF, PETER C. (Lena) 4 ch farming O 140a 13h 20c R1 Hamler Mar 46.
Zierolf, S. O. (Amelia) 3 ch farming O 70a 3h 3c R3 Hamler Mar 58 Ind tel.
ZIEROLF, URBAN school teacher 2h 3c R3 Hamler Mar 58 Ind tel.
Zierolf, Valaria school teacher R1 Hamler Mar 46.
Zierolf, Wm. N. farmer RD Napoleon Mar.
Zimmer, Carl C. laborer R2 Napoleon Fre 57.
Zimmer, Frank A. (Rosa) 3 ch farmer O 120a 6h 12c R2 Napoleon Fre 57 Ind tel.

Zimmer, Frank E. farmer 1h R2 Napoleon Fre 57.
ZIMMER, JOHN J. (Ellen) farmer O 60a 4h 3c R2 Napoleon Fre 65 Ind tel.
Zimmerman, Alva farm hand 1h Westhope Rhfd 47 Ind tel.
Zimmerman, Bertha RD Ridgeville Corners Rid 57 Ind tel.
Zimmerman, B. (Mary) 11 ch ret O 41½a H&L 1h 1c RD Ridgeville Corners Rid 57 Ind tel.
Zimmerman, C. M. (Emma) 2 ch farmer T 127a 5h 14c R9 Archbold Fre 2 Ind tel.
Zimmerman, C. W. RD Deshler Bar.
Zimmerman, Earl laborer bds R1 McClure Rhfd 99.
Zimmerman, Earl laborer bds R1 Malinta Rhfd 14 Ind tel.
Zimmerman, John (Viola) hardware clerk T H&L Ridgeville Corners Rid 62½ & 64.
Zimmerman, Mary Ridgeville Corners.
Zimmerman, Minnie school teacher Ridgeville Corners Rid 57 Ind tel.
Zimmerman, M. RD Deshler Bar.
Zimmerman, Robert (Harriet) 4 ch farming O 39a 4h 3c Westhope Rhfd 47 Ind tel.
ZINK, JOHN (Mary E.) 4 ch ret O 4a 1h R8 Napoleon Har 33 Ind tel.

Zoll, Franklin (Catharine) 1 ch carpenter O 80a 1h 4c R1 New Bavaria Mar 21.
Zollars, Susie 2 ch O 40a R3 Liberty Center Lib 73 Ind tel.
Zollars, W. O. (Lizzie) farmer T 40a 3h 9c R3 Liberty Center Lib 73 Ind tel.
Zook, Bruce thresher RD Napoleon Har.
Zook, C. W. (Grace) 4 ch farmer T H&L 1c R5 Napoleon Dms 6 Ind tel.
Zook, Harry B. (Minnie) 2 ch carpenter T H&L R1 Napoleon Har 44 Ind tel.
ZOOK, JOHN (Delora) 2 ch farmer O 60a 5h 5c R5 Napoleon Har 47 Ind tel.
Zuhr, John farmer R9 Archbold Rid.
Zumfelde, Herman farmer R4 Napoleon Fre.
ZWAYER, MRS. B. 5 ch farmer O 80a 1h 10c R2 Malinta Mon 63 Ind tel.
ZWAYER, B. J. (Mary R.) 3 ch piano O 3 store rooms and H Malinta Ind tel. See adv.
Zwayer, Chas. D. newsboy Malinta Ind tel.
Zwayer, Flo M. music teacher Malinta Ind tel.
Zwayer, James farmer T 80a 2h R2 Malinta Mon 63 Ind tel.
Zwayer, Lorethie B. farmer Malinta.
Zwayer, Maude E. stenographer & bookkeeper Malinta Ind tel.

Securing Orders for the Henry County Directory.

The Robinson Grain Co.

MILLS AND ELEVATOR
DESHLER, OHIO

LEADERS IN

Grain, Flour, Kiln Dried Meal, Feed, Seed and Coal

JOBBERS OF GOLD MEDAL FLOUR
COAL IN CAR LOTS AT JOBBERS' PRICES

HENRY COUNTY BUSINESS DIRECTORY

AGRICULTURAL IMPLEMENTS.
DESHLER—Ward, N. H.
HAMLER—Bern, H. V.
LIBERTY CENTER—**BACHMAN & BURKHART.** See adv.
MCCLURE—Peery, Rollo J.
NAPOLEON—Reinke, Henry
WEST HOPE—**SMITH & SPRINGHORN.** See adv.

ATTORNEYS.
DESHLER—**GRIBBELL, FRED,** E Main St. See adv.
Long, L. E.
Thompson, O. F.
Waltimer, G. C.

Donovan & Donovan
ATTORNEYS-AT-LAW
Opposite Court House   NAPOLEON, O.
PHONE No. 392

MODERN FARM MACHINERY

Remember we aim to render you a superior service in offering

FARM IMPLEMENTS, BUGGIES, WAGONS, WIND MILLS, ETC.
OF SUPERIOR QUALITY AT UNBEATABLE PRICES

Give us a chance to prove this when in need of anything in our line. Call and see us when in town.

HOME PHONE 92   MUTUAL PHONE 73

BACHMAN & BURKHART
LIBERTY CENTER, OHIO

FRED. GRIBBELL
ATTORNEY-AT-LAW

DESHLER   -   -   -   -   OHIO

GEORGE S. MAY
ATTORNEY-AT-LAW

Office Phone 21
Residence Phone 447

NAPOLEON, OHIO

GEO. A. MEEKISON
Attorney-at-Law
Farm Loans at 5%
NAPOLEON - OHIO

OFFICE PHONE 141   RESIDENCE PHONE 259

J. R. LINTHICUM
ATTORNEY-AT-LAW

OLD VOCKE BLOCK   NAPOLEON, OHIO

P. C. PRENTISS
ATTORNEY-AT-LAW

NAPOLEON PHONE   NAPOLEON, OHIO

CLASSIFIED BUSINESS DIRECTORY.

ATTORNEYS—Continued.
NAPOLEON—Beck, F. J.
  Cahill, R. W.
  CAMPBELL, W. W. See adv.
  Cuff, F. V.
  Cuff, J. F.
  Cuff, W. A.
  Dittmer, H. R.
  DONOVAN, JAMES, JR. See adv.
  DONOVAN, JAMES, SR. See adv.
  Donovan, D. D.
  DUFFY, W. P., New Vocke Block. See adv.
  FISER, U. V., Old Vocke Block. See adv.
  Frease, C. C.
  HESS, O. W. See adv.
  LINTHICUM, J. R. See adv.
  McComb, C. R.
  MAY, GEO. S. See adv.
  MEEKISON, GEORGE A., Old Vocke Block. See adv.
  Mulchay, Thos.
  Nyswander, R. S.
  Pontius, W. H.
  PRENTISS, P. C. See adv.
  Ragan, Jas. P.
  Ragan, J. C.
  Reiger, J. C.
  Smith, Orville
  Warden, E. N.

AUCTIONEERS.
LIBERTY CENTER—**SHUFELDT, I. U.** See adv.
NAPOLEON—Booher, E. C.
  Hornung, Albert

AUTOMOBILES AND AUTO SUPPLIES.
DESHLER—Buckeye Auto Starter Co.
  Colwell, R. D.
  DESHLER MOTOR SALES CO., THE. See adv.
MALINTA—Geist, C. D.
NAPOLEON—**BICHAN, JOHN.** See adv.
  Corey Bros.
  Donnelly, C. E.
  Guilinger, Frank
  Napoleon Auto Mfg. Co., The
  Napoleon Auto Paint Co., The
  SMITH, H. M. See adv.
  SNYDER, C. J., 625 W Main St. See adv.
OKOLONA—**KOBLE, HERMAN C.** See adv.

W. W. CAMPBELL
Attorney-At-Law
Over First National Bank

Office Phone 83
Home " 108

NAPOLEON, OHIO

I. U. SHUFELDT
PUBLIC AUCTIONEER

Real Estate   Merchandise   Farm Sales

Thorough Bred Stock a Specialty

Mutual Phone   LIBERTY CENTER, OHIO

BAKERS.

Deshler—Robinson, W. S.
SHERMAN, T. A., Main St. See adv.
Holgate—Tripp, Frank
Liberty Center—Flagg, Carl G.
McClure—Seekamp, H. C.
Napoleon—Curdes, G. F.
  Goller, Albert
  Kindig, Mrs. Z. L.
  Home Bakery, The

BANKS.

Deshler—Corn City State Bank
  Deshler State Bank
Hamler—Henry County Bank
Holgate—**HOLGATE COMMERCIAL BANK.** See adv.
Liberty Center—Liberty State Saving Bank
McClure—Durbin Bank
Malinta—Farmers & Merchant's Bank
Napoleon—Commercial State Bank
  First National Bank
  Napoleon State Bank
Ridgeville Corners—Ridgeville Savings Bank

W. P. DUFFY

ATTORNEY-AT-LAW

MONEY TO LOAN   REAL ESTATE

NAPOLEON, OHIO

THE "FOSTORIA"
Light Car Company
MODEL 'C' TOURING

THE SURPRISE CAR OF THE SEASON

Get a Demonstration Before You Buy

Six Different Models **PRICE $495 to $825**

"And the night shall be filled with music,
And the cares that infest the day
Shall fold their tents like the Arabs,
And silently AUTO away."

Silent, because it is a Fostoria

H. M. SMITH, District Agent
LOCATED AT SHONDELL'S GARAGE

Phone 356   Residence 295   NAPOLEON, OHIO

CLASSIFIED BUSINESS DIRECTORY.

U. V. FISER
ATTORNEY-AT-LAW

HOME PHONE　　　　　　　　NAPOLEON, OHIO

OTTO W. HESS
Attorney and Counselor-at-Law
Napoleon Phone 286

NAPOLEON　　　　　　OHIO

..*Regal*..

Repairing, Vulcanizing and Everything Pertaining to Automobile Business

TIRES AND SUPPLIES OF ALL KINDS

C. J. Snyder, Agent

Home Phone No. 241　　　　　　*Napoleon, Ohio*

CHAS. RITTER
General Repair and Supply Shop
Motorcycle and Bicycle Repairing a Specialty

Exclusive Agent of the Harley-Davidson Motorcycle

No. 511 PERRY STREET   NAPOLEON, O.

T. A. SHERMAN
BAKER
PHONE 2069-2
DESHLER - **OHIO**

Be the *first* in your locality to own the wonderful new

SUPER-SIX

It's a new invention—a new discovery. It is one of the biggest improvements ever made in motor-cars. If you want to conquer every other car in your town in hill-climbing, speed, pick-up, economy, durability and beauty, *don't miss the Super-Six.*

HERMAN C. KOLBE

Phone 301   OKOLONA, OHIO

CLASSIFIED BUSINESS DIRECTORY.

BARBERS.
DESHLER—Baughman, L. L.
 Biker, J. F.
 Hill, Frank
 Kline & Baughman
LIBERTY CENTER—Russell, Geo.
NAPOLEON—Baker, Noah
 Kanney, Aug.
 Kanney, John
 Krause, John
 Parcela, C. A.
 Rhody, H. C.
 SHUMAKER, C. J., 710 N Perry St. See adv.
 Tillman, C. E.
 Young, L. P.
OKOLONA—Swigert, Albert W.

BICYCLES AND MOTORCYCLES.
LIBERTY CENTER—Graner, Chas. A.
NAPOLEON—Green, Bert
 Long, Harry W.
 Plummer & Ritter
 RITTER, CHAS. See adv.

BILLIARDS.
DESHLER—Thatcher & Powell
 Wiedenroth, Albert H.

HAMLER—Brady, Alphonsus L.
HOLGATE—Lewis, F. W.
 Thron, J. L.
 Young, W. F.
McCLURE—Peery, J. J.
NAPOLEON—Horn, Frank L.
 Reiser, Jacob F.
 Theobold & Casteel
OKOLONA—Swigert, Albert W.
RIDGEVILLE CORNERS—Baer, E. S.

BLACKSMITHS.
DESHLER—Britenriker, Jos.
 Sheffield, Wm.
 Ziegler Bros.
FLORIDA—Thompson, Wm.
GERALD—VonDeylen, Wm.
GRELTON—Landis, E. A.
 TRAVIS, ALBERT. See adv.
HAMLER—Deters, Joseph
 Frey, Grey
 Rose, John H.
HOLGATE—Archambeault, L. J.
 Binger Bros.
LIBERTY CENTER—Frederick, O. J.
 Leitner, David
 Minnick & Sons

Holgate Commercial Bank
THE OLDEST AND ONE OF THE STRONGEST BANKS IN THE COUNTY

Is Doing a Safe and Careful Banking Business

GEO. RICKER, President
W. H. PEPER, Vice-President

F. H. VOIGT, Cashier
G. H. VOIGT, Asst. Cashier

HOLGATE, OHIO

ALBERT TRAVIS
Blacksmithing and Horseshoeing
HORSESHOEING A SPECIALTY

Phone No. 12　　　　　　　　　　GRELTON, OHIO

L. M. BURR
Successor of W. H. Bevelhymer

GENERAL BLACKSMITH and PRACTICAL HORSESHOER

Work Guaranteed

MALINTA :: :: :: :: **OHIO**

For First-Class Barber Work

Go to the **Big 4 Barber Shop**

Shower and Tub Baths in connection

C. J. SHUMAKER, Proprietor

710 North Perry Street   Napoleon, Ohio

GEO. SEIBOLD & SON

Horseshoeing and Repairing

FORGING and INTERFERING GIVEN SPECIAL ATTENTION

OUR SPECIALTY { Buggy and Wagon Repairing Of All Kinds

HOME PHONE   **NAPOLEON, OHIO**

G. F. FRALEY
CONTRACTOR and BUILDER
PHONE 309

503 Welsted St.   Napoleon, Ohio

W. N. HESS & SON
General Contractors and Builders

OFFICES AT NAPOLEON, OHIO

STOP!   LOOK!   LISTEN!

Mr. Farmer, when you get ready to build remember that we have just what you want in the line of

Sand, Gravel, Cement, Lime, Plaster, Sewer Tile, Mortar Colors, Etc.

Let us figure on your foundation. We make all kinds of cement blocks, and cement porch work.

IT WILL PAY YOU TO SEE US BEFORE BUYING

KRAUSS & NEWELL, Napoleon, O.
Phone 379   Opposite Vocke Mills

YOU ALWAYS GET THERE WITH NEVERSLIP CALKS

L. B. SHREVES
Horseshoeing and Rubber Tireing

Neverslip Calks are just what the name indicates, they never slip

NAPOLEON : : : **OHIO**

Carpenter and Building Contractor

Estimates Furnished Promptly for all Kinds of Work—New or Repair

Call, Phone or Write

Charles T. Hatcher

Mutual Phone 64   LIBERTY CENTER, OHIO

GET MY PRICES

Wait — If you are looking for a place where you can buy Economically and where you can get Service, look us up

L. K. SPANGLER

LEADING DEALER IN

DRY GOODS AND GROCERIES

BOTH PHONES

W. MAIN ST.   ∴   DESHLER, OHIO

CLASSIFIED BUSINESS DIRECTORY.

BLACKSMITHS—Continued.
McClure—Krause, Chas.
  Nulton, G. W.
Malinta—Bevelhymer, Wendell H.
BURR, L. M. See adv.
  Wright, Frederick
Napoleon—Krabill, Geo.
  Kummerant, Frank A.
  Parcher, Chas.
  SEIBOLD, GEO., & SON. See adv.
  SHREVES, L. B. See adv.
  Strole & Bernicke
  Strole, Wm.
  Tadsen, Henry
  Walters, John
Okolona—Yount & Buntz
Ridgeville Corners—Schroeder & Teeple
Westhope—Blanke, Fred
  Neifer, Herman

BOTTLING WORKS.
Napoleon—Fisk Bros.

BOX MANUFACTURERS.
Deshler—Buckley Cigar Box Co.
  Deshler Mail Box Co., The

BREWERS.
Napoleon—Napoleon Brewery
  Tietjens Brewing Co., The

BRICK MASONS.
Napoleon—Line, Bus
  Snyder, Curtiss

BRICK AND TILE.
Deshler—Rogers Bros.
Hamler—Hamler Brick & Tile Co.
Holgate—Richholt Bros.
Napoleon—Austin, Wm. M.
MEHRING, JOHN A., & SON, 1201 Willard St. See adv.
Ridgeville Corners—Giffey, Anthony

BROKER.
Napoleon—Smith, M. K.

BUILDERS AND CONTRACTORS.
Deshler—Allen, Ben
  Buller, A. A.
  Davis, Louis
  Helenke, Geo.
  Henery, Wm.
  Miller, Valentine
  Saunders, Wm.
  Van Horn, John, & Son
Florida—**Seibel, Jacob C.**
Liberty Center—**HATCHER, CHAS. T.** See adv.

HENRY HARMON
Building Mover
Phone No. 448   NAPOLEON, OHIO

J. J. WOODMAN
Carpenter and General Contractor
REFERENCE—R. G. DUN & CO.
NAPOLEON, OHIO

HENRY COUNTY

BUILDERS AND CONTRACTORS—
Continued.
NAPOLEON—Bollman, Harley V.
Box, Walter
Clymer, Elza
Cocke, Gust
Conway, Richard
Ferguson, Alva
FRALEY, G. F. See adv.
Gilson, Elmer
Harmon, Geo. E.
Hartley, Harry
HESS, WM. N. & SON. See adv.
Pontius, Wm. H.
Theobold, Jake
TUTTLE, G. F. See adv.
Walker, Chas.

WOODMAN, J. J. See adv.
Zahrend, Christ

BUILDING MOVERS.
NAPOLEON—**HARMON, HENRY.** See adv.
Jeakle, John

BUILDING SUPPLIES.
DESHLER—Lytle Lumber Co., The
MALINTA—**BENSING BROS. LUMBER CO.** See adv.
NAPOLEON—**KRAUSS & NEWELL**, 415 N Perry St. See adv.

BUS LINES.
NAPOLEON—Kraybill, Carl
Neff, R. G.

PHONE 424

G. F. TUTTLE

General Contractor & Builder

No. 537 High St., NAPOLEON, O.

JULIAN
REGISTERED PERCHERON STUD
A PROVEN BREEDER   Color—JET BLACK

Service at my farm on the Canal Road, ¼ mile south of Napoleon Township road. See directory map, Road 42
High-class young Percheron stock for sale at all times

| Jersey Cattle Registered | **J. E. BACK** Phone 37½ OKOLONA | R. F. D. No. 7 NAPOLEON | English Berkshire Hogs |

A. A. BALLMER

BREEDER OF BIG SIZE
Poland China Hogs

Phone 618   R. D. No. 3, McCLURE, OHIO

CLASSIFIED BUSINESS DIRECTORY.

CABINET MAKER.
Holgate—Herthneck, George

CARPET WEAVER.
Florida—Ramus, Caroline

CARRIAGE AND AUTO CURTAINS.
Deshler—**VANCIL, J. A.**, W Main St. See adv.

CARRIAGES AND WAGONS.
Liberty Center—Schlender, H.
Napoleon—Swin, Adam

CATTLE, HORSE AND SWINE BREEDERS.
Archbold—Henry, L. C.
Holgate—**ZACHRICH, FRED W.** See adv.
McClure—**BALLMER, A. A.** See adv.
Napoleon—**ASH, J. W.** See adv.
BACK, J. E. See adv.
Elm Stock Farm
FETTER, E. M. See adv.
HANNA, O. C. See adv.

ROHRS, JOHN C. See adv.
New Bavaria—Mangas, T. A.

CEMENT.
Florida—Redman, M. R.
Hamler—Cement Factory
Gluss Bros.
Liberty Center—Rigal & Sharp
Napoleon—Ferguson, Alva
GERKEN, HARMON. See adv.
Mengerink Bros.

CIGARS.
Deshler—Baughman, L. L.
Hill, Frank
Florida—Travis, Chas.
Grelton—Joy, L. C.
Liberty Center—Bowers, W. J.
Russell, G. V.
Malinta—**HERRING, C. T.** See adv.
Reed, E. R.
Stamm, Frank C.
Napoleon—Dawood, John
Foor, E.
Fox Bros. Cigar Co.
Horn, F. L.
Ludwig & Parcels

OHIO IMPROVED CHESTER WHITE HOGS
AND W. P. R. CHICKENS are raised upon the
Turkey Foot Stock Farm

Located 1 mile south and 6 miles east of Napoleon, Ohio, or 3½ miles west of McClure, Ohio. Parties desiring such stock should write or call, and examine stock and get prices.

Stock Recorded in the American C. W. Record
J. W. ASH & SONS, R. F. D. 1, Napoleon, O.
Phone 956   McClure Exchange

Estimates Cheerfully Made and Satisfaction Guaranteed

HARMON GERKEN
Contractor of Public and Private Cement Works

Phone No. 479 Green   NAPOLEON, OHIO

WHITE HALL STOCK FARM

"KABOT" (93860) 87278 AT HEAD OF STUD

John C. Rohrs, Prop.

Breeder of Reg. Percheron Horses

SPOTTED POLAND also CHINA HOGS, REG

Stock For Sale At All Times

Gerald Phone 1½ ½ on 22 R. F. D., No. 4 NAPOLEON, OHIO

Phone, 3 on 944

O. C. Hanna

Registered Jersey Cattle

White Holland Turkeys
White Wyandotte Chickens

R. F. D., No. 7 NAPOLEON, OHIO

City Coal Company

DEALERS IN

Hard and Soft Coal

Special Price Made on
Car Load Lots

H. B. YARNELL, Proprietor

Home Phone No. 91 NAPOLEON, OHIO

CLASSIFIED BUSINESS DIRECTORY.

CIGARS—Continued.

NAPOLEON—Reiser, J. F.
  Schultz, W. G.
  Shoemaker, Geo. C.
  Shumaker, C. J.
  Zellers, A. A.

CLEANERS AND DYERS.

NAPOLEON—Higgins, Roy
  Oelke, Geo. J.
  Sloan, H. E.

CLOTHING.

DESHLER—Brick, R. W., & House
HOLGATE—**BUCHENBERG, F.** See adv.
  Peper, Edmond G.
LIBERTY CENTER—West, A. G.
NAPOLEON—Charles, Edwin S.
  Hahn, T. W.
  Higgins, Roy
  Hinds, D. B.
  Piso, E. H. & Co.
  Vandenbroek, A. A.
  WELZ, C. L. See adv.
  Wolz, Chas.
RIDGEVILLE CORNERS—Schroeder, C. H.

COAL.

DESHLER—Cain Bros.
  Davis, Chas.
  Davis, C. F.
HOLGATE—**SNYDER & CO., S. L.** See adv.
LIBERTY CENTER—Daring, F. E.
MALINTA—**BENSING BROS. LUMBER CO.** See adv.
NAPOLEON—**CITY COAL CO.** See adv.
  HOME COAL COMPANY. See adv.
  Johnson & Ritz
  KRAUSS & NEWELL, 415 N Perry St. See adv.
  Pierepont, Blair
  Pierrepont, W. J.
  Shelt & Co., Samuel A.
  Shoemaker, C. W.
  Wheeler, G. G.
  Yarnell Bros.
  Yarnell, Daniel

CONCRETE PRODUCTS.

LIBERTY CENTER—**SHARPE, IRA G.** See adv.

F. BUCHENBERG
CLOTHIER
and Men's Outfitter

Made to Measure Suits a Specialty

THE STORE OF QUALITY
HOLGATE, OHIO

E. M. FETTER
BREEDER OF
Pure Bred
DUROC JERSEY SWINE
AND
Rhode Island Red Chickens

PRICES ALWAYS RIGHT

R. 7   PHONE 938 — 1 Short, 1 Long   NAPOLEON, OHIO

HENRY COUNTY

THE BIG 3 CONCRETE COMPANY
Successors to Rigal & Sharpe

Manufacturers of **CONCRETE PRODUCTS**

Retailers of the very best brands of Cement, Lime and Pulp Plaster. Concrete aggregates that will pass inspection.

I. G. SHARPE, Gen. Mgr., LIBERTY CENTER OHIO

Crum's Drug Store
Our Motto—Service

Drugs—Chemicals—Paints—Wall Paper—Books—School Supplies

A. D. S. Remedies

Phone Home 103   Mutual 94

E. M. CRUM, Liberty Center, O.

ALFRED BOST

WHOLESALE AND RETAIL

Confectionery, Peanuts and Fruit

Ice Cream Soda and Hot Drinks of all kinds

ALWAYS THE BEST

PHONE 121

NAPOLEON   :   :   :   OHIO

CLASSIFIED BUSINESS DIRECTORY.

CONFECTIONERY AND ICE CREAM.

DESHLER—Phillips, Chas. E.
MALINTA—**HERRING, C. T.** See adv.
NAPOLEON—**BOST, ALF.** See adv.
  Brown, Dean W.
  DAWOOD, J., 730 N Perry St. See adv.
  HECKLER, DANIEL A. See adv.
  Mann, Frank, & Sons
  NAUGLE BROS., 119 W Washington St. See adv.
  Olympian Candy Works
  Rollin, O. E.
  Shafer, John
  Zellers, A. A.

CREAMERIES.

HAMLER—Hamler Dairy Co.
NAPOLEON—Napoleon Creamery

DENTISTS.

DESHLER—Anway, Dr. F. L.
LIBERTY CENTER—Edwards, Dr. B. J.

NAPOLEON—Binzley, W. T.
  Davis, Dr. C. W.
  Edwards, W. H.
  Smiley, C. E.
  Sweinhagen, Dr. H. D.

DRUGS.

DESHLER—Donovan, John A.
  Gehrett, W. S.
HAMLER—Smith, F. M.
HOLGATE—Sherman, J. L.
LIBERTY CENTER—**CRUM, EARL M.** See adv.
  Foncanon, G. U.
MALINTA—**HERRING, C. T.** See adv.
NAPOLEON—**CLAY, CHARLES F.** See adv.
  LEIST, ISAIAH, & CO. See adv.
  Leist, J.
  MOREY & MEYERS. See adv.
  Shaff, F. J.
  Shaff, J. F.
RIDGEVILLE CORNERS—Leithauser, M. D.

DRY GOODS AND NOTIONS.

DESHLER—Harmon, H. H.
  Myers, H. H.

C. T. Herring
PATENT MEDICINES
CONFECTIONERY AND ICE CREAM SODA
NOTIONS

MALINTA - - **OHIO**

CALL UP or Visit **CLAY'S** the **VALDONA Drug Store**

If you buy it at this Drug Store you need no other guarantee. Everybody knows it's good. IT MUST BE SATISFACTORY. Our House and Barn Paints wear a long time. Our Perfumery is lasting. Our Wall Paper Department is complete in every detail and no one in Napoleon sells lower. Our Cigars are kept well. That's why they smoke well. We are the EASTMAN KODAK agents of Napoleon. We do your printing and developing for you the Eastman way. Use our COLD TABLETS. They require no faith—they Break UP the cold and prevent pneumonia. Make this Drug Store YOUR store to trade with. Prices are RIGHT. German spoken here. We supply material for the BIG jobs as well as your smallest want—Visit CLAY'S Drug Store.

HENRY COUNTY

DRY GOODS AND NOTIONS—Continued.
DESHLER—**SPANGLER, L. K.** See adv.
  Sterling, C. B.
  Zimmerman, Meyer
LIBERTY CENTER—Young & Beilharz
McCLURE—Nelson, Wm.
NAPOLEON—Brown & Meyerholtz.
  Cash Quality Dry Goods
  Hahn, Frank
  Hahn's, Geo., Sons
  Hickok, A. S.
  KILE, I. E., 323 S Perry St. See adv.
  Shoemaker Dry Goods Co.
  Van Ness & Theobald
RIDGEVILLE CORNERS—Dehmbostel, E. L.
  Neuhauser Dry Goods Co.

ELECTRICIANS.
FINDLAY—**DUNN, JOHN R.** See adv.
NAPOLEON—**McCLURE, W. G.**, 125 W Washington St. See adv.
  Rosebrock, Wm. F.

ELECTRICAL SUPPLIES.
FINDLAY—**DUNN, JOHN R.** See adv.
NAPOLEON—**McCLURE, W. G.**, 125 W Washington St. See adv.

DAWOODS CONFECTIONERY

FOR ICE CREAM SODA, CANDIES AND FRUITS OF ALL KIND

HOME PHONE No. 327   **730 N. PERRY ST.**   NAPOLEON, OHIO

Make our store your headquarters when in Napoleon

WE HAVE A LARGE STOCK OF

Medicines, Drugs, Stock Foods, Condition Powders, Bugocides, Disinfectants, etc.

We give prompt attention to mail and telephone orders

We guarantee everything in our store to be satisfactory in quality and price

Agent for the famous Nyal Remedies. See our stock of Wall Paper

MOREY & MEYER
NAPOLEON   "THE LEADING DRUGGISTS"   **OHIO**

CLASSIFIED BUSINESS DIRECTORY.

ENGINES.
FLORIDA—Hovey, Jos.
GERALD—Von Deylen, Wm.
HAMLER—Benien, H.
NAPOLEON—Ragan - Brown - Lange Co., The

EXPRESS AND HAULING.
DESHLER—Harmon Bros.
  Young, Wm.
HOLGATE—Baringer, C. F.
NAPOLEON—American Express Co.
  Backelman, W. C.
  City Dray Line
  Demuth, F. A.
  FRONCE & STEWART. See adv.
  Napoleon Truck Co.
  Wells-Fargo Express

FIVE AND TEN CENT STORES.
DESHLER—Patterson, Mrs. Myrtle
LIBERTY CENTER—Crum's Five- and Ten-Cent Store.
NAPOLEON—Canfield's Store

FLORISTS.
NAPOLEON — **HARTMAN & FAHRINGER**, 828-830 Oakwood Ave. See adv.

FLOUR AND FEED.
DESHLER—Beeman, Ed.
  Farmers' Grain Co.
  Gray, Wm.
  Henry County Grain Co., The
  Kane, J. W.
  ROBINSON, O. C. See adv.
  Stafford & Lee
GERALD—Gerald Elevator Co.
  Naomi Elevator Co.
GRELTON—Farmers' Grain & Seed Co., The
  Sloan, Lewis
  Toledo Grain & Milling Co., The
HAMLER—Cruickshank Elevator
  Hamler Grain & Stock Co.
HOLGATE—Edwards, G. W.
  Elery Grain Co.
  Holgate Grain & Supply Co.
  Morris & Thompson
  Morrison & Thompson Co.
  Pleasant Bend Grain Co.
  SNYDER, S. L., & Co. See adv.

HARTMAN & FAHRINGER
....FLORISTS....

Cut Flowers, Plants and Floral Designs Put up with Neatness and Dispatch

828-830 Oakwood Avenue, Napoleon, Ohio

HOME PHONE 508

HOME COAL COMPANY
G. G. WHEELER, Manager
.....DEALERS IN.....

All Kind of Coal

NAPOLEON   Home Phone No. 27   OHIO

FLOUR AND FEED—Continued.
LIBERTY CENTER—Liberty Center Grain & Stock Co.
MCCLURE—Adams, S. S.
  ALSPAUGH, W. E. See adv.
  McClure Grain & Stock Co.
  Mollett Grain Co.
MALINTA—Fink, A. J.
  Malinta Grain & Supply Co., The
NAOMI—**Naomi Grain Co.**
NAPOLEON—Decko, C. F.
  Fisher Bros.
  Gerald Grain & Stock Co.
  Hyman Grain Co.
  Krause & Newell
  Napoleon Grain & Stock Co.
  Seed, Grain & Coal Co.
  Vocke, John H., & Son
  Yarnell Bros. & Bob Johnson
OKOLONA—Long, F. B.
  Okolona Grain & Stock Co.
RIDGEVILLE CORNERS—**Otte, Fred & Son**

FRUIT AND PRODUCE.
DESHLER—Duckini Bros.
  Lutz, A. S.
  Shoemaker Bros.
LIBERTY CENTER—Eickner & Short
  Frederick, W. H.

W. E. ALSPAUGH
BUYER AND SHIPPER OF
HAY AND STRAW
(HIGHEST CASH PRICES)
GET MY PRICES BEFORE YOU SELL

McCLURE   Mutual Phone 124   **OHIO**

FOR THINGS ELECTRICAL

Come to our store where you will find the most complete line of Electrical Goods in the county

W. G. McCLURE
125 W. Washington St.   NAPOLEON, OHIO

S. L. SNYDER & COMPANY
HOLGATE, OHIO

Manufacturers of **Flour and Feed** — Leading Brands of Flour SILVER STAR AND WHITE LILY.

Your exchange work solicited. We can save you money on your Flour, Bran and Middlings, all fully guaranteed to give satisfaction

Shippers of Grain and Seeds   Dealers in Coal, Salt and Fertilizer

CLASSIFIED BUSINESS DIRECTORY.

Napoleon Garage

Auto Supplies & Accessories

Overland Service

Auto Repairs of all Kinds

All Work Guaranteed   Day and Night Service

JOHN BICHAN, Prop.
NAPOLEON   OHIO

Phone 481

JOHN R. DUNN

Gas and Electric Fixtures
Lighting Supplies
and Telephone Specialties
Electrical Contractor

Bell Phone Main 274-L   FINDLAY, OHIO

FRUIT AND PRODUCE—Continued.
NAPOLEON—Bost, Alfred
Bost, A. H.
Cascarelli & Co.
Dawood, John
Kissell, K. K.
Michigan Fruit & Supply Co.
Napoleon Fruit Store

FURNITURE.
DESHLER—Hoke, J. W., & Son
Rentschler Co., The
Reutchler Furniture Co.
HOLGATE—Shaw, R. A.
LIBERTY CENTER—Anderson & Co.
MCCLURE—Hutcheson, J. E.

NAPOLEON—Augenstein, A. E.
BOYER, CHAS. W., 326 S Perry St. See adv.
Hollingshead, E. P.
Hollingshead & Walters
Reliable Furniture Co.
RIDGEVILLE CORNERS—Reliable Furniture Co.
WESTON, RAUBENOLT & LANCE. See adv.

FURRIER.
DESHLER—Hoke, J. W.

GARAGES.
DESHLER—BROKAW, H. C. See adv.
BUCKLEY, H. W. See adv.
Colwell, R. D.

Raubenolt & Lance
FURNITURE and UNDERTAKING

STOVES, PIANOS, SEWING and WASHING MACHINES
SPECIALTIES

Both Phones   **WESTON, OHIO**

Polly and her Pals, The Duffs, and Mutt and Jeff, all call at the
REXALL STORE
for their wants. Do You? We need you and can give you good service
for DRUGS and SUNDRIES, PAINT and WALL PAPER, ETC.

We are agents for Famous Vanophone, most wonderful Talking Machine made. $12.00. The one you should buy. Let us be of service to you

I. LEIST & CO. : Call Phone No. 98 Black : NAPOLEON OHIO

PHONE 429

Try
D. A. HECKLER'S
Ice Cream
That smooth, mellow cream that the people talk so much about

FRONT ST., EAST OF PERRY   NAPOLEON, OHIO

CLASSIFIED BUSINESS DIRECTORY.

STANLEY, O. **J. H. ENGEL** STANLEY, O.
GENERAL MERCHANDISE
Also Agents for
CHAMPION HARVESTING MACHINES
WHALE BRAND OVERALLS   ALADDIN MANTLE LAMP
The Serviceable kind   The Satisfactory Light
FAIRCHILD'S—PERFECT FLOUR
Bakes Best Bread

Gasoline & Oil   Ayersville 4 on 105—PHONES—Holgate 2 on 46   Coal—Hard & Soft
P. O.—R. D. 2—HOLGATE, OHIO

H. H. MEYER
DRY GOODS
GROCERIES AND SHOES
The Store of Quality

HOLGATE   **OHIO**

SHONDELLS' GARAGE

DEALERS IN

NEW AND USED CARS

Complete Line of
AUTO SUPPLIES

Mechanical Work of All Kind Our Specialty

Oldest Garage in Henry County

HOME PHONE No. 356   NAPOLEON, OHIO

GARAGES—Continued.

DESHLER—**DESHLER MOTOR SALES CO., THE,** Cor. Main & Kiser Sts. See adv.
  Meyer, F. H.
GRELTON—Landis, E. A.
HAMLER—Bachtel, Benjamin
  Bachtell & Dietrick
HOLGATE—Bauer's Garage
  Bauer, C. J.
  Diemer Garage
  Gustwiller Garage
LIBERT CENTER—Roberts, H. W.
  Rogers, Mortin
McCLURE—Harmon, John F.
MALINTA—Geist, C. D.
NAPOLEON—**BICHAN, JOHN,** 819 N Perry St. See adv.
  Conway & Brown
  Corey Bros. Auto Sales Co.
  DAWSON, H., & SON, N Perry St. See adv.
  KING, CHAS. See adv.
  King & Gulinger
  SHONDELL'S GARAGE, Cor Oakwood & Perry Sts. See adv.
  Sisk, J. B., & Co.
  Napoleon Garage
  Wellington Motor Car Co.
RIDGEVILLE CORNERS—Henry Garage
  HENRY, R. C. See adv.

GENERAL STORES.

DESHLER—The Fair Store
  Harmon, Claud
  Holden Store
  Meyer, C. W.
  Sciberts & Co.
  Sibert Mercantile Co.
  Spangler, Leo K.
  Sterling, Geo.
  Zimmerman, M.
FLORIDA—Brinkman, Chas. W.
  Standley Store
GALLUP—Ruth & Son, J.
GERALD—Demaline, J. W.
GRELTON—Smith, F. W.
HAMLER—Barhite, E. W., & Co.
  Johnson & Mack.
  Precht, C. J.
HOLGATE—McGill & Glasburn
  MEYER, HERMAN H. See adv.
  Mink & Weber
  REYNOLDS, E. A. See adv.

BETTER VALUES   **TRADE AT STANLEY**   BETTER SERVICE

BALL BAND and **HIPRESS RUBBER FOOTWEAR**

E. A. REYNOLDS
General Store
STANLEY - - OHIO

DR. HESS' STOCK TONIC and POULTRY PANACEA

I sell the PEERLESS FLOUR, and I pay TOP PRICES for Poultry, Hides, Wool and Clover Seed

AYERSVILLE PHONE, 4 ON 104   HOLGATE PHONE, 4 ON 8

Everything
You would expect to find in a General Store
PRICES AND QUALITY RIGHT
DELPH BROS.
MALINTA - - - OHIO

CLASSIFIED BUSINESS DIRECTORY.

M. L. BURGOON

The New Up-to-Date Corner Grocery Where Quality Counts

Prompt service, courteous treatment. We pay highest market price for butter, eggs and poultry. Take in poultry every day

LIBERTY CENTER   Both Phones   **OHIO**

ERNEST SPENGLER
DEALER IN
GROCERIES AND QUEENSWARE
EGGS, CREAMERY AND DAIRY BUTTER

SPENGLER BLOCK   713 PERRY STREET

Terms Cash   NAPOLEON, OHIO   Phone 89

King's Garage
Automobile Repairing

Complete Line of Tires

Accessories, Oil and Gasoline

CHAS. KING, Prop.

Phone No. 343   Napoleon, O.

GENERAL STORES—Continued.

LIBERTY CENTER—Crozier, S. A.
  Young & Beilharz
MCCLURE—Armbruster, S. J.
  Davis & Rich.
MALINTA—Boyd & Baringer
  Cameron, L. C.
  DELPH BROS. See adv.
NAOMI—Glanz & Taylor.
NAPOLEON—Horn, W. A.
  Kile & Grant
  Morrison, John A.
OKOLONA—Benian, Henry
  Heitman, Wm., & Sons
RIDGEVILLE CORNERS—Bargman Bros.
STANLEY — **ENGEL, JOHN H.** See adv.
REYNOLDS, ERNEST A. See adv.
TEXAS—Anglemyre, A. G.
WESTHOPE—Brandt, Henry, & Co.

Shaffstall, Geo. L.
SPANGLER, L. K. See adv.
Sterling, Geo. B.
Young, Benj. H.
FLORIDA—Bachman, James J.
  Bachman, Joseph J.
GRELTON—Smith, F. W.
HAMLER—King, Edgar F.
HOLGATE—Behrman, G. H.
  Fast, Chas.
  Fast, C. S.
  Foor, Rollie
  Gillette, Joe
  Gillett, J., & Son
  McGill & Glassburn
  Mess, Wm. C.
  Meyers, Hermon
  Mink & Weber
LIBERTY CENTER—Bowers, D. D.
  Bryan, A. Z.
  BURGOON, M. L. See adv.
  Crozier, S. A.
  MILLER & DANBY. See adv.
  Wiles, C. L.
  Williams, W. K.
MCCLURE—Harner, W. M.
  Todd, H. O.
NAPOLEON—Bost, A. H.
  Burroughs, G. M.

GROCERS.

DESHLER—Cash Grocery
  O'Hearn Store
  O'Hearn, R. H.
  Page & Co.
  Schofstohl, Geo.

FRED OTTE & SON

DEALERS IN

Staple and Fancy Groceries

Provisions, Butter, Eggs, Cream, Flour, Feed, Etc.

Also buyers of Seeds and Wool. Send us Samples and we will quote you prices. We do custom feed grinding, and make a specialty of Corn Meal, Graham Rye and Flour.

RIDGEVILLE PHONE 43 **ARCHBOLD PHONE 1171**

RIDGEVILLE CORNERS, OHIO

CLASSIFIED BUSINESS DIRECTORY.

D. C. MILLER   W. J. DANBY

THE IDEAL GROCERY
LIBERTY CENTER, OHIO

We offer only goods of quality. Strictly fresh and at right prices.

"Cy" and "Bill"

O. E. ROLLIN   W. H. SCHULDT

ROLLIN & SCHULDT
STAPLE and FANCY GROCERIES

PERRY STREET   Telephone 92

Napoleon, Ohio

A. F. HAYMAN & SON

Leading Hardware Store of Deshler, Ohio

GROCERS—Continued.

NAPOLEON—Fate & Franz
  Gibson & Tanner
  Hesley, W. J.
  Horn, W. A.
  Keinath, Chas. F.
  Keineth, Chas.
  KILE, I. E., 323 S Perry St. See adv.
  Kile & Grant
  Kohler, Gustav
  Kohler, Julia
  Morrison, A. J.
  Morison, J. A.
  Pontious & Knipp
  ROLLIN & SCHULDT, Perry St. See adv.
  SPENGLER, ERNEST, 713 N Perry St. See adv.
  Spengler, Herman
  Tanner, A. J.
  Tanner, Chas. E.
  Tanner, C. E.
  Walters Grocery Store
  Walters, Mrs. Catherine
  Walters, E., & Son
OKOLONA—Benien, Henry
  Heitman & Son
RIDGEVILLE, CORNERS—Huner, H. & W.
OTTE, FRED, & SON. See adv.

HAIR DRESSER.

NAPOLEON—Bowers, Mrs. E.

HANDLE MANUFACTURERS.

NAPOLEON—The Napoleon Handle Factory
RIDGEVILLE CORNERS—Miller, Geo.

HARDWARE.

DESHLER—**HAYMAN, A. F., & SON.** See adv.
  House, The H. L., Co.
FLORIDA—Gackel, Wm. J.
GERALD—Bindermann, F. J.
GRELTON—Walters & Sons
HAMLER—McKee & Wolff
  Westrick & Ritz
HOLGATE—Groll Bros.
  Rothenberger, E. M., & Bros.
LIBERTY CENTER—**BRYAN, A. Z., Jr.** See adv.
  Moyer & Eversole
McCLURE—Lowry, C. S.
  Rechner, F. J.
MALINTA—Decko & Dietrich
  Smith, J. A.
NAPOLEON—Bissonette, S. E., & Son
  Hines, C., & Son
  Napoleon Hardware Co.

SMITH & SPRINGHORN
DEALERS IN
Hardware and Farm Implements

Jewel Stoves, Gas Engines, Silver Ware, Washing Machines
Monitor Drills, Buggies, Wagons and Harness

Mutual Telephone   **WEST HOPE, OHIO**

ROOFING FOR EVERY PURPOSE

NONPAREIL ROOFING wears like leather—2 and 3-ply, 32 in. wide, the proper width for good roofing. Cement necessary for seams and large headed nails packed inside of each roll. Each roll of roofing contains 108 square feet. Absolutely guaranteed. No better roofing has ever been offered anywhere. If not satisfied, money refunded.

2-ply - $1.75
3-ply - $2.25
Mention our slogan—"HARDWARE FOR HARDWEAR"—and receive 10% American Express Money Order returned to you.

All cars come within a short block of our store—Get off at Hotel Secor.

THE SCHUNK HARDWARE CO. Dept. B, Cor. Monroe and Superior, TOLEDO, O.

CLASSIFIED BUSINESS DIRECTORY.

HARDWARE—Continued.
NAPOLEON—Reinke, F. F.
  Rothenberger Bros.
  Shaff, Joseph
OKOLONO—Arps, H. C.
STANLEY—**FLORY, J. W.** See adv.
RIDGEVILLE CORNERS—Cordes & Behnfeldt
  Rohrs, Edward
TOLEDO—**SCHUNK HARDWARE CO., THE.** See adv.
WESTHOPE—**SMITH & SPRINGHORN.** See adv.

HARNESS.
FLORIDA—Rasmus, A. N.

HOLGATE—Kraback, Frank
LIBERTY CENTER—Loudon, R. A. E.
MCCLURE—Bovard, B. H.
NAPOLEON—Cook, Adam
  FRAAS, JOHN W. See adv.
RIDGEVILLE CORNERS—Lather, Ed

HOOP COMPANY.
NAPOLEON—Napoleon Hoop Co.

HOTELS.
DESHLER—Fayram Hotel
  Hoskinson, Carl
  Jones, S. A.
  Ross House

A. Z. BRYAN, JR.
DEALER IN
EVERYTHING IN HARDWARE
STOVES and RANGES, TIN and SHEET IRON WORK
PAINTS, OILS and VARNISHES

LIBERTY CENTER   **OHIO**

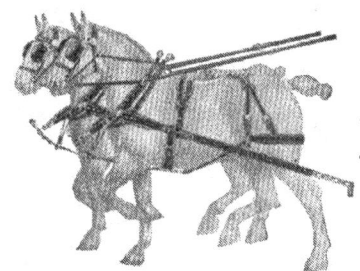

SHONER
Harness Shop
Established 1863

NAPOLEON, OHIO

Harness and Buggies
Blankets and Fur Robes

Prices always right.   Call and see.

Home Phone 158   **JOHN W. FRAAS, Prop.**

HENRY COUNTY

HOTELS—Continued.
HAMLER—Gardner Hotel
HOLGATE—Barringer, L. B.
 Shelly, C. S.
LIBERTY CENTER—Engle, James O.
MCCLURE—Dome, Harry
NAPOLEON—Alhambra Hotel
 Capitol House Hotel
 Edwards, T. J.
 Farmers' Hotel
 St. Charles Hotel
 Snellbaker, Cyrus
 Tavern, The
 Wellington Hotel

ICE DEALER.
NAPOLEON—Shelt, S. A.

INSURANCE.
HOLGATE—Austermiller, Ray W.
LIBERTY CENTER—**STORRS, J. C., & SONS.** See adv.
MCCLURE—**MILLER, JOHN M.** See adv.
NAPOLEON—**BOCKERMAN, W. C.** See adv.
 Brubaker, Carl
 Cothran, John

FRENCH, H. H., Old Vocke Block. See adv.
Henry County Mutual Ins. Co.
PRENTISS, C. J. See adv.
REITER, F. W., 120 W Washington St. See adv.
REYNOLDS, C. E. See adv.
Vocke, Frank

JEWELERS.
DESHLER—Beckman, Charles
 Lutz, E. F.
HAMLER—Miller, D. A.
 Waddell, G. W.
HOLGATE—Bohlmann & Cromly
LIBERTY CENTER—Brown, M. L.
 Pray, James W.
MCCLURE—Rochte, A. T.
MALINTA—Zwayer, B. J.
NAPOLEON—**FISK, C. M.** See adv.
 Frease & Allen
 Higgins, Oliver
 Orme, A. L.

JUNK.
DESHLER—Engle & White
NAPOLEON—Buhlart, F.

RESIDENCE PHONE NO. 401   OFFICE PHONE NO. 16

W. C. BOKERMAN
RELIABLE INSURANCE AGENT

Insures everything insurable.   Give me a call and be convinced

Office—New Vocke Block, Napoleon, Ohio

Golden Rule Grocery
Groceries, Dry Goods & Notions

Highest Price paid for Poultry and Country Produce
I. E. KILE, Proprietor
Home Phone 281   323 S. Perry St., NAPOLEON, O.

CLASSIFIED BUSINESS DIRECTORY.

J. W. FLORY

WAGONS BUGGIES HARNESS — OILS PAINTS FENCING

HARDWARE AND STOVES

FARM TRACTORS — **FARM IMPLEMENTS** — GAS ENGINES

BUICK AUTOMOBILES

GASOLINE SERVICE STATION AND AUTO SUPPLIES

P. O. R D 2 HOLGATE, O.

HOLGATE PHONE 0 on 8 — **STANLEY, O.** — AYERSVILLE PHONE 4 on 104

PHONE 69

C. E. REYNOLDS
Insurance and Surety Bonds

105 W. Washington St.   Napoleon, O.

ESTABLISHED 1865

C. Steward
JUNK DEALER

**Wants to buy your Junk
Buys and Sells everything and keeps nothing**

Phone 325 Blue   NAPOLEON, OHIO

HENRY COUNTY

JUNK—Continued.
NAPOLEON—**LABOVITZ, J.**, 925 Scott St. See adv.
Melstein, L.
STEWARD, C. See adv.

LAUNDRIES.
DESHLER—Boley, A. C.
Boley, C. A.
NAPOLEON—Fisher, August
Napoleon Steam Laundry

LIGHT AND POWER.
NAPOLEON—Napoleon Waterworks & Electric Co.
Napoleon Wauseon Gas Co., The
OHIO GAS, LIGHT & COKE CO., THE. See adv.

LIVERY.
DESHLER—**DESHLER AUTO LIVERY**, W Main St. See adv.
Holmes, Joe
Noel, Chas. S.
SHANK, A. C., & SON, W Main St. See adv.
THATCHER & POWELL, W Main St. See adv.
HOLGATE—Finerty, Jos.
LIBERTY CENTER—Rogers, Wm. C.
MCCLURE—Buckingham, August
MALINTA—Stevens, R. A.

NAPOLEON—**DECKO, C. F.**, 833 N Perry St. See adv.
PALMER, A. D. See adv.
Reichert Bros.
Throne, J. L.
OKOLONA—Kolbe, A. F.

LIVE STOCK DEALER.
MALINTA—**FRANZ, JOHN.** See adv.

LUMBER.
DESHLER—Lytles Lumber Co.
HAMLER—Panning Bros.
HOLGATE—Holgate Lumber Co.
LIBERTY CENTER—Liberty Lumber Co.
MCCLURE—**THIESEN & HILDRED CO.** See adv.
MALINTA—**BENSING BROS. LUMBER CO.** See adv.
NAPOLEON—Krause & Newell
LEONHART & MARKET, 128 E Maumee Ave. See adv.
Napoleon Lumber & Handle Co., The
THIESEN-HILDRID CO., THE, 265 W Front St. See adv.
OKOLONA—Helberg, W. M.

MACHINERY.
DESHLER—Suber, A. A.
FLORIDA—**HOVEY, JOS.** See adv.
HAMLER—Duding, F. A.
TOLEDO—**BANTING MACHINE CO.** See adv.

A. C. SHANK & SON

LIVERY, FEED and SALES BARN

All Calls Promptly Answered

ALSO

Imported and Standard Bred Stallions For Service

Bell Phone No. 34   **DESHLER, OHIO**

CLASSIFIED BUSINESS DIRECTORY.

C. F. DECKO
Ten-Cent Feed Barn
Dealer in HAY and STRAW
Also Auto Livery

Phone No. 384   NAPOLEON, OHIO

DESHLER AUTO LIVERY
THATCHER & POWELL, Proprietors

DRIVES MADE ALL HOURS, DAY OR NIGHT

West Main Street.   Bell Phone No. 2071.   DESHLER, OHIO

JEWELER

The Store where a Dollar Always Buys a Dollar's Worth

Watch, Clock and Jewelry Repairing

C. M. FISK
Napoleon, - Ohio

Receiving Time by Wireless at Fisk's Jewelry Store

HENRY COUNTY

MARBLE AND GRANITE.
NAPOLEON—**SANEHOLTZ, JOHN.** See adv.

MILLINERY.
DESHLER—Couch, Mrs. Myrtle A.
  HAMON, KATHRYN, W Main St See adv.
  NANNA, MRS. A. B. See adv.
HAMLER—Ritz, Mrs. Ada
  Webb, Mrs. Bertha
HOLGATE—Gillette, A.
  Hornung, Ola
LIBERTY CENTER—Tester, Mrs. Geo.
  West, Miss L. C.

McCLURE—Higgins, Mrs. C.
NAPOLEON—**ADAMS, F. MAY.** See adv.
  Diemer, Charlotte
  Hall, Mrs. A. A.
  Wendt, Irene
  Wendt, Mrs. W. J.

MEATS.
DESHLER—Bartlet, W. C.
  Sterling, Geo.
  Thomas, Mihor
  WILLIER, FRANK, Main St. See adv.
FLORIDA—Walters, Joe
  Willer, J. F. & Son
HAMLER—Blinn, N. J.
  Hoop, Gus

MILLINERY
Bell Phone 2195

LATEST IDEAS IN WOMEN'S *Headwear*

Visit the Style Shop and be Convinced

MRS. KATHRYN HAMON, DESHLER, OHIO

BENSING BROS. LUMBER CO.
DEALERS IN ALL KINDS OF

Building Material, Hard and Soft Coal

Lumber	Coal	Pulp	Cement Blocks
Shingles	Lime	Plaster	Wall Board
Lath	Sand	Salt	Asphalt Shingles
Fence Posts	Gravel	Cement	

MALINTA   Phones 61 and 62   **OHIO**

H. H. FRENCH
Established 1878

Fire, Tornado and Accident Insurance

Surety Bonds   Real Estate

Old Vocke Block, Napoleon, Ohio
Cor. Perry & Washington Sts.

CLASSIFIED BUSINESS DIRECTORY.

A. D. PALMER
Livery and Exchange Stables
FIRST CLASS RIGS A SPECIALTY

Cor. N. Perry and Oakwood   Napoleon, Ohio

Millinery

If you want the most fashionable Hats at very modest prices—why not buy here?

Mrs. A. R. Nanna
Bell Phone 436   DESHLER, OHIO

JOHN H. SANEHOLTZ

DEALER IN

AMERICAN AND FOREIGN GRANITE

MARBLE MONUMENTS AND STATUARY

ALL WORK STRICTLY FIRST CLASS

Cor. Main and Soott Sts., Napoloon, Ohio
TELEPHONE 172

MEATS—Continued.

HOLGATE—Hench, Rudolph
  Knapp, Henry
  Voigt, Chas. F.
  ZACHRICH, WM. See adv.

LIBERTY CENTER—Bowers, D. D.
  FREDERICK, ROBERT. See adv.
  Hadley & Houts

McCLURE—Cromwell & Ballard
  Cromwell & Wilcox

NAPOLEON—Beck, F. M.
  Burroughs, Guy M.
  Cowdrick, E. R.
  Eberhart, Oscar
  Eberhardt, O. A.
  Gunther, Chas. R.
  WESTHOVEN & SON. See adv.

RIDGEVILLE CORNERS—Ruffer Bros.

MOVING PICTURES.

LIBERTY CENTER—Shirey, R. Keys
NAPOLEON—Dreamland.
  Elite, The

MUSIC TEACHERS.

DESHLER—Dennis, Zella May
  Philips, Perrene
NAPOLEON—Clay, Mrs. C. F.
  Hagan, Clyde
  Warner, Zoe

NEWSPAPERS.

DESHLER—Flag, The
HOLGATE—**HENRY COUNTY REVIEW, THE.** See adv.
LIBERTY CENTER—Press
NAPOLEON — **GERMAN DEMOKRAT.** See adv.
  HENRY COUNTY SIGNAL. See adv.
  NORTHWEST NEWS, THE. See adv.

NOVELTIES & VARIETIES.

DESHLER—Meyers, Christ
HAMLER—Meyerholtz, J. H.
LIBERTY CENTER—**CRUM, MRS. IDA.** See adv.
NAPOLEON—Canfield, M. W.
  Rohrs, W. H.

OSTEOPATHIST.

NAPOLEON—Gautchi, F. H.

Gas Engines - - - Corn Huskers

JOS. HOVEY
FLORIDA, O.

Automobile - - - General Machine
REPAIRS   WORK

We manufacture a corn husker for farmers' individual use, with capacity to make it practical. If you will take the trouble to come see us, we will show you that this is positively true.

MISS F. MAY ADAMS
MILLINERY

Latest styles in Hats, Bridal Wreaths and Veils

127 Washington Street,   NAPOLEON, OHIO

CLASSIFIED BUSINESS DIRECTORY.

WHAT YOU want is THE BEST GAS ENGINE and ENSILAGE CUTTER that YOU can get, for the LEAST MONEY.

YOU are just the kind of a Prospective Customer we desire to meet, for in

THE ALAMO GAS ENGINE
----AND----
PAPEC ENSILAGE CUTTER

we are offering you the BEST VALUES the market affords.

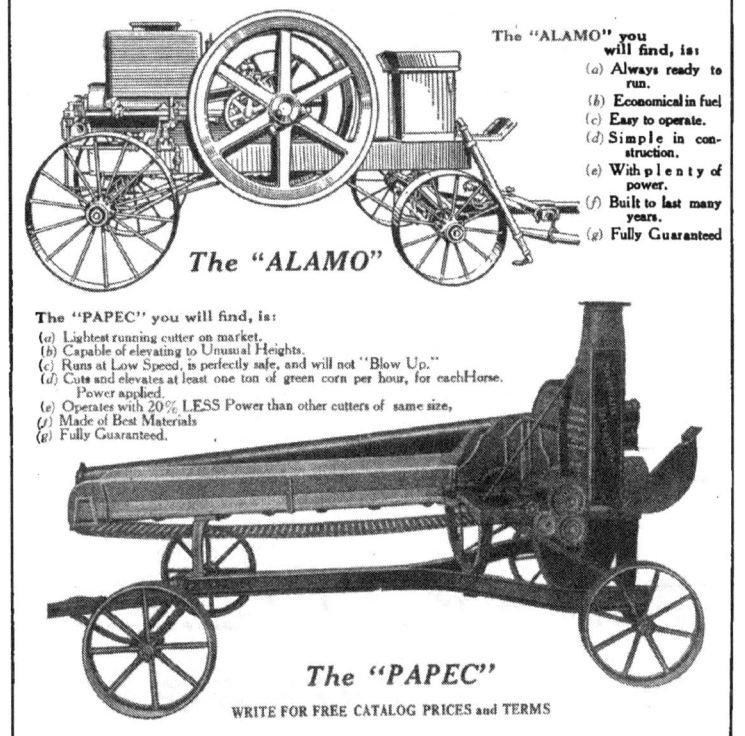

The "ALAMO" you will find, is:
(a) Always ready to run.
(b) Economical in fuel.
(c) Easy to operate.
(d) Simple in construction.
(e) With plenty of power.
(f) Built to last many years.
(g) Fully Guaranteed

The "ALAMO"

The "PAPEC" you will find, is:
(a) Lightest running cutter on market.
(b) Capable of elevating to Unusual Heights.
(c) Runs at Low Speed, is perfectly safe, and will not "Blow Up."
(d) Cuts and elevates at least one ton of green corn per hour, for each Horse Power applied.
(e) Operates with 20% LESS Power than other cutters of same size.
(f) Made of Best Materials
(g) Fully Guaranteed.

The "PAPEC"

WRITE FOR FREE CATALOG PRICES and TERMS

THE BANTING MACHINE CO.
114-124 Superior St.   TOLEDO, OHIO

PAINTERS AND PAPER-HANGERS.

DESHLER—Baire, Edw.
Ferman, Harry
Jameson, John
Thatcher, Ray
Tussing, Abe
Tussing, James
FLORIDA—**March, Chas. F.**
Ramus, Frank
HOLGATE—Beaverson, Sam
LIBERTY CENTER—**SCRIBNER, FRANK.** See adv.
MALINTA—Mohler, S.

NAPOLEON—Brinkman, Otto
Glass, Harry
Kurhurd, Haskal
Lazenby, Arthur
Lowry, Trucy
McColley, Geo.
MYERS, STEPHEN A. See adv.
Painter, Jess

PHOTOGRAPHERS.

DESHLER—Heckerman, C. H.
HOLGATE—Lampman, Geo. H.
Wildung, D. F.
LIBERTY, CENTER—**PHILLIPS, FRED.** See adv.

JOHN M. MILLER
REAL ESTATE AND INSURANCE
Fire and Tornado

McCLURE   PHONE 793   **OHIO**

PHONE 212

DR. CHARLES MOWRY

Office Hours:
10 to 12, 2 to 4, 7 to 8

OFFICE OVER HAHN'S
CLOTHING STORE
NAPOLEON, O.

FRANK WILLIER
DEALER IN
FRESH and SALT MEATS
Maker of our own Bologna and Weinies

DESHLER   BOTH PHONES   **OHIO**

CLASSIFIED BUSINESS DIRECTORY.

| Office 29 | PHONES | Residence 31 |

The German Demokrat

OTTO K. EVERS, Proprietor

812 North Perry Street   **Napoleon, Ohio**

PUBLISHED EVERY WEDNESDAY

The Leading German Weekly in Northwestern Ohio. An unexcelled advertising medium. Rates furnished upon application.

Circulation amongst sturdy German population of Henry county and vicinity.

Our Job Department is equipped in every particular to do First Class Work promptly and at reasonable prices.

WESTHOVEN & SON

MEAT MARKET

Dealers in Meats of All Kinds

ALSO CASH BUYERS OF

Cattle, Hogs, Sheep, Poultry and Hides

YOUR PATRONAGE APPRECIATED

Phone No. 84   NAPOLEON, OHIO

PHOTOGRAPHERS—Continued.
NAPOLEON—Gardner Bros.
　HAZZARD, WM. See adv.
　Turner, A.

PHYSICIANS.
DESHLER—Brubaker, Dr.
　Buller, Dr.
　Gehrett, Dr. T. M.
　Morris, Dr.
　Snable, Dr. E. D.
　Sockman, Dr.
　Tussing, Dr.
FLORIDA—Cannon, Dr. J. W.
GRELTON—Ruder, Dr. J. A.
HAMLER—Reddin, Dr. F. O.
　Russell, Dr. A. R.
HOLGATE—Bolles, Dr.
　Earps, Dr.
　Hilton, Dr. P.
　Overhulse, Dr.
　Roddy, Dr. Geo.
　Smith, Dr. J. H.
LIBERTY CENTER—Edwards, Dr. B. J.
　Ennis, Dr. L. G.
　Garwood, Dr. Cotton
　Haag, Dr. D. E.
　Haag, Dr. H. P.
　Price, Dr. L. J.

MCCLURE—Britton, Dr. E. E.
　Burgett, Dr. C. E.
　Harbough, Dr.
　Maunhardt, Dr. W. W.
MALINTA—Fiser, Dr. J. H.
NAPOLEON—Barnhill, Dr. J. W.
　Bloomfield, Dr. J.
　Coy, Dr. H. C.
　De Tray, Dr. E. M.
　Gautschi, Dr. F. H.
　Haley, Dr. J. S.
　Harrison, Drs. F. M. & C. M.
　Kolbe, Dr. K. H.
　McConkey, Dr. C. W.
　Maerker, Dr. A. E. H.
　Martin, Dr. T. S.
　MOWRY, DR. CHARLES, Hahn Block. See adv.
　Pierrepoint, Dr. W. J.
　QUINN, THOMAS. See adv.
　Rohrs, Dr. H. F.
　Smiley, Dr. C. E.
　Sweinhagen, Dr. H. D.
RIDGEVILLE CORNERS.—Clair, Dr. E. J.
　Lauber, Dr.
　Slosser, Dr.

SUBSCRIBE FOR YOUR HOME PAPER

The Henry County Review
Commercial Printing Done the Way You Want It

J. A. HUTCHISON, Editor　　　　　　　　HOLGATE, OHIO

WM. ZACHRICH
Dealer in
Meats and Poultry
OF ALL KINDS
Give us a trial order and you will be convinced.
Phone 105　　　　　　　　　　　　　　HOLGATE, OHIO

CLASSIFIED BUSINESS DIRECTORY.

PIANOS.
Hamler—Hagen, William
Pacey, G. W.
Malinta—**ZWAYER, B. J.** See adv.
Napoleon—Brubaker, C. V.
Fox, R.
HAGANS, CLYDE F., 526 High St. See adv.

PIANO TUNER.
Malinta—**BERNO, HUGH.** See adv.

PLUMBERS.
Deshler—Leyser, G. B.
Napoleon—**FLORY, C. J.** See adv.
Flory, Henry & Son.
Hincher, Wm.
Jackson, Chas. W.
Rosebrock, Wm. F.

POULTRY.
Deshler—Ames, S. K., & Co.
Shoemaker Bros.
Holgate—**Rettig, Chas. H.**
ZACHARICH, FRED. W. See adv.
Napoleon—**ASH, J. W., & SONS.** See adv.

Gennit, Edward H.
HANNA, O. C. See adv.
Kissell, C. L.
Lowry, John H.
New York Poultry & Egg Co.

PRINTERS AND PUBLISHERS.
Deshler—Smith, Anson B.
Holgate—**HUTCHISON, J. A.** See adv.
Liberty Center—Mires Bros.
McClure—Randolph, J. A.
Napoleon—**BELKNAP, J. P., & Son.** See adv.
Evers, Otto K.
Hincher, Wm.
ORWIG, L. L., & SONS. See adv.

RACKET STORE.
Napoleon—**ROHRS, WM.,** 715 N. Perry St. See adv.

REAL ESTATE.
Deshler—Parmer's Realty Office.
Liberty Center—**STORRS, J. C., & SONS.** See adv.
McClure—**MILLER, JOHN M.** See adv.

FRED. PHILLIPS
Photographer
LIBERTY CENTER, OHIO
PHOTOS, PORTRAITS AND VIEWS
Also PICTURES COPIED and ENLARGED
PRICES REASONABLE

J. LABOVITZ
Junk Dealer
ALL SORTS OF JUNK
Rags, Paper, Rubber, Metals, and Iron of all kind

Home Phone 477   925 Scott St., Napoleon, O.

IF YOU HAVE ANYTHING

you wish to turn into cash in the line of Live Stock, poultry or hides, call up

ROBT. FREDRICK
Liberty Center, Ohio   **Meat Market**

Where you will also find all kinds of choice Meats and Oysters.   ::   Both Phones

---

HENRY COUNTY SIGNAL
PUBLISHED EVERY THURSDAY

Subscription $1.00 a Year

J. P. BELKNAP & SON
NAPOLEON — — **OHIO**

The
THIESEN - HILDRED CO.

THE BEST AND CHEAPEST PLACE IN THE COUNTRY TO BUY ANYTHING IN THE LUMBER LINE. ALSO LIME CEMENT AND CEMENT BLOCKS. TWO BIG YARDS TO DRAW FROM.

NAPOLEON, O.   **McCLURE, O.**

CLASSIFIED BUSINESS DIRECTORY.

PHONES { Office, 358
         Residence, 204 }

THOMAS QUINN, M.D.
Physician and Surgeon

Telephone Building   NAPOLEON, OHIO

FRANK L. SCRIBNER
Painting, Decorating and Paperhanging
Standard White Lead Paints

LIBERTY CENTER   ::   ::   ::   OHIO

The Napoleon Northwest-News
ORWIG & SONS, Publishers

$1.00 Per Year   Payable in Advance

Strictly a newspaper for the Farmer, containing the news of all of Henry County by villages and rural communities; the markets; court house news right up to the minute; official newspaper for all county legal publications; from 8 to 16 pages of Henry County news on every page, sent to subscribers every Thursday. Political, moral or religious views of the editors do not interfere with the Napoleon Northwest-News. Giving all the news to the people of Henry County. Send us your dollar for a trial subscription for one year.

SALE BILLS printed the same day as order is given. Best and largest bills for the least money.

THE NORTHWEST-NEWS
NAPOLEON, O.

REAL ESTATE—Continued.
NAPOLEON—Gottschalk, Wm. G.
HANNA, J. W., 708½ N. Perry St. See adv.
Konzen, Geo.
PALMER, O. M. See adv.
C. J. PRENTISS. See adv.

RESTAURANTS.
DESHLER—Baden, H.
Coverstone, Ed. M.
Lahr & Reynolds.
Lee, Claude O.
Sharp, Mrs. J. W.
Sharp, R.

HAMLER—Eickoff, Henry F.
La Fountain, Frank
HOLGATE—Beaverson, Ralph
Hornung, Charles
MCCLURE—Patteen, Henry G.
Peery & Harmon
MALINTA—Emahiser, E. L.
NAPOLEON—Babock & Magill
CLEMENS, D. W., 615 N Perry St. See adv.
Cocke, Geo., & Son
Foor, Ed. E.
Kanney, F. L.
Kanney & Reidlebaugh
McGill, M. A.
O K Restaurant

HUGH BERNO — PIANO TUNING

Adjustment and Repairing of Player Piano Actions

Telephone 681   MALINTA, OHIO

The BAZAAR STORE

A complete line of Novelty Goods including hand-painted China, Cut Glass, Crockery, Toys, Dolls. If you are hunting Merchandise, ask for it at the BAZAAR STORE.

MRS. IDA M. CRUM
LIBERTY CENTER   **OHIO**

Stephen A. Myers

For Practical Painting, Furnishing and Decorating

304 Meekison St.   Napoleon, Ohio
Phone 320   Estimates cheerfully given

CLASSIFIED BUSINESS DIRECTORY.

FRED W. ZACHRICH
Pure Bred Rose Comb, Rhode Island Red Chickens

ALSO PURE BRED O. I. C. HOGS

Mutual Phone No. 3 on 16   HOLGATE, OHIO

NEW GOODS RECEIVED DAILY
"THE RACKET"
LARGEST, BEST AND CHEAPEST STORE IN
HENRY COUNTY

SPECIALS IN EVERYTHING

WM. ROHRS, Prop.

NAPOLEON, OHIO

B. J. ZWAYER
MUSIC HOUSE

MALINTA, HOLGATE and GRAND RAPIDS

Why I sell more Pianos than any other piano dealer in Northwestern Ohio.

Because, I have no rent and high salaried salesmen to add to my selling expenses, Mr. Piano Buyer.

Phone No. 921   MALINTA, OHIO

Miss Flo Zwayer, Piano Instructor

SALOONS.

DESHLER—Callaghan, D.
  Rayle, Perry
  Strove, F. W.
  Stuve, Fred
  Stuve, F. W.
  Wahler, F.
  Walker, F. M.
FLORIDA—Huston, John A.
GERALD—Bockelman, H. H.
HAMLER—Belify & Bergstedt
  Lafountain, F.
HOLGATE—Brown, Christy
  Cooper & Biler Bros.
  Foss, Carl
  Mink, Conrad

MALINTA—Heberger, L.
NAPOLEON—Clemens & Schweller
  Defenhall, Wm.
  Delventhal, Wm.
  Eggers Bros.
  Eggers, Henry
  Fate & Franz
  Kohler, G.
  Schuller, Jos. F.
  Shaff, Jos. F.
  Shockey, Claud J.
  Spangler, Ernest
OKOLONA—Kolbe, Herman C.
  Rohrs, Henry F.

JOSEPH KESTNER, Mgr.

DEALER IN

Screened Sand and Gravel

TELEPHONE 487 Blue

MRS. JOSEPH KESTNER, Prop.   415 E. Front St., Napoleon, O.

ELECTRIC SHOP

SHOE—
REPAIRING of all kinds.
SOLES in any stock and style.
NO EXTRA charge for sewing.
HEELS A SPECIALTY; "Cats Paw" rubber heels are our leaders because they are the best.

CURTAINS—
MADE TO ORDER for Autos, Buggies or Carriages.
REPAIRED and new Fiber Glass installed in any size.

DONT!!
DISCARD your old Boots and Shoes until you let me see them.
FORGET our stock is the best, prices are right and workmanship unexcelled. Satisfaction is guaranteed. Adjustments made freely.

J. A. VANCIL

West Main Street, First Door West of C. H. & D. Crossing

DESHLER, OHIO

CLASSIFIED BUSINESS DIRECTORY.

Home Phone No. 361-Black

CLYDE F. HAGANS
MUSICIAN
Teacher of
VIOLIN AND PIANO

526 High Street, - - NAPOLEON, OHIO

J. C. STORRS & SONS
LIBERTY CENTER, OHIO

REAL ESTATE, COLLECTIONS
& MUTUAL INSURANCE

FIRE INSURANCE @ 18c per $100

AUTOMOBILE INSURANCE @ 20c per $100

SHOES
for the
FAMILY
at
GOTTSCHALK'S

Shoe Repairing Neatly Done

PHONE 271

109 W. Washington St.   Napoleon, Ohio

SALOONS—Continued.
RIDGEVILLE CORNERS—Kolbe, A. F.
STANDLEY—McCoy, Frank

SAND AND GRAVEL.
NAPOLEON—**KESTNER, JOSEPH,** 415 E Front St. See adv.
Pfahlert, J. M.

SEEDS.
HOLGATE—**SNYDER, S. L., & CO.** See adv.
RIDGEVILLE CORNERS—Huner, Fred.

SHEET METAL MANUFACTURER.
NAPOLEON—Hines, C., & Son

SHOE REPAIRING.
DESHLER—Bell, A. W.
    VANCIL, JOEL A. See adv.
HOLGATE—Barth, Frank
MALINTA—Myers, J. W.
NAPOLEON—Brinkman, E. F.
    Cocran, W. Harry
    Electric Shoe Repair
    Hilgendorf, E.

C. J. PRENTISS

Money to Loan on Farm Property at 5 PER CENT.

FARMS FOR SALE

Fire, Life, Auto, and Live Stock Insurance written anywhere in Henry County

PHONES { Office, 488
             Residence, 489

NAPOLEON, OHIO

WATKINS'

Remedies, Extracts, Spices and Toilet Articles

Stock and Poultry Remedies a Specialty

All Goods are Fully Guaranteed. Your Patronage is Highly Appreciated

REPRESENTED BY

CLARENCE ROCKWELL

HOME PHONE 67   **LIBERTY CENTER, OHIO**

C. J. FLORY

Plumbing, Steam and Hot Water Heating
Warm Air Furnaces

Estimates Cheerfully Furnished *Skilled Workmanship and Guaranteed Work*

514 N. Perry Street **NAPOLEON, OHIO**
PHONES 17 or 227 GREEN

KORTE & VORWERK

Meet Us on the Busy Corner

for UP-TO-DATE

FOOTWEAR

Cor. Washington and Perry Sts.

Phone 399 **NAPOLEON, OHIO**

"POLKER"

The Shoe Hustler

Meet Me Face to Face For Goot Shuoes

729 N. Perry Street   Napoleon, Ohio

JOHN LAUTERBACH
...The Tailor...

Suits to order $13.50 and up

Satisfaction Guaranteed

Cleaning, Dyeing and Pressing a Specialty

Over Hoy's Shoe Store

Res. Phone No 123 Blue   Napoleon, Ohio

WHEN IN NAPOLEON

Eat

AT

D. W. Clemmens'

615 N. Perry St.

NAPOLEON, OHIO

CLASSIFIED BUSINESS DIRECTORY.

WE HAVE THE SHOES
YOU HAVE THE FEET
Let us FIT you

SHOES and BOOTS FOR MEN, WOMEN & CHILDREN

Courteous Treatment   Reasonable Price

A. E. GESSNER
HOLGATE   -   -   OHIO

Okee M. Palmer
Real Estate and Loan Broker

NAPOLEON   ::   ::   OHIO

PHONE 413 Black

SUITS TO ORDER

Let your next Suit be made to order

The price is no more

Satisfaction is guaranteed in every respect

ALSO

Cleaning, Pressing and Repairing done satisfactorily

Sanitary Presser

If you are not a customer, a trial will make you one

ROY HIGGINS
134 W. Washington St.   NAPOLEON, OHIO

FIVE DOORS WEST OF POST OFFICE

HENRY COUNTY

SHOE REPAIRING—Continued.

NAPOLEON—Hoff, Frederick
Hoff, Frederick
Lautzenhiser, C. A.

SHOES.

DESHLER—Samsel, A. F.
Samsel, Peter F.
HAMLER—Guelda, H.
HOLGATE—**GESSNER, A. E.** See adv.
Kimmick, J. V.
LIBERTY CENTER—Knees, B. F.
West, A. G.
McCLURE—Philpott, Geo.
NAPOLEON—**GOTTSCHALK, ALBERT H.** See adv.
Hoy, U. E., & Co.
Hoy, W. E.
KORTE & VORWERK. See adv.
POLKER, JOHN H., 729 Perry St. See adv.
Reiser Bros.
Wear-U-Well Shoe Co., The

SPRING BEDS.

NAPOLEON—Western Ohio Spring Bed Co.

STATIONERY.

HAMLER—Hatcher, J. E.

STOCK AND POULTRY MEDICINE.

LIBERTY CENTER—**ROCKWELL, CLARENCE.** See adv.

STOVE MANUFACTURERS.

HOLGATE—Everitt, C. C.
OKOLONA—Shellito, M. M.

STOVES.

WEST HOPE—**SMITH & SPRINGHORN.** See adv.

SURVEYORS.

NAPOLEON—Daum, F. A.
Shoman, C. W.
Harper, J. W.

TAILORS.

DESHLER—Campbell, J. W.
D'Alton, A. L.
HOLGATE—Mann, A. N.
NAPOLEON—**HIGGINS, ROY.** See adv.
LAUTERBACK, JOHN. See adv.
Meyer, Joe F.
Piso, E. H.

JOHN FRANZ
BUYS AND SELLS
LIVE STOCK OF ALL KINDS
PHONE 442¼

MALINTA, OHIO

DR. L. J. PRICE
VETERINARY SURGEON

Graduate of Ontario Veterinary College, 1901. Graduate of Chicago Veterinary College, 1903. State Certificate Ohio and Indiana. Employed by U. S. Government from November 24th, 1908, to December 17th, 1911. Meat Inspection, Contagious and Infectious Diseases of South.

LOCATED AT LIBERTY CENTER, OHIO

CLASSIFIED BUSINESS DIRECTORY.

TAILORS—Continued.
Napoleon—**SHERIDAN, ANDREW,** 809 N. Perry St. See adv.
Sloan, H. E.

TELEPHONE COMPANIES.
Deshler—Bell Telephone Co.
Crescent Telephone Co., The
Mutual Telephone Co.
Napoleon—**Napoleon Tel. Co., The**

TINNERS.
Deshler—Leyser, Geo.
Leyser, G. R.
Holgate—Thombs, Carl
Napoleon—Hoff, C. H.

TOILET ARTICLES.
Liberty Center—**ROCKWELL, CLARENCE.** See adv.

UNDERTAKER.
Napoleon—**BOYER, CHAS. W.,** 326 S Perry St. See adv.
Weston—**RAUBENOLT & LANCE.** See adv.

VETERINARIANS.
Deshler—Sockman, C. C.
Tussing, P. W.
Hamler—Pederson, Dr.
Liberty Center—**PRICE, L. J.** See adv.
Napoleon—DeTray, Dr. E. M.
McConkey, Dr. C. W.

VULCANIZING WORKS.
McClure—**PATTEN, HENRY G.** See adv.
Napoleon—Napoleon Vulcanizing Co.

WASHING MACHINE MANUFACTURER.
Deshler—Deshler Foundry & Machine Works

WINDMILL MANUFACTURER.
Napoleon—Heller-Aller Co.

WIRE FENCE.
Napoleon—King, Henry M.

R. C. HENRY
AUTOMOBILE ACCESSORIES AND
GARAGE
ALLEN MOTOR CAR AGENCY
Phone No. 923   RIDGEVILLE CORNERS, OHIO

McClure Vulcanizing Works
GOODYEAR **Tires and Tubes** **GOODRICH**
FIRESTONE   **AJAX**
Vulcanizing and Repairing a Specialty
HENRY G. PATTEEN, Prop.
SHOP, 98   PHONES   RESIDENCE, 792
McCLURE, OHIO

Cow Ailments and How to Treat Them
(From the Biggle Cow Book)

Let sick or maimed animals lie still. Do not torture them by trying to get them up. Rub their limbs every day and keep a soft bed under them. They will get up when they are able.

If a cow look poor and weak, put a blanket on her, keep her in a warm place, and feed her some corn meal and middlings, and some oats. Give her warm drink, and stir a little cheap flour in it. Do not let her run clear down. Look ahead.

If cows are accidentally left out in a rain and seem cold, put them in the stable as soon as possible and rub them well. If they shiver, put blankets on them until they are dry. If there is inflammation or hardness in the udder, bathe it thoroughly for at least half an hour, and rub gently until thoroughly dry.

If this does not effect a cure put a *warm* flaxseed poultice on the udder, which can be held in place by means of an eight-tailed bandage. This should be changed twice a day until the hardness and soreness are gone. Of course, the cow should be milked out two or three times each day.

If a cow get a foreign body in the mouth turn her head towards the light and remove it.

When chaff or other dirt gets into the eye syringe or sponge the eye frequently with clean cold water containing sulphate of zinc one grain to each ounce of water. Keep stable darkened.

For CHOKING, examine throat and neck; if offending object is felt, attempt to force upward into the mouth by pressure of hands below the object. Give one pint linseed oil or melted lard. May sometimes reach with hand by holding tongue aside. Do not push a stiff stick or fork handle down the throat; a piece of rubber hose, well greased, is less likely to ruin the cow.

If a cow has BLOAT or HOVEN there will be a drum-like swelling on left side in front of hip, caused by green food, wet or frosted clover, overfeeding, choking. Give one-half teacupful table salt in water, as drench. Exercise. If not relieved give aromatic spirits of ammonia, two ounces, well diluted, every hour.

Where there is great danger of suffocation a puncture of the paunch may be made with a knife at a point, equally distant from the point of hip and last rib, on *left side of cow*.

IMPACTION OF PAUNCH is caused by overeating, and the symptoms are failing appetite, solid or doughy swelling on front of left hip. Give one to two pounds Glauber salts dissolved in water; follow every three hours by drench of mixture of equal parts common salt, nux vomica powdered and capsicum. Dose, one tablespoonful.

In COLIC the symptoms are uneasiness, striking belly with hind legs, lying down and getting up. Cause, change of diet, rapid feeding. Give Glauber salts, one pound in water; warm water enemas. Give every hour one ounce each of laudanum and sulphuric ether, diluted.

CONSTIPATION caused by dry, coarser food and lack of exercise, is treated with green food, linseed meal and exercise; give pint of raw linseed oil. DIARRHŒA is treated with starch gruel or flour and water and dry food.

SCOURS in calves is caused by overfeeding, bad food or drink, damp stables, dirty surroundings. Remove cause and withhold food the best remedy. Give once daily twenty grains potassium permanganate in tincup of water; also use same for enema.

Cows are subject to FOUNDER, showing sudden tenderness in two or more feet; feet hot and may crack around top of hoof. This comes from overfeeding. Give Glauber salts one pound, twenty drops tincture aconite every two hours. Keep feet moist by wet pasture or wet cloths.

GARGET or SWOLLEN UDDER, due to cold, injuries, overfeeding or heating food. Bathe frequently with warm water; dry, and apply warm lard. Milk often. Give internally two-drachm doses salicylic acid and one drachm soda bicarbonate in one pint of milk four times daily.

DISCHARGE OF MUCUS from nostrils indicates catarrh from exposure, dust, or pollen of plants. Allow animal to breathe steam from water containing pine tar.

In SORE THROAT there is difficulty in swallowing, food returns through nostrils. Steam as in catarrh, give tincture belladonna one-half ounce every six hours. Rub throat with equal parts turpentine and sweet oil.

In BRONCHITIS there is dry cough first,

then loose, and discharge from nostrils; rattling sound in windpipe. Steam as in sore throat and give tincture aconite twenty drops every two hours and two drachms muriate ammonia in one pint of water three times daily. For bronchitis in young stock due to worms in windpipe, which sometimes occur in autumn where they are pastured late, give one ounce turpentine and six ounces sweet oil well mixed three times a week. Take from pasture and feed liberally.

In PNEUMONIA there is loss of appetite, animal standing, rapid breathing, pulse frequent, extremities cold. Cause, exposure or neglected bronchitis. Place in a warm, dry, well-ventilated stable, apply to chest equal parts turpentine and alcohol and cover with blanket. In beginning give tincture aconite twenty drops every hour. If not better in two days discontinue aconite and give one ounce tr. digitalis every eight hours.

In PLEURISY there is fever with rapid pulse, animal stands, grunts on moving or when chest is struck, has a short, painful cough. Treat same as for pneumonia; give also one drachm iodide of potash twice daily.

SORE TEATS are caused by scratches from briers, bites of insects, dirt exposure, also from the contagion of cow pox at milking. Remove cause and use milk tube if necessary; apply to sores after milking small quantity of mixture glycerine four ounces and carbolic acid one drachm. In cow pox milk affected cow last and apply to sores mixture glycerine four ounces, water eight ounces, chloride of zinc twenty grains.

WARTS on teats or other parts are generally easily removed by sharp scissors; dress wound as advised for sore teats.

MANGE causes great itching and generally starts at root of tail or top of neck; cause, a minute parasite. Wash with soap and water and dry, after which apply lard which destroys the parasite.

For LICE and TICKS apply daily a tea made by adding one pound quassia chips to three gallons of boiling water. Ordinary sheep dip is also effective. Carbolic acid is one of the most effective agents against parasites. It should have a dilution of about one hundred times its bulk of water. Kerosene emulsion is good for lice on cattle, killing both adults and eggs. To make, dissolve one-half pound hard soap in one gallon hot water and while still near the boiling point add two gallons kesosene oil. Churn or agitate until emulsified. Use one part of this emulsion to eight or ten parts of water and use as a spray, wash or dip.

In RINGWORM there are circular spots of baldness covered by gray or yellow crust; caused also by a parasite. Wash with strong soap and water and apply pure creolin once daily for a week.

FOUL CLAW or HOOF DISTEMPER causes lameness in one or more feet, swelling and heat around top of hoof, and bad smelling discharge around edge of hoof and between the claws. Cause, dirty stables, standing in stagnant water or mud. Trim off all loose horn, clean by wiping with dry rags, wet sores twice daily with mixture chloride of zinc one ounce, water one pint.

OVERGROWTH OF HOOF from standing in stable should be filed off with rasp.

SPRAINS (generally below knee or hock), causing heat and lameness with tenderness at point of injury, should be bathed with warm water or with laudanum three parts, lead water one part.

WOUNDS, if bleeding much, fill or cover the wound with clean cotton dipped in cold or quite warm water, and secure firmly with bandage; examine for foreign bodies, as splinters, nails and dirt. Do not fill wound with cobwebs to stop bleeding. Remove the bandage before swelling takes place; one application of bandage usually enough. Keep animal quiet first day, then allow exercise. Keep wound clear and apply carbolic acid water 5 per cent. or creolin and water 1 to 10. Do not apply grease to wounds. If proud flesh forms apply daily enough powdered burnt alum to cover.

For an ABSCESS or cavity containing pus caused by bruises, etc., open freely and syringe with 10 per cent. creolin solution.

LOCKJAW, a constant muscular spasm involving more or less the entire body, is caused by the entrance of tetanus germs through a wound. There is stiffness of whole or part of body, more frequently the jaws, making eating difficult or impossible. If animal can drink give one-half ounce doses bromide potash five times daily; dissolve and place on food or gruel or in water given to drink. Do not drench, and keep quiet.

INVERSION OF VAGINA most frequent in springers, caused most frequently by stalls too low behind. Treat displaced parts with warm water and replace them.

Place cow in stall eight inches higher behind than in front until after calving.

INVERSION OF WOMB occurs after calving, same cause as above and treatment the same; get womb placed well forward.

STERILITY in bull is sometimes caused by high feeding and lack of exercise. Give nux vomica one drachm and capsicum one-half drachm once daily. In cow may be temporary, following abortion; if from other cause, seldom recover. Try same remedy as for bull.

ABORTION is a frequent and troublesome malady, occurring generally at about seventh or eighth month. Cause may be due to injuries or to contagion. Separate at once when suspected; after calf is born syringe the womb with one gallon of warm water containing one ounce creolin. Repeat daily as long as any discharge is seen. Afterbirth should be removed about third day after calving. Disinfect stables thoroughly. Do not let cow take bull for at least two months after aborting.

RETAINED AFTERBIRTH is generally due to premature birth; should be removed on third or fourth day. Blanketing, warm stable, warm drinks may help. If necessary to remove by hand, should only be attempted by qualified person, otherwise it is advisable to allow it to remain.

INFLAMMATION OF THE WOMB is indicated by fever, loss of appetite, straining. Caused by injuries in calving or to attempts at removal of afterbirth, and is generally fatal. Give two drachms salicylate of soda every four hours and syringe womb with warm water and two ounces creolin to the gallon.

MILK FEVER or PARTURIENT APOPLEXY is usually treated by inflation of the udder with air. Doubtless a regular "milk fever outfit," costing about $3, is best to use, as it precludes the possibility of infecting the sensitive interior of the udder. But in emergency, or in case the outfit is not procurable, the udder may be inflated by using a bicycle or automobile air pump, taking pains to be sure the air used is pure. If in a stable, ventilate it well.

Attach a milking tube to the tubing of the pump, first dipping it in a carbolic solution (carbolic acid three teaspoons, water one pint). Wash each teat carefully with this antiseptic, before inflating it, so as to prevent infection. Insert the milking tube carefully. Work slowly.

Of course the udder must not be inflated unreasonably. After inflation, remove the tube and leave the udder full of air for five to eight hours. Then the air may be worked out gently, and, if necessary, the inflation may be repeated.

Cows so treated usually show marked signs of improvement within two hours.

ACTINOMYCOSIS (LUMP JAW) is a contagious disease due to a germ known as "Ray fungus." There are well-defined swellings about the jaw, head and throat, or may be on the tongue or in the lungs. These soften and open after a time and discharge matter; appetite good until well advanced. The treatment is, remove by surgical means; late experiments indicate iodide of potash two to three drachms daily to be a cure. Advanced cases should be killed at once. The meat should never be used for food.

MILK SICKNESS (TREMBLES) is a disease of cattle communicable to man and other animals by use of meat or milk; dry cattle most commonly and far more severely affected. Milch cows may transmit this disease through the use of their milk and yet show no trace of the disease themselves. The symptoms are trembling upon least exertion as walking, great prostration and delirium. Treatment is only prevention; do not use pastures known to produce this disease; unbroken land of certain districts unsafe.

RHEUMATISM is shown by hot, painful swellings at the joints, generally the hocks, stiffness in walking or may be unable to rise. Bathe joints with camphor and alcohol and give internally two drachms salicylate of soda every three hours until four ounces have been given; keep warm and dry and give laxative food.

TEXAS FEVER, a disease of Southern cattle which, when transmitted to Northern cattle, is generally fatal in a few days. The spread of the disease is generally due to ticks; those from diseased animals contain the germs of the disease and by their bites transmit it. The indications are a high fever, staggering gait, urine of reddish brown to black, great prostration, unconsciousness, death. Most common in summer months; unknown in the north after heavy frost. Prevention, avoidance of cattle from Southern fever districts; dipping of Southern cattle to destroy the ticks.

Poultry Diseases and Enemies
(From the Biggle Poultry Book)

Many of the ills that poultry flesh is heir to are directly traceable to bad breeding and treatment. In-and-inbreeding is practiced and the law of the survival of the fittest is disregarded until the stock becomes weak and a prey to disease.

Yards and runs occupied for any considerable time become covered with excreta and a breeding ground for all manner of disease germs.

Dampness from leaky roofs or from wet earth floors, and draughts from side cracks, or from overhead ventilation slay their thousands yearly.

A one-sided diet of grain, especially corn, moldy grain or meal, decayed meat or vegetables, filthy water, or the lack of gritty material are fruitful sources of sickness.

In the treatment of sick birds much depends on the nursing and care. It is useless to give medicine unless some honest attempt be made to remove the causes that produce the disturbance. Unless removed the cause will continue to operate and the treatment must be repeated.

It is an excellent plan to have a coop in some secluded place to be used exclusively as a hospital. If cases cannot be promptly treated it is better to use the hatchet at once and bury deeply, or burn the carcasses. This is the proper plan in every case where birds become very ill before they are discovered.

Sick birds should in no case be allowed to run with the flock and to eat and drink with them.

In giving the following remedies we make no pretence to a scientific handling of the subject.

Fevers, from colds, fighting of cocks, etc. Symptoms: unusual heat of body, red face, watery eyes and watery discharge from nostrils.

Give dessertspoonful citrate of magnesia and, as a drink, ten drops of nitre in half a pint of water.

Apoplexy and Vertigo, from overfeeding or fright. Symptoms: unsteady motion of the head, running around, loss of control of limbs. Give a purgative and bleed from the large veins under wing.

Paralysis, from highly seasoned food and over stimulating diet. Symptoms: inability to use the limbs, birds lie helpless on their side. Treatment—The same as for apoplexy.

Leg Weakness occurs in fast-growing young birds, mostly among cockerels. A fowl having this weakness will show it by squatting on the ground frequently and by a tottering walk. When not hereditary it usually arises from a diet that contains too much fat and too little flesh and bone-making material, such as bread, rice, corn and potatoes. To this should be added cut green bone, oats, shorts, bran and clover, green or dry. Give a tonic pill three times a day made of sulphate of iron, 1 grain; strychnine, 1 grain; phosphate of lime, 16 grains; sulphate of quinine, ½ grain. Make into thirty pills.

Canker of the Mouth and Head.—The sores characteristic of this disease are covered with a yellow cheesy matter which, when it is removed, reveals the raw flesh. Canker will rapidly spread through a flock, as the exudation from the sores is a virulent poison, and well birds are contaminated through the soft feed and drinking water. Sick birds should be separated from the flock and all water and feed vessels disinfected by scalding or coating with lime wash. Apply to sores with a small pippet syringe or dropper the peroxide of hydrogen. When the entire surface is more or less affected, use a sprayer. Where there is much of the cheesy matter formed, first remove it with a large quill before using the peroxide. A simple remedy is an application to the raw flesh of powdered alum, scorched until slightly brown.

Scaly Leg, caused by a microscopic insect burrowing beneath the natural scales of the shank. At first the shanks appear dry, and a fine scale like dandruff forms. Soon the natural scale disappears and gives place to a hard, white scurf. The disease passes from one fowl to another through the medium of nests and perches, and the mother-hen infecting her brood. To prevent its spread, coat perches with kerosene and burn old nesting material and never use sitting hens affected by the disease. To cure, mix ½ ounce flowers of sulphur, ¼ ounce carbolic acid crystals and stir these into 1 pound of melted lard. Apply with an old tooth brush, rubbing in well. Make applications at intervals of a week.

Worms in the intestines of fowls indicate disturbed digestion. Loss of appetite and lack of thrift are signs of their presence. Give santonin in 2-grain doses six hours apart. A few hours after the second dose give a dessertspoonful of castor oil. Or, put 15 drops of spirits of turpentine in a pint of water and moisten the feed with it.

BUMBLE-FOOT, caused by a bruise in flying down from perches or in some similar manner. A small corn appears on the bottom of the foot, which swells and ulcerates and fills with hard, cheesy pus. With a sharp knife make a cross cut and carefully remove all the pus. Wash the cavity with warm water, dip the foot in a solution of one-fourth ounce sulphate of copper to a quart of water and bind up with a rag and place the bird on a bed of dry straw. Before putting on the bandage anoint the wound with the ointment recommended for scaly leg or coat it with iodine.

GAPES, caused by the gape-worm, a parasite that attaches itself to the windpipe, filling it up and causing the bird to gasp for breath. The worm is about three-fourths of an inch long, smooth and red in color. It appears to be forked at one end, but in reality each parasite is two worms, a male and female, firmly joined together. This parasite breeds in the common earth worm. Chicks over three months old are seldom affected. If kept off of the ground for two months after hatching, or on perfectly dry soil, or on land where affected chicks have never run, chicks will seldom suffer from the gapes. Old runs and infested soil should have frequent dressings of lime.

In severe cases the worms should be removed. To do this put a few drops of kerosene in a teaspoonful of sweet oil. Strip a soft wing feather of its web to within an inch of the tip, dip in the oil, insert feather in windpipe, twirl and withdraw. Very likely some of the parasites and mucus will come with it. The rest will be loosened or killed, and eventually thrown out. It may be necessary to repeat the operation.

To kill the worm in its lodgment, gum camphor in the drinking water or pellets of it as large as a pea forced down the throat is recommended. Turpentine in the soft feed, as advised in the treatment for worms in the intestines, is said to be 'fective. Pinching the windpipe with .ie thumb and finger will sometimes loosen the parasite.

When broods are quartered on soil known to be infested, air-slacked lime should be dusted on the floor of the coop, and every other night, for two or three weeks, a little of the same should be dusted in the coop over the hen and her brood. To apply, use a dusting bellows and only a little each time.

CHOLERA is due to a specific germ, or virus, and must not be confounded with common diarrhœa. In genuine cholera digestion is arrested, the crop remains full, there is fever and great thirst. The bird drinks, but refuses food and appears to be in distress. There is a thickening of the blood, which is made evident in the purple color of the comb. The discharges from the kidneys, called the urates, which in health are white, become yellowish, deep yellow, or, in the final stages, a greenish-yellow. The diarrhœa grows more severe as the disease progresses. A fowl generally succumbs in two days. The virus of cholera is not diffusible in the air, but remains in the soil, which becomes infected from the discharges, and in the body and blood of the victims. It may be carried from place to place on the feet of other fowls or animals. Soil may be disinfected by saturating it with a weak solution of sulphuric acid in water. Remove at once all well birds to new and clean quarters and wring the necks of all sick birds and burn their carcasses and disinfect their quarters.

For cases not too far gone to cure give sugar of lead, pulverized opium, gum camphor, of each, 60 grains, powdered capsicum (or fluid extract of capsicum is better, 10 drops), grains, 10. Dissolve the camphor in just enough alcohol that will do so without making it a fluid, then rub up the other ingredients in the same bolus, mix with soft corn meal dough, enough to make it into a mass, then roll it and divide the whole into one hundred and twenty pills. Dose, one to three pills a day for grown chicks or turkey, less to the smaller fry. The birds that are well enough to eat should have sufficient powdered charcoal in their soft feed every other day to color it slightly, and for every twenty fowls five drops of carbolic acid in the hot water with which the feed in moistened.

ROUP.—The first symptoms are those of a cold in the head. Later on the watery discharge from the nostrils and eyes thickens and fills the nasal cavities and throat, the head swells and the eyes close up and bulge out. The odor from affected fowls is very offensive. It is contagious by diffusion in the air and by contact with the exudations from sick fowls. To disinfect houses and coops burn sulphur and carbolic acid in them after turning the fowls out and keep closed for an hour or two. Pour a gill of turpentine and a gill of carbolic acid over a peck of lime and let it become slaked, then scatter freely over the interior of houses and coops and about the yards.

For the first stages spray the affected flock while on the roost or in the coop with a mixture of two tablespoonfuls of carbolic acid and a piece of fine salt as big as a walnut in a pint of water. Repeat two or three times a week. Or, if a dry powder is preferred, mix equal parts of sulphur, alum and magnesia and dust this in their nostrils, eyes and throat with a small powder gun. The nasal cavities should be kept open by injecting with a glass syringe or sewing machine oil-can a drop or two of crude petroleum. A little should be introduced also through the slit in the roof of the mouth. Give sick birds a dessertspoonful of castor oil two nights in succession, and feed soft food of bran and corn meal seasoned with red pepper and powdered charcoal. A physician advises the following treatment: hydrastin, 10 grains; sulph. quinine, 10 grains; capsicum, 20 grains. Mixed in a mass with balsam copaiba and made into twenty pills; give one pill morning and night; keep the bird warm and inject a saturated solution of chlorate potash in nostrils and about 20 drops down the throat.

PIP, so-called, is not a disease but only a symptom. The drying and hardening of the end of the tongue in what is called "pip" is due to breathing through the mouth, which the bird is compelled to do because of the stoppage of the nostrils. By freeing the natural air passages the tongue will resume its normal condition.

DIPHTHERIA is a contagious disease. The first symptoms are those of a common cold and catarrh. The head becomes red and there are signs of fever, then the throat fills up with thick, white mucus and white ulcers appear. The bird looks anxious and stretches its neck and gasps. When it attacks young chicks it is frequently mistaken for gapes. When diphtheria prevails, impregnate the drinking water with camphor, a teaspoonful of the spirits to a gallon of water, and fumigate the house as recommended for roup.

Spray the throat with peroxide of hydrogen or with this formula: 1 ounce glycerine, 5 drops nitric acid, 1 gill water. To treat several birds at once with medicated vapor, take a long box with the lid off, make a partition across and near to one end and cover the bottom with coal ashes. Mix a tablespoonful each of pine tar, turpentine and sulphur, to which add a few drops, or a few crystals, of carbolic acid and a pinch of gum camphor. Heat a brick very hot, put the fowls in the large part and the brick in the other, drop a spoonful of the mixture on the brick and cover lightly to keep the fumes in among the patients. Watch carefully, as one or two minutes may be all they can endure. Repeat in six hours if required.

CROP-BOUND.—The crop becomes much distended and hard from obstruction of the passage from the crop to the gizzard by something swallowed; generally, it is long, dried grass, a bit of rag or rope. Relief may sometimes be afforded by giving a tablespoonful of sweet oil and then gently kneading the crop with the hand. Give no food, except a little milk, until the crop is emptied. Wet a tablespoonful or more of pulverized charcoal with the milk and force it down the throat. Should the crop not empty itself naturally pluck a few feathers from the upper right side of it and with a sharp knife make a cut about an inch long in the outer skin. Draw this skin a little to one side and cut open the crop. Remove its contents, being careful not to miss the obstruction. Have a needle threaded with white silk ready, and take a stitch or two in the crop skin first, then sew up the outer skin separately. Put the patient in a comfortable coop, and feed sparingly for a week on bran and meal in a moist state, and give but little water.

SOFT OR SWELLED-CROP arises from lack of grit, or from eating soggy and unwholesome food. The distended crop contains water and gas, the bird is feverish and drinks a great deal. By holding it up with its head down the crop will usually empty itself. When this is done give teaspoon doses of charcoal slightly moistened twice at intervals of six hours. Restrict the supply of water and feed chopped onions and soft feed in moderation.

EGG-BOUND, DISEASES OF THE OVIDUCT. Overfat hens are often troubled in this way. Forcing hens for egg production will sometimes break down the laying machinery. Give green food, oats, little corn, and no stimulating condiments. Let the diet be plain and cooling in its nature. To relieve hens of eggs broken in the oviduct, anoint the forefinger with sweet oil and deftly insert and draw out the broken parts. When the hen is very fat and the egg is so large it cannot be expelled, the only way to save the hen is to break the egg and remove it as above directed.

WHITE-COMB OR SCURVY, caused by crowded and filthy quarters and lack of green food. The comb is covered with a white scurf. This condition sometimes extends over the head and down the neck, causing the feathers to fall off. Change the quarters and diet, give a dose of castor oil and follow this with a half a teaspoonful of sulphur in the soft food daily.

RHEUMATISM AND CRAMP caused by cold and dampness. Chicks reared on bottom-heat brooders are particularly subject to these troubles. Damp earth floors and cement floors in poultry houses produce it in older birds. Give dry and comfortable quarters, feed little meat, plenty of green food, and soft feed seasoned with red pepper.

DIARRHŒA of chicks with clogging of the vent. Remove the hardened excretion and anoint the parts. Chamomilla is useful in this complaint, a few drops in drinking water.

FROSTED COMB AND WATTLES.—As soon as discovered bathe with compound tincture of benzoin.

FOR LICE on perches, walls and coops, use kerosene or lime wash. To make the lime-wash more effective, pour a little crude carbolic acid on the lime before slaking or mix with plenty of salt.

For use in nests, pour crude carbolic acid on lime and allow it to air-slake. Put one or two handfuls of the carbolized lime dust in the nest box.

Pyrethrum powder kills by contact and is effective for dusting in nests, and through the feathers of birds. Its judicious use in the plumage and nests of sitting hens will insure immunity from lice for the hen and her young brood.

Chicks and poults are often killed by large lice that congregate about the head, throat, vent and wings. To destroy them, soak fish berries in alcohol, take the birds from under the mothers at night and slightly moisten the down of the infested parts with the poison.

How to Preserve Eggs

Now that eggs are dearer as a rule than they have been for years, many people are inquiring about the methods of preserving them. The old way was to pack them in salt or lime. This served the purpose, but it gave the eggs a very strong taste.

The approved method now is the one which calls for the use of "water glass," or silicate of soda. This is a thick, syrupy liquid which can be had at most drug stores for about 10 cents a pound, and a pound is enough to treat five dozen eggs, so that the cost of preserving is about two cents a dozen.

There are several grades of water glass, and it is wise to get the best. To prepare the solution, stir one part of the silicate of soda into sixteen parts of water which has been boiled, cooled and carefully measured.

It is essential to have the eggs fresh, or the experiment will not be a great success. Those over three days old should not be used, as the air has already had a chance to penetrate them. The very best way is to keep the solution made up ready and put the eggs into it just as soon as they are brought in from the nests, if you have your own chickens.

It is worse than useless to try to preserve eggs that are not fresh or that have been cracked or washed.

Incubation and Gestation Tables

Chickens ....20-22 days
Geese ....28-34 days
Ducks ....28 days
Turkeys ....27-29 days
Guinea fowls...................28 days
Pheasants ....25 days
Ostriches ....40-42 days

The period of gestation in animals varies considerably, but the following is an average period based on a long series of observations:

Elephant .... 2 years
Camel ....11-12 months
Ass ....12 months
Mare ....11 months
Cow .... 9 months
Sheep .... 5 months
Goat .... 5 months
Pig .... 3½ months
Bitch .... 9 weeks
Cat .... 8 weeks
Rabbit ....30 days
Guinea pig.................65 days

SPRAYING FORMULAS

FUNGICIDES.—Bordeaux mixture is made by taking three pounds of sulphate of copper, four pounds of quicklime, fifty gallons of water. To dissolve the copper sulphate, put it into a coarse cloth bag and suspend the bag in a receptacle partly filled with water. Next, slake the lime in a tub, and strain the milk of lime thus obtained into another receptacle. Now get some one to help you, and with buckets, *simultaneously* pour the two liquids into the spraying barrel or tank. Lastly, add sufficient water to make fifty gallons. It is safe to use this full-strength Bordeaux on almost all foliage—except, perhaps, on extra tender things, such as watermelon vines, peach trees, etc. For these it is wiser to use a half-strength mixture.

FORMALIN.—This is also called formaldehyde, and may be purchased at drug stores. Its principal use is to treat seed potatoes to prevent "scab." Soak the whole seed for two hours in a mixture of one-half pint formalin and fifteen gallons of cold water; dry the seed, cut, and plant in ground that has not recently grown potatoes.

BORDEAUX COMBINED WITH INSECT POISON.—By adding one-quarter pound of Paris green to each fifty gallons of Bordeaux, the mixture becomes a combined fungicide and insecticide. Or, instead of Paris green, add about two pounds of arsenate of lead. The advantages of arsenate of lead over Paris green are, first, it is not apt to burn foliage even if used in rather excessive quantities; and, second, it "sticks" to the foliage, etc., better and longer.

INSECTICIDES.—ARSENATE OF LEAD.—This is the best insecticide for chewing insects, and is for sale by seedsmen. Use about two pounds in fifty gallons of water.

WHITE HELLEBORE.—This, if fresh, may be used instead of Paris green in some cases—worms on currant and gooseberry bushes, for instance. (It is not such a powerful poison as the arsenites, and would not do so well for tough insects such as potato-bugs.) Steep two ounces in one gallon of hot water, and use as a spray.

FOR SUCKING INSECTS.—Now we come to another class of insecticides, suited to insects which suck a plant's juice but do not chew. Arsenic will not kill such pests; therefore we must resort to solutions which kill by *contact*.

KEROSENE EMULSION.—One-half pound of hard or one quart of soft soap; kerosene, two gallons; boiling soft water, one gallon. If hard soap is used, slice it fine and dissolve it in water by boiling; add the boiling solution (away from the fire) to the kerosene, and stir or violently churn for from five to eight minutes, until the mixture assumes a creamy consistency. If a spray pump is at hand, pump the mixture back upon itself with considerable force for about five minutes. Keep this as a stock. *It must be further diluted with water before using.* One part of emulsion to fifteen parts of water, is about right for lice.

CARBOLIC ACID EMULSION.—Made by dissolving one pound of hard soap or one quart of soft soap in a gallon of boiling water, to which one pint of *crude* carbolic acid is added, the whole being stirred into an emulsion. One part of this is added to about thirty-five parts of water and poured around the bases of the plants, about four ounces per plant at each application, beginning when the plants are set out and repeated every week or ten days until the last of May. Used to fight maggots.

WHALE-OIL SOAP SOLUTION.—Dissolve one pound of whale-oil soap in a gallon of hot water, and dilute with about six gallons of cold water. This is a good application for aphis (lice) on trees or plants. For oyster-shell or scurvy scale use this spray in May or June or when the tiny scale lice are moving about on the bark.

TOBACCO TEA.—Place five pounds of tobacco stems in a water-tight vessel, and cover them with three gallons of hot water. Allow to stand several hours; dilute the liquor by adding about seven gallons of water. Strain and apply. Good for lice.

LIME-SULPHUR MIXTURE.—S l a k e twenty-two pounds of fresh lump lime in the vessel in which the mixture is to be boiled, using only enough water to cover the lime. Add seventeen pounds of sulphur (flowers or powdered), having previously mixed it in a paste with water. Then boil the mixture for about an hour in about ten gallons of water, using an iron but not a copper vessel. Next add enough more water to make, in all, fifty gallons. Strain through wire sieve or netting, and apply while mixture is still warm. A good, high-pressure pump is essential to satisfactory work. Coat every particle of the tree. This is the standard San Jose scale remedy, although some orchardists prefer to use the soluble oil sprays now on the market.

PYRETHRUM, OR PERSIAN INSECT POWDER.—It may be dusted on with a powder bellows when the plants are wet; or one ounce of it may be steeped in one gallon of hot water, and sprayed on the plants at any time. It is often used on flowers, in greenhouses, on vegetables, etc.

BISULPHIDE OF CARBON.—This is used to kill weevils in beans and peas, etc. It comes in liquid form and may be had of druggists. When exposed to the air it quickly vaporizes into a poisonous and explosive gas which is heavier than air and which will destroy all insect life. (Caution.—Do not inhale the vapor, and allow no lights near.)

Tobacco stems, tobacco dust, kainit, soot, freshly-slaked lime, dust, etc., are often used as insect *preventives*—in the soil around plants to keep away grubs, worms and maggots, or dusted on to discourage the visits of cucumber bugs, etc. (Note.—The first four are excellent fertilizers as well as insect preventives.)

Crows and blackbirds frequently pull up planted corn. The best preventive is to tar the seed, as follows: Put the seed into a pail and pour on enough warm water to cover it. Add a teaspoonful of coal-tar to a peck, and stir well. Throw the seed out on a sieve or in a basket to drain, and then stir in a few handfuls of land plaster (gypsum), or air-slaked lime.

A NEW FUNGICIDE.—Some orchardists are now using the following self-boiled lime-sulphur spray, instead of Bordeaux, claiming that it is less liable to spot or burn fruit and foliage: Put eight pounds of unslaked lump lime in a barrel; add enough water to cover. When the lime begins to heat, throw in eight pounds of flowers of sulphur. Constantly stir and gradually pour on more water until the lime is all slaked; then add the rest of the water to cool the mixture. About fifty gallons of water, in all, are required. Strain. Two pounds of arsenate of lead may be added, if desired, to the finished mixture, which then becomes a combined fungicide *and* insecticide, and may be used in the same manner as advised for Bordeaux-arsenate of lead. (Special note.—The self-boiled mixture is *not* the same as the lime-sulphur advised for San Jose scale, which is too strong for trees in foliage.)

If you do not care to bother with making spraying mixtures at home, they can be purchased, already prepared, of seedsmen. For only a few trees or plants, the extra cost of these factory mixtures is not great.

SPRAYING CALENDAR

Plant	First Application	Second Application
APPLE (Scab, rot, rust, codling moth, bud moth, tent caterpillar, canker worm, curculio, etc.)	When buds are swelling, but before they open, Bordeaux.	If canker worms are abundant just before blossoms open, Bordeaux-arsenical mixture.
ASPARAGUS (Rust, beetles.)	Cut off all shoots below surface regularly until about July 1st.	After cutting ceases, let the shoots grow and spray them with Bordeaux-arsenical mixture.
BEAN (Anthracnose, leaf blight, weevil, etc.)	Treat the seed before planting with bisulphide of carbon. (See remarks.) When third leaf expands, Bordeaux.	10 days later, Bordeaux.
CABBAGE (Worms, lice, maggots, etc.)	Pyrethrum or insect powder.	7-10 days later, repeat.
CELERY (Blight, rot, leaf spot, rust, caterpillars.)	Half strength Bordeaux on young plants in hotbed or seedbed.	Bordeaux, after plants are transplanted to field. (Pyrethrum for caterpillars if necessary.)
CHERRY (Rot, aphis, slug, curculio, black knot, leaf blight, or spot, etc.)	As buds are breaking, Bordeaux; when aphis appear, tobacco solution or kerosene emulsion.	When blossoms drop, Bordeaux-arsenical mixture.
CURRANT GOOSEBERRY (Worms, leaf blight.)	At first appearance of worms, hellebore.	10 days later, hellebore. Bordeaux if leaf blight is feared.
GRAPE (Fungous diseases, Rose bugs, lice, flea, beetle, leaf hopper, etc.)	In spring, when buds swell, Bordeaux.	Just before flowers unfold, Bordeaux-arsenical mixture.
MELONS CUCUMBERS (Mildew, rot, blight, striped bugs, lice, flea beetle, etc.)	Bordeaux, when vines begin to run.	10-14 days repeat. (Note: Always use half strength Bordeaux on watermelon vines.)
PEACH (Rot, mildew, leaf curl, curculio, etc.)	As the buds swell, Bordeaux.	When fruit has set, repeat. Jar trees for curculio.
PEAR AND QUINCE (Leaf blight, scab, psylla, codling moth, blister mite, slugs, etc.)	As buds are swelling, Bordeaux.	Just before blossoms open, Bordeaux. Kerosene emulsion when leaves open for psylla, if needed.
PLUM (Curculio, black knot, leaf blight, brown rot, etc.)	When buds are swelling, Bordeaux.	When blossoms have fallen, Bordeaux-arsenical mixture. Begin to jar trees for curculio.
POTATO (Flea beetle, Colorado beetle, blight rot, etc.)	Spray with Paris green and Bordeaux when about 4 in. high.	Repeat before insects become numerous.
TOMATO (Rot, blight, etc.)	When plants are 6 in. high, Bordeaux.	Repeat in 10-14 days. (Fruit can be wiped if disfigured by Bordeaux.)

NOTE.—For San Jose scale on trees and shrubs, spray with the lime-sulphur mixture in autumn after leaves fall, or (preferably) in early spring, before buds start. The lime-sulphur

HENRY COUNTY

SPRAYING CALENDAR

Third Application.	Fourth Application.	Remarks.
When blossoms have fallen. Bordeaux-arsenical mixture.	8-12 days later, Bordeaux - arsenical mixture.	For aphis (lice) use one of the lice remedies mentioned elsewhere. Dig out borers from tree trunks with knife and wire. For oyster-shell scale, use whale-oil soap spray in June.
2-3 weeks later, Bordeaux-arsenical mixture.	Repeat in 2-3 weeks.	Mow vines close to ground when they are killed by frost, burn them, and apply a mulch of stable manure.
14 days later, Bordeaux.	14 days later, Bordeaux.	For weevils: Put seed in tight box, put a cloth over seed, pour bisulphide of carbon on it, put lid on and keep closed for 48 hours. Use 1 oz. to 4 bus. of seed.
7-10 days later, repeat.	Repeat every 10-14 days until crop is gathered.	Root maggots: Pour carbolic acid emulsion around stem of plants. Club root: Rotate crops; apply lime to soil; burn refuse; treat seed with formalin before planting.
14 days later, repeat.	14 days later, repeat.	Rot or rust is often caused by hilling up with earth in hot weather. Use boards for summer crop. Pithy stalks are due to poor seed; or lack of moisture.
10-14 days, Bordeaux.	Hellebore, if a second brood of slugs appear.	Black knot: Dark fungous-looking bunches or knots on limbs. Cut off and burn whenever seen.
10-14 days, repeat, if necessary.	2 to 4 weeks later, repeat.	Cane-borers may be kept in check by cutting out and burning infested canes.
When fruit has set, Bordeaux - arsenical mixture.	2 to 4 weeks later, Bordeaux.	For lice, use any of the lice remedies. For rose bugs, use 10 pounds of arsenate of lead and one gallon of molasses in 50 gallons of water, as a spray. Or knock the bugs into pans of kerosene every day.
10-14 days, repeat.	10-14 days, repeat.	Use lice remedies for lice. For striped bugs, protect young plants with a cover of mosquito netting over each hill. Or keep vines well dusted with a mixture of air-slaked lime, tobacco dust and a little Paris green.
When fruit is one-half grown, Bordeaux.	Note:—It is safer always to use half-strength Bordeaux on peach foliage.	Dig out borers. Cut down and burn trees affected with "yellows."
After blossoms have fallen. Bordeaux-arsenical mixture.	8-12 days later, repeat.	Look out for "fire blight." Cut out and burn blighted branches whenever seen.
10-14 days later, repeat.	10-20 days later, Bordeaux.	Cut out black knot whenever seen.
Repeat for blight, rot and insects.	Repeat.	To prevent scabby tubers, treat the seed with formalin before planting.
Repeat in 10-14 days.		Hand-pick tomato worms.

mixture is a fungicide as well as a scale cure, and if it is used the *first* early Bordeaux spray may be omitted.

PLANTING TABLE FOR VEGETABLES AND BERRIES

VARIETY	For Horse Cultivation Have Rows	For Hoe or Wheel-Hoe Cultivation Have Rows	Distance Apart in the Row	Depth to Cover	Time to Plant in the North, Outdoors (See Foot-note)
ASPARAGUS, Seed	2½ ft. apart	1 ft. apart	3 in. transplant in 1 year	1 in.	March-April
ASPARAGUS, Plants	4 ft. apart	3 ft. apart	2 ft.	5 or 6 in.	March-April
BEAN, String	2½ ft. apart	2 ft. apart	Thin to 4 in.	2 in.	May 10-15
BEAN, Lima	Pole, 4 x 4 ft. apart Bush, 2½ x 1½ ft. apart	4 x 3 ft. apart 2 x 1½ ft. apart	Thin to 3 plants to a pole	1 in.	May 20-25
BEET	2½ ft. apart	1 ft. apart	Thin to 5 in.	1 in.	March-April
BLACKBERRY, Plants	8 ft. apart	6 ft. apart	2 ft.		April. Or in the fall
CABBAGE and CAULIFLOWER, Plants	2½ ft. apart	2 ft. apart	16-24 in.		Early kinds, April; late kinds, June
CARROT	2½ ft. apart	1 ft. apart	Thin to 5 in.	½ in.	March-April
CELERY, Plants	3-4 ft. apart	2-3 ft. apart	6 in.		Early crop, May; late crop, early July
CORN, Sweet	4 ft. apart	Same	8-12 in.	2 in.	First sowing, early May
CUCUMBER	5 x 5 or 6 x 4 ft. apart	Same	Scatter 15 seeds in hill; thin out later	½ in.	May 15
CURRANT and GOOSEBERRY, Plants	5 x 5 ft. apart	5 x 4 ft. apart			April. Or in the fall
EGGPLANT, Plants	2½ x 2½ ft. apart	2 x 2 ft. apart			June 1
LETTUCE	2½ ft. apart	1½-2 ft. apart	Thin to 6-10 in.	½ in.	March-April
MELON, Musk	6 x 4 ft. apart	Same	Scatter 15 seeds in hill; thin out later	½ in.	May 15
MELON, Water	8 x 8 ft. apart	Same		½ in.	May 15-20

PLANTING TABLE FOR VEGETABLES AND BERRIES—Continued

VARIETY	For Horse Cultivation Have Rows	For Hoe or Wheel-Hoe Cultivation Have Rows	Distance Apart in the Row	Depth to Cover	Time to Plant in the North, Outdoors (See Foot-note)
ONION, Seed	2½ ft. apart	12-15 in. apart	Thin to 4 in.	½ in.	March-April
PARSLEY	2½ ft. apart	1 ft. apart	Thin to 6 in.	½ in.	Early April
PARSNIP	2½ ft. apart	1 ft. apart	Thin to 5 in.	½ in.	March-April
PEPPER, Plants	2½ ft. apart	2 ft. apart	20 in.		June 1
PEAS	3-4 ft. apart	2½-3 ft. apart	Continuous row	3-5 in.	March-April
POTATO	3 ft. apart	2-2½ ft. apart	12-18 in.	4 in.	Early, March-April; late, May-June
RADISH	2½ ft. apart	1 ft. apart	Thin to 3 in.	½ in.	March-April
RHUBARB, Plants	4 ft. apart	3 ft. apart	3 ft.		March-April
RASPBERRY, Plants	6 ft. apart	5 ft. apart	Red, 2 ft. Black, 2½ ft.	2 or 3 in.	Early spring
SPINACH	2½ ft. apart	1 ft. apart	Thin to 5 in.	1 in.	March-April (or fall)
SQUASH-PUMPKIN	3 x 8 ft. (Bush 4 x 4)	Squash Same		½ in.	May 15-20
STRAWBERRY Plants	4 ft. apart	3 ft. apart	15-20 in.	Have crown level with ground	April. (Pot-grown plants in August)
TOMATO, Plants	4 x 4 ft. apart	4 x 3 ft. apart			May 25-June 1

NOTE.—Planting time varies according to season and locality; dates given above are only approximate, and are based on latitude of Pennsylvania; allow about five days difference for each 100 miles north or south of this State. Do not work soil in spring while it is very wet and soggy; wait. Plants set in autumn must be well mulched with strawy manure, leaves, etc., during first winter. Successional sowings of corn, peas, etc., may be made later than the dates given.

FARMERS' BULLETINS
Sent Free to Residents of the United States, by Department of Agriculture Washington, D. C., on Application.

NOTE.—Some numbers omitted are no longer published. Bulletins in this list will be sent free, so long as the supply lasts, to any resident of the United States, on application to his *Senator, Representative, or Delegate in Congress,* or to the Secretary of Agriculture, Washington, D. C. Because of the limited supply, applicants are urged to select only a few numbers, choosing those which are of special interest to them. Residents of foreign countries should apply to the Superintendent of Documents, Government Printing Office, Washington, D. C., who has these bulletins for sale. Price, 5 cents each to Canada, Cuba, and Mexico: 6 cents to other foreign countries.

22. The Feeding of Farm Animals.
27. Flax for Seed and Fiber.
28. Weeds: And How to Kill Them.
30. Grape Diseases on the Pacific Coast.
34. Meats: Composition and Cooking.
35. Potato Culture.
36. Cotton Seed and Its Products.
44. Commercial Fertilizers.
48. The Manuring of Cotton.
51. Standard Varieties of Chickens.
52. The Sugar Beet.
54. Some Common Birds.
55. The Dairy Herd.
61. Asparagus Culture.
62. Marketing Farm Produce
64. Ducks and Geese.
77. The Liming of Soils.
81. Corn Culture in the South.
85. Fish as Food.
86. Thirty Poisonous Plants.
88. Alkali Lands.
91. Potato Diseases and Treatment.
99. Insect Enemies of Shade Trees.
101. Millets.
104. Notes on Frost.
106. Breeds of Dairy Cattle.
113. The Apple and How to Grow It.
118. Grape Growing in the South.
121. Beans, Peas, and Other Legumes as Food.
126. Suggestions for Farm Buildings.
127. Important Insecticides.
128. Eggs and Their Uses as Food.
131. Tests for Detection of Oleomargarine.
134. Tree Planting in Rural School Grounds.
137. The Angora Goat.
138. Irrigation in Field and Garden.
139. Emmer: a Grain for the Semi-arid Regions.
140. Pineapple Growing.
150. Clearing New Land.
152. Scabies in Cattle.
154. The Home Fruit Garden
156. The Home Vineyard.
157. The Propagation of Plants.
158. How to Build Irrigation Ditches.
164. Rape as a Forage Crop
166. Cheese Making on the Farm.
167. Cassava.
170. Principles of Horse Feeding.
172. Scale Insects and Mites on Citrus Trees.
173. Primer of Forestry.
174. Broom Corn.
175. Home Manufacture of Grape Juice.
176. Cranberry Culture.
177. Squab Raising.
178. Insects Injurious in Cranberry Culture.
179. Horseshoeing.
181. Pruning.
182. Poultry as Food.
183. Meat on the Farm.
185. Beautifying the Home Grounds.
187. Drainage of Farm Lands.
188. Weeds Used in Medicine.
192. Barnyard Manure.
194. Alfalfa Seed.
195. Annual Flowering Plants.
198. Strawberries.
200. Turkeys.
201. The Cream Separator on Western Farms.
203. Canned Fruits, Preserves and Jellies.
204. The Cultivation of Mushrooms.
205. Pig Management.
206. Milk Fever and Its Treatment.
213. Raspberries
218. The School Garden.
220. Tomatoes.
221. Fungous Diseases of the Cranberry.
224. Canadian Field Peas.
228. Forest Planting and Farm Management.
229. Production of Good Seed Corn.
231. Cucumber and Melon Diseases.
232. Okra: Its Culture and Uses.
234. The Guinea Fowl.
236. Incubation and Incubators.
238. Citrus Fruit Growing in the Gulf States.
239. The Corrosion of Fence Wire.
241. Butter Making on the Farm.
242. An Example of Model Farming.
243. Fungicides and Their Use.
245. Renovation of Worn-out Soils.
246. Saccharine Sorghums.
248. The Lawn.
249. Cereal Breakfast Foods.
250. Wheat Smut and Loose Smut of Oats.
252. Maple Sugar and Syrup.
253. The Germination of Seed Corn.
254. Cucumbers.
255. The Home Vegetable Garden.
256. Preparation of Vegetables for the Table.
257. Soil Fertility.
260. Seed of Red Clover and Its Impurities.
263. Information for Beginners in Irrigation.
264. The Brown-Tail Moth.
266. Management of Soils to Conserve Moisture.
269. Industrial Alcohol: Uses and Statistics.
270. Modern Conveniences for the Farm Home.
271. Forage Crop Practices in the Northwest.
272. A Successful Hog and Seed-Corn Farm.
274. Flax Culture.
275. The Gypsy Moth.
277. Alcohol and Gasoline in Farm Engines.
278. Leguminous Crops for Green Manuring.
279. A Method of Eradicating Johnson Grass.
280. A Profitable Tenant Dairy Farm.
282. Celery.
284. Enemies of the Grape East of the Rockies.
286. Cotton Seed and Cotton-Seed Meal.
287. Poultry Management.
288. Non-saccharine Sorghums.
289. Beans.
291. Evaporation of Apples.
292. Cost of Filling Silos.
293. Use of Fruit as Food.
295. Potatoes and Other Root Crops as Food.
298. Food Value of Corn and Corn Products.

299. Diversified Farming.
301. Home-Grown Tea.
302. Sea Island Cotton.
303. Corn Harvesting Machinery.
304. Growing and Curing Hops.
306. Dodder in Relation to Farm Seeds.
307. Roselle: Its Culture and Uses.
310. A Successful Alabama Diversification Farm.
311. Sand-Clay and Burnt-Clay Roads.
312. A Successful Southern Hay Farm.
313. Harvesting and Storing Corn.
318. Cowpeas.
321. The Use of the Split-Log Drag on Roads
322. Milo as a Dry-Land Grain Crop.
324. Sweet Potatoes.
325. Small Farms in the Corn Belt.
326. Building up a Cotton Plantation.
328. Silver Fox Farming.
330. Deer Farming in the United States.
331. Forage Crops for Hogs in Kansas
332. Nuts and Their Uses as Food.
333. Cotton Wilt.
337. New England Dairy Farms.
338. Macadam Roads.
339. Alfalfa.
341. The Basket Willow.
344. The Boll Weevil Problem.
345. Some Common Disinfectants.
346. The Computation of Rations.
347. The Repair of Farm Equipment.
348. Bacteria in Milk.
349. The Dairy Industry in the South.
350. The Dehorning of Cattle.
351. The Tuberculin Test of Cattle.
354. Onion Culture.
355. A Successful Poultry and Dairy Farm.
357. Methods of Poultry Management.
358. Primer of Forestry. Part II.
359. Canning Vegetables in the Home.
361. Meadow Fescue: Its Culture and Uses.
362. Conditions Affecting the Value of Hay.
363. The Use of Milk as Food.
364. A Profitable Cotton Farm.
365. Northern Potato-Growing Sections.
367. Lightning and Lightning Conductors.
368. Bindweed, or Wild Morning-glory.
369. How to Destroy Rats.
370. Replanning a Farm for Profit.
371. Drainage of Irrigated Lands.
372. Soy Beans.
373. Irrigation of Alfalfa.
375. Care of Food in the Home.
377. Harmfulness of Headache Mixtures.
378. Methods of Exterminating Texas-fever Tick.
379. Hog Cholera.
380. The Loco-weed Disease.
382. The Adulteration of Forage-plant Seeds.
383. How to Destroy English Sparrows.
385. Boys' and Girls' Agricultural Clubs.
386. Potato Culture on Farms of the West.
387. Preservative Treatment of Timbers.
389. Bread and Bread Making.
390. Pheasant Raising in the United States.
391. Economical Use of Meat in the Home.
392. Irrigation of Sugar Beets.
393. Habit-forming Agents.
394. Windmills in Irrigation.
395. Sixty-day and Kherson Oats.
396. The Muskrat.
398. Use of Commercial Fertilizers in the South.
399. Irrigation of Grain.
400. Profitable Corn-planting Method.
401. Protection of Orchards from Frosts.
402. Canada Bluegrass; Its Culture and Uses.
403. Construction of Concrete Fence Posts.
404. Irrigation of Orchards.
406. Soil Conservation.
407. The Potato as a Truck Crop.
408. School Exercises in Plant Production.
409. School Lessons on Corn.
410. Potato Culls as a Source of Alcohol.
411. Feeding Hogs in the South.
413. The Care of Milk and Its Use.
414. Corn Cultivation.
415. Seed Corn.
417. Rice Culture.
420. Oats: Distribution and Uses.
421. Control of Blowing Soils.
422. Demonstration Work on Southern Farms.
423. Forest Nurseries for Schools.
424. Oats: Growing the Crop.
426. Canning Peaches on the Farm.
427. Barley Culture in the Southern States.
428. Testing Farm Seeds.
429. Industrial Alcohol: Manufacture.
431. The Peanut.
432. How a City Family Managed a Farm.
433. Cabbage.
434. Production of Onion Seed and Sets.
436. Winter Oats for the South.
437. A System of Tenant Farming.
438. Hog Houses.
439. Anthrax.
440. Spraying Peaches.
441. Lespedeza, or Japan Clover.
442. The Treatment of Bee Diseases.
443. Barley: Growing the Crop.
444. Remedies Against Mosquitoes.
445. Marketing Eggs Through the Creamery.
446. The Choice of Crops for Alkali Land.
447. Bees.
448. Better Grain-Sorghum Crops.
449. Rabies or Hydrophobia.
450. Some Facts About Malaria.
452. Capons and Caponizing.
453. Danger of Spread of Gypsy and Brown-Tail Moths.
454. A Successful New York Farm.
455. Red Clover.
456. Our Grosbeaks and Their Value.
458. The Best Two Sweet Sorghums.
459. House Flies.
460. Frames as a Factor in Truck Growing.
461. The Use of Concrete on the Farm.
462. The Utilization of Logged-Off Land.
463. The Sanitary Privy.
464. The Eradication of Quack-Grass.
466. Winter Emmer.
467. Chestnut Bark Disease.
468. Forestry in Nature Study.
470. Game Laws.
471. Grape Propagation, Pruning, Training.
472. Farming in Central New Jersey.
474. Paint on the Farm.
475. Ice Houses.
476. Dying Pine in Southern States.
477. Sorghum Sirup Manufacture.
478. Typhoid Fever.
480. Disinfecting Stables.
481. Concrete on the Live-Stock Farm.
482. How to Grow Pears.
483. Thornless Prickly Pears.
484. Spotted Fever.
485. Sweet Clover.
487. Cheese in the Diet.
488. Diseases of Cabbage, etc.
489. Two Imported Plant Diseases.
490. Bacteria in Milk.
492. Fungous Enemies of the Apple.
493. English Sparrow Pest.
494. Lawn Soils and Lawns.
495. Alfalfa Seed Production.
496. Raising Hares and Rabbits.
498. Texas-fever Tick.
500. Control of the Boll Weevil.
501. Cotton Improvement.
502. Timothy in the Northwest.
503. Comb Honey.

| MUSIC IN THE HOME | | KEEP THE FAMILY TOGETHER |

CHAS. V. BRUBAKER

Victrolas
Pianos and Players

New Victrola Records each month. Place your order NOW for your XMAS VICTROLA

SERVICE IS OUR MOTTO

136 W. Washington Street   Office Phone 85 Black

NAPOLEON, OHIO

GENUINE GAS HOME COKE

Get away from Clinkers, Soot, Dust, Cold Rooms and Expense.

Have Small Fuel Bills, Warm Rooms Cleanliness and much Money

Price $4.00 at Yard
Price $4.50 delivered

The Ohio Gas, Light & Coke Co.

121 W. Washington Street

Phone 308   NAPOLEON, OHIO

CPSIA information can be obtained
at www.ICGtesting.com
Printed in the USA
LVHW081715050420
652293LV00008B/1060

9 781375 525602